Standorte Deutsch

Sicher im Umgang mit Literatur und Sprache

Von

Eva-Maria Kabisch

Ernst Klett Schulbuchverlage

Stuttgart · Leipzig

Abkürzungen
e = Zeitraum der Entstehung
v = Jahr der Erstveröffentlichung
u = Jahr der Uraufführung

1. Auflage 1 [5] [4] [3] [2] [1] | 2009 08 07 06 05

Alle Drucke dieser Auflage sind unverändert und können im Unterricht nebeneinander verwendet werden. Die letzte Zahl bezeichnet das Jahr des Druckes.

Internetadresse: www.klett.de

Grundkonzeption Layout und Satz:
Markus Schmitz, Büro für typographische Dienstleistungen, Münster

Entstanden in Zusammenarbeit mit dem Projektteam des Verlages.

Reproduktion: Meyle + Müller, Medien-Management, Pforzheim
Druck: Druckhaus Beltz, Hemsbach
Printed in Germany
ISBN-13: 978-3-12-350332-0
ISBN-10: 3-12-350332-1

9 783123 503320

Vorwort

»Um zu erfahren, wer man ist und wo man steht, muss man wissen, woher man kommt. In unserer, vom historischen Bewusstsein getragenen Epoche kann es sich niemand mehr leisten, die Tradition zu verleugnen. Auch die Dichtung hat eine Ordnungsfunktion; auch Poesie dient der Erkenntnis.«

(Walter Jens: Statt einer Literaturgeschichte)

Die Standorte anderer, der Textautoren, genau zu bestimmen und sich des eigenen Standorts zu vergewissern – das ist das Ziel dieses Buches. Sicherheit im methodischen Vorgehen, in präziser Formulierung und begrifflicher Schärfe sind Voraussetzung dafür, Texte genau zu erfassen, Probleme abzugrenzen und Stellungnahmen zu verfassen.
»Sehen lernen, hören lernen, lesen lernen«, was »da ist« (Hilde Domin in: Doppelinterpretationen) wird intensiv geübt anhand von literarischen Texten und Aussagen zur Literatur; die gestaltete Sprache, das dichte Bezugssystem fiktiver Wirklichkeit, die in der Dichtung aufgehobene Lebenserfahrung aus Vergangenheit und Gegenwart fordern zur Interpretation wie zur Erörterung heraus.
Die Kapitel, die zu diesem »Lesen-und-Verstehen-Lernen« anleiten, beantworten ganz handfest Fragen derjenigen, die untersuchen und darüber schreiben, z. B.: Wie gliedere und strukturiere ich Stoff und Arbeitsprozess? Wie erarbeite ich das Umfeld der Texte? Wie finde ich Kriterien für Bezüge, Zusammenhänge, Wertungen, Einordnungen? Wie formuliere ich meine Ergebnisse?
Solchen Fragen entspricht die Anlage des Buches: Differenzierte Aufgabenfolgen leiten zu sinnvollem Erschließen und Strukturieren an; übergreifende Aufgaben, Vor- und Rückverweise schärfen den Blick für Zusammenhänge und ermöglichen, Gelerntes zu wiederholen. Hilfen und Anleitungen bietet hierbei das an einigen Stellen sehr genaue, exemplarische »Vormachen« anhand von Teilaspekten, das eigenständiges »Weitermachen« und auswählendes, zuordnendes, übertragendes »Selbermachen« herausfordert. Kenntnisse werden durch zahlreiche Erläuterungen innerhalb der Textfolgen, durch Informations- und Nachschlageteile, die literaturgeschichtliche Übersicht sowie die ausführlichen Begriffserläuterungen am Ende des Buches befestigt und vertieft.
Die fachwissenschaftliche wie fachdidaktische Weiterentwicklung des Deutschunterrichts sowie die aktuelle Qualitätsdiskussion um Prüfungsanforderungen und unterrichtliche Weiterungen wie fachübergreifendes/fächerverbindendes Arbeiten, methodische Akzentuierung, Denken/Erkennen von Zusammenhängen, europäische Dimension sind in vielfältiger Weise einbezogen.
Arbeitsgrundlage dieses Buches bilden mehr als 100 Texte aus der Zeit der Antike bis zur jüngsten Gegenwart.

In **Kapitel A »Interpretieren – Untersuchendes Erschließen«** wird unter wechselnden Gesichtspunkten und Ansätzen zu Textanalyse und Interpretation angeleitet, die so geschulte Wahrnehmung anschließend an neuen Texten überprüft und erweitert. Hinzu kommen konkrete Hinweise zum Arbeitsverfahren, z. B. Erfassen der The-

menstellung, Formulieren von Arbeitshypothesen, Vermeiden von Fehlern.
Repräsentative Texte zur jeweiligen Gattung, Themenstellungen und Arbeitshinweise zum gestaltenden Erschließen sowie fachübergreifende Exkurse zum Thema »Die Zeit« und zur aktuellen Theaterszene vervollständigen das umfassende Arbeitsangebot. Hinzu treten Querverbindungen zu Texten der europäischen Nachbarn.
Das Kapitel stellt außerdem ausführliches Textmaterial zur Theorie des Dramas zur Verfügung – von Aristoteles bis zum Dokumentartheater. Durch Querverweise und praktische Überprüfung der Theorien am literarischen Text wird ein literaturgeschichtlicher Durchgang möglich.

In **Kapitel B »Erörterndes Erschließen«** steht nach grundlegenden Informationen, Argumentationsübungen und einem ausführlichen Beispiel zur Texterörterung die literarische Erörterung im Mittelpunkt. Klausurthemen werden durchgespielt: Über die Bedeutung einer Dramenfigur diskutieren, Zusatzmaterial einbeziehen, verschiedene Erzählansätze nutzen.
Ziel ist eine intensive Schulung in argumentativen Strategien. Dazu treten unter Berücksichtigung der Arbeit an Sachtexten entsprechende Aufgabenstellungen zu aktuellen Themen (z. B. Was lassen wir uns Kultur noch kosten?).

In **Teil C »Medien«** werden auf der Basis aktueller Beiträge Fragen zur Entwicklung von Medienkompetenz ebenso angesprochen wie Überlegungen zur kritischen Mediennutzung. Dazu treten Anregungen für adressatenbezogenes Schreiben.

Kapitel D »Methoden und Arbeitstechniken« vermittelt zusätzlich zu den in allen Themenbereichen des Buches zu findenden konkreten Arbeitshinweisen gebündelt wesentliche Aspekte konsequenten methodischen Arbeitens: sinnvolle Zeitplanung, zielgerichtete Recherche, Anleitung zur Gliederung und Schwerpunktsetzung, praktische Tipps zu Arbeitsverfahren insgesamt.

Kapitel E »Rhetorik« erfasst sowohl literarische als auch reale politische Reden und führt in den Bereich gegenwärtiger Politik. Ein differenziertes Instrumentarium der Redeanalyse wird erarbeitet.

Das **Kapitel F »Sprachgeschichte«** leistet in knapper Form einen Überblick über die Phänomene der Sprachentwicklung mit dem Angebot vergleichender Arbeit an entsprechenden Texten.

Im **Kapitel G »Reflexion über Sprache«** werden zunächst einige grundlegende Texte zur Sprachtheorie vorgelegt, auf deren Basis dann in einem zweiten Teil: »Reflexion über Sprache in der Dichtung« die literarische Umsetzung solcher Fragestellungen eigenständig beobachtet werden kann mit Anregungen zu weiterführenden Arbeiten zum Thema Sprache und Kreativität.

Das **Kapitel H »Europäische Spiegelungen«** informiert über wesentliche Motivstränge und Bildtraditionen, die sich von der Antike her und u.a. aus christlichen, jüdischen, arabischen Wurzeln entwickelt haben und über Jahrhunderte in der europäischen Kunst und Literatur weitergetragen und tradiert werden. Dabei werden

Kenntnisse vermittelt und Zusammenhänge deutlich, die gerade für ein übergreifendes Verständnis wichtig sind.

Im **Kapitel I »Themen und Motive im geschichtlichen Wandel«** werden, die Erkenntnisse aus vorausgegangener Arbeit zusammenfassend, Themen und Motive im geschichtlichen Wandel betrachtet: Liebe und Natur im Wandel der poetischen Bildsprache sowie die dichterische Umsetzung existentieller Fragestellungen. Abschließend wird mit Beiträgen von zwei Schriftstellerinnen die Beziehung Autor – Text – Leser thematisiert und damit der Blick auf Literatur als »verdichtete Realität« noch einmal geweitet.

Der kompakte **Bildteil** mit den beiden Aspekten »Liebende« und »Ikonen« vertieft das Anliegen dieses Arbeitsbuches, einer grenzüberschreitenden interkulturellen Verständigung Raum zu geben und Wege zu weisen. Bilder und Texte können hier in einen wechselseitigen Dialog treten – als klärende, einander ergänzende und bereichernde Spurensuche.

Mit einer **Übersicht über die Literaturgeschichte**, die auch – wo immer möglich – zeitgeschichtliche, philosophische sowie sozial- und kulturgeschichtliche Aspekte berücksichtigt, einer Info-Seite sowie mit **Begriffserklärungen** und einem **Autorenverzeichnis** werden am Ende des Buches weitere Arbeitsinstrumente zur Verfügung gestellt.

Alle Texte und Anleitungen sind zu sehen als »trigonometrische Punkte oder als Bojen, die in einer unbekannten Fläche den Kurs markieren« (Günter Eich in ›Widerspiel‹).

Inhaltsverzeichnis

A Interpretieren – Untersuchendes Erschließen

B Erörterndes Erschließen

C Medien

D Methoden und Arbeitstechniken

E Rhetorik

F Sprachgeschichte

G Reflexion über Sprache

H Europäische Spiegelungen

I Themen und Motive im geschichtlichen Wandel

Bilder, Daten, Informationen

A Interpretieren – Untersuchendes Erschließen

- Lehrgänge und Methoden zur Textanalyse und Interpretation lyrischer, erzählender und dramatischer Texte
- Schriftliche Interpretation – Hinweise zum Arbeitsverfahren
  - Erfassen der Themenstellung
  - Formulieren von Arbeitshypothesen
  - Vermeiden von Fehlern
- Kanon-Texte aus Lyrik, Epik, Dramatik und theoretische Texte
- Themenstellungen und Arbeitshinweise zum gestaltenden Erschließen
- Fachübergreifende Exkurse zum Thema »Zeit« und zur aktuellen Theaterszene

Erster Teil: Lyrik

Einleitung

Joseph von Eichendorff:
Wünschelrute

Schläft ein Lied in allen Dingen,
Die da träumen fort und fort,
Und die Welt hebt an zu singen,
Triffst du nur das Zauberwort.
(1835)

Günter Kunert:
So soll es sein

Zwecklos und sinnvoll
soll es sein
zwecklos und sinnvoll
soll es auftauchen aus dem Schlamm
daraus die Ziegel der großen Paläste
entstehen um wieder zu Schlamm zu
zerfallen
eines sehr schönen Tages
zwecklos und sinnvoll
soll es sein
was für ein unziemliches Werk
wäre das
zur Unterdrückung nicht brauchbar
von Unterdrückung nicht widerlegbar
zwecklos also
sinnvoll also

wie das Gedicht. *(1974)*

Was ist ein Gedicht?

Ein schlichtes Lied, das durch *Zauberwort* und *Wünschelrute* zu lösen ist, beim Romantiker Eichendorff, ein *unziemliches Werk*, aus *Schlamm* und Chaos geboren mit dem Verdammungsurteil *zwecklos* und dennoch offenbar lebensnotwendig (Baustoff – Widerstand), für unseren Zeitgenossen Kunert – das also ist ein Gedicht. Ein einfaches und zugleich kompliziertes Gebilde, dem sich zu nähern, es zu untersuchen und zu deuten, Sie sich vermutlich scheuen.

Wie wirkt ein Gedicht?

Dieser Widerspruch jedoch – ›ganz einfach‹ und ›ganz schwierig‹ – wird bei der Untersuchung lyrischer Texte auszuhalten sein. Sie werden von einem Gedicht fasziniert, finden es schön, aber irgendwann möchten Sie doch wissen, warum es Ihnen gefällt. Sie werden auch von einem Gedicht abgestoßen werden, es für unsinnig und überflüssig halten und doch nicht verhindern können, dass Ihnen beim Lesen Gedanken und Bilder durch den Kopf gehen und Sie einen detektivischen Reiz empfinden, dem ›Unsinn‹ auf die Spur zu kommen. Gerade die knappe Form, die ›verdichtete‹ Fülle von Bildern und Gedanken bergen in ihrer Begrenzung auf wesentliche Aussagen einen großen Reiz, ja eine Provokation, da offenbar ebenso viel zwischen den Zeilen steht wie in ihnen, und genau das möchten Sie wissen!

Sehen Sie sich die Gedichte, die als Motto am Beginn dieser Einleitung stehen, noch einmal genau an: Sie werden erkennen, dass diese beiden auf den ersten Blick einfachen Gebilde raffiniert ›gemacht‹ sind:

Wie ist ein Gedicht ›gemacht‹?

zu Eichendorff

Zuerst fällt auf, dass Eichendorffs Gedicht sehr kurz ist und dass es ›klingt‹: eine Strophe (das Lied ist die Urform des Gedichts) in der typischen Volksliedform (vier Zeilen mit Kreuzreim), ein fließender Satz in schlichter syntaktischer Reihung, der regelmäßige melodische Wechsel von hellen und dunklen Vokalen von Vers zu Vers (erster und dritter Vers hell, zweiter und vierter Vers dunkel), ein allgemein vertrauter Wortschatz, der Stimmungen weckt (*Lied, singen, träumen*), eingängig und persönlich durch die direkte Anrede, vage und damit für Einfälle des Lesers offen in den Begriffen (*in allen Dingen, die Welt*), fließender Rhythmus und ein gedanklicher Ablauf, der wie im Märchen vom ›unerlösten‹ Schlafen zum *Zauberwort* führt.

Dieser kleine, einfache Vierzeiler ist in Form und Sprache das, wovon er redet: ein Lied, und, wie oben aufgeschlüsselt, sogar ein romantisches Programm: die Erlösung der verborgenen Poesie, die Poetisierung des Lebens.

zu Kunert

Bei Kunert wird Ihnen zunächst die optische Zäsur auffallen, dann der wie ein Schlussstrich oder Fazit unter den Text gesetzte letzte Satzteil, außerdem die Reimlosigkeit, die unregelmäßig langen Zeilen, die rituelle Beschwörung in der Aussage: *zwecklos und sinnvoll* (dreimal, alte Zahlensymbolik!).
Dieser Text ›klingt‹ nicht wie der von Eichendorff, er reiht Gedanken in einer optisch reizvollen Weise ohne Rücksicht auf Interpunktion und gängige Syntax (obwohl grammatisch alles stimmt), und er entwickelt in Bildern von *Auftauchen* und *Zerfallen*, von *Unterdrückung* und Widerstand nicht mehr Ahnungen wie bei Eichendorff, sondern Forderungen: *So soll es sein* – das Gedicht.
Da es *zwecklos* ist, also gängigem Kosten-Nutzen-Denken entzogen, ist es nicht zum ›Verbrauchen‹ geeignet; da es *sinnvoll* ist, bleibt es existentiell notwendig für Herrschende (Paläste) wie für Unterdrückte und übersteht Aufstieg wie Fall als schöpferische Ursubstanz.

Wandel der Form von Gedichten

Mit dem Blick auf die beiden Gedichte machen Sie bereits einige wichtige Beobachtungen zur Individualität und Entwicklung von Lyrik: in der Romantik die traditionelle Form, die Sinne und Empfindungen des Lesers mit akustischen Reizen anspricht, in der Gegenwart das traditionelle Formen sprengende Gedicht, das die Gedanken des Lesers vor allem mit optischen Elementen trifft. Es geht hier nicht mehr um ›Poetisierung‹, sondern Poesie hat teil am gesellschaftlich-politischen Erkenntnisprozess. Dennoch werden alte Sprachrituale genutzt: dreifache Wiederholung, rhetorisch wirkungsvoll, fast liturgisch.
Man muss also nicht Wissenschaftler sein, um sich einem Gedicht behutsam verstehend zu nähern! Gehen Sie immer davon aus, dass eine Interpretation wohl niemals alles ausloten kann, was ein lyrischer Text enthält.

Erster Interpretationsansatz
Form und Struktur

Andreas Gryphius:
Abend (1650 v)

1. Aufgesang
Quartett 1 + 2
Beschreibung der menschlich-irdischen Situation

a 1 Der schnélle Tág ist hín, die Nácht schwingt íhre Fáhn
b 2 Und führt die Sternen auf. Der Menschen müde Scharen
b 3 Verlassen Feld und Werk; wo Tier' und Vögel waren
a 4 Traurt itzt die Einsamkeit. Wie ist die Zeit vertan!

a 1 Der Port naht mehr und mehr sich zu der Glieder Kahn.
b 2 Gleich wie dies Licht verfiel, so wird in wenig Jahren
b 3 Ich, du, und was man hat und was man sieht, hinfahren.
a 4 Dies Leben kömmt mir vor als eine Rennebahn.

Gleichnis Zäsur

2. Abgesang
Terzett 1 + 2
Hinwendung zu Gott, Gebet und Erlösung

c 1 Lass, höchster Gott, mich doch nicht auf dem Laufplatz gleiten,
c 2 Lass mich nicht Ach, nicht Pracht, nicht Lust, nicht Angst verleiten!
d 3 Dein ewig heller Glanz sei vor und neben mir!

e 1 Lass, wenn der müde Leib entschläft, die Seele wachen,
e 2 Und wenn der letzte Tag wird mit mir Abend machen,
d 3 So reiß mich aus dem Tal der Finsternis zu dir.

Entstehungszeit

Die Lyrik des Barock (1600–1720) ist ›nach den Regeln der Kunst‹ gemacht. Die ausgefeilte Form ist wichtig. Erst der kenntnis- und einfallsreiche Umgang mit überlieferten Gedichtformen, rhetorischen Stilmitteln und inhaltlichen Bezügen zeigt den Barockdichter als Könner. Es ist also legitim, ihm und seinem dichterischen Handwerkszeug genau ›auf die Finger zu sehen‹. Dies bedeutet sogar eine Anerkennung seiner Kunstfertigkeit.

barocke Literatur

Die im Barock sich erst vereinheitlichende deutsche Schriftsprache kann eine gewisse Schwerfälligkeit der lateinischen Rhetoriktradition ebenso wenig verleugnen wie die wortreiche ›Prachtentfaltung‹, die an Üppigkeit und Vielfalt barocker Architektur und fürstlicher Lebensweise erinnert.

Autor
Lebensgefühl des Barock

Andreas Gryphius (1616–64; Gryphius ist die lat. Form von ›Greif‹) ist wie seine Zeitgenossen betroffen vom Unheil des Dreißigjährigen Kriegs (1618–48). Unsicherheit und ständige Bedrohung führen zu einer antithetischen Grundhaltung: übersteigerter Lebensgenuss einerseits, tiefe Frömmigkeit und Todessehnsucht andererseits. Christliche Standhaftigkeit und der feste Glaube an einen gnädigen Gott erscheinen vielen als einziger Halt. Dass also aus der Beobachtung eines Naturvorgangs (Abend) nicht nur ein Naturgedicht entsteht, sondern ein Nachdenken über Tod und Leben, ist typisch für diese Zeit.

Arbeitshypothese: Worum geht es?

In diesem Gedicht, einem barocken Sonett, entwickelt der Autor aus der Beobachtung des Naturvorgangs »Abend« gleichnishaft Gedanken über die Vergänglichkeit menschlichen Lebens und bittet Gott um Behütung und Erlösung.

Ansätze für die Interpretation

Beim genauen Lesen werden Ihnen mehrere Auffälligkeiten begegnen, die sich als Interpretationsansatz eignen:
– die Form (das strenge Sonett),
– die Mehrdeutigkeit des Begriffs ›Abend‹ (Titel),
– die durch Gegensätze und Metaphern geprägte Sprache (Wortschatz).

Alle diese Beobachtungen gehören in eine vollständige Interpretation. Dennoch ist die Entscheidung wichtig, wo Sie ansetzen, aus welchem Schwerpunkt heraus Sie die Analyse und Interpretation entwickeln. Häufig bieten sich dafür die Beobachtungen zur Form eines Gedichts deshalb an, weil sie sofort konkrete Aussagen ermöglichen, vor allem dann, wenn es sich um eine so auffällige Form wie das Sonett handelt. Dabei ist dann auch der Wandel einer überlieferten Form zu beobachten.

Sonettform

Das Gedicht zeigt die strenge Form des Sonetts, wie sie als bedeutendste und wirkungsvollste Form lyrischen Sprechens durch den italienischen Dichter Petrarca in die europäische Literaturgeschichte eingebracht wurde: zwei Quartette, zwei Terzette – Aufgesang und Abgesang. Damit ist für die innere Komposition eine Art Zweiteilung vorgegeben, d. h. eine Zäsur, eine gedankliche Wende nach der zweiten Strophe.
Der etwas schwerfällige Alexandriner (sechshebiger Jambus) gibt durch die Zäsur in der Mitte der Zeilen ebenfalls die Möglichkeit, gegensätzliche Aussagen deutlich nebeneinander zu stellen (*Der schnelle Tag ist hin || die Nacht…*). Der umgreifende Reim (abba abba ccd eed) verweist auf die Schwerpunktzeilen, die jeweils letzten Zeilen der Strophen enthalten besonders gewichtige Aussagen.

Abend als Naturvorgang

1. Quartett: Beschreibung der alltäglichen Situation – Übergang von Tag zu Nacht – allgemeine Aussage (… *Der Menschen müde Scharen…*), aber bereits mahnender Kommentar.

Abend als Gleichnis

2. Quartett: Vertiefung der Naturbeobachtung zum Gleichnis in Bezug auf den einzelnen Menschen, verstärkt durch eine damals gebräuchliche Metaphorik (*Port* = Hafen des Lebens, Tod; *der Glieder Kahn* = menschlicher Leib. Motiv aus der Antike: Styx = Fluss in der Unterwelt, im Totenreich Hades). Der Kommentar ist bereits persönliches Bekenntnis.

Gebet

Zäsur: Hinwendung zu Gott – Gebetsform.

Gott als Licht im Dunkel menschlichen Abends, Lebens- und Weltende

1. Terzett: Direkte Anrede Gottes, Bitte um Behütung während des irdischen Lebens (… *auf dem Laufplatz*), verstärkt durch die Eindringlichkeit parallel gebauter Sätze mit beschwörender Anapher (… *Lass…*).

2. Terzett: Erweiterung der Bitte im Hinblick auf Erlösung am Jüngsten Tag (Topos: letzter Tag = Jüngstes Gericht); Aufschlüsselung der Mehrdeutigkeit des Begriffs ›Abend‹.

Zahlensymbolik

Diese Struktur – zwei vierzeilige Strophen (Beobachtung irdischer Vorgänge) und zwei dreizeilige Strophen (Hinwendung zu Gott) – entspricht auch der Zahlensymbolik der jüdischen Kabbala und der biblischen Gleichnissprache (vgl. Kapitel H: Europäische Spiegelungen), deren Verweischarakter der Barockdichter einbezieht: Das Sonett hat 14 Zeilen, darin ist die offenbarende Zahl Sieben enthalten. Sie ergibt sich nach barocker Zahlensymbolik aus der irdischen Vierzahl (z. B. vier Winde, vier Elemente) und der göttlichen Dreizahl (Dreieinigkeit).

Gedankenführung

Interessant ist, wie präzise Gryphius seine Überlegungen strukturell durchführt: Die letzten Zeilen der Strophen enthalten jeweils den Hauptgedanken und ergeben zusammen Gryphius' Aussage:

These, Erweiterung (Bezug), Folgerung: Wendung zu Gott

erste Strophe:	*Wie ist die Zeit vertan!*
zweite Strophe:	*Dies Leben kömmt mir vor als eine Rennebahn!*
dritte Strophe:	*Dein ewig heller Glanz sei vor und neben mir!*
vierte Strophe:	*So reiß mich aus dem Tal der Finsternis zu dir.*

Entsprechung von Form und Thema

Nun zeigt sich auch neben der offenkundigen Zweiteilung ein weiteres strukturelles Prinzip: die Steigerung auf die Schlussstrophe hin, die mit einem weiteren Kunstgriff erreicht wird: Die Anzahl der Sätze in den jeweiligen Strophen nimmt schrittweise ab: 4 ➛ 3 ➛ 2 ➛ 1; die entscheidende Aussage steht in einem konzentrierten Satz am Schluss.

Das Gedicht beginnt mit dem irdischen *schnellen Tag* und endet nach einer Aufwärtsbewegung in der Aussage: zu Gott, *zu dir!* Gott ist das Ziel der Gedanken. Gryphius benutzt also die Möglichkeiten der Sonettform zu einer geradezu logischen Beweisführung für die Notwendigkeit der Hinwendung des vergänglichen Menschen zum ewigen Gott – die kunstvollste Form für das höchste Thema!

Diesen durch die genaue Auswertung von Form und Struktur gefundenen Ansatz können Sie nun durch die entsprechende Beobachtung der sprachlichen Mittel und weiterer inhaltlicher Bezüge verstärken und fortsetzen:

barocke Bilder und Motive

Der Grundantithese: endliche Welt – ewiger Gott entsprechen die zahlreichen Gegensätze im Text: Tag – Nacht, Licht – Dunkel, Leib – Seele. Gryphius personifiziert, z. B. mit ›militärischer‹ Anspielung: *die Nacht schwingt ihre Fahn / Und führt die Sternen auf.*

Häufung von Metaphern (Leben = Rennebahn, Laufplatz, Tal der Finsternis). Anspielung auf biblische Motive (Christus als Licht der Welt, die wachsamen Jungfrauen).

Sprache

Gehäufte Assonanzen (*Ach, Pracht, Lust, Angst*). Wichtig ist die beschwörende Sprache, in der um Behütung vor Versuchung, also um Festigkeit im Glauben gebeten wird.

William Shakespeare Sonette um 1600

Als vertiefender Ansatz eignet sich ein vergleichender Blick auf eines der Sonette von William Shakespeare, um 1600 entstanden, als Teil eines Zyklus von 154 Gedichten, bei denen bis hin zur Autorenschaft fast alles umstritten ist. Diese Sonette, bis

1800 völlig unbekannt, gehören seit der Romantik und den ersten Übersetzungen von Dorothea und Ludwig Tieck zu den klassischen Texten und haben immer wieder auch bekannte Dichter des 20. Jh. zu Übersetzungen angeregt (u. a. Stefan George, Paul Celan, Wolf Biermann).

erst seit der Romantik bekannt

William Shakespeare Sonett

When most I wink, then do mine eyes best see,
for all the day they view things unrespected.
But when I sleep, in dreams they look on thee,
And darkly bright are bright in dark directed:
Then thou whose shadow shadows doth make bright,
How would thy shadow's form form happy show
In the clear day with thy much clearer light.
When to unseeing eyes thy shade shines so!
How would, I say, mine eyes be blessed made
By looking on thee in the living day,
When in dead night thy fair imperfect shade
Through heavy sleep on sightless eyes doth stay!

All days are nights to see tall I see thee,
And nights bright days when dreams do show thee me.

Mein Aug, wenns zu ist, siehts, wie's sonst nicht sieht,
denn tags, da siehts vorbei an Tagesdingen;
doch gehts durchs Dunkel, so ists hell und glüht,
und geht, das schläft und träumt, dich mir zu bringen.
Du, dessen Schatten Schatten hell durchwebt,
wie würde er als Körper erst gestalten,
wie war der Tag durch Helleres belebt,
wenn schon im Schatten Helligkeiten walten!
Und wie mein Auge erst beseligt wär,
könnts am lebendgen Tage dich gewahren!
In toter Nacht, ein Schemen, tratst du her,
dem Schlafend-Blinden dich zu offenbaren.

Nacht aller Tag, da ich dich nicht erblickt.
Tag alle Nacht, da dich der Traum mir schickt.

(Übersetzung: Paul Celan)

Übersetzer u. a. Dorothea u. Ludwig Tieck, Stefan George, Paul Celan

1▸ Welche Wirkung hat die englische Sonettform – drei vierzeilige Strophen und ein abschließendes zweizeiliges Couplet – im Vergleich zur kontinentalen Form (Gryphius) auf die inhaltliche Struktur?

2▸ Was lässt sich an der Tag-Nacht-Metaphorik beobachten?

3▸ Überprüfen Sie an dem Shakespeare-Sonett die Aussage: »Jedes dieser Gedichte mit seinen streng gefügten vierzehn Zeilen ist auf schmalstem Raum ein vollkommenes Drama« (Ilse Krämer, Übersetzerin; in: Shakespeare Sonette, Zürich: Diogenes, 1994).

4▶ Das Sonett ist *die* »europäische« Gedichtform, seit den italienischen Dichtern Dante und Petrarca (13./14. Jh.) im europäischen Kulturraum die verbreitetste und für fast jede Schrifstellergeneration besonders wichtige formale Herausforderung in der Lyrik.

- ▶ Versuchen Sie eine Erklärung: Worin könnte über die Jahrhunderte hinweg der ungebrochene Reiz dieses strengen Grundmusters liegen?
- ▶ Beziehen Sie in Ihre Überlegungen auch andere Sonette, die Sie in diesem Arbeitsbuch finden, mit ein. Setzen Sie sich dabei mit der folgenden Definition des Sonetts auseinander: »Ein Sonett ist ein Sonett – ein Gedicht, dessen ›Sinn‹ nicht primär in der Wortbedeutung steckt, sondern in seiner regelmäßigen Gestalt. Sinn gleich Form. Sonette schreiben heißt: diese eine Form wieder und wieder Sinn werden lassen.« (Hanno Helbling, Vorwort zu Shakespeare-Sonette, a. a. O.)

Zweiter Interpretationsansatz
Wortschatz – Schlüsselwort – Metaphorik

Georg Trakl:
Verfall (1909 e, 1913 v)

1. Quartett
a Am Abend, wenn die Glocken Frieden läuten,
b Folg ich der Vögel wundervollen Flügen,
b Die lang geschart, gleich frommen Pilgerzügen,
a Entschwinden in den herbstlich klaren Weiten.

2. Quartett
a Hinwandelnd durch den dämmervollen Garten
b Träum ich nach ihren helleren Geschicken
b Und fühl der Stunden Weiser kaum mehr rücken.
a So folg ich über Wolken ihren Fahrten.

1. Terzett
c Da macht ein Hauch mich von Verfall erzittern.
d Die Amsel klagt in den entlaubten Zweigen.
c Es schwankt der rote Wein an rostigen Gittern,

2. Terzett
d Indes wie blasser Kinder Todesreigen
c Um dunkle Brunnenränder, die verwittern,
d Im Wind sich fröstelnd blaue Astern neigen.

verändertes Lebensgefühl in einer überlieferten Form

Sie haben wieder ein Sonett vor sich. Jedoch können Sie die am barocken Beispiel gefundenen Ergebnisse nicht ohne weiteres auf dieses expressionistische Gedicht übertragen. Die rund 260 Jahre, die zwischen beiden Gedichten liegen, haben an der Aussagekraft dieser strengen Form nichts geändert, wohl aber an ihrer Ausfüllung. Gryphius schrieb sein Sonett kurz nach dem Ende eines verheerenden Krieges; Trakl (1887–1914) standen solche Schrecken noch bevor – er beging aus Verzweiflung über die Gräuel des Ersten Weltkriegs als junger Sanitätsoffizier Selbstmord. Pessimismus, Skepsis, ein Gefühl der Verlorenheit prägen die ›moderne‹ Generation vor dem Ersten Weltkrieg. Die Vergänglichkeit alles Irdischen, die schon Gryphius so eindringlich beschreibt, wird zu Beginn des 20. Jahrhunderts um so hoffnungsloser empfunden, als der Halt im Glauben an christliche Gottes- und Erlösungsvorstellungen weitgehend verloren gegangen ist.

5▶ Versuchen Sie, Ihren ersten Eindruck zu formulieren.

Arbeitshypothese

Wieder bieten sich – wie bei Gryphius – unterschiedliche Interpretationsansätze an: Die alte Form ›Sonett‹ wird wieder gebraucht, der sehr auffällige Titel (*Verfall*) verweist auf ein existenzielles Thema, die Sprache zeigt einen reichen, fließenden Klang, ›klagende‹ Bilder und Farben. Da Sie beim vorigen Beispiel den Zugang über die Form nachvollzogen haben, sollten Sie jetzt entsprechend verfahren:

Suche nach dem geeigneten Interpretationsansatz

6▶ Sammeln Sie formale Beobachtungen, und beachten Sie dabei Folgendes:
- Wo gibt es ›Teilungen‹ und Zäsuren, welcher Art sind sie?
- Welchen inhaltlichen Aufbau zeigen die einzelnen Strophen?
- Welcher gedankliche Ablauf ist zu erkennen? – Welche Akzente werden durch Reimentsprechungen gesetzt?
- Welche Bewegung geht durch den gesamten Text?
- Wie wird die ›Starrheit‹ der Sonettform verändert? Mit welcher Wirkung?

formale Beobachtungen

Der hier vorgestellte Interpretationsansatz führt über das Schlüsselwort *Verfall* und die Beobachtung des Wortschatzes.

An diesem Text fallen sofort Diskrepanzen auf: eine melancholisch-pessimistische Überschrift, aber ›schöne‹ Bilder; strenge Form und dennoch weicher Klang. Offenbar ist Zerrissenheit, der Zwiespalt zwischen Schönem und Schrecklichem, ein Grundprinzip dieses Gedichts.

Zerrissenheit als Kompositionsprinzip

Die Sprache scheint zunächst klingend, melodisch und weich; Trakl verwendet ausschließlich weiche, klingende Kadenzen (*läuten – Flügen*). Das *en* der Endungen wird zudem in den einzelnen Versen in mehreren Wörtern wiederholt. Zweimal, häufig dreimal hintereinandergesetzt (Glock*en* Fried*en* läut*en*. Wolk*en* ihr*en* Fahrt*en*), bewirkt dies einen fließenden Gleichlaut, ein fast wellenförmiges Auslaufen der einzelnen Zeilen.
An den Quartetten ist dies in jeder Zeile zu bemerken, in den Terzetten nicht mehr so konsequent. Der Eindruck wird unterstützt durch ein melodisches Klangspiel mit Konsonanten und Vokalen:
In einer Fülle von Alliterationen und Assonanzen (*A*m *A*bend; *f*olg ich der *V*ögel wunder*v*ollen *F*lügen usw.) wird ein Klangbild erzeugt: Vorherrschend sind die weichen Konsonanten *n* (jeder Vers endet so), *g*, *d*, *f*, *w*, *l*, dazu ein melodischer Wechsel heller und dunkler Vokale mit klingenden *ei-* und Doppellauten.
In den Terzetten zeigt diese Abfolge ebenfalls eine gewisse Veränderung, ja Systematik: *a-*, *o-* und *u-*Laute überwiegen, eine zunehmende Verdunklung des Klanges wird

sprachliche Beobachtungen:
Schlüsselwort
Metaphorik
Klangelemente
Farben

deutlich und eine merkwürdige ›Melodie‹ der wichtigen letzten Zeile: mehrere helle i-Laute, die sich über *ö* ➛ *au* verdunkeln, sich aber in *a* ➛ *ei* wieder öffnen. Die ›Abwärtsbewegung‹, wie sie das Gedicht inhaltlich zeigt, der »Verfall«, wird im Klang zu einem sanften Bogen – er ›fällt‹ nicht ab, er ›neigt‹ sich.
Der Wortschatz ›öffnet‹ die Hintergründe, ja Abgründe des ›schönen Scheins‹: Das letzte Wort *neigen* (mit den Assoziationen ›ein Tag neigt sich‹, ein Leben geht seinem Ende zu) beendet wortwörtlich den »Verfall«, der als Schlüsselbewegung das gesamte Gedicht durchzieht:

Glocken (im Turm)	*Vogelflug*	*Frieden*
↓	↓	↓
dunkle Brunnen	*Todesreigen* Kälte (*fröstelnd*)	Angst (*erzittern*) und *Tod*

Ausdeutung der Wortwahl in den einzelnen Strophen

In chiffrenartigen Bildern werden hier eine wehmütige Grundstimmung, das Wissen um Verlorensein und Sterben, und die Demaskierung des Grauens in der Schönheit und scheinbaren Sicherheit deutlich:
Malt die erste Strophe noch in den christlichen Begriffen von Glocken und frommen Pilgern ein Bild sicheren Abendfriedens, ermöglicht die Metapher des Vogelfluges trotz ihrer Bedeutung für Herbst und Abschied noch Hoffnung (Vogelflug = Prophezeiung oder Zeichen der Zukunft), so weist das Verb *entschwinden* doch bereits auf Verlust.
Die *herbstlich klaren Weiten* der ersten Strophe verengen und verdüstern sich in der zweiten zum dämmervollen Garten. Die Partizipialkonstruktion *Hinwandelnd* weist auf einen schwebenden, fast zeitlosen Zustand des lyrischen Ichs, der sich aber durch den mahnenden Hinweis auf die Uhr (*Stunden Weiser*, Symbol für die Begrenztheit menschlichen Lebens) als Wachtraum und Selbsttäuschung erweist.
Die bislang scheinbare Ruhe und Harmonie wird in der dritten Strophe jäh durch das plötzliche *Da*, die Nennung des Vorgangs *Verfall* und die einzige heftige Bewegung des Wortlautes (*erzittern*) beendet. Zunehmende Zeichen des Verfalls: Hauch (des Todes), der ›klagende‹ Vogel, *entlaubte* Zweige, die einzigen scharfen *s*-, *t*-, *z*-Laute, *schwankt* (= Unsicherheit), und die zentrale Metapher: der *rote Wein – rostige Gitter*, fassen in einem Wortbild klanglich wie inhaltlich (Rot – Rost, Blut – Tod), das Thema des Gedichts zusammen: offenkundiger Verfall alles Seienden. Hier zeigt sich auch die besondere Farbsymbolik der Expressionisten: Farben (hier: Weiß, Rot, Blau) sind Chiffren für existentielle Vorgänge. Durch den Zeilensprung (Enjambement) ›fließt‹ diese demaskierende Zeile ›harmonisch‹ in die ›Todesstrophe‹ über und macht damit die vordergründige Schönheit erschreckender Bilder deutlich, von denen die Sprachbeobachtungen ausgegangen sind.

zentrale Metapher

Farbsymbolik

Die letzte Strophe bringt eine typisch expressionistische, ›künstliche‹ Metapher; *blasser Kinder Todesreigen* der *blaue*(n) *Astern*. Die Assoziationen des Totentanzes, der Totenblässe, des Kindertodes als Verlust jeder Zukunft und Hoffnung, der Abgründe (*Brunnen*), der Zerstörung (*verwittern*), der Kälte (*fröstelnd*) und des Herbstes (*Astern*) vervollständigen sanft, aber unerbittlich das realistische Bild einer todgeweihten Welt, einer verlorenen Zeit, deren Beschreibung in diesem Gedicht so verführerisch mit Adjektiven wie *wundervoll* und *fromm* und mit Friedensglocken begann.

Gang der Untersuchung

Vergleich mit anderen Gedichten des Autors

Sie sehen, die sprachliche Intensität und die metaphorische Dichte expressionistischer Gedichte fordern von Ihnen große Genauigkeit bei der Sprachuntersuchung.

6a ▶ Suchen Sie nach zentralen Bildern, Schlüsselworten, nach Assoziationsfeldern (hier: *Verfall* ➛ *Abend* ➛ Herbst ➛ Tod).

6b ▶ Beobachten Sie den sprachlichen ›Gestus‹, die Bewegung, genau. Gehen Sie Zeile für Zeile vor oder auch nach den Wortarten (Verben, Adjektiven usw.), und schlüsseln Sie die Bilder und Metaphern zunächst einzeln in ihrer Assoziationsbreite auf, bevor Sie eine zusammengefasste Interpretation schreiben. Dann können Sie auch traditionelle Metaphern (hier z. B.: Vogelflug und Uhr) von neuen (hier: Todesreigen der Astern) unterscheiden.

Eine gute Möglichkeit, die Ergebnisse Ihrer Beobachtungen zu vertiefen, abzusichern oder zu korrigieren, ist die Einbeziehung anderer Gedichte, einzelner Verse oder weiterer Äußerungen desselben Autors. Auch wenn Sie sich nur an einige Verse erinnern, können Sie schon Hinweise erhalten auf ähnliche Themen und Bilder. So hat z. B. Trakl das Grundthema und die Metaphorik des Gedichts ›Verfall‹ oft aufgegriffen, z. B. in ›Der Herbst des Einsamen‹, ›Offenbarung und Untergang‹. Sehr geeignet wäre zum Vergleich Trakls letztes Gedicht: ›Grodek‹. »Grodek« ist der Name eines im Herbst 1914 hart umkämpften galizischen Dorfes. Die furchtbaren Erlebnisse trieben den Sanitäter Trakl zu einem zunächst gescheiterten Selbstmordversuch. Einige Wochen später starb er an einer Überdosis von Betäubungsmitteln.
Das Gedicht ›Grodek‹, das von sterbenden Kriegern spricht, beginnt ähnlich ›schön‹ wie ›Verfall‹: *Abend* und *herbstliche Wälder* erzeugen zunächst eine friedliche Stimmung, die in der Assonanz vom schönen *Tönen* zu den *tödlichen* Waffen entlarvt wird.

Georg Trakl:
Grodek (1914 e)

Am Abend tönen die herbstlichen Wälder
Von tödlichen Waffen, die goldnen Ebenen
Und blauen Seen, darüber die Sonne
Düstrer hinrollt; umfängt die Nacht
Sterbende Krieger, die wilde Klage
Ihrer zerbrochenen Münder.
Doch stille sammelt im Weidengrund
Rotes Gewölk, darin ein zürnender Gott wohnt
Das vergossne Blut sich, mondne Kühle;
Alle Straßen münden in schwarze Verwesung.
Unter goldnem Gezweig der Nacht und Sternen
Es schwankt der Schwester Schatten durch den schweigenden Hain,
Zu grüßen die Geister der Helden, die blutenden Häupter;
Und leise tönen im Rohr die dunkeln Flöten des Herbstes.
O stolzere Trauer! ihr ehernen Altäre
Die heiße Flamme des Geistes nährt heute ein gewaltiger Schmerz,
Die ungebornen Enkel.

Sonette zeitgenössischer Autoren

Weiterführend ist hier auch ein Vergleich (zur Methode des Vergleichs s. S. 31 ff.) mit Sonetten zeitgenössischer Autoren und der Frage, wie sie mit der traditionellen Form, der besonderen Struktur und Metaphorik umgehen, am Beispiel von Karl Krolow: Herbstsonett mit Hegel, entstanden 1981/82. Dieses Gedicht mit seiner zwar ironisch verfremdeten, aber bewusst genutzten traditionellen Form markiert in den frühen 80er Jahren – parallel zu den legendären Frankfurter Poetik-Vorlesungen, von Hilde Domin, Peter Rühmdorf u. a. – so etwas wie die Wiederentdeckung der poetischen Formensprache nach der Politisierung der Literatur und dem Bruch mit Tradition und Form in den 70er Jahren.

Zäsur Anfang der 80er Jahre Frankfurter Poetik – Vorlesungen

Karl Krolow
Herbstsonett mit Hegel (1981/1982 e)

Den Staub des Sommers unter den Fingernägeln,
den Dieselgeruch noch immer im faulenden Laub.
Verschiedene Beeren leuchten, geschaffen zum Raub
durch Amseln und Winde, die über Baumkronen segeln.

Der Herbst ist anders. Er nennt seine Regeln
und bläst in die Blätter und Blusen den eigenen Staub.
Er brennt in den Gärten. Du frierst schon im Rücken. Glaub
mir, der ist Dialektiker. Wie weiland bei Hegeln

geht es zu mit der Geschichte beliebiger Jahre,
mal so und mal so. Der greift getrost in die Haare
mit Sturm und macht die Geschichte kaputt.

Der ist nicht zu ändern, der kommt mit den Regenschauern.
Da hilft nichts. Da gibt es nichts zu bedauern.
Die Furie des Verschwindens landet schließlich im Schutt.

Dritter Interpretationsansatz
Inhaltlicher Aspekt, Thema, Epoche

Joseph von Eichendorff:
Mondnacht (1837e)

Es war, als hätt der Himmel
Die Erde still geküsst,
Dass sie im Blütenschimmer
Von ihm nun träumen müsst.

Die Luft ging durch die Felder,
Die Ähren wogten sacht,
Es rauschten leis die Wälder,
So sternklar war die Nacht.

Und meine Seele spannte
Weit ihre Flügel aus,
Flog durch die stillen Lande,
Als flöge sie nach Haus.

Himmel
Erde
(Traum)

Natur
Schöpfung
(Realität)

Mensch (Seele)
(Sehnsucht nach Erlösung, nach Gott)

Erste Beobachtungen

Auch dieses Gedicht ›klingt‹, aber mit völlig anderen Mitteln als Trakls Sonett. Dort eine reiche, farbige, mit vielen Adjektiven ›ausgemalte‹, fast künstliche Metaphorik, hier eine einfache, fast kunstlose Sprache, beinahe wie im Volkslied. Jedoch verbirgt der Spätromantiker Eichendorff (1788–1857), dessen Gedichte von vielen als die romantischen Texte schlechthin angesehen werden, unter der liedhaften Schlichtheit häufig grundsätzliche Fragen seiner Lebens- und Weltsicht.

der Autor in der Epoche Romantik

In der literarischen Epoche der Romantik (1795–1835) geht es um ein völlig neues Welt- und Kunstverständnis, um philosophisch-theologische Grundfragen (Religion und Poesie, Gott und Mensch). Es liegt nahe, in Eichendorffs Gedicht mehr als nur ein Naturbild zu sehen.

7▶ Überlegen Sie, welche der folgenden Formulierungen nach Ihrem Eindruck am einleuchtendsten erscheinen, oder formulieren Sie aus Teilen dieser Thesen und Ihren Gedanken eine neue Arbeitshypothese.

Arbeitshypothesen

- In diesem in Volksliedform geschriebenen romantischen Gedicht beschreibt Eichendorff das Erlebnis einer schönen Mondnacht und ihre ›lösende‹ Wirkung auf das lyrische Ich, auf einen einzelnen Menschen.
- In diesem in Form und Wortwahl typisch romantischen Gedicht beschreibt Eichendorff mit einem Naturbild den Einklang, die unendliche Harmonie zwischen Gott und Natur, Mensch und Schöpfung.
- In diesem in Volksliedform und typisch romantischer Sprache gehaltenen Gedicht

beschreibt Eichendorff, ausgehend vom Bild der Vereinigung von Himmel und Erde im Zauber einer Mondnacht, die Sehnsucht des irdisch gebundenen Menschen nach Heimkehr zum Ursprung, nach Erlösung durch Gott.

Suche nach dem geeigneten Interpretationsansatz

Die einfache Liedform und das begrenzte Vokabular, das – von *sternklar* abgesehen – mit den Variationen eines einziges Adjektivs auskommt: *still*, *sacht*, *leis*, reizen oder provozieren den Leser.
Die Einordnung des Gedichts in seine Zeit liegt nahe: Was ist hier ›romantisch‹? Diese Frage führt zu dem wichtigsten Untersuchungsaspekt, der Suche nach dem eigentlichen Thema, der zentralen Aussage des Gedichts.

Versuchen Sie auch hier die bisher geübten Ansätze:

zur Form

8▸ Sammeln Sie Beobachtungen zur Form, und bedenken Sie dabei:
- Welchen inhaltlichen Aufbau zeigen die Strophen?
- Welche inhaltliche Komposition von der ersten zur dritten Strophe ist zu erkennen?
- Gibt es in der Abfolge der einzelnen Verse besondere Schwerpunkte?

zur Sprache

9▸ Sammeln Sie Beobachtungen zur Sprache, und setzen Sie diese Beobachtungen in Beziehung zur Form und zu ihrer Wirkung:
- Welche Merkmale zeigt der Wortschatz (Art der Verben, Substantive usw.)?
- Welche sind die zentralen Bilder und Metaphern?
- Welche Bedeutung hat der Gebrauch des Konjunktivs?
- Gibt es ein Schlüsselwort?
- Welche Bedeutung hat das *Und* zu Beginn der letzten Strophe?
- Welche Aussagekraft besitzen die ersten und die letzten Wörter des Gedichts?
- Welche Wirkung haben Reimwörter und Klang?
- Gibt es im Satzbau Auffälliges?
- In welchem Verhältnis stehen Titel und Text?

inhaltlicher Aspekt: Thema Epoche Motiv

Eichendorff formuliert hier ein Grundgefühl der Romantik: die Sehnsucht nach Überwindung und Versöhnung aller Gegensätze, mündend in einer Hinwendung zu Gott.
Das erotische Bild vom vereinigenden Kuss zwischen Himmel und Erde hat religiöse Bedeutung: Zu denken ist an die Trennung des Irdischen vom Göttlichen durch Urschuld (Adam und Eva im Paradies) und Urfluch (der Fall des Erzengels Luzifer, sein Hochmut gegenüber Gott, seine Verbannung als Teufel in den irdischen Bereich). Auch die mystischen Vorstellungen von Himmelsbraut und -bräutigam werden angesprochen.
Dieser große Bogen der ersehnten Vereinigung umspannt das Gedicht: Himmel und Erde sind vereint im Kuss; alle Bereiche der Natur (Wind, Wald, erdhafte Ähren, himmlische Sterne) werden erfasst in *einer* Sprache (Wogen, Rauschen). Dies lässt ahnen, dass der Mensch vereint sei mit der Schöpfung (*stille Lande*) und mit Gott, der Ursprung und Ziel aller Schöpfung ist. Gott wird in diesem Gedicht weder angesprochen noch in einen Begriff gefasst, ist aber im Verständnis des gläubigen Katholiken Eichendorff wie auch vieler seiner Zeitgenossen zu erkennen.

Heimweh **Sehnsucht**

Thema der Romantik ist nicht der willensstarke, aktive, ein Ideal erstrebende Mensch (wie in der Klassik), sondern der Versuchungen erliegende, der suchende, zwischen Wunsch und Wirklichkeit hin und her gerissene Wanderer zwischen Traum und Realität. Ihn treiben das Heimweh nach dem verlorenen Ursprung, nach paradiesischer Unschuld und Harmonie, aber auch die vorwärtsgewandte Sehnsucht nach dem *fernen Land*, dem zukünftigen Ziel.
Dies ist der Kreislauf, den Eichendorff beschreibt: der Mensch zwischen Himmel und Erde, in Einklang und Zwiespalt mit der ihn umgebenden Welt auf dem Wege *nach Haus* zu Frieden und Versöhnung. »Wo gehen wir hin? – Immer nach Haus.« (Novalis)

Das Bild der sich über die irdischen Bindungen erhebenden Seele als des Göttlichen im Menschen ist ebenso alt wie die Identifizierung des Nach-Hause-Zurückkehrens mit der Vorstellung göttlich-väterlicher Liebe. Thema dieses Gedichts ist also nicht die Natur, sondern die Sehnsucht des Menschen nach göttlicher Gnade, vermittelt durch die öffnende Sprache der Natur.
Dass Eichendorff dieses Gedicht in seine Sammlung ›Geistliche Lieder‹ aufgenommen hat, bestätigt die religiöse Grundtendenz.

Vertonung

Malerei

Eine weitere Möglichkeit der Interpretation bietet die vergleichende Beobachtung der Vertonung dieses Gedichts durch den Romantiker Robert Schumann. Die Übertragung, Übersetzung eines Kunstwerkes in einen anderen künstlerischen Ausdruck ist immer eine Art der Interpretation und eröffnet neue Deutungsmöglichkeiten. In weiterem Sinne gilt dies auch für die Darstellung entsprechender Motive und Themen in der Malerei dieser Zeit, so z. B. Caspar David Friedrich (1774–1840): Zwei Männer in Betrachtung des Mondes (s. Bildteil S. 364).

10▸ Vergleichen Sie das folgende Gedicht mit den motivgleichen Texten von Gryphius (S. 18) und von Eichendorff (S. 27).

Georg Heym:
Der Abend (1910 e)

Versunken ist der Tag in Purpurrot,
Der Strom schwimmt weiß in ungeheurer Glätte.
Ein Segel kommt. Es hebt sich aus dem Boot
Am Steuer groß des Schiffers Silhouette.

Auf allen Inseln steigt des Herbstes Wald
Mit roten Häuptern in den Raum, den klaren.
Und aus der Schluchten dunkler Tiefe hallt
Der Waldung Ton, wie Rauschen der Kitharen.

Das Dunkel ist im Osten ausgegossen,
Wie blauer Wein kommt aus gestürzter Urne.
Und ferne steht, vom Mantel schwarz umflossen,
Die hohe Nacht auf schattigem Kothurne.

Georg Heym gebraucht das Motiv des Abends noch als fest ungebrochenes Naturbild, wenn auch verstärkt durch seinen expressionistische Farb- und Bildmetaphorik.

Diese Motive des Abends, des Mondscheins gelten als typisch romantische Bilder mit besonderer Stimmungs- und Gefühlsassoziation. Sie sind der Schriftstellergeneration nach der großen Zäsur von 1945 – nach Weltkrieg und Holocaust – suspekt geworden. Sie gebraucht diese Metaphern auf der Suche nach einer neuen, einer anderen Sprache fast nur noch in Brechungen und verfremdet. Ein interessantes Beispiel bietet der vergleichende Blick auf das Gedicht eines bekannten polnischen Lyrikers:

Tadeusz Różewicz (* 1921)
Der mond scheint (1948 e)

Der mond scheint
die straße ist leer
der mond scheint
ein mensch flieht

der mond scheint
der mensch fällt
der mensch erlischt
der mond scheint

der mond scheint
die straße ist leer
ein totengesicht
eine wasserlache.

(Übersetzung: Karl Dedecius)

Czerwona rękawiczka
Księżyc Świeci

Księżyc świeci
pusta ulica
księżyc świeci
człowiek ucieka

księżyc świeci
człowiek upadł
człowiek zgasł
księżyc świeci

księżyc świeci
pusta ulica
twarz umarłego
kałuża wody.

11▶ Prüfen Sie im Vergleich zu Eichendorff, wie das Bild des Mondes hier gesehen wird.

12▶ Beziehen Sie folgende Aussagen des polnischen Autors in Ihre Überlegungen mit ein:
»Die Lyrik musste, um wieder auferstehen zu können, sterben.«
»1948 unterhielt ich mich mit Tadeusz Borowski. Borowski machte sich Gedanken darüber, ob man in neuen Gedichten noch Wendungen gebrauchen könnte wie ›der Mond scheint‹. ›Daraus kann man kein Gedicht mehr machen …, oder?‹, fragte er. ›Ich weiß nicht‹, antwortete ich, ›es käme auf einen Versuch an‹. Ich schrieb damals das Gedicht *Der mond scheint*.«

13▶ Nutzen Sie auch Querverbindungen zu weiteren Texten in diesem Arbeitsbuch (s. S. 45) zur Diskussion über die Notwendigkeit und Probleme einer ›anderen‹ dichterischen Sprache nach Auschwitz.

Vierter Interpretationsansatz
Zeitgenössische Lyrik. Vergleich

Christa Reinig:
Robinson (1963 v)

manchmal weint er wenn die worte
still in seiner kehle stehn
doch er lernt an seinem orte
schweigend mit sich umzugehn

und erfindet alte dinge
halb aus not und halb im spiel
splittert stein zur messerklinge
schnürt die axt an einen stiel

kratzt mit einer muschelkante
seinen namen in die wand
und der allzu oft genannte
wird ihm langsam unbekannt

Karl Krolow:
Robinson I (1959 v)

Immer wieder strecke ich meine Hand
Nach einem Schiff aus.
Mit der bloßen Faust versuche ich,
Nach seinem Segel zu greifen.
Anfangs fing ich
Verschiedene Fahrzeuge, die sich
Am Horizont zeigten.
Ich fange Forellen so.
Doch der Monsun sah mir
Auf die Finger
Und ließ sie entweichen,
Oder Ruder und Kompass
Brachen. Man muss
Mit Schiffen zart umgehen.
Darum rief ich ihnen Namen nach.
Sie lauteten immer

Wie meiner.
Jetzt lebe ich nur noch
In Gesellschaft mit dem Ungehorsam
Einiger Worte.

14▶ Notieren Sie auffällige Merkmale der Texte.

optische Struktur

Das zeitgenössische Gedicht muss gehört und gelesen werden. Es wirkt wesentlich optisch.
Sie haben die Wirkung der optischen Zäsur bereits bei Kunert erfahren (s. S. 16); hier finden Sie bei Krolow (1915–1999) Entsprechendes, außerdem den unregelmäßigen Wechsel langer und kurzer Zeilen.

Bei Reinig (*1926) fällt sofort – trotz scheinbar traditioneller Strophenform – der Verzicht auf Interpunktion und Großschreibung auf. Die Gedichte müssen also mit den Augen erfahren werden. Es sind nicht Klangbilder, in denen Harmonie und Melos (Wohlklang) mögliche Diskrepanzen oder Gegensätze auflösen oder erträglich machen. Das Auge trifft auf Ungewohntes (Zäsuren, abgesetzte Wörter, Kleinschreibung usw.). Der Intellekt des Lesers wird herausgefordert, er muss Fehlendes ergänzen (z. B. die Zeichensetzung), zerrissene syntaktische Strukturen zusammenfügen, versuchen, sich scheinbar Willkürliches zu erklären.

Allgemeines zur modernen Lyrik
Distanz

Damit ist ein weiterer wichtiger Aspekt zeitgenössischer Lyrik angesprochen – ihre Distanziertheit. Man spricht häufig von ›Ist-Dichtung‹ im Gegensatz zur identifizierenden ›Ich-Lyrik‹ früherer Epochen.
Jedoch weist auch das scheinbar höchst artistische und distanzierte Gedicht auf ein ›betroffenes‹ Ich. Nur entsteht in der Gegenwart ein stärkeres Spannungsverhältnis zwischen emotionaler Bewegung und intellektueller Distanz: Die Texte können nicht einfach als ›schön‹ konsumiert werden. Sie fordern intellektuelle Anstrengung, da

Paradoxie

sie betont von Paradoxien leben, z. B. von der Vereinigung des Unvereinbaren, dem Aussprechen des Unmöglichen.
Strophen sind nicht immer Sinnabschnitte, sondern ›Atemeinheiten‹; die Zäsur zeigt das Ende eines langen oder kurzen gedanklichen Atems an.

unruhiges Kräftefeld

Hier ist nicht ein Bild, eine Überlegung wie z. B. bei Gryphius in eine abschließende, vollendete Form gefasst, die auch Ruhe bedeutet und sicheren Rahmen, sondern eine z. T. scheinbar ungeordnete Bildfolge, unruhig, oft abstoßend und faszinierend zugleich, bildet ein ›Kräftefeld‹ von Impulsen und Assoziationen aus allen Erfahrungsbereichen, manchmal experimentell und spielerisch, dann wieder völlig verschlossen (hermetische Lyrik) und fremd.

Umgang mit traditionellen Motiven und Formen

Zeitgenössische Lyrik ist individuell und zwiespältig. Die Lyriker misstrauen abgegriffenen Worten, herkömmlichen, oft missbrauchten Bildern. Sie schöpfen aber trotzdem aus dem überkommenen Vorrat an Bildern und Motiven (siehe das Robinson-Motiv) und versuchen, sie neu zu deuten, den gewohnten, gedankenlosen Umgang mit ihnen zu überwinden.
Die zeitgenössischen Autoren sprengen daher auch gewohnte, zu trägem Konsum verlockende Formen wie Strophenbau, Syntax, Orthographie, Interpunktion und weisen dadurch um so deutlicher auf deren Sinn. So verzichtet Reinig zwar auf Interpunktion und Großschreibung, nicht aber auf das traditionelle Dreistrophen- und Reimschema.

15▶ Versuchen Sie, die Aussagen zum modernen Gedicht anhand der beiden Gedichte zu bestätigen oder ihnen zu widersprechen.

die Methode des Vergleichs

Der Vergleich zweier motivgleicher Gedichte ist eine Möglichkeit, Interpretationsergebnisse zu erweitern. Erproben Sie das.

16▶ Vergleichen Sie die Gestaltung des Motivs »Abend« bei Gryphius und Eichendorff, bei Eichendorff und Trakl.

17▶ Vergleichen Sie die Verwendung der Sonettform bei Gryphius und Trakl.

Arbeitsverfahren

Sie sollten niemals die beiden Texte unbezogen nebeneinander interpretieren. Es geht nicht darum, zwei voneinander unabhängige Interpretationen zu erhalten, sondern Unterschiede, Zusammenhänge, Entwicklungen usw. zu erkennen. Hier bieten sich zwei Arbeitsmöglichkeiten an:

nacheinander

1. Sie interpretieren zunächst ein Gedicht sehr gründlich und schließen dann die Interpretation des zweiten so an, dass Sie deren Ergebnisse ständig auf die am ersten

Gedicht gewonnenen Ergebnisse beziehen. Diese Methode hat den Vorteil, dass Sie sich zunächst anhand eines Textes eine Basis erarbeiten können. Achten Sie jedoch darauf, dass der zweite Text nicht – etwa aus Zeitgründen – zu kurz kommt, denn der zweite Teil Ihrer Arbeit liefert erst den Vergleich.
Das Verfahren nacheinander bietet sich an, wenn Ihnen einer der Texte sofort zugänglich ist.

nebeneinander

2. Sie analysieren und interpretieren beide Texte von Anfang an nebeneinander, stellen also eine Bemerkung zur Form des einen Gedichts der entsprechenden Beobachtung an dem anderen gegenüber, z. B.:

Während sich Christa Reinig offenkundig der traditionellen Volksliedform bedient und ein übliches Reimschema verwendet, verzichtet Karl Krolow auf herkömmliche lyrische Formen. Die unproportionale Gliederung seines Textes durch die Zäsur weist im Gegenteil auf inhaltliche, nicht formale Akzente ...

Diese Methode hat den Vorteil, dass der Schwerpunkt des Vergleichs von Anfang an im Zentrum steht und rasch zu konkreten Ergebnissen geführt werden kann. Sie sollten jedoch unbedingt darauf achten, dass Sie dennoch allen Aspekten eines Textes gerecht werden und nicht nur oberflächlich das sofort Vergleichbare benennen.
Das Verfahren nebeneinander bietet sich an, wenn Ihnen beide Texte gleich eingängig erscheinen, z. B.:

Arbeitshypothesen zu Reinig

In diesem auf den ersten Blick fast traditionellen Gedicht beschreibt die Autorin im Bild der Robinson-Figur die zunehmende Vereinsamung eines Menschen, der wie ein Gefangener zum Schluss selbst den eigenen Namen (Identität) verliert.

zu Krolow

Dieses in ›Zeilenprosa‹, in auffällig zerrissener optischer Struktur gehaltene Gedicht zeigt die verzweifelten und vergeblichen Versuche eines lyrischen Ichs (Robinson), der Isolation zu entkommen. Sie enden in der Resignation.

18▶ Versuchen Sie, als Basis für den Vergleich Reinig – Krolow aus den oben angebotenen Arbeitshypothesen, eventuell mit zusätzlichen eigenen Beobachtungen, eine gemeinsame These für beide Gedichte zu formulieren, in der Unterschiedliches direkt nebeneinandergestellt wird.

Suche nach dem geeigneten Interpretationsansatz

Wieder bieten sich mehrere Schwerpunkte an: die unterschiedliche formale Gestaltung oder der so unterschiedlich dargestellte »Robinson« – einmal angepasst an die nicht zu ändernde Situation, einmal aufbegehrend-kämpferisch. Damit ist der hier entscheidende Aspekt angesprochen: die moderne Version eines alten Motivs.

formale, sprachliche, inhaltliche Beobachtungen

19▶ Erarbeiten Sie zunächst mit Hilfe von Leitfragen wie in den vorangehenden Beispielen formale, sprachliche und inhaltliche Aspekte beider Texte. Da Ihnen vermutlich das Gedicht von Christa Reinig zunächst eingängiger erscheint als das von Karl Krolow, erarbeiten Sie die Texte wie oben gezeigt nacheinander.

Zu Reinig

- Welche traditionelle Form liegt vor? Welche Wirkung hat sie? Wie unterscheidet sie sich von der Form in Eichendorffs ›Mondnacht‹?
- Welche Akzente setzen Reime oder Reimworte?
- Wie sieht die inhaltliche Gliederung der einzelnen Strophen aus?
- Welche innere Komposition ist zu beobachten?
- Welche Wirkung erzielen Kleinschreibung und Verzicht auf Interpunktion?

Zu Krolow

- Welche ›Einheiten‹ schafft die optische Gestalt bei Krolow im Unterschied zu Reinig?
- Welche Bedeutung hat die Zäsur, der abgesetzte Schluss (Zeilenzahl)?
- Welche Schwerpunkte zeigen die ›abgebrochenen‹ Zeilen jeweils?
- Gibt es hier eine feste innere Gestalt oder Bewegung im Ablauf?
- Wie ist die zeitliche Abfolge im Unterschied zu Reinig?

Zu Reinig

- Wie setzt sich der Wortschatz zusammen (Entwicklung der Verben, Substantive, Bedeutung von *still* und *schweigend*)?
- Gibt es zentrale Bilder oder Metaphern?
- Welche Bedeutung haben Bezeichnungen wie *erfindet alte dinge*, *splittert stein*, *schnürt die axt* usw.?
- Wodurch wird der weiche, gleichmäßige Klang bewirkt?
- Der Titel weist auf ein »Er«-Gedicht. Was wird aus dem Personalpronomen im Verlauf des Gedichts?
- Welche syntaktische Struktur liegt vor?

Zu Krolow

- Welche Merkmale zeigt der Wortschatz von Krolow im Unterschied zu Reinig? (Gibt es eine ›Entwicklung‹ der Verben und der Substantive? Was kennzeichnet die Syntax?)
- Gibt es zentrale Metaphern? Welche Bedeutung haben sie?
- Gibt es Schlüsselaussagen?
- Welche Bedeutung hat der Wechsel von *Ich* zu *Man*?
- Welche Bedeutung hat das *Jetzt* am Ende?
- Wie ist der gesamte ›sprachliche‹ Klang, seine Wirkung gegenüber dem ersten Text?

zu beiden Gedichten

- Welche Schlussfolgerungen lassen sich aus der jeweiligen Bedeutung der Sprache und des Namens ziehen? (Denken Sie an die Bedeutung der Namengebung.)
- Wie ist der Robinson Christa Reinigs charakterisiert, und wie entspricht die gesamte Darstellung dieser Auffassung der Gestalt?
- Wie verhält sich demgegenüber der Robinson Karl Krolows, und wie äußert sich dies in der Gestaltung?
- Inwiefern sind beide Robinson-Gestalten ›modern‹?

Vorbemerkung zum Gedichtvergleich: das traditionelle Motiv

Grundlage ist die durch Daniel Defoes Roman ›Robinson Crusoe‹ (1719) berühmt gewordene Gestalt des ausgesetzten Einzelmenschen, der die gesamte kulturelle Entwicklung der Menschheit in seiner Person wiederholen und dabei auf ursprüngliche, natürliche Verhaltensweisen zurückgehen muss. Nach Defoes Roman, der auf dem authentischen Fall des Matrosen Selkirk und dessen Robinsonade von 1704–09 auf den später so benannten Robinsoninseln beruht, entstanden mehr als 50 weitere »Robinsonaden«, und das Motiv erfuhr vor allem in der Romanliteratur drei unterschiedliche Ausprägungen: Utopie einer friedlichen Idealgesellschaft, Abenteuerroman, moralisierend-pädagogische Belehrung. In der zeitgenössischen Literatur ist »Robinson« entweder der isolierte Einzelmensch ohne gesellschaftlichen Kontakt oder der »Homo faber«, der die Erfahrungen der Menschheit noch einmal schmerzhaft an sich nachvollziehen muss.

Wandlung des Robinson-Motivs
(in den inhaltlichen Vergleich einzuarbeiten)

Beides lässt sich an den zwei Gedichten beobachten: Bei Christa Reinig geht es um den Verlust der Sprache im Zustand der Isolation, die Unsäglichkeit des Leidens in Einzelhaft im übertragenen Sinn, die Symbiose von Not (Überlebensversuch) und Spiel (reizvolles Ausloten eigener Möglichkeiten). Ihr Robinson bleibt im Gedicht selbst ein »Anonymus« (*er*), der sich selbst, d. h. seinem Namen, seiner gesellschaftlich-sozialen Einordnung fremd wird.

Bei Krolow ist Robinson ein ›Ausgesetzter‹. Als Ich personifiziert er das Verlangen nach Kontakt. Dieses Ich wird zurückgeworfen auf sich selbst, äußert sich brutal (*Mit der bloßen Faust*), listig (*Forellen-Fang*) und schließlich sehnsüchtig-behutsam (*rief ich ihnen Namen nach*). Aus der Anstrengung, eine zunächst fast ausweglose Situation zu bewältigen, entsteht die realistisch-resignierende Einsicht in die tatsächliche Aussichtslosigkeit.

Während Christa Reinigs Robinson fast widerstandslos leidet, nur das ihm Mögliche tut, bis der letzte Versuch, sich selbst ständig an sich zu erinnern, endgültig scheitert (Verlust der Identität), steht im Zentrum des Krolow-Gedichts der Verlust der Kommunikation, das zunächst noch aktive Ringen um ›Erklärung‹, das im Scheitern fast den Verlust der Sprache bedeutet (Metapher für den modernen Dichter?). Damit endet Krolows Gedicht dort, wo Christa Reinig beginnt. Aus dem konkreten Bild des auf die Insel verschlagenen Seemanns sind Metaphern für die äußere und innere Isolation moderner Menschen geworden.

Erster skizzierter Ansatz

Titel und Struktur

Johann Wolfgang von Goethe: Prometheus (1773–77 e)

Bedecke deinen Himmel, Zeus,
Mit Wolkendunst!
Und übe, Knaben gleich,
Der Diesteln köpft,
An Eichen dich und Bergeshöhn!
Musst mir meine Erde
Doch lassen stehn,
Und meine Hütte,
Die du nicht gebaut,
Und meinen Herd,
Um dessen Glut
Du mich beneidest.

Ich kenne nichts Ärmer's
Unter der Sonn' als euch Götter.
Ihr nähret kümmerlich
Von Opfersteuern
Und Gebetshauch
Eure Majestät
Und darbtet, wären
Nicht Kinder und Bettler
Hoffnungsvolle Toren.

Da ich ein Kind war,
Nicht wusste, wo aus, wo ein,
Kehrte mein verirrtes Aug'
Zur Sonne, als wenn drüber wär'
Ein Ohr, zu hören meine Klage,
Ein Herz wie meins,
Sich des Bedrängten zu erbarmen.

Wer half mir wider
Der Titanen Übermut?
Wer rettete vom Tode mich,
Von Sklaverei?
Hast du's nicht alles selbst vollendet,
Heilig glühend Herz?
Und glühtest, jung und gut,
Betrogen, Rettungsdank
Dem Schlafenden dadroben?

Ich dich ehren? Wofür?
Hast du die Schmerzen gelindert
Je des Beladenen?
Hast du die Tränen gestillet
Je des Geängsteten?

Hat nicht mich zum Manne geschmiedet
Die allmächtige Zeit
Und das ewige Schicksal,
Meine Herrn und deine?

Wähntest du etwa,
Ich sollte das Leben hassen,
In Wüsten fliehn,
Weil nicht alle Knabenmorgen-
Blütenträume reiften?

Hier sitz' ich, forme Menschen
Nach meinem Bilde,
Ein Geschlecht, das mir gleich sei,
Zu leiden, weinen,
Genießen und zu freuen sich,
Und dein nicht zu achten,
Wie ich.

Titel Die Gestalt der griechischen Mythologie wird mit dem Ich des Gedichts sofort kenntlich: Prometheus, der Titan, der sich gegen Zeus auflehnt (Das Motiv wiederholt sich im christlichen Bereich: Abfall Luzifers von Gott.). Prometheus brachte den Menschen das Feuer. Nach anderen Überlieferungen erschuf er Menschen.

Wandel eines literarischen Motivs

Goethe (1749–1832) verändert den Mythos zum Vater-Sohn-Konflikt. Das Gedicht verkörpert nun zentrale Denk- und Verhaltensweisen der literarischen Epoche »Sturm und Drang« (1767–85): Auflehnung der jungen Schriftsteller-›Titanen‹ gegen ›väterliche‹ Bevormundung in Familie und Staat, gegen Beschränkungen des eigenen schöpferischen Genies durch starre Regeln. Die selbstbewusste Darstellung der eigenen Schöpfung im Schlussteil des Gedichts kann daher auf die Geniedichtung bezogen werden, die sich von Traditionen und Bindungen löst.

Die Angaben im Titel sollten am Text genau überprüft werden. Sie liefern den Schlüssel zum Grundthema; dieses Thema erscheint jedoch oft in neuer, von der Tradition abweichender Deutung.

traditionelle Form – gewandelter Inhalt

›Prometheus‹ ist eine in freien Rhythmen geschriebene Hymne. In der Antike waren Hymnen Weihe- und Preisgedichte zu Ehren eines Gottes. Bei Goethe hingegen erscheint in dieser Form eine trotzige Anklage gegen Gott. So steht die traditionelle Form in deutlichem Spannungsverhältnis zum Inhalt, das in der zweiten Fassung der Hymne von 1785 allerdings abgemildert erscheint.

Aufbau

Das Gedicht zeigt in den sieben (magische Zahl!) Sinneinheiten das Verhältnis 3–3–1: Dreifach wird, z. T. in Imperativen, die Gottheit zurückgewiesen (direkte Zurückweisung – Verachtung – Irrglauben des Menschen), dreifach wird in sich steigernden Fragenkomplexen, die zunehmend rhetorisch werden, die Anklage gegen den Gott formuliert, die mit der endgültigen, selbstbewussten Absage des ›mündig‹ gewordenen Ichs schließt.

20▸ Versuchen Sie einen entsprechenden Interpretationsansatz zu folgendem Gedicht, das ein antikes Thema aktuell variiert:

Ulla Hahn
Verbesserte Auflage (1981 v)

Nur noch wenige Schritte dann
wird sie ihm wieder gehören hören
beschwören sein Lied das ohne sie
ihm versiegt. Hals Nase Ohren
die Augen die Haare den Mund
und so weiter wie
will er sie preisen allein
zu ihrem ewigen Ruhm.
Als eine Stimme anhebt.
Orpheus hört:
die zum Lauschen Bestellte fällt
singend ihm in den Rücken.
Da
dreht er sich um und
da
gleitet aus seinen verwirrten Händen
die Leier. Die Euridike aufhebt
und im Hinausgehn schlägt in noch
leise verhaltenen Tönen. Hals Nase Ohren
die Augen die Haare den Mund
und so weiter wie
will sie ihn preisen allein
zu seinem ewigen Ruhm.
Ob Orpheus ihr folgte
lassen die Quellen
im Trüben.

Friedrich Hölderlin: Hälfte des Lebens (1803 e)

Blüte und Reife

Mit gelben Birnen hänget
Und voll mit wilden Rosen
Das Land in den See,
Ihr holden Schwäne,
Und trunken von Küssen
Tunkt ihr das Haupt
Ins heilignüchterne Wasser.

Kälte und Verfall

Weh mir, wo nehm ich, wenn
Es Winter ist, die Blumen, und wo
Den Sonnenschein,
Und Schatten der Erde?
Die Mauern stehn
Sprachlos und kalt, im Winde
Klirren die Fahnen.

Titel und Lebensgeschichte

Der Titel weist auf das existenzielle Thema, die zwei ›Teile‹ des menschlichen Lebens: Blüte und Reife gegenüber Kälte und Verfall. Hölderlin (1770–1843) schreibt das Gedicht in einer kritischen Lebenssituation, vermutlich zwischen 1799 und 1803. Die unerfüllte Liebe zu Susette Gontard (Diotima), der Mutter seines Frankfurter Schülers, endet mit einem Eklat; am 8. Mai 1800 sehen sich die beiden zum letzten Mal in Frankfurt. Die Nachricht von ihrem Tod im Juni 1802 trifft Hölderlin so tief, dass er den Sommer unter ärztlicher Aufsicht verbringen muss. Mehrere Versuche, seine unsichere wirtschaftliche Lage zu verbessern (Annahme einer Hofmeisterstelle in Bordeaux, Tätigkeit als Bibliothekar in Homburg), scheitern wieder; ein unstetes Reiseleben beginnt.

Die beiden Strophen des Gedichts spiegeln auch die Entstehungsgeschichte wider: Aus dem zufälligen Nebeneinander zweier stichwortartiger handschriftlicher Entwürfe in Hölderlins Stuttgarter Foliobuch, dem ersten Entwurf »Die Rose« (Inhalt der zweiten Strophe) und dem zweiten Entwurf »Die Schwäne« (Inhalt der ersten Strophe), wird *ein* Gedicht. Die Überschrift lautet noch in der Handschrift bei Hölderlin »Die letzte Stunde« und markiert damit Hölderlins damalige Situation: »Ich fühle mich oft wie Eis« (Brief an die Schwester vom 1. 12. 1800). Da Hölderlin nur noch wenige Jahre blieben bis zum zweiten Teil seines Lebens in Einsamkeit und vermeintlicher Umnachtung (ab 1806), hat das Gedicht fast prophetischen Charakter.

Form

Der Titel weist auch auf die Form des Gedichts: Beide Hälften sind in je eine Strophe gefasst, die eine fließend, in einem Satz, mit Bildern der Reife (*gelbe Birnen, voll, wilde Rosen*) und der Harmonie (*holde Schwäne, trunken von Küssen*), die andere zerrissen in klagende Fragen und kurze Aussagesätze mit abweisenden, kalten Bildern (*Mauern stehn / Sprachlos und kalt, … Klirren die Fahnen*). Eine genaue Analyse des Wortschatzes (Metaphern) und des Klanges führt zu vertieftem Verständnis.

Zweiter skizzierter Ansatz
Zentrale Metapher und Schlüsselwort

Clemens Brentano: [Abendständchen] (1803 v)

Das Gedicht Brentanos (1778–1842) ist im Singspiel ›Die lustigen Musikanten‹ (Frankfurt 1803) ein Duett zwischen dem blinden Piast und Fabiola; vgl. die Regiebemerkung: »Der blinde Piast, Fabiola führt ihn an einem Stabe, und hat den Knaben auf dem Arm. Hinter der Szene hört man eine Flöte, die sich nähert, und endlich tritt Ramiro auf.«

FABIOLA
Hör', es klagt die Flöte wieder,   Ohr
Und die kühlen Brunnen rauschen.

PIAST
Golden wehn die Töne nieder,   Auge
Stille, stille, lass uns lauschen!   Ohr

FABIOLA
Holdes Bitten, mild Verlangen,   Ohr/Mund
Wie es süß zum Herzen spricht!   Herz

PIAST
Durch die Nacht; die mich umfangen,   Körper
Blickt zu mir der Töne Licht.   Auge

Wortschatz und Klang

Die Musikalität, auf die der Titel verweist, durchzieht das gesamte Gedicht: überwiegend weiche Kadenzen, *Flöte*, *Brunnen*, zweimal *Töne* als singende Substantive; »klagen«, *rauschen*, *lauschen* sprechen als akustische Verben. Das verstärkend wiederholte *still* – oft gebrauchtes Adjektiv in der Romantik – macht in diesem Klangbild deutlich, dass es nicht eine akustische Stille allgemein meint, sondern ein Zur-Ruhe-Kommen, Sich-Öffnen des atmenden, aufnehmenden Menschen.
Noch entscheidender als die Musikalität ist das Ansprechen aller Sinnesorgane: Ohr, Auge, Fühlen (Körper), Mund – und das Zusammenklingen all dieser sensiblen Wahrnehmungen in *einer* Empfindung, der Synästhesie: *Blickt … der Töne Licht* (Auge und Ohr), *Golden wehn die Töne* (Auge, Ohr, Fühlen). Wieder findet sich das typisch romantische Vokabular: *still* – *lauschen*, die Bedeutung der Nacht. Schon der Beginn ist eine Aufforderung zur Öffnung, zum Horchen, Hineinhören in die Natur – Grundmotive der Romantik. Brentano nutzt hier exemplarisch die romantische Ironie: Ein alter blinder Greis wird zum Erfinder der Synästhesie, die im sprachlichen Ausdruck eine Verschmelzung mehrerer Sinneseindrücke bedeutet.

21▸ Stellen Sie Beobachtungen zum Klang (Assonanzen, Vokal- und Konsonantenverteilung im Text) zusammen. Welche Wirkung wird erzeugt?

22▸ Notieren Sie Beobachtungen zu Metrum und Rhythmus. Warum erscheinen z. B. in dem Vers *Golden wehn die Töne nieder* Rhythmus und Inhalt völlig identisch?

Rainer Maria Rilke: Herbst (1902 v)

Die Blätter fallen, fallen wie von weit,
Als welkten in den Himmeln ferne Gärten;
Sie fallen mit verneinender Gebärde.

Und in den Nächten fällt die schwere Erde
Aus allen Sternen in die Einsamkeit.

Wir alle fallen. Diese Hand da fällt.
Und sieh dir andre an: es ist in allen.

Und doch ist Einer, welcher dieses Fallen
Unendlich sanft in seinen Händen hält.

23▸ Stellen Sie anhand formaler Beobachtungen fest, wie äußerer und innerer Aufbau aussehen. Welche Bewegung durchzieht den Text? Wo endet sie?

Wortschatz und zentrale Metapher

Die sprachliche Gestaltung lebt von zwei Bildkomplexen: Zunächst bestimmt das *Fallen* (verbal und substantivisch) das gesamte Gedicht Rilkes (1875–1926). Im ersten Vers wird es durch eine symmetrische Gegenüberstellung betont, werden die doppelte Bedeutung gewonnen und der inhaltliche Schwerpunkt gesetzt. Diese Übertragung einer Naturerscheinung auf das menschliche Leben ergibt: Das Abfallen der Blätter ist ein Bild für Vergehen und Endlichkeit der Natur wie des menschlichen Lebens (*es ist in allen*).

Die *verneinende Gebärde* der Natur, die den gesamten Text bestimmt, wird durch das letzte Wort *hält* aufgehoben durch den *Eine*(n), den Gott der Schöpfung.

Zentrale Metapher ist das Blatt als Sinnbild irdischer Vergänglichkeit, weitergeführt in der menschlichen *Hand.* Der Mensch als Blatt im Wind, das »Welken« menschlicher Aktivität in das Bild einer fallenden Hand gefasst – dies sind alte, z. T. biblische Bilder. Neu ist hier die Kongruenz von Blatt und Hand auch als äußere Form (s. Kastanienblatt).

24▸ Sammeln Sie Beobachtungen zu Klang und Sprachmelodie sowie zur Satzgestaltung, und bringen Sie sie mit dem Inhalt in Zusammenhang. Wodurch wird das *Fallen* sanft?

25▸ Vergleichen Sie dieses Herbstgedicht mit einem anderen sehr bekannten Gedicht von Rilke. Welche Unterschiede, welche Ähnlichkeiten können Sie entdecken?

Rainer Maria Rilke: Herbsttag (1902)

Herr: es ist Zeit. Der Sommer war sehr groß.
Leg deinen Schatten auf die Sonnenuhren,
und auf den Fluren lass die Winde los.

Befiehl den letzten Früchten voll zu sein;
gib ihnen noch zwei südlichere Tage,
dränge sie zur Vollendung hin und jage
die letzte Süße in den schweren Wein.

Wer jetzt kein Haus hat, baut sich keines mehr.
Wer jetzt allein ist, wird es lange bleiben,
wird wachen, lesen, lange Briefe schreiben
und wird in den Alleen hin und her
unruhig wandern, wenn die Blätter treiben.

Rilke ist wie andere Lyriker zu Beginn des 20. Jh. beeinflusst von der literarischen Bewegung des Symbolismus, nach 1880 in Paris entstanden, die der Lyrik neue Impulse gibt und den Beginn einer modernen Poetik markiert. Der Impressionismus in der Malerei der zweiten Hälfte des 19. Jahrhunderts findet um die Jahrhundertwende seine Entsprechung in der Literatur mit der Idee der »poésie pure«, der Methode des Andeutens und der Rückführung der lyrischen Sprache und Form auf die eigentlichen poetischen Ausdrucksmittel (Klangwirkung, semantische Dichte, Mehrdeutigkeit, vernetzte Metaphorik). Von Brecht wegen des Verzichts auf Belehrung, Beschreibung, gesellschaftliche Parteinahme als »aromatische Gedichte« abgelehnt, entfaltet diese literarische Bewegung eine europaweite Wirkung: In Frankreich Stéphane Mallarmé, Arthur Rimbaud, Paul Verlaine und vor allem Charles Baudelaire mit »Les fleurs du mal« (1907), außerdem Maeterlinck, García Lorca, Yeats, Pound, Eliot; in Deutschland neben Rilke Stefan George, Hugo von Hofmannsthal, Georg Trakl, Paul Celan.

Symbolismus
ausgehend von Paris, Ende des 19. Jahrhunderts

Idee der »poésie pure«

europaweite Wirkung

Paul Verlaine (1844–1896): Il pleure dans mon cœur

Il pleure dans mon cœur
Comme il pleut sur la ville,
Quelle est cette langueur
Qui pénètre mon cœur?

O bruit doux de la pluie
Par terre et sur les toits!
Pour un cœur qui s'ennuie,
O le chant de la pluie!

Il pleure sans raison
Dans ce cœur qui s'écœure,
Quoi! nulle trahison?
Ce deuil est sans raison.

C'est bien la pire peine
De ne savoir pourquoi,
Sans amour et sans haine,
Mon cœur a tant de peine.

26▶ Für dieses Gedicht gibt es viele Übersetzungen (s. S. 393). Versuchen Sie trotzdem eine eigenständige Übersetzung, ggf. unter Zuhilfenahme eines Wörterbuches. Wichtig ist, dass Sie sich der Grundstimmung des Textes und der sprachlichen Gestaltung ganz im Sinne der Andeutung und Umschreibung annähern.

Günter Eich:
Ende eines Sommers (1955 v)

Wer möchte leben ohne den Trost der Bäume!
Wie gut, dass sie am Sterben teilhaben!
Die Pfirsiche sind geerntet, die Pflaumen färben sich,
während unter dem Brückenbogen die Zeit rauscht.

Dem Vogelzug vertraue ich meine Verzweiflung an.
Er misst seinen Teil von Ewigkeit gelassen ab.
Seine Strecken
werden sichtbar im Blattwerk als dunkler Zwang,
die Bewegung der Flügel färbt die Früchte.

Es heißt Geduld haben.
Bald wird die Vogelschrift entsiegelt,
unter der Zunge ist der Pfennig zu schmecken.

27▶ Vergleichen Sie diese Überschrift mit der der Rilke-Gedichte. Inwieweit schafft trotz inhaltlich ähnlicher Aussage die Formulierung hier eine veränderte Ausgangssituation für das Textverständnis?

28▶ Welche Bedeutung haben die strophenartigen ›Atemeinheiten‹ und die Anzahl der Verszeilen?

29▶ Welche Formulierungen weisen auf Reife, welche auf Vergänglichkeit? Gibt es einen Schlüsselsatz?

30▶ Entschlüsseln Sie die Metaphern des Textes: Welche sind traditionell, welche erscheinen Ihnen verändert oder neu?
Welche ist offenbar besonders wichtig?

Schlüsselwort

Allgegenwart des Todes

Hoffnung

Das Wort der letzten Zeile in Eichs (1907–72) Gedicht erscheint zunächst rätselhaft, öffnet aber den Sinn des Gedichts: *der Pfennig* korrespondiert nicht nur klanglich mit Pfirsichen und Pflaumen, der Ernte des Sommers. Er erinnert an ein antikes Motiv: den Obolus, den Charon, der Fährmann am Styx, für die Überfahrt ins Totenreich, in den Hades, verlangt. Die letzte Ernte ist also der Tod. Die Hoffnung auf die Entsiegelung der Vogelschrift (in der Apokalypse ist das Brechen der sieben Siegel eine endzeitliche Vision), die Dechiffrierung des Sinns in allem Irdischen endet in dem ›bitteren‹ Geschmack der Erkenntnis, dass der Tod näher rückt, der als Preis für das Leben zu zahlen ist.

Federico García Lorca

Lied

Durch die Lorbeerzweige
gehn zwei dunkle Tauben.
Die eine war der Mond,
die andere die Sonne.
Sagt, ihr Guten, sagt mir,
wo ist denn mein Grab?
In meiner Kehle, sprach der Mond.
In meinem Schwanz, die Sonne.
Und kaum ging ich meines Wegs,
am Gürtel hatt ich Erde,
sah aus Marmor ich zwei Adler
und ein nacktes Mädchen.
Der eine war der andre
und niemand war das Mädchen.
Ihr guten Adler, sagt mir,
wo ist denn mein Grab?
In meiner Kehle, sprach der Mond.
In meinem Schwanz, die Sonne.
Durch die Kirschenzweige
sah ich zwei nackte Tauben,
die eine war die andre
und niemand war beide.

Übersetzung: H. M. Enzensberger

Canción

Por las ramas del laurel
van dos palomas oscuras.
La una era el sol,
la otra la luna.
Vecinitas, les dije,
¿dónde está mi sepultura?
En mi cola, dijo el sol.
En mi garganta, dijo la luna.
Y yo que estaba caminando
con la tierra a la cintura
vi dos águilas de mármol
y una muchacha desnuda.
La una era la otra
y la muchacha era ninguna.
Aguilitas, les dije,
¿dónde está mi sepultura?
En mi cola, dijo el sol.
En mi garganta, dijo la luna.
Por las ramas del cerezo
vi dos palomas desnudas,
la una era la otra
y las dos eran ninguna.

García Lorca, aus Andalusien stammender, wohl bekanntester spanischer Lyriker des 20. Jahrhunderts, gehört zur Generation der intellektuellen und künstlerischen Avantgarde Spaniens vor dem Bürgerkrieg. Er bewegte sich neben der Literatur und der praktischen Theaterarbeit in allen künstlerischen Bereichen (Musik, Malerei, Film) und war befreundet mit Dalí, Buñuel und Neruda. Er wurde kurz nach dem Ausbruch des Bürgerkriegs von Anhängern Francos ermordet.

Federico García Lorca (1899–1936)

31▸ Vergleichen Sie die Bildsprache des Gedichts mit der von Rilke und Eich. Wo entdecken Sie Ähnlichkeiten, wo Unterschiede? Welche existentiellen Fragen werden angesprochen?

32▸ Gibt es so etwas wie eine »surrealistische Bildverschränkung« in dieser Sprache? Ziehen Sie Bilder von Salvador Dalí zu diesen Überlegungen heran (s. S. 365). Surreale Malerei – surreale Bildsprache – prüfen Sie die jeweilige Wirkung.

Dritter skizzierter Ansatz
Zentrales Thema. Vergleich

August Stramm: Patrouille (1915/16 v)

Die Steine feinden
Fenster grinst Verrat
Äste würgen
Berge Sträucher blättern raschlig
Gellen
Tod.

Rainer Brambach: Paul (1969 v)

Neunzehnhundertundsiebzehn
an einem Tag unter Null geboren

rannte er wild über den Kinderspielplatz,
fiel, und rannte weiter

den Ball wegwerfend über den Schulhof,
fiel, und rannte weiter

das Gewehr im Arm über das Übungs-
gelände,
fiel, und rannte weiter

an einem Tag unter Null in ein
russisches Sperrfeuer
und fiel.

Arbeitshypothese

33▶ Worum scheint es im jeweiligen Text zu gehen?

zentrales Thema ›Patrouille‹
befremdender Schock

August Stramm, * 1874, 1915 in Russland gefallen, spricht hier in sechs Zeilenfetzen und in ausdrucksstark wie schockierend zusammengefassten Wörtern das aus, was sich mit dem Oberthema »Krieg« und der Überschrift (gefahrvolle Erkundung im Bereich des Gegners) andeutet: die allgegenwärtige Angst vor dem überall lauernden Tod. Dies ist das existentielle Thema des jungen Soldaten im Ersten Weltkrieg und das Thema des Gedichts: die aggressive Feindlichkeit aller Dinge, selbst der Natur, im Krieg.
Sprachlich zeigt sich das in der aktiven Verbform *feinden*, der Personifizierung (*Fenster grinst, Äste würgen*) und in der auf eindringliche Sprachbilder verkürzten Darstellung des verräterischen Raschelns der ›verbergenden‹ *Sträucher. Patrouille* wird reduziert auf ihren Kern: verzweifelte Angst und Tod.

›Paul‹

Auch Brambachs (*1917) Gedicht ›Paul‹ ist ein Kriegsgedicht, aber im Gegensatz zum expressionistischen Text von Stramm schockiert hier nicht die eine traditionelle Sprachform sprengende, geballte subjektive Emotion, sondern im Gegenteil die nüchterne, in einem Satz auf wesentliche Begebenheiten beschränkte, fast amtliche Auflistung der Stationen eines Menschenlebens. Dieses Leben, dessen ausgeschriebenes Geburtsdatum wohl für einen ganzen Jahrgang steht, wird reduziert auf »Fallen« und »Weiterrennen« – ein schrecklicher Mechanismus, der in der Doppelbedeutung des »Fallens« auf dem Schlachtfeld einen sinnlosen Abschluss findet.

Thema ist also die realistische Einsicht in die Sinnlosigkeit eines auf sinnloses Sterben ›programmierten‹ Lebens.

34▸ Vergleichen Sie thematisch ähnliche Gedichte in dieser Übungsreihe:
Rilke: ›Herbst‹ – Trakl: ›Verfall‹
Hölderlin: ›Hälfte des Lebens‹ – Eich: ›Ende des Sommers‹

Vierter skizzierter Ansatz
Entschlüsselnde Chiffren

Paul Celan:
Todesfuge (1945 e)

Fugenthema
durchgeführt in vier Stimmen

Schwarze Milch der Frühe wir trinken sie abends
wir trinken sie mittags und morgens wir trinken sie nachts
wir trinken und trinken
wir schaufeln ein Grab in den Lüften da liegt man nicht eng
Ein Mann wohnt im Haus der spielt mit den Schlangen der schreibt
der schreibt wenn es dunkelt nach Deutschland dein goldenes Haar Margarete
er schreibt es und tritt vor das Haus und es blitzen die Sterne er pfeift seine Rüden herbei
er pfeift seine Juden hervor lässt schaufeln ein Grab in der Erde
er befiehlt uns spielt auf nun zum Tanz

Schwarze Milch der Frühe wir trinken dich nachts
wir trinken dich morgens und mittags wir trinken dich abends
wir trinken und trinken
Ein Mann wohnt im Haus und spielt mit den Schlangen der schreibt
der schreibt wenn es dunkelt nach Deutschland dein goldenes Haar Margarete
Dein aschenes Haar Sulamith wir schaufeln ein Grab in den Lüften da liegt man nicht eng

Er ruft stecht tiefer ins Erdreich ihr einen ihr andern singet und spielt
er greift nach dem Eisen im Gurt er schwingts seine Augen sind blau
stecht tiefer die Spaten ihr einen ihr andern spielt weiter zum Tanz auf

Schwarze Milch der Frühe wir trinken dich nachts
wir trinken dich mittags und morgens wir trinken dich abends
wir trinken und trinken
ein Mann wohnt im Haus dein goldenes Haar Margarete
dein aschenes Haar Sulamith er spielt mit den Schlangen

Er ruft spielt süßer den Tod der Tod ist ein Meister aus Deutschland
er ruft streicht dunkler die Geigen dann steigt ihr als Rauch in die Luft
dann habt ihr ein Grab in den Wolken da liegt man nicht eng

Schwarze Milch der Frühe wir trinken dich nachts
wir trinken dich mittags der Tod ist ein Meister aus Deutschland
wir trinken dich abends und morgens wir trinken und trinken
der Tod ist ein Meister aus Deutschland sein Auge ist blau
er trifft dich mit bleierner Kugel er trifft dich genau
ein Mann wohnt im Haus dein goldenes Haar Margarete
er hetzt seine Rüden auf uns er schenkt uns ein Grab in der Luft
er spielt mit den Schlangen und träumet der Tod ist ein Meister aus Deutschland

Coda

dein goldenes Haar Margarete
dein aschenes Haar Sulamith

hermetische Lyrik
Autor

Celans Gedichte gehören zu den am stärksten verschlüsselten in der modernen Lyrik. Diese ›hermetischen‹ Texte stehen in einer Reihe sprachmagischer, chiffrierter Dichtung, wie sie zunächst im Barock (bei Quirinus Kuhlmann) in der Nachfolge Jakob Böhmes und später vor allem bei den französischen Symbolisten (Baudelaire, Rimbaud, Mallarmé) typisch ist. Celan (eigentlich Ancel, 1920–70), dessen gesamte Familie in einem deutschen Vernichtungslager umkam, hat das Gedenken an die Toten – eine zentrale jüdische Tradition – zu einem seiner Hauptthemen gemacht. Er ist der jüdischen Mystik verpflichtet. Obwohl zweisprachig (französisch und deutsch) aufgewachsen, bekennt er sich zum Deutschen als seiner Dichtungssprache, denn sie trage »Düsternis im Gedächtnis« und poetisiere und verkläre nichts.

Titel

Celan bietet im Titel einen Schlüssel: Es ist ein Titel, der auf ein musikalisch durchkomponiertes Gedicht verweist. Grundthema ist der Tod als Verfolgung, Misshandlung, Vernichtung in Ghetto und Lager. Die Kompositionsfigur ist die Fuge, die strengste Form eines mehrstimmigen Satzes, in der das gleiche Thema nacheinander von jeder Stimme vorgetragen wird.

die Fuge des Todes

Vier große Bildkomplexe (Motive), allesamt Variationen des Grundthemas ›Tod in Auschwitz‹, werden vierfach, vierstimmig durchgeführt:

1. *Schwarze Milch der Frühe,* die paradoxe Metapher der Hoffnungslosigkeit, in regelmäßiger ritueller Abfolge am Anfang der Einheiten.
2. *Ein Mann wohnt im Haus* – mit den jeweiligen Variationen der Willkür seiner Handlungen, das Bild des Lagerkommandanten ebenfalls in regelmäßiger Abfolge.
3. *dein goldenes Haar Margarete,* das Bild der blonden deutschen Frau, variiert mit dem Gegenbild der toten Jüdin: *dein aschenes Haar Sulamith*, kontrapunktisch am Zeilenende der Einheiten.
   Dieses Motiv bildet die Coda, die kürzeste Bildformel für Leben und Tod: Gold – Asche, *Margarete – Sulamith*, Deutsche – Jüdin.
4. *der Tod ist ein Meister aus Deutschland,* das Schlussmotiv, gehäuft in der letzten Atemeinheit.

Auch die anderen zentralen Bilder (*Grab*) werden vierfach durchgeführt.

Damit öffnet sich die fast surreale Bildverschränkung: Dies ist die Fuge des Todes, die perfekte Komposition des perfekten Mordes, von Deutschen an den Juden verübt, die liturgisch strenge Beschwörung unvorstellbarer Grausamkeit in der prophetischen Sprache apokalyptischer Bilder.

Der Schriftsteller Durs Grünbein (geb. 1962 in Dresden) hat ein anderes grauenvolles Ereignis, die Zerstörung Dresdens im Februar 1945, in ein Gedicht gefasst, mit einem bewussten Rückgriff auf antike Versformen und auf den ersten Blick anders als Celan ohne verschlüsselnde Chiffren, da Grünbein alles klar benennt.

35▸ Nähern Sie sich diesem Text mit einem ähnlichen methodischen Ansatz wie bei Celan: In welcher Weise durchzieht die Stadt »Dresden« als Grundthema das Ganze? Worin zeigen sich die Hauptunterschiede und ggf. auch Übereinstimmungen in der Bewältigung des Grauens durch Celan und Grünbein?

Durs Grünbein: Gedicht über Dresden (1991 e)

Scheintote Stadt, Barockwrack an der Elbe
Schwimmend in brauner Lauge, spät fixiert
Taucht sie aus Rotz und Wasser auf, ein Suchbild
Ein Puzzle, königlich, mit dem der Krieg
Die Schrecken der *Zerstörungswelt* entschärfte.
… was diesen Brücken keinen Abbruch tat,
Der Silhouette nicht, den schmalen Türmen
Chiaveris Schwan und dem Balkon Europas, –
Sandstein der alles weich macht was hier aufwächst.
Das beste Depressivum ist der genius loci
An einem Ort, gemästet mit Erinnerungen,
Schwammfäule, schön getönt als Nostalgie
Narkotisch wie die psychotropen Jamben,
Die anglo-sächsische Version von *nevermore*.
Auch Dresden ist ein Werk des Malerlehrlings
Mit dem in Wien verstümperten Talent
Der halb Europa seinen Stilbruch aufzwang.
In diesem Fall ergab sich wie von selbst
Die Technik flächendeckender Radierung
Durch fremde Bomber, Meister ihres Fachs
In einer Nacht mit schwarzem Schnee im Februar.
Getreu den Plänen seines Kunstfreunds Speer
(»Die Zukunft, Albert!«) bleibt von *Bausubstanzen*
Nach Tausend Jahren noch, groß im Verfall
Die Schönheit der Ruinen, ihr *Ruinenwert*.
So praktisch kommt Romantik in der Hand
Von Ingenieuren. Ein *Gesamtkunstwerk*
Singt unter Trümmern noch in höchsten Tönen.

Im Futur II wird alles still geworden sein.

(Für Via Lewandowsky)

Abschließender Ansatz

Lyrik und Gesellschaft, Lyrik als Spiegelung von Zeitgeschichte

Welchen Wert hat Lyrik für die Gesellschaft? Ist sie autonome Darstellung eines individuell erlebenden Ichs, oder muss sie auch der Allgemeinheit nützen? Diese Frage hat Bertolt Brecht aus seiner didaktisch-aufklärerischen Haltung heraus und aus eindeutiger politischer Parteinahme beantwortet – mit z. T. nachhaltiger Wirkung vor allem für den Stellenwert von Lyrik und ihrer Gestaltung in der ehemaligen DDR. Mit einer ähnlichen Frage beschäftigte sich – fast eine Antwort auf Brecht – 1963 Theodor W. Adorno, Philosoph, Soziologe und Musikwissenschaftler.

Bertolt Brecht: Kurzer Bericht über 400 junge Lyriker (1927v)

[...] Und gerade Lyrik muß zweifellos etwas sein, was man ohne weiteres auf den Gebrauchswert untersuchen können muß.

Nun weiß ich, daß ein ganzer Haufen sehr gerühmter Lyrik keine Rücksicht darauf nimmt, ob man ihn brauchen kann. Die letzte Epoche des Im- und Expressionismus (also die ›Druck-Kunst‹, deren Tage gezählt sind) stellte Gedichte her, deren Inhalt aus hübschen Bildern und aromatischen Wörtern bestand. Es gibt darunter gewisse Glückstreffer, Dinge, die man weder singen noch jemand zur Stärkung überreichen kann und die doch etwas sind. Aber von einigen solcher Ausnahmen abgesehen, werden solche ›rein‹ lyrischen Produkte überschätzt. Sie entfernen sich einfach zu weit von der ursprünglichen Geste der Mitteilung eines Gedankens oder einer auch für Fremde vorteilhaften Empfindung. Alle großen Gedichte haben den Wert von Dokumenten.

Theodor W. Adorno: Rede über Lyrik und Gesellschaft (1957v)

[...] Denn der Gehalt eines Gedichts ist nicht bloß der Ausdruck individueller Regungen und Erfahrungen. Sondern diese werden überhaupt erst dann künstlerisch, wenn sie, gerade vermöge der Spezifikation ihres ästhetischen Geformtseins, Anteil am Allgemeinen gewinnen. Nicht, daß was das lyrische Gedicht ausdrückt, unmittelbar das sein müßte, was alle erleben. Seine Allgemeinheit ist keine volonté de tous[1], keine der bloßen Kommunikation dessen, was die anderen nur eben nicht kommunizieren können. Sondern die Versenkung ins Individuierte erhebt das lyrische Gedicht dadurch zum Allgemeinen, daß es Unentstelltes, Unerfaßtes, noch nicht Subsumiertes in die Erscheinung setzt und so geistig etwas vorwegnimmt von einem Zustand, in dem kein schlecht Allgemeines, nämlich zutiefst Partikulares mehr das andere, Menschliche fesselte. Von rückhaltloser Individuation erhofft sich das lyrische Gebilde das Allgemeine. [...] Man pflegt zu sagen, ein vollkommenes lyrisches Gedicht müsse Totalität oder Universalität besitzen, müsse in seiner Begrenzung das Ganze, in seiner Endlichkeit das Unendliche geben. Soll das mehr sein als ein Gemeinplatz aus jener Ästhetik, die da als Allerweltsmittel den Begriff des Symbolischen zur Hand hat, dann zeigt es an, daß in jedem lyrischen Gedicht das geschichtliche Verhältnis des Subjekts zur Objektivität, des Einzelnen zur Gesellschaft im Medium des subjektiven, auf sich zurückgeworfenen Geistes seinen Niederschlag muß gefunden haben. Er wird um so vollkommener sein, je weniger das Gebilde das Verhältnis von Ich und Gesellschaft thematisch macht, je unwillkürlicher es vielmehr im Gebilde von sich aus sich kristallisiert. […]

[1] der allgemeine Wille des Volkes (Begriff von Jean Jacques Rousseau: Le ›Contrat social‹)

36▸ Erarbeiten Sie zunächst die Position Brechts. Was soll aus seiner Sicht Lyrik sein, was nicht? Wogegen wendet er sich?

37▸ Erarbeiten Sie anschließend die Position Adornos. Worin stimmt er mit Brecht überein, wo liegt sein anderer kritischer Ansatz? Auf welche Art von Gedichten könnte er sich mit seinem Hinweis im Schlusssatz: »[…] je weniger das Gebilde […] thematisch macht« beziehen?

38▸ Überprüfen Sie die Thesen Brechts an seinem Gedicht:

Bertolt Brecht:
Schlechte Zeit für Lyrik (1938–41 e)

Ich weiß doch: nur der Glückliche
Ist beliebt. Seine Stimme
Hört man gern. Sein Gesicht ist schön.

Der verkrüppelte Baum im Hof
Zeigt auf den schlechten Boden, aber
Die Vorübergehenden schimpfen ihn einen Krüppel
Doch mit Recht.

Die grünen Boote und die lustigen Segel des Sundes
Sehe ich nicht. Von allem

Sehe ich nur der Fischer rissiges Garnnetz.
Warum rede ich nur davon
Daß die vierzigjährige Häuslerin gekrümmt geht?
Die Brüste der Mädchen
Sind warm wie ehedem.

In meinem Lied ein Reim
Käme mir fast vor wie Übermut.

In mir streiten sich
die Begeisterung über den blühenden Apfelbaum
Und das Entsetzen über die Reden des Anstreichers.
Aber nur das zweite
Drängt mich zum Schreibtisch.

Heinrich Heine ist der bekannteste Schriftsteller, der bereits im 19. Jh. gesellschaftspolitische, zeitgeschichtliche Themen in seiner Lyrik angesprochen hat und damit der wahrscheinlich wirkungsvollste Vertreter der »poésie engagée« im Gegensatz zur »poésie pure« (vgl. Hinweise zu Rilke und den Symbolisten) wurde.

39▸ Untersuchen Sie die folgenden Gedichte von Heinrich Heine und H. M. Enzensberger unter dem thematischen Gesichtspunkt: Fremdsein in Deutschland.

- Inwieweit spiegeln sich zeitgeschichtliche und persönliche Erfahrungen? Ziehen Sie zum Erschließen des Heine-Gedichtes auch die folgenden Anmerkungen von T.W. Adorno zu diesem Gedicht heran: »Hundert Jahre hat es gebraucht, bis aus dem absichtsvoll falschen Volkslied ein großes Gedicht ward, die Vision des Opfers. Heines stereotypes Thema ist Gleichnis der Heimatlosigkeit, und die Lyrik, die ihr gilt, eine Anstrengung, Entfremdung selber hineinzuziehen in den nächsten Erfahrungskreis (...) Die Wunde Heine wird sich schließen erst in einer Gesellschaft, welche die Versöhnung vollbrachte.« (aus: T.W. Adorno: Die Wunde Heine. In: Noten zur Literatur I, Frankfurt 1969)
- Berücksichtigen Sie für das Verständnis des Gedichts von Enzensberger auch seine Überlegungen in: Über die Schwierigkeit, ein Inländer zu sein von 1967: »Ein Deutscher zu sein, das scheint mir kein schwierigeres oder leichteres Los als irgendein anderes. Es ist kein Kondition à part, sondern eine Herkunft unter vielen. Ich sehe keinen Anlass, sie zu beklagen oder zu verleugnen, und keinen, etwas Hervorragendes in ihr zu sehen. Es liegt im Begriff jeder Herkunft, dass man sich nie ganz von ihr trennt; aber ebenso liegt es in ihrem Begriff, dass man sich jeden Tag von ihr entfernt. Meine Mitmenschen, die den Umstand, dass ich ein Deutscher bin, wichtiger nehmen, als ich es tue, will ich nicht unnütz vor den Kopf stoßen. Dass ich ein Deutscher bin, diesen Umstand werde ich akzeptieren, wo es möglich, und ignorieren, wo es nötig ist.« (aus: Deutschland, Deutschland unter anderm – Äußerungen zur Politik. Suhrkamp 1967).

Heinrich Heine:
Mein Herz, mein Herz ist traurig (1823/24 v)

Mein Herz, mein Herz ist traurig,
doch lustig leuchtet der Mai;
ich stehe, gelehnt an der Linde,
hoch auf der alten Bastei.

Da drunten fließt der blaue
Stadtgraben in stiller Ruh';
ein Knabe fährt im Kahne,
und angelt und pfeift dazu.

Jenseits erheben sich freundlich,
in winziger, bunter Gestalt,
Lusthäuser, und Gärten, und Menschen,
und Ochsen, und Wiesen und Wald.

Die Mägde bleichen Wäsche,
und springen im Gras herum;
das Mühlrad stäubt Diamanten,
ich höre sein fernes Gesumm'.

Am alten grauen Turme
ein Schilderhäuschen steht;
ein rotgeröckter Bursche
dort auf und nieder geht.

Er spielt mit seiner Flinte,
die funkelt im Sonnenrot,
er präsentiert und schultert –
ich wollt, er schösse mich tot.

Hans Magnus Enzensberger:
fund im schnee (1963 v)

eine feder die hat mein bruder verloren
der rabe
drei tropfen blut hat mein vater vergossen
der räuber
ein blatt ist in den schnee gefallen
vom machandelbaum
einen feinen schuh von meiner braut
einen brief vom herrn kannitverstan
einen stein einen ring einen haufen stroh
wo sie der krieg begraben hat
das ist lang her
zerreiß den brief
zerreiß den schuh
schreib mit der feder auf das blatt:
weißer stein
schwarzes stroh
rote spur
ach wie gut daß ich nicht weiß
wie meine braut mein land mein haus
wie mein bruder
wie ich heiß

Teilung Deutschlands
Fall der Mauer

Die Teilung Deutschlands und der Fall der Mauer sind ihrerseits in zeitgenössischen Gedichten ein Thema, ebenso wie das allgemeine Eintreten für Frieden und Menschenrechte.

Reiner Kunze:
Der vogel Schmerz (1963 v)

Nun bin ich dreißig jahre alt
und kenne Deutschland nicht:
Die grenzaxt fällt in Deutschland wald.
O land, das auseinander bricht
im menschen

Und alle brücken treiben pfeilerlos

Gedicht, steig auf, flieg himmelwärts!
Steig auf, gedicht, und sei
der vogel Schmerz.

Wolf Biermann:
Und als wir ans Ufer kamen (1978 e)

Und als wir ans Ufer kamen
Und saßen noch lang im Kahn
Da war es, dass wir den Himmel
Am schönsten im Wasser sahn
Und durch den Birnbaum flogen
Paar Fischlein. Das Flugzeug schwamm
Quer durch den See und zerschellte
Sachte am Weidenstamm
– am Weidenstamm

Was wird bloß aus unsern Träumer
In diesem zerrissnen Land
Die Wunden wollen nicht zugehn
Unter dem Dreckverband
Und was wird mit unsern Freunde
Und was noch aus dir, aus mir –
Ich möchte am liebsten weg sein
Und bleibe am liebsten hier
– am liebsten hier

Durs Grünbein:
Komm zu dir Gedicht (12.11.1989 e)

Komm zu dir Gedicht. Berlins Mauer ist offen jetzt.
Wehleid des Wartens, Langweile in Hegels Schmalland
Vorbei wie das stählerne Schweigen … Heil Stalin.
Letzter Monstranzen Glanz, hinter Panzern verschanzt.
Langsam kommen die Uhren auf Touren, jede geht anders.
Pech für die Kopffüßler, im Brackwasser abgesackt.
Revolutionsschrott *en masse*, die Massen genasführt
Im Trott von bankrotten Rotten, was bleibt ein Gebet:
Heiliger Kim Il Sung, Phönix Pjönjangs, bitt für uns.

Erich Fried:
Reden (1983 v)

Zu den Menschen
vom Frieden sprechen
und dabei an dich denken
Von der Zukunft sprechen
und dabei an dich denken

Vom Recht auf Leben sprechen
und dabei an dich denken
Von der Angst um Mitmenschen
und dabei an dich denken –
ist das Heuchelei
oder ist das endlich die Wahrheit?

40▸ Untersuchen Sie, auf welche Weise sich das Allgemeine, die geschichtliche oder gesellschaftliche Realität, in den Gedichten nach Brecht spiegelt. Durch welche Mittel wird die Sicht dennoch eine subjektive, individuelle?

41▸ Diskutieren Sie auf der Basis Ihrer Beobachtungen an diesen Gedichten die Grenzen und Möglichkeiten zeit- und gesellschaftsbezogener Lyrik. Versuchen Sie die ›Rückkehr‹ zur Metapher, zur indirekten Sprache des lyrischen Ichs im zeitgenössischen Gedicht zu erklären. Deuten Sie auf diesem Hintergrund Frieds abschließende Frage.

Was ist ein Gedicht? Zur Theorie der Lyrik

Einige Antworten:

Auszug aus Gottfried Benns Marburger Vortrag »Probleme der Lyrik« von 1951

»Keiner auch der großen Lyriker unserer Zeit hat mehr als sechs bis acht vollendete Gedichte hinterlassen, die übrigen mögen interessant sein unter dem Gesichtspunkt des Biografischen und Entwicklungsmäßigen des Autors, aber in sich ruhend, aus sich leuchtend, voll langer Faszination sind nur wenige …«

Hilde Domin

LYRIK
das Nichtwort

ausgespannt
zwischen

Wort und Wort

Günter Eich

»Ich schreibe Gedichte, um mich in der Wirklichkeit zu orientieren. Ich betrachte sie als trigonometrische Punkte oder als Bojen, die in einer unbekannten Fläche den Kurs markieren.«

»So mit Skepsis gerüstet, sage ich einige Punkte meiner Poetik auf, eine private Wunschliste, weiter nichts, – das und so möchte ich schreiben:

Gedichte ohne die Dimension Zeit
Gedichte, die meditiert, nicht interpretiert werden müssen
Gedichte, die schön sind ohne Schönheit zu enthalten
Gedichte, in denen man sich zugleich ausdrückt und verbirgt
Unweise Gedichte
Direkte Gedichte

Die Liste kann fortgesetzt werden.

Lyrik ist überflüssig, unnütz, wirkungslos. Das legitimiert sie in einer utilitaristischen Welt. Lyrik spricht nicht die Sprache der Macht, – das ist ihr verborgener Sprengstoff.« (um 1968)

Walter Höllerer

»Das Gedicht ist gezwungen, sich an das anzuschleichen, was zu sagen ist. Das Gedicht muss, listig, den jeweils richtigen Ausdruck treffen, um hinter die Fassade zu gelangen, die wir im allgemeinen Sprechen […] aufrichten. Die List des Gedichts besteht darin, dass es sich auf die mannigfaltigen Möglichkeiten der Sprache besinnt, auf das Signalisieren der Sprache durch Syntax, Rhythmus, Wortwahl, Bild, Tonfall.«

Paul Celan

»Das Gedicht kann, da es ja eine Erscheinungsform der Sprache und damit seinem Wesen nach dialogisch ist, eine Flaschenpost sein, aufgegeben in dem […] Glauben, sie könnte irgendwo und irgendwann an Land gespült werden, an Herzland vielleicht. Gedichte sind auch in dieser Weise unterwegs: sie halten auf etwas zu.«

Karl Krolow

»Ein Gedicht muss zunächst die Fähigkeit besitzen, sich preisgeben zu können, ›offen‹ zu sein für alle möglichen Widerfahrungen, für die Widerstände, denen es durch seine bloße Existenz ausgesetzt ist. Es darf sich nicht verschließen […]
Für mich hat ein Gedicht porös zu sein, luft- und lichtdurchlässig. Es muss in der Lage sein, unaufhörlich an die Außenwelt abzugeben und von ihr aufzunehmen. Es muss in einem unablässigen Austausch mit ihr stehen […] In einem gewissen Sinne scheint mir ein Gedicht auch nicht ›fertig‹ sein zu dürfen.«

Peter Wapnewski

»Meine erste These lautet:
Lyrik ist eine einfache Gattung. Sie bestimmt sich wenn nicht streng so doch klar durch Form und Gegenstand. Wo die ihr eigene Form (stilisierte Knappheit) und der ihr eigene Gegenstand (das arg strapazierte ›lyrische Ich‹) preisgegeben sind, wird Lyrik preisgegeben. Was bleibt, ist allenfalls noch ›das Lyrische‹.

Meine zweite These lautet:
Ein gut Teil dessen, was heute als Lyrik ausgegeben wird und prosperiert, ist stecken gebliebene Prosa, ist Schwundform des Essays, ist Tagebuch im Stammel-Ton. Wem das fehlt, was man wohl den epischen Atem oder den dramatischen Nerv nennt, der macht sich und uns gern glauben, Lyrik sei Säuseln und diffuses Licht. Dabei ist sie eine spröde, strenge und sehr entschiedene Sache.«

42 ▸ Erarbeiten Sie aus den vorgelegten Gedanken zur Lyrik, zum Gedicht wesentliche Grundpositionen und versuchen Sie, diese in zwei bis drei unterschiedliche Standpunkte zu Wesen und Funktion des Gedichts einzuteilen und unter ggf. sehr gegensätzlichen Grundthesen – z. B.: Das Gedicht ist autonom – Das Gedicht ist funktional u. ä. – zu fassen.
Formulieren Sie zu den Positionen jeweils 5–7 Thesen und entwerfen Sie auf der Basis des erschlossenen Materials, der Bezüge und Belege aus den entsprechenden Gedichten dieses Arbeitsbuches und der eigenen Meinung zum Thema eine Argumentationsstrategie für ein Streitgespräch zum Thema: Wozu Gedichte? im Rahmen des Deutschunterrichts oder einer schulischen Theater- oder Literaturveranstaltung oder eines öffentlichen Kultur-Workshops.

Die schriftliche Gedichtinterpretation: Themenstellung

feste Teile des Themas

Themen zur Gedichtinterpretation bestehen aus:
- dem Hauptauftrag zum Interpretieren, d. h. zur deutenden Untersuchung, zum systematischen Erschließen,
- dem Arbeitsmaterial, mindestens einem Gedicht.

Varianten

Es gibt jedoch – wie bei Erörterungsthemen – einfache und mehrteilige Themen, unterschiedliche Formulierungen für den gleichen Auftrag, Hinweise, die eine Vertiefung des zuvor benannten Teilauftrags bedeuten, und solche, die eine Erweiterung meinen.

Regel 1

Je kürzer und einfacher das Thema formuliert ist, desto mehr selbständige Entscheidung und Schwerpunktbildung werden von Ihnen verlangt. Je ausführlicher das Thema ist, desto genauer müssen Sie auf die verlangten Arbeitsschritte und die gegebenen Schwerpunkte achten und diese ausführen.

Themenformulierung weiter Spielraum

»Interpretieren Sie das Gedicht ›Sehnsucht‹ von J. von Eichendorff.«
Verlangt wird eine genaue Interpretation. Ob Sie jedoch das Gedicht zusätzlich literaturgeschichtlich in die Romantik einordnen, ob Sie einen Schwerpunkt auf das typisch romantische Vokabular legen, ob Sie Bezüge zu anderen Gedichten Eichendorffs herstellen usw., das bleibt Ihrer Entscheidung überlassen. Sie bereichern und vertiefen mit solchen Aspekten den Arbeitsauftrag.

vorgegebener Schwerpunkt

»Interpretieren Sie das Gedicht ›Sehnsucht‹ von J. von Eichendorff unter besonderer Berücksichtigung der sprachlichen Mittel.«
Gesamtanalyse und Interpretation sind selbstverständlich. Erwartet wird aber eine besonders ausführliche und gezielte Untersuchung von Wortschatz, Metaphern usw.

Schwerpunkt und Erweiterung

»Interpretieren Sie das Gedicht ›Sehnsucht‹ von J. von Eichendorff unter besonderer Berücksichtigung der sprachlichen Mittel, und ordnen Sie es begründend in die entsprechende literarische Epoche ein.«
Hier ist Ihnen nicht nur eine qualitative Vertiefung als Schwerpunkt vorgegeben, sondern auch eine quantitative Erweiterung vorgesehen. Sie müssen die Einordnung in die Romantik vornehmen.

Regel 2

Damit Sie die vertiefenden oder zusätzlichen Schritte innerhalb eines Themas klar erkennen, markieren Sie die Aufträge im Thema deutlich, und überlegen Sie (eventuell mit Notizen auf der Vorlage), um welchen Aufgabentyp es sich handelt:
- Schwerpunktbildung innerhalb der Interpretation,
- zusätzliche Aufträge, z. B. Einordnen in das Gesamtwerk, in die Epoche.

Verarbeiten der Schwerpunkte in der eigenen Interpretation

Schwerpunkte können Sie in die einzelnen Untersuchungsschritte Ihrer Interpretation einbringen, z. B.:
- Beobachten einer tradierten Form (z. B. Sonett) innerhalb der formalen Untersuchungen,
- Beobachten einer Metapher oder eines Sprachbereiches innerhalb der sprachlichen Untersuchungen,
- Beobachten der Situation des lyrischen Ichs innerhalb der inhaltlichen Betrachtungen.

Verarbeiten zusätzlicher Arbeitsaufträge

Wenn die Themenstellung nicht ausdrücklich eine Einarbeitung fordert, sollten Sie für Zusatzaufträge gesonderte Gliederungspunkte vorsehen. Sie können auch in der Interpretation gewonnene Ergebnisse (z. B. zur Epoche, zum Vergleich mit anderen Texten, zur Entwicklung eines Motivs) am Schluss bündeln und gezielt zusammenfassen. Eine Berücksichtigung der Zusatzaufträge im gesamten Verlauf Ihrer Interpretation verlangt Formulierungen wie:
»Ordnen Sie das vorgelegte Gedicht innerhalb Ihrer Interpretation in die jeweilige Epoche ein« oder: *»Belegen Sie anhand der gewonnenen Einzelergebnisse die Beziehung zwischen Text und persönlichen Erfahrungen des Autors«*, usw.

Überlegen Sie nach genauer Durchsicht der Themenformulierung:
- Welche Arbeitsschritte werden gefordert?
- Welche Aufträge müssen ineinander verarbeitet, welche können nacheinander erledigt werden?
- Was kann zusätzlich eingebracht werden?

Begriffsvarianten in den Aufgabenformulierungen

Ob der Auftrag lautet: *»Erschließen Sie«*, oder *»Interpretieren Sie«*, oder: *»Analysieren und interpretieren Sie«*, oder: *»Untersuchen und deuten Sie«*, oder: *»Interpretieren Sie, und erläutern Sie dabei«* – immer ist der auf einer genauen Untersuchung (Analyse) beruhende Deutungs-(Interpretations-)Versuch gemeint. Analyse und Deutung bedingen sich gegenseitig. Beide Aspekte gehören beim untersuchenden Erschließen eines literarischen Textes immer zusammen.

Skizze zur Verdeutlichung des Aufbaus ihrer Arbeit entsprechend der Themenformulierung

»Erschließen Sie das Gedicht ›An die Sternen‹ von Andreas Gryphius aufgrund einer sorgfältigen Analyse der darstellerischen Mittel.
Ordnen Sie den Text begründend in die entsprechende Epoche ein.
Zeigen Sie anhand eines auf Schwerpunkte beschränkten Vergleichs mit dem Gedicht ›Mondnacht‹ von Joseph von Eichendorff Ähnlichkeiten, Unterschiede und Entwicklungen in der lyrischen Betrachtung und Darstellung der Natur auf.«

I. Interpretation – Gryphius
mit Schwerpunkt Form und Sprache
↓
Einordnung in die Epoche (eingearbeitet oder am Schluss von I)

II. Vergleich mit Eichendorff
auf Schwerpunkte beschränkt, keine neue Interpretation.
Dabei: Ähnlichkeiten, Unterschiede, Entwicklung im Naturbild.

Die schriftliche Gedichtinterpretation: Vorarbeiten

Unbekanntes in Nachschlagewerken klären

Begriffe im Text, die Ihnen fremd sind, sollten Sie sofort in einem Wörterbuch nachschlagen (z. B. bei Georg Heym: ›Der Abend‹: *Kitharen*, *Kothurne*). Die Beobachtung, dass ungewöhnliche, fremdartige Wörter gebraucht werden, ist bereits ein Teil Ihrer sprachlichen Untersuchung. Oft handelt es sich in der Lyrik (wie bei Heym) um Hinweise auf antike (griechische) Motive.
Auch wenn Sie die Gelegenheit dazu haben, sollten Sie nicht vor Ihrer eigenen Arbeit am Text fremde Interpretationen lesen, da sie Ihren Blick einengen und überdies meist nur eine begrenzte Zahl von Aspekten berücksichtigen. Sie können selbst mehr und anderes entdecken. Außerdem ist schnell zu merken, ob es sich um eigene Beobachtungen oder nur übernommene handelt.
Wohl aber ist es hilfreich, sich über den Autor und über seine Zeit zu informieren, wenn Sie die Interpretation nicht als Klausur schreiben.

Aufbereitung des Textes

Markieren Sie mit unterschiedlichen Zeichen oder Farben Auffälligkeiten im Text:
- sich wiederholende Bilder, Farben, Schlüsselwörter, Reimwörter,
- Formales: Reimschema, Metrum, Atem- oder Stropheneinteilung,
- inhaltliche Schwerpunkte der einzelnen Strophen (z. B. mit einem Pfeil am Textrand gekennzeichnet),
- Bewegungen, die sich durch den Text ziehen, Verbindungen zwischen Begriffen, zentrale Metaphern,
- weitere Merkmale, z. B. Motive (aus der antiken Mythologie, z. B. der Fluss des Totenreiches: Styx, oder aus der Apokalypse).

Entscheidend ist, dass Sie beim ersten Lesen wesentliche Merkmale des Textes erkennen. Nicht so wichtig ist eine ausgeklügelte Methode, um diese Merkmale im Text zu kennzeichnen. Die Markierungen sollen allein Ihnen die Weiterarbeit erleichtern.

Beispiele

Siehe Interpretationsansätze auf den vorangehenden Seiten.

Notizblätter

Machen Sie sich auch bei knapper Arbeitszeit zu jedem Arbeitsschritt einige Notizen – nicht vollständig ausformuliert, aber so, dass Ihr inhaltlicher Schwerpunkt stichwortartig angesprochen wird. Wenn Sie beim endgültigen Formulieren in Zeitnot geraten, werden Sie dankbar sein für jede klärende Überlegung, die schon vorformuliert ist.
Hilfreich ist die Fixierung einer vorläufigen Gliederung vor dem Ausformulieren der Arbeit und die Beschriftung der jeweiligen Manuskriptseite mit einem Arbeitsschritt, zu dem Sie sich Notizen machen, z. B. »Formale Beobachtungen«. Sie können während Ihrer weiteren Beschäftigung mit dem Text die Notizen der Gliederung entsprechend ergänzen und finden beim Schreiben Ihrer Arbeit Zusammengehörendes jeweils auf einem Blatt.

Die schriftliche Gedichtinterpretation: Gliederungsmöglichkeiten

Vorteile einer Gliederung

Mit präzise festgelegten Untersuchungsschritten vermeiden Sie den Eindruck eines nur assoziativen, willkürlichen Verfahrens, das Übersehen eines Arbeitsauftrages (in der Gliederung müssen Sie ihn benennen!), Wiederholungen, unnötige Rückgriffe, unvollständige Untersuchungsteile, das Ausufern einzelner Passagen (beim Festlegen einer Gliederung denkt der Schreiber zugleich an Proportionen!), das ungewichtete, ungenaue Nebeneinander wichtiger und weniger wichtiger Beobachtungen, u. a. m.

Gliederung nach Analyseschritten

Es bieten sich folgende Möglichkeiten (die Formulierungen müssten Sie entsprechend dem Gegenstand Ihrer Untersuchung inhaltlich präzisieren):

1 Arbeitshypothese
2 Beobachtungen am Text im einzelnen; eigentlicher Analyse- und Interpretationsvorgang
2.1 Formale Beobachtungen

2.2 Untersuchungen zu sprachlichen Phänomenen
2.3 Inhaltliche Analyse
3 Eigene Wertung (z. B. Erweiterung und/oder Korrektur der Arbeitshypothese), verlangte Einordnung in die literarische Epoche, Zusammenfassung in einem Ergebnisschwerpunkt, weiterführende Überlegungen, Einordnungen in das Gesamtwerk, Verweise auf ähnliche Motive in früheren oder gleichzeitigen Werken und damit Verankern des Textes in literaturgeschichtlichen Zusammenhängen, persönliche Betroffenheit usw.

Vorbemerkungen

Als Einleitung oder an den Beginn von 2 können Sie Bemerkungen zur gewählten Arbeitsmethode setzen oder zum Schwerpunkt Ihres Interpretationsansatzes, zu Überlegungen, die sich aus der Themenstellung ergeben.

Exkurse

Wenn viel Zeit zur Verfügung steht, können Sie einer Frage intensiver nachgehen oder zusätzliche Informationen einbringen. Damit Sie die Gewichtung der Gliederung nicht stören, empfiehlt es sich, diese geplanten ›Abschweifungen‹ als Exkurse zu kennzeichnen (z. B. bei der Ausführung zur Geschichte eines Motivs, das Sie in einem Text entdeckt haben).

Gliederung nach der Aufgabenstellung

Wenn das Thema Ihnen aufeinander folgende Arbeitsschritte vorgibt, können Sie innerhalb der einzelnen Schritte Ihre Differenzierungen formulieren. Wichtig ist, dass Ihre schrittweise sich entwickelnde Erschließung und Deutung kenntlich wird. Was Sie zu Beginn Ihrer Arbeit am Text ›ahnen‹, wird im Laufe der Arbeit exakt und überprüfbar am Text nachvollzogen, belegt, vertieft oder auch korrigiert.

Die schriftliche Gedichtinterpretation: Arbeitshypothese

Beobachtungstraining vor dem Formulieren

- Worum geht es? Lesen Sie den Text mehrfach sehr gründlich, und benennen Sie dann das Thema oder den zentralen Inhalt, z. B. Liebesgedicht, Naturgedicht, Kriegsgedicht.
- Erste Orientierung: Prüfen Sie, ob sich außer dem augenfälligen Thema sogleich mehr erkennen lässt, z. B. Konflikt in der Liebe, Natur als Beispiel für Tod, Krieg als Chiffre für Angst usw.
- Feststellung zum inhaltlichen Ablauf: Betrachten Sie mit einem noch nicht auf Einzelheiten achtenden, sondern mit einem zusammenfassenden Blick Anfang und Ende des Textes: Lässt sich eine inhaltliche Entwicklung erkennen?
- Sofort zu benennende Merkmale: Halten Sie formal oder inhaltlich Auffälliges fest.

Aufgabe der Arbeitshypothese

- Vor der Einzelarbeit schreiben Sie im Zusammenhang über das, was Sie sogleich beim Lesen anspricht, was Ihnen inhaltlich auffällt.
- Sie sichern auf diese Weise für die folgenden Einzeluntersuchungen den Bezug auf den von Ihnen formulierten Gesamtrahmen, denn die Arbeitshypothese steht Ihnen während der folgenden Einzelarbeit ständig vor Augen.

- Sie arbeiten auf der Grundlage wichtiger, wenn auch noch zu belegender Ergebnisse. So gewinnen Sie eine Zielrichtung und damit Sicherheit.
- Sie vermitteln demjenigen, der Ihre Interpretation liest, sofort den Eindruck einer konzentrierten Arbeitsweise und aufeinander bezogener Arbeitsschritte, Sie zeigen den ›roten Faden‹.

Formulierungshilfen

- Fassen Sie Ihre erste Aussage nach Möglichkeit in einen überschaubaren Satz.
- Beschränken Sie sich auf den inhaltlichen Schwerpunkt des Gedichts.
- Bringen Sie weitere Ergebnisse, z. B. zur Form, zur literarischen Epoche, zur Sprachgestalt, nur hinein, wenn diese schon nach dem ersten Lesen für Sie festliegen (z. B. die Zugehörigkeit des Gryphius-Sonetts zum Barock, Eichendorffs zur Romantik, Trakls zum Expressionismus).
  Scheuen Sie sich aber auch nicht, sofort Erkanntes gleich zu benennen (z. B. Beobachtungen zur Sprache), denn eine differenzierte, reichhaltige Arbeitshypothese bietet Ihnen einen breiten Arbeitsansatz.
- Formulieren Sie genau. Entweder gehen Sie vom Autor aus: *In diesem Gedicht beschreibt Eichendorff* oder ... *stellt E. dar* oder ... *macht E. deutlich* usw. Oder Sie nehmen neutral den Text als Ausgangspunkt: *In diesem Gedicht wird ... beschrieben, dargestellt, vor Augen geführt* oder ... *spiegelt sich wider, geht es um ...*
  Oder Sie gehen vom lyrischen Ich aus: *In diesem Gedicht erfährt das lyrische Ich, ... empfindet ...* usw.

Arbeitshypothese

Zu Trakl: ›Verfall‹ (s. S. 22)

In diesem in der traditionellen Sonettform geschriebenen Gedicht erfährt das lyrische Ich in zunächst schönen, später beängstigenden Bildern den offenkundigen Verfall aller Dinge am Beispiel eines in expressionistischen Farb- und Klangmetaphern dargestellten Naturvorgangs: Abend – Herbst – Verfall.

Sie haben in dieser Hypothese
- den inhaltlichen Schwerpunkt formuliert (*offenkundiger Verfall aller Dinge*),
- einen inhaltlichen Ablauf dargestellt (*zunächst schönen, später beängstigenden Bildern*),
- auf Sonett- und Ich-Form verwiesen,
- die wichtigsten Motive benannt (*Naturvorgang, Abend, Herbst*),
- in aller Vorsicht auf den Expressionismus und die auffällige Farb- und Klangmetaphorik verwiesen.

Nach einer solchen differenzierten Hypothese sind Sie vor Fehldeutungen sicher.

Ansätze zur weiteren Arbeitshypothesen

Hier sollten Sie drei Möglichkeiten von Seite 27 prüfen – jede für sich ist richtig. Allerdings bleibt (1) am vordergründigen Eindruck haften, während (2) genauer die Komponenten der Harmonie benennt. (3) ist am differenziertesten, allerdings schon recht entfernt vom ersten Eindruck.
Möglich wäre eine Kombination:

Zu Eichendorff: ›Mondnacht‹ (s. S. 27)

In diesem in Volksliedform und typisch romantischer Sprache gehaltenen Gedicht beschreibt Eichendorff, ausgehend vom Bild der Vereinigung von Himmel und Erde als Zeichen unendlicher Harmonie zwischen Schöpfer und Schöpfung im Zauber einer Mondnacht, die Sehnsucht des irdisch gebundenen Menschen nach Heimkehr zum Ursprung, nach Erlösung durch Gott.

Zu Reinig: ›Robinson‹ und Krolow: ›Robinson‹ (s. S. 31)

In beiden Gedichten geht es um eine neue Fassung des alten Motivs: Robinson, der Vereinzelte, Isolierte. Während Christa Reinig in fast traditioneller Form die zunehmende Vereinsamung des Menschen, im Grunde eines Gefangenen beschreibt, der am Schluss – passiv – seine Identität verliert, zeigt Krolow in auffällig zerrissener äußerer Form noch den Kampf des Einzelnen, die vergeblichen verzweifelten Versuche, der Isolation zu entkommen, die in Resignation endet.

Zu Stramm: ›Patrouille‹ und Brambach: ›Paul‹ (s. S. 44)

In dem Gedicht ›Patrouille‹ wird das Thema ›Krieg‹ als ständige, allseitige Bedrohung direkt in ungewöhnlicher, schockierender Sprache deutlich, während Brambach in ›Paul‹ fast nüchtern ein Schicksal stellvertretend für viele zeichnet, ein auf einzelne Stationen reduziertes Leben, das im Krieg endet.

Wenn Sie schreiben (zu Trakl: ›Verfall‹): »Trakl folgt dem Vogelflug«, oder: »Trakl erzittert von einem Hauch von Verfall«, dann haben Sie das Ich, das in diesem Gedicht spricht, mit dem Autor verwechselt. Der Autor vermittelt zwar ein persönliches Anliegen, eine individuelle Stimmung, ist jedoch niemals selbst das lyrische Ich – es sei denn, er kennzeichne das Gedicht als ein autobiographisches Bekenntnis.
Das lyrische Ich – die empfindende, sprechende, handelnde Person eines in der Ich-Form geschriebenen Gedichts – verdeutlicht die Allgemeingültigkeit eines Textes; viele Leser können sich mit diesem »Ich« identifizieren. Im Falle eines lyrischen Textes schreiben Sie z. B.: »Der Autor beschreibt hier«, oder: »Spürbar wird hier«, oder: »In diesen Zeilen oder Bildern wird …«

Die schriftliche Gedichtinterpretation: Vermeiden typischer Fehler

Verwechslung von Autor und lyrischem Ich

1▸ Welche der folgenden Formulierungen müssen geändert werden?

a) Karl Krolow beschreibt in seinem Gedicht ›Robinson‹ den Versuch eines einzelnen, der Vereinsamung zu entfliehen.
b) In dem Sturm-und-Drang-Gedicht ›Prometheus‹ begehrt Goethe gegen Zeus als Göttervater auf;
c) In der dritten Strophe der ›Mondnacht‹ schließlich wird für Eichendorff die »lösende« Wirkung der Mondnacht ganz deutlich.
d) Der Autor beschwört, vermutlich aus persönlichen Erfahrungen, in dem Gedicht ›Abend‹ den irdischen Irrweg der Menschen.

Zeitform Präsens, nicht Präteritum

Ihre Beobachtungen zu einem Gedicht entstehen in der Gegenwart, daher benutzen Sie in Ihrer Untersuchung immer die Präsensform: »Stramm beschreibt hier die Schrecken des Ersten Weltkrieges und benutzt dafür sprachsprengende Aussagen.«

Fachwortgebrauch

Benennen Sie die Gedichtmerkmale präzise – Sie sparen sich unnötige Worte. Allerdings muss Ihnen die Bedeutung eines Begriffs völlig klar sein. Sind Sie sich nicht ganz sicher, dann empfiehlt sich eine Beschreibung in eigenen Worten. Die wichtigsten Begriffe finden Sie ab S. 394.

Sie können die Belege für Ihre Feststellungen wörtlich wiedergeben: »Die Zeile ›Ich fange Forellen so‹ weist auf die angewandte List des lyrischen Ichs.«

Zitieren
wörtlich

Sie können verkürzt zitieren: »Mit dem Hinweis auf den ›Forellenfang‹ (8. Zeile) wird die List des lyrischen Ichs verdeutlicht.«

verkürzt

Sie können das Beispiel auch in Klammern ergänzen: »Die List des lyrischen Ichs wird durch den Hinweis auf den Forellenfang deutlich (›Ich fange Forellen so‹).«

Beispiel in Klammern

Bedienen Sie sich einer Zitiermethode, die den Schreibfluss nicht stört. Wörtliches Zitieren ist bei zeilenweisem Interpretieren sinnvoll, verkürztes Zitieren dann, wenn Sie z. B. inhaltliche Schwerpunkte nacheinander auflisten wollen. Das Zitieren in Klammern als Kombination von 1 und 2 eignet sich immer.

Vorteile der drei Verfahren

Belegen Sie alle Ihre Ergebnisse und Behauptungen am Text. Wenn Sie z. B. nur schreiben: »Das Gedicht ›Prometheus‹ zeigt eine selbstbewusste, herrische Sprache«, dann fehlt der Textbeweis. Richtig wäre: »Das Gedicht ›Prometheus‹ zeigt eine selbstbewusste, herrische Sprache, wie schon die Imperative am Anfang zeigen (›Bedecke deinen Himmel …, Übe Knaben gleich …‹).«

Belege aus dem Text

2▶ Belegen Sie die folgenden Behauptungen durch Erweiterung der Aussage:
(a) In beiden Strophen des Gedichts ›Hälfte des Lebens‹ von Hölderlin erscheinen Naturbilder.
(b) Beide Strophen wirken in der Art, wie diese Naturbilder eingesetzt werden, völlig unterschiedlich.

Ihr Wissen über den Autor, seine weiteren Werke, die Zeit, in der er schrieb, die Wirkung seiner Werke gehört nur dann zur Interpretation, wenn Sie es in Beziehung zum vorgelegten Text setzen können. Machen Sie daher nur kurze Vorbemerkungen, sofern überhaupt nötig. Bringen Sie Ihr Wissen an den geeigneten Stellen der Interpretation ein.

Der Ihnen vorgelegte Text steht im Zentrum Ihrer Interpretation

Sie haben z. B. das Bild der in die Unendlichkeit fliegenden Seele in der ›Mondnacht‹ von Eichendorff beschrieben. Anschließend können Sie einiges über die romantische Grundhaltung sagen oder auf ähnliche Aussagen von Zeitgenossen (z. B. Novalis) verweisen.
Wenn Sie in der Interpretation des Gryphius-Gedichts ›Abend‹ die ›militärischen‹ Ausdrücke (*Nacht führt … die Sternen auf*) genannt haben, können Sie den Dreißigjährigen Krieg und die Erlebnisse des Autors erwähnen. Gehen Sie jedoch nach solchen kurzen Ergänzungen schnell zum Text zurück.

Beispiele

Beziehen Sie sich auch in einer Vorbemerkung oder Einleitung, die Sie der Arbeitshypothese voraustellen, schon im ersten Satz auf den Text.
Wenn das Thema lautet: »Interpretieren Sie das Gedicht ›Grodek‹ von Georg Trakl unter besonderer Berücksichtigung der Farbsymbolik«, beginnen Sie nicht so: »Der Expressionismus ist die letzte zeitlich ungefähr eingrenzbare literarische Epoche des 20. Jahrhunderts …«, sondern: »Das vorgelegte Gedicht gehört in die literarische

Kenntlichmachen des Textbezuges

Epoche des Expressionismus, der ...« Nun können Sie Zusatzinformationen einbringen.

Schwerpunkte im Hauptsatz

Möglichkeiten, Ihre Darstellung immer wieder auf den Text zurückzuführen: Setzen Sie Ihre am Text selbst gewonnenen Ergebnisse als Schwerpunkt in den Hauptsatz, und fügen Sie weitere Bezüge, die vom Text wegführen, in Neben- oder Erweiterungssätzen an: »Diese Zeile weist auf eine typisch expressionistische Farbsprache, wie sie auch in den Gedichten ... zu finden ist, dort allerdings mit folgendem Schwerpunkt ...« Die Hauptaussagen beziehen sich auf den zu untersuchenden Text. Erweiterungen, Verweise, Zusätze sollten in proportional nicht zu umfänglichen Nebenaussagen eingebracht werden. Wenn Sie an einer Stelle in mehreren Sätzen vom Text wegführen, verliert auch der Leser den Bezug. Verteilen Sie daher Ihre Zusatzinformationen auf mehrere kurze ›Ausflüge‹, beziehen Sie sie jeweils auf Ihren Teilbereich der Interpretation.

nicht Auflistung, sondern Bündelung von Beobachtungen

Selbstverständlich ist es vorteilhaft, wenn Sie an einem Text viel beobachten. Nicht alles kann sofort ausgewertet werden. Versuchen Sie jedoch, so genau wie möglich die Wirkung der von Ihnen erkannten Merkmale zu beschreiben: Wie bestimmen sie den Gesamteindruck des Gedichts, eine Teilaussage? Meist schaffen erst mehrere Merkmale zusammen den Gesamteindruck. Entsprechend können Sie mehrere Beobachtungen gebündelt auswerten; z. B.:
Das Gedicht ist in der einfachen Form eines Volksliedes geschrieben: drei Strophen zu je vier Zeilen, mit dem Kreuzreim ab ab und einem gleichmäßigen dreihebigen Jambus. Durch die Volksliedform wirkt der Text überschaubar schlicht und trotzdem melodisch und bewegt. Dies wird durch den regelmäßigen Wechsel klingender und stumpfer Kadenzen unterstützt, deren Reimwörter jeweils unterschiedlichen Sphären zuzuordnen sind:
klingend: *Sterne – Ferne* ➛ Sehnsucht
stumpf: *stand – Land* ➛ Antwort des lyrischen Ichs

Hier haben Sie viele Merkmale genannt und zugleich einen Bezug zum gesamten Text und zu seiner Wirkung hergestellt.

Konzentration der Beobachtung auf Schwerpunkte der Aussage des Gedichts und der Interpretation

Haken Sie nicht alle möglichen Untersuchungsfragen ab, sondern konzentrieren Sie sich auf das für den Text offenbar Wichtigste. Z. B. ist es ganz unwichtig, bei einem Gedicht aus dem Sturm und Drang oder der Klassik auf eine normale Groß- und Kleinschreibung oder den üblichen Gebrauch der Zeichensetzung hinzuweisen. Diese Merkmale werden jedoch für die zeitgenössische Lyrik wichtig.
Die Feststellung, dass in einem romantischen Gedicht keine Fremdwörter gebraucht werden, ist überflüssig. Im Expressionismus mit seiner Neigung zu weit hergeholten Metaphern können fremd wirkende Begriffe und die Beobachtung ihrer Wirkung jedoch wesentlich sein.

Wichtig ist also: Ihre Einzelbeobachtungen möglichst gleich in ihrer Funktion für den Text zu beschreiben; Ihre Leitfragen und Einzelaussagen auf die bestimmenden Merkmale des Textes zu konzentrieren.

Skizzen und Schaubilder zur Kennzeichnung der Textstruktur

Skizzen können Aussagen zu Form und Inhalt konzentrieren, z. B.
- Verlaufsskizzen zum inhaltlichen Aufbau,
- Skizzen zur Bewegung innerhalb des Gedichts,
- Skizzen zur Abfolge von Schlüsselwörtern.

Strukturskizze zu Gryphius: ›Abend‹

Beschreibung der alltäglichen irdischen Situation) (schneller Tag, müde Menschen, Einsamkeit)	allgemeine Beschreibung
↓	
Beschreibung der persönlichen menschlichen Situation (*Glieder Kahn*, lyrisches Ich, *Leben = Rennbahn*)	persönliches Gleichnis
↓	
Bitte um Behütung während des Lebens (*nicht auf dem Laufplatz gleiten*)	Schutz im Leben
↓	
Bitte um Erlösung am Jüngsten Tag (*aus dem Tal der Finsternis*)	Erlösung im Tod

Kein chronologisches Durchgehen des Textes

Vermeiden Sie Formulierungen mit »nun« oder »jetzt« (nicht: »Jetzt erkennt das lyrische Ich« oder: »Nun treten Farbbilder auf«). Solche Wendungen weisen auf mangelnde Distanz zum interpretierten Text.

Vermeiden von Wiederholungen und Formeln

Statt steifer Formeln wie: »Dieser Text beinhaltet …«, oder: »Hier liegt ein dreihebiger Jambus vor …«, oder: »Diese Metapher bedeutet …«, variieren Sie im Ausdruck, z. B. mit den Verben: zeigen, weisen auf, beschreiben, darstellen, deutlich machen, vor Augen führen, andeuten, aussagen, vertiefen, veranschaulichen. Variieren Sie auch in den Satzanfängen, z. B.: »Der Autor benutzt«, oder: »Dieses Bild weist auf …«, oder: »An dieser Stelle ist im Text eine Zäsur markiert.«

Keine überzogene Personifizierung

Vermeiden Sie überzogene Personifizierungen. Ein Text kann etwas »zeigen«, »verdeutlichen«, »aussagen«, aber nicht ›von einem Bildbereich in einen anderen springen‹ oder ›in Bilder des Todes verfallen‹.

Vermeiden von Unsicherheitsfloskeln

Wenn Sie sich Ihrer Ergebnisse sicher sind, verzichten Sie auf Formulierungen wie: »Dieses Sonett von Gryphius ›könnte möglicherweise‹ aus der Zeit des Barock stammen.« Behutsame Wendungen sind jedoch angebracht, wenn Sie eine weitergehende Deutung versuchen, z. B.: »Hier könnte Trakls persönliche Lebenssituation indirekt angesprochen sein.«

Überleitung von formalen zu inhaltlichen Aspekten

In dieser Weise verbinden Sie Beobachtungen zu Form und Inhalt:
»Gestützt wird diese formale Beobachtung durch den weichen Klang der Reimwörter, die wiederum in krassem Gegensatz zur Härte der Überschrift stehen« (zu: Trakl), oder: »Die Zerrissenheit der Form könnte auf die innere Zerrissenheit des lyrischen Ichs weisen« (zu: Krolow), oder: »Der weiche, traditionelle Klang suggeriert eine Harmonie, die sich als verzweifelte Anpassung entlarvt« (zu: Reinig).

Schlussformulierung

Schließen Sie nicht mit einer einzelnen Beobachtung, lassen Sie den Faden Ihrer Darstellung nicht abreißen.

Greifen Sie zum Schluss korrigierend oder bestätigend auf Ihre Arbeitshypothese zurück, oder versuchen Sie eine Erweiterung, z. B. Einordnung in die Probleme der Entstehungszeit des Textes. Vermeiden Sie Floskeln wie: »Mit diesem Text erweist sich Goethe als bedeutendster Dichter seiner Zeit.« Angebracht wäre jedoch eine persönliche Wertung, in der Sie z. B. Ihre Betroffenheit nach der Beschäftigung mit dem Gedicht äußern oder auf den Annäherungsaspekt Ihres Erschließungsversuches verweisen.

Zweiter Teil: Erzählende Literatur

Einleitung

Nenne mir Muse den Mann, der viel erfahren und weithin
Irrte vom Wege ab nach der heiligen Troja Zerstörung.
Vieler Menschen Städte sah er mit kundigem Sinne
Und erduldete viel auf dem Meer mit traurigem Herzen,
Als um sein Leben er rang und die Heimkehr seiner Gefährten.

Vor 3000 Jahren:
Homer: ›Odyssee‹,
8. Jh. v. Chr.

Uns ist in alten mæren wunders vil geseit
von heleden lobebæren, von grôzer arebeit,
von fröuden hôchgezîten von weinen und von klagen,
von küener recken strîten muget ír nu wunder hœren sagen.

2000 Jahre später:
›Nibelungenlied‹
um 1200 n. Chr.

Gustav Aschenbach oder von Aschenbach, wie seit seinem fünfzigsten Geburtstag amtlich sein Name lautete, hatte an einem Frühlingsnachmittag des Jahres 19.., das unserem Kontinent monatelang eine so gefahrdrohende Miene zeigte, von seiner Wohnung in der Prinzregentenstraße zu München aus allein einen weiteren Spaziergang unternommen.

20. Jh.:
Th. Mann:
›Der Tod in Venedig‹, 1913

Jemand musste Josef K. verleumdet haben, denn ohne dass er etwas Böses getan hätte, wurde er eines Morgens verhaftet.

F. Kafka:
›Der Prozess‹, 1914

Zugegeben: ich bin Insasse einer Heil- und Pflegeanstalt, mein Pfleger beobachtet mich, läßt mich kaum aus dem Auge …

G. Grass:
›Die Blechtrommel‹, 1959

Es war Ende Januar, bald nach den Weihnachtsferien, als das dicke Kind zu mir kam.

M. L. Kaschnitz:
›Das dicke Kind‹, 1960

Ich bin nicht Stiller! – Tag für Tag, seit meiner Einlieferung in dieses Gefängnis, das noch zu beschreiben sein wird, sage ich es, schwöre ich es und fordere Whisky, ansonst ich jede weitere Aussage verweigere.

M. Frisch:
›Stiller‹, 1969

Das *Epos* ›Odyssee‹, das wohl nicht der Urvater aller *Rhapsoden*, Homer, verfasst hat, sondern ein besonders begabter Schüler, gehört zur erzählenden Literatur wie das mittelhochdeutsche Nibelungen*lied*, noch gereimt und von Sängern von Burg zu Burg weitererzählt. Aus neuerer Zeit stammen die *Novelle* Thomas Manns, die *Romane* von Kafka, Grass und Frisch und die *Kurzgeschichte* von Marie Luise Kaschnitz.

Epos
Novelle
Roman
Kurzgeschichte

Unterschiedlich ist auch die *Perspektive*, aus der erzählt wird. Bei Homer erzählt ein über allem Geschehen stehender, von der Muse ergriffener Sänger. Im Nibelungenlied weiß eine als »uns« bezeichnete Gemeinschaft vom Vergangenen, ein Sänger trägt es ihr erneut vor. Auch Thomas Mann führt einen scheinbar allwissenden Berichterstatter ein, der präzise und unangefochten Tatsächliches feststellt.

auktoriale Erzählperspektive

Ein solcher alles ordnende ›Dritter‹ zwischen Autor und Leser ist bei Kafka nur noch bedingt zu entdecken. Der hier Erzählende erklärt nicht, er berichtet von Unverständlichem.

Ich-Perspektive personale Erzählperspektive

Der Verzicht auf einen ›allwissenden‹ Erzähler führt bei Grass, Kaschnitz und Frisch zur Ich-Perspektive. Dieser Wandel zeigt: Es wird nicht mehr eine überschaubare und erklärbare Welt vorausgesetzt, deren Zusammenhänge ein Erzähler schrittweise aufdecken könnte. Die moderne Welt, die unverständlich, voller unlösbarer Widersprüche erscheint, kann nur aus der subjektiven Sicht entweder eines erzählenden Ichs oder aus der persönlichen Perspektive einer Figur dargestellt werden.

Erzähltempo Gelassenheit des Erzählens

Die ›Odyssee‹ wird gemächlich erzählt im wiegenden Daktylos-Rhythmus des Hexameters. Behäbigkeit zeigt sich auch im gereimten Vorwort des Nibelungenliedes mit der Vorankündigung dessen, was den Hörer erwartet. Noch Thomas Manns Novelle lässt sich Zeit für einen vielgliedrigen Einleitungssatz, der Person, ungefähres Lebensalter, Jahreszeit, Jahrhundert, Stadt, Straße, Spazierweg und politische Situation andeutet.

Für alle drei Werke gilt Schillers Wort: »Der Zweck des epischen Dichters liegt schon in jedem Punkte seiner Bewegung; darum eilen wir nicht ungeduldig zu einem Ziele, sondern verweilen uns mit Liebe bei jedem Schritte.« (An Goethe, 21.5.1797.)

direkter Einstieg

Kafka, Grass, Kaschnitz und Frisch »verweilen« nicht. Hier wird der Leser sofort mit einem Geschehen oder einer Situation konfrontiert.

Helden – Antihelden

Auch die Personen der Erzählung haben sich gewandelt. Kein göttergleicher Odysseus, keine Helden kühnen Streites – stattdessen ein verdächtiges Subjekt, Josef K., offenbar schuldlos schuldig, ein Insasse einer Nervenheilanstalt, ein Gefangener, der sich verleugnet, ein dickes Kind: Antihelden stehen im Zentrum der erzählenden Literatur der letzten Jahrzehnte.

Seit dem Ende der 80er Jahre des letzten Jahrhunderts ist allerdings eine Neuorientierung zu beobachten: Neben der Forderung nach dem ›Primat der Person‹ gegenüber einer zu deutlichen Politisierung von Literatur gibt es die Wiederentdeckung einer ›kontinuierlichen‹, dem Ablauf der Zeit folgenden Erzählweise. Beispiele dafür:

P. Süskind: ›Das Parfum‹, 1994; klassischer linearer Erzählbeginn

»Im achtzehnten Jahrhundert lebte in Frankreich ein Mann, der zu den genialsten und abscheulichsten Gestalten dieser an genialen und abscheulichen Gestalten nicht armen Epoche gehörte. Seine Geschichte soll hier erzählt werden.«

B. Schlink: ›Der Vorleser‹, 1997; klass. Ich-Erzähler, kontinuierlich ohne Verfremdungen

»Als ich fünfzehn war, hatte ich Gelbsucht. Die Krankheit begann im Herbst und endete im Frühjahr. Je kälter und dunkler das alte Jahr wurde, desto schwächer wurde ich. Erst mit dem neuen Jahr ging es aufwärts.«

episches Grundgerüst: Figur Raum Zeit Geschehen

Trotz aller Veränderungen in der diffusen Gattung Epik blieben seit 3000 Jahren die wichtigsten Bauelemente erhalten: Es geht um eine zentrale *Figur* (Odysseus, Josef K.); *Raum* und *Zeit* sind wichtig (ein Frühlingsnachmittag in der Prinzregentenstraße in München, ungezählte Tage seit der Einlieferung ins Gefängnis). Immer ist ein *Geschehen* Inhalt des Erzählten: eine Irrfahrt im Mittelmeer, Heldentaten, der Besuch eines merkwürdigen Kindes, eine Verhaftung. Nach wie vor gilt Schillers Erklärung: »Die Ursituation ist: ein Erzähler erzählt einer Hörerschaft etwas, was geschehen ist.« (An Goethe, 21.5.1797.)

Erster Interpretationsansatz
Form und Struktur

Heinrich von Kleist: Das Bettelweib von Locarno (1810 v)

Am Fuße der Alpen, bei Locarno im oberen Italien, befand sich ein altes, einem Marchese gehöriges Schloss, das man jetzt, wenn man vom St. Gotthard kommt, in Schutt und Trümmern liegen sieht: ein Schloss mit hohen und weitläufigen Zimmern, in deren einem einst, auf Stroh, das man ihr unterschüttete, eine alte kranke Frau, die sich bettelnd vor der Tür eingefunden hatte, von der Hausfrau aus Mitleiden gebettet worden war. Der Marchese, der, bei der Rückkehr von der Jagd, zufällig in das Zimmer trat, wo er seine Büchse abzusetzen pflegte, befahl der Frau unwillig, aus dem Winkel, in welchem sie lag, aufzustehen, und sich hinter den Ofen zu verfügen. Die Frau, da sie sich erhob, glitschte mit der Krücke auf dem glatten Boden aus, und beschädigte sich, auf eine gefährliche Weise, das Kreuz; dergestalt, dass sie zwar noch mit unsäglicher Mühe aufstand und quer, wie es vorgeschrieben war, über das Zimmer ging, hinter dem Ofen aber, unter Stöhnen und Ächzen, niedersank und verschied.

Einführung
Ort
Zeit
Personen
Ursache
Folge

Tod des Bettelweibs

Mehrere Jahre nachher, da der Marchese, durch Krieg und Misswachs, in bedenkliche Vermögensumstände geraten war, fand sich ein florentinischer Ritter bei ihm ein, der das Schloss, seiner schönen Lage wegen, von ihm kaufen wollte. Der Marchese, dem viel an dem Handel gelegen war, gab seiner Frau auf, den Fremden in dem oben erwähnten, leerstehenden Zimmer, das sehr schön und prächtig eingerichtet war, unterzubringen. Aber wie betreten war das Ehepaar, als der Ritter mitten in der Nacht, verstört und bleich, zu ihnen herunterkam, hoch und teuer versichernd, dass es in dem Zimmer spuke, indem etwas, das dem Blick unsichtbar gewesen, mit einem Geräusch, als ob es auf Stroh gelegen, im Zimmerwinkel aufgestanden, mit vernehmlichen Schritten, langsam und gebrechlich; quer über das Zimmer gegangen, und hinter dem Ofen, unter Stöhnen und Ächzen, niedergesunken sei.

Ritter
↓

Erzählung
erste Spukerscheinung

Der Marchese erschrocken, er wusste selbst nicht recht warum, lachte den Ritter mit erkünstelter Heiterkeit aus, und sagte, er wollte sogleich aufstehen, und die Nacht, zu seiner Beruhigung, mit ihm in dem Zimmer zubringen. Doch der Ritter bat um die Gefälligkeit, ihm zu erlauben, dass er auf einem Lehnstuhl, in seinem Schlafzimmer übernachte, und als der Morgen kam, ließ er anspannen, empfahl sich und reiste ab.

Dieser Vorfall, der außerordentliches Aufsehen machte, schreckte auf eine dem Marchese höchst unangenehme Weise, mehrere Käufer ab; dergestalt, dass, da sich unter seinem eigenen Hausgesinde, befremdend und unbegreiflich, das Gerücht erhob, dass es in dem Zimmer, zur Mitternachtsstunde, umgehe, er, um

direkte Folgen

Marchese
↓
persönliche Erfahrung
zweite Spukerscheinung

Marchese und Frau und Diener (persönlich)
dritte Spukerscheinung

letzte Nacht
Ehepaar und Hund

Regieanweisungen

genaue Beschreibung der Ruhehaltung

viertes und entscheidendes Spukerlebnis
↓

Katastrophe

›Urteil‹
Wertung →
Rückblende
Ursache →

es mit einem entscheidenden Verfahren niederzuschlagen, beschloss, die Sache in der nächsten Nacht selbst zu untersuchen. Demnach ließ er, beim Einbruch der Dämmerung, sein Bett in dem besagten Zimmer aufschlagen, und erharrte, ohne zu schlafen, die Mitternacht. Aber wie erschüttert war er, als er in der Tat, mit dem Schlage der Geisterstunde, das unbegreifliche Geräusch wahrnahm; es war, als ob ein Mensch sich von Stroh, das unter ihm knisterte, erhob, quer über das Zimmer ging, und hinter dem Ofen, unter Geseufz und Geröchel niedersank. Die Marquise, am andern Morgen, da er herunter kam, fragte ihn, wie die Untersuchung abgelaufen; und da er sich, mit scheuen und ungewissen Blicken, umsah, und, nachdem er die Tür verriegelt, versicherte, dass es mit dem Spuk seine Richtigkeit habe: so erschrak sie, wie sie in ihrem Leben nicht getan, und bat ihn, bevor er die Sache verlauten ließe, sie noch einmal, in ihrer Gesellschaft, einer kaltblütigen Prüfung zu unterwerfen. Sie hörten aber, samt einem treuen Bedienten, den sie mitgenommen hatten, in der Tat, in der nächsten Nacht, das selbe unbegreifliche, gespensterartige Geräusch; und nur der dringende Wunsch, das Schloss, es koste was es wolle, los zu werden, vermochte sie, das Entsetzen, das sie ergriff, in Gegenwart ihres Dieners zu unterdrücken, und dem Vorfall irgendeine gleichgültige und zufällige Ursache, die sich entdecken lassen müsse, unterzuschieben. Am Abend des dritten Tages, da beide, um der Sache auf den Grund zu kommen, mit Herzklopfen wieder die Treppe zu dem Fremdenzimmer bestiegen, fand sich zufällig der Haushund, den man von der Kette losgelassen hatte, vor der Tür desselben ein; dergestalt, dass beide, ohne sich bestimmt zu erklären, vielleicht in der unwillkürlichen Absicht, außer sich selbst noch etwas Drittes, Lebendiges, bei sich zu haben, den Hund mit sich in das Zimmer nahmen. Das Ehepaar, zwei Lichter auf dem Tisch, die Marquise unausgezogen, der Marchese Degen und Pistolen, die er aus dem Schrank genommen, neben sich, setzen sich, gegen elf Uhr, jeder auf sein Bett; und während sie sich mit Gesprächen, so gut sie vermögen, zu unterhalten suchen, legt sich der Hund, Kopf und Beine zusammen gekauert, in der Mitte des Zimmers nieder und schläft ein. Drauf, in dem Augenblick der Mitternacht, lässt sich das entsetzliche Geräusch wieder hören; jemand, den kein Mensch mit Augen sehen kann, hebt sich, auf Krücken, im Zimmerwinkel empor; man hört das Stroh, das unter ihm rauscht; und mit dem ersten Schritt: tapp! tapp! erwacht der Hund, hebt sich plötzlich, die Ohren spitzend, vom Boden empor, und knurrend und bellend, grad als ob ein Mensch auf ihn eingeschritten käme, rückwärts gegen den Ofen weicht er aus. Bei diesem Anblick stürzt die Marquise, mit sträubenden Haaren, aus dem Zimmer; und während der Marquis, der den Degen ergriffen: wer da? ruft, und da ihm niemand antwortet, gleich einem Rasenden, nach allen Richtungen die Luft durchhaut, lässt sie anspannen, entschlossen, augenblicklich, nach der Stadt abzufahren. Aber ehe sie noch einige Sachen zusammengepackt und aus dem Tore herausgerasselt, sieht sie schon das Schloss ringsum in Flammen aufgehen. Der Marchese, vom Entsetzen überreizt, hatte eine Kerze genommen, und dasselbe, überall mit Holz getäfelt wie es war, an allen vier Ecken, müde seines Lebens, angesteckt. Vergebens schickte sie Leute hinein, den Unglücklichen zu retten; er war auf die elendiglichste Weise bereits umgekommen, und noch jetzt liegen, von den Landleuten zusammengetragen, seine weißen Gebeine in dem Winkel des Zimmers, von welchem er das Bettelweib von Locarno hatte aufstehen heißen.

Bauelemente eines erzählenden Textes

Ein inhaltlicher Vorgang erhält in einem erzählenden Text eine komplexe dichterische Gestalt, in diesem Falle die Form der Novelle. Das Verständnis eines erzählenden Textes erwächst aus dem Nachvollziehen von Ablauf und einzelnen Stationen des Geschehens, Höhe- und Wendepunkt, Ort und Zeit, Erzählperspektive, Erzählzeit und erzählter Zeit, Personal.

Arbeitshypothese

In dieser Novelle erzählt Heinrich von Kleist (1777–1811) von einer »unerhörten Begebenheit« (so kennzeichnete Goethe die Novelle), dem unerklärlichen Spuk in einem Schloss. Auslösendes Moment ist eine auf den ersten Blick zufällige, mitleidlose Handlung. Hintergründig-schicksalhaft sich steigernde Ereignisse führen zur Selbstzerstörung des Schuldigen.

Eine Inhaltsangabe kann bereits Merkmale von äußerer und innerer Struktur nennen, die anschließend genauer untersucht werden.

vorläufige Inhaltsangabe

Erzählt wird von geheimnisvollen Vorgängen in einem heute zerstörten Schloss in Locarno. Ein dort zunächst aufgenommenes krankes Bettelweib wird vom heimkehrenden Hausherrn, einem Marchese, gezwungen, sich an einen anderen Ort des zugewiesenen Zimmers, hinter den Ofen, zu verfügen. Die Kranke stürzt und verletzt sich schwer, stirbt schließlich dort. Einige Jahre später versuchen der Marchese und seine Frau, finanzieller Schwierigkeiten wegen das Schloss zu verkaufen. Schon der erste Interessent, ein florentinischer Ritter, wird jedoch abgeschreckt. Er berichtet nach einer Nacht in dem besagten Zimmer völlig verstört von einem Spuk, der in seinem Ablauf genau den Vorgängen um das alte Bettelweib entspricht. Um den sich ausbreitenden Gerüchten entgegenzutreten, versuchen der Marchese und seine Frau, in drei aufeinanderfolgenden Nächten der Sache selbst auf den Grund zu gehen – zunächst der Marchese allein, dann beide mit einem Bedienten, schließlich beide mit dem Haushund. Der Spuk wiederholt sich wahrnehmbar vor allen Zeugen, sogar für den Hund. Dadurch in Panik geraten, flieht die Marquise aus dem Schloss. Der Marchese – offenbar im Wahnsinn – zündet das Schloss an und kommt im Feuer um. Seine Gebeine ruhen in dem Winkel des Spukzimmers, in dem ursprünglich das Bettelweib lag.

Untersuchung der Bauelemente

Personen

›Äußere‹ Hauptfigur ist der Marchese; neben ihm die Marquise, seine Frau. ›Innere‹ Hauptfigur ist das alte Bettelweib, das als Spukgestalt zum Leitmotiv wird.
Der florentinische Ritter erscheint als erster fremder Zeuge des Spuks. Der Bediente, Vertrauter des Hauses, ist weiterer Zeuge, unbestechlicher Hauptzeuge jedoch der Hund, die nichtmenschliche Kreatur. Das übrige Hausgesinde und weitere Käufer bilden lediglich ein personales Umfeld. Eine ›juristische‹ Sicht der Personen wird deutlich: Es gibt einen Schuldigen, der eine folgenschwere Tat begangen hat und später ›verurteilt‹ wird (zur Selbstzerstörung). Es gibt mehrere Zeugen für die Folgen der Tat und vor allem das Opfer. Es geht nicht um einen Kriminalfall, sondern um eine aus scheinbaren Zufälligkeiten sich fügende Sühne für menschliche Schuld (siehe folgende Skizze):

Vorgeschichte	*Katastrophe*
Schuldiger: Marchese	Auslöser: Spukerscheinung
›Tat‹: menschliches Fehlverhalten	Vorgang: Spuk
Folge: Tod	Folge: Tod und Zerstörung
Opfer: Das Bettelweib	›Opfer‹: Marchese
›zufällige‹ Tat	schicksalhaftes Urteil

Ort

Das äußere Umfeld bilden Schloss und Umgebung. Der zentrale Raum des Geschehens ist das spätere Spukzimmer. Hier werden zu räumlichen Fixpunkten für Ursache und Folge des Unglücks die beiden offenbar gegenüberliegenden Ecken des Zimmers – einmal die Stelle hinter dem Ofen, zu der sich das Bettelweib sterbend schleppt, zum anderen *der Winkel des Zimmers, von welchem [der Marchese] das Bettelweib von Locarno hatte aufstehen heißen* und in dem die Gebeine des Marchese später ihre Ruhestätte finden.

Winkel als Rahmen der Novelle

So wie dieses Zimmer letztlich zwei Gräber vereint, wird der *Winkel* zum zentralen symbolischen Ort und markiert als zwangsweise aufgegebenes Lager der Frau und als Grab des Marchese Ursache und Folge des gesamten Vorgangs. Diese Deutung wird durch die ›rahmende‹ Erzählung des Winkels am Anfang und am Schlusssatz der Novelle bestätigt.

Der Leidensweg, die Diagonale zwischen beiden Winkeln des Zimmers, immer wieder abgeschritten im Spukvorgang, ist ein räumliches Zeichen für den schicksalhaften Zusammenhang zwischen einem unüberlegten, mitleidlosen Verhalten und den grauenvollen Folgen: Tod und Zerstörung.

Skizzen zum Ort

I.

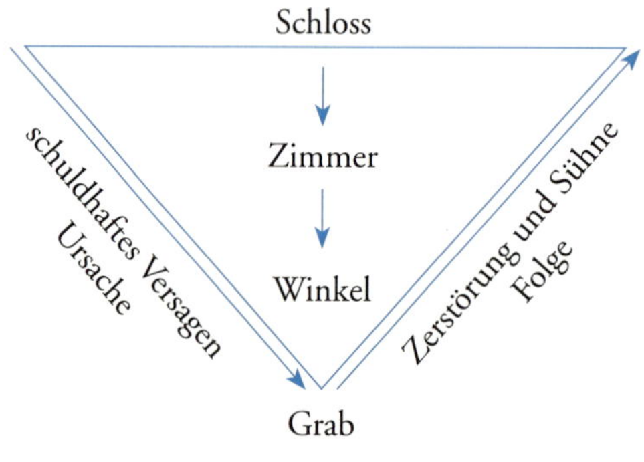

auch räumlich wird die ›zugespitzte‹ innere Komposition der Novelle deutlich!

II.

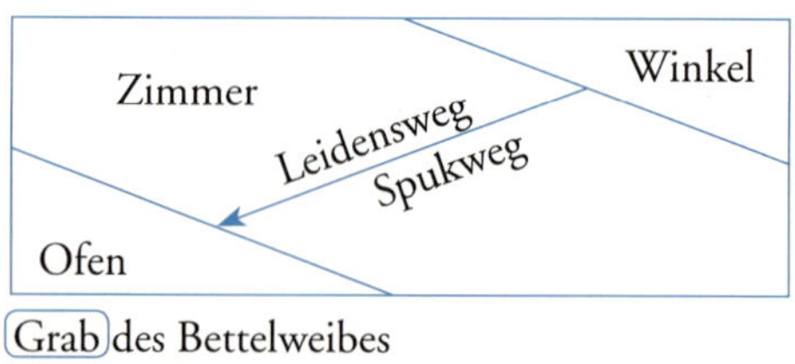

Erstes Lager des Bettelweibes. Ort der Erbarmungslosigkeit, Grab des Marchese

Grab des Bettelweibes

Zeit

Die **Erzählzeit**, die Zeit also, in der die Novelle vor- oder durchgelesen werden kann, ist vergleichsweise kurz: 8 bis 10 Minuten.
Die **erzählte Zeit**, also die Zeitspanne, über die der erzählte Vorgang sich erstreckt, beträgt von der Vorgeschichte an *mehrere Jahre*. Wenn man den Standort des rückblickenden Erzählers einbezieht (das man jetzt *in Schutt und Trümmern liegen sieht* [...] – *und noch jetzt liegen* [...] *seine weißen Gebeine*), entsteht ein noch längerer Zeitraum von Jahrzehnten.

Zur Betonung der Höhepunkte, zur Steigerung der Spannung hin zum Höhepunkt und damit – wie beim Raum – zur Zuspitzung des dramatischen Geschehens verwendet Kleist in kunstvoller Weise die Mittel der ›Zeitraffung‹, der ›Zeitdeckung‹, sogar der ›Zeitdehnung‹, außerdem Vorausdeutung und Rückblende.

drei Zeitebenen

Der Zeitpunkt des Erzählens wird angedeutet.	–	Der Zeitpunkt des Erzählens zeigt sich im ersten und letzten Satz als Rahmen in der Formel *noch jetzt*.
Der Zeitpunkt der Vorgeschichte wird kurz dargestellt.	–	Der Zeitpunkt der Vorgeschichte erscheint im ersten Absatz in dem Unfall, der alles Weitere auslöst.
Die vier offensichtlich aufeinanderfolgenden Nächte der Spukerscheinung nach einer zeitlichen Zäsur von mehreren Jahren werden ausführlich erzählt.	–	Hier liegt schon vom Umfang her der Hauptakzent. Die letzte Nacht als Wendepunkt und Katastrophe macht allein etwa ein Drittel des Erzähltextes aus.

Ähnlich wie der Raum, zugespitzt auf den *Winkel*, das Geschehen einschließt, rahmen auch die zeitlichen Angaben des ersten und des letzten Satzes den Text und weisen auf den unerbittlichen Kausalzusammenhang zwischen Vorgeschichte und Katastrophe:

Vorausdeutung im ersten Satz: *in Schutt und Trümmern*

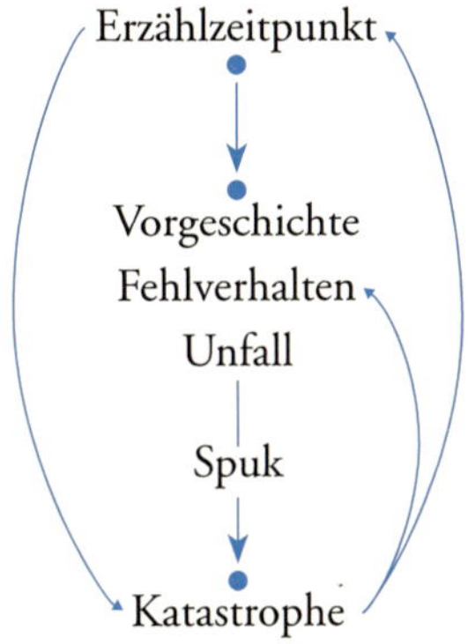

Rückführung zum Erzählzeitpunkt im letzten Satz: *noch jetzt liegen* [...]
Rückblende auf den Zeitpunkt der Schuld: *von welchem er das Bettelweib* [...] *hatte aufstehen heißen.*

Zeitraffung

Die extreme Zeitraffung des Anfangs, z. T. mit dem Überspringen mehrerer Jahre, weicht von der ersten Spukerscheinung an zunächst einem wiederholten Wechsel zwischen stärkerer und geringerer Zeitraffung, d. h., die erzählte Zeit wird umfangreicher. Die fast stereotype Beschreibung des Unfall- und Spukvorgangs, die sich

Zeitdeckung

leitmotivisch wiederholt, erreicht mit ihren jeweils dreieinhalb Zeilen im Verhältnis zum Gesamtumfang fast eine Zeitdeckung. Der zentrale Vorgang erhält also von Beginn an ›seine Zeit‹.
Vor dem Wendepunkt, der letzten Spuknacht, wird noch einmal ein Zeitraum übersprungen: vom Geschehen der vorletzten Spuknacht bis *zum Abend des dritten Tages*. Außerdem wird die sonst so präzise Spukbeschreibung in der vorangehenden Nacht das einzige Mal zu einer verzögernden Formel (*dasselbe unbegreifliche, gespensterartige Geräusch*) verkürzt.

Zeitdehnung

Dann aber, *in dem Augenblick der Mitternacht*, werden der Spukvorgang und die Reaktion des Hundes, die ihn als Realität zu bestätigen scheint, geradezu zeitgleich mit der Erzählzeit berichtet – bis zu dem direkt den Vorgang nachvollziehenden *tapp! tapp!* Angesichts der sonstigen Zeitraffung über Jahrzehnte, Jahre, Tage kann hier von einer Zeitdehnung am Wendepunkt gesprochen werden, einer Überbetonung des letzten, zur Katastrophe führenden Moments. Es ergibt sich ein vom Ausgangspunkt an immer weiter geöffneter Blickwinkel auf die letzte, entscheidende Sekunde. Immer näher wird sie herangeholt, wie mit einem Filmobjektiv, unterstützt durch sprachliche Besonderheiten:
Die Zeitform wechselt ins Präsens. Die Darstellung erhält die Form einer Regieanweisung (*Das Ehepaar, zwei Lichter auf dem Tisch* […]). Diesem sich öffnenden Blickwinkel entspricht als Spannungsmoment eine Verengung des Zeitraums von Jahrzehnten, Jahren, Tagen auf wenige Sekunden.

dargestellte Zeiträume: *Verengung*

Breite der Darstellung: *Erweiterung*

Die Technik des räumlichen ›Heranziehens‹ über mehrere Stationen ist bereits im ersten Abschnitt zu beobachten: Schloss ➤ weitläufige Zimmer ➤ ›das‹ Zimmer ➤ der Winkel.

Geschehen

1 Die **Vorgeschichte** mit allen wesentlichen Verweisen auf Ort, Personen, Vorfall und Folgen (Aufnahme des Bettelweibes, Verhalten des Marchese, Unfall und Tod der Frau).
Inhaltliche Zäsur: In der Erzählung wird so fortgefahren, als habe das folgende Geschehen nichts mit dem Anfang zu tun.
2 Die **Folgen der Vorgeschichte** in mehrfacher Steigerung zur Katastrophe:
2.1 Spukerlebnis des Ritters ➤ Abreise, Käufer abgeschreckt, Gerüchte.
2.2 Überprüfung durch den Marchese allein ➤ persönliche Verunsicherung.
2.3 Überprüfung durch das Ehepaar und durch menschliche Zeugen ➤ Entsetzen, Herunterspielen vor dem Diener.
2.4 Überprüfung durch das Ehepaar und durch einen kreatürlichen Zeugen ➤ Katastrophe, Flucht der Marquise, Wahnsinn des Marchese, Brandstiftung, Tod.

Die Spannungskurve zeigt im Hauptteil dreifach sich steigernde Höhepunkte vor dem eigentlichen Wendepunkt:

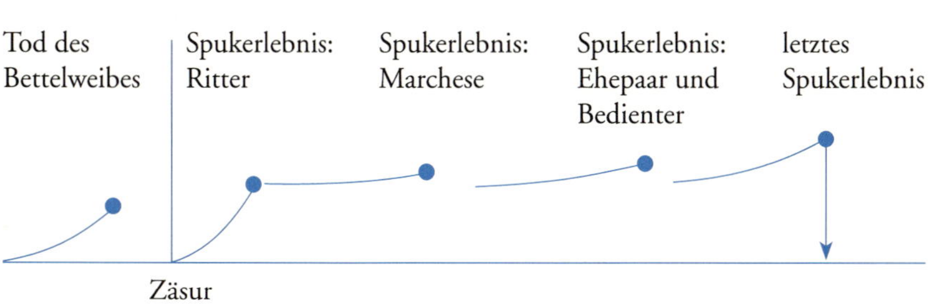

Die ›innere‹ Kompositionsfigur geht von einer ›zufälligen‹ menschlichen *Schuld* aus und führt in einen zunächst unglaublichen Kausalzusammenhang zur tatsächlichen *Sühne*. Ein alltägliches menschliches Versagen wird auf dem Weg über eine »unerhörte Begebenheit«, die unglaubliche Spukgeschichte, in der realistischen und totalen Selbstvernichtung des Schuldigen geahndet und damit die Weltordnung wiederhergestellt. So ist die »unerhörte Begebenheit« nur oberflächlich gesehen eine merkwürdige Spukgeschichte. Als Kern der Novelle bildet sie einen Vorgang, der von einem ›Zufall‹ in eine schicksalhafte Kausalkette führt.

Sprache

Die Beobachtungen zur Struktur können Sie erweitern und stützen durch genaue Beobachtungen zur Sprache, z. B. die Steigerung des Ausdrucks bei der Beschreibung des Spuks (*etwas, das* ➛ *ein Mensch* ➛ *jemand, den kein Mensch mit Augen sehen kann*) und der Reaktionen des Marchese (*erschrocken* ➛ *erschüttert* ➛ *gleich einem Rasenden* ➛ *von Entsetzen überreizt*).
Auffällig ist auch der Konjunktiv bei der Spukdarstellung (*als, ob*), danach der Indikativ als Beweis für die Realität des Spuks (*der Hund … weicht …*).

Satzbau

Der komplizierte Satzbau verklammert die Vorgänge (Ursache – Folge; *dergestalt, dass*). Auf dem Höhepunkt erzeugt ein Stakkatostil das ›rasende‹ Tempo.

Zweiter Interpretationsansatz: **Wortschatz und Syntax**

Franz Kafka: Der Nachbar (Mai/Juni 1917, postum erschienen)

direkter Einstieg: Ich = mein Geschäft
Parataxe

Mein Geschäft ruht ganz auf meinen Schultern. Zwei Fräulein mit Schreibmaschinen und Geschäftsbüchern im Vorzimmer, mein Zimmer mit Schreibtisch, Kasse, Beratungstisch, Klubsessel und Telefon, das ist mein ganzer Arbeitsapparat. So einfach zu überblicken, so leicht zu führen. Ich bin ganz jung, und die Geschäfte rollen vor mir her. Ich klage nicht, ich klage nicht.

Selbstkritik am eigenen zögerlichen Handeln

Seit Neujahr hat ein junger Mann die kleine, leer stehende Nebenwohnung, die ich ungeschickterweise so lange zu mieten gezögert habe, frischweg gemietet. Auch ein Zimmer mit Vorzimmer, außerdem aber noch eine Küche. – Zimmer und Vorzimmer hätte ich wohl brauchen können – meine zwei Fräulein fühlten sich schon manchmal überlastet –, aber wozu hätte mir die Küche gedient?

Dieses kleinliche Bedenken war daran Schuld, dass ich mir die Wohnung habe nehmen lassen. Nun sitzt dort dieser junge Mann. Harras heißt er. Was er dort eigentlich macht, weiß ich nicht. Auf der Tür steht: »Harras, Bureau«. Ich habe Erkundigungen eingezogen, man hat mir mitgeteilt, es sei ein Geschäft ähnlich dem meinigen. Vor Kreditgewährung könne man nicht geradezu warnen, denn es handle sich doch um einen jungen, aufstrebenden Mann, dessen Sache vielleicht Zukunft habe, doch könne man zum Kredit nicht geradezu raten, denn gegenwärtig sei allem Anschein nach kein Vermögen vorhanden. Die übliche Auskunft, die man gibt, wenn man nichts weiß.

Zentraler Vergleich: Ratte

Manchmal treffe ich Harras auf der Treppe, er muss es immer außerordentlich eilig haben, er huscht förmlich an mir vorüber. Genau gesehen habe ich ihn noch gar nicht, den Büroschlüssel hat er schon vorbereitet in der Hand. Im Augenblick hat er die Tür geöffnet. Wie der Schwanz einer Ratte ist er hineingeglitten, und ich stehe wieder vor der Tafel »Harras, Bureau«, die ich schon viel öfter gelesen habe, als sie es verdient.

Verunsicherung ↓ steigert sich ↓ zur ↓ Geschäftsschädigung

Die elend dünnen Wände, die den ehrlich tätigen Mann verraten, den Unehrlichen aber decken. Mein Telefon ist an der Zimmerwand angebracht, die mich von meinem Nachbar trennt. Doch hebe ich das bloß als besonders ironische Tatsache hervor. Selbst wenn es an der entgegengesetzten Wand hinge, würde man in der Nebenwohnung alles hören. Ich habe mir abgewöhnt, den Namen der Kunden beim Telefon zu nennen. Aber es gehört natürlich nicht viel Schlauheit dazu, aus charakteristischen, aber unvermeidlichen Wendungen des Gesprächs die Namen zu erraten. – Manchmal umtanze ich, die Hörmuschel am Ohr, von Unruhe gestachelt, auf den Fußspitzen den Apparat und kann es doch nicht verhüten, dass Geheimnisse preisgegeben werden.

Identitätsverlust

Natürlich werden dadurch meine geschäftlichen Entscheidungen unsicher, meine Stimme zittrig. Was macht Harras, während ich telefoniere? Wollte ich sehr übertreiben – aber das muss man oft, um sich Klarheit zu verschaffen –, so könnte ich sagen: Harras braucht kein Telefon, er benutzt meines, er hat sein Kanapee an die Wand gerückt und horcht, ich dagegen muss, wenn geläutet wird, zum Telefon laufen, die Wünsche des Kunden entgegennehmen, schwerwiegende Entschlüsse fassen, großangelegte Überredungen ausführen – vor allem aber während des Ganzen unwillkürlich durch die Zimmerwand Harras Bericht erstatten.

Hypotaxe
offener Schluss

Vielleicht wartet er gar nicht das Ende des Gespräches ab, sondern erhebt sich nach der Gesprächsstelle, die ihn über den Fall genügend aufgeklärt hat, huscht nach seiner Gewohnheit durch die Stadt, und ehe ich die Hörmuschel aufgehängt habe, ist er vielleicht schon daran, mir entgegenzuarbeiten.

Autor

Franz Kafka (1883–1924) ist vermutlich der rätselhafteste, zugleich einflussreichste Autor der Moderne. Seine genaue Schilderung scheinbar irrealer Vorgänge, die Aufhebung der Gesetzmäßigkeit von Ursache und Wirkung, Raum und Zeit, seine verfremdende Erzähltechnik wirken auf die erzählende Literatur bis heute.

Kafka wächst als Sohn einer deutsch sprechenden jüdischen Kaufmannsfamilie in Prag auf, einer Stadt, in der sich – anregend und explosiv zugleich – deutsche, tschechische, österreichische, böhmische, jüdische Kulturelemente mischten. Sensibel leidend an den Zwängen seines ungeliebten Berufs als Versicherungsangestellter, an dem Konflikt mit der dominierenden Vatergestalt, an seiner körperlichen Schwäche, entwirft er Visionen, verschlüsselte Botschaften, Chiffren und Gleichnisse, in denen es um die vergebliche Suche nach einem Sinn geht, um das Ausgeliefertsein des Einzelnen an anonyme Mächte, an eine unsichtbare Gerichtsinstanz, um das zufällige und doch schicksalhafte (s. Kleist!) Herausfallen des Menschen aus einer bislang scheinbar sicheren Ordnung.

Textart

Die kurze Erzählung trägt Merkmale, die auch spätere Kurzgeschichten kennzeichnen: einen direkten Einstieg ohne jede Vorbereitung (*Mein Geschäft …*), einen offenen Schluss (*ist er vielleicht schon daran, mir entgegenzuarbeiten*), eine kurze, schlaglichtartig beleuchtete Phase aus einem Menschenleben, in der knapp und pointiert, gradlinig entwickelt ein auslösendes Ereignis, eine wesentliche Veränderung und eine Krise erscheinen.

Arbeitshypothese

1▶ Formulieren Sie eine Arbeitshypothese zu dieser Erzählung.

Inhaltsangabe

2▶ Versuchen Sie – entsprechend der Darstellung im ersten Interpretationsansatz – eine erste inhaltliche Zusammenfassung.

Inhalt und Form

3▶ Sammeln Sie Beobachtungen zur äußeren Form und zur inhaltlichen Struktur nach folgenden Leitfragen:

- Über welche äußeren und inneren Stationen läuft das Geschehen? (Äußere und innere Kompositionsfigur)
- Wie ist die Erzählperspektive?
- Welche Besonderheiten zu Person und Ort sind zu bemerken?
- Wie ist das Verhältnis zwischen Erzählzeit und erzählter Zeit? Wo arbeitet Kafka mit Zeitraffung, wo mit Zeitdehnung?
- Gibt es Höhepunkte oder einen Wendepunkt in diesem Text?
- Wie sähe eine Spannungskurve für diesen Ablauf aus?

Sprache

Die sich steigernde Verunsicherung, ausgelöst von einem alltäglichen, unbedeutenden Vorgang, dem Einzug eines neuen Nachbarn, zeigt deutliche Spuren in der sprachlichen Gestaltung. Ein Ich-Erzähler beschreibt den Verlauf überaus genau.

parataktischer Satzbau

Der Text beginnt mit einfacher, aufzählender Parataxe (*Mein Geschäft ruht ganz auf meinen Schultern … Ich bin ganz jung …*) – eine überschaubare Welt wird nüchtern vorgestellt.

Hypotaxe (kompliziertes Satzgefüge)

Zwar immer noch reihend, aber bereits wesentlich komplizierter werden die Satzgefüge von der eingestandenen Verunsicherung an, der Definition des »Nachbarn« als Feind (*Die elend dünnen Wände, die den ehrlich tätigen Mann* [Ich-Erzähler] *verraten, den Unehrlichen* [den »Nachbarn«] *aber decken*). Die zugegebene Unsicherheit der geschäftlichen Entscheidung (Zeile 37) zeigt sich deutlich in der einzigen Frage: *Was macht Harras, während ich telefoniere?*
Der längste und komplizierteste Satz ist der Schlussabschnitt: eine vielgliedrige Hypotaxe, in der die vermuteten und befürchteten Handlungen des »Nachbarn« inhaltlich dominieren und zu einer feindlichen, unabwendbaren Realität werden.

Subjekt-Objekt-Beziehung

Hier kennzeichnet ein weiterer zentraler grammatischer Vorgang den inhaltlichen Ablauf: die Subjekt-Objekt-Verschiebung. Das erzählende Ich ist zu Beginn – wenn auch in Umschreibungen wie *Mein Geschäft, mein Zimmer, mein ganzer Arbeitsapparat* – durchaus Subjekt der Handlung, wenn auch der ihm zugeordnete Wortschatz (*ich bin, Ich klage nicht, … gezögert habe, habe* [mir] *nehmen lassen*) nur bedingt aktiven Charakter hat und zunehmend passivisch wird.
Vom Auftreten des »jungen Mannes« an verschiebt sich allmählich die Rolle des Ichs: Dort, wo (in der Mitte des Textes) beide noch direkt in einer Aussage zusammentreffen (*Manchmal treffe ich Harras auf der Treppe … Genau gesehen habe ich ihn noch gar nicht*), wird das Kräfteverhältnis sofort entweder durch Umkehrung (*er huscht … an mir vorüber*) oder durch eindeutige Dominanz des »er« (*er muss es immer … eilig haben … Im Augenblick hat er die Tür geöffnet*) zugunsten des »Nachbarn« verschoben.
Die zunehmende Abhängigkeit der Existenz des erzählenden Ichs von der vermuteten Bedrohung durch den Konkurrenten zeigt sich im zweiten Teil des Textes also nicht nur in den ›abhängigen‹ Handlungen (*Ich habe mir abgewöhnt … Manchmal umtanze ich … ich dagegen muss*), sondern konkret in der Zuspitzung auf die bloße Rand- und Objektrolle im letzten Satz: Das Ich ist hier nach dreifacher, aktiver Handlung des »Er« in einen Nebensatz abgedrängt (*ehe ich …*) und im entscheidenden Schlusswort zum bloßen Objekt geworden (*mir entgegenzuarbeiten*). Dabei wird das Erzähltempo mit zunehmender Verunsicherung durch längere Satzgefüge mit ›hastigen‹ Satzgliedern immer rascher.

Wortschatz
Ich – Nachbar

Interessant ist bereits die ›zögernde‹ Selbstdefinition von Anfang an: Das Ich beschreibt sich mit den geschäftlichen Attributen, personifiziert und in der Bedeutung gewichtet durch das Possessivpronomen: *mein* Geschäft, *mein* Zimmer, *mein* ganzer Arbeitsapparat, *mein* Telephon. Das vielfach beschworene »Geschäft« ist offenbar nicht nur Lebensgrundlage, sondern Identifizierung für das Ich. Demzufolge bedeutet die zunächst vermutete und dann durch die eigene Angst zunehmend realistische Existenzbedrohung des Geschäfts gleichzeitig eine Bedrohung für das Ich selbst.

›Angst‹ – Sprache

Der ›Gegner‹ wird ein einziges Mal, fast genau in der Mitte des Textes, als »Nachbar« bezeichnet. Das Wort erhält sogleich ironische Bedeutung – der Nachbar erscheint als Feind. Zunächst als junger, aufstrebender Mann beschrieben (im selben Zustand wie das Ich), erhält er sogleich einen erschreckenden Namen: *Harras*. Neben *Geschäft* wird dieser Name, fünfmal erwähnt, zum häufigsten Nomen des Textes. Der Name *Harras* lässt eher an einen scharfen Polizeihund als an einen freundlichen Nachbarn denken. Auch die Formulierung, in der er in Zeile 12 vorgestellt wird (*Harras heißt er*), suggeriert in der ›militärischen‹ Knappheit, der Alliteration und Assonanz scharfer, heiserer Töne (H-S) die Angst des Ichs.
Die geschäftlichen Bezüge am Anfang (Schreibfräulein, Geschäftsbücher, Bankauskunft [Kreditwürdigkeit]) werden vom einzigen bildhaften Vergleich des Textes an (*Wie der Schwanz einer Ratte ist er hineingeglitten*) verändert zu Chiffren der Verfolgung, der rattenhaften, unaufhaltsamen Unterminierung.

Indikativ – Konjunktiv

Entscheidender sprachlicher Vorgang ist auch hier wie in vielen anderen Werken Kafkas die Verwendung von Indikativ und Konjunktiv in gegensätzlichen Aussagen. Der ›sichere‹ indikativische Anfang (*ruht ganz auf meinen Schultern … die Geschäfte rollen vor mir her*) wird bereits durch die fast beschwörende Formel *Ich klage nicht, ich klage nicht* in Frage gestellt, als ›scheinbare‹ Sicherheit entlarvt. Der sich steigernde Verfolgungswahn wird dann zunehmend im Konjunktiv oder in den Formeln der Vermutung dargestellt (*so könnte ich sagen ... Vielleicht*). Die irreale Welt der Bedrohung wird so zur Realität der Vernichtung in zwanghafter Folge: *Natürlich werden dadurch meine geschäftlichen Entscheidungen unsicher.* Der letzte Satz bündelt diese inhaltlichen und sprachlichen Elemente: Das Ich, zum Objekt geworden, erwartet mit Gewissheit – trotz des zweimaligen vermutenden *Vielleicht* – den nicht durchschaubaren bedrohlichen Verlauf der Vernichtung (*huscht – entgegenzuarbeiten*). Das ist die Realität des von Kafka so eindringlich beschriebenen Ausgeliefertseins in einer modernen Welt der Anonymität, der paradoxen Verhältnisse (der Nachbar als Feind), der beängstigenden Geschäfts- und Arbeitsbedingungen.

Dritter Interpretationsansatz: **Zentrales Motiv – inhaltlicher Schwerpunkt**

Ilse Aichinger: Das Fenster-Theater (1958 v)

Die Frau lehnte am Fenster und sah hinüber. Der Wind trieb in leichten Stößen vom Fluss herauf und brachte nichts Neues. Die Frau hatte den starren Blick neugieriger Leute, die unersättlich sind. Es hatte ihr noch niemand den Gefallen getan, vor ihrem Haus niedergefahren zu werden. Außerdem wohnte sie im vorletzten Stock, die Straße lag zu tief unten. Der Lärm rauschte nur mehr leicht herauf. Alles lag zu tief unten. Als sie sich eben vom Fenster abwenden wollte, bemerkte sie, dass der Alte gegenüber Licht angedreht hatte. Da es noch ganz hell war, blieb dieses Licht für sich und machte den merkwürdigen Eindruck, den aufflammende Straßenlaternen unter der Sonne machen. Als hätte einer an seinen Fenstern die Kerzen angesteckt, noch ehe die Prozession die Kirche verlassen hat. Die Frau blieb am Fenster.

erste Rolle:
Die Frau – Beobachterin
Langeweile

Der Alte öffnete und nickte herüber. Meint er mich? dachte die Frau. Die Wohnung über ihr stand leer, und unterhalb lag eine Werkstatt, die um diese Zeit schon geschlossen war. Sie bewegte leicht den Kopf. Der Alte nickte wieder. Er griff sich an die Stirne, entdeckte, dass er keinen Hut aufhatte, und verschwand im Innern des Zimmers.

zweite Rolle:
Der Alte – Narr?

Gleich darauf kam er in Hut und Mantel wieder. Er zog den Hut und lächelte. Dann nahm er ein weißes Tuch aus der Tasche und begann zu winken. Erst leicht und dann immer eifriger. Er hing über die Brüstung, dass man Angst bekam, er würde vornüberfallen. Die Frau trat einen Schritt zurück, aber das schien ihn nur zu bestärken. Er ließ das Tuch fallen, löste seinen Schal vom Hals – einen großen bunten Schal – und ließ ihn aus dem Fenster wehen. Dazu lächelte er. Und als sie noch einen weiteren Schritt zurücktrat, warf er den Hut mit einer heftigen Bewegung ab und wand den Schal wie einen Turban um seinen Kopf. Dann kreuzte er die Arme über der Brust und verneigte sich. Sooft er aufsah, kniff er das linke Auge zu, als herrsche zwischen ihnen ein geheimes Einver-

Spiel – Theater

Vorführung

Missverständnis in der Kommunikation

ständnis. Das bereitete ihr so lange Vergnügen, bis sie plötzlich nur mehr seine Beine in dünnen, geflickten Samthosen in die Luft ragen sah. Er stand auf dem Kopf. Als sein Gesicht gerötet, erhitzt und freundlich wieder auftauchte, hatte sie schon die Polizei verständigt.

Und während er, in ein Leintuch gehüllt, abwechselnd an beiden Fenstern erschien, unterschied sie schon drei Gassen weiter über dem Geklingel der Straßenbahnen und dem gedämpften Lärm der Stadt das Hupen des Überfallautos. Denn ihre Erklärung hatte nicht sehr klar und ihre Stimme erregt geklungen. Der alte Mann lachte jetzt, so dass sich sein Gesicht in tiefe Falten legte, streifte dann mit einer vagen Gebärde darüber, wurde ernst, schien das Lachen eine Sekunde lang in der hohlen Hand zu halten und warf es dann hinüber. Erst als der Wagen schon um die Ecke bog, gelang es der Frau, sich von seinem Anblick loszureißen.

zentrales Bild

›Krimi‹

Sie kam atemlos unten an. Eine Menschenmenge hatte sich um den Polizeiwagen gesammelt. Die Polizisten waren abgesprungen, und die Menge kam hinter ihnen und der Frau her. Sobald man die Leute zu verscheuchen suchte, erklärten sie einstimmig, in diesem Hause zu wohnen. Einige davon kamen bis zum letzten Stock mit. Von den Stufen beobachteten sie, wie die Männer, nachdem ihr Klopfen vergeblich blieb und die Glocke allem Anschein nach nicht funktionierte, die Tür aufbrachen. Sie arbeiteten schnell und mit einer Sicherheit, von der jeder Einbrecher lernen konnte. Auch in dem Vorraum, dessen Fenster auf den Hof sahen, zögerten sie nicht eine Sekunde. Zwei von ihnen zogen die Stiefel aus und schlichen um die Ecke. Es war inzwischen finster geworden. Sie stießen an einen Kleiderständer, gewahrten den Lichtschein am Ende des schmalen Ganges und gingen ihm nach. Die Frau schlich hinter ihnen her.

scheinbar ein Fall für die Polizei

Als die Tür aufflog, stand der alte Mann mit dem Rücken zu ihnen gewandt noch immer am Fenster. Er hielt ein großes weißes Kissen auf dem Kopf, das er immer wieder abnahm, als bedeutete er jemandem, dass er schlafen wolle. Den Teppich, den er vom Boden genommen hatte, trug er um die Schultern. Da er schwerhörig war, wandte er sich auch nicht um, als die Männer schon knapp hinter ihm standen und die Frau über ihn hinweg in ihr eigenes finsteres Fenster sah. Die Werkstatt unterhalb war, wie sie angenommen hatte, geschlossen. Aber in die Wohnung oberhalb musste eine neue Partei eingezogen sein. An eines der erleuchteten Fenster war ein Gitterbett geschoben, in dem aufrecht ein kleiner Knabe stand. Auch er trug sein Kissen auf dem Kopf und die Bettdecke um die Schultern. Er sprang und winkte herüber und krähte vor Jubel. Er lachte, strich mit der Hand über das Gesicht, wurde ernst und schien das Lachen eine Sekunde lang in der hohlen Hand zu halten. Dann warf er es mit aller Kraft den Wachleuten ins Gesicht.

Lösung und Pointe
dritte Rolle: Das Kind als Mitspieler
zentrales Bild

Autorin

Ilse Aichinger (* 1921), die Frau des Lyrikers und Hörspielautors Günter Eich (1907–72), ist als Verfasserin von Erzählungen und von Hörspielen bekannt geworden. Franz Kafkas Werk hat ihre Erzählweise beeinflusst, wie u. a. die Verschränkungen von realer und irrealer Welt in ihren Erzählungen ›Seegeister‹, ›Der Hauslehrer‹ und ›Spiegelgeschichte‹ zeigen, auch die Neigung zur gleichnishaften Kurzgeschichte, zur Parabel.

4▸ Prüfen Sie, inwieweit die vorliegende Erzählung die Merkmale einer Kurzgeschichte aufweist.

Form der Kurzgeschichte

Parabel

Anders als Parabeln früherer Zeiten (z. B. die Gleichnisse im Neuen Testament vom verlorenen Sohn, vom barmherzigen Samariter, aber auch Lessings Ringparabel in ›Nathan der Weise‹), die **eindeutig** entschlüsselt und durch Analogieschluss auf einen neuen Fall übertragen werden können, sind die Prosaparabeln der Moderne seit Kafka vielschichtig, **mehrdeutig**. Nur in Brechts Parabeln und Prosaskizzen (z. B. den ›Geschichten vom Herrn Keuner‹) wird die Aussage formelhaft zugespitzt zur lehrhaften Lösung. Die Neigung zeitgenössischer Autoren zur Konzentration ihrer Darstellungen auf Bilder, die entschlüsselt werden sollen, führt vielfach zu parabolischer Sprechweise.

5▸ Fassen Sie in Form einer Arbeitshypothese zusammen, worum es in diesem Text geht. Berücksichtigen Sie den Gleichnischarakter: Worauf ließe sich die Parabel übertragen?

Arbeitshypothese

6▸ Sammeln Sie Beobachtungen zur Form unter folgenden Gesichtspunkten:

- In welchem Raum, an welchen Orten spielt sich das Geschehen ab?
- Wie ist der äußere Ablauf?
- Welche innere Kompositionsfigur (Perspektive der Frau, Perspektive des Mannes) ist zu erkennen?
- Wie verläuft die Kommunikationsbewegung im Text, der Wechsel der Blickrichtung?
- Wo verdichtet sich das Geschehen zeitlich und spannungsmäßig (Wendepunkt - Pointe)?

Form

7▸ Sammeln Sie sprachliche Beobachtungen unter folgenden Gesichtspunkten:

- Wie zeigt sich der übertragbare Charakter der Aussage in der Wortwahl und im Satzbau?
- Wie sind Farben, Licht und Dunkelheit, Starrheit und Bewegung, Stille und Lärm verteilt und zugeordnet?
- Welche Sprachbereiche sind zu erkennen: bei der Frau, beim Alten, bei den Polizisten?
- Welche darstellerischen Mittel bereiten die Lösung, die Pointe, vor?
- Wo ist die Sprache metaphorisch?

Sprache

zentrales Motiv: Theater

Den Zugang zum Text eröffnet u. a. das zentrale Motiv: Theater. In der kleinen Welt zweier gegenüberliegender Häuser, getrennt durch eine lärmende Straße, werden zwei Fenster zur Bühne und zwei weitere Fenster zum Zuschauerraum. Aus einer alltäglichen Situation, dem jeweiligen Blick aus dem Fenster, entwickelt sich ein *Spiel* als *Kommunikation* zwischen drei Menschen, die in den ihnen zugewiesenen Rollen menschliche Grundverhaltensmuster zeigen:

Rollen

der alte ›Narr‹ – das spielende Kind

Als Hauptakteur der alte Mann; als wirkliches Gegenüber, als eigentlicher Mitspieler in diesem Stück ohne Worte, *der kleine Knabe*, das Kind – beide in weiser Narretei oder in kindlichem Spieltrieb wie in geheimem Einverständnis miteinander verbunden. Kind und Greis, beide noch oder wieder im Stande der Unschuld, umwelt- und selbstvergessen, sind beschäftigt mit der eigentlich natürlichsten Sache der Welt, dem Versuch einer fröhlichen Verständigung, die in der Freude über das Spiel, im pantomimischen Charakter gelungenen Verstehens mündet.

die Frau als ›die anderen‹, die ›Nicht-verstehenden‹

Die Frau ist zunächst passive Beobachterin, sensationsgierige Konsumentin (*Es hatte ihr noch niemand den Gefallen getan, vor ihrem Haus niedergefahren zu werden*), dann zögernd-misstrauische Mitspielerin, so lange, wie das Stück ›den Rahmen‹ nicht sprengt, schließlich als ›empörte Bürgerin‹ Inszenatorin der heißersehnten ›Katastrophe‹ (Festnahme eines vermeintlichen Irren) mit hupendem Überfallwagen, kriminalmäßig arbeitenden Polizisten und sensationslüsternen Zuschauern. Am Ende erscheint sie als blamierter Außenseiter, ausgeschlossen von einem harmlosen ›Zwiegespräch‹ besonderer Art durch die eigene Unfähigkeit, das scheinbar Ungewöhnliche zunächst einmal normal und natürlich zu erklären. Diese Frau steht immer auf der ›falschen Seite‹.

das Spiel innen

Das eigentliche Spiel, von der Frau zunächst verstanden als Begrüßungsritual, zeigt den alten Mann mit den Elementen des Theaters: Verkleidung (*Hut, Mantel, Schal, Turban, Leintuch*), Clownerie und Artistik (*Er hing über die Brüstung … Er stand auf dem Kopf*), Einverständnis mit dem Publikum (*begann zu winken … kniff er das linke Auge zu*), Pantomime (Kissen – Schlafengehen).

außen

Auch der äußere Ablauf zeigt einen fast klassischen dramatischen Aufbau: In der Exposition werden die Frau, der Ort und die Situation vorgestellt, dazu die erste, noch unverständliche ›Begegnung‹ mit dem Alten. Mit der Fortsetzung von Fenstertheater und Beobachtungen vertieft sich das Geschehen bis zum ersten ›Höhepunkt‹: *Er stand auf dem Kopf.* Danach bricht die Frau ihr ›Mitspiel‹ im ›inneren‹ Geschehen ab und wird zur Hauptperson der äußeren Handlung: Polizei verhaftet Wahnsinnigen. Von hier an zeigt sich der dramatische Aufbau in einer Umkehrung: Gezeigt wird nicht ein retardierendes Element vor der Katastrophe, sondern die grotesk überzogene Polizeiaktion steigert die Spannung in die falsche Richtung (aus falscher Sicht). Die ›Katastrophe‹ erweist sich als schmunzelnde Auflösung eines Missverständnisses, als Pointe. Die ›unerhörte Begebenheit‹ existiert nur in den Köpfen der Unwissenden, sie zeigt sich zuletzt als das Selbstverständliche, als kindliches Spiel.

die Perspektive

Das Fenster-Theater ist die Guckkastenbühne des Alltags; alle Beteiligten sind auf irgendeine Art Zuschauer und Akteure. Die Perspektive, die Blickrichtung, die falsche Sicht und der richtige Blickwinkel werden in dieser Erzählung deutlich gemacht: Es gibt eine Außensicht, in der jemand seine Nachbarn belästigt, und eine Innensicht, in der ein Nachbar einen liebenswürdigen Greis fälschlich bezichtigt und denunziert. Die Wahrheit eröffnet sich erst vom richtigen Standpunkt aus, aus der uneingeschränkten Sicht.

das zentrale Bild: das Lachen in der hohlen Hand

Zusammengefasst wird dieses Spiel der Verständigung in einem zentralen Bild, der zweimaligen metaphorischen Beschreibung der Weitergabe eines Lachens – zuerst vom Mann an das Kind, am Ende vom Kind an die anderen: *Er lachte, strich mit der Hand über das Gesicht, wurde ernst und schien das Lachen eine Sekunde lang in der*

hohlen Hand zu halten. Dann warf er es mit aller Kraft den Wachleuten ins Gesicht. Wie eine Maske wird das Lachen, eine der beiden Ur-Reaktionen des Menschen, zugleich Grundaussagen des Theaters, abgenommen und weitergegeben als Lachen des vergnüglichen Einverständnisses, aber auch des Auslachens und des befreienden Lachens nach einer überraschenden Wendung zum Guten. Entlarvt wird nicht ein Schwerverbrecher, sondern die Sensationsgier einer gelangweilten Frau.
Das alte Motiv der Welt als Bühne des Lebens, als Theaterspiel der Menschen, als Figuren in diesem Spiel wird neu variiert mit dem Lachen als der natürlichen mitmenschlichen Kommunikation, vielfach missverstanden in einer zunehmend entfremdeten Welt, in der die wirkliche Einsicht in Zusammenhänge verloren gegangen ist. Auf diesem Hintergrund wird das natürliche, selbstverständliche Lachen eine ›unerhörte Begebenheit‹.

Vierter Interpretationsansatz: **Thema – Titel – Schlüsselwort**

Johannes Bobrowski: Mäusefest (1962 v)

scheinbare Idylle

Moise Trumpeter sitzt auf dem Stühlchen in der Ladenecke. Der Laden ist klein, und er ist leer. Wahrscheinlich weil die Sonne, die immer hereinkommt, Platz braucht und der Mond auch. Der kommt auch immer herein, wenn er vorbeigeht. Der Mond also auch. Er ist hereingekommen, der Mond, zur Tür herein, die Ladenklingel hat sich nur einmal und ganz leise nur gerührt, aber vielleicht gar nicht, weil der Mond hereinkam, sondern weil die Mäuschen so laufen und herumtanzen auf den dünnen Dielenbrettern. Der Mond ist also gekommen, und Moise hat Guten Abend, Mond! gesagt, und nun sehen sie beide den Mäuschen zu.

Mond als Gesprächspartner

Das ist aber auch jeden Tag anders mit den Mäusen, mal tanzen sie so und mal so, und alles mit vier Beinen, einem spitzen Kopf und einem dünnen Schwänzchen. Aber lieber Mond, sagt Moise, das ist längst nicht alles, da haben sie noch so ein Körperchen, und was da alles drin ist! Aber das kannst du vielleicht nicht verstehen, und außerdem ist es gar nicht jeden Tag anders, sondern immer ganz genau dasselbe, und das, denk ich, ist gerade so sehr verwunderlich. Es wird schon eher so sein, dass du jeden Tag anders bist, obwohl du doch immer durch die gleiche Tür kommst und es immer dunkel ist, bevor du hier Platz genommen hast. Aber nun sei mal still und pass gut auf.
Siehst du, es ist immer dasselbe.

Motive: Mäuse – Brotrinde

Moise hat eine Brotrinde vor seine Füße fallen lassen, da huschen die Mäuschen näher, ein Streckchen um das andere, einige richten sich sogar auf und schnuppern ein bisschen in die Luft. Siehst du, so ist es. Immer dasselbe.
Da sitzen die beiden Alten und freuen sich und hören zuerst gar nicht, dass die Ladentür aufgegangen ist. Nur die Mäuse haben es gleich gehört und sind fort, ganz fort und so schnell, dass man nicht sagen kann, wohin sie gelaufen sind. In der Tür steht ein Soldat, ein Deutscher. Moise hat gute Augen, er sieht: ein jun-

Einmarsch in Polen (1939)
Begegnung: ein alter polnischer Jude –

ger Mensch, so ein Schuljunge, der eigentlich gar nicht weiß, was er hier wollte, jetzt, wo er in der Tür steht. Mal sehen, wie das Judenvolk haust, wird der sich draußen gedacht haben. Aber jetzt sitzt da der alte Jude auf seinem Stühlchen, und der Laden ist hell vom Mondlicht. Wenn Se mechten hereintreten, Herr Leitnantleben, sagt Moise.

ein junger deutscher Soldat

Der Junge schließt die Tür. Er wundert sich gar nicht, dass der Jude Deutsch kann, er steht so da, und als Moise sich erhebt und sagt: Kommen Se man, andern Stuhl hab ich nicht, sagt er: Danke, ich kann stehen, aber er macht ein paar Schritte, bis in die Mitte des Ladens, und dann noch drei Schritte auf den Stuhl zu. Und da Moise noch einmal zum Sitzen auffordert, setzt er sich auch.

Jetzt sind Se mal ganz still, sagt Moise und lehnt sich an die Wand.

Die Brotrinde liegt noch immer da, und, siehst du, da kommen auch die Mäuse wieder. Wie vorher, gar nicht ein bisschen langsamer, genau wie vorher, ein Stückchen, noch ein Stückchen, mit Aufrichten und Schnuppern und einem ganz winzigen Schnaufer, den nur Moise hört und vielleicht der Mond auch. Ganz genau wie vorher.

Gleichnis
(Abendmahl)
Wechsel der Perspektive

Und nun haben sie die Rinde wiedergefunden. Ein Mäusefest, in kleinem Rahmen, versteht sich, nichts Besonderes, aber auch nicht ganz alltäglich.

Da sitzt man und sieht zu. Der Krieg ist schon ein paar Tage alt. Das Land heißt Polen. Es ist ganz flach und sandig. Die Straßen sind schlecht, und es gibt viele Kinder hier. Was soll man da noch reden? Die Deutschen sind gekommen, unzählig viele, einer sitzt hier im Judenladen, ein ganz junger, ein Milchbart. Er hat eine Mutter in Deutschland und einen Vater, auch noch in Deutschland, und zwei kleine Schwestern. Nun kommt man also in der Welt herum, wird er denken, jetzt ist man in Polen, und später vielleicht fährt man nach England, und dieses Polen hier ist ganz polnisch.

Der alte Jude lehnt an der Wand. Die Mäuse sind noch immer um ihre Rinde versammelt. Wenn sie noch kleiner geworden ist, wird eine ältere Mäusemutter sie mit nach Hause nehmen, und die andern Mäuschen werden hinterherlaufen.

Weißt du, sagt der Mond zu Moise, ich muss noch ein bisschen weiter.

Und Moise weiß schon, dass es dem Mond unbehaglich ist, weil dieser Deutsche da herumsitzt. Was will er denn bloß? Also sagt Moise nur: Bleib du noch ein Weilchen.

Aufbruch des Deutschen
Nachdenklichkeit

Aber dafür erhebt sich der Soldat jetzt. Die Mäuse laufen davon, man weiß gar nicht, wohin sie alle so schnell verschwinden können. Er überlegt, ob er auf Wiedersehen sagen soll, bleibt also einen Augenblick noch im Laden stehen und geht dann einfach hinaus.

Moise sagt nichts, er wartet, dass der Mond zu sprechen anfängt. Die Mäuse sind fort, verschwunden. Mäuse können das.

Konflikt: Hass oder Menschlichkeit?

Das war ein Deutscher, sagt der Mond, du weißt doch, was mit diesen Deutschen ist. Und weil Moise noch immer so wie vorher an der Wand lehnt und gar nichts sagt, fährt er dringlicher fort: Weglaufen willst du nicht, verstecken willst du dich nicht, ach Moise. Das war ein Deutscher, das hast du doch gesehen. Sag mir bloß nicht, der Junge ist keiner, oder jedenfalls kein Schlimmer. Das macht jetzt keinen Unterschied mehr. Wenn sie über Polen gekommen sind, wie wird es mit deinen Leuten gehn?

Ich hab gehört, sagt Moise.

Es ist jetzt ganz weiß im Laden. Das Licht füllt den Raum bis an die Tür in der Rückwand. Wo Moise lehnt, ganz weiß, dass man denkt, er werde immer mehr eins mit der Wand. Mit jedem Wort, das er sagt.
Ich weiß, sagt Moise, da hast du ganz recht, ich werd Ärger kriegen mit meinem Gott.

statt: Auge um Auge – Nächstenliebe, Versöhnung

Johannes Bobrowski, 1917 in Tilsit geboren, 1965 in Ost-Berlin gestorben, gehörte nach offizieller Literaturkritik der ehemaligen DDR zum ›bürgerlichen Humanismus‹, ist also dem ›sozialistischen Realismus‹ nicht gefolgt. Seine Romane, Erzählungen und Gedichte werden bestimmt von der Welt des europäischen Ostens, wo Deutsche, Litauer, Polen und Russen in enger Nachbarschaft lebten – unter ihnen zahlreiche Juden.

Autor

8▶ Formulieren Sie eine Arbeitshypothese.

Arbeitshypothese

9▶ Klären Sie den Ablauf: Was geschieht in diesem Text?
Beziehen Sie die geschichtliche Situation ein.

10▶ Welche Bedeutung erhalten die beteiligten Personen: der alte Jude – der junge Deutsche?

Personen

11▶ Welche Funktion erhält der Mond?

12▶ Was erreicht der Autor durch die ›klassische‹ Beschränkung auf *einen* Raum, zwei Personen und eine ganz kurze Zeitspanne?

Ort
Zeit

13▶ Sammeln Sie Beobachtungen zur Sprache.

- Welche Merkmale bewirken die einfache, fast kindliche Darstellungsweise? In welcher Weise bestimmt diese Schreibart den Inhalt?
- Wo verdichten sich die Aussagen zu ›Schlüsselsätzen‹?
- Wie ist die Erzählperspektive?
- In welcher Weise wird der Leser einbezogen?

Sprache

Ein Zugang zu dieser Erzählung ergibt sich aus dem Titel, der sich als Schlüsselwort erweist und den Blick auf das Hauptthema lenkt: Mäusefest. Die Diskrepanz zwischen dieser merkwürdigen, fast banalen Überschrift, der naiven Sprache und dem betroffen machenden Thema ›Krieg‹ (Einmarsch der Deutschen in Polen 1939, Gefahren für die jüdische Zivilbevölkerung) macht stutzig.

Zugang über den Titel

vermeintliche Unangemessenheit

Der alte Jude in seiner mondbeschienenen Ladenecke, die umherlaufenden Mäuschen, der Mond als Gesprächspartner – das erscheint fast märchenhaft idyllisch, unangemessen angesichts der schlimmen Wirklichkeit, eine irritierende Verharmlosung.

Einen genaueren Hinweis gibt die ›Namengleichheit‹: *Mäuse* und *Moise* = Moshe Moses, also ein alter jüdischer Name. Die Klangähnlichkeit deutet offensichtlich auf eine Beziehung: Der Leser sollte über die Bedeutung der Mäuse in dieser Erzählung nachdenken. Mit ihnen ist es *aber auch jeden Tag anders* und doch *immer ganz genau dasselbe.* Sie freuen sich an einer Brotrinde, wittern die Gefahr, laufen davon, *so*

Mäuse – Moise
Moshe – Moses

Flucht und Überleben

schnell, dass man nicht sagen kann, wohin sie gelaufen sind – Mäuse können das. Dieser Schlüsselsatz macht den gleichnishaften Charakter der Erzählung deutlich: Einerseits spiegeln sich im Gebaren der Mäuse instinktive menschliche Verhaltensweisen im ständigen Wechsel von Sicherheit und Gefahr. Andererseits kann sich ein Mensch in einer bedrohlichen Situation nicht unsichtbar machen, auch wenn der Jude am Ende *immer mehr eins mit der Wand wird.*

Konflikt:
Feind oder Mensch?

Moise muss sich einer Situation und einer Entscheidung stellen. Er will nicht weglaufen wie die Mäuse, sich nicht verstecken wie sie. Im Zwiegespräch mit dem ›anderen Ich‹, dem Mond, wird der Konflikt überdeutlich. Seine innere Stimme rät ihm, nichts mehr zu hoffen, alles zu befürchten, sich zu wehren, um zu überleben wie die Mäuse. Er selbst aber sieht in seinem Gegenüber nicht den Feind. Er verhält sich wie ein sehr alter Mann gegenüber einem sehr jungen, der wie ein naiver Kriegstourist das Neue aufnimmt: *Das Land heißt Polen. Es ist ganz flach und sandig … jetzt ist man in Polen, und später vielleicht fährt man nach England, und dieses Polen hier ist ganz polnisch.*

Das Mäusefest als Zeichen der Versöhnung

Symbol für die menschliche Begegnung ist das Mäusefest, der Mittelpunkt des Textes, auf den sich die Darstellung ausrichtet. Zwei Menschen, auf fast allen äußeren Ebenen gegensätzlich, einander zu Feinden bestimmt – zum ›Jäger‹ der eine, zum ›Opfer‹ der andere –, erleben im stummen Betrachten des Tanzes der Mäuse um eine Brotrinde auf dem Fußboden des Judenladens ein wirkliches *Mäusefest*, einen Atemzug Frieden in friedloser Zeit, die ›Brosamen‹ einer zutiefst verwundeten Menschlichkeit, die in einem Augenblick schuldloser Gemeinsamkeit wieder spürbar wird. Die Möglichkeit einer Versöhnung deutet sich an.

das Brot als Zeichen des Friedens und der Vergebung der Schuld

Völlig unpathetisch assoziiert der überzeugte Christ Bobrowski in diesem Mäusefest um eine Brotrinde die alte Symbolik des Brotes und des gemeinsamen Mahles: Das Brot ist für den Gast Zeichen des Friedens, das gemeinsame Brechen des Brotes ein Beweis der Freundschaft, das Abendmahl zur Vergebung der Schuld.
So öffnet sich das eigentliche Thema: Es geht hier nicht um den Krieg, sondern um den betroffenen Menschen, nicht um verbrecherische Politik, sondern um die Hoffnung auf einen Rest an Humanität, um die Mahnung, die letzten Möglichkeiten der Menschlichkeit und der Liebe in einer unmenschlichen Situation wahrzunehmen und damit wieder zu hoffen.

Nächstenliebe statt Hass und Rache

Der junge Soldat verlässt den Alten, ohne *auf Wiedersehen* zu sagen. Er ist gekommen, um zu sehen, *wie das Judenvolk haust*, er geht unsicher, nachdenklich, wohl ahnend, dass die einfache, selbstverständliche Formel *auf Wiedersehen* in der Realität der Feindlichkeit ringsum eine makabre, tödliche Bedeutung erhält. Dem alten Juden wirft sein zweites Ich vor, dass er in dem andern nicht den Feind, sondern nur den Menschen sieht (Erinnerung an Lessing: ›Nathan der Weise‹). Dennoch spricht er am Schluss der Erzählung, in all seiner Bedrohung buchstäblich in die Ecke gedrängt, mit dem Rücken an der Wand indirekt von Versöhnung: *Ich weiß … da hast du ganz recht, ich werd Ärger kriegen mit meinem Gott.* Das ist eine Absage an die alttestamentarische Forderung: Auge um Auge, Zahn um Zahn, eine Absage an Hass und Rache, ein Bekenntnis zum vermeintlichen Feind als dem eigentlichen Nächsten.

Fünfter Interpretationsansatz: **Leitmotiv**

Thomas Mann: Der Tod in Venedig (1912 v)

das Leitmotiv als zentrales Bauelement

Eines der wichtigsten Bauelemente erzählender Literatur – speziell der deutschsprachigen – ist das Leitmotiv: ein an bedeutsamer Stelle jeweils erneut erscheinender Gegenstand, ein Wesen, eine Situation. Im Leitmotiv verdichtet sich die Aussage. Dem Leser hilft es, die wesentlichen Stationen des Erzählten zu erkennen. Thomas Manns Novelle ist konsequent durch ein Leitmotiv strukturiert.

das Geschehen in Thomas Manns Novelle

1912, aus einer persönlichen Krise Thomas Manns (1875–1955) entstanden, zeigt die Novelle die entscheidende Lebensphase des alternden Schriftstellers Gustav von Aschenbach. In der schönen, aber morbiden, verfallenden, später choleraverseuchten Stadt Venedig begegnet er einem Knaben von vollendeter Gestalt, an der Grenze zwischen kindlicher Unschuld und erwachender Erotik: Tadzio. In ihm sieht Aschenbach das Ebenbild eines jungen griechischen Gottes. Der Weg Aschenbachs nach Venedig ist – wie der Titel andeutet – eine Reise in den Tod als Endpunkt einer unerhörten seelisch-geistigen und körperlichen Krise, einer verzweifelten Auseinandersetzung mit einer als verwerflich erkannten, zugleich aber selbstzerstörerisch genossenen homoerotischen Neigung. Sie endet in der Infragestellung aller bisherigen Lebenswerte.

das Leitmotiv: der Todesbote

In unterschiedlicher Gestalt begleitet ein ›Todesbote‹ den Weg Aschenbachs. Dieser Todesbote ist das Leitmotiv; es schlüsselt die entscheidenden Phasen und die unheilvolle Verstrickung auf, in die Aschenbach gerät.

erste Begegnung: auf dem Friedhof

Während eines noch unbelasteten Spaziergangs in München, im dritten und vierten Absatz erzählt, gerät Aschenbach in die Nähe eines Friedhofs. In dessen Kapelle, *im Portikus, oberhalb der beiden apokalyptischen Tiere, welche die Freiheitstreppe bewachen*, bemerkt er einen Fremden, dessen abstoßende Physiognomie sehr genau beschrieben wird: Er ist *mäßig hochgewachsen, mager, bartlos und auffallend stumpfnäsig, ein rothaarige[r] Typ* mit *Basthut* und *gelbliche[m] Gurtanzug*, mit einem in die Hüfte gestützten Arm. Besonders auffällig sind sein *stark und nackt* hervortretender *Adamsapfel, farblose, rotbewimperte Augen*, zwei *senkrechte energische Furchen* über der Nasenwurzel, ein grimassenhaft verzerrter Mund, aus dem *weiß und lang* Zähne *hervorbleckten*. Er wirkt fremdländisch, wild, herrisch und scharf beobachtend.

Totenkopf und Teufelsfratze

Aschenbach vergisst diese Gestalt wieder. Aus dem Gesamtablauf erst wird rückblickend klar, dass Aschenbach zum erstenmal dem Tod und der Versuchung begegnet ist, einer Mischung aus Totenkopf und Teufelsfratze, symbolisch am Tor des Jüngsten Gerichts stehend. Die Merkmale seiner Erscheinung wiederholen sich präzise im weiteren Verlauf: die Farben Rot und Gelb sowie die selbstgefällige Geste der Hand in der Hüfte als Zeichen der Verführung, die Gestalt und ihr Gesicht als unterschiedliche Todesboten.

Farbsymbolik Gestik

Anreiz zur Reise

Die Begegnung mit dem ›Boten‹ löst bei Aschenbach – noch unbewusst – eine emotionale Wirkung aus. Er verspürt ein *jugendlich durstiges Verlangen in die Ferne*, also Reiselust. Er verfällt in einen Wachtraum, in dem er eine tropische Wildnis mit Schlamm und Morast sieht, *geilem Farrengewucher*: die erste Vision einer sinnlichen Versuchung. In dieser Wildnis sieht er die *Lichter eines kauernden Tigers*: erster Hinweis auf die Seuche in Venedig, die aus Indien eingeschleppt, wird, aus einer *von Menschen gemiedenen Urwelt- und Inselwildnis, in deren Bambusdickichten der Tiger kauert.* Zum erstenmal empfindet Aschenbach eine Mischung aus *Entsetzen und rätselhaftem Verlangen*, jene Verwirrung und Verlockung, die ihm in Tadzio leibhaftig gegenübertreten wird.

Wachtraum: Dschungel Tiger

zweite Begegnung: der Geck auf dem Schiff

Auf der Überfahrt nach Venedig hat Aschenbach eine zweite merkwürdige und abstoßende Begegnung: einen geckenhaften Greis, einen ›falschen‹ Jüngling mit *hellgelbem … Sommeranzug, roter Krawatte*, farbig umwundenem Strohhut und lachend gezeigtem Gebiss. In seiner ekelerregenden Aufgeputztheit führt er Aschenbach ein schauerliches Spiegelbild eigenen späteren Verfalls vor Augen. Aschenbach ist angewidert von der fratzenhaften Zweideutigkeit des Mannes, gleichzeitig jedoch beginnt – wie am Friedhof – eine *träumerische Entfremdung*, eine *Entstellung der Welt ins Sonderbare.* Aschenbach spürt, dass das Schiff vom Kai ablegt, *mit unvernünftigem Erschrecken* ein *Gefühl des Schwimmens.* In dem nur noch aus Horizont bestehenden Raum verliert er die Orientierung: *wir dämmern im Ungemessenen* – ein Verweis auf den Verlust sicherer Normen, die Orientierungslosigkeit zwischen Sittlichkeit und Begierde, in die Aschenbach gerät.

dritte Begegnung: der Gondoliere in Venedig – Charon

Der Gondoliere, der Aschenbach nach seiner Ankunft durch die Kanäle Venedigs führt, konkretisiert alle bisherigen Assoziationen zum Bild des antiken Fährmanns Charon, der die Verstorbenen gegen einen Obolus über den Fluss Styx in die Unterwelt zum Schattenreich des Hades übersetzt.
Die Gondeln erinnern Aschenbach an *Särge*, an eine Bahre, an ein *düsteres Begängnis*, eine *letzte schweigsame Fahrt*: die Prophezeiung des Todes in Venedig. Gleichzeitig empfindet Aschenbach den Genuss der üppigen weichen Polster; er gibt sich einer seligen Erschlaffung, einem willenlosen Sich-treiben-Lassen hin, so wie er später wider besseres Wissen der Neigung zu Tadzio verfällt.
Der Gondoliere ist ein Abbild des ersten Todesboten: von ungefälliger Physiognomie, mit gelber Schärpe und verwegenem Strohhut, kurz aufgeworfener Nase, gerunzelten, rötlichen Brauen und entblößten Zähnen. Er wirkt brutal, unfreundlich und schafft in seiner groben Art einen krassen Gegensatz zum sanften Wiegen der Gondel – Schrecken und Genuss in einem. Er fährt absichtlich in die falsche Richtung, und Aschenbach fühlt sich ihm ausgliefert. Der Streit zwischen beiden mündet in den prophetischen Satz des Gondoliere: *Sie werden bezahlen* (mit dem Leben).

Fahrt in die Irre das Leben als Preis

Der zunächst verschwiegene Ausbruch der Cholera in Venedig ereignet sich parallel zum Eingeständnis der Liebe Aschenbachs zu Tadzio: *und mehrfach von Schauern überlaufen, flüsterte er die stehende Formel der Sehnsucht – unmöglich hier, absurd, verworfen, lächerlich und heilig doch, ehrwürdig auch hier noch: »Ich liebe dich!«* – die Liebe erweist sich als die Krankheit zum Tode.

vierte Begegnung: der Straßenmusikant

In dieser dramatisch zugespitzten Situation – sowohl in Aschenbachs Gefühlsleben als auch in der Stadt Venedig – tritt noch einmal die Gestalt des Todesboten auf, diesmal als Straßensänger, *halb Zuhälter, halb Komödiant*, vor dem Hotel: schmächtig und ausgemergelt, einen schäbigen Filz im Nacken, unter dem rotes Haar hervorquillt, mit einem auffallend großen Adamsapfel, einem bleichen, stumpfnäsigen Gesicht und zwei trotzig-herrischen Furchen zwischen den rötlichen Brauen – wieder ein Ebenbild der Gestalt am Friedhof, diesmal aber mit *frecher Bravour*, schlüpfrigem Mienenspiel und zweideutigen Gebärden wie der widerliche Geck auf dem Schiff.

Tod und Versuchung

Schweigegeld – geheime Komplizenschaft

Noch einmal konzentriert Thomas Mann Anspielungen und Bilder: Aus den Kleidern dieser Gestalt weht Karbolgeruch (Zeichen der Seuche), sie schleicht mit *tückischer Unterwürfigkeit* und entblößten Zähnen an Aschenbachs Tisch. Die offenkundige Heuchelei des Musikanten macht ihn zum geheimen Komplizen Aschenbachs, der ihn *ungebührlich* hoch bezahlt, als sei dies ein Schweigegeld. Hier wird der Blick des Lesers zum erstenmal direkt vom Leitmotiv des Todesboten zum Bild des vergötterten Tadzio geführt. Während der Straßenmusikant seine schlüpfrigen Lieder singt, steht Tadzio, von Aschenbach angespannt beobachtet, im Gürtelanzug mit gekreuzten Beinen am Geländer, die Hand in der Hüfte, und sucht ab und zu in einer Drehung den Blick des *Liebhabers*. Tadzio übernimmt Haltung und Geste des ersten Todesboten und wird letztlich zum Todesgott.

In einer Mischung aus Mitwisserschaft, Mitschuld und dem Rausch einer vergeblichen Hoffnung auf Erfüllung seiner Liebe überschreitet nach dieser Begegnung Aschenbach die Schwelle zum Chaos, verlässt für sich endgültig die strenge, sittliche, intellektuelle Zucht des klassischen, nach dem griechischen Gott Apoll benannten apollinischen Schönheitsideals in der Kunst und verfällt vollends dem tödlichen dionysischen Sinnenrausch, wie sein furchtbarer Traum von Dionysos, dem *fremde[n] Gott*, zeigt. Dieser Gott führt Aschenbach am nächsten Morgen zum Verlust auch seiner äußeren Identität. Um Tadzios willen wird er zum geckenhaften Greis: *Seine Krawatte war rot, sein breit schattender Strohhut mit einem mehrfarbigen Bande umwunden.*

letzte Begegnung: der Todesgott – Schönheit und Tod

Die letzte Begegnung mit einem Todesboten am Ufer des Meeres wird mit deutlichen Verweisen auf die Antike gezeichnet: Tadzio schreitet hinaus ins Meer, *blickt dann, eine Hand in der Hüfte, in schöner Drehung aus seiner Grundpositur* zum Ufer zurück zum sterbenden Aschenbach (sein Ende wird in Hexameterhythmus beschrieben) – ein Todesengel, ein griechischer Todesgott. Aus der Teufelsfratze ist Harmonie und Schönheit, aus der verlockenden Sünde ist Erlösung geworden, allerdings nur für den sterbenden Künstler.

Günter Grass, »Im Krebsgang. Eine Novelle«, 2002

An dieser Stelle lohnt sich der Blick noch einmal auf die besondere Form: Novelle, die in jüngster Zeit nur von Günter Grass ausdrücklich genutzt und benannt worden ist für eines seiner Werke: »Im Krebsgang. Eine Novelle«, 2002 erschienen – die literarische Annäherung an den Untergang der »Wilhelm Gustloff« mit Tausenden von Flüchtlingen und Soldaten am 30. Januar 1945. Was eint die drei Novellen von Kleist, Th. Mann und G. Grass, was unterscheidet sie? Warum benennt Grass seine Erzählung so? Die »unerhörte Begebenheit« ist das jeweils konstitutive Element; bei Kleist die tatsächlich sich ereignende kausale Kette, die aus einem Zufall eine schicksalhaft-dramatische Wendung für alle Beteiligten auslöst; bei Th. Mann die

Erfüllung einer bereits psychologisch angelegten Katastrophe im Stil eines Dramas in fünf Akten; bei Grass »krebsendes« Umkreisen des unerhörten Vorgangs: Katastrophenreportage, politisches Plädoyer mit den Mitteln zeitgenössischen Erzählens – Perspektivenwechsel, Verschränkung von Zeitebenen.

Sechster Interpretationsansatz: **Verschränkung der Zeitebenen**

Marie Luise Kaschnitz: Das dicke Kind (1952 v)

Autorin

Marie Luise Kaschnitz (1901–74) hat erst nach ihrem 50. Lebensjahr begonnen, ihr literarisches Werk zu veröffentlichen. Zentrale Themen ihrer Erzählungen, Hörspiele und Gedichte sind Leiden und Einsamkeit des Menschen in einer entfremdeten Welt, vor allem aber die Auseinandersetzung mit der heimatlichen Landschaft, dem Breisgau, und mit der eigenen Kindheit (wie in ›Das dicke Kind‹).

die subjektive Zeit – Simultaneität statt Chronologie

Eines der häufigsten Darstellungsmittel zeitgenössischer Autoren ist – wie auch in dieser Erzählung – die Verschränkung mehrerer Zeitebenen, das Ineinanderfließen von Gegenwart und Vergangenheit, das Nebeneinander von Realität und Erinnerung (vgl. Exkurs: Die Zeit …).

Kafka hat bereits die Grenzen zwischen Tatsächlichem und Möglichem, zwischen Realem und Irrealem bewusst verwischt. Von ihm übernehmen die zeitgenössischen Autoren vielfach die Aufhebung einer logischen Abfolge von Ursache und Wirkung, einer zeitlich und räumlich eindeutigen Zuordnung. Sie misstrauen der scheinbaren Objektivität des chronologischen Nacheinanders und versuchen, in der Gleichzeitigkeit erlebter Vorgänge der differenziert-diffusen Innensicht des Menschen gerecht zu werden. Entscheidender Anstoß dazu war u. a. Einsteins Relativitätstheorie. Diese beeinflusste – auch vielfach in der Dichtung – die Absage an eine lineare Zeitvorstellung, bei der das zeitlich weit entfernte Datum, z. B. einer *spontanen* Erinnerung, dargestellt werden kann. An die Stelle solch einer linearen Zeitvorstellung tritt nun eine subjektive, relative Zeitperspektive, eine zyklische Zeitvorstellung: Ereignisse, Daten, Bilder und Fakten eines Lebens bewegen sich sozusagen kreisförmig in dem beobachtenden, erinnernden, empfindenden Ich.

Nähe und Ferne eines Vorgangs werden nur vom subjektiven Blickwinkel des Ichs bestimmt. So kann ein realzeitlich weit zurückliegendes Ereignis sozusagen simultan in die Gegenwart hineingezogen werden. In dieser Vorstellung wird die ständige Bedeutung der Vergangenheit in der Gegenwart betont und die ganz persönliche, individuelle Wertung dessen, was dem Ich in seinem Leben wichtig und nahe erscheint.

Eine solche Verschränkung der Zeitebenen führt vielfach zum Verzicht auf eine einlinige Erzählstruktur. Die Aufschlüsselung der zeitlichen Überlagerungen führt – wie in der Erzählung ›Das dicke Kind‹ – zur Interpretation.

14▸ Formulieren Sie eine Arbeitshypothese – worum geht es in diesem Text?

Rahmenzeit: Gegenwart als Vergangenheit

Es war Ende Januar, bald nach den Weihnachtsferien, als das dicke Kind zu mir kam. [...] *An meinen Heimweg an diesem Abend erinnere ich mich nicht. Ich weiß nur, daß ich auf unserer Treppe einer Nachbarin erzählte, daß es noch jetzt ein Stück Seeufer gäbe mit Wiesen und schwarzen Wäldern, aber sie erwiderte mir, nein, das gäbe es nicht. Und daß ich dann die Papiere auf meinem Schreibtisch durcheinandergewühlt fand und irgendwo dazwischen ein altes Bildchen, das mich selbst darstellte, in einem weißen Wollkleid mit Stehkragen, mit hellen, wässrigen Augen und sehr dick.*

So beginnt und so endet die Erzählung, und damit wird der zeitliche Rahmen variiert: Die Begegnung mit dem dicken Kind, dieser Selbstfindungs- und Identifizierungsvorgang, ist vom Erzählerstandpunkt her bereits Vergangenheit. Das Ich berichtet rückblickend – *es war* – von dieser offenbar aufwühlenden und existenziell notwendigen Konfrontation mit dem eigenen Bild, das zur Realität wird. Dennoch wirkt der Schluss, der die Auflösung bringt, trotz seiner Vergangenheitsform präsentisch. Er beendet den Schwebezustand des Geschehens und die Unsicherheit des Lesers wie in einer Pointe mit dem Hinweis auf das Kinderbild. Er ist in einen unvollständigen Satz mit assoziativen Reihungen gefasst (*Und daß ich dann die Papiere auf meinem Schreibtisch durcheinandergewühlt fand* ...) und gibt am Ende mit der präzisen Beschreibung des *alte*[n] *Bildchen*[s], *das mich selbst darstellte,* die Identität des dicken Kindes mit dem Ich in seiner ›herangeholten‹ Kindgestalt preis.

Der Leser erhält zwar, von den Verbformen her gesehen, einen Rückblick auf das, was geschah. Doch die konkrete, direkte Art der Beschreibung, die Genauigkeit der Umstände (*gerade als ich das Tablett auf dem Schreibtisch niedergesetzt hatte und mich umwandte* ...) hinterlässt den Eindruck eines soeben erlebten Vorgangs, einer dauernden Gegenwärtigkeit des Geschehens.

Binnenzeit: Vergangenheit als Gegenwart

Die Binnenhandlung, das plötzliche Auftauchen des dicken Kindes, zeigt die Suche nach der eigenen Kindheit, die Stationen des Selbsthasses bis zur Annahme der eigenen Persönlichkeit. In einer kunstvollen Verschränkung von tatsächlichem Vorgang und Wachtraum treten sich Kind und Erwachsener im ›zeitlosen‹ Raum vergegenwärtigter Vergangenheit gegenüber.

Der vermutlich tatsächliche Ablauf: Das Ich beginnt, während eines kleinen Imbisses am Schreibtisch in alten Papieren zu wühlen, und ›begegnet‹ seinem Kinderbild. Dieses personifiziert sich in einer Art Wachtraum zum Gesprächspartner. Das anschließende Selbstgespräch wird zur schonungslosen Selbstbefragung mit der Aufdeckung der damaligen Probleme: Der eigenen ungeliebten Existenz in ihrer dumpf, aber schmerzlich empfundenen Hässlichkeit, Lethargie und Ängstlichkeit steht das Wunschbild der Schwester gegenüber: schön, anmutig und willensstark. Es bleibt offen, ob die Schwester tatsächlich existiert hat. Sie ist wichtig allein für das Gegenbild, als Personifizierung der dumpfen Sehnsüchte eines seiner selbst nicht bewussten Kindes. Das Geschehen entwickelt sich wie ein zu entschlüsselndes Rätsel: Das Kind ist dem Ich zunächst tatsächlich so fremd wie ein anderer Mensch, es ahnt nur Bekanntes (*es kam mir bekannt, aber doch nicht richtig bekannt vor*). Seine Gegenwart wird zur Peinigung (*so, wie wenn man etwas erraten soll und errät es nicht*).

Lösung des Rätsels

Die Gegenwärtigkeit der Erinnerung verdichtet sich fast magisch in einem Schlüsselerlebnis: dem Einbruch ins Eis. Der See vor der Stadt und die Unfähigkeit, Schlittschuh zu laufen, werden zu Zeichen einer Entscheidung des Ichs zu sich selbst. Der

Spaziergang an diesem See, der unter dem Zwang einer inneren Stimme offenbar tatsächlich stattfindet und während dessen sich noch einmal zeichenhaft die Verwandlung von stumpfer Trägheit in Lebenswillen vollzieht, führt schließlich zur Lösung des Rätsels: Das erwachsene Ich blickt in sein Spiegelbild (*jetzt hätte ich dem Kinde wohl helfen mögen, aber ich wußte, ich brauchte ihm nicht mehr zu helfen – ich hatte es erkannt*).

Bei der Rückkehr in die Rahmenzeit, die gleichzeitig die Rückkehr von einem tatsächlichen Spaziergang nach Hause bedeutet, wird deutlich, dass auch dieser See nicht mehr existiert. Die Bestimmtheit, mit der das Ich der Nachbarin aber von diesem Seeufer erzählt, macht den entscheidenden Sinn dieser Gleichzeitigkeit der Zeitebenen offenbar: Marie Luise Kaschnitz wollte nicht nur die Bedeutung einer Kindheitserinnerung beschreiben. Der Vorgang der Erinnerung wird durch die Konkretisierung in einer Person (dem dicken Kind), in einem Gespräch, in einem Ort, in einem Schlüsselerlebnis (der ›Rettung‹ des Kindes durch sich selbst) tatsächlich zur Realität, zur folgenreichen Gegenwart im Leben der Erzählperson.
Damit wird der ›innere‹ Vorgang der Suche nach sich selbst in den Bildern der eigenen Kindheit zu einer Art zweiter Gegenwart erhoben, der zur existentiellen Bewältigung wichtiger ist als der äußere, vermeintlich ›wirkliche‹ Ablauf; denn erst diese zweite Gegenwart, die in einem Menschen selbst ausgetragene Auseinandersetzung mit der Vergangenheit, birgt die Antworten auf die Fragen der jetzigen, äußeren Gegenwart.

15▶ Stützen Sie diese Interpretation durch eine sprachliche Untersuchung:

- Mit welchen Formulierungen wird der Schwebezustand erreicht – ist die Existenz des Kindes tatsächlich oder nicht?
- Welche Bedeutung erhält die Symbolik des Wassers im gesamten Text?
- Welche anderen zentralen Metaphern enthält der Text?
- Wie entwickelt sich das Verhältnis zwischen Kind und erzählendem Ich in den Gesprächsteilen?
- Welche Bedeutung erhalten die Farben?

Siebenter Interpretationsansatz:
Vergleich von Anfangs- und Schlusssätzen

Kaschnitz:
›Das dicke Kind‹ (S. 88 ff.)
tragfähiger Beginn

Anfang und Schluss eines Romans oder einer Erzählung stehen in enger Beziehung:
Zu Beginn bei Kaschnitz ein ›Rätsel‹: *als das dicke Kind zu mir kam*, am Schluss die ›Lösung‹: *ein altes Bildchen, das mich selbst darstellte;* die letzten Worte – *sehr dick* – weisen direkt zurück auf die das Geschehen auslösenden Probleme.

Einleitung und Schluss in Wechselbeziehung

Im Roman und in längeren Erzählungen findet sich oft schon im einleitenden Satz oder Abschnitt eine sehr verdichtete, auf die wesentlichen Stränge der Erzählung verweisende Aussage. Aus dem Entwurf zu Beginn entwickelt sich das Geschehen, er schafft eine konzentrierte Ausgangsbasis. Häufig entsprechen sich Einleitungssätze und Schluss, entweder im Sinn eines sich schließenden Kreises oder als Öffnung einer völlig neuen Perspektive am Ende.

Anfang und Ende eines erzählenden Textes als wesentliche Konzentrationspunkte vergleichend zu betrachten ist ein lohnender Interpretationsansatz.

Theodor Fontane:
›Effi Briest‹ (1884)
Einleitungssatz

In Front des schon seit Kurfürst Georg Wilhelm von der Familie von Briest bewohnten Herrenhauses zu Hohen-Cremmen fiel heller Sonnenschein auf die mittagsstille Dorfstraße, während nach der Park- und Gartenseite hin ein rechtwinklig angebauter Seitenflügel einen breiten Schatten erst auf einen weiß und grün quadrierten Fliesengang und dann über diesen hinaus auf ein großes, in seiner Mitte mit einer Sonnenuhr und an seinem Rande mit Canna indica und Rhabarberstauden besetztes Rondell warf. [...]

Fontane leitet seinen von einem tatsächlichen ›Gesellschaftsskandal‹ angeregten Roman mit einer präzisen Ortsbeschreibung ein. Im Zentrum erscheint Effis Vaterhaus, das sie ihrer Heirat wegen verlässt und in das sie nach ihrer unglücklichen Ehe als gesellschaftlich Verfemte heimkehrt, um dort zu sterben. Informiert wird gleich zu Beginn über Familiennamen und -tradition, gesellschaftlichen Stand, Ort, Tageszeit, Wetter, Bauweise des Hauses und Vegetation im Garten. Auffällig ist die Gradlinigkeit: Alles hat seine genaue Ordnung, ist rechtwinklig und quadriert – mit Ausnahme des Rondells, dem ›Kern‹ des ersten Satzes. Hier findet Effi am Schluss ihr Grab.

Rondell als Grab

Vorderansicht
und Rückfront

Während auf der Front des Hauses strahlender Sonnenschein liegt, fällt schon im ersten Satz auf die Gartenseite mit dem Rondell ein »breiter Schatten«. Die Beschreibung zeigt bildhaft Licht- und Schattenseite einer an klare, aber auch starre Regeln gebundenen Welt, in der Tradition und ›Außenansicht‹ entscheidend sind und Natur nur als ›gebändigter‹ Park geduldet wird. Dass an diesen Normen ein leidenschaftlicher junger Mensch zerbrechen kann, dass die Beachtung der Konventionen wahre Gefühle erstickt und nur einem starren Ehrgefühl aus der ›Frontsicht‹ entspricht, zeigt sich im Laufe des Geschehens.

Schlusssatz

Am Schluss schließt sich der Kreis: *Rollo, der bei diesen Worten aufwachte, schüttelte den Kopf langsam hin und her, und Briest sagte ruhig: »Ach, Luise, lass … das ist ein zu weites Feld.«*

Park und »weites Feld«

Obwohl die Eltern sich nun im Angesicht des Grabes ihrer Tochter im Park Gedanken machen über ihre eigene mögliche Schuld, ist es doch die mitfühlende Kreatur, der Hund Rollo, Effis treuer Gefährte, der wirklich trauert und der sich wohl instinktiv zum Sterben auf das Grab seiner Herrin legt. Die Schlussworte des alten Briest: »… *das ist ein zu weites Feld«* weisen einmal in übertragener Bedeutung auf Aussichtslosigkeit, sogar Verdrängung der Schuldfrage. Gleichzeitig korrespondiert dieses letzte Sprachbild des gesamten Romans »weites Feld«, mit dem geordneten »Park« des Anfangs: natürlicher Wildwuchs, Leidenschaftlichkeit mit allen Gefährdungen einerseits, Beschränkung, Disziplin, gestutzte Form mit der Gefahr des Verlustes an Eigenständigkeit und Wärme andererseits: So bringt Fontane das gesellschaftliche Kernproblem des Romans auf eine bildhafte Formel.

Heinrich Mann:
›Der Untertan‹ (1918)
Einleitungssätze

Heinrich Mann beginnt seine berühmte Gesellschaftssatire aus der Trilogie ›Das Kaiserreich‹ (1918–25) auf die Hauptperson bezogen:

Angst
Unsicherheit

Diederich Heßling war ein weiches Kind, das am liebsten träumte, sich vor allem fürchtete und viel an den Ohren litt. Ungern verließ er im Winter die warme Stube, im Sommer den engen Garten, der nach den Lumpen der Papierfabrik roch und über dessen Goldregen- und Fliederbäumen das hölzerne Fachwerk der alten Häuser stand. Wenn Diederich vom Märchenbuch, dem geliebten Märchenbuch, aufsah, erschrak er manchmal sehr. Neben ihm auf der Bank hatte ganz deutlich eine Kröte gesessen, halb so groß wie er selbst! Oder an der Mauer dort drüben stak bis zum Bauch in der Erde ein Gnom und schielte her!

Irrationalismus

Diese ersten Sätze liefern ein ›Psychogramm‹ des späteren »Untertanen«, der sich der Obrigkeit unterwirft: furchtsam und feige, wehleidig und beschränkt, hingebungsvoll dem Irrationalen zugewandt und zugleich davor erschreckend.

Wille zur Macht

Aus dieser ängstlichen und zwiespältigen Haltung entsteht die Sehnsucht nach starker Führung und der gefährliche Wille zu skrupelloser Machtausübung. H. Mann entwirft hier – fast prophetisch – ein Menschenbild, das sich in seiner tödlichen Gefährlichkeit erst nach 1933 entlarvte: die Lebenserinnerungen des Lagerkommandanten von Auschwitz, Rudolf Höß, beginnen ganz ähnlich wie ›Der Untertan‹.

Schluss

Der Roman endet mit dieser Schreckensvision: Der alte Buck, Verkörperung des liberalen, anständigen Deutschland, stirbt.

Vision des Teufels:
politische Prophetie

Da erschrak er, als sei er einem Fremden begegnet, der Grauen mitbrachte: erschrak und rang nach Atem. Diederich, ihm gegenüber, machte sich noch strammer, wölbte die schwarz-weiß-rote Schärpe, streckte die Orden vor, und für alle Fälle blitzte er. Der Alte ließ auf einmal den Kopf fallen, tief vornüber fiel er ganz, wie gebrochen. Die Seinen schrien auf. Vom Entsetzen gedämpft, rief die Frau des Ältesten: »Er hat etwas gesehen!

Er hat den Teufel gesehen!« Judith Lauer stand langsam auf und schloss die Tür. Diederich war schon entwichen.

Das weichliche Kind hat sich zur Verkörperung der Macht entwickelt, zu einer Figur mit selbstbewusster Haltung, militärischer Dekoration und kaiserlichem Blitzen, einer angemaßten göttlichen Attitüde (Blitze schleudernder Zeus!). Das vor eingebildeten Erscheinungen zurückschreckende Kind ist nun zu einem Schreckensbild für andere geworden, zur Verkörperung des Bösen, zum Zeichen kommenden Unheils. Der ahnungsvolle Ausspruch: *Er hat den Teufel gesehen*, der das letzte Wort – *entwichen* – gespenstisch unterstreicht, macht aus der Gesellschaftssatire ein Menetekel, eine apokalyptische Untergangsvision, 15 Jahre vor 1933, der Machtergreifung der führersüchtigen Spießbürger, der Häme und des Hasses.

Franz Kafka:
›Der Prozess‹
(postum 1925)
Einleitungssatz

Jemand musste Josef K. verleumdet haben, denn ohne dass er Böses getan hätte, wurde er eines Morgens verhaftet.

Direkt, ohne weiteren Hinweis auf Ort, Zeit oder Person, beginnt Kafka seinen Roman mit dem unglaublichen Geschehen einer Verhaftung ohne greifbare Ursache, einem schuldlos Schuldigen, einer Anklage, die nie erhoben wird, einem Prozess, der nie stattfindet – Umkehrung bisher gewohnter Kausalzusammenhänge! Die wesentlichen Elemente von Kafkas Darstellungsweise sind bereits in dem ersten Satz enthalten: die Anonymität der Bedrohung (*Jemand*), die Unsicherheit des Feststellbaren (*musste … verleumdet haben*), die Unerklärlichkeit des Vorgangs. ›Sicher‹ sind – wie oft bei Kafka – nur die betroffene Person mit dem autobiographischen Kürzel K. und der unglaubliche Vorgang, die grundlose Verhaftung. Hier bereits wird die Vorstellung Kafkas von einem anonymen, aller menschlichen Einsicht enthobenen Gericht deutlich, ebenso die Zwangsläufigkeit der Ereignisse (*wurde er … verhaftet*), sobald jemand herausfällt aus der gesicherten Ordnung. Der Leser muss nach diesem Anfang annehmen, das Missverständnis werde im Verlauf des Romans aufgeklärt. Genau das Gegenteil jedoch geschieht, und aus dieser Paradoxie entsteht die Spannung des Geschehens. Sie findet ihren Höhepunkt in den Schlusssätzen der von Max Brod herausgegebenen Fassung des Romans (Kafka hatte einige unvollendete Kapitel hinterlassen):

das Paradoxon – der schuldlose Angeklagte

Vollstreckung des Urteils ohne Prozess

Wo war der Richter, den er nie gesehen hatte? Wo war das hohe Gericht, bis zu dem er nie gekommen war. Er hob die Hände und spreizte alle Finger.
Aber an K.s Gurgel legten sich die Hände des einen Herrn, während der andere das Messer ihm tief ins Herz stiess und zweimal dort drehte. Mit brechenden Augen sah noch K, wie die Herren, nahe vor seinem Gesicht, Wange an Wange aneinandergelehnt, die Entscheidung beobachteten. »Wie ein Hund!« sagte er, es war, als sollte die Scham ihn überleben.

Die Vollstreckung eines nie verkündeten Urteils, zur grausamen Perfektionierung mehrfach vollzogen und genauestens beobachtet, wird zur unwürdigen Metzelei und nimmt dem Betroffenen in der erschreckend-klaren Erkenntnis des hilflosen ›Krepierens‹ die Würde eines ›menschlichen‹ Todes. Die paradoxe Zwangsläufigkeit des Anfangs endet in der paradoxen Folgerichtigkeit einer physischen wie psychischen Vernichtung; die anonymen Mächte handeln alogisch, technisch perfekt und total.

In den neueren zeitgenössischen Romanen gibt es meist keinen erzählerischen Anlauf, keine bedeutsame Annäherung an Ort und Personen, sondern den direkten Einstieg in eine Situation oder einen Ablauf. Ein solcher Beginn ist aber auch verdichtet und zum ›Ausgangsknoten‹ geschürzt wie eine traditionelle Einführung.

Heinrich Böll:
›Ansichten eines Clowns‹ (1963)
Einleitungssatz

Es war schon dunkel, als ich in Bonn ankam, ich zwang mich, meine Ankunft nicht mit der Automatik ablaufen zu lassen, die sich in fünfjährigem Unterwegssein herausgebildet hat: Bahnsteigtreppe runter, Bahnsteigtreppe rauf, Reisetasche abstellen, Fahrkarte aus der Manteltasche nehmen, Reisetasche aufnehmen, Fahrkarte abgeben, zum Zeitungsstand, Abendzeitungen kaufen, nach draußen gehen und ein Taxi heranwinken.

In einem Satz werden hier benannt: der Ort Bonn, der zu einem Raum der kritischen Abrechnung mit den Heuchlern in Politik, Kirche und Gesellschaft wird, der Bahnhof als Zeichen für das ständige Unterwegssein, für Ankunft und Abschied in scheinbar sinnloser Kontinuität, und die monotonen Abläufe eines offenbar geregelten Lebens.
Dieses stereotype Reiseleben lässt auf einen Handelsvertreter schließen; erstaunlicherweise geht es jedoch um einen Clown von Beruf, den ›verlorenen Sohn‹ einer Industriellenfamilie mit unbewältigter Vergangenheit – einen modernen melancholischen ›Taugenichts‹, einen Künstler als ›Aussteiger‹, der sich zur flüchtigen Gegenwart, zum gelebten Augenblick bekennt: *Ich bin ein Clown und sammle Augenblicke.*

Am Schluss kehrt er an den Bahnhof zurück, aber mit neuer Perspektive:

Ich unterbrach mein Spiel, als ich drinnen die Stimme des Ansagers hörte. Er meldete einen Zug aus Hamburg – und ich spielte weiter. Ich erschrak, als die erste Münze in meinen Hut fiel: es war ein Groschen, er traf die Zigarette, verschob sie zu sehr an den Rand. Ich legte sie wieder richtig hin und sang weiter.

Aus der Unruhe ist Gelassenheit geworden, aus dem professionellen Künstler für den Augenblick der bettelnde Straßenmusikant, dessen Zukunft nicht in einer missmutig ertragenen Ordnung oder in einer immer wieder scheiternden Beziehung liegt, sondern in der kindlichen Unbeirrbarkeit des ›Weiterspielens‹.

Siegfried Lenz:
›Deutschstunde‹ (1968)

Sie haben mir eine Strafarbeit gegeben.
Mit diesem knappen Satz beginnt der Roman, der sich zu einer ›Strafarbeit‹ über die nationalsozialistische Vergangenheit entwickelt. Siggi Jepsen, der junge Erzähler, ist das Ich, dem »die anderen« die Strafarbeit auferlegen, einen Deutschaufsatz über die Freuden der Pflicht zu schreiben. Der Kern des Romans ist angesprochen: Unter innerem Diktat wird die Vergangenheit ins Gedächtnis zurückgeholt. Siggis Familie und der provinzielle Ort Rugbüll sind beispielhaft für deutsches Verhalten unter dem Nationalsozialismus. Ergebnis ist, dass die Zeit nichts, aber auch gar nichts heilt, dass wir von Erinnerungen umstellt bleiben.

Schluss: Sieg ohne Bewältigung

Ich werde die Strafarbeit auf seinen Schreibtisch legen; er wird nachdenklich, mit nickender Anerkennung darin blättern, ohne sich fest zu lesen. Eine Handbewegung, und wir werden uns setzen, werden einander reglos gegenübersitzen, zufrieden mit uns, weil jeder das Gefühl haben wird, gewonnen zu haben.

Das Ergebnis bleibt also offen; nach Lenz ist jedoch jeder Versuch, die Wahrheit aufzuschreiben, ein Gewinn.

Die Faszination des erzählerischen Bogens vom Anfang zum Schluss eines Werkes wird auch deutlich in den großen Erzählungen und Romanen der Autoren, die in der ehemaligen DDR ihre später gesamtdeutsch gewürdigte schriftstellerische Entwicklung begannen.

Jurek Becker:
›Jakob der Lügner‹ (1969)
Textabschnitt aus dem Anfang des Romans

Ich höre schon alle sagen, ein Baum, was ist das schon, ein Stamm, Blätter, Wurzeln, Käferchen in der Rinde und eine manierlich ausgebildete Krone, wenn's hochkommt, na und?
Ich höre sie sagen, hast du nichts Besseres, woran du denken kannst, damit sich deine Blicke verklären wie die einer hungrigen Ziege, der man ein schönes, fettes Grasbüschel zeigt?
Oder meinst du vielleicht einen besonderen Baum, einen ganz bestimmten …

So gehen diese Fragen noch einen ganzen Erzählabschnitt weiter bis zu den letzten Fragen des Anfangs dieses Romans:
Oder du meinst den berühmten Schatten, den er wirft? Denn sobald von Schatten die Rede ist, denkt jeder seltsamerweise an Bäume, obgleich Häuser und Hochöfen weit größere Schatten abgeben. Meinst du den Schatten?

Die Geschichte des Juden Jakob, der im Ghetto zum Lügner wird, um den anderen Hoffnung bis zuletzt zu ermöglichen, beginnt mit diesen drängenden Fragen nach den Bäumen, die im Leben des Erzählers immer eine besondere Rolle gespielt haben. Und die fast beiläufige Erzählung von Hochöfen und die letzte Frage vor dem eigentlichen Erzählbeginn nach dem Schatten, erhalten erst vom Schluss des Romanes her gelesen ihre eigentliche vorausschauende Wirkung.

Schlussabschnitt

Die Deportation der Juden ist im Gange. Der Erzähler, Jakob und die anderen fahren in den Transportwaggons zu ihrem Ziel.

– vor allem aber sehe ich Bäume, die ich fast schon vergessen hatte, obwohl ich noch ein junger Kerl bin, Unmengen von Bäumen, Buchen und Erlen und Weiden und Kiefern, du lieber Gott, was sehe ich für Bäume, die Bäume hören nicht auf.

Nach einer Passage, in der an den Bäumen im Leben des Erzählers die wichtigsten Stationen nachgezeichnet werden, heißt es:

»Manche sagen, die Bäume verwirren meinen Sinn, ich stehe und stehe, mitunter setze ich mich heute noch in einen Zug, auf besonders waldreicher Strecke, am liebsten habe ich Mischwald. Bis ich Jakobs Stimme höre: willst du nicht endlich schlafen?«
»Lass uns noch ein bisschen stehen«, sage ich.
»Aber du siehst doch gar nichts mehr«, höre ich ihn sagen.

»Doch.«
Denn ich sehe noch die Schatten von Bäumen, und schlafen kann ich nicht, wir fahren, wohin wir fahren.

Die Fahrt in den Tod wird vom Anfang bis zum Schluss umrahmt vom *Schatten der Bäume.*

Christa Wolf:
›Kassandra‹ (1983)

Hier war es. Da stand sie. Diese steinernen Löwen, jetzt kopflos, haben sie angeblickt. Diese Festung, einst uneinnehmbar, ein Steinhaufen jetzt, war das letzte, was sie sah. Ein lange vergessener Feind und die Jahrhunderte, Sonne, Regen, Wind haben sie geschleift. Unverändert der Himmel, ein tiefblauer Block, hoch, weit. Nah die zyklopisch gefügten Mauern, heute wie gestern, die dem Weg die Richtung geben: zum Tor hin, unter dem kein Blut hervorquillt. Ins Finstre. Ins Schlachthaus. Und allein. Mit der Erzählung geh ich in den Tod.

In der unmittelbaren Konfrontation mit dem Schauplatz des Kampfes um Troja beginnt die Erzählung um die weissagende Tochter des Priamos, des Königs von Troja, die Geliebte des Aineas.

Schluss

Ich bleibe zurück.
Der Schmerz soll uns an uns erinnern. An ihm werden wir uns später, wenn wir uns wiedertreffen, falls es ein Später gibt, erkennen.
Das Licht erlosch. Erlischt.
Sie kommen.
Hier ist es. Diese steinernen Löwen haben sie angeblickt. Im Wechsel des Lichts scheinen sie sich zu rühren.

Anfang und Schluss benennen die Zeugen des Schicksals von Kassandra, der an ihrer seherischen Verantwortung und am Leid der Trojaner verzweifelnden Frau, die steinernen Löwen vor Trojas Königspalast, steingewordene Geschichte, die lebendig wird.

16▸ Untersuchen Sie den ersten Satz und den Schlussabschnitt (von: *Der Schauende sagt …*) in der Novelle ›Der Tod in Venedig‹ von Thomas Mann. Achten Sie vor allem auf die sprachlich-stilistischen Veränderungen.

17▸ Ordnen Sie die hier ausgeführten Beispiele den drei Erzählhaltungen zu.

Kapitelüberschriften als ›Wegweiser‹ für den Leser

Eine weitere Möglichkeit, die große Form ›Roman‹ zu durchschauen und einen Interpretationsansatz zu finden, ist die Untersuchung der Kapiteleinteilung. Manchmal lassen sich schon aus der Anzahl Schwerpunkte ermitteln: Mittel- oder Achsenkapitel oder solche, die durch Symbolzahlen herausgehoben sind, z. B. 7, 12, 21, 24 usw.

Kapitelüberschriften bei Lenz: ›Deutschstunde‹

1 Die Strafarbeit
2 Das Malverbot
3 Die Möwen
4 Der Geburtstag
5 *Verstecke*
6 Das zweite Gesicht
7 Die Unterbrechung
8 Das Porträt
9 *Heimkehr*
10 Die Frist
11 *Unsichtbare Bilder*
12 Unterm Brennglas
13 *Lebenskunde*
14 *Sehen*
15 Die Fortsetzung
16 *Furcht*
17 Die Krankheit
18 *Besuche*
19 Die Insel
20 Die Trennung

Sieben der 20 Kapitel haben einen Titel ohne Artikel. Sie enthalten zentrale Auseinandersetzungen und Ereignisse, den Hintergrund des Geschehens. Einige Überschriften sind mehrdeutig (*Die Trennung*), einige stehen in arithmethischer und inhaltlicher Beziehung zueinander: (1) *Die Strafarbeit*, (10) *Die Frist*, (20) *Die Trennung*. An den Überschriften sind Ablauf (*Das Malverbot, Der Geburtstag, Besuche* usw.) und Deutung (*Verstecke, Unterm Brennglas, Sehen, Furcht*) abzulesen.

Suchen Sie bei solchen Beobachtungen nicht schematische Entsprechungen, sondern versuchen Sie nur, Auffälliges zu ordnen und zu deuten.

Achter Interpretationssatz: **›Wirklichkeit‹ im erzählenden Text**

Thomas Mann: Vorspiel (1909 v)

Thomas Mann: ›Königliche Hoheit‹ (1909)

Romananfang

ironisierende Beschreibung der Wirklichkeit, getragen vor allem durch Attribute

Es ist auf der Albrechtsstraße, jener Verkehrsader der Residenz, die den Albrechtsplatz und das Alte Schloß mit der Kaserne der Garde-Füsiliere verbindet, – um Mittag, wochentags, zu einer gleichgültigen Jahreszeit. Das Wetter ist mäßig gut, indifferent. Es regnet nicht, aber der Himmel ist auch nicht klar; er ist gleichmäßig weißgrau, gewöhnlich, unfestlich, und die Straße liegt in einer stumpfen und nüchternen Beleuchtung, die alles Geheimnisvolle, jede Absonderlichkeit der Stimmung ausschließt. Es herrscht ein Verkehr von mittlerer Regsamkeit, ohne viel Lärm und Gedränge, entsprechend dem nicht sehr geschäftigen Charakter der Stadt. Trambahnwagen gleiten dahin, ein paar Droschken rollen vorbei, auf den Bürgersteigen bewegt sich Einwohnerschaft, farbloses Volk, Passanten, Publikum, Leute. – Zwei Offiziere, die Hände in den Schrägtaschen ihrer grauen Paletots, kommen einander entgegen: ein General und ein Leutnant. Der General nähert sich von der Schloss-, der Leutnant von der Kasernenseite her. Der Leutnant ist blutjung, ein Milchbart, ein halbes Kind. Er hat schmale Schultern, dunkles Haar und so breite Wangenknochen, wie viele Leute hierzulande sie haben, blaue, ein wenig müde blickende Augen und ein Knabengesicht von freundlich verschlossenem Ausdruck. Der General ist schlohweiß, hoch und breit gepolstert, eine überaus gebietende Erscheinung. Seine Augenbrauen sind wie aus Watte, und sein Schnurrbart überbuscht sowohl Mund als Kinn. Er geht mit langsamer Wucht, sein Säbel klirrt auf dem Asphalt, sein Federbusch flattert im Winde, und langsam schwappt bei jedem Schritte der große rote Brustaufschlag seines Mantels auf und nieder. So kommen sie aufeinander zu. – Kann dies zu Verwickelungen führen? […]

Alfred Döblin: [Der Rosenthaler Platz unterhält sich] (1929 v)

Alfred Döblin:
›Berlin Alexanderplatz. Die Geschichte vom Franz Biberkopf‹ (1929) aus dem zweiten Buch

assoziative Reihung von Wahrnehmungen und Tatsachen
Entwurf einer Atmosphäre

Der Rosenthaler Platz unterhält sich.
Wechselndes, mehr freundliches Wetter, ein Grad unter Null. Für Deutschland breitet sich ein Tiefdruckgebiet aus, das in seinem ganzen Bereich dem bisherigen Wetter ein Ende bereitet hat. Die geringen vor sich gehenden Druckveränderungen sprechen für langsame Ausbreitung des Tiefendruckes nach Süden, so dass das Wetter weiter unter seinem Einfluss bleiben wird. Tagsüber dürfte die Temperatur niedriger liegen als bisher. Wetteraussichten für Berlin und weitere Umgebung.
Die Elektrische Nr. 68 fährt über den Rosenthaler Platz, Wittenau, Nordbahnhof, Heilanstalt, Weddingplatz, Stettiner Bahnhof, Rosenthaler Platz, Alexanderplatz, Straußberger Platz, Bahnhof Frankfurter Allee, Lichtenberg, Irrenanstalt Herzberge. Die drei Berliner Verkehrsunternehmen, Straßenbahn, Hoch- und Untergrundbahn, Omnibus, bilden eine Tarifgemeinschaft. Der Fahrschein für Erwachsene kostet 20 Pfennig, der Schülerfahrschein 10 Pfennig. Fahrpreisermäßigung erhalten Kinder bis zum vollendeten 14. Lebensjahr, Lehrlinge und Schüler, unbemittelte Studenten, Kriegsbeschädigte, im Gehen schwer behinderte Personen auf Ausweis der Bezirkswohlfahrtsämter. […]

Robert Musil: Woraus bemerkenswerter Weise nichts hervorgeht (1930 v)

Robert Musil:
›Der Mann ohne Eigenschaften‹ Erstes Buch (1930)

präzise Umkreisung einer inhaltlich schlichten Feststellung

Vernetzung von Wahrnehmungen
Wiedergabe eines ›Stadtgefühls‹

Über dem Atlantik befand sich ein barometrisches Minimum; es wanderte ostwärts, einem über Russland lagernden Maximum zu, und verriet noch nicht die Neigung, diesem nördlich auszuweichen. Die Isothermen und Isotheren taten ihre Schuldigkeit. Die Lufttemperatur stand in einem ordnungsgemäßen Verhältnis zur mittleren Jahrestemperatur, zur Temperatur des kältesten wie des wärmsten Monats und zur aperiodischen monatlichen Temperaturschwankung. Der Auf- und Untergang der Sonne, des Mondes, der Lichtwechsel des Mondes, der Venus, des Saturnringes und viele andere bedeutsame Erscheinungen entsprachen ihrer Voraussage in den astronomischen Jahrbüchern. Der Wasserdampf in der Luft hatte seine höchste Spannkraft, und die Feuchtigkeit der Luft war gering. Mit einem Wort, das das Tatsächliche recht gut bezeichnet, wenn es auch etwas altmodisch ist: Es war ein schöner Augusttag des Jahres 1913.
Autos schossen aus schmalen, tiefen Straßen in die Seichtigkeit heller Plätze. Fußgängerdunkelheit bildete wolkige Schnüre. Wo kräftigere Striche der Geschwindigkeit quer durch ihre lockere Eile fuhren, verdickten sie sich, rieselten nachher rascher und hatten nach wenigen Schwingungen wieder ihren gleichmäßigen Puls. Hunderte Töne waren zu einem drahtigen Geräusch ineinander verwunden, aus dem einzelne Spitzen vorstanden, längs dessen schneidige Kanten liefen und sich wieder einebneten, von dem klare Töne absplitterten und verflogen. An diesem Geräusch, ohne dass sich seine Besonderheit beschreiben ließe, würde ein Mensch nach jahrelanger Abwesenheit mit geschlossenen Augen erkannt haben, dass er sich in der Reichshaupt- und Residenzstadt Wien

befinde. Städte lassen sich an ihrem Gang erkennen wie Menschen. Die Augen öffnend, würde er das gleiche an der Art bemerken, wie die Bewegung in den Straßen schwingt, bei weitem früher als er es durch irgendeine bezeichnende Einzelheit herausfände. Und wenn er sich, das zu können, nur einbilden sollte, schadet es auch nichts. […]

Robert Musil arbeitete von 1919 bis zu seinem Tode an diesem Roman, der bis heute umstritten geblieben ist. Am Ende des 20. Jahrhunderts gilt er als einer der bedeutendsten deutschsprachigen Romane, dessen naturwissenschaftlich-distanzierter Einstieg wie der gesamte Erzählstil nachhaltig Einfluss ausübten (z. B. Auftakt von Alfred Hitchcocks Film ›Frenzy‹).

Die Beschreibung der ›Wirklichkeit‹ liefert dem Leser Orientierungen, durch die aus der fiktiven Situation eine konkret vorstellbare wird. Außerdem zeigt sich deutlich die besondere Sichtweise des Autors.

18▸ Kennzeichnen Sie die jeweils dargestellte Wirklichkeit: Was wird beschrieben? Erarbeiten Sie die jeweilige Sicht (Perspektive), die sprachlichen Auffälligkeiten und den Schwerpunkt der Beschreibung.

- Zu Thomas Mann: Wodurch entsteht Ironie? Welche Bedeutung erhalten Ort und Menschen?
- Zu Döblin: Welche Bedeutung erhält der Anfangssatz, welche die Auflistung im zweiten Absatz?
- Zu Musil: Erarbeiten Sie die Bedeutung der genauen Witterungsbeschreibung. Welche Funktion erhält der letzte Satz von Absatz 1? Welche Bilder und Bildkomplexe beschreiben hier ›Wirklichkeit‹?

Franz Kafka: Der Schlag ans Hoftor (1904/05e [?])

Es war im Sommer, ein heißer Tag. Ich kam auf dem Nachhauseweg mit meiner Schwester an einem Hoftor vorüber. Ich weiß nicht, schlug sie aus Mutwillen ans Tor oder aus Zerstreutheit oder drohte sie nur mit der Faust und schlug gar nicht. Hundert Schritte weiter an der nach links sich wendenden Landstraße begann das Dorf. Wir kannten es nicht, aber gleich nach dem ersten Haus kamen Leute hervor und winkten uns, freundschaftlich oder warnend, selbst erschrocken, gebückt vor Schrecken. Sie zeigten nach dem Hof, an dem wir vorüber gekommen waren, und erinnerten uns an den Schlag ans Tor. Die Hofbesitzer werden uns verklagen, gleich werde die Untersuchung beginnen. Ich war sehr ruhig und beruhigte auch meine Schwester. Sie hatte den Schlag wahrscheinlich gar nicht getan, und hätte sie ihn getan, so wird deswegen nirgends auf der Welt ein Beweis geführt. Ich suchte das auch den Leuten um uns begreiflich zu machen, sie hörten mich an, enthielten sich aber eines Urteils. Später sagten sie, nicht nur meine Schwester, auch ich als Bruder werde angeklagt werden. Ich nickte lächelnd. Alle blickten wir zum Hofe zurück, wie man eine ferne Rauchwolke beobachtet und auf die Flamme wartet. Und wirklich, bald sahen wir Reiter ins weit offene Hoftor einreiten. Staub erhob sich, verhüllte alles, nur die Spitzen der hohen Lanzen blinkten. Und kaum war die Truppe im Hof verschwunden, schien sie gleich die Pferde gewendet zu haben und war auf dem Wege zu uns. Ich drängte meine Schwester fort, ich werde alles allein ins Reine bringen. Sie weigerte sich, mich allein zu lassen. Ich sagte, sie solle sich aber wenigstens umkleiden, um in einem besseren Kleid vor die Herren zu treten. Endlich folgte sie und machte sich auf den langen Weg nach Hause. Schon waren die Reiter bei uns, noch von den Pferden herab fragten sie nach meiner Schwester. Sie ist augenblicklich nicht hier, wurde ängstlich geantwortet, werde aber später kommen. Die Antwort wurde fast gleichgültig aufgenommen; wichtig schien vor allem, dass sie mich gefunden hatten. Es waren hauptsächlich zwei Herren, der Richter, ein junger, lebhafter Mann, und sein stiller Gehilfe, der Aßmann genannt wurde. Ich wurde aufgefordert in die Bauernstube einzutreten. Langsam, den Kopf wiegend, an den Hosenträgern rückend, setzte ich mich unter den scharfen Blicken der Herren in Gang. Noch glaubte ich fast, ein Wort werde genügen, um mich, den Städter, sogar noch unter Ehren, aus diesem Bauernvolk zu befreien. Aber als ich die Schwelle der Stube überschritten hatte, sagte der Richter, der vorgesprungen war und mich schon erwartete: »Dieser Mann tut mir leid.« Es war aber über allem Zweifel, dass er damit nicht meinen gegenwärtigen Zustand meinte, sondern das, was mit mir geschehen würde. Die Stube sah einer Gefängniszelle ähnlicher als einer Bauernstube. Große Steinfliesen, dunkel, ganz kahle Wand, irgendwo eingemauert ein eiserner Ring, in der Mitte etwas, das halb Pritsche, halb Operationstisch war. Könnte ich noch andere Luft schmecken als die des Gefängnisses? Das ist die große Frage oder vielmehr, sie wäre es, wenn ich noch Aussicht auf Entlassung hätte.

19▸ Erarbeiten Sie Inhalt und Erzählweise dieses Textes: Was hat sich in der Beschreibung von ›Wirklichkeit‹ im Vergleich mit Thomas Mann, Döblin und Musil grundlegend geändert?

- Wozu dient hier die ›realistische‹ Genauigkeit? Prüfen Sie den Gebrauch von Indikativ und Konjunktiv.
- Diskutieren Sie, warum wohl der Titel dieser Geschichte ›Der Schlag ans Hoftor‹ zu einer Metapher für eine völlig andere, neue Sicht- und Erzählweise in der Nachfolge Kafkas geworden ist.
- Überprüfen Sie Ihre bisherigen Beobachtungen an dem Textauszug von Siegfried Lenz: Wie wird hier sprachlich mit der Wirklichkeit umgegangen? Gibt es Verbindungen in der Erzähltechnik und Erzählabsicht zu den übrigen Texten?

Siegfried Lenz: [Jedenfalls …] (1968 v)

Siegfried Lenz:
›Deutschstunde‹ (1968)

[…] Jedenfalls, ich bekam Übergewicht, verhinderte durch zwei schnelle Schritte ein Straucheln, lief auf einmal, sprang die große Außentreppe hinab, lief weiter nach dieser unwirschen Starthilfe, bekam immer größere Lust am Laufen und hörte weder auf Haltrufe noch auf Warnungen, hörte nur den Fall meines eigenen Schritts, das Klopfen, das Hallen, das trug und hetzte mich weiter, zur Brücke hin, quer über die Straße, knapp vor der schlingernden Wand einer Straßenbahn vorbei, die die beiden Männer zum Warten zwang, die beiden Staubmäntel, die ebenfalls zu laufen begonnen hatten und die, je länger die Verfolgung dauerte, seltener und seltener Halt riefen, stehen blieben, dafür aber genau und mitunter wie eigensinnig meiner Spur folgten über einen Bauplatz, zwischen Buden und Materialwagen und geparkten gelben Baumaschinen hindurch, die nacheinander über dasselbe wippende Brett liefen, über das ich gelaufen war, weiter zur Straße hinab bis zur Verkehrsampel, die zeigte noch Grün für mich, und dann durch die überdachten Auslagen der Kaufhäuser, wo sie mich zum ersten Mal aus den Augen verloren, wo aber andere, sonntägliche Schaufenstergucker sich gegenseitig auf mich aufmerksam machten und sich erstaunt und befremdet umwandten, da war ich schon vorbei, lief auf die Eisenbahnbrücke zu, sah das Warnschild Rauch, dachte an Rauch, wünschte und verlangte Rauch, eine dichte, auffahrende, bergende Wolke, aber die Tankstelle auf der anderen Seite blieb unverdeckt, der Arm, der aus einem offenen Autofenster Geld herausreichte, der Tankwart, der den Schlauch in die Halterung einlegte: Sie kamen mir nicht abhanden, also weiter auf den vollgestopften Parkplatz vor dem Hauptbahnhof, geduckt zwischen den Autos hindurch, die Hotels boten keine Chance, obwohl gerade ein bekannter Schauspieler, wie ich am Morgen gelesen hatte, in einer Matinee Hölderlin und Storm und Goethe rezitierte, und sie waren ja auch schon hinter der Brücke, der Tankwart wies ihnen schon, mitspielend, die Richtung, nickte zu mir herüber, da blieb mir nur noch der Hauptbahnhof zuletzt mit den Wartesälen, Toiletten, Schaltern, Kiosken und all den stehenden, nachrückenden, gehenden Personen, und ich flitzte in die kühle, zugige Halle, sah und bedachte alle Möglichkeiten, die sich zu erkennen gaben, nutzte jedoch keine, sondern durchquerte die Halle und lief zur Haltestelle und auf eine einfahrende Straßenbahn – es fuhr tatsächlich gerade eine Bahn an –, und solange ich zum Hauptbahnhof zurücksah: die beiden Staubmäntel tauchten nicht auf. […]

Exkurs:
Die Zeit – Annäherung an ein Phänomen zwischen Poesie, Philosophie/Religion und Physik

Raum und Zeit sind konstitutive Elemente allen Erzählens und gleichzeitig Grundphänomene von Welterfahrung und Welterklärung.
Dabei ist die Dimension ›Zeit‹ immer nur eine indirekt fassbare, messbare Größe – abgeleitet von Naturbeobachtungen wie Jahreszeiten, Sonnenauf- und -untergang, von den Lebensphasen des Menschen, der Länge eines durchschrittenen Raumes, der Menge des Sandes, der verrinnt, dem Vorrücken der Zeiger auf dem Zifferblatt der Uhr – Metapher für eine vom Menschen offenbar nicht aufzuhaltende Bewegung des Vergehens und Werdens.
Damit sind Bereiche angesprochen, in denen sich Erkenntnisse der Physik und grundsätzliche Fragen von Philosophie und Religion – der Metaphysik[1] – mit dichterischer Sprache und Komposition berühren.

1 philosoph. Disziplin, die das hinter der sinnlich erfahrbaren Welt Liegende behandelt.

Die Vorstellung von der Zeit als einer linearen, gleichmäßig fortschreitenden Bewegung vom Anfang bis zu einem Ende hat lange Zeit die Form des literarischen Erzählens bestimmt. Die neuen Erkenntnisse in den Naturwissenschaften Anfang des 20. Jahrhunderts haben auch in der Literatur einen Umbruch, eine neue, veränderte Zeitvorstellung zur Folge gehabt: Gleichzeitigkeit statt Chronologie, Verschränkung der Zeitebenen, subjektive Zeiterfahrung.
Seit der »Uhrenzertrümmerung« in Marcel Prousts Sammlung von Skizzen und Erzählungen unter dem Titel: ›À la recherche du temps perdu‹ (Auf der Suche nach der verlorenen Zeit / entstanden 1913–27) sind Zeit- und Wirklichkeitserfahrung als subjektive Dimensionen unserer Erinnerung sowohl Thema wie Strukturprinzip des modernen Erzählens. Gibt es überhaupt so etwas wie Vergangenheit, Gegenwart und Zukunft? Welche Funktion haben Erinnerung, Gedächtnis und Traum? Läuft uns die Zeit davon oder laufen wir durch die Zeit?
Ist es so, wie Ilse Aichinger es in ihrer preisgekrönten Erzählung »Spiegelgeschichte« (1952), in der das Leben einer jungen Frau in ihrer Todesstunde ›rückwärts‹ erzählt und gespiegelt wird, beschrieben hat: »Am Anfang nimmt man Abschied« – weil das einzig Gewisse die Endlichkeit der eigenen Lebenszeit ist? Wie gehen wir mit der uns zugemessenen Zeit um?

20▸ Nehmen Sie die nachfolgenden Texte und Textauszüge, die Verweise und Fragestellungen als Anregung für eine selbstständige vertiefende Weiterarbeit, z. B. als fachübergreifende/fächerverbindende Seminararbeit, als Ansatz zu einer besonderen Lernleistung oder als gemeinsam geplante und durchgeführte Unterrichtssequenz »Zwischen den Fächern«.

Werner Heisenberg (1901–1976): Sprache und Wirklichkeit in der modernen Physik (Auszug)

Erst in der modernen Physik hat sich hier ein in gewissem Sinne unheimlicher Wandel vollzogen. Mit dem Vordringen in Bereiche der Natur, die unseren Sinnen nicht mehr unmittelbar zugänglich sind, beginnt auch unsere Sprache an einigen Stellen zu versagen. Ihre Begriffe erwiesen sich teilweise als stumpfe Werkzeuge, die in dem neuen Erfahrungsbereich nicht mehr richtig zu gebrauchen sind, die in ihm nicht mehr angreifen. Dass so etwas passieren kann, ist im Grunde schon vor Jahrhunderten bemerkt worden. Im täglichen Leben z. B. weiß jeder, was mit den Begriffen »oben« und »unten« gemeint ist. Die Körper fallen nach unten, und oben ist der blaue Himmel. Aber als man sich von der Kugelgestalt der Erde überzeugt hatte, bemerkte man, dass die Bewohner von Neuseeland offenbar im Raume umgekehrt stehen wie wir, dass sie von uns aus gesehen also gewissermaßen mit dem Kopf nach unten hängen. Freilich konnte man sich schnell damit trösten, dass mit »unten« und »oben« eben einfach die Richtungen zum Erdmittelpunkt hin oder von ihm weg bezeichnet werden, und damit schien die Schwierigkeit beseitigt. In unserer Zeit jedoch können Raketen von der Erde weg in den Raum geschossen werden, und es ist durchaus möglich, dass in einigen Jahren auch Menschen in solchen Raumschiffen für kürzere oder längere Zeit die Erde verlassen. Man kann einsehen, dass für die Besatzung eines Raumschiffes die Begriffe »oben« und »unten« überhaupt keinen Sinn mehr haben können. Aber es ist doch anschaulich schwer vorzustellen, mit welchen Gefühlen man sich in einer Welt bewegen und wie man über diese Welt sprechen oder denken würde, in der Begriffe wie »oben« und »unten« gar nicht mehr existieren. Dass es äußerst unangenehm wäre, in einer solchen Welt auch nur für kurze Zeit zu leben, versteht sich von selbst. Wenn wir einen Zustand äußerster Verwirrung bezeichnen wollen, sagen wir etwa: »Ich weiß nicht mehr, wo mir der Kopf steht.« Das wissen die Weltraumfahrer sicher nicht mehr.

Man kann also begreifen, dass das Vordringen in neue Bereiche der Natur unter Umständen auch Veränderungen in der Sprache zur Folge hat. Aber es war doch in den ersten Jahrzehnten unseres Jahrhunderts eine große und bestürzende Überraschung zu erkennen, dass in den Bereichen der Natur, in die die Menschen erst durch die Hilfsmittel der modernen Technik eingedrungen sind, selbst die einfachsten und grundlegenden Begriffe der bisherigen Naturwissenschaft, wie Raum, Zeit, Ort, Geschwindigkeit, problematisch werden und neu durchdacht werden müssen.

Die Problematik des Zeitbegriffs, die in der Einsteinschen Relativitätstheorie aufgedeckt worden ist, kann wieder am Beispiel des Raumschiffs deutlich gemacht werden. Nehmen wir an, dass ein Raumschiff die Erde mit großer Geschwindigkeit verlässt und in den Weltraum wandert, und nehmen wir weiter an, dass die telegrafische Verbindung des Raumschiffs mit der Erde für lange Zeit aufrecht erhalten werden kann. Auch soll es auf dem Raumschiff eine Uhr geben, die ebenso gebaut und an reproduzierbaren physikalischen Prozessen genau geeicht ist wie die entsprechende Uhr auf der Erde. Dann kann der Beobachter auf der Erde auf Grund der Mitteilungen vom Raumschiff kontrollieren, ob die Uhr auf dem Raumschiff richtig geht, und er wird feststellen, dass sie etwas langsamer läuft als die Uhr auf der Erde. Der Weltraumfahrer aber, der durch die bei ihm ankommenden Signale von der Erde auch die Möglichkeit besitzt, den Gang seiner Uhr mit dem Gang der Uhr auf der Erde zu vergleichen, kommt zu dem umgekehrten Schluss, dass die Uhr auf der Erde langsamer läuft als die in seinem Raumschiff. Wir können nach den uns bekannten Naturgesetzen nicht daran zweifeln, dass dies tatsächlich das Ergebnis der Beobachtungen wäre. Wie soll man aber dann die Zeiten auf der Erde und auf dem Raumschiff überhaupt vernünftig vergleichen? Wann soll man zwei Ereignisse, von denen das eine auf der Erde, das andere in weitem Abstand von ihr auf dem Raumschiff stattfindet, »gleichzeitig« nennen? Wenn wir etwa auf der Erde den Zeitpunkt ins Auge fassen, an dem ein Signal vom Raumschiff ankommt, so wird der Zeitpunkt auf dem Raumschiff, der mit diesem gleichzeitig genannt werden soll, jedenfalls später liegen müssen als jener Zeitpunkt, an dem das Signal vom Raumschiff ausgesandt wurde. Er muss auch früher liegen als jener andere Zeitpunkt, an dem ein sofort zurückgesandtes Signal beim Raumschiff wieder ankommt. Aber wo in diesem Intervall der Punkt der Gleichzeitigkeit liegen soll, kann zunächst nicht entschieden werden. Auf die inhaltliche Frage nach der Neudefinition des Zeitbegriffs, die in der Relativitätstheorie ihre Antwort gefunden hat, kann hier nicht eingegangen werden. Für unsere Betrachtung genügt es aber festzustellen, dass in dem neuen Erfahrungsbereich das Wort »gleichzeitig« seinen Sinn zunächst verloren hat, ähnlich wie die Begriffe »oben« und »unten« im Raumschiff, dass also hier wichtige sprachliche Begriffe nicht mehr verwendet werden können.

Stephen W. Hawking (geb. 1942): Eine kurze Geschichte der Zeit (Auszüge)

Newtons Bewegungsgesetze machten der Vorstellung von einer absoluten Position im Raum ein Ende. Die Relativitätstheorie räumte mit der Idee der absoluten Zeit auf. Stellen Sie sich ein Zwillingspaar vor. Der eine Zwilling lebt auf einem Berggipfel, der andere auf Meereshöhe. Der erste würde rascher altern als der zweite. Wenn sie sich wieder träfen, wäre der eine älter als der andere. In diesem Fall wäre der Altersunterschied sehr gering, aber er könnte sehr viel größer sein, wenn einer der Zwillinge eine lange Reise in einem Raumschiff unternähme, das sich beinahe mit Lichtgeschwindigkeit fortbewegte. Bei seiner Rückkehr wäre er sehr viel jünger als der auf der Erde gebliebene Zwillingsbruder. Dieser Effekt wird als Zwillingsparadoxon bezeichnet, doch er ist nur paradox, wenn man noch die Vorstellung von der absoluten Zeit im Hinterkopf hat. Eine einzige, absolute Zeit gibt es in der Relativitätstheorie nicht. Nach ihr hat jedes Individuum sein eigenes Zeitmaß, das davon abhängt, wo es sich befindet, und wie es sich bewegt.

Vor 1915 stellte man sich Raum und Zeit als den festgelegten Rahmen vor, in dem die Ereignisse stattfinden können, der aber durch das, was in ihm geschieht, nicht beeinflusst wird. Das galt sogar noch für die spezielle Relativitätstheorie. Körper bewegen sich, Kräfte ziehen an oder stoßen ab, doch Zeit und Raum dauern einfach fort, unberührt von dem, was geschieht. Man ging ganz selbstverständlich davon aus, dass Zeit und Raum ewigen Bestand hätten.

In der allgemeinen Relativitätstheorie stellt sich die Situation jedoch grundlegend anders dar. Raum und Zeit sind nur dynamische Größen: Wenn ein Körper sich bewegt oder eine Kraft wirkt, so wird dadurch die Krümmung von Raum und Zeit beeinflusst – und umgekehrt beeinflusst die Struktur der Raumzeit die Bewegung von Körpern und die Wirkungsweise von Kräften. Raum und Zeit wirken nicht nur auf alles ein, was im Universum geschieht, sondern werden auch davon beeinflusst. So wie man ohne die Begriffe von Raum und Zeit nicht über Ereignisse im Universum sprechen kann, so ist es in der allgemeinen Relativitätstheorie sinnlos, über Raum und Zeit zu sprechen, die außerhalb der Grenzen des Universums liegen.

Dieses neue Verständnis von Raum und Zeit veränderte in den folgenden Jahrzehnten unsere Auffassung vom Universum von Grund auf. An die Stelle der alten Vorstellung von einem im wesentlichen unveränderlichen, ewig bestehenden Universum trat das Modell eines dynamischen, expandierenden Universums, das einen zeitlich fixierbaren Anfang zu haben scheint und zu einem bestimmten Zeitpunkt in der Zukunft enden könnte. Diese Umwälzung unserer Begriffe ist Thema des nächsten Kapitels. Und Jahre später war sie auch der Ausgangspunkt meiner Beiträge zur theoretischen Physik: Aus Einsteins allgemeiner Relativitätstheorie folgt, so wiesen Roger Penrose und ich nach, dass das Universum einen Anfang hat – und möglicherweise auch ein Ende.

Der Zeitpfeil

Bis zum Anfang dieses Jahrhunderts glaubten die Menschen an eine absolute Zeit. Man war überzeugt, dass sich jedem Ereignis eine Zahl, die man »Zeit« nannte, eindeutig zuweisen lasse und dass alle guten Uhren das Zeitintervall zwischen zwei Ereignissen übereinstimmend anzeigten. Doch die Entdeckung, dass die Lichtgeschwindigkeit jedem Beobachter unabhängig von seiner Geschwindigkeit gleich erscheint, führte zur Relativitätstheorie – und damit zum Verzicht auf einen absoluten Zeitbegriff. Nach der Relativitätstheorie hat jeder Beobachter sein eigenes Zeitmaß, das eine von ihm mitgeführte Uhr registrierte: Uhren, die verschiedene Beobachter bei sich tragen, müssen nicht unbedingt übereinstimmen. So wurde die Zeit zu einem persönlicheren Begriff, abhängig von dem Beobachter, der sie misst.
Bei dem Versuch, die Gravitation mit der Quantenmechanik zu vereinen, musste das Konzept der »imaginären« Zeit eingeführt werden. Diese lässt sich von den Richtungen im Raum nicht unterscheiden. Wenn man nach Norden geht, kann man kehrtmachen und sich südwärts halten. Genauso kann man, wenn man sich in der imaginären Zeit vorwärts bewegt, kehrtmachen und rückwärts gehen. Mit anderen Worten: Es kann keinen bedeutenden Unterschied zwischen der Vorwärts- und der Rückwärtsrichtung in der imaginären Zeit geben. Dagegen gibt es in der »realen« Zeit, wie wir alle wissen, einen gewaltigen Unterschied zwischen Vorwärts- und Rückwärtsrichtung. Woher kommt dieser Unterschied zwischen Vergangenheit und Zukunft? Warum erinnern wir uns an die Vergangenheit, aber nicht an die Zukunft?

Mascha Kaléko (1912–1975): Die Zeit steht still (1952)

Die Zeit steht still. Wir sind es, die vergehen.
Und doch, wenn wir im Zug vorüberwehen,
Scheint Haus und Feld und Herden, die da grasen,
Wie ein Phantom an uns vorbeizurasen.
Da winkt uns wer und schwindet wie im Traum,
Mit Haus und Feld, Laternenpfahl und Baum.

So weht wohl auch die Landschaft unsres Lebens
An uns vorbei zu einem andern Stern
Und ist im Nahekommen uns schon fern.
Sie anzuhalten suchen wir vergebens
Und wissen wohl, dies alles ist nur Trug.

Die Landschaft bleibt, indessen unser Zug
Zurücklegt die ihm zugemeßnen Meilen.

Die Zeit steht still. Wir sind es, die enteilen.

Albert Einstein (1879–1955): Brief an Mascha Kaléko (30.04.1952 e)

Liebe Frau Kaléko!
Ich finde Ihr Gedicht sehr schön und gehaltvoll. Es rührt übrigens an eine tiefe metaphysische Problemstellung, die durch die Physik besonders aktuell geworden ist und hauptsächlich Bergson beunruhigt und angeregt hat.

Mit freundlichem Dank und Gruß
Ihr Albert Einstein

Gottfried Keller (1819–1890): Die Zeit geht nicht (1883 v)

Die Zeit geht nicht, sie stehet still,
Wir ziehen durch sie hin;
Sie ist ein Karavanserai,
Wir sind die Pilger drin.

Ein Etwas, form- und farbenlos,
Das nur Gestalt gewinnt,
Wo ihr drin auf und nieder taucht,
Bis wieder ihr zerrinnt.

Es blitzt ein Tropfen Morgentau
Im Strahl des Sonnenlichts;
Ein Tag kann eine Perle sein
Und ein Jahrhundert nichts.

Es ist ein weißes Pergament
Die Zeit, und Jeder schreibt
Mit seinem roten Blut darauf,
Bis ihn der Strom vertreibt.

An dich, du wunderbare Welt,
Du Schönheit ohne End,
Auch ich schreib meinen Liebesbrief
Auf dieses Pergament.

Froh bin ich, dass ich aufgeblüht
In deinem runden Kranz;
Zum Dank trüb ich die Quelle nicht
Und lobe deinen Glanz.

Interessant ist die Ähnlichkeit der Vorstellung von der »stehenden Zeit« bei Keller und Kaléko; aufschlussreich auch der Hinweis von Walter Höllerer in seiner Interpretation dieses Gedichtes von Keller auf ein ähnliches Motiv in einem 1814 geschriebenen, auf den ersten Blick unbedeutenden Reisegedichts von Goethe mit der Schlussstrophe:

»Wenn ich's recht betrachten will
und es ernst gewahre,
steht vielleicht das alles still –
und ich selber fahre.«

Der Titel: »Der neue Kopernikus« zeigt, dass es Goethe hier nicht um das Erlebnis einer Reise geht, sondern um ein anderes Weltbild: Nicht die Welt kommt zum zentralen Ich, sondern umgekehrt, das Ich, der Mensch ist selbst bewegter, beeinflusster Teil des Weges durch die Welt.

Aus der Bibel (Prediger, Kap. 3, V. 1–8)

1. Ein jegliches hat seine Zeit, und alles Vornehmen unter dem Himmel hat seine Stunde.
2. Geboren werden und sterben, pflanzen und ausrotten, was gepflanzt ist,
3. würgen und heilen, brechen und bauen,
4. weinen und lachen, klagen und tanzen,
5. Steine zerstreuen und Steine sammeln, herzen und ferne sein von Herzen,
6. suchen und verlieren, behalten und wegwerfen,
7. zerreißen und zunähen, schweigen und reden
8. lieben und hassen, Streit und Frieden hat seine Zeit.

Franz Kafka (1883–1924): Gibs auf!

Es war sehr früh am Morgen, die Straßen rein und leer, ich ging zum Bahnhof. Als ich eine Turmuhr mit meiner Uhr verglich, sah ich, dass es schon viel später war, als ich geglaubt hatte, ich musste mich sehr beeilen, der Schrecken über diese Entdeckung ließ mich im Weg unsicher werden, ich kannte mich in dieser Stadt noch nicht sehr gut aus, glücklicherweise war ein Schutzmann in der Nähe, ich lief zu ihm und fragte ihn atemlos nach dem Weg. Er lächelte und sagte: »Von mir willst du den Weg erfahren?« »Ja«, sagte ich, »da ich ihn selbst nicht finden kann.« »Gibs auf, gibs auf«, sagte er und wandte sich mit einem großen Schwunge ab, so wie Leute, die mit ihrem Lachen allein sein wollen.

21▶ Beziehen Sie in Ihre Überlegungen auch das Gedicht von Ingeborg Bachmann: Die gestundete Zeit (S. 340) ein. Suchen Sie nach weiterem Material, z. B. das Motiv von den Zeiträubern in: »Momo« von Michael Ende, Definitionen für den Zeitbegriff aus unterschiedlichen Wörterbüchern u. a. Nutzen Sie bei der Planung einer Seminararbeit oder Unterrichtssequenz die Schritte, die im Kapitel: Methoden und Arbeitstechniken dafür ausgewiesen sind.

22▶ Unabhängig von der oben angeregten intensiven Beschäftigung mit dem Thema: Zeit oder als anschauliche Konkretisierung der dort gefundenen Ergebnisse bietet sich eine Auseinandersetzung mit den gegenwärtigen literarischen Varianten der »Bilanzierung von Zeitabläufen« an: Weltzeit, politische Zeit, persönliche Zeit werden z. B. bei Günter Grass: Mein Jahrhundert (2001) und Durs Grünbein: Das erste Jahr (2003) auf sehr unterschiedliche und gleichzeitig eindrucksvolle Weise gespiegelt. Grass' »epischer Bilderbogen des 20. Jahrhunderts« macht die Geschichte seiner Lebenszeit lebendig, die im wesentlichen geprägt wurde durch die Erfahrungen des Krieges, und darum endet seine Bilanz wohl auch so:

Günter Grass:
›Mein Jahrhundert‹, 1999

»Nun kommt meine Tochter doch Ende Februar. Und ich freu mich schon auf all die Urenkel, wenn sie dann wieder unten im Park rumflitzen auf ihren Skätern, während ich vom Balkon runtergucke. Und auf 2000 freu ich mich auch. Mal sehen, was kommt ... Wenn nur nicht Krieg ist wieder ... Erst da unten und dann überall ... (aus: G. Grass: Mein Jahrhundert. Göttingen: Steidl Verlag, 1999)

Durs Grünbein:
›Das erste Jahr‹, 2001

Durs Grünbein beschreibt das erste Jahr des neuen Jahrtausends als persönliche Bestandsaufnahme der vielfältigen Spuren der Vergangenheit: »Das Leben, ein ausgegrabener Traum«, so beginnt diese Bilanz und endet mit philosophischen Überlegungen: »... das neue Jahrtausend ist das alte aus zweiter Hand ... Der Fortschritt wird zuallererst einer der Speicherkapazitäten. Das geht so lange, bis die Vergangenheit komplett in die Zukunft passt ... (aus: Durs Grünbein: Das erste Jahr, Berliner Aufzeichnungen. Frankfurt: Suhrkamp, 2001)
Es lohnt, in beide Zeitbilanzen »hineinzulesen«.

Zur Theorie der erzählenden Literatur

Die Variabilität der literarischen Formen des Erzählens ist sehr groß. Da das Erzählen an Komponenten wie Raum und Zeit gebunden ist, spiegeln die Veränderungen in der Form immer auch historische, gesellschaftspolitische, soziale und kulturpolitische Situationen wider.
Die Bandbreite der möglichen Varianten ist trotz formaler und inhaltlicher Kriterien z. B. für Formen wie die Novelle, Parabel oder Kurzgeschichte sehr groß.
Der allgemeine Oberbegriff der »Erzählung« und die »Skizze« haben manche der traditionellen Strukturen abgelöst, und besonders die epische Großform, der Roman, hat vor allem im 20. Jahrhundert grundsätzliche Wandlungen erfahren.

Walter Jens: Zur Struktur des modernen Romans (1957 v)

1

Zwischen gestern und heute, dem klassischen Entwicklungsroman und dem Epos unseres Jahrhunderts, liegt eine Welt. Wilhelm Meister und Joyces »Ulysses«: hier Jahre, dort ein einziger Tag; hier ein Kosmos, dort die Polis; die Reise in den Raum und die Fahrt in die Zeit; das Absonderliche und das Alltägliche; die Handlung und der Gedanke; hier Kontinuität und dort Simultanes; hier Stil und dort die Parodie des Stils; hier Setzung, dort Zitat; hier Fortschritt und Ziel, dort Wiederholung: Neugewinn und Maieutik[1], Entelechie[2] und die Spiele des Zufalls ... die Antithesen ließen sich beliebig vermehren. Wir wollen versuchen, sie in Vergleich und Interpretation zu entfächern, denn nur so kann es gelingen, die Eigenart des modernen Romans in rechter Weise zu beleuchten.

1 Nach Aristoteles »Hebammenkunst«, Hervorbringen, Entwickeln der Gedanken.
2 Philosophischer Begriff der zielgerichteten Verwirklichung.

2

Einfach, wie seine Struktur, ist die Formel des klassischen Romans: das isolierte Ich, lebensfern und nur auf die Durchsetzung eigenen Gesetzes bedacht, verknüpft sich mit der Welt, erfährt Feindschaften, Abenteuer und Gefahr und reiht sich am Ende, erhoben oder resigniert, in den vorbestimmten Zusammenhang ein: Wilhelm, Diener der Künste, wird ein Meister des Lebens[3], Heinrich Lee[4], der gescheiterte Maler, bescheidet sich als Oberamtmann in der Nähe seines Heimatdorfs, der junge Drendorf[5] erweist sich nach mancherlei Wandlung als würdig, das Erbe des alten Risach anzutreten. Das Leben mag schrecklich, die Welt voller Fährnisse sein … es lohnt sich, ihr zu begegnen; sie kennen zu lernen und ihre Geheimnisse zu begreifen. Jedes Geschehen, auch das feindliche, führt zur Vervollkommung des Menschen, nähert ihn dem Ziel und fördert den Prozess seiner Reife – kein Eindruck, der nicht bedeutsam wäre, kein Erlebnis, das nicht in harmonischem Austrag amalgamiert werden könnte! Dem Gesetz des Organischen folgend, dient selbst das Negative, Abweisung und Umweg, nur dem Ziel, die Integration des Helden zu beschleunigen; vom Ende her erweist sich alles als sinnvoll. Die Schürzung des Knotens, Enthüllung und Lösung, lässt das geordnete Muster erkennen und, nachdem man allzu lange nur die Rückseite sah, verwandelt sich, umgewendet, die wirre Verknotung der Fäden in ein bezauberndes Spiel.
Kontinuität im Biographischen – von Marianne zu Natalie! – und Dramatik im Detail – die Rätsel um Felix und Mignon – bestimmen den Ablauf der Handlung. […] Aber die Schwerpunkte und Einschnitte liegen durchaus im Vordergründigen: Festspiele und Raubüberfälle, monströse Geheimnisse und Anagnorismen[6] in vielerlei Gestalt. Das Äußere beherrscht die Szenerie, auch Herzenskonflikte werden, der Entwicklung sichtbaren Geschehens entsprechend, in der Reihenfolge des »zuerst«, »danach« und »schließlich« abgehandelt. Alles gehorcht den Gedanken und Launen des omnipotenten Erzählers, der sich an seinen plastischen Geschöpfen […] erfreut und das Geschehen ebenso souverän zu erfinden wie zu deuten versteht.
Anfang und Ende, Entwicklung und Fortschritt das Geschehen folgt, Sekunde für Sekunde, den Zeigerschritten der realen Zeit; es folgt den Winken des Künstlers, der es für selbstverständlich hält, dass auch die fiktive Wirklichkeit dem Maß der Uhren, den Gesetzen des »und dann«, gehorchen müsse: wer mit Aristoteles die These verträte, dass die Kunst Mimesis, Nachahmung, sei, dürfe sich nicht mit zerschlagenen Uhren und springenden Zeigern befassen.

3

Zeigermaß und Uhr sind die Fixpunkte des klassischen Romans: Im gleichen Augenblick, da der Erzähler Marcel Proust, wie Quentin in Faulkners »The Sound and the Fury«, seine Uhr zertrümmert, um sich auf die Suche nach ei-

3 Hauptfigur aus Goethes: Wilhelm Meisters Wanderjahre oder die Entsagenden (1795).
4 Hauptfigur aus G. Kellers: Der grüne Heinrich (1854/55).
5 Held in A. Stifters Roman: Der Nachsommer (1857).
6 von »Anagnorisis« (griech.): Das Wiedererkennen, z. B. zwischen Freunden, als dramatisches Element in der antiken Tragödie.

ner neuen, mit Chronometern nicht mehr messbaren Zeit zu begeben, beginnt die moderne Prosa. Das Nacheinander zerfließt im Zugleich, Schritt und Folge weichen der Koinzidenz[1], Gedanken und Impressionen zerfasern die Ordnung der Chronologie, Gestern und Morgen schrumpfen im Heute zusammen, und die Zeiten verwirren sich untereinander. Räuberisch greift die Vergangenheit in die Gegenwart ein, die Zukunft versinkt hinter den Konturen des gelebten Augenblicks. Handlungen werden belanglos: Reise und Stimmungen, Gefühle und Assoziationen formen die Szene und lassen die Entwicklung fragwürdig erscheinen. Eine Welt sine materia tut sich auf, ein Kosmos, in dem Geruch und Geschmack, das Feinste und Immateriellste, sich als einzig sichere Größen erweisen: »Aber wenn von einer früheren Vergangenheit nichts existiert nach dem Ableben der Personen, dem Untergang der Dinge, so werden allein, zerbrechlicher aber lebendiger, immateriell und doch haltbar, beständig und treu Geruch und Geschmack noch lange wie irrende Seelen ihr Leben weiterführen, sich erinnern, warten, hoffen, auf den Trümmern alles übrigen und in einem beinahe unwirklich winzigen Tröpfchen das unermessliche Gebäude der Erinnerung unfehlbar in sich tragen.« […]

Proust war der erste Romancier, der mit der Zertrümmerung der Uhrenwelt wirklich ernst machte; der erste, der mit der Zeit zu spielen begann, sie aufhob und totschlug, um sie danach zu neuem Leben zu erwecken. Die Pole des klassischen Romans – Ich und Welt – verwandeln sich in das Gegenüber von Reiz und Reizempfänger: Die Wahrheit ruht im Individuum, aber damit sie erweckt wird, bedarf es des sokratischen Stachels, der Bremse, die das schlafende Erinnern aufweckt … wobei freilich zu bedenken ist, dass der Reiz, um wirksam zu werden, die Bereitschaft zum Aufbruch und zeitüberwindenden Absprung verlangt: Der Weckruf als solcher ist vage und die Richtung, aus der er kommt – woran erinnert mich der Geschmack der Madeleine?[2] – ganz unbestimmt. Aufgabe des Geistes ist es, die Beziehungen herzustellen und den Kontakt zwischen Sender und Empfänger zu schließen. Aber der Geist ist nicht nur Forscher, sondern auch Forschungsobjekt; er, der Suchende, ist »zugleich die dunkle Landschaft, in der er suchen soll«. Man sieht, wie hier Gedanken wiederkehren, die fünfzehnhundert Jahre zuvor schon Augustin[3] in seiner Beschreibung der Gedächtnisräume – im 10. Buch der »Konfessionen« – untersucht hatte. Das Bild der von Schächten durchzogenen Höhle kehrt in Prousts Beschreibung der inneren Landschaft wieder: was Augustin verallgemeinernd dargestellt hatte – das Kommen und Gehen der Erinnerung – wird von Proust an einem Beispiel analysiert und durch die Vorstellung der automatischen Erinnerung, die sich wie von selbst aus der Tiefe bis an die Oberfläche des Bewusstseins emporarbeitet, erweitert. Zwang und Bewusstheit (»zehnmal muss ich es wieder versuchen«) können nur Schrittmacherdienste leisten und die Fahrrinne säubern; das Letzte vollzieht sich spontan: »und dann mit einem Male war die Erinnerung da«. […]

1 Das Ineinanderfallen, die Aufhebung von Gegensätzen.

2 Gemeint ist hier das französische Gebäck.

3 Aurelius Augustinus, 354–430, bedeutender Kirchenlehrer und Denker.

Theodor Fontane: Was soll ein Roman? (1875)

Was soll ein Roman? Er soll uns, unter Vermeidung alles Übertriebenen und Hässlichen, eine Geschichte erzählen, an die wir glauben. Er soll zu unserer Fantasie und zu unserem Herzen sprechen, Anregung geben, ohne aufzuregen; er soll uns eine Welt der Fiktion auf Augenblicke als eine Welt der Wirklichkeit erscheinen, soll uns weinen und lachen, hoffen und fürchten, am Schluss aber empfinden lassen, teils unter lieben und angenehmen, teils unter charaktervollen und interessanten Menschen gelebt zu haben, deren Umgang uns schöne Stunden bereitete, uns förderte, klärte und belehrte.
Das etwa soll ein Roman. [...]
[...] »was soll der *moderne* Roman? Welche *Stoffe* hat er zu wählen? Ist sein Stoffgebiet unbegrenzt? Und wenn *nicht*, innerhalb welcher räumlich und zeitlich gezogenen Grenzen hat er am ehesten Aussicht, sich zu bewähren und die Herzen seiner Leser zu befriedigen?« Für uns persönlich ist diese Fragen-Reihe entschieden. Der Roman soll ein Bild der Zeit sein, der wir selber angehören, mindestens die Widerspiegelung eines Lebens, an dessen Grenze wir selbst noch standen, oder von dem uns unsere Eltern noch erzählten. [...]
Noch einmal also: Der moderne Roman soll ein Zeitbild sein, ein Bild *seiner* Zeit. Alles Epochemachende, namentlich alles Dauernde, was die Erzählungsliteratur der letzten 150 Jahre hervorgebracht hat, entspricht im Wesentlichen dieser Forderung. Die großen englischen Humoristen dieses und des vorigen Jahrhunderts schilderten *ihre* Zeit; der französische Roman trotz des älteren Dumas, ist ein Sitten- und Gesellschaftsroman; Jean Paul, Goethe, ja Freytag selbst (in »Soll und Haben«) haben aus *ihrer* Welt und *ihrer* Zeit heraus geschrieben.
So die Regel. Aber, wie schon angedeutet, die Regel erleidet Ausnahmen. Wir zählen dahin den *dramatischen* Roman, den *romantischen* Roman und unter Umständen (aber freilich mit starken Einschränkungen) auch den *historischen* Roman. Diese haben das Vorrecht, die Frage nach dem Jahrhundert ignorieren und ihre Zelte allerorten und allerzeiten aufschlagen zu dürfen.

Marcel Reich-Ranicki: Über den Roman (1986)

Der Romancier des neunzehnten Jahrhunderts habe sich, pflegt man zu sagen, göttliche Attribute zuerkannt. Jedenfalls wollte er ein Weltschöpfer sein. Er fühlte sich verpflichtet, die ganze Szene zu überblicken, und er bildete sich ein, sie tatsächlich auch überblicken zu können. Er maßte sich an, frei über seine Figuren verfügen zu, dürfen. Er war sicher, alle ihre Taten und Empfindungen zu kennen, alle ihre Gedanken zu durchschauen. Ob er wie ein Gott waltete oder nicht – gewiss ist, dass er das Dasein für erkennbar hielt. Und das Erkennbare für erzählbar. Diese Überzeugung geht dem modernen Romancier ab.
Balzac, Tolstoi und Fontane verwandelten das Leben in deutliche und übersichtliche epische Landschaften. Proust, Kafka und Joyce, André Gide, Virgina Woolf und Faulkner hielten es hingegen für ihre künstlerische Pflicht, epische Landschaften zu entwerfen, die der Undeutlichkeit und der Unverständlichkeit des Lebens gerecht werden sollten. Die einen bewiesen, dass sich alles darstellen und daher auch deuten lässt. Die anderen zeigten, dass sich vieles nicht darstel-

len und kaum ahnen lässt. Die einen lösten Gleichungen auf, die anderen demonstrierten, dass die Gleichungen nicht aufgehen.
Dem Erzähler unseres Jahrhunderts musste somit die souveräne Manier des allwissenden und allgegenwärtigen, des allumfassenden und allmächtigen Autors fragwürdig und verdächtig, wenn nicht gar lächerlich und verlogen erscheinen. In der Omnipräsenz und der Omnipotenz, die seine klassischen Vorgänger für ihre selbstverständlichen Privilegien und Pflichten erachteten, sah er nicht mehr als eine veraltete, etwas rührende Konvention und eine nicht mehr erträgliche Fiktion. Daher verzichtete er freiwillig auf eine Macht, die, wie er meinte, auf einem leichtsinnigen und naiven Trugschluss beruhte: Er schränkte die Perspektive ein – meist auf die Erfahrungen und Erlebnisse eines einzigen Individuums. Er bezog alles auf diese eine Gestalt und schilderte bloß das, was von ihr wahrgenommen werden könnte. Und er hütete sich, sie das menschliche Dasein begreifen und die Zusammenhänge durchschauen zu lassen. So verbarg sich der Autor hinter dem Rücken seines Helden oder seines Icherzählers, was übrigens in vielen Fällen ein und dasselbe bedeutete.
Eine Erfindung der modernen Literatur ist die Perspektive des vorgeschobenen Berichterstatters natürlich nicht. Schon der Dichter der Odyssee hatte sie gekannt. Aber sie erfüllte jetzt eine andere Funktion: Es war das veränderte Verhältnis zum Leben, das die Veränderung des Blickwinkels zur Folge hatte. Er entsprach der Einsicht der Epiker in die Grenzen ihrer Möglichkeiten, er ergab sich aus der Erkenntnis, dass viele Wege der Kunst des neunzehnten Jahrhunderts nicht mehr begehbar waren und dass zu den Zielen nur noch Umwege führen konnten.
Gewiss, immer schon liebte es die Literatur, das Exemplarische mit Hilfe des Extremen sichtbar zu machen und das Zentrale im Exzentrischen zu suchen. Doch nie hatte die Vorliebe für das Indirekte so gute Gründe gehabt, nie war sie so radikal gewesen. Die Schriftsteller wandten sich dem Surrealen zu. Aber um der Realität willen. Sie verfremdeten das Leben. Um es zu vergegenwärtigen. Sie verschwiegen Gefühle. Um Gefühle zu provozieren. Sie erfanden den Anti-Helden und das Understatement. Um dem Heroischen und dem Pathos gerecht zu werden. Sie zeigten das Absurde. Um die Vernunft herauszufordern. Sie ließen den Wahnsinn ausbrechen. Um den Sinn kenntlich zu machen. So wurde die Negation zum entscheidenden Faktor der Kunst, der Literatur.
Diese Negation bezweckt indes nichts anderes als die Verdeutlichung der Phänomene. Die Denaturierung erfolgt um der Natur willen. Erst die Verunstaltung der Wirklichkeit ermöglicht ihre künstlerische Gestaltung. Erst aus der Deformation ergibt sich die neue Form. Die Fratze soll aufschrecken und dadurch das Antlitz beschwören. Mit anderen Worten: Die Entstellung des Menschen in der modernen Kunst dient seiner Darstellung.

23▶ Ziehen Sie aus den vorliegenden Texten zur Theorie des Romans die wichtigsten Kernaussagen heraus.

- Formulieren Sie daraus jeweils max. sieben Grundthesen, die die Position des Autors präzise wiedergeben.
- Fassen Sie die Positionen zu einem übergreifenden Argumentationspapier in eigener Formulierung (ggf. mit Zitaten) zusammen: Was unterscheidet offenbar den modernen vom traditionellen Roman?

▶ Überprüfen Sie die Thesen an zwei, drei Ihnen bekannten Romanen. Sie können dies auch auf längere Erzählungen übertragen – und ergänzen Sie Ihr selbstständig formuliertes Argumentationspapier durch anschauliche Beispiele aus Ihrer eigenen Erfahrung. Nutzen Sie bei der Formulierung die Hinweise im Kapitel Methoden und Arbeitstechniken. Tauschen Sie sich hinsichtlich der Argumente und der Beispiele in einem Arbeitsteam aus.

Möglichkeiten des gestaltenden Erschließens

Diese Form der Interpretation eines literarischen Textes ist besonders anspruchsvoll. Sie dient nicht etwa zur künstlichen »Nachdichtung« eines Werkes oder zur subjektiven Selbstdarstellung vermeintlicher »Genies«. Mit Sicherheit sind Analyse-, Beobachtungs- und Schreibtalent gefordert sowie die Fähigkeit, sich inhaltlich und sprachlich in eine Textvorlage und die zur Gestaltung »freigegebene Situation« bewusst einzudenken. Die jeweilige Textvorlage ist nicht einfach Auslöser, sondern »Arbeitsterrain«, das es genau zu erkunden und dessen »Leerstellen« oder Textimpulse angemessen auszugestalten sind. Gründliches, untersuchend erarbeitetes Textverständnis ist die Basis für das gestaltende Erschließen. Begleitet werden sollte der Arbeitsprozess auch durch eine Reflexion über die eigenen Arbeitsschritte, in der die Textproduktion kommentiert wird: Warum wähle ich diesen inhaltlichen Ansatz? Welche Absicht verfolge ich mit der bewusst akzentuierten sprachlichen Gestaltung? Ergänzt »mein« Text die Vorlage um eigentlich Erwartetes oder erweitert mein Ansatz ggf. sogar – z. B. durch einen gezielten perspektivischen Wechsel, eine überraschende Pointe – die zwar indirekt angelegten, aber so noch nicht deutlichen Aussagemöglichkeiten der Vorlage? Nutzen Sie für Ihre Arbeiten auch die weiterführenden Hinweise unter: »Die schriftliche Interpretation erzählender Texte« und im Kapitel Methoden und Arbeitstechniken.

Mögliche Themenstellungen:

1. Entwerfen Sie auf der Basis Ihrer Kenntnis des Romans »Der Vorleser« von Bernhard Schlink den Brief des Ich-Erzählers, auf den die weibliche Hauptperson Hanna vergeblich gewartet hat, und ihre mögliche Antwort darauf, die sie, nachdem sie endlich schreiben gelernt hat, offenbar so gern geschrieben hätte.

B. Schlink: ›Der Vorleser‹ Briefentwurf

2. Verfassen Sie auf der Basis Ihrer Kenntnis des Romans »Das Parfum« von Patrick Süskind das Plädoyer eines fiktiven Verteidigers in einem Prozess, der nicht stattgefunden hat: Warum ist dieser Mörder für seine Zeitgenossen offenbar »unschuldig« gewesen?

P. Süskind: ›Das Parfum‹ Plädoyer

3. Wählen Sie eine der Frauengestalten aus von Ihnen bekannten und erarbeiteten Romanen oder längeren Erzählungen (ggf. auch Dramen, s. u.) aus und entwerfen Sie im Sinne der Grundkonzeption von Christine Brückners »Ungehaltene Reden ungehaltener Frauen« eine ›ungehaltene‹ Rede für diese Figur. Textgrundlage: Christine Brückner: Wenn du geredet hättest, Desdemona. Ungehaltene Reden ungehaltener Frauen. Berlin, Ullstein, 1987

C. Brückner: ›Ungehaltene Reden‹ Redeentwurf

Die schriftliche Interpretation erzählender Texte

Umgang mit der Themenstellung

Folgende Themenformen begegnen Ihnen meist:

(1) Aufforderungen zum untersuchenden Erschließen mit oder ohne Arbeitsaufträge im Einzelnen. Z. B.: »Interpretieren Sie die Parabel ›Auf der Galerie‹ von Franz Kafka, und stellen Sie für diesen Autor typische Motive und stilistische Mittel heraus.«

(2) Aufforderung zur Interpretation einer oder mehrerer zentraler Textstellen aus einem umfangreichen Werk. Hier ist zunächst die genaue Analyse der Textstelle gefordert, dann ihre Einordnung in den Gesamtzusammenhang. Z. B.: »Untersuchen Sie die Darstellung der Denkmalsenthüllung in Heinrich Manns Roman ›Der Untertan‹ im Hinblick auf satirische Stilelemente. Erarbeiten Sie außerdem die Funktion dieser Textstelle im Roman.«

(3) Die Erörterung einer oder mehrerer Fragen und Probleme aus einem Werk. Hier ist nicht die Analyse einer einzelnen Textstelle gefordert, obwohl Sie Ihre Argumente aus dem Text belegen sollten, sondern die nachvollziehende und argumentierende Darstellung gedanklicher Abläufe des gesamten Werkes. Z. B.: »Sind ›Die Leiden des jungen Werthers‹ von Goethe die Darstellung einer ›inneren Emigration‹? Erörtern Sie diese Überlegung anhand der wichtigsten Reflexionen Werthers und seiner seelischen Entwicklung.«

Erkennen des Arbeitsauftrags

Damit Sie dem Thema entsprechen, sollten Sie die Arbeitsaufträge genau lesen: Wo wird präzise Arbeit an einem Text gefordert? Wo wird die Erörterung eines übergreifenden Problems erwartet, für die Sie Textstellen als Belege heranziehen müssen? (Zur literarischen Erörterung s. a. S. 215 ff.)

Aufbereitung des Textes

Bei erzählenden Texten ist besonders zu achten auf:
Anfang und Schluss, Schlüsselsätze, Wechsel der Erzählperspektive oder des Tempus oder der Erzählperson (z. B. wir → man), zentrale, auffällige Bilder, Wiederholungen.

Gliederungsmöglichkeiten für die schriftliche Interpretation eines Textes

- Arbeitshypothese (erste Zusammenfassung dessen, worum es offenbar geht), eventuell kurze Inhaltsangabe.
- Handlungsablauf, inhaltliche Struktur; hierbei Verweis auf zentrale Textstellen und Entwicklungen.
- Ausgehend von den zentralen Textstellen: Erarbeitung der sprachlich-stilistischen Darstellungsmittel – immer mit Bezug auf ihre inhaltliche Aussage.
- Wichtige Details: Titel, Motive, Anfang und Schluss.
- Zusammenfassende Auswertung Ihrer Ergebnisse, eventuell mit Korrektur oder Erweiterung der Arbeitshypothese.

Zusätzlich, nicht additiv, sondern als Beleg für die Interpretation, eventuell Hinweise zum Autor, Verweis auf ähnliche Motive in anderen Werken des Autors oder anderer vergleichbarer Autoren, also eine Einordnung in das Gesamtwerk oder in einen literaturgeschichtlichen Zusammenhang. Schließlich: Ihre persönliche Stellungnahme, falls gefordert oder von Ihnen gewünscht.

Untersuchung einzelner Textstellen im Zusammenhang des gesamten Werks

Siehe Thementyp (2). Häufig wird auch nach der Bedeutung und Durchführung bestimmter Motive gefragt, z. B. dem Motiv der Mühle im Roman »Deutschstunde‹ von Siegfried Lenz. Oder es geht um das Herausarbeiten eines durchgängigen Problems (s. Thementyp 3). Mögliche Gliederung:

- Einleitende Aussagen zum vorliegenden Text, zum Motiv, zu einer Besonderheit des Autors oder seines Werks je nach der Themenstellung.
- ›Festmachen‹ des Problems an einzelnen Textstellen, die Sie entsprechend Ihrem Argumentationsgang schrittweise heranziehen (z. B. müssten Sie die phasenweise Verstärkung der ›inneren Emigration‹ Werthers an ausgewählten Textstellen zeigen).
- Besondere Einzelaspekte, wenn nötig.
- Zusammenfassende Stellungnahme (mögliche Zusätze wie oben).

Zu Kafka: ›Der Nachbar‹

In dieser Geschichte von Franz Kafka berichtet ein Ich-Erzähler von seiner – sich bis zum Verfolgungswahn steigernden – Verunsicherung, ausgelöst durch den Einzug eines Nachbarn und dessen geschäftliche Aktivitäten. Anonymität und Misstrauen führen zu existentieller Bedrohung und unaufhaltsamer Selbstzerstörung.

Zu Aichinger: ›Das Fenstertheater‹

In dieser gleichnishaften Erzählung zeigt Ilse Aichinger am Beispiel einer spielerischen Verständigung zwischen einem Mann und einem Kind, die von Außenstehenden völlig falsch gedeutet wird, die Unfähigkeit von Menschen, in einem ungewöhnlichen Vorgang mit Phantasie und Einfühlungsvermögen etwas Natürliches und Selbstverständliches zu sehen, weil sie von Sensationsmeldungen überfüttert und abgestumpft sind.

Zu Bobrowski: ›Das Mäusefest‹

In seiner durch die einfache Sprache wie eine Kindergeschichte wirkenden Erzählung schildert Johannes Bobrowski eine überraschende Begegnung zwischen ›Feinden‹: einem alten polnischen Juden und einem jungen deutschen Soldaten, die zu einem Augenblick gegenseitigen Verstehens wird.

Vermeiden typischer Fehler

Siehe Anmerkungen zur Gedichtinterpretation. Zusätzlich:

- Keine Verwechslung zwischen Autor und erzählendem Ich, sofern es sich nicht um eine Autobiographie handelt.
- Keine inhaltlichen Paraphrasen. Stets übergreifende Strukturen, Handlungsstränge suchen und zusammenfassend beschreiben.
- Nicht undistanziert schreiben (also nicht: »Hier verändert sich die Situation des Erzählers«), sondern z. B.: »An dieser Stelle …, zu diesem Zeitpunkt …«
- Den Text nicht Satz für Satz durchgehen, sondern Abschnitte, Entwicklungsstationen suchen. Einzeluntersuchungen an den Gelenkstellen des Textes vornehmen, z. B. an Schlüsselsätzen.

Zu den gestaltenden Aufgaben:

- Notieren Sie zunächst Ihre allerersten Einfälle: Inhaltliche Akzente, sprachliche Einfälle, Grundstruktur des zu entwerfenden Textes.
- Skizzieren Sie präzise die von der Vorlage aus bestimmten Vorgaben: Sprachliche Ebene, einzubeziehende Fakten, ungefährer Umfang, Adressaten – die Situation, in die Ihr Text hineinpassen soll.

gestaltende Aufgaben

- Überprüfen Sie nach Fertigstellung Ihres Entwurfs noch einmal genau, ob und mit welcher Wirkung Ihr Text in die Vorlage passt, z. B. Übergänge laut lesen!

Dritter Teil: **Drama**

Einleitung

»Das Theater glich einem Irrenhause, rollende Augen, geballte Fäuste, heisere Schreie im Zuschauerraum. Fremde Menschen fielen einander schluchzend in die Arme, Frauen wankten, einer Ohnmacht nahe, zur Tür. Es war eine allgemeine Auflösung wie ein Chaos, aus dessen Nebeln eine neue Schöpfung hervorbricht.«

Theater?

Augenzeugenbericht von der Premiere der ›Räuber‹
von Schiller in Mannheim am 13.1.1782

»Wirklichkeit und Natürlichkeit auf dem Theater sind die unnatürlichsten Dinge auf der Welt! […] Dieses Stottern, dieses Schluchzen, diese Kunstpausen, dieses Schnaufen - das ist alles wirklich nicht der Mühe wert, dass man fünf- bis sechstausend Leute in einem Saal versammelt, um ihnen dafür eine Aufführung zu verkaufen […]«

Theater?

Jean Anouilh

Drama als Provokation, Widerspruch, Konflikt

Sie sehen, die Meinungen zum Theater und zum Drama auf der Bühne sind widersprüchlich, strittig. Über Romane streiten in der Regel nur die Kritiker und die Fachgelehrten, Auseinandersetzungen um Gedichte hört oder liest man in der Öffentlichkeit fast gar nicht, aber um Theaterstücke und um Aufführungen streiten sie alle: Zuschauer mit Kritikern, der Autor mit dem Intendanten, die Schauspieler mit dem Regisseur, Politiker mit der Presse, Begeisterte mit Enttäuschten …

Spiel
Bühne
Publikum

So werden zwei Voraussetzungen deutlich: Das Drama bedarf zur Entfaltung und zu seiner Wirkung der Verwirklichung im Spiel auf der Bühne vor Publikum. Damit wird es zu einer öffentlichen Angelegenheit, es muss ›über die Rampe kommen‹. Das Drama lebt vom Konflikt, von der Konfrontation unterschiedlicher, ja gegensätzlicher Wertsetzungen. Die Spannungen und Gegensätze entwickeln sich im Dialog, dem zentralen ›Bauelement‹ des Dramas, oder im Monolog. Rede und Gegenrede spiegeln die Dialektik der Handlung.

Antithetik als Prinzip des Dialogs

Zuschauer und Zuhörer

Das Verständnis eines Dramas erwächst aus dem genauen Erfassen der entscheidenden Dialoge, die zentrale menschliche Erfahrungen von den unversöhnlichen Gegensätzen in der Welt wiedergeben.

> »So schreitet in dem engen Bretterhaus
> den ganzen Kreis der Schöpfung aus
> und wandelt mit bedächt'ger Schnelle
> vom Himmel durch die Welt zur Hölle.«
> (Goethe: ›Faust I‹, Vorspiel auf dem Theater.)

Das enge Bretterhaus, der Bühnenraum mit Kulissen und Requisiten, und die Schauspieler mit Kostüm und Maske zeigen den ganzen Kreis der Schöpfung – der Zuschauer ist mitten darin!

geschlossene Form des klassischen Dramas: Exposition Peripetie Katastrophe

Das Drama konzentriert und reduziert das Geschehen auf zentrale Aspekte. Das klassische Drama hat eine in sich geschlossene, weitgehend organisch sich entwickelnde Handlung in der Abfolge von Exposition, Peripetie (Umschlag), Katastrophe oder in der erweiterten Vorstellung: Exposition, Steigerung mit Verwicklung zum ersten Höhepunkt hin, fallende Handlung mit retardierenden Momenten, Ende als eigentlicher Höhepunkt: Katastrophe oder Lösung.

drei Einheiten nach Aristoteles Theater in der Antike

Zum klassischen Drama gehören auch die auf Aristoteles zurückgeführten drei Einheiten von Ort, Zeit und Handlung. Diese Regel formuliert das, was die Tragödiendichter der damaligen Zeit beachten mussten angesichts von 20 000 und mehr lärmenden Theaterbesuchern im antiken Athen, der tagelang andauernden anstrengenden Folge vieler Dramen im Wettbewerb zu Ehren des Gottes Dionysos und der geringen Möglichkeit der Ausstattung (Tonmasken als Schalltrichter, der Kothurn: Theaterschuh als Stelze, die den Schauspieler größer erscheinen ließ). Konzentration, Überschaubarkeit und Einfachheit der Handlung mit stärkster Wirkung, kausale Verknüpfung der Handlungsstränge waren daher verlangt. Die Dramenform hat sich im Laufe der Jahrhunderte vielfältig gewandelt, aber noch im Gegenwartsdrama wird auf Elemente des antiken Theaters zurückgegriffen, z. B. den Chor.

offene Form

Eine weniger strenge Dramenform, die z. B. mehrere Handlungsstränge nebeneinander führt, die drei Einheiten nur zum Teil beachtet, geht auf Shakespeare zurück. Goethe hat seinen ›Götz‹ in solcher offenen Form geschrieben und für den Sturm und Drang ein Vorbild gegeben.

Brechts episches Theater

Brecht begründet in seinem ›Kleinen Organon‹ das Neben- und Gegeneinander der Handlungsteile. Er bezieht auch erzählerische Elemente ein, z. B. Übersichtstexte als Spruchbänder, die auf die Bühne projiziert werden. Brecht will die Illusion des Zuschauers zerstören, ein reales Geschehen auf der Bühne zu erleben.

Bühnensprache

Das Pathos der alten Bühnensprache ist in der Gegenwart dem Alltagsjargon, dem Wortwitz oder der parabolischen Sprechweise gewichen. Doch auch diese Sprache ist rhythmisiert, z. B. bei Thomas Bernhard und Heiner Müller.

Tragödie Komödie

Groteske

Die klassische Einteilung in Tragödien, die tragische, unlösbare Konfrontation sittlicher Werte oder Lebenshaltungen (›Antigone‹, ›Wallenstein‹), und Komödien, also den Versuch, Schicksal und Welt zu überlisten (›Minna von Barnhelm‹, ›Der zerbrochne Krug‹), gilt heute nicht mehr. »Unserer Welt kommt nur noch die Groteske bei«, meint Friedrich Dürrenmatt. Die Welt ist für eine Tragödie zu unüberschaubar und ›unheldisch‹ und für eine Komödie zu grauenvoll geworden!

Erster Interpretationsansatz: Das antike Modell – der Wertekonflikt

Sophokles: Antigone (442 v. Chr.)

KREON: Nie, auch nicht wenn er starb, lieb ich den Feind.
ANTIGONE: Mitlieben, nicht mithassen ist mein Teil.

Autor und Drama

In diesen beiden Aussagen konkretisiert sich der zentrale Konflikt, der die Tragödie ›Antigone‹ des Sophokles (vermutlich 497–406 v. Chr.), zuerst aufgeführt im Athen des klassischen Zeitalters unter Perikles, zu einem der bedeutendsten und wirkungsvollsten Dramen der Antike gemacht hat.

der tragische Konflikt

Ein klassischer tragischer Wertekonflikt zeigt sich hier, wie er seit der Definition des Aristoteles als das Wesen der Tragödie beschrieben wird: Die Verantwortung des Staatsmannes für die Aufrechterhaltung von Ordnung und Recht im Staat durch die bedingungslose Einhaltung gegebener Gesetze, verkörpert in Kreon – die Liebe der Schwester zu ihrem toten Bruder und die Verantwortung vor den Göttern und ihren ungeschriebenen Gesetzen, verkörpert in Antigone.

missverständliche Interpretation

Dieser Konflikt ist von vielen Interpreten reduziert worden auf: Humanität, menschliche Verantwortung der Antigone einerseits – Unmenschlichkeit des Tyrannen Kreon und inhumanes Staatsgesetz andererseits. Dies wird der antiken Staatsvorstellung jedoch nicht gerecht. Die damalige Auffassung von der Polis und der unbedingten Gültigkeit des »Nomos« (der sittlichen, göttlichen Norm) und der »Isonomia« (der Gleichheit aller vor dem Gesetz) war religiös begründet. In Antigone und Kreon stehen sich zwei gleichrangige sittliche Wertvorstellungen diametral gegenüber. Sie waren für den an Familie, Staat und Religion gleichermaßen gebundenen attischen Bürger verpflichtend. Die Gestalten, die diese Werte verkörpern, gehen an ihrer einseitigen Unbedingtheit zugrunde – Antigone physisch, Kreon psychisch. Kreon unterliegt in dem Versuch, die »Moira«, das allgewaltige Schicksal, aufzuhalten. Antigone dagegen gewinnt durch den selbstgewählten Tod die Freiheit gegenüber einem notwendigen, aber schrecklichen Urteil.
Vernichtet sind am Ende einzelne Menschen, bestehen bleibt in kompromissloser Gültigkeit der »Nomos«, das göttliche sittliche Recht, gleichermaßen bedeutsam als persönliche Verantwortung für den Einzelnen wie als politische Verantwortung für das Ganze, den Staat.

1▶ Untersuchen Sie, wodurch sowohl Kreon als auch Antigone zu einseitigen Vertretern ihrer Norm werden.

2▶ Wieweit sind beide jeweils durch die Wertvorstellung des anderen direkt betroffen: Kreon als Mensch, Antigone als Bürgerin?

das klassische Modell

Nicht nur die inhaltliche Gestalt, auch die äußere Form hat Modellcharakter. Sie zeigt die klassische Beschränkung auf wenige überschaubare Grundelemente: Das Geschehen spielt sich an **einem** Ort ab: vor dem Königspalast in Theben, im Zeitraum **eines** Tages: von Sonnenaufgang bis Sonnenuntergang. Es handelt sich um

Ort
Zeit

Personen

einen überlieferten Stoff, den Sagenkreis um Ödipus (ca. 1230 v. Chr.). Der Konflikt konzentriert sich in **zwei Personen**: Kreon und Antigone. Die wenigen anderen Personen sind ihnen zugeordnet (Ismene, Haimon – Teiresias – Eurydike). Den gedanklichen Zusammenhalt der Szenen leistet der Chor der Thebaner: rückblickender Berichterstatter, Gesprächspartner und Kommentator.

zentrale Verse 74–79

I. Prolog (Vers 1–99): Antigone und Ismene
Exposition (Einführung in den Grundkonfiikt):
  a) Kreons Verbot der Bestattung des Polyneikes, Antigones feste Absicht, dies zu übertreten: Konflikt zwischen den Schwestern.
  b) Auftrittslied des Chores (Vers 100–154): Bericht über das vorausgegangene Geschehen (Polyneikes und Eteokles).

II. Die fünf Hauptszenen als Peripetie (Steigerung, Zuspitzung)

zentrale Verse 182–190

1. a) Erste Hauptszene: Kreon und Chor
   Darlegung der Grundposition des Staatsmannes Kreon, seiner Verpflichtungen gegenüber dem Gemeinwesen.
   b) Standlied des Chores: Gedanken über Macht und Ohnmacht des Menschen, seine Entscheidungsmöglichkeit zwischen Gut und Böse.

zentrale Verse 450 ff. 474 ff.

2. a) Zweite Hauptszene: Antigone – Kreon
   Zentrale Auseinandersetzung im Dialog (Antigone: unbedingter Widerstand, fast Rebellion; Kreon: Sorge um seine Machtposition).
   b) Standlied des Chores: Erinnerung an den Fluch, der auf dem Geschlecht des Ödipus liegt, und an das Gesetz menschlichen Schicksals.

zentrale Verse 661 ff. 683 ff.

3. a) Dritte Hauptszene: Haimon – Kreon
   Vertiefung der Konflikte: Vater – Sohn; König – Nachfolger; Herrscher – Untertan. Menschliche Bindung gegen öffentliche Pflicht.
   Haimon: Heiligkeit göttlichen Rechts und menschlichen Empfindens.
   Kreon: Verantwortlichkeit des Herrschers.
   b) Standlied des Chores: Beschwörung der Bedeutung des Eros, der zur Auseinandersetzung zwischen Vater und Sohn führt.

zentrale Verse 920 ff.

4. a) Vierte Hauptszene: Kreon – Antigone
   Nochmalige Begegnung, aber nunmehr als Richter und Verurteilte.
   Kreon: unbedingte Durchsetzung seines Herrscherwillens.
   Antigone: Beugung unter das Urteil, Klage über ihr Verhängnis.
   b) Standlied des Chores: Beschwörung der mythischen Vergangenheit und der beispielhaften Leiden der Götter.

zentrale Verse 1064

5. a) Fünfte Hauptszene: Kreon – Teiresias
   Schreckliche Weissagung und Fluch des blinden Sehers, Zwiegespräch Kreon – Chor (Abwägen der Möglichkeiten), Entschluss zur Rettung Antigones.
   b) Standlied des Chores: Kultischer Gesang zu Ehren des Gottes Dionysos (Bacchus).

III. Schlussszene: Kreon

zentrale Verse 1339 ff.

  a) Die Anagnorisis (Aufdeckung der Katastrophe, Einsicht in ihr Ausmaß)
  Kreon erfährt den Tod der Antigone, seines Sohnes Haimon, seiner Frau Eurydike, erkennt seine Schuld: »Ach, wohl zu spät gewahrtest du das Recht!«
  b) Schlusswort des Chores als Sentenz: Dem vorherbestimmten Schicksal entrinnt kein Sterblicher. Ehrfurcht und Einsicht fordern die Götter.

Die drei zentralen Szenen der Auseinandersetzung: Kreon – Antigone, Haimon – Kreon, Kreon – Antigone, werden umrahmt von der Anfangs- und der Endposition Kreons: zuerst bedingungslose Behauptung, am Ende verspätete Wendung zum rettenden Handeln. In diesen fünf Szenen entwickelt sich die Handlung auf der Grundlage der im Dialog gegebenen Ausgangssituation.

Die Schlussszene führt die Handlungsstränge zusammen in der menschlichen Katastrophe, aber auch in allgemeiner überzeitlicher Erkenntnis.

Das Antigone-Thema hat in der Neuzeit vielfache Überarbeitungen erfahren. Es gehört zu den großen europäischen Motiven von der Antike bis heute. (vgl. H Europäische Spiegelungen)

Zweiter Interpretationsansatz: **Die zentrale Idee, entwickelt im Dialog**

Gotthold Ephraim Lessing: Nathan der Weise (1779 e, 1783 u)

Interpretationsansätze

Lessings (1729–81) ›Dramatisches Gedicht in fünf Aufzügen‹ bietet eine Vielzahl von Interpretationsansätzen:

- die klassische Dramenform mit den fünf Akten,
- die Personenkonstellation der aufeinander bezogenen drei Hauptgestalten (der Jude Nathan, der Muslim Saladin, der Tempelherr als Christ),
- die Zusammenfassung der zentralen Aussage in der Ringparabel,
- die kunstvolle Variation der drei Einheiten (nach Aristoteles),
- die Auflösung des Geschehens in dem unerwarteten Schluss, in der Aufdeckung der Familienzusammenhänge,
- die Vorgeschichte des Dramas, der theologische Streit mit dem Hamburger Hauptpastor Goeze, u. a. um den Wunderglauben,
- die Beziehung des Werks zur Aufklärung oder schon zur Klassik.

3▸ Ermitteln Sie die Aufbaustruktur des Dramas.

Notieren Sie in einer Skizze für jeden Akt (Aufzug):

- den Ort des Geschehens,
- die hauptsächlich beteiligten Personen,
- die entscheidende Textpassage,
- das für den Fortgang der Handlung zentrale Geschehen.

4▸ Überprüfen Sie, inwieweit die einzelnen Akte dem klassischen Aufbau des Dramas entsprechen (s. den ersten Interpretationsansatz zu ›Antigone‹).
Stellen Sie fest, inwieweit Lessing die drei Einheiten auch in seinen Variationen einhält.

5▸ Notieren Sie die wichtigsten Charakterzüge und Merkmale der drei Hauptgestalten. Versuchen Sie, die Eigenschaften in Verbindung zu setzen zu den von den Hauptgestalten vertretenen Religionen.

Interpretationsansatz: Erziehung zur Toleranz

›Nathan‹ verkörpert ein religiös-philosophisches Programm für die Gesellschaft: Versuch einer liebevoll-überzeugenden, geduldigen Erziehung der Menschen zur Toleranz. Der in seiner eigenen Überzeugung Gefestigte, nicht etwa der Gleichgültige, achtet und duldet auch den Andersdenkenden.
Lessing schrieb sein Werk sozusagen als ›Schlussplädoyer‹ in der Auseinandersetzung mit engstirnigem Dogmatismus und kirchlicher Unterdrückung des frei denkenden und urteilenden Menschen, nachdem er seinen Disput mit dem Hamburger Hauptpastor Goeze nicht mehr durch Veröffentlichung von Streitschriften fortsetzen durfte.
Der von Kant (1727–1804) formulierte Wahlspruch der Aufklärung, »Habe Mut, dich deines Verstandes zu bedienen«, könnte auch über Szenen des ›Nathan‹ stehen wie I, 2, als Nathan seiner Tochter Recha den Glauben an einen Engel auszureden versucht.

Erziehung zur Toleranz in den Dialogen

Viele Dialoge des ›Nathan‹ können als ein sich fortsetzendes und vertiefendes Gespräch über die Toleranz verstanden werden. Das »dramatische Gedicht« ist weit mehr als ›Lehrtheater‹. In mehreren Ansätzen vermittelt es Einsichten über humanes Verhalten. Nur rationales, vernünftiges Handeln führt noch nicht zur Humanität. Erst aus dem Leid erwachsen Weisheit und Güte, wird die Vernunft geläutert zur Menschlichkeit.

Absage an religiösen Dogmatismus

I, 2: Gespräch Nathan – Recha – Daja: Belehrung der Tochter
Entlarvung des Wunderglaubens an die Rettung durch einen Engel als Eigensucht eines Menschen, der lieber andächtig schwärmt als selbst gut handelt. Folgerung: Gottes Wille vollzieht sich nicht in folgenlosen Visionen, sondern im hilfreich handelnden Menschen.

Absage an religiösen Fanatismus

II, 1: Gespräch Saladin – Sittah: Kritik an den Christen
Entlarvung der menschlichen Unzulänglichkeit der Kreuzritter, deren Stolz ist, »Christen [zu] sein, nicht Menschen«. Sie kämpfen allein für die Verbreitung des Namens Christi und vergessen die zentrale christliche Botschaft, die Nächstenliebe. Folgerung: Die auf Formeln und Dogmen reduzierte, mit absolutem Geltungsanspruch versehene christliche Religion führt zum Fanatismus, zum Hass anstelle der Liebe.

Erziehung zur Humanität

II, 5: Gespräch Nathan – Tempelherr: Belehrung des Tempelherrn
Behutsame Überzeugung des jungen, menschlich unreifen Christen zur Toleranz durch geduldige, verzeihende, beharrliche Annäherung (Höflichkeit, Dank, Nachsicht, Zuwendung – Kuss des Brandflecks – und behutsame erzieherische Argumentation – Appell an die Wertvorstellungen des Tempelherrn, Übertragung der Werte auf die Menschheit allgemein, Eingeständnis von Schwächen der eigenen Religion). Folgerung: Der Mensch ist die entscheidende Größe, unabhängig von Herkunft und Religion (»sind Christ und Jude eher Christ und Jude als Mensch?«). Gemeinsamkeiten der ›guten Menschen‹.

NATHAN: […] Ich weiß, wie gute Menschen denken; weiß,
Dass alle Länder gute Menschen tragen.
TEMPELHERR: Mit Unterschied, doch hoffentlich?
NATHAN: Ja wohl;
An Farb‹, an Kleidung, an Gestalt verschieden.
TEMPELHERR: Auch hier bald mehr, bald weniger, als dort.
NATHAN: Mit diesem Unterschied ists nicht weit her.
Der große Mann braucht überall viel Boden;
Und mehrere, zu nah gepflanzt, zerschlagen
Sich nur die Äste. Mittelgut, wie wir,
Findt sich hingegen überall in Menge.
Nur muss der eine nicht den andern mäkeln.
Nur muss der Knorr den Knuppen hübsch vertragen.
Nur muss ein Gipfelchen sich nicht vermessen,
Dass es allein der Erde nicht entschossen.
TEMPELHERR: Sehr wohl gesagt! – Doch kennt Ihr auch das Volk,
Das diese Menschenmäkelei zuerst
Getrieben? Wisst Ihr, Nathan, welches Volk
Zuerst das auserwählte Volk sich nannte? […]
NATHAN: […] Wir müssen, müssen Freunde sein! – Verachtet
Mein Volk so sehr Ihr wollt. Wir haben beide
Uns unser Volk nicht auserlesen. Sind
Wir unser Volk? Was heißt denn Volk?
Sind Christ und Jude eher Christ und Jude,
Als Mensch? Ah! wenn ich einen mehr in Euch
Gefunden hätte, dem es gnügt, ein Mensch
Zu heißen!
TEMPELHERR: Ja, bei Gott, das habt Ihr, Nathan!
Das habt Ihr! – Eure Hand! – Ich schäme mich
Euch einen Augenblick verkannt zu haben. […]

III, 7: Gespräch Nathan- Saladin: Belehrung des Sultans

Ringparabel

Beantwortung der Frage nach der besten der drei Religionen in der Ringparabel (im Zentrum des Dramas); Betonung der gemeinsamen Herkunft aller drei Religionen von einem Vatergott. Folgerung: Die jeweilige Religion ist so gut, wie die Menschen, die sich zu ihr bekennen, gut handeln. Nicht Glaubenseifer im theologischen Gespräch, sondern handfeste, tätige Menschenliebe entscheidet über die Güte in einer Weltanschauung.

IV, 2: Gespräch Tempelherr-Patriarch

Gegenposition: Religionsfanatiker

Bestätigung der im Gespräch Saladin – Sittah geübten Kritik an der Unmenschlichkeit einer intoleranten Religion in der Begegnung mit dem Patriarchen und seinem bedingungslosen, menschenverachtenden Fanatismus: »Tut nichts! der Jude wird verbrannt.« Entlarvung der Unchristlichkeit kirchlicher Würdenträger: Sie üben nicht Nächstenliebe, sondern Rache.
Folgerung: Eine engstirnige Religionspraxis kehrt sich gegen den Menschen, statt ihn auf den rechten Weg der Menschlichkeit zu führen.

wahre Frömmigkeit

IV, 7: Gespräch Nathan-Klosterbruder
Bekenntnis des frommen, einfältigen Klosterbruders zur gemeinsamen Wurzel von Judentum und Christentum. Er und Nathan geben ein Beispiel wahrer menschlicher Nähe und Toleranz zwischen den Religionen. Folgerung: Das Eingeständnis der Gemeinsamkeiten ist nicht ein Zeichen von Gleichgültigkeit und Schwäche, sondern Voraussetzung für humane Bindungen.

Schlussbild

V, letzte Szene
Im Bild der sich wiederfindenden Familie, der Überwölbung von Herkunft und Religion durch die Humanität, gewinnt Lessings Toleranzgedanke seine letzte Gestalt. Lessing entwirft die Utopie einer ›kosmopolitischen‹ geistigen und menschlichen Verwandtschaft aller, die guten Willens sind. Folgerung: Die Besinnung auf Humanität und Toleranz macht ein Zusammenleben der sittlich geläuterten Menschen über Länder- und Religionsgrenzen hinweg möglich.

In den bekannten Bühnenwerken seit Lessing finden sich sehr oft zentrale Dialoge, in denen die wesentlichen Grundgedanken entwickelt werden. Manchmal sind es auch Monologe, große Selbstgespräche. Von diesen Schlüsselszenen aus das Gesamtwerk zu erschließen ist ein ergiebiger methodischer Ansatz.

Dritter Interpretationsansatz: Der politisch-soziale Hintergrund

Friedrich Schiller: Kabale und Liebe (1784 u)

Entstehungsgeschichte

Friedrich Schiller (1759–1805) hat sein »bürgerliches Trauerspiel« 1782 im Arrest entworfen, den der Herzog Karl Eugen von Württemberg wegen wiederholter unerlaubter Fahrten nach Mannheim ins dortige Theater über ihn verhängte. Auf der Flucht aus Stuttgart hat Schiller an seinem Drama weitergearbeitet und es im thüringischen Exil vollendet. Schon aus diesen persönlichen Umständen wird die Anklage des Werkes gegen einen menschenverachtenden, selbstherrlichen Despotismus verständlich.
Die Uraufführung im April 1784 in Frankfurt a. M. wird ein ähnlich stürmischer Erfolg wie die der ›Räuber‹ 1782.

Werke des Sturm und Drang:
›Die Räuber‹

Im Schauspiel ›Die Räuber‹ ist noch einmal die Leitfigur des Sturm und Drang (1765–80) personifiziert: der edle Räuber Karl Moor als Rebell gegen eine verknöcherte Ordnung, als Individualist, der unbedingte Freiheit fordert, der sich anmaßt, die Welt zu richten.

›Kabale und Liebe‹

In ›Kabale und Liebe‹ konkretisieren sich in der Gegenüberstellung einer intriganten, skrupellosen höfischen und einer ehrlichen, gradlinigen bürgerlichen Welt die politischen Zustände in den Duodez-Fürstentümern des Absolutismus.

Dem großen Vorbild Schillers, Shakespeare, folgend, zeigen Schillers Jugenddramen eine offene Form, mehrere Handlungsstränge und die Durchbrechung der drei Einheiten sowie eine leidenschaftliche, explosive Prosasprache. Eine Reihe von Handlungen folgt »wie Donnerschläge aufeinander« (J. M. R. Lenz: Anmerkungen übers Theater, 1774).

Form

Die Rollenvorbilder für ›Kabale und Liebe‹ fand Schiller in Lessings bürgerlichem Trauerspiel ›Emilia Galotti‹. Entsprechend nannte er sein Drama ›Luise Millerin‹, weil für ihn die bürgerliche Heldin im Zentrum stand. Der spätere Titel ›Kabale und Liebe‹ stammt von dem Mannheimer Schauspieler August Wilhelm Iffland; er betont die beiden Gegenwelten.

Vorbild:
›Emilia Galotti‹
Titel

6▶ Beschreiben Sie die klar gezeichneten Charaktere der Hauptgestalten. Wie ist die Personenkonstellation, die Beziehung der Figuren zueinander und ihre Zuordnung zur jeweiligen Seite der ›Zweiparteienwelt‹?

Interpretationsansätze

7▶ Untersuchen Sie die Sprachebenen: die Merkmale der Sprache des Hofes, des Bürgertums und der beiden Liebenden.

8▶ Wieweit ist das Drama typisch für den Sturm und Drang, wieweit führt es darüber hinaus?

›Kabale und Liebe‹ ist kein ›Agitationsstück‹ gegen den Absolutismus im Sinne des modernen politischen Theaters. Die persönlich erlebten und die im Studium der Geschichte gewonnenen Erfahrungen (Schiller erhielt 1791 eine Geschichtsprofessur in Jena) der Ungerechtigkeiten, der geschichtlichen Zwänge machen aber in Schillers späterem Werk die Geschichte (anstelle der antiken Götterwelt) zum übermächtigen Gegenspieler des Individuums. In ›Kabale und Liebe‹ werden die großen Szenen vom tragischen Geschick der Liebenden bestimmt. Episodenszenen zeigen jedoch sehr klar die damalige geschichtliche Wirklichkeit.

politisch-sozialer Hintergrund
Geschichtsverständnis Schillers

›Kabale und Liebe‹, II, 2

Ein alter KAMMERDIENER *des Fürsten, der ein Schmuckkästchen trägt.*
DIE VORIGEN

KAMMERDIENER: Seine Durchlaucht der Herzog empfehlen sich Mylady zu Gnaden, und schicken Ihnen diese Brillanten zur Hochzeit. Sie kommen soeben erst aus Venedig.

LADY *(hat das Kästchen geöffnet und fährt erschrocken zurück)*: Mensch! was bezahlt dein Herzog für diese Steine?

KAMMERDIENER *(mit finsterm Gesicht)*: Sie kosten ihn keinen Heller.

LADY: Was? Bist du rasend? *Nichts*? – und *(indem sie einen Schritt von ihm wegtritt)* du wirfst mir ja einen Blick zu, als wenn du mich durchbohren wolltest – *Nichts* kosten ihn diese unermesslich kostbaren Steine?

KAMMERDIENER: Gestern sind siebentausend Landskinder nach Amerika fort – Die zahlen alles.

LADY *(setzt den Schmuck plötzlich nieder und geht rasch durch den Saal, nach einer Pause zum Kammerdiener)*: Mann, was ist dir? Ich glaube, du weinst?

KAMMERDIENER *(wischt sich die Augen, mit schrecklicher Stimme, alle Glieder zitternd)*: Edelsteine wie diese da – Ich hab auch ein paar Söhne drunter.

LADY *(wendet sich bebend weg, seine Hand fassend)*: Doch keinen Gezwungenen?

KAMMERDIENER *(lacht fürchterlich)*: O Gott – Nein – lauter Freiwillige. Es traten wohl so etliche vorlaute Bursch vor die Front heraus und fragten den Obersten, wie teuer der Fürst das Joch Menschen verkaufe? – aber unser gnädigster Landesherr ließ alle Regimenter auf dem Paradeplatz aufmarschieren und die Maulaffen niederschießen. Wir hörten die Büchsen knallen, sahen ihr Gehirn auf das Pflaster sprützen, und die ganze Armee schrie: *Juchhe nach Amerika!* –

LADY *(fällt mit Entsetzen in den Sofa)*: Gott! Gott! – Und ich hörte nichts? Und ich merkte nichts!

KAMMERDIENER: Ja, gnädige Frau – warum musstet Ihr denn mit unserm Herrn gerad auf die Bärenhatz reiten, als man den Lärmen zum Aufbruch schlug? – Die Herrlichkeit hättet Ihr doch nicht versäumen sollen, wie uns die gellenden Trommeln verkündigten, es ist Zeit, und heulende Waisen dort einen lebendigen Vater verfolgten, und hier eine wütende Mutter lief, ihr saugendes Kind an Bajonetten zu spießen, und wie man Bräutigam und Braut mit Säbelhieben auseinander riss, und wir Graubärte verzweiflungsvoll dastanden und den Burschen auch zuletzt die Krücken noch nachwarfen in die neue Welt – Oh, und mitunter das polternde Wirbelschlagen, damit der Allwissende uns nicht sollte beten hören –

LADY *(steht auf, heftig bewegt)*: Weg mit diesen Steinen – sie blitzen Höllenflammen in mein Herz. *(Sanfter zum Kammerdiener)* Mäßige dich, armer alter Mann. Sie werden wiederkommen. Sie werden ihr Vaterland wiedersehen.

KAMMERDIENER *(warm und voll)*: Das weiß der Himmel! Das werden sie! – Noch am Stadttor drehten sie sich um und schrien! "Gott mit euch, Weib und Kinder! – Es leb unser Landesvater – am Jüngsten Gericht sind wir wieder da!« –

LADY *(mit starkem Schritt auf und nieder gehend)*: Abscheulich! Fürchterlich! – Mich beredete man, ich habe sie alle getrocknet, die Tränen des Landes – Schrecklich, schrecklich gehen mir die Augen auf – Geh du – Sag deinem Herrn – Ich werd ihm persönlich danken. *(Kammerdiener will gehen, sie wirft ihm ihre Geldbörse in den Hut)* Und das nimm, weil du mir Wahrheit sagtest – Kammerdiener (wirft *sie verächtlich auf den Tisch zurück)*: Legts zu dem übrigen. *(Er geht ab.)*

LADY *(sieht ihm erstaunt nach)*: Sophie, spring ihm nach, frag ihn um seinen Namen. Er soll seine Söhne wiederhaben. *(Sophie ab. Lady nachdenkend auf und nieder. Pause. Zu Sophien, die wiederkommt)* Ging nicht jüngst ein Gerüchte, dass das Feuer eine Stadt an der Grenze verwüstet, und bei vierhundert Familien an den Bettelstab gebracht habe? *(Sie klingelt)* [...]

Enthüllung des geschichtlichen Hintergrunds

Schrittweise wird der politisch-soziale Hintergrund enthüllt. Der Schmuck, den der Herzog seiner ehemaligen Mätresse zur Hochzeit mit dem Präsidentensohn schickt, wird zum Symbol

- für die materielle Abgeltung menschlicher Gefühle zwischen Herzog und Mätresse,
- für die Ahnungslosigkeit der Lady im Hinblick auf die Geldquellen des Herzogs,
- für die wahren *Edelsteine*, die 7000 Landeskinder, die als Gegenwert für diesen Schmuck nach Amerika verkauft werden,
- also für den damals üblichen skrupellosen Menschenhandel, für die menschenverachtende Gleichstellung von Menschenleben und Luxusgut, das damit zum Blutgeld wird.

Enthüllt wird allmählich das reale Geschehen, begleitet vom Durchbrechen höfischer Sprachbarrieren durch Lady und Kammerherrn: Durch Androhung von Mord und durch exemplarische Hinrichtungen werden 7000 Männer zu Freiwilligen gepresst, die verzweifelt, ohne Hoffnung auf Wiederkehr, ihre Familien verlassen müssen.

Reaktionen der Lady

In den Reaktionen der Lady zeigt sich eine Entwicklung von Ungläubigkeit, Erschrecken über die eigene Unwissenheit zum Entschluss, zu handeln (die Söhne des Kammerdieners zurückholen zu lassen). Deutlich wird aber auch die Abgehobenheit der höfischen Welt von der Not der kleinen Leute (Ritt auf die Bärenjagd während des schrecklichen Abtransports der Männer).

Reaktionen des Kammerdieners

Der als Vater persönlich betroffene Kammerdiener wird allein durch die verzweifelt-zynische Wiedergabe des Geschehens, die den Zynismus des Herzogs aufdeckt, zum Ankläger und Richter der über ihn gesetzten Adelswelt. Durch die verächtliche Zurückweisung des ihm aus Mitleid gegebenen Geldes entlarvt er den auch von der Lady nicht überwundenen Grundfehler im Umgang mit abhängigen Menschen: die Vorstellung von materieller Wiedergutmachung, von Käuflichkeit und von Belohnung der *Wahrheit*.

Schillers Dramen enden meist mit knappen, auf den ersten Blick fast banalen Kurzaussagen, die sich bei genauem Hinsehen jedoch als unerhört dichte und präzise Zusammenfassung des Werks und der Lösung erweisen. Schiller war ein begeisterter ›Theatermann‹. Ihm ging es immer auch um den Theatercoup, den im besten Sinne größtmöglichen Effekt. Daher enthalten seine ›Schlussworte‹ vielfach den entscheidenden Donnerschlag (s. o.):

Karl Moor: Dem Mann kann geholfen werden. **›Die Räuber‹**
Präsident: Er vergab mir! Jetzt euer Gefangener! **›Kabale und Liebe‹**
König: Kardinal! Ich habe das Meinige getan! Tun Sie das Ihre! **›Don Carlos‹**
Gordon: Dem *Fürsten* Piccolomini! **›Wallensteins Tod‹**

›Die Räuber‹

Karl Moor, der zum Schluss zur Erkenntnis der eigenen Schuld gelangt, stellt mit dem letzten Satz die von ihm verletzte Ordnung der Welt wieder her. Er verzichtet auf die heroische Pose, sich selbst der irdischen Gerechtigkeit zu überliefern, und verschafft ›selbstlos‹ einem armen Mann die Kopfprämie. Damit legitimiert er seine Gefangennahme als notwendiges Handeln in der menschlichen Ordnung.

›Kabale und Liebe‹

Der Präsident zeigt in der Erkenntnis, dass ihm seine skrupellose, nur auf persönlichen Machtgewinn ausgerichtete Intrige den eigenen Sohn genommen hat, in den letzten Sätzen zum ersten Mal eine ›moralische‹ Einsicht: Das Verzeihen des Sohnes ist die innere Notwendigkeit, eben die Menschlichkeit, die er als gewissenloser Höfling bisher stets geleugnet hat. Nach dieser Vergebung wird auch hier ›nur noch‹ die irdische Ordnung wiederhergestellt: die Gefangennahme und Bestrafung des Präsidenten, die wenig bedeutet angesichts des menschlichen Leides.

›Don Carlos‹

König Philipp von Spanien bleibt am Schluss die einsame, zum amtlichen Handeln verpflichtete, zum Verzicht auf menschliche Wärme verurteilte Gestalt. Seine Versuche, seinen Sohn und Posa zum Freund zu gewinnen, sind gescheitert. Indem er den eigenen Sohn der unerbittlichen Inquisition und damit dem sicheren Tod überantwortet, trifft er die letzte Entscheidung zwischen Mensch und König, Vater und Herrscher. Diese ›Überantwortung‹ macht die tragische Hilflosigkeit dessen deutlich, der sein Reich ›rettet‹, indem er den Nachfolger opfert und damit, sinnlos schuldig geworden, allein zurückbleibt.

›Wallensteins Tod‹

Die Regieanweisungen Schillers zum Schluss der Wallenstein-Triologie mit ihren deutlichen Hinweisen auf Vorwurf und Erschrecken in den Gesten und Mienen der Beteiligten machen den letzten Satz, der nur den Adressaten des kaiserlichen Beförderungsbriefes ausruft, zur leidenschaftlichen Anklage: Genannt wird hier der eigentlich Schuldige am Untergang Wallensteins, Octavio Piccolomini; indirekt einbezogen ist sein Vergehen, der Verrat am eigenen Feldherrn und Freund, und sogar das Urteil, denn die Erhebung in den Fürstenstand wird zum ›Kainszeichen‹, zum sichtbaren Ausdruck des Verrats. Auch hier wird die Weltordnung wieder zurechtgerückt: Der äußerlich Beförderte muss innerlich mit einem lebenslang ›Schuldig‹ existieren.

Immer wieder hat Schiller »die Macht des Wortes gegen die Worte der Macht« gesetzt (R. Safranski, Der Spiegel 4/2004) und ist damit hochaktuell: »F. Schiller steht der Gegenwart näher, als viele glauben – der oft missbrauchte Klassiker wird neu entdeckt. Die Leidenschaft, mit der er die ›schimpfliche Kette‹ der Despotie zerriss, wirkt so frisch wie vor 200 Jahren.« (V. Hoge, ebenda)

Vierter Interpretationsansatz: Goethe – Faust I. Chaos und Ordnung – die Durchbrechung der dramatischen Struktur

»Jede Generation ist aufgerufen, sich dem Text im Prozess von Identifikation und Distanzierung zu stellen, denn es ist ein offener Text, offen für viele Lesarten und Interpretationen – produktiv und provozierend allemal.«

Günter Adler: Zwischen Tat und Schuld, Überlegungen zu Goethes Faust.
(In: Deutschunterricht, Berlin 52 (1999) / 4)

9▸ Informieren Sie sich über die Entstehungsgeschichte des Faust I und II und über das Faust-Motiv.

10▸ Erarbeiten Sie die Aufbaustruktur des 1. Teils des Werkes:
- Funktion der Rahmenhandlung: Prolog im Himmel;
- Abfolge der Szenen: Ort, Tageszeit, hauptsächlich beteiligte Personen, zentrale Textpassagen, Bedeutung der Szene für den Fortgang des Geschehens.

11▸ Welche Bedeutung für das Geschehen erhalten
- die Wette zwischen Gott und Teufel;
- der Pakt zwischen Faust und Mephistopheles;
- die Begegnung mit Gretchen;
- die Walpurgisnacht?

12▸ Formulieren Sie einige der wesentlichen Themen menschlicher Existenz, die angesprochen werden (z. B. die Begrenztheit menschlicher, wissenschaftlicher Erkenntnis) und die »Antwort«, die der Text auf den ersten Blick darauf gibt.

Die dramatische Struktur wirkt – anders als z. B. bei Lessing – sprunghaft und zunächst verwirrend. Sie spiegelt die sechzig Jahre wider, die Goethe sich mit dem Werk, mit dieser Gestalt Faust beschäftigt hat. Die dramatische Struktur wird offenbar ganz bewusst an vielen Stellen durchbrochen, z. B. durch die Lieder und das Gebet Gretchens und das Lied Mephistos unter Gretchens Fenster.

Es war ein König in Thule …

Es war ein König in Thule,
Gar treu bis an das Grab,
Dem sterbend seine Buhle
Einen goldnen Becher gab.

Es ging ihm nichts darüber,
Er leert' ihn jeden Schmaus;
Die Augen gingen ihm über,
So oft trank er daraus.

Und als er kam zu sterben,
Zählt' er seine Städt' im Reich,
Gönnt' alles seinem Erben,
Den Becher nicht zugleich.

Er saß beim Königsmahle,
Die Ritter um ihn her,
Auf hohem Väter-Saale,
Dort auf dem Schloss am Meer-

Volkslied

Thema:
Liebe und Treue

Symbol des Goldes als Liebeszeichen

Dort stand der alte Zecher,
Trank letzte Lebensglut,
Und warf den heiligen Becher
Hinunter in die Flut.

Er sah ihn stürzen, trinken
und sinken tief ins Meer,
Die Augen täten ihm sinken,
Trank nie einen Tropfen mehr.

Meine Ruh ist hin …

Sehr persönlicher, ganz individueller Ton

Bedingungslose Verfallenheit

Vorausdeutung von Schuld und Wahnsinn

GRETCHEN
Meine Ruh ist hin,
Mein Herz ist schwer;
Ich finde sie nimmer
Und nimmermehr.

Wo ich ihn nicht hab,
Ist mir das Grab,
Die ganze Welt
Ist mir vergällt.

Mein armer Kopf
Ist mir verrückt,
Mein armer Sinn
Ist mir zerstückt.

Meine Ruh ist hin,
Mein Herz ist schwer;
Ich finde sie nimmer
Und nimmermehr.

Nach ihm nur schau' ich
Zum Fenster hinaus,
Nach ihm nur geh' ich
Aus dem Haus.

Sein hoher Gang,
Sein' edle Gestalt,
Seines Mundes Lächeln,
Seiner Augen Gewalt,

und seiner Rede
Zauberfluss,
Sein Händedruck,
Und ach! sein Kuss!

Meine Ruh ist hin,
Mein Herz ist schwer;
Ich finde sie nimmer
Und nimmermehr.

Mein Busen drängt
Sich nach ihm hin.
Ach dürft' ich fassen
Und halten ihn,

Und küssen ihn
So wie ich wollt'
An seinen Küssen
Vergehen sollt'!

Lied im Kerker

Rückgriff auf Volkslied (Machandelbaum)

bildhafte Beschwörung ihrer Schuld

Hellsichtigkeit und Wahnsinn

Meine Mutter, die Hur'
Die mich umgebracht hat!
Mein Vater, der Schelm,
Der mich gessen hat!
Mein Schwesterlein klein
Hub auf die Bein',
An einem kühlen Ort;
Da ward ich ein schönes
Waldvögelein;
Fliege fort, fliege fort!

13▸ Erarbeiten Sie diese drei Texte (Lieder) zunächst unter folgenden Gesichtspunkten:

- Aus welcher Situation heraus singt Gretchen und wie spiegelt sich diese Situation in formalen, sprachlichen und inhaltlichen Akzenten?

- Welche Bedeutung erhalten diese drei Lieder in der Gesamtdeutung des Faust I und der Gretchentragödie – und welche Wirkung wird durch die besondere Liedform erreicht?

14▸ Stellen Sie diesen Ergebnissen das Lied des Mephistopheles gegenüber: In welcher Situation wird es gesungen? In welchem Zusammenhang steht es mit den drei Liedern Gretchens? Welche Wirkung hat die Liedform hier?

Lied des Mephistopheles

Was machst du mir
Vor Liebchens Tür,
Kathrinchen, hier
Bei frühem Tagesblicke?
Lass, lass es sein!
Er lässt dich ein
Als Mädchen ein,
Als Mädchen nicht zurücke.

Nehmt euch in Acht!
Ist es vollbracht,
Dann gute Nacht
Ihr armen, armen Dinger!
Habt ihr euch lieb,
Tut keinem Dieb
Nur nichts zu Lieb’,
Als mit dem Ring am Finger.

Volksliedton

Schonungslose Beschreibung der »gesellschaftlichen« Schuld Gretchens

15▸ Untersuchen Sie nun das Gebet Gretchens.

Ach neige,
Du Schmerzensreiche,
Dein Antlitz gnädig meiner Not!

Das Schwert im Herzen,
Mit tausend Schmerzen
Blickts auf zu deines Sohnes Tod.

Zum Vater blickst du,
Und Seufzer schickst du
Hinauf um sein’ und deine Not.

Wer fühlet,
Wie wühlet
Der Schmerz mir im Gebein?
Was mein armes Herz hier banget,
Was es zittert, was verlanget,
Weißt nur du, nur du allein!

Wohin ich immer gehe,
Wie weh, wie weh, wie wehe
Wird mir im Busen hier!
Ich bin, ach! kaum alleine,
Ich wein’, ich wein’, ich weine,
Das Herz zerbricht in mir.

Die Scherben vor meinem Fenster
Betaut’ ich mit Tränen, ach!
Als ich am frühen Morgen
Dir diese Blumen brach.

Schien hell in meine Kammer
Die Sonne früh herauf,
Saß ich in allem Jammer
In meinem Bett schon auf.

Hilf! rette mich von Schmach und Tod!
Ach neige,
Du Schmerzensreiche,
Dein Antlitz gnädig meiner Not!

Gebetsformeln als Rahmen

Aufbrechen der einsamen Verzweiflung

Bewusstsein von Schuld und gesellschaftlicher Ächtung

- Wie gehört diese Textstelle in den Gesamtzusammenhang der drei Gretchenlieder und des nachfolgenden Mephisto-Liedes?
- In welcher Weise werden hier die besondere Gebetsform und die verzweifelte Situation Gretchens verbunden? Mit welcher Wirkung?

16▸ Betrachten Sie alle fünf Texte noch einmal im Zusammenhang: Welche Entwicklung lässt sich in ihnen ablesen? Welche durchgängigen Bilder, Anspielungen, Motive sind zu erkennen?

17▸ Versuchen Sie Ihr Ergebnis und die jeweilige Stellung der Lieder und des Gebets in einer grafischen Skizze zu verdeutlichen:
Was leistete für die mögliche Gesamtaussage von Faust I diese Durchbrechung der dramatischen Struktur?
Nehmen Sie dabei auch Stellung zu der These, bei aller Sprunghaftigkeit gäbe es ein durchgängiges Strukturprinzip, das bis in den Prolog im Himmel zurückreicht und die beiden widerstreitenden Kräfte: göttliche Ordnung und ›teuflisches‹ Chaos widerspiegeln.

18▸ Setzen Sie sich mit der Deutung der Gretchen-Tragödie im nachfolgenden Text auseinander (Auszug aus Günter Adler, Deutschunterricht, Berlin (1999) 4), indem Sie

- die wesentlichen Aussagen des Textes als Thesen formulieren,
- zu einigen der Hauptthesen (z. B. es gehe um einen Modellfall der Liebe zwischen Mann und Frau) mögliche Gegenthesen erarbeiten,
- aus Ihrer eigenen Erarbeitung des Faust I ein selbstständiges Fazit ziehen, eine zusammenfassende kurze Darstellung der Funktion und Bedeutung der Gretchen-Tragödie aus Ihrer Sicht.

Günter Adler: Gretchen – tragische Täter-Opfer-Verstrickung (1999)

Die »süß-schmerzliche Gretchen-Geschichte«, wie Thomas Mann sie nennt[1], könnte von der gesamten Struktur her nichts weiter sein als eine triviale »love story«, wie sie die Literatur des 18./19. Jahrhunderts massenhaft aufzuweisen hat. Da Goethe aber sowohl persönliches Liebeserleben als auch das brennende soziale Problem der Kindesmörderin (der Fall Susanne Brandt von 1772 in Frankfurt) und die gesellschaftliche Rolle der Frau im Allgemeinen in einer dramatischen Szenenfolge […] komprimiert, wird der Individualfall zum Typus stilisiert. Das Ergebnis ist eine Tragödie der Frauenemanzipation, deren Einfügung in die Gelehrtentragödie die menschheitliche Dimension des Ganzen nachhaltig mitträgt. Gretchen (für die Figur gibt es in der gesamten Faust-Literatur vor und nach Goethe keinen Vergleich) ist keineswegs nur »Station« im »Lebenslauf« Fausts nach der Wette, sondern stellt einen Modellfall der Liebe zwischen Mann und Frau überhaupt dar, sie ist eine im besten Sinne unschuldige Alternative zum »Streben« und dessen dämonischen Aspekten. Natürlich erhält das 15- bis 16-jährige Mädchen seinen Platz in der Gesamtkonzeption des Werkes. Diesen formuliert Kaiser sehr scharf als »Medium der Selbstvergötterung« Fausts, der »Raum und Zeit … im verabsolutierten Augenblick der Liebeserfüllung sprengen«[2] will. Das trifft für den unmittelbaren Geschehensablauf zu; die Vorgänge in der »Hexenküche« und jener Faust dort verabreichte Trank, zweifellos ein starkes Aphrodisiakum, der mit der Verjüngung einen aggressiven Potenzgewinn erzeugt, sprechen für diese völlig andere Seite von Totalität. Da aber (das altmodische Diktum sei erlaubt) Gretchens reine Liebe jenen

Vorgängen diametral entgegensteht, entwickelt sich ein unerbittlicher, unlösbarer tragischer Konflikt. Zwischen Faust und Gretchen entsteht ein gefährlich sich aufladendes Spannungsfeld; die von Mephisto geplante »flache Unbedeutenheit« wandelt sich auch bei Faust zu Liebe. Von Mephisto aber fühlt sich das Mädchen abgestoßen, dem muss sie entfliehen. Dazu gehört zweifellos auch ihre Angst vor der hemmungslosen Begierde Fausts, der sie schließlich aus dem tieferen Gefühl heraus erliegt: »Doch – alles, was dazu mich trieb, / Gott! war so gut! ach war so lieb!« Fausts Schwanken zwischen aufkeimender eigener Liebe, orgiastischer Sexualität und leidvolle Wiederbesinnung angesichts der Gretchen-Erscheinung im Hexensabbat wird in der »Walpurgisnacht« drastisch und beklemmend zugleich vorgeführt[3]. Aus dem schwarzen Loch, in das die Geliebte nach der Tötung des Kindes fallen muss, kann Faust sie nicht erretten. Die erbärmliche Rolle, die er in der Kerkerszene spielt, wird gnadenlos von der Wettklausel diktiert. Dazu kommt, dass Gretchen den Rettungsversuch, der nur mit Hilfe Mephistos Erfolg haben könnte, aus innerster Überzeugung entschieden zurückweist. Durch das Aufsichnehmen von Schuld und Buße findet sie zu sich selbst und zu ihrem Gott zurück. So kann sie – in der Umkehrung der Situation – am Schluss des II. Teils zur Miterlöserin Fausts werden. Vier Tote, das Kind, die Mutter, der Bruder und Gretchen selbst, stehen am Ende des I. Teils. Die Schuldfrage tut sich unabweisbar auf. Man denkt an Strafe, Vergeltung, Sühne – Gnade. Die Annahme der Schuld macht Gretchen im christlichen Sinne erlösbar. Erst in der Endfassung des I. Teils von 1808 entschließt sich Goethe zur Einführung der »Gnadenmetapher« durch die »Stimme von oben« »Ist gerettet«; noch das »Fragment« (1790) schließt mit der Dom-Szene. Diese Gnadenmetapher wird dann im Gesamtfinale mittels christlicher Ikonographie nahezu im Stile eines barocken Mysterienspiels massiv ausgebreitet.

Fragen bleiben im Raum, die keineswegs eindeutig zu klären sind: Handelt es sich um den ›Freispruch‹ eines Täter-Opfer-Subjekts im Sinnbild der christlichen Erlösung? Ist dies alles eine Goethesche ›Hilfskonstruktion‹, um einen »höheren Sinn«, ein Opfer für Faust und damit für die ungestörte totale Entfaltung seiner Möglichkeiten zu verdeutlichen, das Gretchen, selbst unschuldig-schuldiges Opfer, gebracht hat? Vielleicht sind dies die wirklichen »Gretchen-Fragen« – dennoch: die Gretchen-Tragödie, die in dieser heillosen Verstrickung endet, ist in sich stimmig und in ihrer dramaturgischen Logik von ergreifender Wirkung.

1 Thomas Mann: Über Goethes »Faust« (1938). – In: Adel des Geistes. Zwanzig Versuche zum Problem der Humanität. – Berlin 1956. – S. 590.
2 Gerhard Kaiser: Ist die Menschheit noch zu retten? Vision und Kritik der Moderne in Goethes »Faust«. – Freiburg i. Br. 1974. – S. 12.
3 Vgl. K. R. Eissler: Goethe. Eine psychoanalytische Studie. – München 1987. – Band 1. – S. 357 ff. und an anderen Stellen (dtv 4457).

▶ Die Faustgestalt und der Antagonismus Faust – Mephistopheles sind deutlicher und bis heute weitreichender als andere Figuren in der deutschen Literatur, als Spiegel speziell deutscher Befindlichkeiten interpretiert worden. Daraus ergeben sich interessante aktuelle Ansätze für weiterführende Arbeiten, z. B. als fachübergreifende Seminararbeit/besondere Lernleistung.

- Anregungen dazu: Untersuchung entsprechender Identifikationsprofile literarischer »Helden« unter Einbeziehung historisch-gesellschaftspolitischer Faktoren, z. B. neben Faust die Siegfriedgestalt (»Nibelungenlied«), der Taugenichts (v. Eichendorff), Hans Castorp (Th. Mann, »Der Zauberberg«), Oskar Matzerath (G. Grass, »Die Blechtrommel«). Typisch Deutsch?
- Überprüfung der im nachfolgenden Artikel eines Wirtschaftsjournalisten vertretenen These, die Faustgestalt sei auf ihre Weise typisch Deutsch.

Michael Hüther: Deutsche Mythen (2004)

Hier liegt der Kern unserer Schwierigkeiten: Die deutsche Seele lebt von der Illusion des Gutmenschen, von der Idee, daß Gutes nur aus Gutem erwachsen kann. Die Marktwirtschaft beruht indes auch auf dem Gegenteil: Das Zusammentreffen vieler Egoismen führt über die unsichtbare Hand des Marktes in der Summe zu einer Förderung des Gemeinwohls. Hier erwächst Gutes (auch) aus Bösem. Nach der Absicht des Handelnden – soweit im Rahmen der Rechtsordnung – wird nicht gefragt.

Diese Vorstellung findet sich literarisch verarbeitet in Goethes ›Faust‹, in dem Mephisto sich als Teil von jener Kraft bezeichnet, die stets das Böse will und stets das Gute schafft. Diese Formulierung beschreibt [...] im Kern nichts anderes als den Mechanismus der unsichtbaren Hand. Die Figur des Faust ist nicht nur ein literarisches Thema des deutschen neunzehnten Jahrhunderts; sie gehört vielmehr zu den deutschen Erinnerungsorten, zum Prägematerial für die kulturelle Identität dieses Volkes. Die Deutschen, die im neunzehnten Jahrhundert lange vergeblich auf dem Weg zur staatlichen Einheit waren, fanden in der Kulturnation ersatzweise die Basis für Identität und Identifikation. Vor allem die fünf Jahrzehnte von 1780 bis 1830 waren das große und prägende Zeitalter, auf das sich das kulturelle Selbstbewußtsein der Deutschen stützt. In diesem Kontext ist der ‚Faust' Inbegriff eines deutschen Mythos geworden, der zur kulturellen Legitimation der Moderne und damit zur Schaffung kultureller Identität beitrug. Dieser positiv besetzten erkenntnissuchenden und am Ende erlösten Figur steht Mephistopheles gegenüber, dessen Aussage im Widerspruch zur christlichen Ethik eine Geisteshaltung signalisiert, die der kulturellen Prägung der Deutschen entgegensteht. Die deutliche Aversion gegen die Marktwirtschaft, die Schwierigkeiten mit einem ökonomischen System, das zunächst nicht nach den Motiven der Akteure fragt, sondern auf die Logik der Spielregeln und der Anreizstrukturen setzt, hat in Deutschland eine lange Geschichte, deren Wurzeln sich in Jahrhunderten verlieren. Auf diesem Humus wirken die systembedingten Zumutungen der Marktwirtschaft in besonderer Weise. Zu ihnen zählt vor allem die Überforderung des Individuums. Für den Menschen ist die Marktwirtschaft eine permanente Störung. Sie garantiert, daß ständig vieles anders wird. In der modernen Welt hat sich die Wandlung beschleunigt. Dies überfordert den wegen der Kürze des Lebens wandlungsträgen Menschen. So schafft die Bedrohung des Tradierten, des Gewohnten eine Antihaltung zu jenem ökonomischen Mechanismus, den man zu Recht als Ursache für diese Bedrohung ansieht.

(In: Frankfurter Allgemeine Zeitung. Aus: Michael Hüther: Deutsche Mythen)

Fünfter Interpretationsansatz: Der Antiheld des modernen Dramas

Georg Büchner: Woyzeck (1836 e, 1879 v, 1913 u)

Vorläufer der Moderne

Mit ›Woyzeck‹, einem Fragment in Prosa, geschrieben 1836, 1879 das erste Mal veröffentlicht und 1913 uraufgeführt, beginnt das moderne Drama – reichlich ein halbes Jahrhundert vor der Moderne des 20. Jahrhunderts.

gegen idealistische Verklärung

Büchner (1813–37) lehnt jedwede idealistische Beschönigung und Verklärung der Realität ab: *Da wollte man idealistische Gestalten machen, aber alles, was ich davon gesehen, sind Holzpuppen. Dieser Idealismus ist die schwächlichste Verachtung der menschlichen Natur* (Büchner: Lenz). Statt dessen deckt er in realistischer Bestandsaufnahme die Leiden der gequälten Kreatur und die Taten der Quäler auf. Literaturwissenschaftler fragen, inwieweit im ›Woyzeck‹ (z. B. durch die einfache Reihung unverbundener Szenen) das epische Theater Brechts, in dem hilflosen, sozial rechtlosen Woyzeck der ›passive Held‹ des Naturalismus oder in der absurd-zynischen Darstellung des Doktors die moderne Groteske vorweggenommen werden.

Vorbild für episches Theater, passiven Helden, Groteske

19▸ Inwieweit unterscheiden sich Aufbau und szenische Darstellung des ›Woyzeck‹ von der ›klassischen‹ Dramaturgie (s. die Ansätze 1 und 2)?

20▸ Beschreiben Sie Art und Funktion der Sprache. Welche Bedeutung erhält der Dialekt? Gibt es eine besondere Sprache der Person des Woyzeck?

21▸ Wie sind die Figuren gezeichnet?

der Antiheld

Die von allen getretene Kreatur »Woyzeck«, die am Ende aus Verzweiflung in dem einzigen Menschen, den sie liebt (Marie), sich selbst tötet, ist eine grundsätzlich andere Bühnengestalt als z. B. Antigone, Karl Moor oder Max Piccolomini. Ist er dennoch eine zentrale Gestalt?

22▸ Setzen Sie sich mit den Gedanken auseinander, die der Kritiker Alfred Kerr 1921 nach einer Aufführung des ›Woyzeck‹ so zusammenfasste:

»Woyzeck ist ein Mensch, auf dem alle rumtrampeln. Dem Hauptmann dient er zum Kaninchen. Dem Tambourmajor dient er zum Püffefang. Seiner Marie dient er zur Wurz'n. Woyzeck ist der Mensch, auf dem alle herumtrampeln. Somit ein Behandelter, nicht ein Handelnder. Somit ein Kreisel – nicht eine Peitsche. Somit ein Becken – nicht ein Quell. Somit ein Opfer – nicht ein Täter. – Somit ein Dramenheld?

Woyzeck wehrt sich nicht … Und als er sich doch wehrt, einmal: da mordet er nicht den Tambourmajor: sondern die Geliebte. Nicht den Räuber: sondern die Geraubte. Nicht den Feind: sondern das eigene Herz. Eine veraltete Ästhetik müsste den Woyzeck untauglich zur Dramengestalt nennen. Er ist sehr tauglich hierzu. – Denn Dramengestalt wird sozusagen die Mitwelt – nicht Woyzeck. Täter wird sozusagen die machtvolle Selbstsucht – nicht die machtlose Beute. Kern-

> punkt wird sozusagen die quälende Menschheit – nicht ihr gequälter Mensch … Bei alledem bleibt wahr: dass der Woyzeck sich wehrt, indem er sich nicht wehrt. Dass er durch seine Machtlosigkeit justament furchtbarsten Einspruch erhebt. Dass er am tiefsten angreift, weil er nicht angreifen kann … – Woyzeck ist sehr wohl ein Held fürs Drama. Woyzeck darf nie ein Dramenheld werden. Das ist klar.« (In: Berliner Tagblatt, 6. 4. 1921.)

Woyzeck vertritt nicht eine große Idee, ringt nicht heroisch um eine tiefere Einsicht in die Weltordnung. Seine Wehrlosigkeit entlarvt aber die unmenschliche Grimasse anderer. Die ständigen Demütigungen, die offenkundige Freud- und Sinnlosigkeit seines Lebens machen ihn empfänglich für »innere Stimmen«. Nur er sieht und horcht tiefer, er hat Visionen und Halluzinationen von endzeitlichem Geschehen wie in der Apokalypse der Bibel: *Wie hell! Ein Feuer fährt um den Himmel und ein Getös herunter wie Posaunen. Wie's heraufzieht! Fort. Sieh nicht hinter dich.* Hier erhält die geschundene Kreatur eine geradezu archaische Größe als Prophet des Untergangs, als einziger, der den Tod der Welt fühlt, dessen angestaute Verzweiflung sich in einer entsetzlichen Tat entlädt, der Urgefühle von Liebe und Hass, Rache und Selbstzerstörung zeigt.
In seinen Lebensumständen als nur geschundener Mensch ist Woyzeck kein ›Dramenheld‹, in der Tiefe seiner Verzweiflung aber die entscheidende menschliche Größe des Textes.

Die Absage Büchners an die klassische Dramenform zeigt sich auch darin, dass entscheidende Aussagen nicht in Dialogen oder Monologen ausgesprochen werden. Bedeutsamste Textstelle ist das Märchen der Großmutter, eine moderne Version des Sterntalermärchens. Es zeichnet Visionen der Hoffnungslosigkeit, wie sie sich erst wieder bei Kafka finden.

das ›Antimärchen‹ im ›Woyzeck‹

> GROSSMUTTER: Es war einmal ein arm Kind und hat kei Vater und kei Mutter war Alles todt und war Niemand mehr auf der Welt. Alles todt, und es ist hingangen und hat greint Tag und Nacht. Und weil auf der Erd Niemand mehr war, wollt's in Himmel gehn, und der Mond guckt es so freundlich an und wie's endlich zum Mond kam, war's ein Stück faul Holz und da ist es zur Sonn gangen und wie's zur Sonn kam, war's ein verreckt Sonneblum und wie's zu den Sterne kam, warens klei golde Mück, die waren angesteckt wie der Neuntödter sie auf die Schlehe steckt und wie's wieder auf die Erd wollt, war die Erd ein umgestürzter Hafen und war ganz allein und da hat sich's hingesetzt und geweint und da sitzt es noch und ist ganz allein.

Die Absage an das Volksmärchen ist eine Absage an Irrationalismus und Verklärung der Wirklichkeit in der Romantik. Bei Büchner wird die Situation gänzlich hoffnungslos *(kei Vater… kei Mutter … Alles todt … Niemand mehr auf der Welt).* Dennoch sucht das Kind verzweifelt – wie Woyzeck. Alle Hoffnungen erweisen sich als trügerisch, der Glaube an überirdische Mächte als Irreführung, die Rückkehr zur Erde, in die umgestürzte Schüssel, als Fall in die absolute Einsamkeit – Vorwegnahme der Angst und Verlorenheit des Menschen im 20. Jahrhundert.

Die skizzenhafte Darstellung einer skurrilen Hoffnungslosigkeit des »Kleine-Leute-Milieus« in bitterböser, ironischer Entlarvung eines deformierten Bewusstseins durch die Sprache der Figuren ist im 20. Jahrhundert neben Brecht bei Ödön v. Horváth (1901–1938) zu finden, dessen Dramen erst seit den 70er Jahren allgemein anerkannt und häufig gespielt werden. Zeitgenössische Autoren wie Peter Handke und Franz Xaver Kroetz stehen in seiner Nachfolge.

23▶ Erarbeiten Sie allein oder in einem Arbeitsteam einen Vergleich zwischen dem Ansatz Büchners und Ödön v. Horváths Drama: Glaube, Liebe Hoffnung, das auch als »Kleiner Totentanz« bezeichnet wird.

Sechster Interpretationsansatz: **Bedeutung der Zwischenakte**

Gerhart Hauptmann: Die Ratten (1911u)

ein Werk des Naturalismus – ein modernes Werk

Bei ihrer Uraufführung am 14. 1. 1911 wurde Hauptmanns (1862–1946) »Berliner Tragikomödie« abgelehnt. Erst Jahre später, als die Realität des Ersten Weltkriegs die Wirklichkeitstreue von Hauptmanns Bildern der zerrütteten wilhelminischen Gesellschaft offenkundig machte, fragte der Kritiker Siegfried Jacobsohn 1916: »Weswegen bin ich 1911 vor diesen Ratten durchgefallen?« Und Arno Holz notierte: »Unsere Welt ist nicht mehr klassisch, unsere Welt ist nicht mehr romantisch, unsere Welt ist nur modern.« Er formulierte damit die Absage der naturalistischen Dichter an traditionelle Formen und Inhalte auf der Bühne. Entscheidend für diese Autoren ist die Determiniertheit des Menschen, seine schicksalhafte Gebundenheit an Kausalzusammenhänge, an vererbte Eigenschaften, an Milieu und geschichtliche Umstände. Der Durchschnittsmensch wird zum passiven Helden des Naturalismus, vielfach auch der sozial Verachtete, die gesellschaftliche Randfigur.
Eine kompromisslose, fast fotografische Genauigkeit von ›natürlichen‹ Verhaltensweisen kennzeichnet die naturalistischen Bühnenwerke – wie das Einbeziehen von Reportage, Recherche und Dokumentation die naturalistische Prosa. Daher gewinnen die Bühnenanweisungen besondere Bedeutung.

naturalistisches Bühnenbild

24▶ Erarbeiten Sie aus den Regieanweisungen zu den beiden Spielorten - Hassenreuters Fundus (Beginn des ersten Akts) und Johns Wohnung (Beginn des zweiten Akts) - den Charakter der Ausstattung der Räume. Suchen Sie Entsprechungen zu den Hauptpersonen und ihren Problemen.

25▶ Mit welchen äußeren Merkmalen charakterisiert Hauptmann die wichtigsten Personen des Stücks? Welche Verbindung besteht zum Inhalt ihrer Rolle?

analytisches Drama

Ein wichtiger Interpretationsansatz sind Aufbau und Struktur des Schauspiels. Hauptmann verwendet zwar die klassische Gliederung in fünf Akte, verlagert jedoch wesentliche Ereignisse von der Bühne weg in die Zwischenakte. Der Kauf des

Kindes der Piperkarcka durch Frau John, Anlass der dramatischen Entwicklung, vollzieht sich nicht auf der Bühne. Schrittweise wird im Verlauf der Handlung das Geschehen enthüllt – Kennzeichen eines analytischen Dramas, das seit Ibsen wieder Verbreitung fand.

die beiden Seiten der Gesellschaft

Die Handlung der ›Ratten‹ verläuft zweisträngig; so wird von Anfang an die tiefe gesellschaftliche Kluft markiert zwischen der vermeintlich heilen bürgerlichen Welt um den ehemaligen Theaterdirektor Hassenreuter, die auch den komischen Akzent setzt, und der kleinbürgerlich-proletarischen Welt der Johns, in der ein tragischer Konflikt im Sinne antiker Schauspiele entsteht. Die Mietskaserne, Zeichen einer entfremdeten, verstädterten Welt, wird zum zentralen Ort, in dem beide Spielplätze abwechselnd sichtbar werden.

Strukturskizze: Geschehen auf der Bühne – Zwischenhandlung

Erster Akt
Bühne

Ort: Fundus
Exposition der wichtigen Personen: John, Piperkarcka, Hassenreuter. Anlass und Problem: Kinderlosigkeit der Frau John.
Wichtigstes Gespräch: John – Piperkarcka.
Geburt und Kauf des Kindes der Piperkarcka.

Zwischenhandlung
Zweiter Akt
Bühne

Ort: Wohnung der Frau John
Blick in die Ehe der Johns, Vertiefung des Problems der Kinderlosigkeit zum Eheproblem, Lösung durch den Kinderkauf. Rückforderung des Kindes durch die Mutter (Piperkarcka).
Flucht der Frau John mit dem Kind.

Zwischenhandlung
Dritter Akt
Bühne

Ort: Fundus
Erster Höhepunkt: Beziehung Walburga – Spitta entdeckt. Bericht der Piperkarcka von der Übergabe des Kindes. Tod des ›falschen‹ Kindes, scheinbare Lösung durch erneute Kindesverwechslung, Verlagerung des Geschehens auf Knobbe – Piperkarkka (Streit der Mütter).
Mord an Piperkarcka.

Zwischenhandlung
Vierter Akt
Bühne

Ort: Wohnung der Frau John
Entfaltung des Charakterbildes der Frau John (Glück). Wichtige Gespräche: Eheleute John, Frau John – Bruno: Einsicht in die Mitschuld an der Ermordung der Piperkarcka. *Fallende Handlung*. Direkter Übergang.

Fünfter Akt
Bühne

Ort: wie im vierten Akt
Katastrophe: Aufdeckung des Betruges im Gespräch der Eheleute, Zerstörung der Beziehung. Absage Johns an Frau und Kind. Zerstörung des Lebenssinns der Frau John. Ihr Selbstmord aus Verzweiflung wird berichtet, nicht dargestellt.

innere Dramatik

Die entscheidenden Ereignisse spiegeln sich jeweils in den Verstrickungen und Reaktionen der Betroffenen. Nicht äußere dramatische Vorgänge (Kauf des Kindes, Mord an der Piperkarcka, Selbstmord der John) sind entscheidend, sondern die psychische

Wirkung, die ›innere‹ Dramatik, wie sie sich in Reflexionen und Verzweiflungstaten von Gestalten zeigt, die dem Schicksal nicht entgehen: der um Mutterschaft ringenden kinderlosen Frau John; des Maurerpoliers John, der seine Frau liebt, ihre Verzweiflung aber nicht erkennt; des Kriminellen Bruno, der seiner Schwester helfen möchte; der triebhaften Piperkarcka. Die zunehmende Verstrickung der Frau John in einen Teufelskreis von Lügen aus einem verständlichen Verlangen nach Lebensglück wird deutlich, wenn man den Ablauf des Geschehens aus ihrer Sicht betrachtet.

weitere Interpretationsansätze

26▶ Beschreiben Sie die Handlung aus dem Blickwinkel der Frau John.

27▶ Warum nennt Hauptmann sein Schauspiel nicht »Frau John«?

28▶ Welche Bedeutung erhält das Motiv der Ratten?

29▶ Inwieweit ist das Werk eine Tragikomödie?

Siebenter Interpretationsansatz: Lehrtheater – Groteske. Vergleich

Bertolt Brecht: Leben des Galilei – Friedrich Dürrenmatt: Die Physiker

›Leben des Galilei‹ Entstehungsgeschichte

Bertolt Brecht (1898–1956) macht in seinem Schauspiel ›Leben des Galilei‹ (1938/39 *e*, 1943 *u* in Zürich) das zentrale Problem der zweiten Hälfte des 20. Jahrhunderts zum Thema: die Verantwortung der Wissenschaftler für den Missbrauch ihrer Erkenntnisse zur möglichen Vernichtung der Menschheit. Unter dem Eindruck der Zerstörung Hiroshimas durch eine Atombombe schreibt Brecht eine zweite Fassung, die er mit dem Schauspieler Charles Laughton 1947 in Beverly Hills (USA) inszeniert. An der Einstudierung der dritten Fassung mit seinem Berliner Ensemble in Ost-Berlin arbeitet Brecht bis kurz vor seinem Tode 1956. Erster Anlass für die Beschäftigung mit dem Thema ist die Nachricht von der gelungenen Spaltung des Uranatoms durch den Physiker Otto Hahn. Brecht verlagert das Problem auf den historischen Konflikt des Mathematikers und Astronomen Galileo Galilei (1564–1642) mit der Kirche und ihrer Inquisition, die sein neues, durch wissenschaftliche Untersuchung begründetes heliozentrisches Weltbild aus Glaubensgründen ablehnt und ihn schließlich zum Widerruf zwingt. – Von Fassung zu Fassung verurteilt Brecht das Versagen Galileis vor der Macht schärfer, weil er darin den entscheidenden Ansatz zur Korrumpierung der Wissenschaft durch machtpolitische Skrupellosigkeit sieht (s. Brechts Vorwort zur zweiten Fassung).

historisches Vorbild: Galilei und die Inquisition

Versagen eines Wissenschaftlers vor der Macht

›Die Physiker‹ Verantwortlichkeit der Wissenden

1962 wird – ebenfalls in Zürich – Friedrich Dürrenmatts (1921–1990) Komödie uraufgeführt. Auch für ihn ist Hiroshima die zentrale Erfahrung. (›Über die Komödie‹. »Uns kommt nur noch die Komödie bei. Unsere Welt hat ebenso zur Groteske geführt wie zur Atombombe.«) Dürrenmatt greift den Gedanken einer »Weltverantwortung« der »Wissenden« auf, den Robert Jungk in seinem Buch ›Heller als 1000 Sonnen‹ entwickelt. Jungk weist nach, dass es vor Hiroshima noch möglich gewesen wäre, durch eine »Solidarität des Verschweigens« der zwölf um die Vernichtungsformel wissenden Physiker in Ost und West, die Preisgabe an die Machtpolitiker zu verhindern.

Atomphysiker und der Ost-West-Gegensatz

Bei Dürrenmatt zieht der Physiker Möbius sich freiwillig in ein Irrenhaus zurück. Zwei Supermächte setzen jeweils als Irre getarnte Agenten auf ihn an.

Werkvergleich:

Ein Vergleich zwischen beiden Werken muss die Einstellung beider Autoren zum Theater und zum Publikum berücksichtigen.

Brecht: Glauben an die Veränderbarkeit der Welt

Brechts entschiedene Abwendung vom Illusionstheater und die Entwicklung seines »epischen Theaters«, das mit Verfremdungseffekten und dem ›Neben-sich-Treten‹ der Schauspieler den Abstand zwischen dem Geschehen auf der Bühne und dem Empfinden des Zuschauers herstellt, beruht auf der marxistisch geprägten Überzeugung von Veränderbarkeit der geschichtlichen Welt durch den Menschen. Brechts Theater ist daher politisch-gesellschaftliches Lehrtheater

Dürrenmatt: die Welt als Paradoxon

Für Dürrenmatt ist die Welt ein Paradoxon, ein Widerspruch in sich selbst, weil das Geschöpf Mensch mit seiner Erfindung, der Atombombe, die gesamte Schöpfung zerstören kann. Vor dieser Situation versagt die Kunst (›Theaterprobleme‹).

30▶ Erarbeiten Sie aus den folgenden Zitaten die Einstellung der Autoren.

Friedrich Dürrenmatt: ›Theaterprobleme‹ (1955)

»Doch die Aufgabe der Kunst, soweit sie überhaupt eine Aufgabe haben kann, und somit der heutigen Dramatik ist, Gestalt, Konkretes zu schaffen. Dies vermag vor allem die Komödie. Die Tragödie, als die gestrengste Kunstgattung, setzt eine gestaltete Welt voraus. Die Komödie [...] eine ungestaltete, im Werden, im Umsturz begriffene, eine Welt, die am Zusammenpacken ist wie die unsrige. [...] Doch das Groteske ist nur ein sinnlicher Ausdruck, ein sinnliches Paradox, die Gestalt nämlich einer Ungestalt, das Gesicht einer gesichtslosen Welt, und genau so wie unser Denken ohne den Begriff des Paradoxen nicht mehr auszukommen scheint, so auch die Kunst, unsere Welt, die nur noch ist, weil die Atombombe existiert: aus Furcht vor ihr. [...] Ich lehne es ab, das Allgemeine in einer Doktrin zu finden, ich nehme es als Chaos hin. Die Welt (die Bühne somit, die diese Welt bedeutet) steht für mich als ein Ungeheures da, als ein Rätsel an Unheil, das hingenommen werden muss, vor dem es jedoch kein Kapitulieren geben darf. Die Welt ist größer denn der Mensch [...].«

Bertolt Brecht: ›Kann die heutige Welt durch Theater wiedergegeben werden?‹ (1955)

»[...] Die Zeit ist vorüber, wo die Wiedergabe der Welt durch das Theater lediglich erlebbar sein mußte. Um ein Erlebnis zu werden, muß sie stimmen. Es gibt viele Leute, die konstatieren, daß das Erlebnis im Theater schwächer wird, aber es gibt nicht so viele, die eine Wiedergabe der heutigen Welt als zunehmend schwierig erkennen. Es war diese Erkenntnis, die einige von uns Stückeschreibern und Spielleitern veranlaßt hat, auf die Suche nach neuen Kunstmitteln zu gehen. [...] Die heutige Welt ist den heutigen Menschen nur beschreibbar, wenn sie als eine veränderte Welt beschrieben wird. [...]«

31▶ Welche Vorstellungen haben Brecht und Dürrenmatt vom Publikum?

Bertolt Brecht: ›Das epische Theater‹ (1933–41)

»[…] *Der Zuschauer des dramatischen Theaters sagt:* Ja, das habe ich auch schon gefühlt. – So bin ich. – Das ist nur natürlich. – Das wird immer so sein. – Das Leid dieses Menschen erschüttert mich, weil es keinen Ausweg für ihn gibt. – Das ist große Kunst: da ist alles selbstverständlich. – Ich weine mit den Weinenden, ich lache mit den Lachenden.
Der Zuschauer des epischen Theaters sagt: Das hätte ich nicht gedacht. – So darf man es nicht machen. – Das ist höchst auffällig, fast nicht zu glauben. – Das muß aufhören. – Das Leid dieses Menschen erschüttert mich, weil es doch einen Ausweg für ihn gäbe. – Das ist große Kunst: da ist nichts selbstverständlich. – Ich lache über den Weinenden, ich weine über den Lachenden.«

Friedrich Dürrenmatt: ›Über die Komödie‹ (1955)

»[…] Der Einfall verwandelt die Menge der Theaterbesucher besonders leicht in eine Masse, die nun angegriffen, verführt, überlistet werden kann, sich Dinge anzuhören, die sie sich sonst nicht so leicht anhören würde. Die Komödie ist eine Mausefalle, in die das Publikum immer wieder gerät und immer noch geraten wird. […]« (In: ›Theaterprobleme‹.)

Publikumsbezug bei Brecht

32▶ In welcher Weise trägt Brechts »epische« Darstellungsweise (z. B. die Vorsprüche zu einzelnen Bildern) seinen Theaterideen Rechnung?

bei Dürrenmatt

33▶ Welche Überlistungstechniken verwendet Dürrenmatt? (Denken Sie auch an den Rückgriff auf die drei aristotelischen Einheiten des Ortes, der Zeit und der Handlung.) Wodurch wird der Eindruck eines (künstlichen) Modells hervorgerufen? Was ist hier paradox?

zentrale Textstellen zum Vergleich der Hauptgestalten

a) Die schonungslose Selbstkritik Galileis am Ende des 14. Bildes (»Andrea [laut]: Die Wissenschaft kennt nur ein Gebot: den wissenschaftlichen Beitrag« bis »Galilei: […] Ein Mensch, der das tut, was ich getan habe, kann in den Reihen der Wissenschaft nicht geduldet werden.«)
b) Die zentralen Aussagen von Möbius im zweiten Akt im Gespräch mit Einstein/Eisler und Newton.

Galilei

Galilei betrachtet seinen Fall ökonomisch: Die Wissenschaft *handelt mit Wissen, gewonnen aus Zweifel,* und dieser Handel muss weitergehen. Die Rechtfertigung für die Wissenschaft liegt in der Erleichterung des menschlichen Lebens. Galilei will nicht Märtyrer sein. Er meint, die Obrigkeit trotz seines Paktierens mit ihr überlistet zu haben, indem er seine Schriften nach Holland schmuggelt. Die Überlieferung seines Wissens an die Machthaber sieht er als Fehler an; er kennt seine Korrumpierbarkeit, zieht jedoch nur ›theoretische‹ Schlüsse.
Im Sinne Brechts stellt Galilei seine Fehler deutlich heraus. Die Lehre ist eindeutig, die Schwäche der großen geschichtlichen Gestalt offenkundig. Der Fehler ist nicht mehr zu korrigieren, weil er heute bereits zur Vernichtung geführt hat (Atombombenexplosion!), dennoch ist diese Entwicklung nicht zwangsläufig: Widerstand hätte eine Weltänderung bedeutet.

Möbius

Möbius hat in Brechts Sinn ›alles Mögliche‹ getan. Er ist zum Märtyrer geworden, hat als Weiser die Narrenkappe gewählt und überzeugt sogar die beiden anderen Physiker von der Notwendigkeit, *unser Wissen zurück[zu]nehmen.* Möbius ist eigentlich

Galilei

der aufgeklärte Galilei. Dennoch tritt *die schlimmst-mögliche Wendung* ein, wie Dürrenmatt in seinen ›21 Punkten zu den Physikern‹ (s. S. 175 f.) sagt, nicht vorhersehbar, ein Zufall: der Missbrauch der Weltformel durch die unberechenbar Wahnsinnige, die Irrenärztin. Einen solchen ›Zufall‹ kalkuliert Brecht in die für ihn erklärbare und veränderbare Welt nicht ein. Es gibt für ihn einen erkennbar Schuldigen und die Möglichkeit, Fehler zu vermeiden, verantwortungsvoll zu handeln.

Möbius

Möbius handelt verantwortungsvoll und verliert dennoch. Gegenüber einer tatsächlichen unfassbaren Bedrohung ist moralisches Handeln hilflos.

›Galilei‹: Vorspruch zum letzten Bild

›Moralischer Zeigefinger‹. *Hütet nun ihr der Wissenschaften Licht / Nutzt es und missbraucht es nicht / Dass es nicht, ein Feuerfall / Einst verzehre noch uns all / Ja, uns all.*

›Die Physiker‹ Schlussworte

Möbius als »König Salomo« benennt seine moralische Schuld: [...] *meine Weisheit zerstörte meine Gottesfurcht, und als ich Gott nicht mehr fürchtete, zerstörte meine Weisheit meinen Reichtum.* [...] *Nun sind die Städte tot, über die ich regierte, mein Reich leer, das mir anvertraut worden war, eine blauschimmernde Wüste, und irgendwo, um einen kleinen, gelben, namenlosen Stern, kreist, sinnlos, immerzu, die radioaktive Erde* [...].

Achter Interpretationsansatz: **Moderne Gerichtsszene**

Max Frisch: Andorra (1961 u)

Modell Andorra

Max Frisch (1911–1991) ist wie Dürrenmatt von den ›Leiden am Kleinstaat‹ geprägt. Die scheinbar heile bürgerliche Welt der Schweiz, die zur Auseinandersetzung mit schuldbeladener Vergangenheit nicht gezwungen wird, veranlasst beide zu ihren Modellkonstruktionen.

Frisch zeigt am Fall »Andorra«, einer fiktiven geschlossenen Gesellschaft von Menschen, die unheilvolle und unabwendbare Verwandlung eines Vorurteils in Realität: Der Nicht-Jude Andri, in einer Zeit der Judenfreundlichkeit als Jude ausgegeben, wird für die Andorraner und sich selbst zum wirklichen Juden und daher in den Tod getrieben. Die Andorraner missachten die alttestamentarische Forderung: »Du sollst dir kein Bildnis machen«; daraus erwächst ihre Schuld. Die entscheidenden Aussagen der Personen werden vor der »Zeugenschranke« gesprochen. Diese über die einzelnen »Bilder« verteilten Aussagen machen das Werk zu einer »Gerichtsszene«, Frisch greift hier auf eine dramatische ›Urform‹, auf das antike Modell, zurück.

Rückgriff auf die antike Form der Gerichtsszene

Zahlensymbolik Jüngstes Gericht

Das Schauspiel ist ein »Stück in zwölf Bildern«. Zwölf sprechende Rollen treten auf; Frisch verwendet offenbar die heilige Zahl der biblischen Offenbarung, des Jüngsten Gerichts. Siebenmal treten Bewohner Andorras als Zeugen vor die imaginäre Gerichtsschranke (die Sieben ist eine symbolische Zahl in der Gleichnissprache der Bibel).

Reduktion

Beschränkung auf Wesentliches, Verweischarakter der Reduktionen kennzeichnen die Struktur des Schauspiels.

Aufbau

Der Aufbau ist zweisträngig. Die Handlung vollzieht sich in den einzelnen »Bildern«, die rückblickenden Zeugenaussagen sind unregelmäßig dazwischengeschoben. Durch sie erfährt der Zuschauer schon vorab, was geschehen wird, und gewinnt den Eindruck einer schrecklichen Zwangsläufigkeit des Geschehens.

die Zeugenaussagen

Die Interpretation des Werks kann bei den Zeugenaussagen ansetzen, denn sie ergeben als Reflexion des Geschehenen und als persönliche Verteidigung in ihrer Abfolge ein Bild ›typischer‹ Formen heutiger ›Vergangenheitsbewältigung‹. Wie wichtig Frisch gerade diese Aussagen sind, beweist ihre Verlagerung in den »Vordergrund« der Bühne; sie rücken dicht an den Zuschauer heran.

Selbstrechtfertigung

Leugnung persönlicher Schuld

das »Damals« wird vergessen

In erschreckendem Parallelismus erhalten – bis auf die Worte des Paters – alle Zeugenaussagen die stereotypen Formeln: *Ich gebe zu – Ich bin nicht schuld.* Es geht nicht um die Aufdeckung der Wahrheit, sondern um das Leugnen persönlicher Schuld. Auch das Wort *damals* wiederholt sich; in der letzten »Zeugenaussage«, der des Doktors, heißt es: *Ich glaube im Namen aller zu sprechen, wenn ich, um zum Schluss zu kommen, nochmals wiederhole, daß wir den Lauf der Dinge – damals – nur bedauern können.* Von sieben Zeugen, die alle irgendetwas zugeben, haben sechs für die Zukunft offensichtlich nichts gelernt. Flüchtig ist die Erinnerung an damals, und heute fühlt man sich nicht mehr betroffen.

Das Opfer ist schuldig

Der Irrtum »aller« entlastet den Einzelnen

Die drei ersten Zeugenaussagen führen schrittweise zum ersten inhaltlichen Höhepunkt: *Es lag an ihm* (Geselle). So entlasten sich die Täter!
Der Wirt gibt zu: *wir haben uns … alle getäuscht*, beruft sich aber auf sein persönliches Wohlverhalten und denkt über persönliche Schuld nicht nach, weil alle wie er dem ›Irrtum‹ erlegen sind.
Die folgenden Aussagen sind lediglich Erweiterungen dieses Grundmusters. Nach wenigen Aussagen wird ein altes Vorurteil zum ernstgemeinten Argument der Verteidigung: der jüdische Hochmut.

Muster der nicht vollzogenen Vergangenheitsbewältigung

Die Aussagen zeigen typische Muster unserer ›Vergangenheitsbewältigung‹. Der Soldat bekennt sich zu seiner Ablehnung des Opfers, beruft sich aber auf dienstliche Gehorsamspflicht.
Der Pater gesteht als einziger und bekennt, das biblische Gebot »Du sollst dir kein Bildnis machen« nicht beachtet zu haben. Dies erinnert an kirchliche Bekenntnisse nach 1945, zu wenig geliebt zu haben. Aber auch die Aussage des Paters bezieht sich nur auf *damals*; Warnungen vor einer Wiederholung eines solchen Vergehens im Heute fehlen.
Der Jemand, durch seine Bezeichnung als Durchschnittsmensch kenntlich gemacht, bringt das am häufigsten in der Öffentlichkeit geäußerte Argument: *Einmal muss man auch vergessen können, finde ich.* In vorgespielter Bescheidenheit, die wohl eher Feigheit ist, verweist er auf den *Weltenrichter* und schiebt so die Verantwortung von sich weg.
Das Schlusswort des Doktors, fast ein Plädoyer, laviert zwischen moralischer Entrüstung, Verurteilung des Geschehenen und Entschuldigung durch die Zeitumstände. Unbeabsichtigt fällt er einen Schuldspruch: *Was hat unsereiner denn eigentlich getan? Überhaupt nichts.* Eben darin liegt die persönliche Schuld!

34▶ Analysieren Sie die Zeugenaussagen im Hinblick auf die sprachlich-rhetorischen Verdrängungs- und Entschuldigungsmuster.

Das Schauspiel zeigt Frischs realistische Hoffnungslosigkeit hinsichtlich der Fähigkeit seiner Zeitgenossen, aus dem Fehlverhalten der Vergangenheit zu lernen, jedoch auch ein verzweifelt kämpferisches Engagement (»Kombattante Hoffnungslosigkeit« nannte Frisch es 1958 in seiner Büchnerpreisrede) in dem Versuch, durch die Beispiele verweigerten Nachdenkens das Nachdenken der Zuschauer in Gang zu setzen.

der Kreis von Ursache und Schuld

So schließt sich der Kreis. Auch in der antiken Tragödie wird der Mensch nicht gebessert; allenfalls gewinnt er an Einsicht. Zwar ist die antike Trauer über das heroische Scheitern der modernen alltäglichen Angst gewichen. Es sind nicht die ›konkreten‹ Götter Kreons und Antigones, sondern die »verkleideten Götter« (Walter Jens), die Mächte unserer Zeit, die offenbar ebenso unaufhaltsam und unbedingt den Menschen fordern. Der Kreis von Ursache und Schuld ist bis heute nicht durchbrochen. Die Verzweiflung darüber, zugleich eine verzweifelte Hoffnung, dass Einsicht doch noch möglich sei angesichts drohender Katastrophen kosmischen Ausmaßes, bestimmt zeitgenössische Werke.

Die schriftliche Interpretation von Dramentexten

Umgang mit der Themenstellung

Folgende Aufgaben zu einem Ihnen bekannten Drama sind üblich:

(1) Eine zentrale Szene ist zu analysieren und auf den Gesamtablauf zu beziehen, z. B. zu Dürrenmatt: ›Die Physiker‹:
»Analysieren Sie das Gespräch der drei Physiker im dritten Akt unter folgenden Gesichtspunkten:
- Erarbeiten Sie inhaltlichen Aufbau, Einstellung der Beteiligten, Art und Entwicklung der Argumentation.
- Beurteilen Sie die Entscheidung der drei Physiker und ihre Gründe.
- Klären Sie die Bedeutung dieser Textstelle im Gesamtablauf.«

(2) Die Situation oder Entwicklung von Personen ist zu beschreiben, z. B. zu Schiller: ›Don Carlos‹:
»Erörtern Sie folgendes Urteil über Marquis Posa, und prüfen Sie mit Bezug auf Stellen aus dem Drama, inwieweit es berechtigt ist: ›Posa, der alle Despotie und Tyrannei hasst und bekämpft, wird selbst zum Despoten der Idee und in seiner Haltung dem königlichen Tyrannen und priesterlichen Großinquisitor verwandt. Der Idealismus Posas führt dann auch auf der ganzen Linie zur Vernichtung.‹«

(3) Die Entwicklung eines Konflikts oder bestimmter Probleme ist zu beschreiben – Sie müssen sich hier auf eine Gesamtinterpretation des Werks beziehen, z. B. zu Sophokles: ›Antigone‹.
»Zeigen Sie anhand von Ihnen ausgewählter Textstellen die tragische Konstellation, das Aufeinandertreffen gleichrangiger sittlicher Normen.«

(4) Einordnungen oder begründete Wertungen werden verlangt, z. B.:
»Untersuchen Sie den Schlussmonolog Karl Moors in Schillers Schauspiel ›Die Räuber‹. Wieweit sind typische Merkmale des Sturm und Drang zu erkennen? In welcher Weise geht Schiller gedanklich über diese Epoche hinaus?«

Vorarbeiten

Die Themen verlangen zumeist Textanalyse und -interpretation sowie Erörterung und Wertung. Zu Ihrer Erörterung überlegen Sie:
- Von welcher Grundthese wollen Sie ausgehen?
- Mit welchen Textstellen oder Ereignissen wollen Sie belegen?
- Wo muss wie abgewogen werden?
- Wie können Sie Ihr Schlussurteil begründen?

Einleitung

Das Voranstellen einer Arbeitshypothese empfiehlt sich nicht, wohl aber das Formulieren eines ersten Arbeitsansatzes, einer ersten These oder einer einführenden Information zum Drama.

Vermeiden typischer Fehler

- Immer den Gesamttext und seine Aussage im Auge behalten.
- Textstellen nie isoliert, sondern mit Bezügen oder Verweisen beschreiben.
- Möglichst viel aus den Textstellen heraus belegen und begründen.
- Bei der sprachlichen Auswertung an den rhetorischen Charakter der Dramensprache denken.
- Berücksichtigen, dass Dramen nicht ›Lesetexte‹ sind, also Regieanweisungen und mögliche Bühnenwirkungen einbeziehen.

Zu den gestaltenden Aufgaben:
Angesichts der meist recht stringenten und auf ein konsequentes Ende hin zielenden Struktur von Bühnenstücken vor allem
- genau vorab skizzieren, welche Wirkung der zu entwerfende Text für den Gesamtverlauf des Stückes haben soll und welche Wirkung auf das Publikum;
- welche Vorgaben aus der Situation, der bisherigen Entwicklung und Struktur der Rolle, der sprachlichen Ebene für den eigenen Entwurf zu beachten sind;
- den eigenen Text – wenn irgend möglich – zur Überprüfung laut lesen bzw. bühnenwirksam sprechen.

Zur Theorie des Dramas
Die antiken Grundlagen

Aristoteles: Über die Tragödie (4. Jahrhundert v. Chr.)

Aristoteles (384–322/21 v. Chr.), Philosoph und erster Wissenschaftstheoretiker der Antike, hielt in der von ihm gegründeten Akademie in Athen grundlegende Vorlesungen zu philosophisch-wissenschaftlichen Themen. Dort ist in den Jahren 335–322 v. Chr., sozusagen als Vorlesungskonzept, seine Poetik[1] entstanden, die erste systematische Analyse und Darstellung der verschiedenen Formen oder Gattungen der Dichtung. Sie ist im Widerstreit der Meinungen als erster Ansatz vor allem der Dramentheorie bis heute aktuell geblieben. Die berühmten aristotelischen Einheiten (s. u.) enthält sie übrigens nicht; diese sind vermutlich in Anlehnung an Grundsätze

1 Peri poietikês = Über die Dichtkunst.

des Aristoteles nachträglich formuliert worden. Basis der Untersuchung ist die große Zeit der attischen Tragödie im 6. und 5. Jh. v. Chr. mit den Tragödiendichtern Aischylos, Sophokles und Euripides und ihren Werken.
Aristoteles erörtert zunächst die »natürlichen Ursachen« der Dichtkunst, die Lust des Menschen an der Nachahmung und die Freude an der Kunst des Nachahmens. Die Dichtkunst habe sich aus der Verfeinerung der Improvisation entwickelt, z. B. die Tragödie aus der Improvisation des Chores. Aristoteles unterscheidet dann die Tragödie und ihre Darstellung edler Taten von der leichtfertigen, unernsten Komödie.

Tragödie

[...] Jetzt aber wollen wir über die *Tragödie* sprechen und aus dem Gesagten den sich ergebenden Begriff ihres Wesens entnehmen. Es ist also die Tragödie die nachahmende Darstellung einer ernsten und in sich abgeschlossenen Handlung, die eine gewisse Größe hat, in kunstvollem Stil, der in den einzelnen Teilen sich deren besonderer Art anpasst, einer Handlung, die nicht bloß erzählt, sondern durch handelnde Personen vor Augen gestellt wird und die durch Mitleid und

Katharsis

Furcht erregende Vorgänge die Auslösung (Katharsis) dieser und ähnlicher Gemütsbewegungen bewirkt.[2] Unter kunstvollem Stil verstehe ich einen solchen, der sich in Rhythmus und Harmonie, d. h. Melodie bewegt, und damit, dass er in den einzelnen Teilen sich deren besonderer Art anpasst, meine ich, dass einige Teile nur in Versmaßen abgefasst, andere wieder musikalisch komponiert werden. Da es ferner handelnde Personen sind, die die Darstellung vorführen, so muss notwendig der auf den Anblick berechnete Schmuck in der Ausstattung einen Teil der Tragödie bilden, ferner die musikalische Komposition[3] und

nachahmende Darstellung

der sprachliche Stil: denn das sind die Mittel zur nachahmenden Darstellung. Unter dem sprachlichen Stil verstehe ich hier den Bau der Verse; was musikalische Komposition bedeutet, liegt ja klar am Tage. Da nun das Dargestellte eine Handlung ist und diese von gewissen Personen ausgeführt wird, die notwendig gewisse Eigenschaften betreffs ihres Charakters und ihres Verstandes haben müssen – denn darauf beruht ja auch die Qualifizierung ihrer Handlungen –, so muss es natürlich zwei Ursachen ihrer Handlungen geben, nämlich Charakter und Verstand, und, je nachdem es mit diesen bestellt ist, haben alle mit ihrem Handeln Erfolg oder Misserfolg. Die nachahmende Darstellung einer Handlung

Fabel

ist nun die Fabel. Unter Fabel verstehe ich hier die Verknüpfung der Begebenheiten, unter Charakter die sittlichen Eigenschaften, die wir den handelnden Personen zuschreiben, unter Verstand die Fähigkeit, ihre Gedanken in Worten zu entwickeln oder einen Entschluss kundzutun. Die Tragödie hat also wesentliche Bestandteile: diese sind die Fabel, die Charaktere, der Stil, die Gedankenführung, die äußere Ausstattung und die musikalische Komposition [...] Das wichtigste darunter ist der Aufbau der Handlung. Denn die Tragödie ist nicht

Handlung

eine nachahmende Darstellung von Menschen, sondern eine solche von Handeln und Leben. Glück und Unglück [der Helden] ist in ihren Handlungen beschlossen, und das Ziel [der Darstellung] ist eine Handlung, nicht eine Eigen-

2 Der gr. Ausdruck ›Katharsis‹ bezeichnet im Sprachgebrauch der antiken griechischen Mediziner die Reinigung oder Entladung des Körpers von schädlichen Stoffen, also nicht ›Läuterung‹ im Sinne Lessings und Goethes.

3 Die Verse des Chores (Párodos: Einzugslied; Stásimon: Standlied) wurden gesungen.

schaft. Hinsichtlich ihres Charakters haben die Personen gewisse Eigenschaften, aber glücklich oder unglücklich werden sie durch ihre Handlungen. Die Dichter lassen sie also nicht handeln, um ihren Charakter zur Darstellung zu bringen, sondern sie nehmen den Charakter mit auf, um daraus die Handlung hervorgehen zu lassen. So ist also die Handlung, d. h. die Fabel, das Endziel der Tragödie; dieses aber ist von allem das wichtigste. [...]

(Es folgt eine nähere Erläuterung der einzelnen Begriffe.)

Die *Fabel* ist aber nicht, wie manche meinen, schon dadurch einheitlich, dass eine einzige Person ihren Mittelpunkt bildet; denn die *eine* Person kann unzählige Erlebnisse haben, und werden daraus einige herausgegriffen, so ist das noch keine Einheit. Auch kann es viele Handlungen einer einzigen Person geben, von denen doch keine zu einer einheitlichen Handlung wird. [...] Es muss daher, wie auch in den andern nachahmenden Künsten der Gegenstand der Darstellung ein einheitlicher ist, so auch die Fabel, da sie Nachahmung einer Handlung ist, Nachahmung einer einheitlichen und vollständigen Handlung sein, und der Zusammenhang muss ein derartig geschlossener sein, dass, wenn man einen Teil versetzt oder wegnimmt, das Ganze zusammenbricht oder doch erschüttert wird. [...]

(Es folgt ein Exkurs zur Unterscheidung zwischen Geschichtsschreiber und Dichter.)

Komposition der Fabel

Im weiteren Gang unserer Darlegung haben wir nun zu sagen, worauf man bei der *Komposition* der Fabel abzielen und wovor man sich hüten muss, wenn man der Aufgabe der Tragödie gerecht werden will. Da der Aufbau einer idealen Tragödie nicht einfach sein darf, sondern verflochten sein muss und sie, gemäß der ihr eigenen Darstellungsform, solche Handlungen zur Darstellung zu bringen hat, die Mitleid und Furcht erregen, so ist fürs erste klar, dass darin weder sittlich besonders tüchtige Menschen vorkommen dürfen, die vom Glück ins Unglück stürzen – denn das erregt weder Furcht noch Mitleid, sondern ist einfach entsetzlich –, noch Schurken, die vom Unglück ins Glück kommen: denn das wäre das Alleruntragischste, und ein solches Motiv ließe alles vermissen, was man hier braucht: es würde weder menschliche Teilnahme noch Mitleid und Furcht erwecken. Es dürfen jedoch auch nicht ganz böse Menschen aus dem Glück ins Unglück geraten. Die menschliche Teilnahme würde das ja zwar berühren, aber weder Mitleid noch Furcht erregen: Denn jenes gilt einem Menschen, der unverdient ins Unglück kommt, diese bezieht sich auf einen solchen, der mit uns selbst etwa auf gleicher Stufe steht. Also würde ein solcher Vorgang weder Mitleid noch Furcht erregen. Es bleibt also derjenige Typus übrig, der zwischen diesen Extremen die Mitte hält. Ein solcher ist, wer sich weder durch Tugend und Gerechtigkeit auszeichnet, noch infolge von Schlechtigkeit und Schurkerei ins Unglück gerät, sondern durch irgendeinen Fehltritt. [...]

(Anschließend werden Beispiele aus Tragödien genannt.)

Furcht und Mitleid

Das, was *Furcht*[4] und *Mitleid*[5] erregt, kann in dem Vorgang liegen, den man auf der Bühne sieht; es kann aber auch in der Komposition der Handlung enthalten sein, und dies ist das bessere und das Werk eines geschickteren Dichters. Denn die Fabel muss, auch ohne dass man sie aufgeführt sieht, so komponiert sein, dass man schon beim bloßen Hören dessen, was geschieht, infolge der Vorgänge Schauder und Mitleid empfindet. [...]

(Aristoteles verweist auf Möglichkeiten der Personenkonstellation.)

Die Handlung kann nämlich so verlaufen, wie die alten Dichter sie zu führen pflegten: dass die handelnden Personen diejenigen, denen sie ein Leid antun, kennen und also ganz bewusst zu Werke gehen, wie etwa Euripides seine Medea ihre Kinder töten ließ. Sie können es aber auch tun, ohne das Furchtbare zu kennen, das sie anrichten, und erst hinterher ihre nahen Beziehungen zu ihrem Opfer entdecken, wie der Ödipus des Sophokles [...].

(Es folgen weitere Beispiele.)

[...] Außerdem gibt es noch den dritten Fall, dass jemand im Begriff ist, unwissentlich eine nicht wieder gutzumachende Tat zu vollbringen, aber vor ihrer Ausführung noch zur Erkenntnis kommt [...]. [...] Von diesen Fällen ist für die Tragödie derjenige am ungeeignetsten, in dem der Täter weiß, was er tun will, die Tat aber nur beabsichtigt und nicht ausführt. Denn das erweckt Abscheu, ist aber nicht tragisch, weil das Leiden ausbleibt. Deshalb kommt das auch nicht leicht vor, oder doch nur selten, wie in der Antigone bei Hämon gegenüber dem Kreon. An zweiter Stelle steht die Ausführung der Tat. In diesem Fall ist es das Bessere, wenn sie unwissentlich vollbracht wird und die Erkennung erst darauf folgt. Denn dies erregt keinen Abscheu, und die Erkennung hat etwas Erschütterndes.

4 gr. phóbos; auch hier unterschiedliche Deutungen und unterschiedliche Übersetzungen; Corneille: Schrecken; Lessing: Furcht.

5 gr. eleós; Lessing: Mitleid; Wolfgang Schadewald (Wissenschaftl. f. Altgriech.): Jammer (s. u.).

1▶ Fassen Sie die Grundgedanken des Textes thesenartig zusammen.

- ▶ Welche Merkmale kennzeichnen das hier dargestellte Kompositionsprinzip?
- ▶ Überprüfen Sie diese Merkmale an der ›Antigone‹ des Sophokles (s. S. 119), einer der dramatischen Vorbilder des Aristoteles.

2▶ Welche Wirkung sollte die Tragödie – nach Aristoteles – auf den Zuschauer haben?

- ▶ Beziehen Sie in Ihre Überlegungen die unterschiedlichen Übersetzungen (Furcht und Mitleid als Mittel innerer Läuterung; Schrecken [Schauder] und Jammer zur Entladung des Zuschauers) mit ein.
- ▶ Beziehen Sie beide Möglichkeiten auf die ›Antigone‹ (s. o.). Erregen das Schicksal der Heldin und das Handeln Kreons eher Furcht oder Schrecken, Mitleid oder Jammer?

3▶ Erweitern Sie Ihre Untersuchungen, indem Sie das 75. Stück aus Lessings ›Hamburgischer Dramaturgie‹ (s. S. 150) heranziehen. Erläutern Sie den entscheidenden Interpretationsansatz Lessings.

▶ Vergleichen Sie damit die Äußerungen Goethes aus der ›Nachlese zu Aristoteles' Poetik‹ von 1827:
»Hat nun der Dichter an seiner Stelle seine Pflicht erfüllt, einen Knoten bedeutend geknüpft und würdig gelöst, so wird dann dasselbe in dem Geist des Zuschauers vorgehen: Die Verwickelung wird ihn verwirren, die Auflösung aufklären, er aber um nichts gebessert nach Hause gehen; er würde vielmehr, wenn er asketisch aufmerksam genug wäre, sich über sich selbst verwundern, dass er ebenso leichtsinnig als hartnäckig, ebenso heftig als schwach, ebenso liebevoll als lieblos sich wieder in seiner Wohnung findet, wie er hinausgegangen.«
Welches grundsätzliche Problem im Hinblick auf ›Wirkung von Theater‹ spricht Goethe hier an?

Die Abkehr von Aristoteles: Brechts Kritik der ›Poetik‹

Bertolt Brecht: Kritik der Einfühlung [Kritik der ›Poetik‹ des Aristoteles] (1933–47e)

Bertolt Brecht (1898–1956) setzt sich in seiner Schrift ›Kritik der Einfühlung‹, die zwischen 1933 und 1947 im Exil entstanden und 1963 in den ›Schriften zum Theater‹ erschienen ist, mit der aristotelischen Dramentheorie auseinander. Sie entspricht nach seiner Ansicht nicht mehr den politisch-gesellschaftlichen Ansprüchen seiner Zeit. Brecht setzt dem aristotelischen ein »nichtaristotelisches«, »dialektisch-wissenschaftliches« Theaterkonzept, das »epische Theater«, entgegen:

1

Der Ausdruck »nichtaristotelische Dramatik« bedarf der Erläuterung. Als aristotelische Dramatik, von der sich abgrenzend eine nichtaristotelische sich definieren will, wird da alle Dramatik bezeichnet, auf welche die aristotelische Definition der Tragödie in der ›Poetik‹ in dem, was wir für ihren Hauptpunkt halten, paßt. Die bekannte Forderung der drei Einheiten betrachten wir nicht als diesen Hauptpunkt, sie wird vom Aristoteles auch gar nicht erhoben, wie die neuere Forschung festgestellt hat. Uns erscheint von größtem gesellschaftlichen Interesse, was Aristoteles der Tragödie als Zweck setzt, nämlich die *Katharsis*, die Reinigung des Zuschauers von Furcht und Mitleid durch die Nachahmung von furcht- und mitleiderregenden Handlungen. Diese Reinigung erfolgt auf Grund eines eigentümlichen psychischen Aktes, der *Einfühlung* des Zuschauers in die handelnden Personen, die von den Schauspielern nachgeahmt werden. Wir bezeichnen eine Dramatik als aristotelisch, wenn diese Einfühlung von ihr herbeigeführt wird, ganz gleichgültig, ob unter Benutzung der vom Aristoteles dafür angeführten Regeln oder ohne deren Benutzung. Der eigentümliche psychische Akt der Einfühlung wird im Laufe der Jahrhunderte auf ganz verschiedene Art vollzogen.

Katharsis

Einfühlung

2 Kritik der ›Poetik‹

Solange der Aristoteles (im vierten Kapitel der ›Poetik‹) ganz allgemein über die Freude an der nachahmenden Darstellung spricht und als Grund dafür das Lernen nennt, gehen wir mit ihm. Aber schon im sechsten Kapitel wird er bestimmter und begrenzt für die Tragödie das Feld der Nachahmung. Es sollen nur die furcht- und mitleiderregenden Handlungen nachgeahmt werden, und es ist eine weitere Begrenzung, daß sie zum Zweck der Auflösung von Furcht und Mitleid nachgeahmt werden sollen. Es wird ersichtlich, daß die Nachahmung handelnder Menschen durch die Schauspieler eine Nachahmung der Schauspieler durch die Zuschauer auslösen soll; die Art der Entgegennahme des Kunstwerks ist die Einfühlung in den Schauspieler und über ihn in die Stückfigur.

Nachahmung

3 Einfühlung beim Aristoteles

Nicht daß wir beim Aristoteles als Art der Entgegennahme des Kunstwerks durch den Zuschauer die Einfühlung finden, die heute als Einfühlung in das Individuum des Hochkapitalismus vorkommt. Dennoch haben wir bei den Griechen, was immer wir uns unter der Katharsis, die unter uns so fremden Umständen vor sich ging, vorstellen mögen, als deren Basis irgendeine Art von Einfühlung zu vermuten. Eine völlig freie, kritische, auf rein irdische Lösungen von Schwierigkeiten bedachte Haltung des Zuschauers ist keine Basis für eine Katharsis. […]

1▸ An welchen entscheidenden Punkten setzt Brechts Kritik an? Inwiefern geht sie über die Kritik an Aristoteles hinaus?

2▸ Überlegen Sie, welche grundlegenden Veränderungen für die Beziehung Zuschauer – Theaterstück, Drama – Wirklichkeit, Theater – Gesellschaft sich aus Brechts kritischem Ansatz ergeben.

Der Konflikt um das deutsche Drama im 18. Jahrhundert: Lessings ›Hamburgische Dramaturgie‹

Gotthold Ephraim Lessing: Hamburgische Dramaturgie, 46. Stück, den 6ten October 1767

Während seiner Tätigkeit als Dramaturg am Hamburger Nationaltheater (seit 1767) veröffentlichte Lessing zwischen 1767 und 1769 seine ›Hamburgische Dramaturgie‹, in der er die Besprechung einzelner aufgeführter Stücke zum Anlass nimmt, sich zu grundsätzlichen poetologischen Fragen zu äußern und die inzwischen heftige öffentliche Diskussion um die Zukunft des deutschen Dramas mit zu beeinflussen.

Ein anderes ist, sich mit den Regeln abfinden; ein anderes, sie wirklich beobachten. Jenes thun die Franzosen; dieses scheinen nur die Alten verstanden zu haben. Die Einheit der Handlung war das erste dramatische Gesetz der Alten; die Einheit der Zeit und die Einheit des Ortes waren gleichsam nur Folgen aus jener, die sie schwerlich strenger beobachtet haben würden, als es jene nothwendig erfordert hätte, wenn nicht die Verbindung des Chors dazu gekommen wäre. Da nehmlich ihre Handlungen eine Menge Volks zum Zeugen haben mußten, und diese Menge immer die nehmliche blieb, welche sich weder weiter von ihren Wohnungen entfernen, noch länger aus denselben wegbleiben konnte, als man gewöhnlichermaßen der bloßen Neugierde wegen zu thun pflegt: so konnten sie fast nicht anders, als den Ort auf einen und eben denselben individuellen Platz, und die Zeit auf einen und eben denselben Tag einschränken. Dieser Einschränkung unterwarfen sie sich denn auch bona fide[1], aber mit einer Biegsamkeit, mit einem Verstande, daß sie, unter neunmalen, siebenmal weit mehr dabey gewannen, als verloren. Denn sie liessen sich diesen Zwang einen Anlaß seyn, die Handlung selbst so zu simplifiiren, alles Überflüßige so sorgfältig von ihr abzusondern, daß sie, auf ihre wesentlichsten Bestandtheile gebracht, nichts als ein Ideal von dieser Handlung ward, welches sich gerade in derjenigen Form am glücklichsten ausbildete, die den wenigsten Zusatz von Umständen der Zeit und des Ortes verlangte.

Einheit der Handlung

Die Franzosen hingegen, die an der wahren Einheit der Handlung keinen Geschmack fanden, die durch die wilden Intriguen der spanischen Stücke schon verwöhnt waren, ehe sie die griechische Simplicität kennen lernten, betrachteten die Einheiten der Zeit und des Orts, nicht als Folgen jener, Einheit, sondern als für sich zu Vorstellung einer Handlung unumgängliche Erfordernisse, welche sie auch ihren reichern und verwickeltern Handlungen in eben der Strenge anpassen müßten, als es nur immer der Gebrauch des Chors erfordern könnte, dem sie doch gänzlich entsagt hatten. Da sie aber fanden, wie schwer, ja wie unmöglich öfters, dieses sey: so trafen sie mit den tyrannischen Regeln, welchen sie ihren völligen Gehorsam aufzukündigen, nicht Muth genug hatten, ein Abkommen. Anstatt eines einzigen Ortes, führten sie einen unbestimmten Ort ein, unter dem man sich bald den, bald jenen, einbilden könne; genug, wenn diese Orte zusammen nur nicht gar zu weit aus einander lägen, und keiner eine besondere Verzierung bedürfe, sondern die nehmliche Verzierung[2] ungefehr dem einen so gut als dem andern zukommen könne. Anstatt der Einheit des Tages schoben sie die Einheit der Dauer unter; und eine gewisse Zeit, in der man von keinem Aufgehen und Untergehen der Sonne hörte, in der niemand zu Bette ging, wenigstens nicht öfterer als einmal zu Bette ging, mochte sich doch sonst noch so viel und mancherley darinn eräugnen, ließen sie für Einen Tag gelten.

Niemand würde ihnen dieses verdacht haben; denn unstreitig lassen sich auch so noch vortreffliche Stücke machen; und das Sprichwort sagt, bohre das Bret, wo es am dünnsten ist. – Aber ich muß meinen Nachbar nur auch da bohren lassen. Ich muß ihm nicht immer nur die dickeste Kante, den astigsten Theil des Bretes zeigen, und schreyen: Da bohre mir durch! da pflege ich durchzubohren!

1 Im guten Glauben.
2 Gemeint ist die Kulisse.

– Gleichwohl schreyen die französischen Kunstrichter alle so; besonders wenn sie auf die dramatischen Stücke der Engländer kommen. Was für ein Aufhebens machen sie von der Regelmäßigkeit, die sie sich so unendlich erleichtert haben! – Doch mir eckelt, mich bey diesen Elementen länger aufzuhalten.
Möchte meinetwegen Voltairens und Maffeis Merope[3] acht Tage dauern und an sieben Orten in Griechenland spielen! Möchten sie aber auch nur die Schönheiten haben, die mich diese Pedanterien vergessen machen! [...]

3 Voltaire (eigentlich François Marie Arouet) (1694–1778); Scipione Maffei (1675–1755); seine Tragödie ›Merope‹ wurde 1713 uraufgeführt.

1▸ Welchen Schwerpunkt setzt Lessing im Hinblick auf die Gewichtung der drei Einheiten im Gegensatz zu den Franzosen?

2▸ Vergleichen Sie Lessings theoretische Grundsätze mit der Umsetzung im ›Nathan‹.

3▸ Erarbeiten Sie die Einstellung Lessings zu den antiken Vorbildern, den Stücken der Alten.
Tun Sie dasselbe im Hinblick auf die Bewertung des französischen und des englischen Theaters der Zeit.

4▸ Welche Folgen für die Weiterentwicklung des deutschen Dramas hatte Lessings Entscheidung für das Vorbild Shakespeare?

5▸ Versuchen Sie zu erklären, warum heutige Schriftsteller bei aller Offenheit der gegenwärtigen Theaterpraxis immer wieder auf die »drei Einheiten« als strukturierendes Prinzip zurückgreifen.

Die Interpretation des Aristoteles durch Lessing

Gotthold Ephraim Lessing: Hamburgische Dramaturgie, 75. Stück, den 19. Januar 1768

[...] Er, Aristoteles, ist es gewiß nicht, der die mit Recht getadelte Eintheilung der tragischen Leidenschaften in Mitleid und Schrecken gemacht hat. Man hat ihn falsch verstanden, falsch übersetzt. Er spricht von Mitleid und Furcht, nicht von Mitleid und Schrecken; und seine Furcht ist durchaus nicht die Furcht, welche uns das bevorstehende Übel eines andern, für diesen andern, erweckt, sondern es ist die Furcht, welche aus unserer Ähnlichkeit mit der leidenden Person für uns selbst entspringt; es ist die Furcht, daß die Unglücksfälle, die wir über diese verhänget sehen, uns selbst treffen können; es ist die Furcht, daß wir der bemitleidete Gegenstand selbst werden können. Mit einem Worte: diese Furcht ist das auf uns selbst bezogene Mitleid. [...]

Es beruhet aber alles auf dem Begriffe, den sich Aristoteles von dem Mitleiden gemacht hat. Er glaubte nehmlich, daß das Übel, welches der Gegenstand unsers Mitleidens werden solle, nothwendig von der Beschaffenheit seyn müsse, daß wir es auch für uns selbst, oder für eines von den Unsrigen, zu befürchten hätten. Wo diese Furcht nicht sey, könne auch kein Mitleiden Statt finden. Denn weder der, den das Unglück so tief herabgedrückt habe, daß er weiter nichts für sich zu fürchten sähe, noch der, welcher sich so vollkommen glücklich glaube, daß er gar nicht begreife, woher ihm ein Unglück zustossen könne, weder der Verzweifelnde noch der Übermüthige, pflege mit andern Mitleid zu haben. Er erkläret daher auch das Fürchterliche und das Mitleidswürdige, eines durch das andere. Alles das, sagt er, ist uns fürchterlich, was, wenn es einem andern begegnet wäre, oder begegnen sollte, unser Mitleid erwecken würde: und alles das finden wir mitleidswürdig, was wir fürchten würden, wenn es uns selbst bevorstünde. Nicht genug also, daß der Unglückliche, mit dem wir Mitleiden haben sollen, sein Unglück nicht verdiene, ob er es sich schon durch irgend eine Schwachheit zugezogen: seine gequälte Unschuld, oder vielmehr seine zu hart heimgesuchte Schuld, sey für uns verlohren, sey nicht vermögend, unser Mitleid zu erregen, wenn wir keine Möglichkeit sähen, daß uns sein Leiden auch treffen könne. Diese Möglichkeit aber finde sich alsdenn, und könne zu einer großen Wahrscheinlichkeit erwachsen, wenn ihn der Dichter nicht schlimmer mache, als wir gemeiniglich zu seyn pflegen, wenn er ihn vollkommen so denken und handeln lasse, als wir in seinen Umständen würden gedacht und gehandelt haben, oder wenigstens glauben, daß wir hätten denken und handeln müssen: kurz, wenn er ihn mit uns von gleichem Schrot und Korne schildere. Aus dieser Gleichheit entstehe die Furcht, daß unser Schicksal gar leicht dem seinigen eben so ähnlich werden könne, als wir ihm zu seyn uns selbst fühlen: und diese Furcht sey es, welche das Mitleid gleichsam zur Reife bringe.

So dachte Aristoteles von dem Mitleiden, und nur hieraus wird die wahre Ursache begreiflich, warum er in der Erklärung der Tragödie, nächst dem Mitleiden, nur die einzige Furcht nannte. […]

1▶ Sie haben sich bereits im Zusammenhang mit Aristoteles mit diesem Text und seiner Deutung der aristotelischen Begriffe beschäftigt. Die heute anerkannte Meinung ist:
»Schauder und Jammer erregt nach Aristoteles die Tragödie, aber so, dass sie nach der Erregung von Schauder und Jammer, rein durch die Handlungsführung, den Hörer schließlich zu jener Urlust eines beglückenden Gefühls der Erleichterung heraufreißt und somit wirklich als eines der größten Stimulanzien des Lebens wirkt« (Wolfgang Schadewald: Von Wirkung und Wesen des Trauerspiels, 1956).
Diskutieren Sie abschließend Folgendes: Gibt es Gründe, warum Lessing Aristoteles anders deuten, möglicherweise ›missverstehen‹ musste oder wollte? Denken Sie dabei an sein Verständnis von Theater und Drama – seine poetologischen Schriften, an die Themen seiner Dramen, vor allem ›Nathan‹, und den kritisch-philosophischen Hintergrund seiner Zeit, die sogenannte Aufklärung.

Das neue »Genie«: Shakespeare

Johann Wolfgang Goethe: Zum Shakespeares-Tag (14.10.1771e)

Johann Wolfgang Goethe (1749–1832, geadelt 1782) verfasste die Rede 1771 anlässlich einer im väterlichen Hause in Frankfurt stattfindenden Namenstagsfeier für Shakespeare; erst 1854 wurde der Text veröffentlicht. Goethe stand zu diesem Zeitpunkt – nach seinem Jurastudium in Leipzig – in kritischer Einstellung zu der als gekünstelt und erstarrt empfundenen Kultur des Rokoko und nach seinen ersten literarischen Versuchen – in Straßburg unter dem Einfluss der entscheidenden Freundschaft mit Herder.
Die Begegnung mit den Werken Homers und Shakespeares, die durch Herder vermittelte neue Sicht der Volksdichtung als einzig wahrer Poesie führten auch bei Goethe zu dem für die Zeit des Sturm und Drang charakteristischen neuen Verständnis des »Genies« und der Beziehung zwischen Natur und Kunst: nicht mehr die perfekte, fast mechanische Nachahmung der Natur als Wirklichkeit wie im abgelehnten französischen Klassizismus, sondern das unmittelbare individuelle Gefühlserlebnis in der eigenen Anschauung der Natur (Sesenheimer Lieder, ›Werther‹).

Mir kommt vor, das sei die edelste von unsern Empfindungen, die Hoffnung, auch dann zu bleiben, wenn das Schicksal uns zur allgemeinen Nonexistenz zurückgeführt zu haben scheint. Dieses Leben, meine Herren, ist für unsre Seele viel zu kurz, Zeuge, daß jeder Mensch, der geringste wie der höchste, der unfähigste wie der würdigste, eher alles müd' wird als zu leben; und daß keiner sein Ziel erreicht, wornach er so sehnlich ausging – denn wenn es einem auf seinem Gange auch noch so lang' glückt, fällt er doch endlich, und oft im Angesicht des gehofften Zwecks, in eine Grube, die ihm, Gott weiß wer, gegraben hat, und wird für nichts gerechnet.
Für nichts gerechnet! Ich! Der ich mir alles bin, da ich alles nur durch mich kenne! So ruft jeder, der sich fühlt, und macht große Schritte durch dieses Leben, eine Bereitung für den unendlichen Weg drüben. Freilich jeder nach seinem Maß. Macht der eine mit dem stärksten Wandertrab sich auf, so hat der andre Siebenmeilenstiefel an, überschreitet ihn, und zwei Schritte des letzten bezeichnen die Tagreise des ersten. Dem sei, wie ihm wolle, dieser emsige Wandrer bleibt unser Freund und unser Geselle, wenn wir die gigantischen Schritte jenes anstaunen und ehren, seinen Fußstapfen folgen, seine Schritte mit den unsrigen abmessen.

Auf die Reise, meine Herren! die Betrachtung so eines einzigen Tapfs macht unsre Seele feuriger und größer als das Angaffen eines tausendfüßigen königlichen Einzugs.
Wir ehren heute das Andenken des größten Wandrers und tun uns dadurch selbst eine Ehre an. Von Verdiensten, die wir zu schätzen wissen, haben wir den Keim in uns.
Erwarten Sie nicht, daß ich viel und ordentlich schreibe, Ruhe der Seele ist kein Festtagskleid; und noch zurzeit habe ich wenig über Shakespearen gedacht; geahndet, empfunden, wenn's hoch kam, ist das höchste, wohin ich's habe brin-

gen können. Die erste Seite, die ich in ihm las, machte mich auf zeitlebens ihm eigen, und wie ich mit dem ersten Stücke fertig war, stund ich wie ein Blindgeborner, dem eine Wunderhand das Gesicht in einem Augenblicke schenkt. Ich erkannte, ich fühlte aufs lebhafteste meine Existenz um eine Unendlichkeit erweitert, alles war mir neu, unbekannt, und das ungewohnte Licht machte mir Augenschmerzen. Nach und nach lernt' ich sehen, und, Dank sei meinem erkenntlichen Genius, ich fühle noch immer lebhaft, was ich gewonnen habe. Ich zweifelte keinen Augenblick, dem regelmäßigen Theater zu entsagen. Es schien mir die Einheit des Orts so kerkermäßig ängstlich, die Einheiten der Handlung und der Zeit lästige Fesseln unsrer Einbildungskraft. Ich sprang in die freie Luft und fühlte erst, daß ich Hände und Füße hatte. Und jetzo, da ich sahe, wie viel Unrecht mir die Herrn der Regeln in ihrem Loch angetan haben, wie viel freie Seelen noch drinne sich krümmen, so wäre mir mein Herz geborsten, wenn ich ihnen nicht Fehde angekündigt hätte und nicht täglich suchte ihre Türne[1] zusammenzuschlagen.

Das griechische Theater, das die Franzosen zum Muster nahmen, war nach innrer und äußerer Beschaffenheit so, daß eher ein Marquis den Alcibiades[2] nachahmen könnte, als es Corneillen dem Sophokles zu folgen möglich wär'.
Erst Intermezzo des Gottesdiensts, dann feierlich politisch, zeigte das Trauerspiel einzelne große Handlungen der Väter dem Volk mit der reinen Einfalt der Vollkommenheit, erregte ganze, große Empfindungen in den Seelen, denn es war selbst ganz und groß.
Und in was für Seelen!
Griechischen! Ich kann mich nicht erklären, was das heißt, aber ich fühl's und berufe mich der Kürze halber auf Homer und Sophokles und Theokrit[3], die haben's mich fühlen gelehrt.
Nun sag' ich geschwind hintendrein: »Französchen, was willst du mit der griechischen Rüstung, sie ist dir zu groß und zu schwer.«
Drum sind auch alle französche Trauerspiele Parodien von sich selbst.
Wie das so regelmäßig zugeht, und daß sie einander ähnlich sind wie Schuhe und auch langweilig mitunter, besonders in genere im vierten Akt, das wissen die Herren leider aus der Erfahrung, und ich sage nichts davon.
Wer eigentlich zuerst drauf gekommen ist, die Haupt- und Staatsaktionen aufs Theater zu bringen, weiß ich nicht, es gibt Gelegenheit für den Liebhaber zu einer kritischen Abhandlung. Ob Shakespearen die Ehre der Erfindung gehört, zweifl' ich: genung, er brachte diese Art auf den Grad, der noch immer der höchste geschienen hat, da so wenig Augen hinaufreichen, und also schwer zu hoffen ist, einer könne ihn übersehen oder gar übersteigen.
Shakespeare, mein Freund, wenn du noch unter uns wärest, ich könnte nirgend leben als mit dir, wie gern wollt' ich die Nebenrolle eines Pylades spielen, wenn du Orest wärst, lieber als die geehrwürdigte Person eines Oberpriesters im Tempel zu Delphos[4].

1 Türme.
2 Vornehmer Athener, Zeitgenosse des Sophokles.
3 Griechischer Dichter des 3. Jh.s v. Chr.
4 Delphi.

Ich will abbrechen, meine Herren, und morgen weiter schreiben, denn ich bin in einem Ton, der Ihnen vielleicht nicht so erbaulich ist, als er mir von Herzen geht.

Shakespeares Theater ist ein schöner Raritätenkasten[5], in dem die Geschichte der Welt vor unseren Augen an dem unsichtbaren Faden der Zeit vorbeiwallt. Seine Plane sind, nach dem gemeinen Stil zu reden, keine Plane, aber seine Stücke drehen sich alle um den geheimen Punkt (den noch kein Philosoph gesehen und bestimmt hat), in dem das Eigentümliche unsres Ichs, die prätendierte Freiheit unsres Wollens, mit dem notwendigen Gang des Ganzen zusammenstößt. Unser verdorbner Geschmack aber umnebelt dergestalt unsere Augen, daß wir fast eine neue Schöpfung nötig haben, uns aus dieser Finsternis zu entwickeln.

Alle Franzosen und angesteckte Deutsche, sogar Wieland haben sich bei dieser Gelegenheit wie bei mehreren wenig Ehre gemacht. Voltaire, der von jeher Profession machte, alle Majestäten zu lästern, hat sich auch hier als ein echter Thersit[6] bewiesen. Wäre ich Ulysses[6], er sollte seinen Rücken unter meinem Szepter verzerren.

Die meisten von diesen Herren stoßen auch besonders an seinen Charakteren an.

Und ich rufe: Natur! Natur! nichts so Natur als Shakespeares Menschen.

Da hab' ich sie alle überm Hals.

Laßt mir Luft, daß ich reden kann!

Er wetteiferte mit dem Prometheus, bildete ihm Zug vor Zug seine Menschen nach, nur *in kolossalischer Größe*; darin liegt's, daß wir unsre Brüder verkennen; und dann belebte er sie alle mit dem Hauch *seines* Geistes, *er* redet aus allen, und man erkennt ihre Verwandtschaft.

Und was will sich unser Jahrhundert unterstehen, von Natur zu urteilen? Wo sollten wir sie her kennen, die wir von Jugend auf alles geschnürt und geziert an uns fühlen und an andern sehen. Ich schäme mich oft vor Shakespearen, denn es kommt manchmal vor, daß ich beim ersten Blick denke, das hätt' ich anders gemacht! Hintendrein erkenn' ich, daß ich ein armer Sünder bin, daß aus Shakespearen die Natur weissagt, und daß meine Menschen Seifenblasen sind, von Romanengrillen aufgetrieben.

Und nun zum Schluß, ob ich gleich noch nicht angefangen habe.

Das, was edle Philosophen von der Welt gesagt haben, gilt auch von Shakespearen, das, was wir bös nennen, ist nur die andre Seite vom Guten, die so notwendig zu seiner Existenz und in das Ganze gehört als Zona torrida[7] brennen und Lappland einfrieren muß, daß es einen gemäßigten Himmelsstrich gebe. Er führt uns durch die ganze Welt, aber wir verzärtelte, unerfahrne Menschen schreien bei jeder fremden Heuschrecke, die uns begegnet: »Herr, er will uns fressen.«

Auf, meine Herren! trompeten Sie mir alle edle Seelen aus dem Elysium des sogenannten guten Geschmacks, wo sie schlaftrunken in langweiliger Dämme-

5 Guckkasten.

6 In der ›Ilias‹ wird der Schimpfer Thersites (der hässlichste Grieche im Kampf vor Troja) von Ulysses (= Odysseus) wegen einer gemeinen Schmährede geprügelt.

7 Ausgedörrte Zone.

rung halb sind, halb nicht sind, Leidenschaften im Herzen und kein Mark in den Knochen haben und, weil sie nicht müde genug zu ruhen sind doch zu faul sind, um tätig zu sein, ihr Schattenleben zwischen Myrten und Lorbeergebüschen verschlendern und vergähnen.

1▶ Welche Wirkung hat die Begegnung mit Shakespeares Werken auf den jungen Schriftsteller Goethe?
Wie drückt sich dies in der sprachlichen Gestaltung des Textes aus?

2▶ Wie sieht Goethe Shakespeares Menschendarstellung auf der Bühne, sein Verständnis von Leben und Natur, seine Beziehung zur Antike?

3▶ Untersuchen Sie den Abschnitt Zeile 73–81 genauer: Was meint Goethe mit dem »geheimen Punkt«? Woran scheitern Shakespeares tragische Gestalten? Warum scheint eine »neue Schöpfung« nötig?

Die Umsetzung auf der Bühne – Shakespeares Einfluss im Sturm und Drang

William Shakespeare: Romeo und Julia. Dritter Akt, fünfte Szene, Julias Zimmer (1597 v)

JULIA: Willst du schon gehn? Der Tag ist ja noch fern.
Es war die Nachtigall und nicht die Lerche,
Die eben jetzt dein banges Ohr durchdrang;
Sie singt des nachts auf dem Granatbaum dort.
Glaub, Lieber, mir: Es war die Nachtigall.
ROMEO: Die Lerche war's, die Tagverkünderin,
Nicht Philomele; sieh' den neidschen Streif,
Der dort im Ost der Frühe Wolken säumt.
Die Nacht hat ihre Kerzen ausgebrannt,
Der munt're Tag erklimmt die dunst'gen Höhn;
Nur Eile rettet mich, Verzug ist Tod.
JULIA: Trau mir, das Licht ist nicht des Tages Licht,
Die Sonne hauchte dieses Luftbild aus,
Dein Fackelträger diese Nacht zu sein,
Dir auf dem Weg nach Mantua zu leuchten;
Drum bleibe noch: zu gehn ist noch nicht not.
ROMEO: Lass sie mich greifen, ja, lass sie mich töten!
Ich gebe gern mich drein, wenn du es willst.
Nein, jenes Grau ist nicht des Morgens Auge,
Der bleiche Abglanz nur von Cynthias Stirn.
Das ist auch nicht die Lerche, deren Schlag
Hoch über uns des Himmels Wölbung trifft.

Ich bleibe gern; zum Gehn bin ich verdrossen. –
Willkommen, Tod! hat Julia dich beschlossen. –
Nun, Herz? Noch tagt es nicht, noch plaudern wir.
JULIA: Es tagt, es tagt! Auf! eile! fort von hier!
Es ist die Lerche, die so heiser singt
Und falsche Weisen, rauen Misston gurgelt.
Man sagt, der Lerche Harmonie sei süß;
Nicht diese: sie zerreißt die unsre ja.
Die Lerche, sagt man, wechselt mit der Kröte
Die Augen: möchte sie doch auch die Stimme!
Die Stimm' ist's ja, die Arm aus Arm uns schreckt,
Dich von mir jagt, da sie den Tag erweckt.
Stets hell und heller wird's: wir müssen scheiden.
ROMEO: Hell? Dunkler stets und dunkler unsre Leiden!
(Die Wärterin kommt herein.)
WÄRTERIN: Fräulein!
JULIA: Amme?
WÄRTERIN: Die gnäd'ge Gräfin kommt in Eure Kammer;
Seid auf der Hut; schon regt man sich im Haus.
(Wärterin ab.)
JULIA *(das Fenster öffnend)*:
Tag, schein herein! und Leben, flieh hinaus!
ROMEO: Ich steig hinab: lass dich noch einmal küssen.
(Er steigt aus dem Fenster.)
JULIA *(aus dem Fenster ihm nachsehend)*:
Freund! Gatte! Trauter! bist du mir entrissen?
Gib Nachricht jeden Tag zu jeder Stunde;
Schon die Minut' enthält der Tage viel.
Ach, so zu rechnen, bin ich hoch in Jahren,
Eh' meinen Romeo ich wiederseh.
ROMEO *(außerhalb)*:
Leb wohl! Kein Mittel lass ich aus den Händen,
Um dir, du Liebe, meinen Gruß zu senden.
JULIA: O denkst du, dass wir je uns wiedersehn?
ROMEO: Ich zweifle nicht, und all dies Leiden dient
In Zukunft uns zu süßerem Geschwätz.
JULIA: O Gott! ich hab ein Unglück ahnend Herz.
Mir deucht, ich säh' dich, da du unten bist,
Als lägst du tot in eines Grabes Tiefe.
Mein Auge trügt mich, oder du bist bleich.
ROMEO: So, Liebe, scheinst du meinen Augen auch.
Der Schmerz trinkt unser Blut. Leb wohl! leb wohl!
(Ab.)

1▸ Überprüfen Sie die Aussagen zu Shakespeare, vor allem die Goethes, an dieser Szene.

Friedrich Schiller: Die Räuber. Ausschnitt aus V, 2, Schlussszene (1781v)

RÄUBER MOOR: O über mich Narren, der ich wähnete die Welt durch Greuel zu verschönern, und die Gesetze durch Gesetzlosigkeit aufrecht zu halten. Ich nannte es Rache und Recht – Ich maßte mich an, o Vorsicht, die Scharten deines Schwerts auszuwetzen und deine Parteilichkeiten gutzumachen – aber – O eitle Kinderei – da steh ich am Rand eines entsetzlichen Lebens, und erfahre nun mit Zähnklappern und Heulen, dass *zwei Menschen wie ich den ganzen Bau der sittlichen Weltzugrund richten würden.* Gnade – Gnade dem Knaben, der *Dir* vorgreifen wollte – *Dein* eigen allein ist die Rache. Du bedarfst nicht des Menschen Hand. Freilich stehts nun in meiner Macht nicht mehr, die Vergangenheit einzuholen – schon bleibt verdorben, was verdorben ist – was ich gestürzt habe, steht ewig niemals mehr auf – Aber noch blieb mir etwas übrig, womit ich die beleidigte Gesetze versöhnen, und die misshandelte Ordnung wiederum heilen kann. Sie bedarf eines Opfers – eines Opfers, das ihre unverletzbare Majestät vor der ganzen Menschheit entfaltet – dieses Opfer bin ich selbst. Ich selbst muss für sie des Todes sterben.

Johann Wolfgang Goethe: Geschichte Gottfriedens von Berlichingen mit der eisernen Hand dramatisirt. Schlussszene (1772e)

Ein Gärtgen am Gefängniss
Gottfr. Elis. Mar. Lerse

GOTTFRIED: Tragt mich hier unter diesen Baum, dass ich noch einmal die Lufft der Freyheit aus voller Brust in mich sauge, und sterbe.

ELISABETH: Darf ich Lerseen nach deinem Sohn ins Closter schicken dass du ihn noch einmal sähst und seegnetest.

GOTTFRIED: Lass ihn er ist heiliger als ich, er braucht meinen Seegen nicht. – An unserm Hochzeittag Elis. ahndete mirs nicht, dass ich so sterben würde – Mein alter Vater seegnete uns, und eine Nachkommenschafft von edlen tapfern Söhnen Quoll aus seinem Gebet. – Du hast ihn nicht erhört, und ich binn der letzte. – Lersee dein Angesicht freut mich in der Stunde des Todts, mehr als im mutigsten Gefecht. Damals führte mein Geist den eurigen, ietzt hältst du mich aufrecht. Ach dass ich Georgen noch einmal sähe, mich an seinem Blick wärmte! – Ihr seht zur Erde und weint – Er ist todt. – Georg ist todt. – Stirb Gottfried – Du hast dich selbst überlebt, die edlen überlebt. – Wie starb er – Ach fingen sie ihn unter den Mordbrennern, und er ist hingerichtet.

ELISABETH: Nein, er wurde bey Miltenberg erstochen, er wehrte sich wie ein Löw um seine Freyheit.

GOTTFRIED: Gott sey Danck. Sein Todt war Belohnung – Auch war er der beste Junge unter der Sonne und tapfer. – Lass meine Seele nun – Arme Frau. Ich lasse dich in einer nichtswürdigen Welt. Lersee verlass sie nicht – Verschliesst eure Herzen sorgfältiger als eure Tühren. Es kommen die Zeiten des Betrugs, es ist ihm Freyheit gegeben. Die Schwachen werden regieren, mit List, und der Tapfre wird in die Netze fallen womit die Feigheit die Pfade verwebt. Gebe dir Gott deinen Mann wieder. Möge er nicht so tief fallen als er hoch gestiegen ist. Selbiz starb, und der gute Kayser und mein Görg. – Gebt mir einen Trunck Wasser. – Himmlische Lufft – Freyheit, Freyheit! *er stirbt.*

ELISABETH: Nur droben droben bei dir. Die Welt ist Gefängniss.

MARIE: Edler edler Mann. Wehe dem Jahrhundert das dich von sich sties.

LERSE: Wehe der Nachkommenschafft die dich verkennt.

2▶ Untersuchen Sie, wieweit der neue Tragikbegriff Shakespeares - nach Goethe - auch auf die Schlussszene der ›Räuber‹ von Schiller zu beziehen ist. Erarbeiten Sie dies entsprechend an der Szene aus dem ›Götz‹ von Goethe.

3▶ Versuchen Sie, die außerordentliche Wirkung Shakespeares auf die jungen Schriftsteller nach der Mitte des 18. Jahrhunderts auch aus der politischen und sozialen Situation zu erklären. Für welche Politik stand der französische Klassizismus, was erhoffte man sich von der ›Revolution‹ im Drama?

4▶ Diskutieren Sie abschließend die Frage nach Bedeutung und Problematik eines so großen literarischen Vorbilds und Ideals. Beziehen Sie dabei den Aphorismus des Kritikers Georg Christoph Lichtenberg (1742–1799) mit ein:
»Was auf Shakespearisch in der Welt zu tun war, hat Shakespeare größtenteils getan.«

Der hohe Anspruch: Das sittliche Ideal

Friedrich Schiller: Was kann eine gute stehende Schaubühne eigentlich wirken?[1] (1784 e)

Friedrich Schiller (1759–1805, geadelt 1802) trug diesen programmatischen Text unter dem Titel ›Vom Wirken der Schaubühne auf das Volk‹ am 26. 6. 1784 als Antrittsrede bei der ›Kurpfälzischen Deutschen Gesellschaft‹ in Mannheim vor. Seit September 1783 war Schiller am Nationaltheater Mannheim als Theaterdichter verpflichtet. Er erhoffte sich hier nach der spektakulären Flucht aus Württemberg und dem thüringischen Exil eine dauerhafte Existenz. Diese Hoffnung erfüllte sich nicht. Schiller verließ Mannheim bereits im April 1785; er beschloss, den Beruf eines Theaterdichters aufzugeben, da, wie er schreibt, ein deutscher Dichter nicht einmal so viel verdienen könne, als einem fleißigen Handwerksmanne mit mäßigen Fähigkeiten gelingen müsse. Sein verzweifelter Versuch, als Geschichtswissenschaftler halbwegs finanzielle Sicherheit zu erlangen, hat auch 1788 mit einer (zunächst unbesoldeten) Geschichtsprofessur in Jena keinen Erfolg; eine dreijährige finanzielle Unterstützung des Herzogs von Augustenburg linderte seit 1790 die Not.
Zum Zeitpunkt dieser Rede hat er den glänzenden Aufführungserfolg der ›Räuber‹ und ›Kabale und Liebe‹ erlebt sowie die mäßige Aufnahme des ›Fiesco‹; er arbeitet intensiv an ›Don Carlos‹.

1 Der Titel der Erstveröffentlichung in der ›Rheinischen Thalia‹, 1785: Was kann eine gut stehende Schaubühne eigentlich wirken? wurde 1801 bei der Aufnahme in die ›Kleineren prosaischen Schriften‹ geändert in: ›Die Schaubühne als eine moralische Anstalt betrachtet‹.

Schiller beginnt seine Rede mit Verweisen auf die Entstehung der Schaubühne aus dem unwiderstehlichen Drang des Menschen nach Neuem und Außerordentlichem und fährt fort:

[...] Derjenige, welcher zuerst die Bemerkung machte, dass eines Staats festeste Säule Religion sei – dass ohne sie die Gesetze selbst ihre Kraft verlieren, hat vielleicht, ohne es zu wollen oder zu wissen, die Schaubühne von ihrer edelsten Seite verteidigt. Eben diese Unzulänglichkeit, diese schwankende Eigenschaft der politischen Gesetze, welche dem Staat die Religion unentbehrlich macht, bestimmt auch den ganzen Einfluss der Bühne. Gesetze, wollte er sagen, drehen sich nur um verneinende Pflichten – Religion dehnt ihre Forderungen auf wirkliches Handeln aus. Gesetze hemmen nur Wirkungen, die den Zusammenhang der Gesellschaft auflösen – Religion befiehlt solche, die ihn inniger machen. Jene herrschen nur über die offenbaren Äußerungen des Willens, nur Taten sind ihnen untertan – diese setzt ihre Gerichtsbarkeit bis in die verborgensten Winkel des Herzens fort und verfolgt den Gedanken bis an die innerste Quelle. Gesetze sind glatt und geschmeidig, wandelbar wie Laune und Leidenschaft – Religion bindet streng und ewig. Wenn wir nun aber auch voraussetzen wollten, was nimmermehr ist – wenn wir der Religion diese große Gewalt über jedes Menschenherz einräumen, wird sie oder kann sie die ganze Bildung vollenden? – Religion (ich trenne hier ihre politische Seite von ihrer göttlichen), Religion wirkt im ganzen mehr auf den sinnlichen Teil des Volks – sie wirkt vielleicht durch das Sinnliche allein so unfehlbar. Ihre Kraft ist dahin, wenn wir ihr dieses nehmen – und wodurch wirkt die Bühne? Religion ist dem größten Teile der Menschen nichts mehr, wenn wir ihre Bilder, ihre Probleme vertilgen, wenn wir ihre Gemälde von Himmel und Hölle zernichten – und doch sind es nur Gemälde der Phantasie, Rätsel ohne Auflösung, Schreckbilder und Lockungen aus der Ferne. Welche Verstärkung für Religion und Gesetze, wenn sie mit der Schaubühne in Bund treten, wo Anschauung und lebendige Gegenwart ist, wo Laster und Tugend, Glückseligkeit und Elend, Torheit und Weisheit in tausend Gemälden fasslich und wahr an dem Menschen vorübergehen, wo die Vorsehung ihre Rätsel auflöst, ihren Knoten vor seinen Augen entwickelt, wo das menschliche Herz auf den Foltern der Leidenschaft seine leisesten Regungen beichtet, alle Larven fallen, alle Schminke verfliegt und die Wahrheit unbestechlich wie Rhadamanthus[2] Gericht hält.

Die Gerichtsbarkeit der Bühne fängt an, wo das Gebiet der weltlichen Gesetze sich endigt. Wenn die Gerechtigkeit für Gold verblindet und im Solde der Laster schwelgt, wenn die Frevel der Mächtige ihrer Ohnmacht spotten und Menschenfurcht den Arm der Obrigkeit bindet, übernimmt die Schaubühne Schwert und Waage und reißt die Laster vor einen schrecklichen Richterstuhl. Das ganze Reich der Phantasie und Geschichte, Vergangenheit und Zukunft stehen ihrem Wink zu Gebot. Kühne Verbrecher, die längst schon im Staub vermodern, werden durch den allmächtigen Ruf der Dichtkunst jetzt vorgeladen und wiederholen zum schauervollen Unterricht der Nachwelt ein schändliches Leben.

2 Sagenhafter König auf Kreta; nach der griechischen Mythologie wegen seiner Gerechtigkeit zum Richter in der Unterwelt bestellt.

Ohnmächtig, gleich den Schatten in einem Hohlspiegel, wandeln die Schrecken ihres Jahrhunderts vor unsern Augen vorbei, und mit wollüstigem Entsetzen verfluchen wir ihr Gedächtnis. Wenn keine Moral mehr gelehrt wird, keine Religion mehr Glauben findet, wenn kein Gesetz mehr vorhanden ist, wird uns Medea[3] noch anschauern, wenn sie die Treppen des Palastes herunterwankt und der Kindermord jetzt geschehen ist. Heilsame Schauer werden die Menschheit ergreifen, und in der Stille wird jeder sein gutes Gewissen preisen, wenn Lady Macbeth[4], eine schreckliche Nachtwandlerin, ihre Hände wäscht und alle Wohlgerüche Arabiens herbeiruft, den hässlichen Mordgeruch zu vertilgen. Wer von uns sah ohne Beben zu, wen durchdrang nicht lebendige Glut zur Tugend, brennender Hass des Lasters, als, aufgeschröckt aus Träumen der Ewigkeit, von den Schrecknissen des *nahen* Gerichts umgeben, Franz von Moor aus dem Schlummer sprang, als er, die Donner des erwachten Gewissens zu übertäuben, Gott aus der Schöpfung leugnete und seine gepresste Brust, zum letzten Gebete vertrocknet, in frechen Flüchen sich Luft machte? – – Es ist nicht Übertreibung, wenn man behauptet, dass diese auf der Schaubühne aufgestellten Gemälde mit der Moral des gemeinen Manns endlich in eins zusammenfließen, und in einzelnen Fällen seine Empfindung bestimmen. Ich selbst bin mehr als einmal ein Zeuge gewesen, als man seinen ganzen Abscheu vor schlechten Taten in Scheltwort zusammenhäufte: Der Mensch ist ein Franz Moor. Diese Eindrücke sind unauslöschlich, und bei der leisesten Berührung steht das ganze abschröckende Kunstgemälde im Herzen des Menschen wie aus dem Grabe auf. So gewiss sichtbare Darstellung mächtiger wirkt als toter Buchstabe und kalte Erzählung, so gewiss wirkt die Schaubühne tiefer und daurender als Moral und Gesetze.

Aber hier *unterstützt* sie die weltliche Gerechtigkeit nur – ihr ist noch ein weiteres Feld geöffnet. Tausend Laster, die jene ungestraft duldet, straft sie; tausend Tugenden, wovon jene schweigt, werden von der Bühne empfohlen. […]

Ebenso hässlich, als liebenswürdig die Tugend, malen sich die Laster in ihrem furchtbaren Spiegel ab. Wenn der hilflose kindische Lear[5] in Nacht und Ungewitter vergebens an das Haus seiner Töchter pocht, wenn er sein weißes Haar in die Lüfte streut und den tobenden Elementen erzählt, wie unnatürlich seine Regan[6] gewesen, wenn sein wütender Schmerz zuletzt in den schrecklichen Worten von ihm strömt: »Ich gab euch alles!« – Wie abscheulich zeigt sich uns da der Undank? wie feierlich geloben wir Ehrfurcht und kindliche Liebe! […]

Ich kenne nur *ein* Geheimnis, den Menschen vor Verschlimmerung zu bewahren, und dieses ist – sein Herz gegen Schwächen zu schützen.

Einen großen Teil dieser Wirkung können wir von der Schaubühne erwarten. Sie ist es, die der großen Klasse von Toren den Spiegel vorhält und die tausendfachen Formen derselben mit heilsamem Spott beschämt. Was sie oben durch Rührung und Schrecken wirkte, leistet sie hier (schneller vielleicht und unfehlbarer durch

3 Gestalt der griechischen Mythologie (Argonautensage). Medea verhilft durch Zauberkünste dem Jason zum Goldenen Vlies und flieht mit ihm aus Kolchis. Aus enttäuschter Liebe mordet sie ihre Kinder. Hier Bezug zur dramatischen Gestaltung des Euripides (431 v. Chr.) und Corneille (1635).

4 ›Macbeth‹ von Shakespeare (1623).

5 ›König Lear‹ von Shakespeare (1608). Erst der Sturz führt den König zu Einsicht und Menschlichkeit.

6 König Lears Tochter.

Scherz und Satire. […] Die Schaubühne allein kann unsre Schwächen belachen, weil sie unsrer Empfindlichkeit schont und den schuldigen Toren nicht wissen will – Ohne rot zu werden sehen wir unsre Larve aus ihrem Spiegel fallen und danken insgeheim für die sanfte Ermahnung.

Aber ihr großer Wirkungskreis ist noch lange nicht geendigt. Die Schaubühne ist mehr als jede andere öffentliche Anstalt des Staats eine Schule der praktischen Weisheit, ein Wegweiser durch das bürgerliche Leben, ein unfehlbarer Schlüssel zu den geheimsten Zugängen der menschlichen Seele.

[…]

Nicht bloß auf Menschen und Menschencharakter, auch auf Schicksale macht uns die Schaubühne aufmerksam und lehrt uns die große Kunst, sie zu ertragen. Im Gewebe unsers Lebens spielen *Zufall* und *Plan* eine gleich große Rolle; den letztern lenken *wir*, dem ersten müssen wir uns blind unterwerfen. Gewinn genug, wenn unausbleibliche Verhängnisse uns nicht ganz ohne Fassung finden, wenn unser Mut, unsre Klugheit sich einst schon in ähnlichen übten und unser Herz zu dem Schlag sich gehärtet hat. Die Schaubühne führt uns eine mannigfaltige Szene menschlicher Leiden vor. Sie zieht uns künstlich in fremde Bedrängnisse und belohnt uns das augenblickliche Leiden mit wollüstigen Tränen und einem herrlichen Zuwachs an Mut und Erfahrung. […]

Aber nicht genug, dass uns die Bühne mit Schicksalen der Menschheit bekannt macht, sie lehrt uns auch gerechter gegen den Unglücklichen sein und nachsichtsvoller über ihn richten. […] Menschlichkeit und Duldung fangen an, der herrschende Geist unsrer Zeit zu werden; ihre Strahlen sind bis in die Gerichtssäle und noch weiter – in das Herz unsrer Fürsten gedrungen. Wie viel Anteil an diesem göttlichen Werk gehört unsern Bühnen? Sind sie es nicht, die den Menschen mit dem Menschen bekannt machten und das geheime Räderwerk aufdeckten, nach welchem er handelt?

Eine merkwürdige Klasse von Menschen hat Ursache, dankbarer als alle übrigen gegen die Bühne zu sein. Hier nur hören die Großen der Welt, was sie nie oder selten hören – Wahrheit; was sie nie oder selten sehen, sehen sie hier – den Menschen. […]

Unmöglich kann ich hier den großen Einfluss übergehen, den eine gute stehende Bühne auf den Geist der Nation haben würde. Nationalgeist eines Volks nenne ich die Ähnlichkeit und Übereinstimmung seiner Meinungen und Neigungen bei Gegenständen, worüber eine andere Nation anders meint und empfindet. Nur der Schaubühne ist es möglich, diese Übereinstimmung in einem hohen Grad zu bewirken, weil sie das ganze Gebiet des menschlichen Wissens durchwandert, alle Situationen des Lebens erschöpft und in alle Winkel des Herzens hinunterleuchtet; weil sie alle Stände und Klassen in sich vereinigt und den gebahntesten Weg zum Verstand und zum Herzen hat. Wenn in allen unsern Stücken *ein* Hauptzug herrschte, wenn unsre Dichter unter sich einig werden und einen festen Bund zu diesem Endzweck errichten wollten – wenn strenge Auswahl ihre Arbeiten leitete, ihr Pinsel nur Volksgegenständen sich weihte – mit einem Wort, wenn wir es erlebten, eine Nationalbühne zu haben, so würden wir auch eine Nation. […]

[…] Die Schaubühne ist die Stiftung, wo sich Vergnügen mit Unterricht, Ruhe mit Anstrengung, Kurzweil mit Bildung gattet, wo keine Kraft der Seele zum

Nachteil der andern gespannt, kein Vergnügen auf Unkosten des Ganzen genossen wird. Wenn Gram an dem Herzen nagt, wenn trübe Laune unsre einsame Stunden vergiftet, wenn uns Welt und Geschäfte anekeln, wenn tausend Lasten unsre Seele drücken und unsre Reizbarkeit unter Arbeiten des Berufs zu ersticken droht, so empfängt uns die Bühne – in dieser künstlichen Welt träumen wir die wirkliche hinweg, wir werden uns selbst wiedergegeben, unsre Empfindung erwacht, heilsame Leidenschaften erschüttern unsre schlummernde Natur und treiben das Blut in frischeren Wallungen. Der Unglückliche weint hier mit fremdem Kummer seinen eigenen aus – der Glückliche wird nüchtern und der Sichere besorgt. Der empfindsame Weichling härtet sich zum Manne, der rohe Unmensch fängt hier zum erstenmal zu empfinden an. Und dann endlich – welch ein Triumph für dich, Natur – so oft zu Boden getretene, so oft wieder auferstehende Natur – wenn Menschen aus allen Kreisen und Zonen und Ständen, abgeworfen jede Fessel der Künstelei und der Mode, herausgerissen aus jedem Drange des Schicksals, durch *eine* allwebende Sympathie verbrüdert, in *ein* Geschlecht wieder aufgelöst, ihrer selbst und der Welt vergessen und ihrem himmlischen Ursprung sich nähern. Jeder einzelne genießt die Entzückungen aller, die verstärkt und verschönert aus hundert Augen auf ihn zurückfallen, und seine Brust gibt jetzt nur *einer* Empfindung Raum – es ist diese: ein *Mensch* zu sein.

1▸ Fertigen Sie eine Aufbauskizze dieser Textausschnitte an: Über welche Bereiche spricht Schiller? In welcher Reihenfolge? Mit welcher Zielrichtung? Aus welchen Bereichen wählt er seine Beispiele?

2▸ Welche Wirkungen erwartet Schiller vom Theater? Welche Einsichten soll es vermitteln? Prüfen Sie auch die Gewichtung: Was scheint Schiller entscheidend? Welcher Wirkungszusammenhang wird zwischen Religion, Gesetzen und Bühne hergestellt? Beurteilen Sie dies aus heutiger Sicht.

3▸ Welche Bedeutung hat hier der Verweis auf die »Nation«? Wie versteht Schiller den Begriff? Welche Bedeutung erhält der Begriff »moralisch«? Diskutieren Sie die heutigen Assoziationen dazu.

4▸ Wo wird im Text der politische Hintergrund deutlich? Diskutieren Sie die hier aufgezeigte Beziehung zwischen Bühne, Gesellschaft und Politik. Will Schiller politisches Theater im Sinne Brechts (s.u.)? Erläutern Sie das Menschenbild, von dem Schiller hier ausgeht.

(Der Kommentar:) Bertolt Brecht: Ist das epische Theater etwa eine »moralische Anstalt«? (etwa 1936 e)

Nach Friedrich Schiller soll das Theater eine moralische Anstalt sein. Als Schiller diese Forderung aufstellte, kam es ihm kaum in den Sinn, daß er dadurch, daß er von der Bühne herab moralisierte, das Publikum aus dem Theater treiben könnte. Zu seiner Zeit hatte das Publikum nichts gegen das Moralisieren einzuwenden. Erst später beschimpfte ihn Friedrich Nietzsche als den Moraltrompeter von Säckingen. Nietzsche schien die Beschäftigung mit Moral eine trübselige

Angelegenheit, Schiller erblickte darin eine durchaus vergnügliche. Er kannte nichts, was amüsanter und befriedigender sein konnte, als Ideale zu propagieren. Das Bürgertum ging daran, die Ideen der Nation zu konstituieren. Sein Haus einrichten, seinen eigenen Hut loben, seine Rechnungen präsentieren ist etwas sehr Vergnügliches. Dagegen ist vom Verfall seines Hauses reden, seinen alten Hut verkaufen müssen, seine Rechnungen bezahlen wirklich eine trübselige Angelegenheit, und so sah Friedrich Nietzsche ein Jahrhundert später die Sache. Er war schlecht zu sprechen auf Moral und also auch auf den ersten Friedrich.
Auch gegen das epische Theater wandten sich viele mit der Behauptung, es sei zu moralisch. Dabei traten beim epischen Theater moralische Erörterungen erst an zweiter Stelle auf. Es wollte weniger moralisieren als studieren. Allerdings, es wurde studiert, und dann kam das dicke Ende nach: die Moral von der Geschichte. Wir können natürlich nicht behaupten, wir hätten uns aus lauter Lust zu studieren und ohne anderen, handgreiflicheren Anlaß ans Studium gemacht und seien dann durch die Resultate unseres Studiums völlig überrascht worden. Es gab da zweifellos einige schmerzliche Unstimmigkeiten in unserer Umwelt, schwer ertragbare Zustände, und zwar Zustände, die nicht nur aus moralischen Bedenken heraus schwer zu ertragen waren. Hunger, Kälte und Bedrückung erträgt man nicht nur aus moralischen Bedenken heraus schwer. Auch der Zweck unserer Untersuchungen war es nicht lediglich, moralische Bedenken gegen gewisse Zustände zu erregen (wenngleich solche Bedenken sich leicht einstellen konnten, wenn auch nicht bei allen Zuhörern – solche Bedenken stellten sich zum Beispiel bei denjenigen Zuhörern selten ein, die von den betreffenden Zuständen profitierten!), Zweck unserer Untersuchungen war es, Mittel ausfindig zu machen, welche die betreffenden schwer ertragbaren Zustände beseitigen konnten. Wir sprachen nämlich nicht im Namen der Moral, sondern im Namen der Geschädigten. Das sind wirklich zweierlei Dinge, denn oft wird gerade mit moralischen Hinweisen den Geschädigten gesagt, sie müßten sich mit ihrer Lage abfinden. Die Menschen sind für solche Moralisten für die Moral da, nicht die Moral für die Menschen. Immerhin wird man aus dem Gesagten entnehmen können, wieweit und in welchem Sinn das epische Theater eine moralische Anstalt ist.

5▶ Was fällt sprachlich-stilistisch an Brechts Text auf?

6▶ Wie erklärt Brecht Schillers moralischen Anspruch?

7▶ Welche Rolle spielt die Moral im epischen Theater Brechts?

8▶ Vergleichen Sie beide Auffassungen über die Moral: Gibt es »Lehrstücke« unter Schillers Dramen und große »amoralische« Tragödien bei Brecht?
Prüfen Sie diese Fragen mit konkretem Textbezug, z. B. Schillers Vorstellungen an ›Kabale und Liebe‹, dem entscheidenden Dialog zwischen Marquis Posa und Philipp II. in ›Don Carlos‹ (III, 10), dem großen Monolog Wallensteins in ›Wallensteins Tod‹ (I, 4). Ziehen Sie für Brechts Position z. B. die Schlussszene aus ›Mutter Courage‹ heran oder den Monolog Galileis im 14. Bild.
Wo erkennen Sie Unterschiede?

Die Entlarvung der Scheinwelt

Georg Büchner: Brief an die Familie. Straßburg, 28. Juli 1835

Georg Büchner (1813–1837), politisch engagierter Schriftsteller in der Zeit des Vormärz, Verfasser des ›Hessischen Landboten‹ (1834), der ersten sozialistischen Kampfschrift gegen soziale Missstände, gegen Willkür der Obrigkeit und restaurative Kleinstaaterei im 19. Jahrhundert, schrieb den folgenden Brief an die Familie, nachdem sein im Januar/Februar 1835 entstandenes Drama über die Französische Revolution, ›Dantons Tod‹, erschienen war und die ersten Kritiken erhalten hatte.

[…] Ueber mein Drama muß ich einige Worte sagen: erst muß ich bemerken, daß die Erlaubniß; einige Aenderungen machen zu dürfen, allzusehr benutzt worden ist. Fast auf jeder Seite weggelassen, zugesetzt, und fast immer auf die dem Ganzen nachtheiligste Weise. Manchmal ist der Sinn ganz entstellt oder ganz und gar weg, und fast platter Unsinn steht an der Stelle. Außerdem wimmelt das Buch von den abscheulichsten Druckfehlern. Man hatte mir keinen *Correcturbogen* zugeschickt. Der Titel ist abgeschmackt, und mein Name steht darauf, was ich ausdrücklich verboten hatte; er steht außerdem nicht auf dem Titel meines Manuscripts. Außerdem hat mir der Corrector einige Gemeinheiten in den Mund gelegt, die ich in meinem Leben nicht gesagt haben würde. Gutzkows' glänzende Kritiken habe ich gelesen und zu meiner Freude dabei bemerkt, daß ich keine Anlagen zur Eitelkeit habe. Was übrigens die sogenannte Unsittlichkeit meines Buchs angeht, so habe ich Folgendes zu antworten: der dramatische Dichter ist in meinen Augen nichts, als ein Geschichtschreiber, steht aber über Letzterem dadurch, daß er uns die Geschichte zum zweiten Mal erschafft und uns gleich unmittelbar, statt eine trockne Erzählung zu geben, in das Leben einer Zeit hinein versetzt, uns statt Charakteristiken Charaktere, und statt Beschreibungen Gestalten gibt. Seine höchste Aufgabe ist, der Geschichte, wie sie sich wirklich begeben, so nahe als möglich zu kommen. Sein Buch darf weder *sittlicher* noch *unsittlicher* sein, als die *Geschichte selbst*; aber die Geschichte ist vom lieben Herrgott nicht zu einer Lectüre für junge Frauenzimmer geschaffen worden, und da ist es mir auch nicht übel zu nehmen, wenn mein Drama ebensowenig dazu geeignet ist. Ich kann doch aus einem Danton und den Banditen der Revolution nicht Tugendhelden machen! Wenn ich ihre Liederlichkeit schildern wollte, so mußte ich sie eben liederlich sein, wenn ich ihre Gottlosigkeit zeigen wollte, so mußte ich sie eben wie Atheisten sprechen lassen. Wenn einige unanständige Ausdrücke vorkommen, so denke man an die weltbekannte, obscöne Sprache der damaligen Zeit, wovon das, was ich meine Leute sagen lasse, nur ein schwacher Abriß ist. Man könnte mir nur noch vorwerfen, daß ich einen solchen Stoff gewählt hätte. Aber der Einwurf ist längst widerlegt. Wollte man ihn gelten lassen, so müßten die größten Meisterwerke der Poesie verworfen werden. Der Dichter ist kein Lehrer der Moral, er erfin-

1 Karl Gutzkow (1811–1878), engagierter Schriftsteller des ›Jungen Deutschlands‹, besorgte die Erstveröffentlichung von ›Dantons Tod‹ 1835 in der Zeitschrift ›Phoenix. Frühlingszeitung für Deutschland‹, deren Redakteur er war.

det und schafft Gestalten, er macht vergangene Zeiten wieder aufleben, und die Leute mögen dann daraus lernen, so gut, wie aus dem Studium der Geschichte und der Beobachtung dessen, was im menschlichen Leben um sie herum vorgeht. Wenn man so wollte, dürfte man keine Geschichte studiren, weil sehr viele unmoralische Dinge darin erzählt werden, müßte mit verbundenen Augen über die Gasse gehen, weil man sonst Unanständigkeiten sehen könnte, und müßte über einen Gott Zeter schreien, der eine Welt erschaffen, worauf so viele Liederlichkeiten vorfallen. Wenn man mir übrigens noch sagen wollte, der Dichter müsse die Welt nicht zeigen wie sie ist, sondern wie sie sein solle, so antworte ich, daß ich es nicht besser machen will, als der liebe Gott, der die Welt gewiß gemacht hat, wie sie sein soll. Was noch die sogenannten Idealdichter anbetrifft, so finde ich, daß sie fast nichts als Marionetten mit himmelblauen Nasen und affectirtem Pathos, aber nicht Menschen von Fleisch und Blut gegeben haben, deren Leid und Freude mich mitempfinden macht, und deren Thun und Handeln mir Abscheu oder Bewunderung einflößt. Mit einem Wort, ich halte viel auf Goethe oder Shakespeare, aber sehr wenig auf Schiller. Daß übrigens noch die ungünstigsten Kritiken erscheinen werden, versteht sich von selbst; denn die Regierungen müssen doch durch ihre bezahlten Schreiber beweisen lassen, daß ihre Gegner Dummköpfe oder unsittliche Menschen sind. Ich halte übrigens mein Werk keineswegs für vollkommen, und werde jede wahrhaft ästhetische Kritik mit Dank annehmen. – […]

(Es folgen Mitteilungen von Tagesereignissen.)

1▶ Mit welchen Vorwürfen setzt sich Büchner auseinander?

- ▶ Wie argumentiert er dagegen?
- ▶ Wo setzt seine Kritik vor allem an? Forschungen haben ergeben, dass Büchner die kritisierten Derbheiten in seinem Werk selbst verfasst hat. Weshalb wohl ›empört‹ er sich im Brief?
- ▶ Bringen Sie Ihre Überlegungen in Zusammenhang mit der politisch-gesellschaftlichen Situation, in der sich Büchner befand: Am 13. Juni 1835 war ein Steckbrief gegen ihn erschienen; er wurde der Teilnahme an staatsverräterischen Handlungen bezichtigt. Vor der Verhaftung konnte er nach Straßburg fliehen.

2▶ Erarbeiten Sie, wie Büchner das Verhältnis zwischen Dichtung und Wirklichkeit sieht. Welche Aufgabe hat für ihn das Drama?

- ▶ Wie lässt sich sein dichterisches Selbstverständnis beschreiben?

3▶ Versuchen Sie zu erklären, warum er Schiller so nachdrücklich ablehnt.

- ▶ Welche der Aussagen Schillers im Hinblick auf die Funktion von Schauspiel und Drama sind von Büchners Standpunkt aus besonders angreifbar?
- ▶ Warum trifft diese Kritik Goethe und Shakespeare nicht?
- ▶ Erweitern Sie Ihre Überlegungen, indem Sie zwei Zitate aus Büchners Novelle ›Lenz‹ heranziehen:

  »[…] Da wolle man idealistische Gestalten, aber Alles, was ich davon gesehen, sind Holzpuppen. Dieser Idealismus ist die schmählichste Verachtung der menschlichen Natur. […]«

»[…] Der liebe Gott hat die Welt wohl gemacht wie sie seyn soll, und wir können wohl nicht was Besseres klecksen, unser einziges Bestreben soll seyn, ihm ein wenig nachzuschaffen. Ich verlange in Allem – Leben, Möglichkeit des Daseins, und dann ist's gut; wir haben dann nicht zu fragen, ob es schön, ob es häßlich ist, das Gefühl, daß Was geschaffen sey, Leben habe, stehe über diesen Beiden, und sey das einzige Kriterium in Kunstsachen. Übrigens begegne es uns nur selten, in Shakespeare finden wir es […]«

4▶ Beziehen Sie Büchners Aussagen auf seine Dramen »Woyzeck« (S. 135 ff.), »Dantons Tod«, Rede Dantons (S. 267 ff.). Was finden Sie bestätigt? Von welchem Welt- und Menschenbild geht Büchner aus? Inwiefern ist es ›modern‹?

5▶ Erörtern Sie die Frage, ob ein »unmoralisches« Drama zwangsläufig ein Drama ohne Moral ist.

Die Lehre von der Veränderbarkeit der Welt

Bertolt Brecht (1898–1956) beobachtete und reflektierte seine Arbeit als Bühnenautor sehr genau und begleitete sie mit einer Fülle theoretischer ›Schriften zum Theater‹, bestrebt, die Idee des epischen Theaters als eines gesellschaftspolitischen Lehrtheaters zu einer neuen Theatertheorie zu entwickeln, die als »Theater des wissenschaftlichen Zeitalters«[1] alle Bereiche der Theaterkunst umfasste: Anweisungen an Schauspieler, Aufgabe der Bühnenbildner, Kostümschneider, Choreographen usw.; die »Technik der Verfremdung« war ein wichtiges Mittel zur Beeinflussung des Publikums. 1948 fasste Brecht diese Schriften zum ›Kleinen Organon für das Theater‹ zusammen.

Bertolt Brecht [Gegenüberstellung der dramatischen und der epischen Form des Theaters] (1931 e)

Diese Zusammenfassung seiner Theorie verfasste Brecht 1931 als Anmerkung zu seiner Oper ›Aufstieg und Fall der Stadt Mahagonny‹ und stellte fest: »Das moderne Theater ist das epische Theater.«

Dramatische Form des Theaters	*Epische Form des Theaters*
Die Bühne verkörpert einen Vorgang	sie erzählt ihn
Verwickelt den Zuschauer in eine Aktion und verbraucht seine Aktivität	macht ihn zum Betrachter, aber weckt seine Aktivität
ermöglicht ihm Gefühle	erzwingt von ihm Entscheidungen
Vermittelt ihm Erlebnisse	vermittelt ihm Kenntnisse

1 Bertolt Brecht: Versuche 27/32. Aufbau-Verlag, Berlin 1935, S. 108 f.

der Zuschauer wird in eine Handlung hineinversetzt	er wird ihr gegenübergesetzt
es wird mit Suggestion gearbeitet	es wird mit Argumenten gearbeitet
die Empfindungen werden konserviert	bis zu Erkenntnissen getrieben
der Mensch wird als bekannt vorausgesetzt	der Mensch ist Gegenstand der Untersuchung
der unveränderliche Mensch	der veränderliche und verändernde Mensch
Spannung auf den Ausgang	Spannung auf den Gang
eine Szene für die andere	jede Szene für sich
die Geschehnisse verlaufen linear	in Kurven
natura non facit saltus[1]	facit saltus[2]
die Welt, wie sie ist	die Welt, wie sie wird
was der Mensch soll	was der Mensch muß
seine Triebe	seine Beweggründe
das Denken bestimmt das Sein	das gesellschaftliche Sein bestimmt das Denken

1 Die Natur macht keine Sprünge.
2 Sie macht Sprünge.

1▶ Erarbeiten Sie, welche Funktion das Theater für Brecht hat. Von welcher Aufgabe des Theaters rückt er völlig ab?

2▶ Gehen Sie noch einmal auf die früheren Texte zum Drama zurück: Zu welchen Autoren steht Brecht im Widerspruch, wo finden sich ähnliche Ansätze?

3▶ Prüfen Sie anhand der theoretischen Äußerungen und der Ihnen bekannten Bühnenwerke Brechts den öfter erhobenen Vorwurf, er reduziere die Wirklichkeit auf die gesellschaftliche Realität.

Die politische Theaterarbeit – Der Verfremdungseffekt

Bertolt Brecht: Über eine nichtaristotelische Dramatik (1939 e)

[…] Die Einfühlung ist das große Kunstmittel einer Epoche, in der der Mensch die Variable, seine Umwelt die Konstante ist. Einfühlen kann man sich nur in den Menschen, der seines Schicksals Sterne[1] in der eigenen Brust trägt, ungleich uns.

Es ist nicht schwer, einzusehen, daß das Aufgeben der Einfühlung für das Theater eine riesige Entscheidung, vielleicht das größte aller denkbaren Experimente bedeuten würde.

Die Menschen gehen ins Theater, um mitgerissen, gebannt, beeindruckt, erhoben, entsetzt, ergriffen, gespannt, befreit, zerstreut, erlöst, in Schwung gebracht, aus ihrer eigenen Zeit entführt, mit Illusionen versehen zu werden. All dies ist so selbstverständlich, daß die Kunst geradezu damit definiert wird, daß sie befreit, mitreißt, erhebt und so weiter. Sie ist gar keine Kunst, wenn sie das nicht tut.

Die Frage lautete also: Ist Kunstgenuß überhaupt möglich ohne Einfühlung oder jedenfalls auf einer andern Basis als der Einfühlung?

Was konnte eine solche neue Basis abgeben?

Was konnte an die Stelle von *Furcht* und *Mitleid* gesetzt werden, des klassischen Zwiegespanns zur Herbeiführung der aristotelischen Katharsis? Wenn man auf die Hypnose verzichtete, an was konnte man appellieren? Welche Haltung sollte der Zuhörer einnehmen in den neuen Theatern, wenn ihm die traumbefangene, passive, in das Schicksal ergebene Haltung verwehrt wurde? Er sollte nicht mehr aus seiner Welt in die Welt der Kunst entführt, nicht mehr gekidnappt werden; im Gegenteil sollte er in seine reale Welt eingeführt werden, mit wachen Sinnen. War es möglich, etwa anstelle der Furcht vor dem Schicksal die Wissensbegierde zu setzen, anstelle des Mitleids die Hilfsbereitschaft? Konnte man damit einen neuen Kontakt schaffen zwischen Bühne und Zuschauer, konnte das eine neue Basis für den Kunstgenuß abgeben?

Ich kann die neue Technik des Dramenbaus, des Bühnenbaus und der Schauspielweise, mit der wir Versuche anstellten, hier nicht beschreiben. Das Prinzip besteht darin, anstelle der Einfühlung die *Verfremdung* herbeizuführen.

Was ist Verfremdung?

Einen Vorgang oder einen Charakter verfremden heißt zunächst einfach, dem Vorgang oder dem Charakter das Selbstverständliche, Bekannte, Einleuchtende zu nehmen und über ihn Staunen und Neugierde zu erzeugen. Nehmen wir wieder den Zorn des Lear[2] über die Undankbarkeit seiner Töchter. Vermittels der Einfühlungstechnik kann der Schauspieler diesen Zorn so darstellen, daß der Zuschauer ihn für die natürlichste Sache der Welt ansieht, daß er sich gar nicht vorstellen kann, wie Lear nicht zornig werden könnte, daß er mit Lear völlig solidarisch ist, ganz und gar mit ihm mitfühlt, selber in Zorn verfällt. Vermittels der Verfremdungstechnik hingegen stellt der Schauspieler diesen Learschen Zorn so dar, daß der Zuschauer über ihn staunen kann, daß er sich noch andere Reak-

1 Zitat aus Friedrich Schillers Drama ›Wallenstein‹ (›Die Piccolomini‹ II, 6).
2 Shakespeare: ›König Lear‹.

tionen des Lear vorstellen kann als gerade die des Zornes. Die Haltung des Lear wird verfremdet, das heißt, sie wird als eigentümlich, auffallend, bemerkenswert dargestellt, als gesellschaftliches Phänomen, das nicht selbstverständlich ist. Dieser Zorn ist menschlich, aber nicht allgemein menschlich, es gibt Menschen, die ihn nicht empfänden. Nicht bei allen Menschen und nicht zu allen Zeiten müssen die Erfahrungen, die Lear macht, Zorn auslösen. Zorn mag eine ewig mögliche Reaktion der Menschen sein, aber dieser Zorn, der Zorn, der sich so äußert und seine solche Ursache hat, ist zeitgebunden. Verfremden heißt also Historisieren, heißt Vorgänge und Personen als historisch, also als vergänglich darstellen. Dasselbe kann natürlich auch mit Zeitgenossen geschehen, auch ihre Haltungen können als zeitgebunden, historisch, vergänglich dargestellt werden.
Was ist damit gewonnen? Damit ist gewonnen, daß der Zuschauer die Menschen auf der Bühne nicht mehr als ganz unänderbare, unbeeinflußbare, ihrem Schicksal hilflos ausgelieferte dargestellt sieht. Er sieht: Dieser Mensch ist so und so, weil die Verhältnisse so und so sind. Und die Verhältnisse sind so und so, weil der Mensch so und so ist. Er ist aber nicht nur so vorstellbar, wie er ist, sondern auch anders, so wie er sein könnte, und auch die Verhältnisse sind anders vorstellbar, als sie sind. Damit ist gewonnen, daß der Zuschauer im Theater eine neue Haltung bekommt. Er bekommt den Abbildern der Menschenwelt auf der Bühne gegenüber jetzt dieselbe Haltung, die er als Mensch dieses Jahrhunderts der Natur gegenüber hat. Er wird auch im Theater empfangen als der große Änderer, der in die Naturprozesse und die gesellschaftlichen Prozesse einzugreifen vermag, der die Welt nicht mehr nur hinnimmt, sondern sie meistert. Das Theater versucht nicht mehr, ihn besoffen zu machen, ihn mit Illusionen auszustatten, ihn die Welt vergessen zu machen, ihn mit seinem Schicksal auszusöhnen. Das Theater legt ihm nunmehr die Welt vor zum Zugriff. […]

1▶ Fassen Sie die wichtigsten Aussagen Brechts thesenartig zusammen. Welche Techniken der Verfremdung sind Ihnen in Brechts Stücken aufgefallen?

- Welche halten Sie noch heute für wirkungsvoll, welche möglicherweise für problematisch?
- Diskutieren Sie in diesem Zusammenhang Brechts Aufforderung an die Theaterbesucher: »Glotzt nicht so romantisch!«

Brecht gründete mit Helene Weigel, seiner Frau und wichtigsten Darstellerin in seinen Stücken, das Berliner Ensemble (BE) mit der Aufführung der ›Mutter Courage‹ am 11. 1. 1949. 1954 zog das BE in das Theater am Schiffbauerdamm und eröffnete am 15. Juni mit der Uraufführung des ›Kaukasischen Kreidekreises‹. Die Genauigkeit Brechts im Hinblick auf seine Inszenierungen ist bekannt. Die wenigen Kulissen und Requisiten, jede Geste, hatten dramaturgische Bedeutung.

Der hoffnungslose Fall: Die Welt als Groteske

Friedrich Dürrenmatt: Theaterprobleme (1955 v)

Friedrich Dürrenmatt (geb. 1921 in Bern, gest. 1990 in Neuchâtel) hielt 1955 aus Anlass des Schillergedenkjahres den im folgenden auszugsweise abgedruckten Vortrag. Bis zu diesem Zeitpunkt hatte er ›Romulus der Große‹ (1949), ›Die Ehe des Herrn Mississippi‹ (1952) und die an der Dramaturgie Brechts orientierte Komödie ›Ein Engel kommt nach Babylon‹ (1953) geschrieben. Die großen, erfolgreichen Bühnenstücke, die ihn in den 70er Jahren zum meistgespielten Autor deutschsprachiger Bühnen machten – ›Der Besuch der alten Dame‹ (1956) und ›Die Physiker‹ (1962), in denen er sich mit demselben Problem der Verantwortung der Wissenschaft auseinandersetzt wie Brecht im ›Galilei‹ –, standen noch aus. Die Auseinandersetzung mit Brecht zieht sich, stärker noch als bei Frisch, fast durch seine ganzes Schaffen.

Läßt sich die heutige Welt etwa, um konkret zu fragen, mit der Dramatik Schillers gestalten, wie einige Schriftsteller behaupten, da ja Schiller das Publikum immer noch packe? Gewiß, in der Kunst ist alles möglich, wenn sie stimmt, die Frage ist nur, ob eine Kunst, die einmal stimmte, auch heute noch möglich ist. Die Kunst ist nie wiederholbar, wäre sie es, wäre es töricht, nun nicht einfach mit den Regeln Schillers zu schreiben.

Schiller schrieb so, wie er schrieb, weil die Welt, in der er lebte, sich noch in der Welt, die er schrieb, die er sich als Historiker erschuf, spiegeln konnte. Gerade noch. War doch Napoleon vielleicht der letzte Held im alten Sinne. Die heutige Welt, wie sie uns erscheint, läßt sich dagegen schwerlich in der Form des geschichtlichen Dramas Schillers bewältigen, allein aus dem Grunde, weil wir keine tragischen Helden, sondern nur Tragödien vorfinden, die von Weltmetzgern inszeniert und von Hackmaschinen ausgeführt werden. Aus Hitler und Stalin lassen sich keine Wallensteine mehr machen. Ihre Macht ist so riesenhaft, daß sie selber nur noch zufällige, äußere Ausdrucksformen dieser Macht sind, beliebig zu ersetzen, und das Unglück, das man besonders mit dem ersten und ziemlich mit dem zweiten verbindet, ist zu weitverzweigt, zu verworren, zu grausam, zu mechanisch geworden und oft einfach auch allzu sinnlos. Die Macht Wallensteins ist eine noch sichtbare Macht, die heutige Macht ist nur zum kleinsten Teil sichtbar, wie bei einem Eisberg ist der größte Teil im Gesichtslosen, Abstrakten versunken. Das Drama Schillers setzt eine sichtbare Welt voraus, die echte Staatsaktion, wie ja auch die griechische Tragödie. Sichtbar in der Kunst ist das Überschaubare. Der heutige Staat ist jedoch unüberschaubar, anonym, bürokratisch geworden, und dies nicht etwa nur in Moskau oder Washington, sondern auch schon in Bern, und in heutigen Staatsaktionen sind nachträgliche Satyrspiele, die den im Verschwiegenen vollzogenen Tragödien folgen. Die echten Repräsentanten fehlen, und die tragischen Helden sind ohne Namen. Mit einem kleinen Schieber, mit einem Kanzlisten, mit einem Polizisten läßt sich die heutige Welt besser wiedergeben als mit einem Bundesrat, als mit einem Bundeskanzler. Die Kunst dringt nur noch bis zu den Opfern vor, dringt sie überhaupt zu Menschen, die Mächtigen erreicht sie nicht mehr. Kreons Sekretäre erledigen den Fall Antigone. Der Staat hat seine Gestalt verloren, und wie die Physik die Welt nur noch in mathematischen Formeln wiederzugeben vermag, so ist er nur noch statistisch darzustellen. Sichtbar, Gestalt wird die heutige Macht nur etwa da, wo sie explodiert, in der Atombombe, in diesem wundervollen Pilz, der da aufsteigt und sich ausbreitet, makellos wie die Sonne, bei dem Massenmord und Schönheit eins werden. Die Atombombe kann man nicht mehr darstellen, seit man sie herstellen kann. Vor ihr versagt jede Kunst als eine Schöpfung des Menschen, weil sie selbst eine Schöpfung des Menschen ist. Zwei Spiegel, die sich ineinander spiegeln, bleiben leer.

Doch die Aufgabe der Kunst, soweit sie überhaupt eine Aufgabe haben kann, und somit die Aufgabe der heutigen Dramatik ist, Gestalt, Konkretes zu schaffen. Dies vermag vor allem die Komödie. Die Tragödie, als die gestrengste Kunstgattung, setzt eine gestaltete Welt voraus. Die Komödie – sofern sie nicht Gesellschaftskomödie ist wie bei Molière –, eine ungestaltete, im Werden, im Umsturz begriffene, eine Welt, die am Zusammenpacken ist wie die unsrige. Die Tragödie überwindet die Distanz. Die in grauer Vorzeit liegenden Mythen macht sie den Athenern zur Gegenwart. Die Komödie schafft Distanz, den Versuch der Athener, in Sizilien Fuß zu fassen, verwandelt sie in das Unternehmen der Vögel[1], ihr Reich zu errichten, vor dem Götter und Menschen kapitulieren müssen. Wie die Komödie vorgeht, sehen wir schon in der primitivsten Form des Witzes, in der Zote, in diesem gewiß bedenklichen Gegenstand, den ich nur darum zur Sprache bringe, weil er am deutlichsten illustriert, was ich Distanz schaffen nenne. Die Zote hat zum Gegenstand das rein Geschlechtliche, das darum, weil es das rein Geschlechtliche ist, auch gestaltlos, distanzlos ist, und, will es Gestalt werden, eben Zote wird. Die Zote ist darum eine Urkomödie, ein Transponieren des Geschlechtlichen auf die Ebene des Komischen, die einzige Möglichkeit, die es heute gibt, anständig darüber zu reden, seit die Van-de-Veldes[2] hochgekommen sind. In der Zote wird deutlich, daß das Komische darin besteht, das Gestaltlose zu gestalten, das Chaotische zu formen.
Das Mittel nun, mit der die Komödie Distanz schafft, ist der Einfall. Die Tragödie ist ohne Einfall. Darum gibt es auch wenige Tragödien, deren Stoff erfunden ist. Ich will damit nicht sagen, die Tragödienschreiber der Antike hätten keine Einfälle gehabt, wie dies heute etwa vorkommt, doch ihre unerhörte Kunst bestand darin, keine nötig zu haben. Das ist ein Unterschied. Aristophanes dagegen lebt vom Einfall. Seine Stoffe sind nicht Mythen, sondern erfundene Handlungen, die sich nicht in der Vergangenheit, sondern in der Gegenwart abspielen. Sie fallen in die Welt wie Geschosse, die, indem sie einen Trichter aufwerfen, die Gegenwart ins Komische, aber dadurch auch ins Sichtbare verwandeln. Das heißt nun nicht, daß ein heutiges Drama nur komisch sein könne. Die Tragödie und die Komödie sind Formbegriffe, dramaturgische Verhaltensweisen, fingierte Figuren der Ästhetik, die Gleiches zu umschreiben vermögen. Nur die Bedingungen sind anders, unter denen sie entstehen, und diese Bedingungen liegen nur zum kleineren Teil in der Kunst.

1 Anspielung auf ›Die Vögel‹ des Aristophanes (um 445 – etwa 385 v. Chr.).
2 Theodor Hendrik van de Velde (1873–1937), niederländischer Sexualforscher.

Die Tragödie setzt Schuld, Not, Maß, Übersicht, Verantwortung voraus. In der Wurstelei unseres Jahrhunderts, in diesem Kehraus der weißen Rasse, gibt es keine Schuldigen und auch keine Verantwortlichen mehr. Alle können nichts dafür und haben es nicht gewollt. Es geht wirklich ohne jeden. Alles wird mitgerissen und bleibt in irgendeinem Rechen hängen. Wir sind zu kollektiv schuldig, zu kollektiv gebettet in die Sünden unserer Väter und Vorväter. Wir sind nur noch Kindeskinder. Das ist unser Pech, nicht unsere Schuld: Schuld gibt es nur noch als persönliche Leistung, als religiöse Tat. Uns kommt nur noch die Komödie bei. Unsere Welt hat ebenso zur Groteske geführt wie zur Atombombe, wie ja die apokalyptischen Bilder des Hieronymus Bosch auch grotesk sind. Doch das Groteske ist nur ein sinnlicher Ausdruck, ein sinnliches Paradox, die Gestalt nämlich einer Ungestalt, das Gesicht einer gesichtslosen Welt, und genau so wie unser Denken ohne den Begriff des Paradoxen nicht mehr auszukommen scheint, so auch die Kunst, unsere Welt, die nur noch ist, weil die Atombombe existiert: aus Furcht vor ihr.

Doch ist das Tragische immer noch möglich, auch wenn die reine Tragödie nicht mehr möglich ist. Wir können das Tragische aus der Komödie heraus erzielen, hervorbringen als einen schrecklichen Moment, als einen sich öffnenden Abgrund, so sind ja schon viele Tragödien Shakespeares Komödien, aus denen heraus das Tragische aufsteigt.

Nun liegt der Schluß nahe, die Komödie sei der Ausdruck der Verzweiflung, doch ist dieser Schluß nicht zwingend. Gewiß, wer das Sinnlose, das Hoffnungslose dieser Welt sieht, kann verzweifeln, doch ist diese Verzweiflung nicht eine Folge dieser Welt, sondern eine Antwort, die er auf diese Welt gibt, und eine andere Antwort wäre sein Nichtverzweifeln, sein Entschluß etwa, die Welt zu bestehen, in der wir oft leben wie Gulliver unter den Riesen. Auch der nimmt Distanz, auch der tritt einen Schritt zurück, der seinen Gegner einschätzen will, der sich bereit macht, mit ihm zu kämpfen oder ihm zu entgehen. Es ist immer noch möglich, den mutigen Menschen zu zeigen.

Dies ist denn auch eines meiner Hauptanliegen. Der Blinde, Romulus, Übelohe, Akki[3] sind mutige Menschen. Die verlorene Weltordnung wird in ihrer Brust wieder hergestellt, das Allgemeine entgeht meinem Zugriff. Ich lehne es ab, das Allgemeine in einer Doktrin zu finden, ich nehme es als Chaos hin. Die Welt (die Bühne somit, die diese Welt bedeutet) steht für mich als ein Ungeheures da, als ein Rätsel an Unheil, das hingenommen werden muß, vor dem es jedoch kein Kapitulieren geben darf. Die Welt ist größer denn der Mensch, zwangsläufig nimmt sie so bedrohliche Züge an, die von einem Punkt außerhalb nicht bedrohlich wären, doch habe ich kein Recht und keine Fähigkeit, mich außerhalb zu stellen. Trost in der Dichtung ist oft nur allzu billig, ehrlicher ist es wohl, den menschlichen Blickwinkel beizubehalten. Die Brechtsche These, die er in seiner Straßenszene[4] entwickelt, die Welt als Unfall hinzustellen und nun zu zeigen, wie es zu diesem Unfall gekommen sei, mag großartiges Theater geben, was ja Brecht bewiesen hat, doch muß das meiste bei der Beweisführung unterschlagen werden: Brecht denkt unerbittlich, weil er an vieles unerbittlich nicht denkt.

3 Personen in Stücken Dürrenmatts.
4 Brecht: ›Die Dialektik auf dem Theater‹.

Endlich: Durch den Einfall, durch die Komödie wird das anonyme Publikum als Publikum erst möglich, eine Wirklichkeit, mit der zu rechnen, aber die auch zu berechnen ist. Der Einfall verwandelt die Menge der Theaterbesucher besonders leicht in eine Masse, die nun angegriffen, verführt, überlistet werden kann, sich Dinge anzuhören, die sie sich sonst nicht so leicht anhören würde. Die Komödie ist eine Mausefalle, in die das Publikum immer wieder gerät und immer noch geraten wird. Die Tragödie dagegen setzt eine Gemeinschaft voraus, die heute nicht immer ohne Peinlichkeit als vorhanden fingiert werden kann: Es gibt nichts Komischeres etwa, als in den Mysterienspielen der Anthroposophen als Unbeteiligter zu sitzen. […]

5 Anspielung auf Shakespeare: Hamlet, II, 2, Vers 641 f., III, 2, Vers 50.

1▶ Worin unterscheidet sich nach Dürrenmatt die heutige Welt von der Schillers? Welche Folgen haben die Unterschiede für die Gestaltung der Theaterstücke?
- ▶ Wie unterscheiden sich Tragödie und Komödie?
- ▶ Diskutieren Sie im Vergleich zu Dürrenmatts ›Helden‹ Schillers Aphorismus über die Heroen der Tragödie: »Die Tragödie macht uns nicht zu Göttern, weil Götter nicht leiden können; sie macht uns zu Heroen, d. i. zu göttlichen Menschen, oder, wenn man will, zu leidenden Göttern, Titanen. Prometheus, der Held einer der schönsten Tragödien, ist gewissermaßen ein Sinnbild der Tragödie selbst.«

2▶ Untersuchen und diskutieren Sie folgende Textstellen genauer: »Aus Hitler und Stalin lassen sich keine Wallensteine mehr machen«; »Die Kunst dringt nur noch bis zu den Opfern vor«; »Uns kommt nur noch die Komödie bei.«

3▶ Welche Funktion erhält das Theater bei Dürrenmatt im Gegensatz zu Brecht?

Friedrich Dürrenmatt: 21 Punkte zu den ›Physikern‹ (1962 v)

1 Ich gehe nicht von einer These, sondern von einer Geschichte aus.
2 Geht man von einer Geschichte aus, muß sie zu Ende gedacht werden.
3 Eine Geschichte ist dann zu Ende gedacht, wenn sie ihre schlimmstmögliche Wendung genommen hat.
4 Die schlimmstmögliche Wendung ist nicht voraussehbar. Sie tritt durch Zufall ein.
5 Die Kunst des Dramatikers besteht darin, in einer Handlung den Zufall möglichst wirksam einzusetzen.
6 Träger einer dramatischen Handlung sind Menschen.
7 Der Zufall in einer dramatischen Handlung besteht darin, wann und wo wer zufällig wem begegnet.
8 Je planmäßiger die Menschen vorgehen, desto wirksamer vermag sie der Zufall zu treffen.
9 Planmäßig vorgehende Menschen wollen ein bestimmtes Ziel erreichen. Der Zufall trifft sie dann am schlimmsten, wenn sie durch ihn das Gegenteil ihres Zieles erreichen: das, was sie befürchteten, was sie zu vermeiden suchten [z. B. Ödipus].

10 Eine solche Geschichte ist zwar grotesk, aber nicht absurd [sinnwidrig].

11 Sie ist paradox.

12 Ebenso wenig wie die Logiker können die Dramatiker das Paradoxe vermeiden.

13 Ebenso wenig wie die Logiker können die Physiker das Paradoxe vermeiden.

14 Ein Drama über die Physiker muß paradox sein.

15 Es kann nicht den Inhalt der Physik zum Ziele haben, sondern nur ihre Auswirkung.

16 Der Inhalt der Physik geht die Physiker an, die Auswirkung alle Menschen.

17 Was alle angeht, können nur alle lösen.

18 Jeder Versuch eines Einzelnen, für sich zu lösen, was alle angeht, muß scheitern.

19 Im Paradoxen erscheint die Wirklichkeit.

20 Wer dem Paradoxen gegenübersteht, setzt sich der Wirklichkeit aus.

21 Die Dramatik kann den Zuschauer überlisten, sich der Wirklichkeit auszusetzen, aber nicht zwingen, ihr standzuhalten oder sie gar zu bewältigen.

Friedrich Dürrenmatt: Die Physiker. Schlusswort (1962 v)

MÖBIUS [Physiker]: Ich bin Salomo. Ich bin der arme König Salomo. Einst war ich unermeßlich reich, weise und gottesfürchtig. Ob meiner Macht erzitterten die Gewaltigen. Ich war ein Fürst des Friedens und der Gerechtigkeit. Aber meine Weisheit zerstörte meine Gottesfurcht, und als ich Gott nicht mehr fürchtete, zerstörte meine Weisheit meinen Reichtum. Nun sind die Städte tot, über die ich regierte, mein Reich leer, das mir anvertraut worden war, eine blauschimmernde Wüste, und, irgendwo, um einen kleinen, gelben, namenlosen Stern, kreist, sinnlos, immerzu, die radioaktive Erde. Ich bin Salomo, ich bin Salomo, ich bin der arme König Salomo.

Dokumentation statt Fiktion?

Peter Weiss: Das Material und die Modelle. Notizen zum dokumentarischen Theater (1968 v)

Peter Weiss (geb. 1916 in Nowawes bei Berlin, gest. 1982 in Stockholm) veröffentlichte die ›Notizen« 1968 in der Zeitschrift ›Theater heute‹ und 1977 als Aufsatz: ›Das Material und die Modelle‹. 1965 hatte er mit dem Oratorium ›Die Ermittlung‹, der bühnenmäßigen Umsetzung von Akten des Auschwitz-Prozesses, ein Hauptwerk des ›Dokumentarischen Theaters‹ verfasst. ›Die Verfolgung und Ermordung des Jean Paul Marat [...]‹ (1964) zeigt bereits dokumentarische Ansätze, ist jedoch eher der ›Schaubuden‹-Tradition und dem absurden oder surrealistischen Theater verpflichtet.

Begründer: E. Piscator

Die Tradition des dokumentarischen Theaters wurde in Berlin u. a. durch den Regisseur und Theaterleiter Erwin Piscator (1893–1966) und die von ihm ins Leben gerufene ›proletarische‹ Kulturbewegung des Agitproptheaters begründet. Piscator war beratend noch an den großen Aufführungen der 60er Jahre, von Rolf Hochhuths ›Der Stellvertreter‹ (1963) (er entdeckte Hochhuth als Schriftsteller), von Heinar Kipphardts ›In der Sache J. Robert Oppenheimer‹ (1964) und an Weiss' ›Die Ermitt-

In den 60er Jahren: Hochhuth, Kipphardt

lung‹ (1965) beteiligt. Hintergrund der Aufarbeitung dieser belastenden Themen (Rolle der katholischen Kirche im Dritten Reich, Hiroshima und die Atombombe, Auschwitz) ist die zunehmende Politisierung der Schriftsteller und Intellektuellen in den 60er Jahren. Böll sagte 1961: »Dass der Autor engagiert sein soll, halte ich für selbstverständlich. Für mich ist das Engagement die Voraussetzung, es ist sozusagen die Grundierung.«

1.

Das dokumentarische Theater ist ein Theater der Berichterstattung. Protokolle, Akten, Briefe, statistische Tabellen, Börsenmeldungen, Abschlussberichte von Bankunternehmen und Industriegesellschaften, Regierungserklärungen, Ansprachen, Interviews, Äußerungen bekannter Persönlichkeiten, Zeitungs- und Rundfunkreportagen, Fotos, Journalfilme und andere Zeugnisse der Gegenwart bilden die Grundlage der Aufführung. Das dokumentarische Theater enthält sich jeder Erfindung, es übernimmt authentisches Material und gibt dies, im Inhalt unverändert, in der Form bearbeitet, von der Bühne aus wieder. Im Unterschied zum ungeordneten Charakter des Nachrichtenmaterials, das täglich von allen Seiten auf uns eindringt, wird auf der Bühne eine Auswahl gezeigt, die sich auf ein bestimmtes, zumeist soziales oder politisches Thema konzentriert. Diese kritische Auswahl, und das Prinzip, nach dem die Ausschnitte der Realität montiert werden, ergeben die Qualität der dokumentarischen Dramatik. [...]

5.

[...] Das dokumentarische Theater, das eine Zusammenfassung des latenten Zündstoffes wiedergibt, versucht, die Aktualität in seiner Ausdrucksform beizubehalten. Doch schon beim Komponieren des Materials zu einer geschlossenen Aufführung, festgesetzt auf einen bestimmten Zeitpunkt und auf einen begrenzten Raum mit Agierenden und Zuschauern, werden dem dokumentarischen Theater andere Bedingungen gestellt als die, die für das unmittelbare politische Eingreifen gelten. Die Bühne des dokumentarischen Theaters zeigt nicht mehr augenblickliche Wirklichkeit, sondern das Abbild von einem Stück Wirklichkeit, herausgerissen aus der lebendigen Kontinuität. [...]

8.

Die Stärke des dokumentarischen Theaters liegt darin, dass es aus den Fragmenten der Wirklichkeit ein verwendbares Muster, ein Modell der aktuellen Vorgänge, zusammenzustellen vermag. Es befindet sich nicht im Zentrum des Ereignisses, sondern nimmt die Stellung des Beobachtenden und Analysierenden ein. Mit seiner Schnitttechnik hebt es deutliche Einzelheiten aus dem chaotischen Material der äußeren Realität hervor. Durch die Konfrontierung gegensätzlicher Details macht es aufmerksam auf einen bestehenden Konflikt, den es dann, anhand seiner gesammelten Unterlagen, Zu einem Lösungsvorschlag, einem Appell oder einer grundsätzlichen Frage bringt. Was bei der offenen Improvisation, beim politisch gefärbten Happening, zur diffusen Spannung, zur emotionalen Anteilnahme und zur Illusion eines Engagements am Zeitgeschehen führt, wird im dokumentarischen Theater aufmerksam, bewusst und reflektierend behandelt. [...]

10.
Das dokumentarische Theater ist parteilich. Viele seiner Themen können zu nichts anderem als zu einer Verurteilung geführt werden. Für ein solches Theater ist Objektivität unter Umständen ein Begriff, der einer Machtgruppe zur Entschuldigung ihrer Taten dient. Der Ruf nach Mäßigkeit und Verständnis wird als ein Ruf derer gezeigt, die ihre Vorteile nicht verlieren möchten. […]

1▶ Fassen Sie die Merkmale des dokumentarischen Theaters (nach Weiss) bündig zusammen. Wie entsteht die ›Qualität‹ dieser Theaterform? Was soll sie offenkundig nicht sein? Welche Themen werden verwendet, welche ausgespart? Begründen Sie dies aus der Gesamttheorie.

2▶ Inwieweit setzt Weiss die didaktisch-kritische Position Brechts fort, inwieweit ist er aber auch von den ›Modellen‹ Dürrenmatts und Frischs beeinflusst?

3▶ Die Notwendigkeit des dokumentarischen Theaters wurde in den 60er Jahren u.a. auch damit begründet, dass es eines Gegengewichts zum Einfluss der Massenmedien bedürfe. Diskutieren Sie diesen Gedanken.

Peter Weiss: Die Ermittlung (1965 v)

Grundlage bilden die Akten des Auschwitz-Prozesses 1963–1965 in Frankfurt gegen die Wachmannschaft des Konzentrationslagers. Weiss zog außerdem Zeitungsartikel heran, vor allem die Prozessberichte in der Frankfurter Allgemeinen Zeitung von Bernd Naumann. Eine erste, bereits rhythmisierte Fassung erschien als ›Frankfurter Auszüge‹ im Juni 1965 im ›Kursbuch‹ 1. Weiss behandelte den Stoff aus persönlichen Gründen (jüdische Herkunft, Emigrantenschicksal) und aus politischen Motiven (Abrechnung mit den Nationalsozialisten, die noch immer in der Öffentlichkeit wirkten).

Weiss benutzt nur die Aussagen der Angeklagten und die Protokolle der Beweisaufnahme (Plädoyers, Gutachten, Schlussworte, Urteilsbegründungen bleiben ausgespart). Gesamtgestaltung: Trotz überwiegend wortwörtlicher Textübernahme greift Weiss deutlich gestaltend ein. Analog zu Dantes ›Inferno‹ bildet er 11 Gesänge mit jeweils drei Verhören als sich steigernde Schilderung von Leiden und Tod, orientiert an der Topographie des Lagers: Rampe, Bunker usw.

In einer symbolischen Zahlenzuordnung um die Drei gibt es drei Mitglieder des Tribunals, neun anonyme Zeugen (statt mehr als 300), 18 Angeklagte (die Hauptschuldigen von 43 mit Namen); die Vielzahl von Verteidigern und Anklägern wird jeweils in einer Person konzentriert.

9 Gesang vom Bunkerblock (II)

RICHTER: Wie groß waren die übrigen Zellen
des Bunkers
ZEUGE 9: Diese Zellen waren etwa
3 mal 2½ Meter groß
Einige von ihnen waren Dunkelzellen
die andern hatten oben eine Fensterluke
die mit einem Betonsockel ummauert war
Luft kam nur durch eine Öffnung
oben in der Wand
Diese Öffnung war nicht größer
als die Handfläche
RICHTER: Wie viele Zellen dieser Art gab es
ZEUGE 9: 28 Zellen
RICHTER: Wie viele Häftlinge
konnten in einer Zelle untergebracht werden
ZEUGE 9: In solch einem Raum befanden sich manchmal
bis zu 40 Häftlingen
RICHTER: Wie lange mussten sie dort bleiben
ZEUGE 9: Oftmals einige Wochen
Der Häftling Bogdan Glinski
war sogar 17 Wochen darin
vom 13. November 1942 bis zum
9. März 1943
RICHTER: Was für Einrichtungen enthielt die Zelle
ZEUGE 9: Es befand sich dort nur ein Holzkasten
mit einem Kübel
RICHTER: Nach welchen Anordnungen
wurden die Häftlinge dort eingeschlossen
ZEUGE 9: Auch hier galt die Strafe entweder
nächtlicher Einsperrung
oder Einsperrung auf längere Zeit
Und auch hier wurde Einsperrung
mit Kostentzug praktiziert
RICHTER: Herr Zeuge
Welcher Bestrafung
wurden Sie unterzogen
ZEUGE 9: Ich verbrachte dort 2 Nächte
RICHTER: Wollen Sie uns den Verlauf beschreiben
ZEUGE 9: Um 9 Uhr abends hatte ich mich
im Block Elf zu melden
zusammen mit 38 anderen Häftlingen
Der Blockälteste meldete
dem diensthabenden Blockführer
den Zahlenstand
Dann führte er uns in den Keller

wo er uns in Zelle Zwanzig einschloss
Um 10 Uhr war die Luft schon stickig geworden
Wir standen eng aneinandergedrängt
Wir konnten weder sitzen noch liegen
Bald erreichte die Temperatur eine solche Höhe
dass wir anfingen
unsere Jacken und Hosen auszuziehn
Gegen Mitternacht konnte man nicht mehr stehn
Einige sackten zusammen
die andern hingen aneinander
Die meisten wurden unruhig
stießen einander und verfluchten
sich gegenseitig
Die Gerüche
die die erstickenden Menschen von sich gaben
vermischten sich mit dem Gestank
aus dem Kübel
Die Schwächeren wurden zertreten
Die Stärkeren führten einen Kampf
um einen Platz an der Tür
wo ein bisschen Luft durchkam
Wir schrien und schlugen an die Tür
wir stemmten uns dagegen
doch sie gab nicht nach
Ab und zu wurde draußen das Guckloch geöffnet
und der wachthabende Schließer
sah zu uns hinein
Um 2 Uhr nachts hatten die meisten
das Bewusstsein verloren
Am Morgen
nach der Öffnung um 5 Uhr
zog man uns heraus
und legte uns auf den Korridor
Alle waren wir nackt
Von den 39 waren noch 19 am Leben
von diesen 19 wurden 6
in den Krankenbau abtransportiert
wo weitere 4 starben

ZEUGE 3: Ich gehöre dem Leichenkommando an
das die Hungerzellen zu räumen hatte
Oft waren Tote dabei
die am Gesäß und an den Schenkeln
angebissen waren
Diejenigen
die es am längsten ausgehalten hatten
waren manchmal ohne Finger
Ich fragte den Bunkerjakob

der überall die Aufsicht führte
Wie kannst du das ertragen
Da sagte er
Gelobt sei
was hart macht
Mir geht es gut
ich esse die Rationen
von denen da drinnen
Ihr Tod rührt mich nicht
Dies alles rührt mich so wenig
wie es den Stein rührt
in der Mauer

4▶ Erklären Sie die Wirkung und Zielsetzung des Textes. Was wird aus der Dokumentation? Was bewirkt die Anordnung und Rhythmisierung der Aussagen? Arbeiten Sie direkt am Text.
Warum hat Weiss wohl alle emotionalen Äußerungen weggelassen?
Suchen Sie eine Begründung für die Anonymität der Zeugen und die Benennung der Angeklagten.

5▶ Setzen Sie Textauszug und Notizen zum Theater in Beziehung.

6▶ Die Frage, ob es *nach* Auschwitz überhaupt noch möglich sei, zu schreiben, gar *über* Auschwitz zu schreiben, hat die Schriftsteller in diesen Jahren sehr bewegt. Diskutieren Sie das Problem anhand der Möglichkeit, die Weiss hier vorstellt, und vergleichen Sie sie mit Celans ›Todesfuge‹ (s. S. 45 f.).

7▶ Machen Sie sich, ausgehend von der abschließenden Stellungnahme Kipphardts[1] (1922–1982) zur Situation des Theaters heute, Gedanken über gegenwärtige Tendenzen und Möglichkeiten. Denken Sie dabei u. a. an Botho Strauß, Thomas Bernhard, Franz Xaver Kroetz und die Inszenierungen George Taboris. Werden die Tatsachen unserer Welt – nach Kipphardt – in die »Geschichten« der Bühne aufgenommen und die »Genüsse« »dadurch nicht kleiner«?

1 Thema von Heinar Kipphardts Dokumentarstück ›In der Sache J. Robert Oppenheimer‹ ist der Prozess gegen den Atomphysiker J. R. Oppenheimer, der 1954 wegen des Vorwurfs, die Entwicklung der Wasserstoffbombe verzögert zu haben, vor dem Sicherheitsausschuss des US-Senats verhört wurde.

Heinar Kipphardt: Warum wenden sich einige der heutigen Bühnenschriftsteller von den herkömmlichen Formen der Theaterstücke ab,

die uns so lange Zeit glänzend unterhalten haben und die es mit gewissen Einschränkungen noch heute tun? Warum verschmähen sie insbesondere das Familienstück, das subtile Seelendrama und die erhebenden Wandlungen, die aus Gewissensentscheidungen hervorgehen, wie sie der wunderbare Ibsen in seinen letzten Akten stets bietet? Ist das Theater in seinem gegenwärtigen Zustand nicht gerade darauf hervorragend eingerichtet? Warum brauchen sie für ihre

Begebenheiten in der Regel so viele Schauspieler und so viele Schauplätze? Ist das Unfähigkeit?

Es scheint, sie bringen die Stoffe, die sie auf dem Theater behandeln wollen, nicht in die Familienstücke hinein, es scheint, sie können die komplizierte Wirklichkeit, die sie zeigen wollen, nicht in ein Seelendrama zwingen. Sie finden es nicht zureichend, die Welt im seelischen Reflex einiger Menschen abzubilden. Sie wollen nicht nur die Gardine zeigen, die ins Zimmer weht, sondern auch den Wind, der sie bewegt. Nicht nur die Wirkung, sondern auch die Ursache. Das Wie und das Warum. Die Armut kommt nicht von der Povertät, die Trauer nicht von der Traurigkeit, der Krieg nicht von kriegerischen Trieben. Geld kann sehr sinnlich machen; ein Krieg, der verloren geht, kann die Entscheidungen der Militärs zunehmend sittlicher machen. Selbst KZ-Kommandanten bekommen da hamletische Züge. Übrigens vollkommen real, nicht heuchlerisch. Zureichende Beschreibungen der Wirklichkeit können auch auf dem Theater nicht durch die bloße Abbildung der psychischen Reaktionen auf die Wirklichkeit geliefert werden. Die Methode des psychologischen Theaters, die darauf verzichtet, die wirklich bewegenden Kräfte der großen Welt darzustellen, legt vielmehr die Annahme nahe, dass der Gang der Welt von psychischen Haltungen ursächlich bestimmt sei. Die moderne Wissenschaft von der Natur und der Gesellschaft weiß das anders. Aber es wird nicht bestritten, dass das psychologische Theater bedeutende Beiträge zur Kenntnis der menschlichen Seele geliefert hat. Nur ist der Ausschnitt zu klein. Der Wassertropfen, Welt abbildend, liefert nicht nur unzureichende, sondern eben verzerrte Bilder. Die auf dem Theater auf diese Weise erzählten Geschichten, große Kunst der Erzählung durchaus vorausgesetzt – sind unwahr durch ihre Beschränktheit. Die unbegrenzt offene Welt, die erkennbar ist, die sich verändert, die durch den Menschen veränderbar ist, kommt als eine öde Wiederkehr des Gleichen, der gleichen Triebe, der gleichen psychischen Grundsituationen zur Darstellung. Die großen, solitären Wandlungen aus Gewissensnot finden zur Zeit nur noch auf dem Theater statt, dieser Oase der Unwirklichkeit, die es aber nicht bleiben kann, ohne Schaden zu nehmen.

Wie immer, die Kunst des Theaters muss sich in den Stand versetzen, die Tatsachen unserer Welt in die Geschichten aufzunehmen, die sie erzählt, und die Genüsse, die das Theater bereitet, dürfen dadurch nicht kleiner werden.

(1964 v)

Exkurs: Theater heute – welche Traditionen, welche Themen?

Bereits bei den Arbeiten zum Thema: Drama ist deutlich geworden, dass die Einbeziehung der szenischen Umsetzung im Theater auf der Bühne eine wichtige Facette der Betrachtung sein muss. Daher kommt der begleitenden Wahrnehmung der Theaterszene neben der unterrichtlichen Texterarbeitung eine besondere Bedeutung zu.

1▸ Recherchieren Sie in der Stadt oder dem Umfeld, in dem Sie leben, welche Autoren und Stücke auf dem Spielplan der Ihnen zugänglichen Theater stehen. Erstellen Sie daraus eine Übersicht und werten Sie sie aus. – Können Sie Schwerpunkte feststellen? Wenn Sie die bevorzugten Autoren/Autorinnen bzw. Stücke kennen, setzen Sie sich mit möglichen Gründen für diese »Vorliebe« auseinander.

Für die Theaterlandschaft der letzten Jahrzehnte sind eine Reihe von Autoren in besonderer Weise prägend geworden, entweder weil sie bestimmte Traditionen in der Auseinandersetzung z. B. mit B. Brecht fortsetzen oder wiederentdecken oder weil sie neue Akzente setzen und nicht einzuordnen sind. Dazu gehören:

Thomas Bernhard, österreichischer Schriftsteller (1931–1989)

Die Themen seiner Theaterstücke sind Tod, Einsamkeit des Menschen, Zerstörung der Welt. Pessimismus, Groteske und eine fast immer monologische Grundstruktur: »Einer redet, einer schweigt« (Georg Hensel, in Spielplan, Bd. 3, Ullstein 1981, S. 1413) kennzeichnen seine häufig einzelnen Schauspielern gewidmeten Stücke, von denen » Die Jagdgesellschaft« (1974), »Minetti« (1976), und vor allem das heftig umstrittene Schauspiel »Heldenplatz« (1988), das die österreichische Nazi-Vergangenheit entlarvend auf die Bühne bringt, immer wieder aufgeführt werden.

Tankred Dorst (* 1925)

Mit seinen sehr unterschiedlichen Produktionen vom Einakter über Revuen bis zum Rückgriff auf das mythologische Modell des Arthushofs hat Dorst immer wieder deutlich gemacht, dass er das Theater selbst für wichtiger hält als eine Weltanschauung. Daher sind auch hochpolitische Themen bei ihm immer aus der Sicht von Einzelschicksalen gestaltet. Die Komödie »Auf dem Chimborazo« (1973) – Epilog auf eine bürgerliche Familie von 1925 bis 1970 – oder »Eiszeit« (1972) über den norwegischen Schriftsteller Hansen bleiben – vor allem durch Fernsehadaptionen – auf dem Spielplan.

Botho Strauß (* 1944)

Mehrere Jahre Dramaturg und Mitarbeiter von Peter Stein in der Anfangsphase der später legendären Schaubühne in Berlin, nutzt in seinen Stücken eine dem Film entlehnte Schnitt- und Blendentechnik, um die durch ein Überangebot an gleichzeitigen Informationen sinnentleerte Sprache zwischen den Individuen, die sich nicht mehr als solche kenntlich machen können, zu verdeutlichen: absurd und surreal, mit mythologischen Zitaten und Anspielungen. Ständig auf den Bühnen präsent sind u. a.: Trilogie des Wiedersehens (1976), Kalldewey, Farce (1981), Der Park (1983).

Elfriede Jelinek, österreichische Schriftstellerin (* 1946)
sieht sich u. a. in der Tradition Brechts, aufklärerisch zu wirken hinsichtlich der manipulierenden Wirkung von trivialer Massenliteratur, der Unterdrückung der Frau durch nach wie vor wirkende kleinbürgerliche Normvorstellungen und der unaufgearbeiteten nationalistischen Tendenzen in Österreich. »Clara S.« (1983) ist als Schauspiel bekannt geworden – insgesamt steht Jelinek auch in der Tradition Ödön v. Horváths. 2004 Nobelpreis für Literatur.

Rolf Hochhuth (* 1931)
Mit dem Dokumentarstück »Der Stellvertreter« (1963) über die Haltung des Vatikans und Papst Pius XII gegenüber dem NS-Regime gelang ihm nicht nur ein weltweiter Bühnenerfolg. Er begründete damit eine Linie, die er konsequent in seinen Büchern (u. a. Soldaten, 1967; Juristen, 1979) bis heute verfolgt: Das Theater ist wieder »moralische Anstalt«, und Zeitgeschichte wird schonungslos auf die Bühne gebracht, auch mit dem Risiko zu zeit- und situationsgebundener Wirkung.

Heiner Müller (1929–1995)
einer der bedeutendsten, aber auch umstrittensten deutschsprachigen Dramatiker der Gegenwart. Ursprünglich verfolgt er in der literarischen Nachfolge Brechts die Lehrstück-Konzeption (u. a. Der Lohndrücker, 1957; Der Bau, 1975), in der er sich mit der gesellschaftlichen Realität in der ehemaligen DDR auseinandersetzt. In der Folgezeit entstehen Dramen auf der Grundlage antiker, klassischer Stoffe mit zeitgemäßer politisch-gesellschaftlicher Aktualisierung: u. a. Philoktet, 1965; Heracles, 1966; Macbeth, 1972. Sehr bekannt wird: »Germania Tod in Berlin«, 1977, im gleichen Jahr »Die Hamletmaschine«.

Franz Xaver Kroetz (* 1946)
gehört seit den 70er Jahren zu den meistgespielten deutschen Dramatikern. Bereits in seinem ersten Werk »Wildwechsel« (1968) geht er von einem alltäglichen »Grauen« aus, der brutalen Realität beschädigter Menschen, wie später in »Stallerhof« (1972). In der Fortsetzung von Ödön v. Horváths Volksstück-Konzeption werden Dramen wie »Oberösterreich« (1972), »Mensch, Meier« (1978), »Der stramme Max« (1980) große Bühnenerfolge.

Themen zum gestaltenden Erschließen

Hierfür eignen sich Entwürfe für in den Schauspielen nicht auskomponierte Dialoge oder Monologe, Darstellung der »Biografie« einer Rolle oder die Skizzierung der Gestaltung einer Szene mit Regieanweisungen. Dabei gilt: Die eigene Gestaltungsarbeit ist Teil der Texterschließung, sie ist eine besondere Form der Annäherung und muss daher die in der Vorlage angelegten Grundstrukturen genau herausarbeiten und beachten.

Mögliche Themen

1▶ »Andorra« von Max Frisch
Entwerfen Sie die »Zeugenaussage«, die nicht gemacht wird - von Andri, der Hauptperson, dem Opfer. Was hätte er zu seinem Fall, dem Fall eines Nicht-Juden, der zum Juden gestempelt wird und sich fast zwanghaft dem »Vorurteil« annähert, auszusagen?

2▶ »Die Physiker« von Friedrich Dürrenmatt
Dieses Stück beginnt mit einem langen Prolog und endet - sehr ernst - mit der apokalyptischen Vision des Königs Salomon. Dürrenmatt hat offenbar in der Entstehungszeit bewusst auf einen Epilog, der den ironischen Ton des Prologs wieder aufnimmt, verzichtet.
Heute - angesichts vielfältiger gewordener Bedrohungsszenarien, die sich in ihrer Intensität schon wieder absurd konterkarieren - könnte ein anderer Schluss möglich erscheinen.
Entwerfen Sie einen Epilog aus heutiger Sicht, der die ironischen Brechungen des Prologs wieder aufnimmt.

3▶ Entwerfen Sie für eine der Ihnen bekannten kurzen Erzählungen/Parabeln von Franz Kafka (z. B. Die kaiserliche Botschaft, Auf der Galerie, Heimkehr, Der Nachbar) eine szenische Umsetzung mit reduzierten Darstellungsmitteln (Personal, Requisiten, Szenenablauf, ggf. kurze Sprechtexte und/oder pantomimische Strukturen).

B Erörterndes Erschließen

- Einführung in die Argumentation – Argumentationsübungen
- Beispiel zur Texterörterung
- Im Mittelpunkt: Literarische Erörterung
- Klausurthemen und Schulung in argumentativen Strategien
- Arbeit an Sachtexten und nichtlinearen Materialien

Erster Teil: Einführung in die Argumentation

Definition

Argumente sind die wichtigsten Bauelemente gedanklicher Überzeugungsstrategien. Mit ihnen werden Behauptungen und Forderungen einleuchtend begründet. In der Tradition der Rhetorik (s. Kapitel E Rhetorik) ist ein Argument der auf einer Tatsache beruhende, schlagende (treffende) Beweisgrund.

In einer Argumentation werden stichhaltige Argumente in einer sich logisch entwickelnden Abfolge zu einem zwingenden Schluss geführt.

Die gründliche gedankliche Durchdringung und die sprachliche Ausformung der Argumentation sind entscheidend für die Überzeugungskraft, denn für die zugrunde liegenden Probleme gibt es meist keine absolut gültige Lösung, die in der Stringenz eines mathematischen Beweises dargestellt werden könnte.

Geschichte

Die antike Gerichtsrede ist ein erster Höhepunkt der Argumentationskunst. These (Setzung, Behauptung) und Gegenthese (Gegenansicht, Verneinung) bestimmen deren Aufbau.

In der mittelalterlichen »Disputatio«, dem wissenschaftlichen Streitgespräch vor allem im 13.–15. Jahrhundert, wird die Tradition fortgesetzt. Der Gelehrtenstreit um theologische und philosophische Grundfragen fand öffentlich statt; so auch die Disputatio zwischen Martin Luther und Johann Mayer von Eck über Luthers reformatorische Thesen 1519 in Leipzig.

Das Instrumentarium des Argumentierens wurde ausgefeilt und erlernbar, trainierbar gemacht. Es gibt unterschiedliche, z. T. noch heute verwendete Grundmuster, z. B. den Fünfsatz (s. u.).

Vor allem im angelsächsischen Raum wird die kunstvolle Form geistiger Auseinandersetzung noch heute geübt und beherrscht, was die zahlreichen »Discussion Clubs« und »Debating Societies« beweisen.

Aufbau einer Argumentation

Eine Argumentation hat üblicherweise folgende Struktur:

1. These (Behauptung) ↓	Steuererhöhungen sind in der gegenwärtigen Situation kein geeignetes Mittel,
2. Argument (Beweisgrund) ↓	weil dadurch der private Konsum eingeschränkt wird.
3. Beispiel (Veranschaulichung) ↓	Die verfügbare Geldmenge in einem Durchschnittshaushalt mit vier Personen ginge dann um … zurück.
4. Schlussfolgerung	Die Konjunktur würde sich erheblich abschwächen, also sind Steuererhöhungen zum gegenwärtigen Zeitpunkt abzulehnen.

Akzeptanz von Argumenten

Damit eine Argumentation als überzeugend anerkannt wird, bedarf es gemeinsamer Denkvoraussetzungen und Wertvorstellungen zwischen dem Argumentierenden und seinem Publikum:

▸ allgemeine Erkenntnis oder Wertvorstellung	Vorsorgeuntersuchungen tragen dazu bei, Krankheiten rechtzeitig zu erkennen.
▸ unbestreitbare Erfahrung	Im Nebel häufen sich Verkehrsunfälle.
▸ Gesetz oder entsprechende Festlegungen, Grundrechte	Alle Menschen sind vor dem Gesetz gleich.
▸ eingeübter Brauch	Am Karfreitag wird Fisch gegessen.
▸ allgemein anerkannte Sitte	Gräber und Friedhöfe sind zu schützen.

Arten von Argumentation

Mit folgenden Arten von Argumenten kann man überzeugen:

1. Erfahrungen	Aussagen, die durch Erfahrungen bewiesen werden können – s. o. Einschränkung des privaten Konsums
2. Autoritätsverweis	Begründungen, die sich auf Meinungen von Experten stützen; sie werden in der Argumentation zitiert, z. B. das Gutachten eines Sachverständigenrats
3. Analogie	Auf ähnliche Gegebenheiten wird verwiesen

Beweiskraft

Die *Beweiskraft* eines Arguments beruht u. a. auf
- der sachlichen Richtigkeit
- der Glaubwürdigkeit der Belege
- der Stichhaltigkeit der Gründe
- dem logischen Zusammenhang mit dem Sachverhalt
- der Vielfalt der Bezüge und Überlegungen

Überzeugungskraft

Die *Überzeugungskraft* eines Arguments beruht u. a. auf
- der klaren Gliederung
- der bündigen, gut verständlichen, pointierten Formulierung
- der Anschaulichkeit der Beispiele
- der klaren Gewichtung der Gründe

Gute Argumente können durch ungeschickte Präsentation ihrer Wirkung beraubt werden. Wichtig ist eine gedanklich klare Abfolge, z. B. vom Allgemeinen zum Einzelfall:

logisches Schließen

Alle Einschränkungen des privaten Konsums führen zur Abschwächung der Konjunktur (allgemein unbestrittene Tatsache).
Steuererhöhungen sind Einschränkungen des privaten Konsums (Einzelfall). Also führen sie zur wirtschaftlichen Schwächung (Schlussfolgerung).

Bedeutung des logischen Schließens für die Erörterung

In einem Erörterungsaufsatz mit literarischen oder philosophischen Fragestellungen ist selbstverständlich ein so strenges, stringentes Beweisverfahren nur bedingt möglich. Die Inhalte und Probleme können oft nicht mehr logisch erschlossen werden. Dennoch gibt das vorgestellte Verfahren auch hierfür ein Grundmuster, denn es geht immer um Plausibilität, d. h. darum, dass Argumente überzeugen. Damit sie aber einleuchten, müssen sie ›viel für sich haben‹, logischem Denken entsprechen. Ein schlussfolgerndes Verfahren verhilft dazu.

Möglichkeiten des logischen Schließens

Beim logischen Schließen unterscheidet man dafür:

1. direkte Beweise	Beweise, dass eine Aussage richtig ist, z. B. Vorlage einer Statistik über den Rückgang des privaten Konsums.
2. indirekte Beweise	Nachweise, dass das Gegenteil einer Aussage falsch ist, z. B. Vorlage einer Statistik über die Steigerung des privaten Konsums beim Herabsetzen der Steuern.
3. direkte Widerlegungen	Nachweise, dass eine Aussage falsch ist, z. B. Verweis auf gestiegene Verkaufszahlen im Einzelhandel trotz Steuererhöhung.
4. indirekte Widerlegungen	Nachweis, dass das Gegenteil der Aussage richtig ist, z. B. Verweis auf gesunkene Nachfrage trotz Herabsetzung von Steuern.

Aus vorhandenen Voraussetzungen oder Prämissen werden also jeweils neue Aussagen (Konklusionen oder Schlussfolgerungen) gewonnen. Hierbei unterscheidet man zwei Verfahren:

deduktive Methode

1. Die *deduktive Methode* schließt von einer allgemein als richtig erkannten Prämisse (Voraussetzung) als Folgerung auf einen Einzelfall. Diese seit der Antike häufig gebrauchte Form heißt Syllogismus.

A = B	Alle Greifvögel gehören zu den bedrohten Tierarten.
C = A	Dieser Wanderfalke ist ein Greifvogel.
C = B	Der Wanderfalke ist also bedroht und (Schlussfolgerung) daher schutzbedürftig.

induktive Methode

2. Die *induktive Methode* schließt von einem Einzelfall, z. B. bestimmten konkreten Wirkungen, auf das Allgemeine, z. B. die generelle Ursache.

In dieser Gegend sind in diesem Jahr keine Wanderfalken mehr gesehen worden. Also scheinen die Lebensbedingungen für Greifvögel sich verschlechtert zu haben.

Die entscheidende Schlussfolgerung kann, wie die Beispiele zeigen, unterschiedliche Akzente tragen:

1. eine Aufforderung zum Handeln enthalten	Darum muss der Wanderfalke geschützt werden.
2. eine Behauptung enthalten	Der Wanderfalke ist bedroht.
3. eine Wertung aussprechen	Die Lebensbedingungen haben sich anscheinend verschlechtert.

die mehrschrittige Argumentation

Eine komplexe gedankliche Auseinandersetzung bewegt sich in mehreren Argumentationsschritten zur Schlussfolgerung. Die Abfolge der Argumente und ihre Verknüpfung sind entscheidend für die Überzeugungskraft der Ergebnisse. Folgende Schritte sind möglich:

- vom bekannten zum neuen Argument,
- vom einfacheren zum komplexeren, gewichtigeren Argument,
- vom lokal begrenzten zum umfassenderen Argument.

Beispiel

These	Massenveranstaltungen bei sportlichen Ereignissen müssen in Zukunft stärker polizeilich kontrolliert oder sogar abgesagt werden.
Argument 1 (lokal begrenzt)	Schon die Krawalle anlässlich eines Rockkonzerts bei uns in L. belegen die Notwendigkeit solchen Verfahrens.
Argument 2 (etwas weiter)	Darüber hinaus ziehen sich bei Massenveranstaltungen dieser Art grundsätzlich Gewalttäter zusammen …
Argument 3 (umfassend)	Es geht schließlich auch dabei nicht nur um das Ansehen einer Stadt, sondern eines ganzen Landes, da über die Medien Bilder von Ausschreitungen weit verbreitet werden.

Verknüpfungen von Argumenten: inhaltlich

Argumente sollten einsichtig entwickelt werden, unbegründete Sprünge in völlig andere gedankliche Bereiche irritieren den Zuhörer/Leser.
Ein gedanklicher Komplex, z. B. Argumente für eine Schülerzeitung (innerhalb der Schule, für den einzelnen Schüler, für die spätere gesellschaftliche Verantwortung), sollte jeweils zunächst in sich geschlossen und dann mit dem nächsten Schritt erweitert, vertieft und präzisiert werden.

sprachlich

Die sprachliche Überleitung und Verknüpfung kann so geschehen:

▶ Betonung der Abfolge	zum einen, zum anderen, zuletzt aber … zunächst, des Weiteren, letztlich …
▶ Betonung der inhaltlichen Steigerung und Wertung	darüber hinaus sollte man bedenken … besonders wichtig erscheint … verstärkt wird dies noch … nicht außer Acht gelassen werden darf … vor allem aber … daraus folgt letztlich …

Gestaltung von Thesen

Thesen wirken am stärksten in der Form eines knappen, präzisen Hauptsatzes, der die Behauptung auf den Punkt bringt, z. B.:
Die musikalische Ausbildung muss breit gefördert werden.
Eine Schülerzeitung ist sinnvoll und notwendig.
Steuererhöhungen wirken sich negativ auf die Konjunktur aus.

Wirksamkeit von Argumenten und Beispielen

Argumente werden in Nebensätzen angefügt, z. B.:

Eine Schülerzeitung ist sinnvoll und notwendig, weil sie die Diskussion unter den Schülern fördert, wie man an den lebhaft genutzten Meinungstafeln in den Schulen sieht.	Hypotaktische Satzstruktur: Hauptsatz, Nebensatz erster Ordnung, Nebensatz zweiter Ordnung: genaue Wiedergabe der gedanklichen Ab- und Rangfolge. Die besondere Betonung liegt hier auf dem Beispiel am Schluss.
Eine Schülerzeitung ist sinnvoll und notwendig. Sie fördert die Diskussion unter den Schülern, wie man an den lebhaft genutzten Meinungstafeln in den Schulen sieht.	Besonderes Gewicht liegt auf dem klar und definitiv formulierten Argument; das Beispiel ist weniger wichtig.

Eine Schülerzeitung ist sinnvoll und notwendig. Sie fördert die Diskussion unter den Schülern. Das sieht man u. a. an den lebhaft genutzten Meinungstafeln in den Schulen.

Die reihende (parataktische) Struktur erweckt den Eindruck von Gleichrangigkeit und Präzision, erschwert aber die Gewichtung beim Lesen.

sprachliche Gestaltung von Schlussfolgerungen

Schlussfolgerungen sollten deutlich von der vorangegangenen Argumentation abgesetzt werden:
Daraus folgt zwingend … Das Ergebnis lautet: … Daraus ergibt sich Folgendes … usw.

der Fünfsatz[1]

Aus der mittelalterlichen und frühneuzeitlichen Disputatio stammt ein heute noch brauchbares, variationsfähiges Denk- und Argumentationsmodell: der Fünfsatz. Er eröffnet unterschiedliche Möglichkeiten zur Gliederung im Hauptteil eines gedanklichen Textes: entweder linear (durch sich auseinander entwickelnde Argumente mit der Folgerung am Schluss) oder im dialektischen Dreischritt (These – Antithese – Synthese).

linearer Aufbau Argumentationskette

① Ich lehne den Vorschlag von x ab …
② Es hätte zur Folge, dass …
③ Dies wiederum führte zu Folgendem …
④ Daher bleibt nur ein Weg offen …
⑤ Wir müssen entscheiden, ob …

dialektischer Aufbau

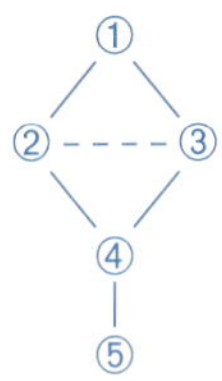

① Der vorliegende Gesetzesentwurf hat folgenden Schwerpunkt …
② Er fordert u. a. …
③ Dem ist Folgendes entgegenzuhalten: …
④ Wenn man beide Positionen vergleicht, dann …
⑤ Aus diesem Grunde schlage ich vor …

Entscheidung/Ergebnis zu Beginn der Planung

Geplant werden muss der Fünfsatz wie andere Formen der Argumentation auch vom Ergebnis her; dieses Ziel bleibt während der gesamten Darlegung immer im Blick.

mögliche Argumentationsweisen

1. vom Allgemeinen zum Besonderen

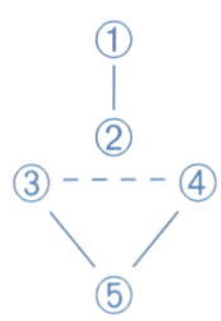

① Üblicherweise wird angenommen, dass …
② Aus meiner Erfahrung aber …
③ Denn erstens …
④ Darüber hinaus gilt zweitens …
⑤ Folglich …

2. Vergleich zweier Positionen

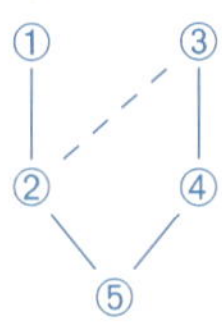

① Die eine Seite vertritt folgenden Standpunkt …
② Sie begründet ihn damit …
③ Die andere Seite hat folgende entgegengesetzte Meinung …
④ Sie begründet sie mit …
⑤ Ich meine dazu …

1 In Anlehnung an Hellmut Geißner: Der Fünfsatz – Ein Kapitel Redetheorie und Redepädagogik. Wirkendes Wort, Jg. 18, 1968, Heft 4, S. 260.

3. Versuch eines Kompromisses oder Einbringen einer eigenen Lösung

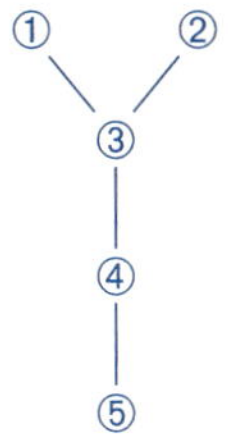

① Die eine Seite ist folgender Meinung …
② Die andere widerspricht mit dem Hinweis …
③ Beide treffen sich in einem Punkt …
Beide übersehen dabei den folgenden Aspekt …
④ Hier könnte die Lösung liegen aus folgendem Grund …
Hier liegt m. E. ein neuer, gewichtiger Ansatz …
⑤ Daher sollten wir in diese Richtung denken: …

Zweiter Teil: Argumentierendes Gespräch im Drama

Auch in der Literatur gibt es Beispiele für argumentierendes Sprechen, vor allem in Dramendialogen, in denen unterschiedliche Positionen entwickelt werden. Beispiele sind u. a. Friedrich Schiller: ›Maria Stuart‹, III, 4 (Der Streit der Königinnen); Bertolt Brecht: ›Leben des Galilei‹, Ende des 14. Bildes (Selbstkritik Galileis); Friedrich Dürrenmatt: ›Die Physiker‹, 2. Akt (Gespräch der drei Physiker).

Beispiel: Friedrich Schiller: ›Don Carlos‹ . Auszüge aus III, 10 und V 10. (1787 v)

Marquis von Posa, Freund des Thronfolgers Don Carlos, erhält die Chance, dem Despoten König Philipp II. seine Ideale von einer menschlichen Welt zu entwickeln.

1. Phase der Argumentation: **Thema:** Auseinandersetzung mit der Herrscherrolle

MARQUIS: Ich höre, Sire, wie klein,
Wie niedrig Sie von Menschenwürde denken,
Selbst in des freien Mannes Sprache nur
Den Kunstgriff eines Schmeichlers sehen, und
Mir deucht, ich weiß, wer Sie dazu berechtigt.

1. Argument: übernommene Aufgabe und Mitschuld der Schmeichler (gemeinsame Basis)

Die Menschen zwangen Sie dazu; *die* haben
Freiwillig ihres Adels sich begeben,
Freiwillig sich auf diese niedre Stufe
Herabgestellt. Erschrocken fliehen sie
Vor dem Gespenste ihrer innern Größe,
Gefallen sich in ihrer Armut, schmücken
Mit feiger Weisheit ihre Ketten aus,
Und Tugend nennt man, sie mit Anstand tragen.
So überkamen Sie die Welt. So ward
Sie Ihrem großen Vater überliefert.
Wie könnten Sie in dieser traurigen
Verstümmlung – Menschen ehren?
KÖNIG: Etwas Wahres
Find ich in diesen Worten.

2. Argument: Gottähnlichkeit (erste Schuldzuweisung)

MARQUIS: Aber schade!
Da Sie den Menschen aus des Schöpfers Hand
In Ihrer Hände Werk verwandelten
Und dieser neugegossnen Kreatur
Zum Gott sich gaben – da versahen Sie's

3. Argument: Diskrepanz zwischen Herrscherrolle (»Gott«) und Person

In etwas nur: *Sie* blieben selbst noch Mensch –
Mensch aus des Schöpfers Hand. *Sie* fuhren fort,
Als Sterblicher zu leiden, zu begehren;
Sie brauchen Mitgefühl – und einem Gott

Kann man nur opfern – zittern – zu ihm beten!
Bereuenswerter Tausch! Unselige
Verdrehung der Natur! – Da Sie den Menschen
Zu Ihrem Saitenspiel herunterstürzten,
Wer teilt mit Ihnen Harmonie?
KÖNIG: (Bei Gott,
Er greift in meine Seele!)
MARQUIS: Aber Ihnen
Bedeutet dieses Opfer nichts. Dafür
Sind Sie auch einzig – Ihre eigne Gattung –
Um diesen Preis sind Sie ein Gott. – Und schrecklich,
Wenn das *nicht* wäre – wenn für diesen Preis,
Für das zertretne Glück von Millionen,
Sie nichts gewonnen hätten! wenn die Freiheit,
Die Sie vernichteten, das einzge wäre,
Das Ihre Wünsche reifen kann? – Ich bitte,
Mich zu entlassen, Sire. Mein Gegenstand
Reißt mich dahin. Mein Herz ist voll – der Reiz
Zu mächtig, vor dem Einzigen zu stehen,
Dem ich es öffnen möchte. [...]
MARQUIS: Sire!
Jüngst kam ich an von Flandern und Brabant. –
So viele reiche, blühende Provinzen!
Ein kräftiges, ein großes Volk – und auch
Ein gutes Volk – und Vater dieses Volkes!
Das, dacht ich, das muss göttlich sein! – Da stieß
Ich auf verbrannte menschliche Gebeine –
(Hier schweigt er still; seine Augen ruhen auf dem König, der es versucht, diesen Blick zu erwidern, aber betroffen und verwirrt zur Erde sieht)
Sie haben recht. *Sie* müssen. Dass Sie *können*,
Was Sie zu müssen eingesehn, hat mich
Mit schauernder Bewunderung durchdrungen.
O schade, dass, in seinem Blut gewälzt,
Das Opfer wenig dazu taugt, dem Geist
Des Opferers ein Loblied anzustimmen!
Dass Menschen nur – nicht Wesen höherer Art –
Die Weltgeschichte schreiben! –
Sanftere Jahrhunderte verdrängen Philipps Zeiten;
Die bringen mildre Weisheit; Bürgerglück
Wird dann versöhnt mit Fürstengröße wandeln,
Der karge Staat mit seinen Kindern geizen,
Und die Notwendigkeit wird menschlich sein.
KÖNIG: Wann, denkt Ihr, würden diese menschlichen
Jahrhunderte erscheinen, hätt ich vor
Dem Fluch des jetzigen gezittert? Sehet
In meinem Spanien euch um. Hier blüht
Des Bürgers Glück in nie bewölktem Frieden;

4. Argument:
der Preis der Einsamkeit des Königs

5. Schlussfolgerung:
Glück vieler Menschen sinnlos geopfert, der König bleibt einsam

Und *diese Ruhe* gönn ich den Flamländern.
MARQUIS *(schnell):* Die Ruhe eines Kirchhofs! Und Sie hoffen
Zu endigen, was Sie begannen? hoffen,
Der Christenheit gezeitigte Verwandlung,
Den allgemeinen Frühling aufzuhalten,
Der die Gestalt der Welt verjüngt? Sie wollen
Allein in ganz Europa – sich dem Rade
Des Weltverhängnisses, das unaufhaltsam
In vollem Laufe rollt, entgegenwerfen?
Mit Menschenarm in seine Speichen fallen?
Sie werden nicht! Schon flohen Tausende
Aus Ihren Ländern froh und arm. Der Bürger,
Den Sie verloren für den Glauben, war
Ihr edelster. Mit offnen Mutterarmen
Empfängt die Fliehenden Elisabeth,
Und fruchtbar blüht durch Künste unsres Landes
Britannien. Verlassen von dem Fleiß
Der neuen Christen, liegt Grenada öde,
Und jauchzend sieht Europa seinen Feind
An selbstgeschlagnen Wunden sich verbluten.
(Der König ist bewegt; der Marquis bemerkt es und tritt einige Schritte näher)
Sie wollen pflanzen für die Ewigkeit,
Und säen Tod? Ein so erzwungnes Werk
Wird seines Schöpfers Geist nicht überdauern.
Dem Undank haben Sie gebaut – umsonst
Den harten Kampf mit der Natur gerungen,
Umsonst ein großes königliches Leben –
Zerstörenden Entwürfen hingeopfert.
Der Mensch ist mehr, als Sie von ihm gehalten.
Des langen Schlummers Bande wird er brechen
Und wiederfordern sein geheiligt Recht.
Zu einem *Nero* und *Busiris* wirft
Er Ihren Namen, und – das schmerzt mich; denn
Sie waren gut.
KÖNIG: Wer hat Euch dessen so
Gewiss gemacht?
MARQUIS *(mit Feuer)*: Ja, beim Allmächtigen!
Ja – Ja – Ich wiederhol es. Geben Sie,
Was Sie uns nahmen, wieder! Lassen Sie,
Großmütig wie der Starke, Menschenglück
Aus Ihrem Füllhorn strömen – Geister reifen
In Ihrem Weltgebäude! Geben Sie,
Was Sie uns nahmen, wieder. Werden Sie
Von Millionen Königen ein König.
(Er nähert sich ihm kühn, indem er feste und feurige Blicke auf ihn richtet)
O, könnte die Beredsamkeit von allen
Den Tausenden, die dieser großen Stunde

Teilhaftig sind, auf meinen Lippen schweben,
Den Strahl, den ich in diesen Augen merke,
Zur Flamme zu erheben! – Geben Sie
Die unnatürliche Vergöttrung auf,
Die uns vernichtet. Werden Sie uns Muster
Des Ewigen und Wahren. Niemals – niemals
Besaß ein Sterblicher so viel, so göttlich
Es zu gebrauchen. Alle Könige
Europens huldigen dem spanschen Namen.
Gehn Sie Europens Königen voran.
Ein Federzug von dieser Hand, und neu
Erschaffen wird die Erde. Geben Sie
Gedankenfreiheit. – *(Sich ihm zu Füßen werfend)*

1▶ Untersuchen Sie die Argumentation des gesamten Ausschnitts.

- Über welche weiteren Phasen lässt Schiller die Argumentation Posas laufen?
- Um welchen gedanklichen Aspekt handelt es sich jeweils?
- Welche Argumente verwendet Posa innerhalb der einzelnen Phasen?
- Mit welchen Einwänden reagiert der König? Wie werden sie von Posa pariert?
- Auf welcher gemeinsamen Wertebasis gelingt die Argumentation Posas?
- Prüfen Sie vor allem die Schlusspassage: Inwieweit erfüllt sie inhaltlich und sprachlich die Anforderungen an einen überzeugenden Schluss der Argumentation?
- Welche möglichen Aspekte wären zusätzlich zu bedenken?
- Inwieweit unterstützen rhetorische Mittel und ein bestimmtes Verhalten (s. Regieanweisungen) Posas Argumentation?

Marquis von Posa stirbt als vermeintlicher Verräter; Don Carlos will die revolutionären Ideen des Freundes im Kampf gegen den Vater politisch durchsetzen. Der König steht am Schluss des Dramas vor der Frage: Muss er den eigenen Sohn, den Thronfolger, opfern? Sein Gegenüber ist die höchste kirchliche Autorität, der Großinquisitor.

KÖNIG *(nach einer Pause)*: Mein Sohn
Sinnt auf Empörung.
GROSSINQUISITOR: Was beschließen Sie?
KÖNIG: Nichts – oder alles.
GROSSINQUISITOR: Und was heißt hier alles?
KÖNIG: Ich lass ihn fliehen, wenn ich ihn
Nicht sterben lassen kann.
GROSSINQUISITOR: Nun, Sire?
KÖNIG: Kannst du mir einen neuen Glauben gründen,
Der eines Kindes blutgen Mord verteidigt?
GROSSINQUISITOR: Die ewige Gerechtigkeit zu sühnen,
Starb an dem Holze Gottes Sohn.

KÖNIG: Du willst
Durch ganz Europa diese Meinung pflanzen?
GROSSINQUISITOR: So weit, als man das Kreuz verehrt.
KÖNIG: Ich frevle
An der Natur – auch diese mächtge Stimme
Willst du zum Schweigen bringen?
GROSSINQUISITOR: Vor dem Glauben
Gilt keine Stimme der Natur.
KÖNIG: Ich lege
Mein Richteramt in deine Hände – Kann
Ich ganz zurücke treten?
GROSSINQUISITOR: Geben Sie
Ihn mir.
KÖNIG: Es ist mein einzger Sohn – Wem hab ich
Gesammelt?
GROSSINQUISITOR:
Der Verwesung lieber als
Der Freiheit.
KÖNIG *(steht auf)*:
Wir sind einig. Kommt.
GROSSINQUISITOR: Wohin?
KÖNIG: Aus meiner Hand das Opfer zu empfangen. *(Er führt ihn hinweg)*

2▸ Mit welchen Argumenten versucht der König, das drohende Todesurteil abzuwenden?

3▸ Wie lässt Schiller den Großinquisitor entgegnen?

4▸ Aufgrund welcher gemeinsamen Wertvorstellung siegt der Inquisitor?

5▸ Diskutieren Sie das hier angesprochene grundsätzliche Problem, und ziehen Sie zum Vergleich die entsprechenden Überlegungen zur ›Antigone‹ des Sophokles (s. S. 119 ff.) heran.

Beispiel: Bertolt Brecht: Leben des Galilei, Bild 8 (1938/39 e)

Zur Entstehung des Schauspiels und den biographischen Daten s. Teil A, Siebenter Interpretationsansatz.
Im Palast des florentinischen Gesandten in Rom diskutiert Galilei mit dem kleinen Mönch über Schaden und Nutzen der Wissenschaft. Der Mönch hat ihm nach der Sitzung des Collegium Romanum den Inhalt des Dekrets gegen das kopernikanische Weltbild und den Ausspruch des päpstlichen Astronomen zugetragen. Galilei soll seine Forschungen beenden, auch wenn er in der Sache Recht hat.

GALILEI: Reden Sie, reden Sie! Das Gewand, das Sie tragen, gibt Ihnen das Recht zu sagen, was immer Sie wollen.
DER KLEINE MÖNCH: Ich habe Mathematik studiert, Herr Galilei.

GALILEI: Das könnte helfen, wenn es Sie veranlaßte einzugestehen, daß zwei mal zwei hin und wieder vier ist!

DER KLEINE MÖNCH: Herr Galilei, seit drei Nächten kann ich keinen Schlaf mehr finden. Ich wußte nicht, wie ich das Dekret, das ich gelesen habe, und die Trabanten des Jupiter, die ich gesehen habe, in Einklang bringen sollte. Ich beschloß, heute früh die Messe zu lesen und zu Ihnen zu gehen.

GALILEI: Um mir mitzuteilen, daß der Jupiter keine Trabanten hat?

DER KLEINE MÖNCH: Nein. Mir ist es gelungen, in die Weisheit des Dekrets einzudringen. Es hat mir die Gefahren aufgedeckt, die ein allzu hemmungsloses Forschen für die Menschheit in sich birgt, und ich habe beschlossen, der Astronomie zu entsagen. Jedoch ist mir noch daran gelegen, Ihnen die Beweggründe zu unterbreiten, die auch einen Astronomen dazu bringen können, von einem weiteren Ausbau der gewissen Lehre abzusehen.

GALILEI: Ich darf sagen, daß mir solche Beweggründe bekannt sind.

DER KLEINE MÖNCH: Ich verstehe Ihre Bitterkeit. Sie denken an die gewissen außerordentlichen Machtmittel der Kirche.

GALILEI: Sagen Sie ruhig Folterinstrumente.

DER KLEINE MÖNCH: Aber ich möchte andere Gründe nennen. Erlauben Sie, daß ich von mir rede. Ich bin als Sohn von Bauern in der Campagna aufgewachsen. Es sind einfache Leute. Sie wissen alles über den Ölbaum, aber sonst recht wenig. Die Phasen der Venus beobachtend, kann ich nun meine Eltern vor mir sehen, wie sie mit meiner Schwester am Herd sitzen und ihre Käsespeise essen. Ich sehe die Balken über ihnen, die der Rauch von Jahrhunderten geschwärzt hat, und ich sehe genau ihre alten abgearbeiteten Hände und den kleinen Löffel darin. Es geht ihnen nicht gut, aber selbst in ihrem Unglück liegt eine gewisse Ordnung verborgen. Da sind diese verschiedenen Kreisläufe, von dem des Bodenaufwischens über den der Jahreszeiten im Ölfeld zu dem der Steuerzahlung. Es ist regelmäßig, was auf sie herabstößt an Unfällen. Der Rücken meines Vaters wird zusammengedrückt nicht auf einmal, sondern mit jedem Frühjahr im Ölfeld mehr, so wie auch die Geburten, die meine Mutter immer geschlechtsloser gemacht haben, in ganz bestimmten Abständen erfolgten. Sie schöpfen die Kraft, ihre Körbe schweißtriefend den steinigen Pfad hinaufzuschleppen, Kinder zu gebären, ja zu essen, aus dem Gefühl der Stetigkeit und Notwendigkeit, das der Anblick des Bodens, der jedes Jahr von neuem grünenden Bäume, der kleinen Kirche und das Anhören der sonntäglichen Bibeltexte ihnen verleihen können. Es ist ihnen versichert worden, daß das Auge der Gottheit auf ihnen liegt, forschend, ja beinahe angstvoll; daß das ganze Welttheater um sie aufgebaut ist, damit sie, die Agierenden, in ihren großen oder kleinen Rollen sich bewähren können. Was würden meine Leute sagen, wenn sie von mir erführen, daß sie sich auf einem kleinen Steinklumpen befinden, der sich unaufhörlich drehend im leeren Raum um ein anderes Gestirn bewegt, einer unter sehr vielen, ein ziemlich unbedeutender! Wozu ist jetzt noch solche Geduld, solches Einverständnis in ihr Elend nötig oder gut? Wozu ist die Heilige Schrift noch gut, die alles erklärt und als notwendig begründet hat, den Schweiß, die Geduld, den Hunger, die Unterwerfung, und die jetzt voll von Irrtümern befunden wird? Nein, ich sehe ihre Blicke scheu werden, ich sehe sie die Löffel auf die

Herdplatte senken, ich sehe, wie sie sich verraten und betrogen fühlen. Es liegt also kein Auge auf uns, sagen sie. Wir müssen nach uns selber sehen, ungelehrt, alt und verbraucht, wie wir sind? Niemand hat uns eine Rolle zugedacht außer dieser irdischen, jämmerlichen auf einem winzigen Gestirn, das ganz unselbständig ist, um das sich nichts dreht? Kein Sinn liegt in unserm Elend, Hunger ist eben Nichtgegessenhaben, keine Kraftprobe; Anstrengung ist eben Sichbücken und Schleppen, kein Verdienst. Verstehen Sie da, daß ich aus dem Dekret der Heiligen Kongregation ein edles mütterliches Mitleid, eine große Seelengüte herauslese?

GALILEI: Seelengüte! Wahrscheinlich meinen Sie nur, es ist nichts da, der Wein ist weggetrunken, ihre Lippen vertrocknen, mögen sie die Soutane küssen! Warum ist denn nichts da? Warum ist die Ordnung in diesem Land nur die Ordnung einer leeren Lade und die Notwendigkeit nur die, sich zu Tode zu arbeiten? Zwischen strotzenden Weinbergen, am Rand der Weizenfelder! Ihre Campagnabauern bezahlen die Kriege, die der Stellvertreter des milden Jesus in Spanien und Deutschland führt. Warum stellt er die Erde in den Mittelpunkt des Universums? Damit der Stuhl Petri im Mittelpunkt der Erde stehen kann! Um das letztere handelt es sich. Sie haben recht, es handelt sich nicht um die Planeten, sondern um die Campagnabauern. Und kommen Sie mir nicht mit der Schönheit von Phänomenen, die das Alter vergoldet hat! Wissen Sie, wie die Auster Margaritifera ihre Perle produziert? Indem sie in lebensgefährlicher Krankheit einen unerträglichen Fremdkörper, z. B. ein Sandkorn, in eine Schleimkugel einschließt. Sie geht nahezu drauf bei dem Prozeß. Zum Teufel mit der Perle, ich ziehe die gesunde Auster vor. Tugenden sind nicht an Elend geknüpft, mein Lieber. Wären Ihre Leute wohlhabend und glücklich, könnten sie die Tugenden der Wohlhabenheit und des Glücks entwickeln. Jetzt stammen diese Tugenden Erschöpfter von erschöpften Äckern, und ich lehne sie ab. Herr, meine neuen Wasserpumpen können da mehr Wunder tun als ihre lächerliche übermenschliche Plackerei. – »Seid fruchtbar und mehret euch«, denn die Äcker sind unfruchtbar, und die Kriege dezimieren euch. Soll ich Ihre Leute anlügen?

DER KLEINE MÖNCH *in großer Bewegung:* Es sind die allerhöchsten Beweggründe, die uns schweigen machen müssen, es ist der Seelenfrieden Unglücklicher!

GALILEI: Wollen Sie eine Cellini-Uhr sehen, die Kardinal Bellarmins Kutscher heute morgen hier abgegeben hat? Mein Lieber, als Belohnung dafür, daß ich zum Beispiel Ihren guten Eltern den Seelenfrieden lasse, offeriert mir die Behörde den Wein, den sie keltern im Schweiße ihres Antlitzes, das bekanntlich nach Gottes Ebenbild geschaffen ist. Würde ich mich zum Schweigen bereit finden, wären es zweifellos recht niedrige Beweggründe: Wohlleben, keine Verfolgung etc.

DER KLEINE MÖNCH: Herr Galilei, ich bin Priester.

GALILEI: Sie sind auch Physiker! Und Sie sehen, die Venus hat Phasen. Da, sieh hinaus! *Er zeigt durch das Fenster.* Siehst du dort den kleinen Priap an der Quelle neben dem Lorbeer? Der Gott der Gärten, der Vögel und der Diebe, der bäurische obszöne Zweitausendjährige! Er hat weniger gelogen. Nichts davon, schön, ich bin ebenfalls ein Sohn der Kirche. Aber kennen Sie die achte Satire des Horaz? Ich lese ihn eben wieder in diesen Tagen, er verleiht einiges Gleichgewicht. *Er greift nach einem kleinen Buch.* Er läßt eben diesen Priap sprechen, eine kleine Statue, die in den Esquilinischen Gärten aufgestellt war. Folgendermaßen beginnt es:

»Ein Feigenklotz, ein wenig nützes Holz
War ich, als einst der Zimmermann, unschlüssig
Ob einen Priap machen oder einen Schemel
Sich für den Gott entschied ...«

Meinen Sie, Horaz hätte sich etwa den Schemel verbieten und einen Tisch in das Gedicht setzen lassen? Herr, mein Schönheitssinn wird verletzt, wenn die Venus in meinem Weltbild ohne Phasen ist! Wir können nicht Maschinerien für das Hochpumpen von Flußwasser erfinden, wenn wir die größte Maschinerie, die uns vor Augen liegt, die der Himmelskörper, nicht studieren sollen. Die Winkelsumme im Dreieck kann nicht nach den Bedürfnissen der Kurie abgeändert werden. Die Bahnen fliegender Körper kann ich nicht so berechnen, daß auch die Ritte der Hexen auf Besenstielen erklärt werden.

DER KLEINE MÖNCH: Und Sie meinen nicht, daß die Wahrheit, wenn es Wahrheit ist, sich durchsetzt, auch ohne uns?

GALILEI: Nein, nein, nein. Es setzt sich nur so viel Wahrheit durch als wir durchsetzen; der Sieg der Vernunft kann nur der Sieg der Vernünftigen sein. Eure Campagnabauern schildert ihr ja schon wie das Moos auf ihren Hütten! Wie kann jemand annehmen, daß die Winkelsumme im Dreieck **ihren** Bedürfnissen widersprechen könnte! Aber wenn sie nicht in Bewegung kommen und denken lernen, werden ihnen auch die schönsten Bewässerungsanlagen nichts nützen. Zum Teufel, ich sehe die göttliche Geduld ihrer Leute, aber wo ist ihr göttlicher Zorn?

DER KLEINE MÖNCH: Sie sind müde!

GALILEI *wirft ihm einen Packen Manuskripte hin:* Bist du ein Physiker, mein Sohn? Hier stehen die Gründe, warum das Weltmeer sich in Ebbe und Flut bewegt. Aber du sollst es nicht lesen, hörst du? Ach, du liest schon? Du bist also ein Physiker? *Der kleine Mönch hat sich in die Papiere vertieft.*

GALILEI: Ein Apfel vom Baum der Erkenntnis! Er stopft ihn schon hinein. Er ist ewig verdammt, aber er muß ihn hineinstopfen, ein unglücklicher Fresser! Ich denke manchmal: ich ließe mich zehn Klafter unter der Erde in einen Kerker einsperren, zu dem kein Licht mehr dringt, wenn ich dafür erführe, was das ist: Licht. Und das Schlimmste: was ich weiß, muß ich weitersagen. Wie ein Liebender, wie ein Betrunkener, wie ein Verräter. Es ist ganz und gar ein Laster und führt ins Unglück. Wie lang werde ich es in den Ofen hineinschreien können – das ist die Frage.

DER KLEINE MÖNCH *zeigt auf eine Stelle in den Papieren:* Diesen Satz verstehe ich nicht.

GALILEI: Ich erkläre ihn dir, ich erkläre ihn dir.

6▸ Untersuchen Sie die Textstelle unter den folgenden Gesichtspunkten:
- ▸ Von welcher Grundüberzeugung geht der kleine Mönch aus?
- ▸ Mit welchen Argumenten versucht er, das Dekret zu rechtfertigen? Nennen Sie die zentralen Textstellen. Welches ist sein Hauptargument?

- Wie reagiert Galilei? Welche Beweggründe nennt er?
- Gibt es auch hier eine gemeinsame Wertvorstellung?
- Von welchen Wahrheits- und Vernunftsvorstellungen gehen Priester und Physiker aus? Mit welchen Verweisen versucht Galilei, den »Physiker« im »Priester« anzusprechen?
- Formulieren Sie zu den beiden gegensätzlichen Positionen jeweils die entscheidende These.
- Welches Bild vom Menschen steht hinter der jeweiligen Argumentation?
- Welche Funktion haben die gedrängten Fragen?

7 Entwickeln Sie zum Thema und zu den jeweiligen Standpunkten weitere Argumente; gehen Sie von der heutigen Situation der Wissenschaft und der Welt aus.

Dritter Teil: Texterörterung

Definition zum Erörtern

Erörtern heißt, sich mit einem klärungsbedürftigen oder strittigen Thema auseinander zu setzen – untersuchend, abwägend, argumentierend – mit dem Ziel, zu einem begründeten, einleuchtenden Ergebnis zu gelangen.
Das Klausurthema der Erörterung kann frei gestellt sein (z. B.: Erörtern Sie anhand von Beispielen die Bedeutung des Marktes für die Verbreitung von Literatur) oder auf die Auseinandersetzung mit einem erörternden Text zielen, z. B. der Interpretation eines Literaturwissenschaftlers, einer Buchbesprechung, einer Theaterkritik, einem Leitartikel.
Erörtern heißt auch, ein in der Literatur gestaltetes Problem, z. B. den Generationskonflikt, schriftlich zu diskutieren. Es geht in einer solchen literarischen Erörterung darum zu erfassen, wie das Problem im Text sich zeigt, und klarzulegen, wie der Verfasser einer Erörterungsklausur dazu steht.

Aufbau einer Erörterung

Eine Erörterung ist eine gedanklich klar strukturierte Folge von Argumentationen (s. S. 188 ff.). Für alle schriftlichen Erörterungen – seien sie linear-steigernd oder dialektisch (pro – kontra) angelegt, an einen Text oder an eine Problemformulierung gebunden – gelten folgende Gesichtspunkte:

- Klares Erfassen der Themafrage, der Problemstellung.
- Präzises Herausarbeiten des gedanklichen Umfeldes von Problem oder Thema.
- Deutliche Unterscheidung und Gewichtung von Haupt- und Nebenaspekten.
- Stützung der eigenen Argumentation durch Bezugnahmen auf den zugrunde liegenden Text oder durch Verweise, die als Argumente anerkannt werden (s. S. 189 ff.). Sorgfalt des Abwägens, differenziertes Vorgehen, Berücksichtigung auch von Argumenten, die nicht ›stromlinienförmig‹ den eigenen entsprechen.
- Klarheit der gedanklichen Gliederung.
- Überzeugungskraft der persönlichen Stellungnahme.

Problemverständnis, Problemerarbeitung und Problemwertung gehören zum Erörtern.

Die Texterörterung

Textgrundlage

Als Arbeitsgrundlage für eine Erörterung dienen Texte, in denen die Gedankengänge und Ansichten eines Autors zum Thema der Erörterung deutlich werden. Solche gedanklichen Texte finden sich in allen Bereichen des gesellschaftlichen und kulturellen Lebens: Politik, Wirtschaft, Recht, Sprache und Literatur (siehe Texte »Zur Theorie des Dramas«).

Themenformulierung

Zur Klausur »Texterörterung« können Themen dieser Art gestellt werden:

- Erörtern Sie die in dem vorgelegten Text … angesprochene Problematik der Vermarktung von Literatur. Arbeiten Sie die Kernaussagen heraus, diskutieren Sie sie, und nehmen Sie Stellung zum problematischen Verhältnis zwischen Literatur und Wirtschaft.

Es geht hier um das Verhältnis Autor – Verlag, Autor – Leser, Kunst und Kulturbetrieb (alle Medien, die der Verbreitung von Kunst dienen), Kunst und Gesellschaft.

örterns

Eine Texterörterung entsteht in folgenden Arbeitsschritten:
- Erarbeiten der Kernaussagen des Textes.
- Diskutieren (d. h. Abwägen) dieser Kernaussagen in eigenen Überlegungen und Beispielen.
- Persönliche Stellungnahme zur Problemfrage.

Auch wenn diese Arbeitsschritte nicht ausdrücklich in Klausurthemen genannt werden, sind sie jeweils das Grundgerüst der Arbeit.

I. Vorarbeit zum Text- und Problemverständnis

a) Gründliches, mehrfaches Lesen des Textes, Markieren von inhaltlichen Gelenkstellen, zentralen Aussagen, auffälligen Wendungen.
b) Eventuell Klären von zunächst Unverstandenem: von Wortbedeutungen, Begriffen usw. Sie lassen sich oft aus dem Textzusammenhang erschließen.
c) Eventuell Klären des historischen und biographischen Hintergrundes: Wann ist der Text entstanden? Welche Bezüge zu weiteren Arbeiten des Autors lassen sich erkennen? Unter welchen politischen und gesellschaftlichen Bedingungen ist der Text entstanden?
d) Beachten der Schreibvoraussetzungen, die durch die Textart (Brief, Essay, Tagebuchnotiz, Skizze, Zeitungsartikel usw.) gegeben sind.

II. Hauptarbeit

a) Skizzieren der zentralen Thematik, um die es dem Autor offenbar geht.
b) Erarbeiten des äußeren (Abschnitte, Kapitel) und vor allem des inneren Textaufbaus (inhaltlich-gedankliche Struktur).
c) Genaues Erfassen der Kernaussagen, der zentralen Textstellen, an denen die Gedankenführung deutlich wird, sich verdichtet oder problematisch erscheint.
d) Dabei Herausarbeiten des explizit, also direkt Ausgesprochenen, der Stellen, auf die im Verlauf des Textes immer wieder Bezug genommen wird. Klären auch der impliziten, indirekten Aussagen in Form von Bildern, Metaphern, Auslassungen, indirekten Fragen und Anspielungen.

Eigentliche Erörterung: Diskussion Abwägen Erweiterungen und Vertiefungen

e) Auffächerung: Bezüge innerhalb des Textes (wie wird etwas gestützt, belegt?) Aufzeigen möglicher Entsprechungen oder Widersprüche.
Heranziehen eigener Beobachtungen.
Mögliche Erweiterung des Gedankenfeldes im Hinblick auf andere Texte des Autors oder Texte anderer Autoren mit ähnlicher Thematik. Aufzeigen möglicher Ursachen und Folgen in der literarischen oder geistesgeschichtlichen Entwicklung.
f) Zusammenfassende, begründete Wertung, Beurteilung, Stellungnahme: Bedeutung des angesprochenen Problems für die Zeit des Autors? Bedeutung in der Gegenwart? Andere Sicht in der Gegenwart? Eigenes Betroffen- oder Nichtbetroffensein.
Hier sind differenzierte und behutsame Überlegungen notwendig; keine Floskeln oder superlativische Wertungen (»einmaliges Meisterwerk« usw.). Aktualisieren heißt nicht, in der Literatur entdeckte Aspekte direkt auf die politisch-gesellschaftlichen Zustände der Gegenwart übertragen. Kleists ›Prinz Friedrich von Homburg‹ kann ein Anlass sein, über den Heldenmythos auch unserer Tage nachzudenken, er kann aber nicht Orientierungshilfe für aktuelle Politik bieten: »In Staub mit allen Feinden Brandenburgs.« Damit wäre auch Kleist völlig missverstanden.

Gliederung
Einleitung

Aus dem Arbeitsvorgang ergibt sich die folgende Gliederung:
- Einführung in die Thematik des Textes (In diesem Text geht es um ...).
- Klare Formulierung des im Text entfalteten Problems (Dabei liegt der Schwerpunkt auf ...).
- Eingrenzung der für den Text wichtigen Aspekte.
- Möglichst Hinweis auf Hintergründe: Entstehungszeit, Situation des Autors, Textart.
- Einordnung in eine übergeordnete Fragestellung, z. B. die Entstehungszeit, die literaturgeschichtliche Betrachtungsweise, die Auseinandersetzung zwischen Kunst und Wirklichkeit usw.

verknüpfender **Übergang**

Hauptteil

- Generelle Übersicht über die inhaltliche Struktur des Textes: Hauptphasen der Gedankenführung, in Oberbegriffen zusammengefasst (entweder abgeleitet von Hauptbegriffen des Textes oder neu formuliert).

steigerndes Verfahren

- Schrittweise Auseinandersetzung mit den Kernaussagen des Textes (sie sind jeweils Ausgangspunkt des eigenen Erörterns), dabei abwägende, vertiefende, erklärende und ergänzende Vor- und Rückverweise (mit Zitaten) und Bezüge.

fließender **Übergang**

- Weitergehende Verweise z. B. auf ähnliche Themen bei anderen Autoren, um die Bedeutung des Themas zu unterstreichen, als Steigerung am Ende des Hauptteils und als Übergang zum Schluss.

Schluss

- Eventuell Zusammenfassung und nochmalige Präzisierung der Untersuchungsergebnisse, der Textpositionen und der eigenen Meinung dazu.
- Bewertung der Überzeugungskraft des Textes, mögliche Folgen, Aktualität (keine gekünstelten Schlüsse, keine Scheinaktualisierungen, s. oben).

Hinweise zur Textarbeit

Bei der Untersuchung der zu erörternden Texte ist Folgendes zu bedenken
- Auf Aussagen achten, die entweder durch ihre Stellung im Text – Anfang, Mitte, Schluss –, durch besonders bündige oder bildhafte Formulierung oder als Gelenkstellen in der Gedankenführung hervorgehoben sind (Hauptbegriffe oder Kernaussagen, s. o.).
- Tatsachendarstellungen und Meinungsäußerungen des Autors unterscheiden.
- Auf Verlagerungen von Schwerpunkten, Änderung der Gedankenrichtung, mögliche Widersprüchlichkeit achten.
- Neben die einzelnen Sinnabschnitte bereits in der Vorarbeit Oberbegriffe setzen, also Passagen sinnvoll zusammenfassen.
- Auf besondere Mittel der Darstellung achten: Wo tauchen z. B. Fragen auf, wo Ausrufe? Werden Metaphern oder auffällige Wortfelder benutzt? Wo verdichtet sich die Aussage möglicherweise auch sprachlich (Komplexität des Satzbaus, Häufung von Bildern oder Anspielungen usw.)?

Hinweise zur gedanklichen Differenzierung

Eine gedankliche Reichhaltigkeit erhält die eigene Erörterung, wenn Folgendes bedacht wird:
- Aspekte und Bezüge
  – innerhalb des Textes,
  – im Vergleich mit anderen Texten des Autors,
  – im Vergleich mit Texten anderer Autoren,
  – aus der Entstehungszeit des Textes,
  – im Hinblick auf die Gegenwart,
  – im Vergleich mit der eigenen Meinung.

Hinweise zur schriftlichen Form der Erörterung

Beim Schreiben einer Erörterung sollte Folgendes bedacht werden:

Thema
- In einem ersten, ›zugreifenden‹ Satz Thema und Hauptproblematik des Textes, der erörtert werden soll, benennen. Keine weitschweifigen Herleitungen, sondern sofort auf das Thema kommen, den gedanklichen Ansatzpunkt der Erörterung fixieren.

Schlüsselbegriffe
- Wenn das Thema einen Arbeitshinweis gibt, z. B. die Aufforderung, die Kernaussagen des Textes thesenartig zu formulieren, dann ist er zu beachten, also in diesem Fall Kerngedanken in eigenen Worten formulieren oder dabei die Schlüsselbegriffe wörtlich zitieren, möglichst knapp in einfachen Aussagesätzen (Thesen). Auch wenn dies nicht ausdrücklich gefordert ist, bietet sich zu Beginn des Hauptteils – s. Gliederung – eine Übersicht des Gedankengangs an.

Darstellung
- In der Darstellung genau zwischen Wiedergabe der Informationen und Behauptungen des Textes (üblicherweise in indirekter Rede und im Konjunktiv) und der eigenen Meinung unterscheiden. Eigene Kommentierungen sollten kenntlich gemacht werden ohne ein wiederholtes »Meiner Meinung nach …«, statt dessen z. B.: »Demgegenüber ist Folgendes festzuhalten: …«, »Im Vergleich hiermit fällt auf, dass …«, »Der Autor vergleicht hier – m. E. unzulässigerweise …«, »Zieht man hier aber … mit heran, wird deutlich, dass …« usw.

Text
- Während der Auseinandersetzung mit den Problemen des Textes immer wieder direkt auf den Text zurückkommen, denn er ist die entscheidende Arbeitsgrundlage. Zentrale Textstellen sollten wörtlich zitiert werden.

Distanz
- In der Darstellung stets die beobachtende Distanz dem Text gegenüber wahren, also den Inhalt nicht paraphrasieren, sondern ihn ›zupackend‹ und ordnend auf zusammenfassende Oberbegriffe bringen.

Vernetzung
- Aus den Gedanken des Textes, eigenen Überlegungen dazu und weiterführenden Verweisen ein vernetztes System von begrifflich bündigen Zusammenfassungen entstehen lassen, also keine bloße Auflistung oder Reihung von Gedanken oder Argumenten. Zur Verknüpfung der Gedanken des Textes und der eigenen Meinung dienen konjunktionale Nebensätze, verweisende Pronomen und Partikeln, Einschübe, z. B.: »Dies ist also …, darüber hinaus aber … demzufolge …, genauer betrachtet jedoch …, wie oben schon deutlich wurde …, damit, dabei, dafür« usw.

Proportionen
- Auf ein sinnvolles Umfangsverhältnis zwischen Einleitung (nicht zu lang), Hauptteil und Schluss (nicht zu knapp) achten.

Stilebene
- Eine einheitliche Stilebene einhalten, ebenso die Zeit (Präsens) und die Perspektive beibehalten. – Eine genaue Analyse von Form und Gestaltung des Textes wird nicht verlangt (dies ist Aufgabe der Textanalyse). Wenn allerdings die Gestaltung für die Darlegung des Problems oder Themas entscheidend ist, z. B. die Wahl von Metaphern und ›Bildern‹ als Beispiel (s. u. Kleist), sollte dies in der Erörterung erwähnt werden.

Häufige Fehler

Vermieden werden sollten: absolute oder pauschale Wertungen, Gedankensprünge, Sich-Verlieren im Detail, zu voraussetzungsreicher Einstieg mit ungeklärten Begriffen, Scheinaktualisierungen, Verbiegen oder Harmonisieren der Meinung des Textes, Verschleiern der eigenen Meinung.

Beispiel für eine Texterörterung

Heinrich von Kleist (1777–1811) schrieb diesen Essay im Dezember 1810, fast ein Jahr vor seinem Freitod am Kleinen Wannsee in Berlin (21. 11. 1811). Der Aufsatz entstand in Kleists Berliner Zeit während der Arbeit an seinem letzten Schauspiel ›Prinz Friedrich von Homburg‹. Kleist gab in diesen Jahren im Umkreis der preußischen Reformer eine Tageszeitung heraus, die ›Berliner Abendblätter‹, der im März 1811 die staatliche Unterstützung entzogen wurde. Dieser Schlag löste Kleists letzte berufliche und persönliche Krise aus. Die Grundsituation in Kleists Leben und Werk: Erlebnis des Scheiterns, des Schwankens zwischen Halt und Abgrund, die bohrende Frage nach der eigenen Identität, Empfinden des ›modernen‹ Zerrissenseins zwischen Rationalität und Gefühl, wird an zwei Briefstellen deutlich: im so genannten Bogengleichnis, entstanden bei der Betrachtung eines Torgewölbes: »Warum, dachte ich, sinkt wohl das Gewölbe nicht ein, da es doch *keine* Stütze hat? Es steht, antwortete ich, *weil alle Steine auf einmal einstürzen wollen* – ich zog aus diesem Gedanken einen unbeschreiblich erquickenden Trost, der mir bis zu dem entscheidenden Augenblicke immer mit der Hoffnung zur Seite stand, dass auch ich mich halten würde, wenn alles mich sinken lässt« (18. November 1800 an Kleists Verlobte, Wilhelmine von Zenge).
Demgegenüber der letzte Brief »am Morgen meines Todes« an die Schwester Ulrike von Kleist: »... die Wahrheit ist, dass mir auf Erden nicht zu helfen war« (10. November 1811).

Heinrich von Kleist: Über das Marionettentheater (12.–15.12.1810 v)

Als ich den Winter 1801 in M... zubrachte, traf ich daselbst eines Abends, in einem öffentlichen Garten, den Herrn C. an, der seit kurzem, in dieser Stadt, als erster Tänzer der Oper, angestellt war, und bei dem Publiko außerordentliches Glück machte.

Ich sagte ihm, dass ich erstaunt gewesen wäre, ihn schon mehrere Male in einem Marionettentheater zu finden, das auf dem Markte zusammengezimmert worden war, und den Pöbel, durch kleine dramatische Burlesken, mit Gesang und Tanz durchwebt, belustigte. Er versicherte mir, dass ihm die Pantomimik dieser Puppen viel Vergnügen machte, und ließ nicht undeutlich merken, dass ein Tänzer, der sich ausbilden wolle, mancherlei von ihnen lernen könne.

Da diese Äußerung mir, durch die Art, wie er sie vorbrachte, mehr, als ein bloßer Einfall schien, so ließ ich mich bei ihm nieder, um ihn über die Gründe, auf die er eine so sonderbare Behauptung stützen könne, näher zu vernehmen.

Er fragte mich, ob ich nicht, in der Tat, einige Bewegungen der Puppen, besonders der kleineren, im Tanz sehr graziös gefunden hatte.

Diesen Umstand konnt ich nicht leugnen. Eine Gruppe von vier Bauern, die nach einem raschen Takt die Ronde tanzte, hätte von Teniers[1] nicht hübscher gemalt werden können.

Ich erkundigte mich nach dem Mechanismus dieser Figuren, und wie es möglich wäre, die einzelnen Glieder derselben und ihre Punkte, ohne Myriaden von

1 David Teniers der Jüngere, flämischer Bauernmaler (1610–1690).

Fäden an den Fingern zu haben, so zu regieren, als es der Rhythmus der Bewegungen, oder der Tanz, erfordere?

Er antwortete, dass ich mir nicht vorstellen müsse, als ob jedes Glied einzeln, während der verschiedenen Momente des Tanzes, von dem Maschinisten gestellt und gezogen würde.

Jede Bewegung, sagte er, hätte einen Schwerpunkt; es wäre genug, diesen, in dem Innern der Figur, zu regieren; die Glieder, welche nichts als Pendel wären, folgten, ohne irgend ein Zutun, auf eine mechanische Weise von selbst.

Er setzte hinzu, dass diese Bewegung sehr einfach wäre; dass jedes Mal, wenn der Schwerpunkt in einer *graden Linie* bewegt wird, die Glieder schon Kurven beschrieben, und dass oft, auf eine bloß zufällige Weise erschüttert, das Ganze schon in eine Art von rhythmische Bewegung käme, die dem Tanz ähnlich wäre. Diese Bemerkung schien mir zuerst einiges Licht über das Vergnügen zu werfen, das er in dem Theater der Marionetten zu finden vorgegeben hatte. Inzwischen ahndete ich bei weitem die Folgerungen noch nicht, die er späterhin daraus ziehen würde.

Ich fragte ihn, ob er glaubte, dass der Maschinist, der diese Puppen regierte, selbst ein Tänzer sein, oder wenigstens einen Begriff vom Schönen im Tanz haben müsse?

Er erwiderte, dass wenn ein Geschäft, von seiner mechanischen Seite, leicht sei, daraus noch nicht folge, dass, es ganz ohne Empfindung betrieben werden könne. Die Linie, die der Schwerpunkt zu beschreiben hat, wäre zwar sehr einfach, und, wie er glaube, in den meisten Fällen, grad. In Fällen, wo sie krumm sei, scheine das Gesetz ihrer Krümmung wenigstens von der ersten oder höchstens zweiten Ordnung; und auch in diesem letzten Fall nur elliptisch, welche Form der Bewegung den Spitzen des menschlichen Körpers (wegen der Gelenke) überhaupt die natürliche sei, und also dem Maschinisten keine große Kunst koste, zu verzeichnen.

Dagegen wäre diese Linie wieder, von einer andern Seite, etwas sehr Geheimnisvolles. Denn sie wäre nichts anders, als der *Weg der Seele des Tänzers*; und er zweifle, dass sie anders gefunden werden könne, als dadurch, daß sich der Maschinist in den Schwerpunkt der Marionette versetzt, d. h. mit andern Worten, *tanzt*. Ich erwiderte, dass man mir das Geschäft desselben als etwas ziemlich Geistloses vorgestellt hätte: etwa was das Drehen einer Kurbel sei, die eine Leier spielt. Keineswegs, antwortete er. Vielmehr verhalten sich die Bewegungen seiner Finger zur Bewegung der daran befestigten Puppen ziemlich künstlich, etwa wie Zahlen zu ihren Logarithmen oder die Asymptote zur Hyperbel.

Inzwischen glaubte er, dass auch dieser letzte Bruch von Geist, von dem er gesprochen, aus den Marionetten entfernt werden, dass ihr Tanz gänzlich ins Reich mechanischer Kräfte hinübergespielt, und vermittelst einer Kurbel, so wie ich es mir gedacht, hervorgebracht werden könne.

Ich äußerte meine Verwunderung zu sehen, welcher Aufmerksamkeit er diese, für den Haufen erfundene, Spielart einer schönen Kunst würdige. Nicht bloß, dass er sie einer höheren Entwickelung für fähig halte: Er scheine sich sogar selbst damit zu beschäftigen.

Er lächelte, und sagte, er getraue sich zu behaupten, dass wenn ihm ein Mechanikus, nach den Forderungen, die er an ihn zu machen dächte, eine Marionette bauen wollte, er vermittelst derselben einen Tanz darstellen würde, den weder er, noch irgend ein anderer geschickter Tänzer seiner Zeit, Vestris selbst nicht ausgenommen, zu erreichen imstande wäre.

Haben Sie, fragte er, da ich den Blick schweigend zur Erde schlug: Haben Sie von jenen mechanischen Beinen gehört, welche englische Künstler für Unglückliche verfertigen, die ihre Schenkel verloren haben?

Ich sagte, nein: der gleichen wäre mir nie vor Augen gekommen.

Es tut mir Leid, erwiderte er; denn wenn ich Ihnen sage, dass diese Unglücklichen damit tanzen, so fürchte ich fast, Sie werden es mir nicht glauben. – Was sag ich, tanzen? Der Kreis ihrer Bewegungen ist zwar beschränkt; doch diejenigen, die ihnen zu Gebote stehen, vollziehen sich mit einer Ruhe, Leichtigkeit und Anmut, die jedes denkende Gemüt in Erstaunen setzen.

Ich äußerte, scherzend, dass er ja, auf diese Weise, seinen Mann gefunden habe. Denn derjenige Künstler, der einen so merkwürdigen Schenkel zu bauen imstande sei, würde ihm unzweifelhaft auch eine ganze Marionette, seinen Forderungen gemäß, zusammensetzen können.

Wie, fragte ich, da er seinerseits ein wenig betreten zur Erde sah: wie sind denn diese Forderungen, die Sie an die Kunstfertigkeit desselben zu machen gedenken, bestellt?

Nichts, antwortete er, was sich nicht auch schon hier fände; Ebenmaß, Beweglichkeit, Leichtigkeit – nur alles in einem höheren Grade; und besonders eine naturgemäßere Anordnung der Schwerpunkte.

Und der Vorteil, den diese Puppe vor lebendigen Tänzern voraus haben würde?

Der Vorteil? Zuvörderst ein negativer, mein vortrefflicher Freund, nämlich dieser, dass sie sich niemals *zierte*. – Denn Ziererei erscheint, wie Sie wissen, wenn sich die Seele (vis motrix[2]) in irgend einem andern Punkte befindet, als in dem Schwerpunkt der Bewegung. Da der Maschinist nun schlechthin, vermittelst des Drahtes oder Fadens, keinen andern Punkt in seiner Gewalt hat, als diesen: so sind alle übrigen Glieder, was sie sein sollen, tot, reine Pendel, und folgen dem bloßen Gesetz der Schwere; eine vortreffliche Eigenschaft, die man vergebens bei dem größesten Teil unsrer Tänzer sucht.

Sehen Sie nur die P… an, fuhr er fort, wenn sie die Daphne spielt, und sich, verfolgt vom Apoll, nach ihm umsieht; die Seele sitzt ihr in den Wirbeln des Kreuzes; sie beugt sich, als ob sie brechen wollte, wie eine Najade aus der Schule Bernins[3]. Sehen Sie den jungen F… an, wenn er, als Paris, unter den drei Göttinnen, steht, und der Venus den Apfel überreicht: die Seele sitzt ihm gar (es ist ein Schrecken, es zu sehen) im Ellenbogen.

Solche Missgriffe, setzte er abbrechend hinzu, sind unvermeidlich, seitdem wir von dem Baum der Erkenntnis gegessen haben. Doch das Paradies ist verriegelt und der Cherub hinter uns; wir müssen die Reise um die Welt machen, und sehen, ob es vielleicht von hinten irgendwo wieder offen ist.

Ich lachte. – Allerdings, dachte ich, kann der Geist nicht irren, da, wo keiner vorhanden ist. Doch ich bemerkte, dass er noch mehr auf dem Herzen hatte, und bat ihn, fortzufahren.

2 die bewegende Kraft.

3 Darstellung von Brunnennymphen; Lorenzo Bernini: italienischer Bildhauer und Maler (1598–1680).

Zudem, sprach er, haben diese Puppen den Vorteil, dass sie *antigrav*[4] sind. Von der Trägheit der Materie, dieser dem Tanze entgegenstrebendsten aller Eigenschaften, wissen sie nichts: weil die Kraft, die sie in die Lüfte erhebt, größer ist, als jene, die sie an der Erde fesselt. Was würde unsre gute G… darum geben, wenn sie sechzig Pfund leichter wäre, oder ein Gewicht von dieser Größe ihr bei ihren Entrechats[5] und Pirouetten zu Hülfe käme? Die Puppen brauchen den Boden nur wie die Elfen, um ihn zu *streifen*, und den Schwung der Glieder, durch die augenblickliche Hemmung neu zu beleben; wir brauchen ihn, um darauf zu *ruhen* und uns von der Anstrengung des Tanzes zu erholen: Ein Moment, der offenbar selber kein Tanz ist, und mit dem sich weiter nichts anfangen lässt, als ihn möglichst verschwinden zu machen.

Ich sagte, dass, so geschickt er auch die Sache seiner Paradoxe führe, er mich doch nimmermehr glauben machen würde, dass in einem mechanischen Gliedermann mehr Anmut enthalten sein könne, als in dem Bau des menschlichen Körpers. Er versetzte, dass es dem Menschen schlechthin unmöglich wäre, den Gliedermann darin auch nur zu erreichen. Nur ein Gott könne sich, auf diesem Felde, mit der Materie messen; und hier sei der Punkt, wo die beiden Enden der ringförmigen Welt ineinander griffen. Ich erstaunte immer mehr, und wusste nicht, was ich zu so sonderbaren Behauptungen sagen sollte.

Es scheine, versetzte er, indem er eine Prise Tabak nahm, dass ich das dritte Kapitel vom ersten Buch Moses nicht mit Aufmerksamkeit gelesen[6], und wer diese erste Periode aller menschlichen Bildung nicht kennt, mit dem könne man nicht füglich über die folgenden, um wie viel weniger über die letzte sprechen.

Ich sagte, dass ich gar wohl wüsste, welche Unordnungen, in der natürlichen Grazie des Menschen, das Bewusstsein anrichtet. Ein junger Mann von meiner Bekanntschaft hätte, durch eine bloße Bemerkung, gleichsam vor meinen Augen, seine Unschuld verloren, und das Paradies derselben, trotz aller ersinnlichen Bemühungen, nachher niemals wieder gefunden. – Doch, welche Folgerungen, setzte ich hinzu, können Sie daraus ziehen?

Er fragte mich, welch einen Vorfall ich meine?

Ich badete mich, erzählte ich, vor etwa drei Jahren, mit einem jungen Mann, über dessen Bildung damals eine wunderbare Anmut verbreitet war. Er mochte ohngefähr in seinem sechszehnten Jahre stehn, und nur ganz von fern ließen sich, von der Gunst der Frauen herbeigerufen, die ersten Spuren von Eitelkeit erblicken. Es traf sich, dass wir grade kurz zuvor in Paris einen Jüngling[7] gesehen hatten, der sich einen Splitter aus dem Fuße zieht; der Abguss der Statue ist bekannt und befindet sich in den meisten deutschen Sammlungen. Ein Blick, den er in dem Augenblick, da er den Fuß auf den Schemel setzte, um ihn abzutrocknen, in einen großen Spiegel warf, erinnerte ihn daran; er lächelte und sagte mir, welch eine Entdeckung er gemacht habe. In der Tat hatte ich, in eben diesem Augenblick, dieselbe gemacht; doch sei es, um die Sicherheit der Grazie, die ihm beiwohnte, zu prüfen, sei es, um seiner Eitelkeit ein wenig heilsam zu

4 der Schwerkraft entgegenwirkend.
5 Luftsprünge.
6 Bericht vom Sündenfall: »Da werden ihrer beiden Augen aufgetan, und sie werden gewahr, dass sie nackt waren« (nach dem Genuss der Frucht vom Baum der Erkenntnis).
7 bekannte antike Statue: ›Der Dornauszieher‹.

begegnen: ich lachte und erwiderte – er sähe wohl Geister! Er errötete, und hob den Fuß zum zweitenmal, um es mir zu zeigen; doch der Versuch, wie sich leicht hätte voraussehn lassen, missglückte. Er hob verwirrt den Fuß zum dritten und vierten, er hob ihn wohl noch zehnmal: umsonst! er war außerstand, dieselbe Bewegung wieder hervorzubringen – was sag ich? die Bewegungen, die er machte, hatten ein so komisches Element, dass ich Mühe hatte, das Gelächter zurückzuhalten: – Von diesem Tage, gleichsam von diesem Augenblick an, ging eine unbegreifliche Veränderung mit dem jungen Menschen vor. Er fing an, tagelang vor dem Spiegel zu stehen; und immer ein Reiz nach dem anderen verließ ihn. Eine unsichtbare und unbegreifliche Gewalt schien sich, wie ein eisernes Netz, um das freie Spiel seiner Gebärden zu legen, und als ein Jahr verflossen war, war keine Spur mehr von der Lieblichkeit in ihm zu entdecken, die die Augen der Menschen sonst, die ihn umringten, ergötzt hatte. Noch jetzt lebt jemand, der ein Zeuge jenes sonderbaren und unglücklichen Vorfalls war, und ihn, Wort für Wort, wie ich ihn erzählt, bestätigen könnte. –

Bei dieser Gelegenheit, sagte Herr C… freundlich, muss ich Ihnen eine andere Geschichte erzählen, von der Sie leicht begreifen werden, wie sie hierher gehört. Ich befand mich, auf meiner Reise nach Russland, auf einem Landgut des Herrn v. G…, eines livländischen Edelmanns, dessen Söhne sich eben damals stark im Fechten übten. Besonders der Ältere, der eben von der Universität zurückgekommen war, machte den Virtuosen, und bot mir, da ich eines Morgens auf seinem Zimmer war, ein Rapier an. Wir fochten; doch es traf sich, dass ich ihm überlegen war, Leidenschaft kam dazu, ihn zu verwirren; fast jeder Stoß, den ich führte, traf, und sein Rapier flog zuletzt in den Winkel. Halb scherzend, halb empfindlich, sagte er, indem er das Rapier aufhob, dass er seinen Meister gefunden habe: doch alles auf der Welt finde den seinen, und fortan wolle er mich zu dem meinigen führen. Die Brüder lachten laut auf, und riefen: Fort! fort! In den Holzstall herab! und damit nahmen sie mich bei der Hand und führten mich zu einem Bären, den Herr v. G…, ihr Vater, auf dem Hofe auferziehen ließ.

Der Bär stand, als ich erstaunt vor ihn trat, auf den Hinterfüßen, mit dem Rücken an einem Pfahl gelehnt, an welchem er angeschlossen war, die rechte Tatze schlagfertig erhoben, und sah mir ins Auge: das war seine Fechterpositur. Ich wusste nicht, ob ich träumte, da ich mich einem solchen Gegner gegenüber sah; doch: stoßen Sie! stoßen Sie! sagte Herr v. G…, und versuchen Sie, ob Sie ihm eins beibringen können! Ich fiel, da ich mich ein wenig von meinem Erstaunen erholt hatte, mit dem Rapier auf ihn aus; der Bär machte eine ganz kurze Bewegung mit der Tatze und parierte den Stoß. Ich versuchte ihn durch Finten zu verführen; der Bär rührte sich nicht. Ich fiel wieder, mit einer augenblicklichen Gewandtheit, auf ihn aus, eines Menschen Brust würde ich ohnfehlbar getroffen haben: der Bär machte eine ganz kurze Bewegung mit der Tatze und parierte den Stoß. Jetzt war ich fast in dem Fall des jungen Herrn v. G… Der Ernst des Bären kam hinzu, mir die Fassung zu rauben, Stöße und Finten wechselten sich, mir triefte der Schweiß: umsonst! Nicht bloß, dass der Bär, wie der erste Fechter der Welt, alle meine Stöße parierte; auf Finten (was ihm kein Fechter der Welt nachmacht) ging er gar nicht einmal ein: Aug in Auge, als ob er meine Seele darin lesen könnte, stand er, die Tatze schlagfertig erhoben, und wenn meine Stöße nicht ernsthaft gemeint waren, so rührte er sich nicht.

Glauben Sie diese Geschichte?
Vollkommen! rief ich, mit freudigem Beifall; jedwedem Fremden, so wahrscheinlich ist sie: um wie viel mehr Ihnen!
Nun, mein vortrefflicher Freund, sagte Herr C…, so sind Sie im Besitz von allem, was nötig ist, um mich zu begreifen. Wir sehen, dass in dem Maße, als, in der organischen Welt, die Reflexion dunkler und schwächer wird, die Grazie darin immer strahlender und herrschender hervortritt. – Doch so, wie sich der Durchschnitt zweier Linien, auf der einen Seite eines Punkts, nach dem Durchgang durch das Unendliche, plötzlich wieder auf der andern Seite einfindet, oder das Bild des Hohlspiegels, nachdem es sich in das Unendliche entfernt hat, plötzlich wieder dicht vor uns tritt: so findet sich auch, wenn die Erkenntnis gleichsam durch ein Unendliches gegangen ist, die Grazie wieder ein; so, dass sie, zu gleicher Zeit, in demjenigen menschlichen Körperbau am reinsten erscheint, der entweder gar keins, oder ein unendliches Bewusstsein hat, d.h. in dem Gliedermann, oder in dem Gott.
Mithin, sagte ich ein wenig zerstreut, müssten wir wieder von dem Baum der Erkenntnis essen, um in den Stand der Unschuld zurückzufallen?
Allerdings, antwortete er; dass ist das letzte Kapitel von der Geschichte der Welt.

1▸ Gehen Sie nach den Arbeitsschritten einer Texterörterung vor:

- ▸ 1. Skizzieren Sie das Hauptproblem, die entscheidende Thematik.
- ▸ 2. Erarbeiten Sie zunächst die äußere Textstruktur (s. Abschnitte), dann vor allem die innere: Über welche Phasen läuft der Text, welche Akzente werden jeweils gesetzt?
- ▸ 3. Ermitteln Sie die zentralen Textstellen. Wo verdichtet sich jeweils die Aussage?
- ▸ 4. Stellen Sie fest, mit welchen zentralen Bildern und Darstellungsmitteln Kleist hier arbeitet: Welche Bedeutungsbezüge ›zwischen den Zeilen‹ werden dabei deutlich?
- ▸ 5. Skizzieren Sie eigene gedankliche Ansätze zum angesprochenen Problem.
- ▸ 6. Versuchen Sie eine Einordnung in einen größeren Zusammenhang: Worauf ließen sich Kleists Gedanken beziehen (Werke, Themen, Probleme, Zeitgeschichte)?
- ▸ 7. Prüfen Sie, inwieweit Kleists Vorstellungen auf Ihnen bekannte Erzählungen oder Schauspiele des Schriftstellers übertragbar oder auf dem Hintergrund dieses Textes diskutierbar sind (z.B. ›Käthchen von Heilbronn‹, ›Prinz Friedrich von Homburg‹, ›Michael Kohlhaas‹). Stellen Sie auch einen Bezug zu den beiden Briefzitaten im Vorspann zum ›Marionettentheater‹ her.
- ▸ 8. Erscheinen Ihnen Kleists Überlegungen noch zeitgemäß?

Mögliche Arbeitsschritte zu dieser Erörterung

Einleitung: erster Zugriff auf Thema und Problem

1. In diesem Aufsatz Heinrich von Kleists geht es offenbar anhand des Beispiels von Marionette und Tänzer, also künstlicher Figur und lebendigem Menschen, um den Verlust ursprünglicher Anmut und Grazie, damit auch den Verlust ursprüng-

licher Identität, d. h. Einsseins mit sich selbst, durch den ›Sündenfall‹, das Sich-Bewusstwerden des Menschen über sich und sein Tun …

Zusammenhang: menschliche Problematik

2. In der Form eines erzählenden Berichtes über ein erdachtes oder tatsächliches Gespräch, in dem der Autor als Ich-Person erscheint – eine sehr lebendige und anschauliche Art, philosophische Probleme darzustellen –, entwickelt Kleist an drei sich jeweils ergänzenden und weiterführenden Beispielgeschichten (Marionette – Tänzer, Jüngling – Statue, menschlicher Fechter – Bär) die Folgen der Selbsterkenntnis, der an sich notwendigen Rationalität und Reflexion des Menschen: die Vertreibung aus dem Paradies der ›Unschuld‹, der unwillkürlichen, ungeteilten Harmonie …

Übersicht: Hauptphasen der gedanklichen Struktur eigene Oberbegriffe

3. Der erste Teil des Gesprächs über Marionette und Tänzer mündet in das entscheidende Bild vom »Schwerpunkt« der Seele, der, so Kleist, sich beim bewussten Training des Tänzers verschiebe, verlorengegangen sei. Die anschließende Frage nach dem Maschinisten lässt schon hier an eine Weiterung der Überlegungen Kleists denken, an eine Übertragung auf das Verhältnis zwischen Gott und Mensch, Schöpfer und Geschöpf … Fast in der Mitte des Textes wird das archaische Musterbild, die Grundmetapher für die Zerrissenheit des Menschen, benannt: der Griff nach dem Baum der Erkenntnis als Gewinn der Rationalität und gleichzeitig Verlust der Unschuld – ein Bild, das am Schluss des Textes in deutlich verdichteter Form wieder aufgegriffen wird: ein neuer Weg ins Paradies, ein erneuter »Biss in den Apfel« zur Wiedergewinnung einer neuen, aus Reflexion und Gefühl, aus Bewusstsein und Natur hervorgehenden Einheit …

zentrale Stellen, mit Bezug zum Thema zusammengefasst

4. … Bei genauem Hinsehen verdeutlichen die von Kleist gewählten Bilder, Bezüge und Situationen das gesamte abendländische Kulturgeflecht, in dem sich der Künstler, der reflektierende Mensch bewegt: Der Verweis auf den Tänzer und die Marionette zeigt den Bereich der Kunst und der Künstlichkeit.
Die Vorstellung des Automaten bewegte zur Entstehungszeit des Aufsatzes die geistige Welt; die Technisierung begann. E. T. A. Hoffmann war der erste, der die Bedeutung des Kleistschen Aufsatzes erkannte; er variiert die Automatenfigur ins Dämonisch-Tödliche, z. B. in der Erzählung ›Der Sandmann‹. Die Verweise auf die antike Statue und den Schöpfungsmythus des Alten Testaments erfassen die beiden entscheidenden Kulturbereiche unserer Geschichte; der Bär verweist auf die ursprüngliche, instinktsichere Natur. Dazwischen steht der Mensch in Gestalt des in sich selbst verliebten Jünglings, der sich immer mehr verliert, des Tänzers, der sich der Grenzen zwischen Kunst und Künstlichkeit bewusst wird, des Fechters, der zwar einen anderen Menschen, aber nicht die Natur besiegen kann …
Kleist zeichnet hier also ›hinter dem Text‹ oder ›zwischen den Zeilen‹ die ›Fäden‹, an denen wir hängen, die Fragen nach Kunst und Wirklichkeit, Mensch und Natur, Mensch und Gott, die wir stellen …

genaue Arbeit an zentralen Bildern Verknüpfungen
Wofür stehen die Bilder?

5. Zu fragen ist hier, ob es Kleist um eine Abwertung der Vernunft, der Erkenntnis, geht. Der Verweis auf die künstliche Figur, den Gliedermann, hat etwas Erschreckendes. Die Marionette ist ganz mit sich eins, ihrer selbst nicht bewusst und gleichzeitig völlig abhängig vom Mechanisten, der als einziger den »Weg der Seele

eigene Auseinandersetzung
Infragestellung, weiterführende Überlegung,

Verweis auf den klassischen Idealismus bei Kant (Bezug auf Kleists Kant-Krise)

des Tänzers« kennt und bestimmen kann. Will Kleist ein Zurück zur ›primitiven‹ Natürlichkeit? Ist die Dialektik der Marionette nicht ein Zerrbild einer ›autonomen‹ Persönlichkeit im Sinne Kants? …

Bezüge zur Romantik

6. Beziehen lassen sich diese Überlegungen z. B. auf Vorstellungen der Romantik, z. B. Novalis: über Monotonie (Gleichklang des Ungeschiedenen) – Disharmonie (Zerrissenheit, Spaltung in der Welt) zur Harmonie einer neuen, versöhnten Vielheit im Einklang. Deutlich wird aber, dass bei Kleist die erhoffte dritte Stufe einer neuen Einheit durch vollendetes, mit der Natur versöhntes Bewusstsein nur eine vage Möglichkeit, keine Gewissheit ist – der Schritt über die (fast gleichzeitige!) Romantik hinaus wird hier ganz deutlich.

Bezüge zu Kleist: ›Käthchen von Heilbronn‹

Kleist: ›Michael Kohlhaas‹

Kleist: ›Prinz Friedrich von Homburg‹

7. In der Gestalt des Käthchens von Heilbronn finden sich durchhaus Züge einer in sich ruhenden Gestalt, die, abgeschirmt von allen Einflüssen, den »Schwerpunkt der Seele« offenkundig realitätsferner Anmut und Sicherheit verkörpert und, durchaus im Einklang mit sich selbst, ihren wundersamen Weg geht. Deutlich wird allerdings: der Zug ins Märchenhafte, Unwirkliche. Michael Kohlhaas hat den Schwerpunkt der Seele verloren, sein Rasen gegen die Willkür aus verletztem Gerechtigkeitsgefühl zeigt genau den Riss, das Herausfallen aus einer sicher geglaubten Ordnung: den Verlust des Maßes, der ›unbewussten‹ Ordnung der Dinge in der zerstörerischen Parteilichkeit einer subjektiven Weltsicht …
Prinz Friedrich von Homburg durchlebt Irritationen, die im »Schwebezustand« des Schlusses aufgehoben scheinen, im Traum als Antizipation einer harmonischen Wirklichkeit (Homburg: »Ist es ein Traum?« Kottwitz: »Was sonst?«). In den zögernden Versuchen, sich zu finden, zur eigenen Identität zu gelangen in einer schweren Krise, in der Frage zwischen Leben und Tod, versagt er weitgehend … die Fäden gesicherter Selbstdefinition scheinen wie abgerissen …

(Anmerkung: Theoretische Äußerungen von Schriftstellern, auch modellartige Entwürfe – wie hier – können differenziert mit den fiktiven literarischen Werken verglichen, sollten aber nie zu direkt und einseitig gleichgesetzt werden. Eine Dramen- oder Romanfigur hat eine eigene künstlerische Dimension, ist vielschichtiger als ein theoretisches Modell, auch wenn es vom gleichen Autor stammt. Daher sollte man eher auf die feinen Unterschiede achten als auf offenkundige Übereinstimmungen.)

Zusammenfassung und Klärung von Widersprüchen

Aufzeigen von Zusammenhängen

Beantwortung der Frage nach der Zeitgemäßheit

8. … so zeigt sich, dass es Kleist keinesfalls um einen neuen Sprung in die Irrationalität geht, um ein bloßes »Zurück zur Natur« nach Rousseau. Aber der Bruch soll schmerzhaft deutlich werden, der weite Weg zur Überwindung des Widerspruches zwischen reflektierendem Subjekt und ›mechanisch‹ selbstverständlicher Natur. Deutlich wird aber auch, dass Kleist mit dem Bild der Marionette, die hier von ihm offenkundig noch nicht in ihrer negativen Bedeutung gesehen wird, eine Metapher für den entfremdeten Menschen, für die völlig abhängige Kreatur bietet, wie sie bei Büchner und bei den Naturalisten erscheint bis hin zu dem in die Welt ›geworfenen‹, von jeder Transzendenz, von seinem Schöpfer abgetrennten, beziehungslos gewordenen Ich der Alpträume Kafkas – ohne jedes ›Hintertürchen‹ zum Paradies. So sind Kleists hier entwickelte Gedanken ganz aktuell.

Vierter Teil:
Literarische Erörterung

Voraussetzungen

Das Schreiben von Erörterungen, die sich auf literarische Werke (Dramen, Novellen, Romane) beziehen, setzt voraus:

genaue Textkenntnis

1. Vor allem eine genaue Kenntnis der Gesamtkomposition des Werks (Dramenaufbau, Handlungsstruktur im Roman), der entscheidenden Stationen oder Phasen, über die der Prozess, die Entwicklung laufen; Kenntnis der zentralen Textstellen (Entscheidungsdialoge im Drama, zentrale Gespräche im Roman), Beziehung zwischen Anfang und Schluss, Höhepunkt und Wendepunkt usw.

Hintergrundkenntnisse

2. Eventuell Kenntnisse über die Entstehungsgeschichte des Werkes (z. B. den geschichtlichen Gerichtsprozess gegen das Vorbild von Büchners Woyzeck); Bezug zum geschichtlich-gesellschaftlichen Hintergrund (z. B. Absolutismus und beginnendes bürgerliches Selbstverständnis in der Aufklärung ➛ Lessings ›Emilia Galotti‹), Kenntnis zentraler Merkmale einer Epoche (z. B. Wendung gegen ein mathematisch-mechanistisches Weltbild in der Romantik, neue Naturmetaphorik ➛ Eichendorff); eventuell Zusammenhang zwischen Werk und Biographie des Autors (z. B. Selbstbefreiung Goethes aus einer Krise im ›Werther‹).

Bezüge und Verweise ins Umfeld

3. Hilfreich ist die Kenntnis anderer, eventuell thematisch oder motivlich ähnlicher Werke desselben Autors (z. B. ›Effi Briest‹ und ›Irrungen Wirrungen‹ von Fontane: Problem bürgerlicher Moralvorstellungen), die Kenntnis thematisch ähnlicher Werke anderer Autoren derselben Zeit oder anderer Epochen (z. B. Goethe: ›Egmont‹ und Schiller: ›Don Carlos‹); wenn möglich, die Einbeziehung grundlegender kulturgeschichtlicher Bezüge (z. B. Bedeutung der Pflichtethik Kants für den klassischen Helden).

weitere Kenntnisse

Kenntnis von Fachbegriffen (zum Dramenaufbau, zur Unterscheidung zwischen aristotelischem und epischem Theater, zur Novellenstruktur: Leitmotiv usw.).

Kenntnis der Grundbegriffe der jeweiligen Epoche (z. B. Primat der Vernunft in der Aufklärung, Tendenzliteratur zur Zeit Heines usw.). Kenntnisse für das Schreiben einer Erörterung (s. S. 203 ff.).

Hinweise zum Schreiben

Schon im *ersten Satz* einen strukturierenden ›Zugriff‹ auf Thema und Problem formulieren (z. B. »Das Spannungsverhältnis zwischen Kunst und Leben durchzieht leitmotivisch die ganze Novelle« ➛ ›Tod in Venedig‹, also keine unverbundene Auflistung von Kenntnissen zu Autor und Werk).

Gliederung

Einleitung: Zugriff auf Thema und Problem – Hauptansatz der Arbeit, überblickartige Strukturierung der zu behandelnden Fragen und Probleme.

Hauptteil: Durchführung der angedeuteten Ansätze in schrittweise steigerndem Verfahren, z. B. orientiert am Textaufbau (Phasen einer Entwicklung) oder an der Problematisierung von Begriffen (Held – Antiheld).

Schluss: s. u.

Bezug zum Text herstellen

Der Textinhalt wird ›gebündelt‹, bezogen auf das Problem, Abschnitten der Erörterung zugeordnet, d. h., die eigenen Untersuchungsergebnisse sind mit Textbelegen knapp zu begründen und zu stützen. Nicht ›am Text entlang‹ schreiben. Zu Beginn eigenes Verfahren benennen

schon das eigene Verfahren benennen, z. B.: »Die Bedeutung des Leitmotivs Marmorbild in Eichendorffs gleichnamiger Novelle lässt sich an vier Begegnungen Florios mit dieser Gestalt erarbeiten …«.

den Schluss konzipieren

Der Schluss enthält eine eigene Stellungnahme, z. B. einen Vergleich oder eine Einordnung, eventuell die Äußerung einer Betroffenheit, eine mögliche Weiterführung der Themafrage, eine Übertragung oder Aktualisierung.

Thema:
a) Bedeutung einer Dramenfigur

Mögliches Thema: Ist Prinz Friedrich von Homburg im gleichnamigen Drama Kleists ein moderner Mensch (des 20./21. Jhds.)?

Vorüberlegungen

Überlegen Sie zunächst, welche Hauptakzente das Thema enthält: Was sollen Sie erarbeiten? Welche Arbeitsbasis brauchen Sie?

Aus dem Thema ergeben sich folgende Überlegungen und Arbeitsansätze:

- Im Zentrum steht die Gestalt des Prinzen; er muss zunächst auf der Basis des Textes charakterisiert, eingeschätzt und differenziert beurteilt werden. Die Monologe des Prinzen bieten sich z. B. zur Strukturierung an. Es geht nicht darum, diese Stellen umfassend zu analysieren, sondern die jeweiligen Gedanken und Reaktionen des Prinzen, seine Gefühle, seine Stimmungen herauszuarbeiten.
  Außerdem ist das Beziehungsgeflecht der Hauptgestalt wichtig: In welchem Grundkonflikt steht sie? Welche Krisensituationen durchlebt sie?
- Da in der Themafrage eine Wertung und Übertragungsmöglichkeit angedeutet wird, ist dies der zweite entscheidende Ansatz, der durch Vergleich und Einordnung gewonnen wird: Was unterscheidet diese Figur z. B. von Schillerschen Helden (bereits deutlich ablesbar an der ganz anderen Funktion der Monologe – keine Entscheidungsmonologe wie bei Schiller)? Ist der Prinz ein klassischer Held, der sich in einem Wertekonflikt im Sinne Kants befindet? Hier wäre sein Verhalten in Grenzsituationen zu untersuchen: der Traum vom Ruhm, die Todesangst usw. Demgegenüber die Frage: Was kennzeichnet einen modernen Menschen des 21. Jahrhunderts (z. B. Irritationen, Angstgefühle, Werteverlust usw.)?
- Die Grundkonzeption des Schauspiels (Traum – Wirklichkeit, die Bedeutung der Nacht als Raum innerer Handlung usw.) könnte die Basis der Arbeit bilden als Beleg einer neuen, subjektiven Sicht menschlicher Existenz.
  Eventuell könnten Kleists eigene Erfahrungen des Scheiterns an der Welt, aber auch die historischen Bezüge mit herangezogen werden (Vermischung zweier historischer Gestalten: des Haudegens Prinz von Homburg als glorreicher Sieger in der Schlacht von Fehrbellin 1675 gegen die Schweden und des Prinzen Louis Ferdinand, Liebling der preußischen Bevölkerung, der 1806 durch vorzeitigen eigenmächtigen Einsatz der Avantgarde[1] erheblich zur Niederlage der preußischen Armee und zum Sieg Napoleons beigetragen hat und dabei den Tod fand).
- Der Bezug zum Aufsatz ›Über das Marionettentheater‹ (s. S. 207 ff.) ist ergiebig.

1 Avantgarde = Vorhut der Kavallerie

Gliederung

1▸ Entwerfen Sie aufgrund der Vorüberlegungen eine Gliederung: Was könnte in der Gliederung stehen? Welche strukturierende Abfolge bietet sich für den Hauptteil an? Was bleibt dem Schluss vorbehalten?

2▸ Formulieren Sie ein bis zwei Sätze als inhaltlich strukturierenden Zugriff auf das Thema: Wer ist dieser Prinz? Welches ist sein Hauptproblem? Welche Fragen stellen sich aufgrund des Themas? Welche inhaltlichen Ansätze ergeben sich für die Hauptarbeit?

Zugriff auf das Thema

3▸ Erarbeiten Sie schrittweise die ›schwankende Seelenlage‹ Homburgs aus seinen Monologen.

Befindlichkeit des ›Helden‹

4▸ Klären Sie als Endpunkt des Hauptteils die Bedeutung des Schlusses: Welche Ambivalenz wird in diesem ›romantischen‹ Schwebezustand deutlich?

5▸ Untersuchen Sie innerhalb der Hauptarbeit, inwieweit der Prinz von Homburg einen Bezug zum Menschenbild in Kleists Aufsatz »Über das Marionettentheater« hat. Wie steht es mit seinem »Schwerpunkt der Seele«?

Bezug zum ›Marionettentheater‹

6▸ Fassen Sie Ihre Wertung zusammen: Inwieweit ist Homburg kein klassischer, sondern ein romantischer Held? Welche aktuelle Bedeutung hat der tragische Widerstand von Gefühl und Zwang? Versuchen Sie einen Bezug zu Gestalten Kafkas herzustellen (s. Texte S. 73 f., 99 f., 107) oder Homburg in Beziehung zu setzen zu einem Antihelden Brechts oder zu Büchners ›Woyzeck‹.

Schlusszusammenfassung

Mögliches Thema: Erörtern Sie die Bedeutung des Schlusses in der Novelle ›Der Tod in Venedig‹ von Thomas Mann im Hinblick auf die Gesamtaussage, auf das Schicksal des Menschen und Künstlers Aschenbach.

Thema
b) Bedeutung einer Textstelle für die Gesamtaussage

1▸ Skizzieren Sie – entsprechend dem vorigen Ansatz – erste Überlegungen, Problemkreise und Fragestellungen zum Thema: Was genau soll erörtert werden? Welche Frage steht im Zentrum? Welches Vorgehen bietet sich an? (z. B. Schluss – also Einordnung der Textstelle in den Gesamtablauf, eventuell Rückgriff auf den Anfang usw.)

Vorüberlegungen

2▸ Entwerfen Sie eine Gliederung: Beachten Sie hierbei, dass Sie zwar den Schluss als Bündelung der Fragestellungen und Motive des Gesamttextes erarbeiten, letztlich aber in der Darstellung vom Schluss ausgehen müssen, also nicht etwa die Entwicklung bis hin zum Schluss darlegen, sondern umgekehrt den Schluss hier als letzte Vision des Menschen und Künstlers Aschenbach im Hinblick auf die Vereinbarkeit von Kunst und Leben, Schönheit und Erkenntnis den auf den Schluss zulaufenden anderen Phasen des Künstlerweges begründet und belegend zuordnen sollen.

Gliederung

3▸ Formulieren Sie Einleitungssätze als Zugriff. Beachten Sie dabei, dass zwei Aspekte des Themas: Bedeutung für die Gesamtaussage und für Aschenbach selbst, differenziert werden müssen; dies gilt auch für die Erarbeitung im Hauptteil. Falls Sie zum Ergebnis kommen, beides falle schließlich in der letzten »Schau des Schönen« zusammen als Tod und Erlösung, sollte das erst ein hergeleitetes Ergebnis sein, das den künstlerischen und körperlichen Verfall vorher mit einbezieht.

Einleitungssätze

Betrachtung des Textschlusses

4▶ Erarbeiten Sie als Basis für den Hauptteil die entscheidenden formalen und inhaltlichen Aspekte des Schlusses: z.B. im »Schauen« des Todes Wiederfinden der reinen antiken Harmonie und Schönheit, widergespiegelt in der Gestalt Tadzios als junger Gott. Sprachlich: angedeuteter Hexameterrhythmus des Prosatextes, scharf abgesetzt von dem nüchternen ›Nachrichtenstil‹ der Schlusszeilen. Von der Vorstellung der Vision, des Wachtraumes des sterbenden Aschenbach aus kann nun der Motivstrang: Traum, Wachtraum, visionäre Bilder im Verlauf der Erarbeitung auf den Schluss hin verfolgt werden. Bereits bei der ersten Begegnung mit dem »Todesboten« (vgl. S. 85ff.) »seltsame Entstellung« der Phantasie, Wachtraum als Zukunftsvision: Reise, Dschungel, Tiger, Cholera, Bedrohung. Verirrung und Gefühl der Entgrenzung bei der Überfahrt nach Venedig, in der Gondel, Verdichtung im selbstzerstörerischen Dionysos-Traum.

Weitere Bezüge

5▶ Versuchen Sie weitere, verdichtende Bezüge:
Der Schluss als Endpunkt einer ›romantischen‹ Reise? Klären Sie den Unterschied z.B. zum Aufbruch Hyazinths in Novalis' ›Hyazinth und Rosenblüthchen‹ oder zur Reise Florios nach Italien zum Venusbild (Eichendorff: ›Das Marmorbild‹). Wie hat sich – sichtbar an der Gestalt Tadzios und der Stadt Venedig – der Schönheitsbegriff gewandelt? Denken Sie an den Bezug zu Nietzsches Abhandlung über das Apollinische und Dionysische[1] und den Schönheitsbegriff, von dem Thomas Mann beeinflusst war. Lässt sich der Schluss der Novelle als Abgesang auf ein bürgerlich-abendländisches Kultur und Bildungsideal in einer brüchig und fragwürdig gewordenen Welt verstehen?
Ziehen Sie andere Ihnen bekannte Texte von Thomas Mann heran: z.B. ›Tonio Kröger‹ mit entsprechender Thematik oder den Verweis auf die Morbidität und Dekadenz in der Gestalt des kleinen Hanno in den ›Buddenbrooks‹.

Aktualisierung

Der Zusammenhang Schönheit-Tod, Künstler-Rausch-Sympathie mit dem Abgrund zeigt eine aktuelle Fragestellung: die Anfälligkeit der zeitgenössischen Musikszene für Drogen oder die Suche nach dem Ausbruch aus bürgerlichen Grenzen gerade bei Künstlern mit allen Konsequenzen, z.B. Aids.

1 Apollon: u.a. Gott des Geistes, der Form, des Lichtes, der Klarheit, der gezügelten Triebe, Selbstdisziplin, Zucht, Ordnung, Läuterung, Gestaltung. Dionysos: Rausch, schöpferisches Chaos, animalische Triebhaftigkeit (Phallus-Symbol), Leidenschaft, Dunkelheit, Verführung.

Thema
c) Theoretische Aussage eines Autors im Vergleich zu seinem literarischen Werk

Mögliches Thema: Erörtern Sie, inwieweit Theodor Fontanes Roman ›Effi Briest‹ von 1896 seinen Aussagen von 1852/53 über den Realismus entspricht.

[…] Vor allen Dingen verstehen wir *nicht* darunter das nackte Wiedergeben alltäglichen Lebens, am wenigsten seines Elends und seiner Schattenseiten. Traurig genug, dass es nötig ist, derlei sich von selbst verstehende Dinge noch erst versichern zu müssen. Aber es ist noch nicht allzu lange her, dass man (namentlich in der Malerei) *Misere* mit Realismus verwechselte und bei Darstellung eines sterbenden Proletariers, den hungernde Kinder umstehen, oder gar bei Produktionen jener so genannten Tendenzbilder (schlesische Weber, das Jagdrecht u. dgl. m.) sich einbildet, der Kunst eine glänzende Richtung vorgezeichnet zu haben. Diese Richtung verhält sich zum echten Realismus wie das rohe Erz zum Metall: die Läuterung fehlt. Wohl ist das Motto des Realismus der Goethesche Zuruf:

Greif nur hinein ins volle Menschenleben,
Wo du es packst, da ist's interessant[1],

aber freilich, die Hand, die diesen Griff tut, muss eine künstlerische sein [...]. [...] Er ist die Widerspiegelung alles wirklichen Lebens, aller wahren Kräfte und Interessen im Elemente der Kunst; er ist, wenn man uns diese scherzhafte Wendung verzeiht, eine »*Interessenvertretung*« auf seine Art. Er umfängt das ganze reiche Leben, das Größte wie das Kleinste: den Kolumbus, der der Welt eine neue zum Geschenk machte, und das Wassertierchen, dessen Weltall der Tropfen ist; den höchsten Gedanken, die tiefste Empfindung zieht er in sein Bereich, und die Grübeleien eines Goethe wie Lust und Leid eines Gretchen sind sein Stoff. Denn alles das ist *wirklich*. Der Realismus will nicht die bloße Sinnenwelt und nichts als diese; er will am allerwenigsten das bloß Handgreifliche, aber er will das *Wahre*. [...]

1 Fontane zitiert hier unvollständig und falsch aus: Goethe: Faust I, V. 167ff.

1▶ Skizzieren Sie, welche Arbeitsgänge das Thema von Ihnen fordert. Beachten Sie dabei, dass der vorgelegte Text in seinen Hauptaussagen zwar den Arbeits*ansatz* bietet, der Arbeits*schwerpunkt* jedoch auf dem Vergleich dieser Aussage mit der künstlerischen Umsetzung im Roman ›Effi Briest‹ liegt.

2▶ Entwerfen Sie eine Gliederung, und berücksichtigen Sie dabei, dass die Kerngedanken des Zusatztextes den Ausgangspunkt bilden.
Überlegen Sie dabei, welche Struktur der Hauptteil erhalten könnte. Die Aussagen des Textes eignen sich jeweils als Ansätze zum Vergleich, z. B.: Inwieweit wird in ›Effi Briest‹ nicht ›nackter Alltag‹ wiedergegeben? Das authentische Material (das geschichtliche Vorbild der Effi lebte bis 1952) erscheint umgewandelt – also ›künstlerischer Griff‹ ins »volle Menschenleben«? Wie sieht das Erfassen der großen und der kleinen Welt aus? (Darstellung allgemeiner gesellschaftlicher Strukturen: bürgerlicher Ehrenkodex, bürgerliche Moral; aber auch individuelle Einzelaspekte: die Treue der Dienerin Roswitha, die Bedeutung des Nähkästchens als Geheimnisträger u. a.)

3▶ Überlegen Sie, wie Sie Fontanes Gegenüberstellung von »Handgreiflichem« und »Wahrem« übertragen können. Inwieweit ist das Wirkliche, Tatsächliche nicht immer das *Wahre*? Beziehen Sie in Ihre Erörterung ein, dass ein Künstler, ein Schriftsteller seinen Stoff, auch wenn er authentisch ist, bewusst gestaltet, auch wenn die Eingriffe gering sind (vgl. Dokumentation statt Fiktion, S. 176ff.).
Untersuchen Sie hierbei auch, wie Fontane mit seiner Leitmotiv- und Symboltechnik (Schaukel, weißes Kleid, Hell-Dunkel-Metaphorik im Vergleich des Elternhauses in Kremmen und der Wohnung Innstettens) trotz der Originalschauplätze, der ›realistischen‹ Menschenschilderung, der realen gesellschaftlichen Konflikte die Wirklichkeit künstlerisch formt und damit verdichtet.

4▸ Überlegen Sie: Inwieweit ist ›Effi Briest‹ »Interessenvertretung« besonderer Art?

5▸ Beziehen Sie in einer Schlusspassage andere Werke Fontanes ein, z. B. ›Irrungen Wirrungen‹.

6▸ Informieren Sie sich in einschlägigen Lexika über den Begriff »Realismus«, der in der Literaturgeschichte und -betrachtung gerade auch in der literarischen und kulturpolitischen Auseinandersetzung zwischen den Systemen (Realismusbegriff der ehemaligen DDR) eine besondere Rolle gespielt hat.

7▸ Versuchen Sie zu diesem Thema einen fachübergreifenden Ansatz mit der Bildenden Kunst und ihrer künstlerischen Diskussion um den »Realismus« – auch hier zeitweise deutlich politisch-ideologisch bestimmt.

8▸ Was ist aus Ihrer Sicht eine »realistische Darstellung« in der künstlerischen Umsetzung eines literarischen oder bildnerischen Werkes? Beziehen Sie in Ihre Überlegungen auch die Hinweise zu »Wirklichkeit im erzählenden Text« (S. 97 ff.) mit ein sowie zu beiden Arbeitsansätzen (7 u. 8) das Bildmaterial dieses Buches.

Thema
d) Tagebuchnotiz im Vergleich zum literarischen Text

Mögliches Thema: Erörtern Sie, inwieweit ein Zusammenhang zwischen der Tagebuchnotiz Franz Kafkas vom 5. November 1911[1] und seiner Erzählung ›Das Urteil‹[2] gesehen werden kann.

5. November [1911] [...] Ich will schreiben, mit einem ständigen Zittern auf der Stirn. Ich sitze in meinem Zimmer im Hauptquartier des Lärms der ganzen Wohnung. Alle Türen höre ich schlagen, durch ihren Lärm bleiben mir nur die Schritte der zwischen ihnen Laufenden erspart, noch das Zuklappen der Herdtüre in der Küche höre ich. Der Vater durchbricht die Türen meines Zimmers und zieht im nachschleppenden Schlafrock durch, aus dem Ofen im Nebenzimmer wird die Asche gekratzt. Valli[3] fragt ins Unbestimmte, durch das Vorzimmer, wie durch eine Pariser Gasse rufend, ob denn des Vaters Hut schon geputzt ist, ein Zischen, das mir befreundet sein will, erhebt das Geschrei einer antwortenden Stimme. Die Wohnungstür wird aufgeklinkt und lärmt wie aus katarrhalischem Hals[4], öffnet sich dann weiterhin mit dem kurzen Singen einer Frauenstimme und schließt sich mit einem dumpfen männlichen Ruck, der sich am rücksichtslosesten anhört. Der Vater ist weg, jetzt beginnt der zartere, zerstreutere, hoffnungslosere Lärm, von den Stimmen der zwei Kanarienvögel angeführt. Schon früher dachte ich daran, bei den Kanarienvögeln fällt es mir aber von neuem ein, ob ich nicht die Türe bis zu einer kleinen Spalte öffnen, schlangengleich

1 Kafka hat diese Notiz 1912 unter dem Titel ›Großer Lärm‹ ohne den ersten Satz in Nr. 415 der Prager ›Herder-Blätter‹, einer avantgardistischen Zeitschrift, veröffentlicht.
2 Diese Erzählung entstand nach Tagebuchanmerkungen Kafkas in der Nacht vom 22. zum 23. September 1912. Sie ist seiner späteren Verlobten, Felice Bauer, gewidmet.
3 Eine Schwester Kafkas.
4 Hals eines an Erkältung Erkrankten.

ins Nebenzimmer kriechen und so auf dem Boden meine Schwestern und ihr Fräulein um Ruhe bitten sollte.

1▶ Überlegen Sie für die Einleitung den Hauptansatz dieser Erörterung: Texte unterschiedlicher Art und unterschiedlicher Intention sollen aufeinander bezogen werden: ein Dokument der Biografie und ein fiktiver literarischer Text. Es kann daher nicht um einen direkten Vergleich gehen, sondern um das Aufspüren möglicher autobiografischer Bezüge im literarischen Werk, um das Betrachten von Motiven oder Themen, in denen sich Leben und Werk eines Autors spiegeln.

2▶ Sammeln Sie zuerst Belege für einen Zusammenhang von Leben und Werk bei Kafka, z.B. die Tatsache (siehe Anmerkung 3), dass er selbst Teile seines Tagebuches als kurze Erzählungen herausgegeben hat. Diese Bemerkungen könnten zum Hauptteil überleiten.

3▶ Entwerfen Sie die einzelnen Schritte des erörternden Hauptteils: Welche Aspekte der Tagebuchnotiz könnten als Arbeitsansätze dienen? (Z.B. die Situation des Schreibenden: in der Notiz Unsicherheit, ständige Bedrohung, Zittern; in der Erzählung zunächst scheinbare Sicherheit, später völliger Zusammenbruch bis hin zur Selbstverurteilung oder - besonders augenfällig - die dominante Gestalt des Vaters.)
Prüfen Sie u.a., wie Kafka den Vater im Tagebuch und die Vatergestalt in der Erzählung beschreibt. Decken Sie aber neben den auffälligen Ähnlichkeiten (z.B. »nachschleppende[n] Schlafrock«) auch Unterschiede auf, z.B. die direkte Konfrontation mit dem Sohn. Untersuchen Sie die direkten Akzentverschiebungen, z.B. wie das Hauptthema der Tagebuchnotiz, der große Lärm, in der Erzählung als Verkehrslärm am Schluss auftaucht, wie der »Autoomnibus«, der den Fall von der Brücke »mit Leichtigkeit« übertönen würde, noch die entscheidende Tat des Sohnes, die Selbstvernichtung, ›überrollt‹, sie also nicht mehr wahrnehmbar und damit sinnlos macht. Hier hätten Sie u.a. einen Ansatz, um die im Tagebuch nur angedeuteten Motive in ihrer künstlerischen Ausgestaltung und Zuspitzung in der fiktiven Welt der Erzählung deutlich zu machen. Erarbeiten Sie Entsprechendes für die psychologische ›Kriegsmetaphorik‹ des Tagebuchs (»Hauptquartier des Lärms«, »durchbricht«).

4▶ Um zu verdeutlichen, dass diese Tagebucheintragung offenbar vielfältige Bezüge zu Kafkas Texten hat, sollten Sie am Ende des Hauptteils oder am Schluss auf weitere Zusammenhänge verweisen, z.B. auf die Probleme mit der Familie und den Tieraspekt (Schlange) im Hinblick auf die Erzählung ›Die Verwandlung‹.
Am Schluss böte sich eventuell die Skizzierung der grundsätzlich hoffnungslosen, auf sich selbst geworfenen Ich-Existenz an, die hier im Tagebuch bereits so deutlich wird und fast alle Werke Kafkas durchzieht.

5▶ Entwickeln Sie selbstständig ein ähnliches Erörterungsthema mit einem analogen Arbeits- und Strukturierungsplan im Hinblick auf den Zusammenhang zwischen dem nachfolgenden Brief Kafkas an seinen Verleger Kurt Wolff vom 25. Oktober 1915 und der Erzählung: Die Verwandlung.

Franz Kafka: An den Verleger Kurt Wolff

Prag, am 25. Oktober 1915

Sehr geehrter Herr!

Sie schrieben letzthin, dass Ottomar Starke ein Titelblatt zur Verwandlung zeichnen wird. Nun habe ich einen kleinen, allerdings soweit ich den Künstler aus »Napoleon« kenne, wahrscheinlich sehr überflüssigen Schrecken bekommen. Es ist mir nämlich, da Starke doch tatsächlich illustriert, eingefallen, er könnte etwa das Insekt selbst zeichnen wollen. Das nicht, bitte das nicht! Ich will seinen Machtkreis nicht einschränken, sondern nur aus meiner natürlicherweise bessern Kenntnis der Geschichte heraus bitten. Das Insekt selbst kann nicht gezeichnet werden. Es kann aber nicht einmal von der Ferne aus gezeigt werden. Besteht eine solche Absicht nicht und wird meine Bitte also lächerlich – desto besser. Für die Vermittlung und Bekräftigung meiner Bitte wäre ich Ihnen sehr dankbar. Wenn ich für die Illustration selbst Vorschläge machen dürfte, würde ich Szenen wählen, wie: die Eltern und der Prokurist vor der geschlossenen Tür oder noch besser die Eltern und die Schwester im beleuchteten Zimmer, während die Tür zum ganz finsteren Nebenzimmer offen steht.

Sämtliche Korrekturen sowie Besprechungen haben Sie wohl schon bekommen.

Mit besten Grüßen Ihr ergebener

Franz Kafka

Thema
e) Briefe und Notizen aus der Entstehungszeit eines Werkes:
Goethe: ›Iphigenie‹

Mögliches Thema: Erörtern Sie, inwieweit die Notizen Goethes aus der Entstehungszeit der verschiedenen Fassungen der ›Iphigenie‹[1] Probleme des künstlerischen Gestaltungsprozesses und des Wirklichkeitsbezuges von Werk und Titelheldin spiegeln.

14.12.1779, Weimar, an Charlotte von Stein

»Den ganzen Tag brüt' ich über Iphigenie, dass mir der Kopf ganz wüst ist, ob ich gleich zur schönen Vorbereitung letzte Nacht 10 Stunden geschlafen habe [...]«

22.2.1779, Weimar, an Charlotte von Stein

»Meine Seele löst sich nach und nach durch die lieblichen Töne aus den Banden der Protocolle und Acten. Ein Quatro neben in der grünen Stube, sitz' ich und rufe die fernen Gestalten leise herüber [...]«

6.3.1779, Apolda, an Charlotte von Stein

»Hier will das Drama gar nicht fort, es ist verflucht, der König von Tauris soll reden, als wenn kein Strumpfwürker in Apolde hungerte.«

1.9.1786, Karlsbad, an Herder

»Ich bin in große Noth geraten, die ich Dir sogleich anzeigen und klagen muss. Nach Deinem Abschied las ich noch in der ›Elektra‹ des Sophokles. Die langen

1 Erste Prosafassung, begonnen am 14.2.1779, zwei Überarbeitungen 1780 und 1781, dazu bereits 1780 Versuch einer Fassung in freien Jamben. Diese Fassung wird vor allem von September bis Dezember 1786 in Italien in fünffüßigen Jamben umgearbeitet; Abschluss: 29.12.1786.

Jamben ohne Abschnitt […] haben sich mir so eingeprägt, dass mir nun die kurzen Zeilen der ›Iphigenie‹ ganz höckerig, übelklingend und unlesbar werden. Ich habe sogleich angefangen die erste Scene umzuändern …«

»Ich bin fleißig und arbeite die ›Iphigenie‹ durch, sie quillt auf, das stockende Sylbenmaß wird in fortgehende Harmonie verwandelt. Herder hat mir dazu mit wunderbarer Geduld die Ohren geräumt. Ich hoffe glücklich zu sein […]«

18. 9. 1786, Verona, an Herzog Karl August

»Im Palast Ranuzzi hab' ich eine Sta. Agatha von Raphael gefunden, die, wenngleich nicht ganz wohl erhalten, ein kostbares Bild ist. Er hat ihr eine gesunde, sichere Jungfräulichkeit gegeben ohne Reiz, doch ohne Kälte und Rohheit. Ich habe sie mir wohl gemerkt und werde diesem Ideal meine ›Iphigenie‹ vorlesen und meine Heldin nichts sagen lassen, was diese Heilige nicht sagen könnte […]«

19. 10. 1786, Bologna, Tagebuch

1▸ Ordnen Sie die wichtigsten Gliederungspunkte dieser Erörterung, z. B. die ersten Beobachtungen aus dem Textmaterial, die Einstellung des Autors zu seinem Werk, Einblick in Goethes Arbeitsweise und als Hauptaspekte – wie im Thema gefordert – Probleme des Gestaltungsprozesses, Einschätzung des Verhältnisses von Wirklichkeit und Ideal.

2▸ Sammeln Sie erste Beobachtungen über den schöpferischen Prozess, die Sie z. B. als Einleitung gebrauchen können, u. a. zum sehr langen und belastenden Arbeitsprozess von rund sieben Jahren, den Schwierigkeiten, angesichts der vielfältigen, zeitraubenden Staatsämter und in der anspruchsvollen Freundschaft mit Charlotte von Stein die dem Stoff angemessene ›antike‹ Sprache zu finden; zur schöpferischen Befreiung in Italien.

3▸ Entwerfen Sie entsprechende Ansätze zu den übrigen Punkten: Wie entwickelt sich die Einstellung Goethes seinem Werk gegenüber? Welche Aspekte der schöpferischen Arbeitsweise werden deutlich? (Z. B. das Problem der Unproduktivität trotz äußerster Anspannung, der Einfluss antiker Vorbilder, die notwendige Hilfe kritischer Freunde, die Bedeutung der ›lebendigen‹ Anschauung in Italien, die Notwendigkeit, Distanz zu Weimar zu gewinnen.)
Welche Schwierigkeiten in der Gestaltung werden deutlich? Prosa oder gebundene Sprache – Unterschiede in der Wirkung? Erörtern Sie mit ständigem Bezug zu ›Iphigenie‹ in der letzten Fassung die Frage nach der möglichen Diskrepanz zwischen Wirklichkeit, z. B. der hungernden Arbeiter in Goethes Heimat, und idealer Humanität in der Ferne eines antiken Raumes. Beziehen Sie die Aussage über die Skulptur (kein lebender Mensch!), die zum Bild für Iphigenie wird, in allen Aussagen auf die literarische Titelfigur: Ist sie eine »Heilige«? Zum Schluss könnten Sie prüfen, inwieweit spätere Kritik an der ›Iphigenie‹ (z. B. zu ideal, ohne dramatische Spannung) bereits im Entstehungsprozess begründet ist.

Thema
f) Interpretationsansätze der Wissenschaft/ Germanistik
Zu Friedrich Schiller: ›Kabale und Liebe‹ (1958)

Mögliches Thema: Erörtern Sie, inwieweit die Aussagen des Germanisten Wolfgang Binder in Hinblick auf Deutungsansatz und Figuren des Dramas ›Kabale und Liebe‹ von Friedrich Schiller Ihrer Meinung nach zutreffend sind oder nicht:

> »Der Streit, ob man ›Kabale und Liebe‹ psychologisch oder metaphysisch deuten müsse, erübrigt sich. Man muss psychologisch und metaphysisch deuten. Die Personen sind weder nur milieugebundene Menschen, noch nur ›Figuranten‹ von Ideen, sondern *repräsentative Individuen:* Von Charakter und Umwelt geprägt, repräsentieren sie gleichwohl Seinsweisen des Menschen, die sich aus der Seinsordnung der Welt, der Dialektik von Endlichkeit und Ewigkeit, ergeben.«

Vorüberlegung

Bedenken Sie, dass es ein Unterschied ist, ob ein Wissenschaftler rund 200 Jahre nach der Entstehung eines Werkes auf der Basis umfangreicher fachwissenschaftlicher Forschungen, Vergleiche und vielfacher anderer Interpretationen einen Deutungsansatz vorlegt oder ob sich wie im Falle Goethe – Iphigenie der Autor selbst aus der Nähe zum eigenen Werk äußert. Die Aussage des Autors ist authentisch, aber auch subjektiv, meist noch ohne Gesamtüberblick. Der Wissenschaftler kann sich durch genaue Beobachtungen in kritischer Distanz annähern, den schöpferischen Prozess zu erschließen versuchen und einschlägige Veröffentlichungen dabei nutzen. Der Wissenschaftler bringt die subjektive Sicht seiner eigenen Zeit und seines Forschungsstandes ein.

1▸ Klären Sie zunächst, was das Thema von Ihnen fordert: u.a. ein genaues Verständnis der Aussagen Binders, ein Hervorheben der entscheidenden These(n) und einen differenzierten, kritischen Vergleich dieser Meinung mit dem Werk ›Kabale und Liebe‹ und Ihrem eigenen Verständnis und bisherigen Arbeitsansatz. Wahrscheinlich werden Sie den Aussagen z.T. zustimmen, vielleicht aber auch an einigen Stellen widersprechen, sie ergänzen. Klären Sie auch die Fachbegriffe (z.B. psychologisch-metaphysisch: Was bedeutet der jeweilige Ansatz?), damit Sie die Aussagen korrekt erfassen.

2▸ Da die Aussage des Germanisten die Erörterungsansätze liefert, erarbeiten Sie zunächst die Kerngedanken des vorgelegten Textes. Diese sollten Ihnen dann zur Strukturierung des Hauptteils der Erörterung dienen, wie der psychologische Ansatz der Deutung (u.a. Ferdinands Motiv für seinen Selbstmord: »Du sollst mir bleiben, Luise.«) und der metaphysische Ansatz (u.a. Endlichkeit des Menschen bei unendlichem Verlangen nach Glück - tragischer Aspekt). Hier wäre z.B. die Möglichkeit gegeben, neben den von Binder genannten Aspekten den sozial- und zeitkritischen Aspekt zu benennen, der in seiner Aussage zu kurz kommt; überlegen Sie, weshalb, und bedenken Sie die Zeit der Veröffentlichung.

3▸ Erörtern Sie, inwieweit die Figuren auch, aber nicht nur milieugebunden sind. Unterscheiden Sie zwischen Haupt- und Nebengestalten; der sog. Standesunterschied spielt nämlich bei den Hauptfiguren, Luise und Ferdinand, eine wesentlich geringere Rolle als bei den Nebenfiguren. Setzen Sie diesen Ansatz entsprechend fort: Welche Personen verkörpern nicht nur Ideen? Was be-

deutet der Ausdruck »repräsentative Individuen«? Nimmt er dem Werk einen Teil seiner gesellschaftlichen Bedeutung? Ist die Dialektik von Endlichkeit und Ewigkeit nicht erst ein ›klassisches‹ Thema? Deutlich wird hierbei, dass Sie mit der Erörterung dieser Wertung auch die Gesamtorientierung des Dramas (Sturm und Drang oder schon Klassik) neu bedenken müssen.
Suchen Sie bei Auseinandersetzungen mit Urteilen anderer wie hier weder kritiklos Übereinstimmung noch krampfhaft Widersprüche. Nehmen Sie die Gedanken als Anregung, sich noch genauer und abwägend mit einem Problem der Literatur auseinander zu setzen.

Mögliches Thema: Erörtern Sie, inwieweit bereits der neue Prolog, den Bertolt Brecht bei der Uraufführung seiner Bearbeitung der ›Antigone‹ 1951 in Graz an die Stelle des Vorspiels setzte, unabhängig von allen weiteren Veränderungen eine Verschiebung der Handlungsakzente und eine veränderte Einstellung des Zuschauers gegenüber dem Werk bewirkt.

Thema
g) Bearbeitung eines Werkes durch einen anderen Autor
Bertolt Brecht/
Sophokles: ›Antigone‹

Bertolt Brecht: Neuer Prolog zur ›Antigone‹[1]

Auf die Bühne treten die Darsteller der Antigone, des Kreon und des Sehers Tiresias. Zwischen den beiden anderen stehend, wendet sich der Darsteller des Tiresias an die Zuschauer:

Freunde, ungewohnt
Mag euch die hohe Sprache sein
In dem Gedicht, tausende Jahre alt
Das wir hier einstudiert. Unbekannt
Ist euch der Stoff des Gedichts, der den einstigen Hörern
Innig vertraut war. Deshalb erlaubt uns
Ihn euch vorzustellen. Das ist Antigone
Fürstin aus dem Geschlecht des Ödipus. Das hier
Kreon, Tyrann der Stadt Theben, ihr Oheim. Ich bin
Tiresias, der Seher. Dieser da
Führt einen Raubkrieg gegen das ferne Argos. Diese
Tritt dem Unmenschlichen entgegen, und er vernichtet sie.
Aber sein Krieg, nun unmenschlich geheißen
Bricht ihm zusammen. Die unbeugsam Gerechte
Nichtachtend des eignen geknechteten Volkes Opfer
Hat ihn beendet. Wir bitten euch
Nachzusuchen in euren Gemütern nach ähnlichen Taten
Näherer Vergangenheit oder dem Ausbleiben
Ähnlicher Taten. Und nunmehr
Werdet ihr uns und die anderen Schauspieler
Ein um den andern den kleinen Schauplatz
Im Spiele betreten sehn, wo einst unter den
Tierschädeln barbarischen Opferkults
Urgrauer Zeiten die Menschlichkeit
Groß aufstand.

1 Brechts Bearbeitung fußt auf der Übersetzung Friedrich Hölderlins; sie wurde 1948 uraufgeführt, Brecht behielt die Szenenfolge im Wesentlichen bei. Bei der Premiere in Chur trug Helene Weigel als Prolog ein Gedicht mit dem Titel ›Antigone‹ vor; erst 1951 trat der hier abgedruckte Prolog an die Stelle des Vorspiels.

Die Darsteller begeben sich nach hinten, und auch die anderen Darsteller betreten die Bühne.

1▶ Erarbeiten Sie zunächst, was dem Zuschauer im Prolog mitgeteilt wird und welche Funktion dieser offenbar hat (u. a. kurze Einführung der Vorgeschichte, Charakterisierung und Aktualisierung des Themas und der Personen ganz im Sinne der Theatertheorie Brechts), also eine Belehrung und Desillusionierung des Zuschauers.

2▶ Vertiefen Sie diesen ersten Ansatz im Hinblick auf die Funktion des neuen Prologs im weiteren stufenweisen Ausbau der Erörterung (Belehrung politisch-gesellschaftliche Erkenntnis ➛ Schlussfolgerung).
Welche Akzentverschiebung findet durch die jeweilige Charakterisierung von Kreon (»Raubkrieg«, »Unmenschlich[es]«, »sein Krieg« usw.) und Antigone (»Die unbeugsame Gerechte« …) im Vergleich zu Sophokles statt?
Inwieweit verlässt Brecht hier die Normen und Bedingungen des antiken tragischen Wertekonflikts (s. S. 119)? Worauf kommt es Brecht in der bewussten Verkürzung des Problems an? Wofür sollen Kreon und Antigone hier stehen? Was soll der Zuschauer leisten? Mit welchem »Vor-Urteil« nimmt er die Darstellung auf? Welche Bedeutung erhält hier »Theater«?

3▶ Im Schlussteil könnte eine grundsätzliche Auseinandersetzung mit dieser Art von Bearbeitung vorgenommen werden: Ist ein Schriftsteller berechtigt, aus gesellschaftlicher Verantwortung heraus tradierte Stoffe zu verändern, seiner gegenwärtigen politischen Auffassung anzupassen? Welche Fragen und Probleme treten dabei auf (z. B. die Frage nach der überzeitlichen Wirkung eines Kunstwerkes und seiner Thematik)?

Thema
h) Ein aktuelles Thema – gespiegelt in literarischen Werken

Mögliches Thema: Das Problem »Deutschland« in der Sicht engagierter Schriftsteller. Erörtern Sie, inwieweit sich grundsätzliche Fragen zur schwierigen »Patria« Deutschland in diesen Texten spiegeln, und vergleichen Sie dabei die jeweiligen Positionen.

1▶ Überlegen Sie zunächst, in welcher politisch-gesellschaftlichen Situation, eventuell auch in welcher dadurch bedingten persönlichen Lage der Autoren, die Texte entstanden. Hieraus ergibt sich eine differenzierende, aber auch die gesamte Textgruppe umfassende Einleitung in die vergleichende Erörterung, z. B.: Die Entstehungszeiten der hier vorliegenden literarischen Texte markieren jeweils Krisensituationen, beginnende oder vollzogene Umbrüche und Veränderungen. Während Hölderlins Schelte der Deutschen in die Zeit nach der Französischen Revolution, des Aufstiegs Napoleons und der Standortbestimmung der europäischen Nationen, auch der deutschen, fällt, entsteht Heines Gedicht im Pariser Exil im Vorfeld der deutschen Revolution von 1848, ausgelöst durch die Julirevolution 1830 in Frankreich, die in Deutschland 1832 im Hambacher Fest, dem Ruf nach den »vereinigten Freistaaten Deutschlands« und einem »konföderierten republikanischen Europa« Resonanz fand. Tucholskys Text stammt aus der sich abzeichnenden Agonie der Weimarer Republik mit Weltwirtschaftskrise und politischer Radikalisierung. Der Jude Tucholsky bekennt sich zur Heimat Deutschland wenige Jahre vor der Machtergreifung Hitlers, vor der Verbrennung seiner Bücher durch die Nationalsozialisten vor dem Reichstag. Die Folgen von Drittem Reich und Zweitem Weltkrieg, die Teilung Deutschlands, bilden den geschichtlichen Hintergrund für Brechts ›Kinderhymne‹, deren gesamtdeutscher Ton und deren exakte Grenzbeschreibung (»Von der Oder bis zum Rhein«) so gar nicht in das Jahr 1949, aber erstaunlich genau zum wiedervereinigten Deutschland vom 3.10.1990 zu passen scheinen …

2▸ Erarbeiten Sie für die Strukturierung des Hauptteils die jeweiligen Hauptakzente der Texte und die Einstellung der Autoren, z. B. bei Hölderlin den Vorwurf der Zerrissenheit der Deutschen, bei Heine das Leiden an Deutschland, die unerwiderte Liebe, die Sehnsucht nach einem besseren Vaterland, bei Tucholsky die Unterscheidung zwischen Staat und Heimat, das »Gefühl, jenseits aller Politik« (Schlusswort) zu Hause zu sein, bei Brecht den Appell zum tatkräftigen Neubeginn, zur Ablehnung von Chauvinismus und Überheblichkeit, aber zu Liebe und Schutz für das eigene Land, das zwar eines unter anderen ist, für das sich jedoch ein kritisches Engagement lohnt usw.
Im Hauptteil sollten vor allem unterschiedliche Akzente und mögliche Überschneidungen herausgearbeitet werden.

3▸ Fassen Sie für eine Schlussbetrachtung die grundsätzlichen Fragen und Probleme zusammen, die sich - trotz unterschiedlicher Ansätze in den einzelnen Texten - ergeben haben (z. B. Notwendigkeit einer konstruktiven Selbstkritik, Überwindung von Zerrissenheit und Anmaßung, verantwortungsvoller Umgang mit den Möglichkeiten dieses »guten« Landes usw.). Hier wäre auch eine persönliche Stellungnahme zur gegenwärtigen Situation wichtig.

Friedrich Hölderlin: Hyperion an Bellarmin

Friedrich Hölderlin (1770–1843): aus dem Briefroman ›Hyperion‹ (1797–99), Auszug aus der sog. Scheltrede für die Deutschen

So kam ich unter die Deutschen. Ich forderte nicht viel und war gefasst, noch weniger zu finden. Demütig kam ich, wie der heimatlose blinde Oedipus zum Tore von Athen, wo ihn der Götterhain empfing; und schöne Seelen ihm begegneten – !

Wie anders ging es mir!

Barbaren von alters her, durch Fleiß und Wissenschaft und selbst durch Religion barbarischer geworden, tiefunfähig jedes göttlichen Gefühls, verdorben bis ins Mark zum Glück der heiligen Grazien, in jedem Grad der Übertreibung und der Ärmlichkeit beleidigend für jede gutgeartete Seele, dumpf und harmonielos, wie die Scherben eines weggeworfenen Gefäßes – das, mein Bellarmin! waren meine Tröster.

Es ist ein hartes Wort und dennoch sag ichs, weil es Wahrheit ist: Ich kann kein Volk mir denken, dass zerrissner wäre wie die Deutschen. Handwerker siehst du, aber keine Menschen, Denker, aber keine Menschen, Priester, aber keine

Menschen, Herrn und Knechte, Jungen und gesetzte Leute, aber keine Menschen – ist das nicht, wie ein Schlachtfeld, wo Hände und Arme und alle Glieder zerstückelt untereinander liegen, indessen das vergossne Lebensblut im Sande zerrinnt? [...]

Heinrich Heine (1797–1856); das Gedicht entstand wahrscheinlich 1833 und wurde 1844 in den ›Neuen Gedichten‹ Teil I unter dem Titel ›In der Fremde‹ veröffentlicht.

Heinrich Heine: In der Fremde (3)

Ich hatte einst ein schönes Vaterland.
Der Eichenbaum
Wuchs dort so hoch, die Veilchen nickten sanft.
Es war ein Traum.

Das küsste mich auf deutsch, und sprach auf deutsch
(Man glaubt es kaum,
Wie gut es klang) das Wort: »Ich liebe dich!«
Es war ein Traum.

Kurt Tucholsky (1890–1935): Schlusswort der Sammlung von kritischen Texten unter dem ironischen Titel ›Deutschland, Deutschland über alles‹, 1929

Kurt Tucholsky: Heimat

Nun haben wir auf vielen Seiten Nein gesagt, Nein aus Mitleid und Nein aus Liebe, Nein aus Haß und Nein aus Leidenschaft – und nun wollen wir auch einmal Ja sagen. Ja –: zu der Landschaft und zu dem Land Deutschland.
Dem Land, in dem wir geboren sind und dessen Sprache wir sprechen.
Der Staat schere sich fort, wenn wir unsere *Heimat* lieben. Warum grade sie – warum nicht eins von den andern Ländern –? Es gibt so schöne.
Ja, aber unser Herz spricht dort nicht. Und wenn es spricht, dann in einer anderen Sprache – wir sagen ›Sie‹ zum Boden; wir bewundern ihn, wir schätzen ihn – aber es ist nicht das.
Es besteht kein Grund, vor jedem Fleck Deutschlands in die Knie zu sinken und zu lügen: wie schön! Aber es ist da etwas allen Gegenden Gemeinsames – und für jeden von uns ist es anders. Dem einen geht das Herz auf in den Bergen, wo Feld und Wiese in die kleinen Straßen sehen, am Rand der Gebirgsseen, wo es nach Wasser und Holz und Felsen riecht, und wo man einsam sein kann; wenn da einer seine Heimat hat, dann hört er dort ihr Herz klopfen. Das ist in schlechten Büchern, in noch dümmeren Versen und in Filmen schon so verfälscht, daß man sich beinah schämt, zu sagen: man liebe seine Heimat. Wer aber weiß, was die Musik der Berge ist, wer sie tönen hören kann, wer den Rhythmus einer Landschaft spürt ... nein, wer gar nichts andres spürt, als daß er zu Hause ist; daß das da sein Land ist, sein Berg, sein See, auch wenn er nicht einen Fuß des Bodens besitzt ... es gibt ein Gefühl jenseits aller Politik, und aus diesem Gefühl heraus lieben wir dieses Land. [...]

Bertolt Brecht: Kinderhymne

Bertolt Brecht (1898–1956). Der Text entstand 1949; Brecht und Johannes R. Becher sollten zur Gründung der DDR am 7.10.1949 eine neue Nationalhymne verfassen. Brechts Text wurde damals übergangen, war aber 1990 erneut als gesamtdeutsches Nationallied im Gespräch.

Anmut sparet nicht noch Mühe
Leidenschaft nicht noch Verstand
Daß ein gutes Deutschland blühe
Wie ein andres gutes Land.

Daß die Völker nicht erbleichen
Wie vor einer Räuberin
Sondern ihre Hände reichen
Uns wie andern Völkern hin.

Und nicht über und nicht unter
Andern Völkern wolln wir sein
Von der See bis zu den Alpen
Von der Oder bis zum Rhein.

Und weil wir dies Land verbessern
Lieben und beschirmen wir's
Und das liebste mag's uns scheinen
So wie andern Völkern ihrs.

Fünfter Teil: Erörterndes Erschließen pragmatischer Texte

Die Erarbeitung eines aktuellen, in der Diskussion befindlichen Themas auf der Grundlage unterschiedlicher Materialien erfordert eine besonders zielgerichtete, gut strukturierte Arbeitsplanung. Die Materialien müssen im Hinblick auf die Aufgabenstellung gesichtet, nach wesentlichen Inhalten ausgewertet und mit einer gut aufgebauten Argumentationsstruktur verbunden werden (vgl. auch Hinweise zur Argumentation, S. 188 ff. und zu Methoden und Arbeitstechniken, S. 249 ff.).

Was lassen wir uns Kultur noch kosten?

Derzeit gibt es fast jeden Tag in den Medien Hinweise auf die finanzielle Notlage durch Sparvorgaben sowohl im innerdeutschen Kulturbetrieb (z. B. Streichungen von Zuschüssen für Theater und Opernhäuser, Schließungen, »Abwicklungen« von Orchestern und Absage von kulturellen Veranstaltungen) wie in der auswärtigen Kulturpolitik (z. B. Einsparungen im Ausland bei den Goethe-Instituten und den deutschen Auslandsschulen).

Recherche

Informieren Sie sich zusätzlich zu dem vorgelegten Material z. B. durch Internet-Recherche über die gegenwärtige Situation.
Entwerfen Sie auf der gegebenen und ggf. angereicherten Informationsgrundlage ein Thesenpapier für eine Podiumsdiskussion zu dem oben benannten Thema: Was lassen wir uns Kultur noch kosten?

Thesenpapier

Denken Sie dabei daran, dass ein Thesenpapier
- möglichst knapp gehalten sein soll,
- präzise und »griffig« formuliert,
- mit klarer inhaltlicher Positionsbestimmung,
- und in diesem Fall z. B. mit konkreten Handlungsvorschlägen zum Schluss.

Hier müssten Sie auch für sich Ihre Zielposition definieren: Z. B.
- An der Kultur darf nicht mehr gespart werden, weil …
- Im Kulturbereich muss auch gespart werden, weil …
- Was spricht wogegen, was wofür?
  Versuchen Sie gerade zu diesem Thema eine differenzierte Argumentationsstrategie, die nicht oberflächlich bleibt, sondern die Hinweise aus den vorgelegten Texten auch nutzt.

Morsch ist die Säule, die uns trägt (von Regina Mönch, in: Frankfurter Allgemeine Zeitung, 17.03.2004)

Kulturausgaben sollen nun doch keine Subventionen sein: Aber nicht nur Peer Steinbrück und Roland Koch sägen an der auswärtigen Kulturpolitik

Sprache ist verräterisch. »Auswärtige Kulturpolitik ist nicht nur komplementäres oder gar verzichtbares Beiwerk ...« So steht es in einem Antrag der Regierungsparteien, über den sie vergangene Woche im Bundestag berieten. Sie wollten, genauso wie die Opposition, verhindern, daß die »Dritte Säule« deutscher Außenpolitik – vorgeblich genauso wichtig wie diplomatische und wirtschaftliche Beziehungen – vollends ruiniert wird. Das verräterische »nicht nur« mag der Hast geschuldet sein, in der das Schriftstück aufgesetzt worden war, denn Gefahr war im Verzug. Aber irgendwie hinterläßt alles, was in jüngster Zeit über die Zukunft von Goethe-Instituten, vom Deutschen Akademischen Austauschdienst, dem Institut für Auslandsbeziehungen und der Humboldt-Stiftung gesagt und beschlossen worden ist, den Eindruck irritierender Hast. Sogar routinierte Nachrichtenjournalisten haben sich anstecken lassen und verkündeten zu schnell, die angedrohten Kürzungen würden zurückgenommen.

Doch noch ist nichts gewonnen. Noch ist nicht einmal das Knäuel entwirrt, in welche der Außenminister die verordneten Schrumpfungen hochgelobter Mittlerorganisationen versponnen hat. Sie sparen schon seit zehn Jahren, und der Preis dafür war hoch, man erinnere sich nur an die Schließung des Goethe-Instituts in Reykjavik, die Fastschließung in Genua und andere Amputationen. Wahrscheinlich hätten unsere Kulturvermittler besser daran getan, sich stur zu stellen, wie Behörden das in solchen Fällen gerne tun. Denn nun gehen die Einschnitte, wie es Joschka Fischer mit zerfurchter Stirn so nebenher bekanntgab, »ins Mark«. Fischer plauderte kürzlich eine frohe Stunde lang im Kulturausschuß des Bundestages um dieses heiße Thema herum. [...] Was die Geldnot des deutschen Staates aber tatsächlich für die auswärtigen Kulturinstitute bedeuten könnte, blieb im nebulösen Ungefähr. Kein Wort darüber, warum das Auswärtige Amt intern so intensiv gerade an dieser seiner »Dritten Säule« sägt. Statt dessen wurden die Schuldigen anderswo ausgemacht, eine geschickte List. Die Ministerpräsidenten Koch und Steinbrück hatten die »Auslandskulturarbeit« in ihre Giftliste aufgenommen, und da stand sie nun neben allen Sünden des Wohlfahrtsstaates. Stipendien für 1800 Forscher, denen die Humboldt-Stiftung (zu der zweiundzwanzig Nobelpreisträger gehören) einen Deutschland-Aufenthalt ermöglicht, Promotionsstipendien, Theaterfestivals, das Goethe-Institut mit seinen 142 Filialen in aller Welt neben der Förderung von deutscher Steinkohle, die keiner braucht; neben den Milliarden, die Deutschlands Häuslebauer bekommen, um noch das letzte freie Land auf unser aller Kosten in eine Reihenhaushölle zu verwandeln; neben den Pendlerpauschalen und Freibeträgen für mancherlei Vergnügen. Ein Kulturbegriff, der es in sich hat und der, setzte er sich durch, auch inländisch anzuwenden wäre. Gegen Opernhäuser und Stadttheater, Bibliotheken und Museen. Was man nicht täglich ißt, ist verzichtbar.

Niemand will jetzt Schuld daran gewesen sein, daß die auswärtige Kultur sich auf die Liste verirrte. [...] Die »Dritte Säule« wackelt schon länger, doch Protest

erhob sich erst, als bekannt wurde, die Kürzungen könnten in den nächsten Jahren »so um die 38 Prozent« betragen. Man schimpfte auf Roland Koch und Peer Steinbrück. Und übersah geflissentlich, daß es sich hier um mehr handelte, als diese verlangten, daß diese eigentlich unbezahlbare Rechnung im Auswärtigen Amt aufgemacht worden war. Deshalb ist eben noch nicht viel gewonnen, wenn sich der Bundestag inzwischen erschrocken darauf geeinigt hat, daß Äpfel nicht Birnen sind, Tagungen zu Immanuel Kant in Königsberg und anderswo in der Welt sich finanzpolitisch vom steuerlichen Zubrot für ein Fertighäuschen unterscheiden und die auswärtige Kulturpolitik keine (verzichtbare) »Subvention« ist, sondern zum Selbstverständnis dieser Republik gehört. Goldene Worte, die sich aber erst auszahlen, wenn der Haushaltsausschuß die Vier-Prozent-Kürzung tatsächlich zurücknimmt. Was vom Rest der Drohung bleibt, die auch ohne Kochs und Steinbrücks sinistren Kulturbegriff die Schließung vieler Goethe-Institute und einiger Auslandsschulen bedeuten und Tausenden jungen Wissenschaftlern ihre Forschungsarbeit unmöglich machen würde, ist unbekannt. Das Auswärtige Amt hüllt sich in Schweigen; wie es heißt, wird fieberhaft gerechnet. Jedes Ressort ist vom Finanzminister verpflichtet worden, auf eine bestimmte Summe seiner Ausgaben zu verzichten. Die Höhe dieser »globalen Minderausgaben« stehe noch nicht fest, heißt es, obwohl das neue Jahr nicht erst gestern begonnen hat. Der Außenminister und Vizekanzler ist verpflichtet zu kürzen. Aber er ist nicht verpflichtet, die global minderen Millionen vor allem seinen Kultur- und Bildungsdiplomaten und den Mittlerorganisationen, die bislang unabhängige Vereine sind, wegzunehmen. Er könnte, nähme er das Bild von den drei Säulen, die sein Haus tragen, ernst, die gefährdete Balance wiederherstellen.
Tut Fischer das nicht, wird sich die deutsche Außenpolitik zwischen Riga, Helsinki, Kopenhagen, Moskau, Kalkutta, Paris und Alexandria sehr verändern. Und goldene Worte wie die von der Wunderwaffe Kultur in Zeiten des Terrors, die mit Sprachkursen und Filmvorführungen, mit Theaterabenden, Vorträgen, einem Schulneubau oder Bücherkisten für die demokratischen Werte des Westens empfänglich machen soll, die wären dann nichts mehr wert. Die fünf Extra-Millionen für die Kultur aus dem sogenannten Anti-Terror-Paket (1,5 Milliarden Euro) sprechen nicht dafür, daß man sich viel von ihr verspricht. Ändert sich nichts, könnte das Bild von Deutschland, der Kulturnation, im Ausland schweren Schaden nehmen. Egal, wie oft sich Joschka Fischer mit Colin Powell in einem Konzertsaal entspannt.

Zu oft gebrüllt (von Harald Jähner, in: Textarchiv der Berliner Zeitung, 06.03.2004)

Das Goethe-Institut sorgt an vielen Orten der Welt dafür, dass ein wenig bekannter wird, was sich in Deutschland im Bereich der Kunst und Kultur ereignet. Das ist eine Aufgabe, die der Staat unterstützen sollte, auch wenn Etliches aus den zeitgenössischen Künsten aus eigener Kraft den Weg in die Welt hinaus findet. Es ist deshalb bedauerlich, wenn der Etat für auswärtige Kulturpolitik wieder einmal gekürzt werden soll, um die Schuldenlast unseres Landes zu erleichtern. Die Frage ist nur, mit welchen Argumenten sich das Goethe-Institut dagegen wehren kann. Auf jeden Fall nicht mit diesem: Durch die Kürzungen

stünden »das Ansehen unseres Landes und die Früchte von über mehr als fünfzig Jahren weltweiten Kulturaustauschs auf dem Spiel«, so der stellvertretende Generalsekretär des Goethe-Instituts, Wolfgang Bader, in München.
Das Ansehen Deutschlands hängt leider auch davon ab, ob und mit welchen Mitteln das Land seine wirtschaftlichen Probleme meistert. Wer als Geldempfänger des Staates dessen Ausschau nach Einsparungsmöglichkeiten überleben will, muss mit nüchternen Argumenten Rechenschaft ablegen. Die Regel, dass am besten geschützt ist, wessen Hund am lautesten kläfft, gilt ab einem bestimmten Grad von Krisenhaftigkeit nicht mehr. Der Kulturbereich hat schon zu oft die dröhnendsten Alarmglocken geläutet, als dass noch irgendjemand darauf hört. Weder würde das Ansehen Deutschlands auf den Stand von 1945 stürzen, wenn das Goethe-Institut nicht mehr existierte, noch stiege in Kreuzberg die Kriminalität, wenn das Kulturamt weniger Ausstellungen machte. Auch sind, anders als ernsthaft prophezeit, in Deutschland nicht alle Lichter ausgegangen, als das Schiller-Theater geschlossen wurde. Die bei jedem schmerzlichen Einschnitt automatisch abgerufene Rede vom Rückfall in die Barbarei hat die Ohren taub gemacht, zumal angesichts der gravierenden Einschnitte im Sozial- und Bildungswesen.
An das inflationäre Ausrufen des Notstands von Seiten der staatlich geförderten Kultur hat sich die Politik inzwischen gewöhnt. Wer mag noch beurteilen, wie ernst es wirklich steht um den Kulturaustausch, wenn dessen Infarkt jedes Jahr aufs Neue prophezeit worden ist? Um fast ein Drittel sollen die Mittel für auswärtige Kulturpolitik in Stufen bis 2007 schrumpfen. Das ist so ernst, dass man endlich sachlich werden muss.

Sinn – aber bitte billig (Glosse von Thomas E. Schmidt, in: Die Zeit, 22.03.2004)

Das vergangene Jahr ist kulturpolitisch gehörig vergeigt worden. Eine sinnvolle Fusion der Kulturstiftungen des Bundes und der Länder scheiterte am Widerstand Bayerns, der Hauptstadtkulturvertrag mit Berlin kam nur unter Würgen zustande, auch weil der Haushalt des Landes verfassungswidrig ist, Denk- und Mahnmale leiden Not, und das Stiftungsobdach zum Schutze der drei hauptstädtischen Musiktheater ist so wacklig wie der Schnürboden der Lindenoper.
Der kulturpolitische Streit wird sich nun rasch neue Orte suchen, aus dem Berliner Sumpf und dem Kölner Loch aufsteigen, noch kurz über dem Hauptfriedhof der Künste in Frankfurt kreisen, dann auch die Eventstaatlichen Offensiven der Freien und Hansestadt Hamburg hinter sich lassen – und sich bald wie eine Heuschreckenplage auf die kleineren Gemeinden niederlegen.
Dort, in den Kommunen, wo immer noch das meiste Geld für Kulturförderung fließt, wird es eng. Dort werden kulturelle Institutionen unter Rechtfertigungsdruck geraten, nicht klammheimlich, aber ohne auf die Entlastung einer überregionalen Öffentlichkeit hoffen zu können. Und es ist völlig offen, ob Stadtväter sich bloß teurer Theater entledigen oder sie tatsächlich reformieren werden.
Die Prognose für 2004: Es bildet sich ein kulturell-politisches Paradox. In dem Maße, wie Kulturpolitik zur Mangelverwaltung, zur unerquicklichen Erbsenzählerei verkommt, steigt die Erwartung an die Kultur. Kultur muss es richten,

zumindest ein Bild des Richtigen entwerfen, Zusammenhalt und Sinn in einer globalen und gleichzeitig fragmentierten Welt stiften. Kultur wird zum Fluchtort einer an sich zweifelnden Gesellschaft.
Das überfordert die Kultur ebenso wie die Kulturpolitik. Denn niemand weiß, ob Kultur das wirklich leisten kann – und ob die ihr zugeordneten Einrichtungen überhaupt etwas mit solchen Erwartungen an soziale Bindekraft zu tun haben. Und falls ja, was das dann die öffentliche Hand genau kosten darf.
Sobald Kulturpolitik idealisiert zu werden droht – zu jener Art Subvention, die noch mit gutem Gewissen gewährt werden kann, weil sie nicht Anspruchsgruppen zugute kommt, sondern geradewegs dem Guten –, wird die kulturpolitische Praxis immer schwieriger. Weder ist der Kulturbetrieb unschuldig und interessenfrei, noch sind die Künste ein Heilmittel für die Gesellschaft. In der Kulturpolitik geht es statt dessen um Budgetierungsmodelle, um Verschlankung von Betrieben und um eine sinnvolle Anwendung des Dienstrechts.
Es werden also sehr prosaische und praktische Fragen in ihr verhandelt, und sie ist keineswegs die Zitze, an der alle Geld und Anerkennung saugen, die mit ihren rhetorischen Inszenierungen die leere Mitte der Gesellschaft umschwurbeln. Kultur ist nichts Heiliges, ihre Politik kann an Erfolgen bemessen werden und an der Angemessenheit ihres Vorgehens. Dieser Umstand sollte nicht aus dem Blick geraten, wenn sich der Streit nun in die Kommunen verlagert, wie viele kulturelle Einrichtungen nötig seien und welche.

1▸ Ziehen Sie als Basis Ihrer Erarbeitung aktuelle Statistiken, z. B. über den Artikel der Kulturbereiche im Haushalt der Bundesministerien heran, auch Zahlenmaterial über die Entwicklung in den einzelnen Bundesländern und Veröffentlichungen des Bundestages und der Länderparlamente.

C Medien

- Texte zum Thema: Medienkompetenz
- Anregungen für adressatenbezogenes Schreiben

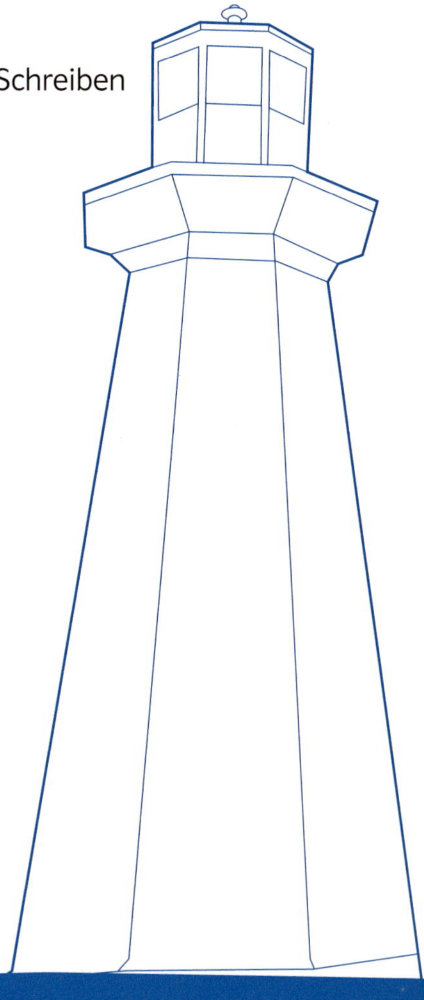

Medien in allen Variationen sind Teil der zeitgemäßen Arbeit des Deutschunterrichts, von der traditionellen Literaturverfilmung über Surfstrategien zur Recherche, Textverarbeitung und Schreibwerkstatt mit dem Computer, Video-Feedback bei Referaten oder szenischer Darstellung und Medieneinsatz bei der Präsentation. Entscheidend dabei ist, dass z. B. mit dem Computer und mit den übrigen Medien als Arbeitsinstrument und Lernobjekt umgegangen wird und sie nicht als »Lebensform« missverstanden werden. Die Kompetenz, mit Medien sinnvoll und mit angemessener Schwerpunktsetzung umgehen zu können, heißt eben nicht nur das Medium technisch professionell bedienen und nutzen zu können, sondern auch einige Grundregeln im Verständnis zu beachten:

Grenzen

- So muss z. B. die Grenze zwischen der Fiktion der virtuellen Welt und der tatsächlichen Wirklichkeit deutlich markiert und präzise herausgearbeitet werden – auch im eigenen Bewusstsein.

Form/Inhalt

- Die Möglichkeiten, mit Formatierungen und grafischen Gags zu arbeiten, ersetzt nicht den substanziellen Inhalt.

Arbeit am Wort

- Gerade wegen der suggestiven Macht der Bilder ist die Arbeit am Wort, am präzisen Text nicht zu vernachlässigen.

Auszüge aus: Dieter Wiedemann: Kein Abschied von den Mythen? Überlegungen zur Bedeutung medialer Konstruktionen für die Lebensweltgestaltung von SchülerInnen am Ende des 20. Jahrhunderts

1. Jungsein an der Jahrtausendwende – Von Werteverlusten, Politikverdrossenheit und Mythenrenaissance

Meine erste These lautet dementsprechend:
Die junge Generation kompensiert stärker als andere Generationen den Verlust an Möglichkeiten, existenzielle Erfahrungen zu sammeln, mit einer starken Hinwendung zur medialen Mythenvermittlung. Die – erfreulicherweise – geringen Möglichkeiten zum Erleben von Ängsten, von Er- und Mitleiden, aber auch die von – leider begrenzten – Möglichkeiten zum Spiel mit Wünschen und Hoffnungen, Lebensentwürfen und Gestaltungsrisiken bedingen eine – nicht existenzielle – Verlagerung auf virtuelle Handlungsmuster bzw. -spielräume, d. h. eine auf die Rezeptionszeit der angebotenen medialen Konstruktionen reduzierte Fähigkeit zur Erlebnis-, Erbauungs-, Leidens-, Angstbewältigung etc.
Aber wie schrieb doch schon vor 75 Jahren der Filmtheoretiker Bela Balázs: »Es wäre eine Ästhetenschmockerei, die Aufnahmen von Eisenbahnkatastrophen, einstürzenden Brücken, in die Luft gesprengten Türmen, Sprüngen aus dem fünften Stock usw. von vornherein abzulehnen. Es sind doch Sehenswürdigkeiten, die man in Wirklichkeit doch so selten zu sehen bekommt. […] Im Film ist es aber die ungefährliche Gefahr, die wir so ganz besonders genießen … Es ist ein geheimes Überlegenheitsgefühl, dass wir da auf dem Film jenen Dingen endlich in die Augen sehen können, vor denen wir immer die Augen schließen, wenn sie in Wirklichkeit erscheinen.«[1]

1 Balázs, Bela: Essay, Kritik 1922–1932. Berlin 1973, S. 299.

Dieserart Medienkonstruktionen begleiten die Kinder von heute, anders als die der fünfziger, sechziger und siebziger Jahre (also als die Generationen der heute Erziehenden) gewissermaßen von der Wiege an. Dies kann offenbar zu einer individuell gleichrangigen Bedeutungszuordnung für real und für medial erfahrene Lebenswelten, oder anders formuliert, zu einer Synthese bzw. Kompilation von Erfahrungen in den Lebens- und in den Medienwelten führen: Die Fanpost für TV-Serien wie z. B. »Schloss Einstein«, »Gute Zeiten – schlechte Zeiten« oder auch »Die Lindenstraße« sprechen nachhaltig für eine solche Hypothese.

These 2:
Die modernen Medien werden auch in naher Zukunft ihre dominierende Rolle als »Geschichtenerzähler« behalten, sie werden sich dabei – wegen ihrer internationalen Verwertungsinteressen – weiterhin vorrangig traditioneller, narrativer Strukturen bedienen. Traditionelle und »neue« Mythen werden eine Konstituente der »medialen Erzählgemeinschaften« bleiben.
Die Schere zwischen den Möglichkeiten für existentielle Primärerfahrungen einerseits und medialen Angeboten entsprechender Erfahrungen andererseits (man denke hier nur an die Konsequenzen von computergenerierten virtuellen Welten, aber auch an die von Computerarbeits- und -spielplätzen für die Produktion und Strukturierung menschlicher Erfahrungen) wird noch größer werden.
Dieserart Überlegungen verlangen spätestens eine Diskussion von pädagogischen Einflussmöglichkeiten. Diese sollen am Beispiel von einigen Thesen zur Entwicklung von Medienkompetenz im 21. Jahrhundert entwickelt und diskutiert werden. Medienkompetenz für das 21. Jahrhundert verlangt gleichermaßen
– eine medientechnologische Kompetenz,
– eine medienästhetische Kompetenz,
– eine medienethische Kompetenz.
Eine besondere Bedeutung wird dabei der Entwicklung von Fähigkeiten zum selektiven Umgang mit insbesondere den digitalen Medienangeboten zukommen. Eine bedürfnisgerechte Selektion und persönlichkeitsfördernde Interpretation der Medienangebote wird damit zum Gradmesser für den Erfolg von Medienkompetenz werden.

2. Die Entwicklung von Medienkompetenz – eine universelle Medienausbildung?

Dazu einige Überlegungen und Hypothesen:
Aus der Sicht der mir bekannten Forschungsergebnisse wie auch auf der Basis von Alltagserfahrungen und Diskussionen beeinflussen die folgenden Fragen, Probleme und Themen die »Bilder«-Diskussionen und darüber vermittelt die von notwendigen Konzepten des medienpädagogischen Handelns im Multimedia-Zeitalter:

- Es wächst gegenwärtig eine erste »Multimedia-Generation« heran, für die das Wort »Multimedia« nicht die Nutzung verschiedener Medien, sondern die eines Mediums mit sehr unterschiedlichen Funktionen bedeutet. Deren Weltaneignung vollzieht sich im primären wie auch im sekundären Erfahrungsbereich in bisher nicht gekannten zeitlichen, kulturellen und sozialen

Dimensionen. Diese Kinder erfahren eine Welt, die sich ihnen verkehrsorganisatorisch wie auch kommunikativ-medial scheinbar oder tatsächlich immer durch- und überschaubarer in natürlichen und künstlichen Bildern darstellt. Die Welt als »globale Bilderwelt«, als eine Art »internet-village«, die spielerisch durch Fernbedienungen, Gameboys, Computer und Modem auch und gerade von Kindern gestaltet werden kann.
In der familiären, wie auch in der traditionellen kulturellen Sozialisation sind diese individuellen Gestaltungs- und Erlebnismöglichkeiten für die meisten von ihnen zumeist wesentlich geringer und häufig riskanter.

- Angesichts dieser – noch keinesfalls abgeschlossenen und deshalb in ihrer Tendenz noch nicht eindeutig fixierbaren – Entwicklungen, stellen sich auch neue Anforderungen an die Medienerziehung bzw. Entwicklung von Medienkompetenz.
Diese muss sich nicht nur mit dem allgemein beklagten »Verschwinden« des Werkes im von Kanalvielfalt und Fernbedienung strukturierten Fernsehalltag beschäftigen, sondern auch mit dem Verschwinden des originären Bildes in den nicht mehr nach Kriterien wie Objektivität, Glaubwürdigkeit und sozialer Repräsentanz vorfind- und bewertbaren Bilderwelten. Cyberspace, »virtuelle Welten«, Multi-Media-Boxen und auf CD-ROMs gespeicherte und manipulierbare Bilder oder Filme entziehen sich z. Z. der traditionellen Medienerziehung.
- Es kommt hinzu: Kinder haben im Gebrauch neuer Medientechnologien nicht selten einen Kompetenzvorsprung gegenüber vielen Erwachsenen (Eltern, LehrerInnen und anderen Erziehungsträgern). D. h., sie können kompetenter mit einer bestimmten Form der Gestaltung von medienspezifischen Wirklichkeiten umgehen als die meisten Erwachsenen. Daraus resultiert ein neuartiges Spannungsverhältnis zwischen den Generationen (eine Art »multimedialer Generationskonflikt«): Mediale Kompetenzen einerseits und kulturelle und soziale Kompetenzen andererseits müssen z. T. verschiedenen Generationen zugeordnet werden.

3. Die Entwicklung von Medienkompetenz und die »traditionellen« Medien

Für die Erhaltung und Pflege des sozialen und kulturellen Gedächtnisses von Völkern und Gruppen ist es auch notwendig, (weiterhin?) einen kompetenten Umgang mit Büchern und Theater, mit Livemusik und Zeichnungen etc. zu ermöglichen.
Nun werden sich zwar, wie in der menschlichen Generationenfolge auch, die jeweils jüngeren (Medien) von den älteren (Medien) »abnabeln« wollen und müssen, gleichzeitig bedarf aber die Entwicklung der Medien ebenfalls einer Art »Generationsvertrag«. Die Produktion und Rezeption neuer Medientechnologien verlangt nämlich weiterhin Erfahrungen und Kenntnisse mit traditionellen Dramaturgien und narrativen Erzählstrukturen und auch die virtuell erzeugten Bilderwelten müssen vor den anthropologisch determinierten Wahrnehmungsmustern bestehen können.
Eine weitere Notwendigkeit dafür, die traditionellen Medien bei der Entwicklung nicht zu vernachlässigen, sehe ich in der dadurch möglichen Erfahrung

von »Medienauthentizität«. Buch, Film, Theater etc. stehen für eine spezifische Abbildungsauthentizität, die zwar auch keine Garantie bieten, dass das Abgebildete tatsächlich authentisch ist [...], an den Abbildungen selbst waren bzw. sind Manipulationen in diesen Medien aber relativ selten. Natürlich sind wegretuschierte Personen auf Bildern in Geschichtsbüchern oder Inszenierungen in Dokumentarfilmen, um nur zwei Beispiele zu nennen, sowohl aus medienethischen Gründen als auch wegen des Verlustes an Glaubwürdigkeit als Zeitdokument äußerst problematisch.

»Retuschierte Fotos sind nichts Neues. Digitale Bildverarbeitung aber kann so weit gehen und dabei doch unsichtbar bleiben, dass sie die Basis des Fotojournalismus unterminiert: den Zusammenhang von Sehen und Glauben«.[2]

Dürfen wir also nicht mehr dem trauen, was wir zwar sehen, aber dies nur durch ein Medium vermittelt tun? [...] Dürfen wir also, wie Norbert Schneider polemisch fragt, wirklich glauben, dass »die Deutschen bei der Fussball-Europameisterschaft gegen die Russen wirklich gewonnen haben?«.[3]

Aber: Warum glauben wir eigentlich an eine Authentizität der Bilder?

Die Antworten auf diese Fragen müssen sehr unterschiedlich ausfallen. Ich will einige Antwortmöglichkeiten kurz skizzieren:

Paul Virilio, Medientheoretiker mit Kultstatus, stellt z. B. fest:

»Das Denken selbst steht heute nicht sehr hoch im Kurs: die Bilder haben den Sieg davon getragen. All das geschieht zugunsten eines absolut gewordenen Bildes, das all das, was es zeigt, im Grunde immer schon ausscheidet [...] das Bild ist wichtiger als der Gegenstand, dessen Repräsentant es eigentlich ist. Längerfristig wird aber dadurch das Bild selbst zum absoluten Gegenstand, absorbiert die Tyrannei der Bilder alle Gegenstände«.[4]

Unsere Erziehung hat zumindest in den letzten Jahrzehnten einen Autoritätsbeweis der Bilder gegenüber dem des Wortes latent favorisiert: »Ein Bild sagt mehr als tausend Worte« wussten allerdings schon die alten Chinesen, während andererseits die europäische Religionsgeschichte zeitweise mit Abschnitten der »Bilderstürmerei« verbunden waren: »Du sollst Dir kein Bildnis machen in irgendeiner Gestalt, weder von dem, was oben am Himmel, noch von dem, was unten auf Erden, noch von dem, was im Wasser unter der Erde ist«. Bilder sind im Zeitalter der audiovisuellen Massenmedien zu einer Form des ultimativen Autoritätsbeweises für tatsächlich Stattgefundenes avanciert, allerdings können bei den traditionellen AV-Medien Manipulationen zumindest durch Zeitzeugen oder medienkompetente NutzerInnen entlarvt werden, was ihren Gebrauch allerdings nicht entschuldigen soll und darf.

D. h., Erziehung zur Medienkompetenz muss immer auch medienethische Zielstellungen beinhalten!

2 Stoll, Clifford: Die Wüste im Internet. Frankfurt am Main 1998, S. 132.

3 Schneider, Norbert: Über Fernsehen, Fälschungen und die Folgen. In: Funk-Korrespondenz v. 19. 7. 1996.

4 Paul Virilio im Gespräch. In: Jakob, Michael (Hg.): Aussichten des Denkens, München 1994, S. 113 ff.

4. Die Entwicklung von Medienkompetenz als Basis für einen Qualitätsdiskurs?

Die Entwicklung von Medienkompetenz ist immer auch von dem abhängig, was tagtäglich in den verschiedenen Medien angeboten wird. Denn, bevor überhaupt Erziehung zur Medienkompetenz in Kindergarten oder Schule ansetzen kann, sind die ersten Medienerfahrungen bereits gemacht worden. Und auch später sind die aktuellen und insbesondere die habituellen Medienerfahrungen meist dominant gegenüber den Bemühungen zur Entwicklung von Medienkompetenzen. Hierzu sollen einige weitere Ausführungen gemacht werden, weil die frühzeitigen Medienerfahrungen der Kinder von großer Relevanz für das diskutierte Thema sind.
Versucht man Gemeinsamkeiten zwischen den von Kindern im Fernsehen favorisierten Programmangeboten zu finden, dann fällt als erstes die Ferne zur fotografischen Abbildrealität in den bevorzugten Sendungen auf.
Es sind zwar nicht mehr die Phantasien der Gebrüder Grimm und auch nicht die ihrer unzähligen NacherzählerInnen in Familien, die die Phantasiebedürfnisse der Gegenwartskinder befriedigen, es sind aber weiterhin von deren Primärerfahrungen abgehobene Inhalte und Darstellungsweisen.
Eine zweite Spezifik sehe ich im beschleunigten und diskontinuierlichen Erzählrhythmus. Nicht die Erzählung von Geschichten, sondern die von Umschlagpunkten wird angezielt: Nicht Handlungsverläufe werden gezeigt, sondern deren Kulminationspunkte; Verhalten wird nicht motiviert, sondern präsentiert! Es scheint mir in diesem Zusammenhang nicht zufällig, dass unter den Lieblingssendungen der Kinder so wenige lange (Kinder-)Spielfilme sind.
Die erkennbare Tendenz in Kinderangeboten zu Erzählstrategien, die nur das Ereignis und nicht dessen Ursachen und Wirkungen beschreiben, hat wahrscheinlich Konsequenzen, die sich z. B. äußern können
– in sozial und auch ästhetisch wertungsfreien Kommunikations- und Erlebnisprozessen (die kindlichen Zuschauer müssen nicht über Motive und Folgen von Handlungen ihrer jeweiligen Identifikationsobjekte nachdenken);
Die Kinder werden damit davon entlastet, ihre Identifikationsfiguren danach bewerten zu müssen, ob deren Handlungen (politisch korrekt) motiviert sind, ob die von ihnen praktizierten Konfliktlösungen moralisch vertretbar sind etc. Gleichzeitig werden ihnen damit aber auch Möglichkeiten zum Üben von Wertungen in Spielsituationen genommen.
– in einer unangemessenen bzw. unangepassten Übertragung solcher Medienerfahrungen auf Ereignisse in der Realität;
Die häufig gestellte Frage ob bzw. geäußerte Vermutung, dass Kinder in den AV-Medien gesehenes Verhalten auf reale Situationen ungeprüft als angemessen übertragen, trifft insofern einen Kern des Diskurses um Medienkindheiten.
Eine dritte Spezifik besteht in den Comic-Dramaturgien und Spielzeugästhetiken vieler Kinderprogramme.
Sprachliche Kommunikationen reduzieren sich auf Sätze unter fünf Worten und die künstlich produzierten Protagonisten bedienen sich einer Ästhetik, die anders als bei Disney, Henson oder Zeman auf einer Grobmotorik in den Bewegungen basiert. Es ist die Motorik, die entsteht, wenn kleine Kinder ihre Puppen oder andere bewegbare Spielzeugprodukte zur Demonstration von Bewegungen

manipulieren. Und es ist die Motorik, die zur Nutzung der vielen im Umfeld von Kindersendungen zum Verkauf stehenden Merchandising-Produkte anreizen sollen.

Viertens ist die Musik in den meisten Kinderprogrammen der jeweils mainstreamorientierten Popmusik verpflichtet, womit den Kindern m. E. ein weiteres Element einer autonomen Kinderkultur genommen wird. Die Einübung auf die Darbietungsmuster einer jugendorientierten Medienkultur geschieht damit schon im frühen Kindesalter: Die Entwicklung und Pflege spezifischer Kinderkulturen findet im Fernsehen kaum statt und wäre vielleicht auch nicht fernsehspezifisch?

Fünftens bietet das Fernsehen, teilweise auch dessen Kinderprogramme – wie viele anderen Massenmedien auch –, den Kindern einen altersmäßig sehr frühzeitigen Zugang zu den populären medialen Erwachsenenästhetiken.

[...]

Warum sollen auch Kinder anspruchsvollere Programmpräferenzen entwickeln als ihre Eltern?

Die mir bekannten telemetrischen Forschungsdaten lassen zumindest nicht die Schlussfolgerung zu, dass die Fernsehnutzung der Kinder dramatisch von der ihrer Eltern abweichen würde, eher im Gegenteil!

Eine Schlussfolgerung könnte also lauten: Die – aus welchen Gründen auch immer – als problematisch benannten Fernsehnutzungsgewohnheiten der Kinder sind zuallererst eine Quintessenz des Fernsehverhaltens ihrer Eltern bzw. der Elterngeneration überhaupt. Nun soll und kann allerdings das Fernsehen als ein wesentlicher Gestalter der Medien- und Lebenswelten der Kinder nicht apriori aus seiner Verantwortung für die Art und Weise von dessen Gestaltung entlassen werden.

Die Art und Weise, wie Kinder ihre Umwelt erfahren und mit ihr umgehen (lernen), ist immer auch ein Produkt des Fernsehens und der anderen Massenmedien. Aber, die Umwelt, in der sie leben, ist weder gewalt-, und angst- noch werbefrei. Soll Kinderfernsehen also eine Art Reservat für Vorstellungen von »heilen« Lebenswelten werden und damit zur Kompensation von komplizierten »realen« Lebenswelten beitragen?

1▸ Arbeiten Sie diesen Basistext als Grundlage für Diskussionen gründlich durch, ziehen Sie die Hauptaussagen aus der Vorlage und formulieren Sie die aus Ihrer Sicht wichtigsten 10–12 Thesen.

2▸ Überprüfen Sie die Aussagen des Autors an Ihren eigenen Erfahrungen. Stimmt seine Analyse der Situation und Haltung junger Menschen im Hinblick auf die Medien? Sehen Sie Differenzierungen?

Hans Magnus Enzensberger: Das digitale Evangelium (2000) (Auszug)

Die Beschleunigung der Medien hat inzwischen auch ihre Theoretiker erreicht. Der Eifer, den sie an den Tag legen, verleitet sie oft genug zu Übersprungshandlungen, ganz so, als hätten sie eine peinliche Scharte auszuwetzen. Es genügt ihnen nicht, die Praxis einzuholen; sie möchten ihr am liebsten zuvorkommen. Deshalb tendiert ihre Reflexion zur Prognose. Daß das Leben meist auch den bestraft, der zu früh kommt, davon könnten allerdings die meisten Futurologen ein Lied singen, wenn sie es nicht vorzögen, von ihren Blamagen zu schweigen.

Daß die Medienpropheten in doppelter Formation auftreten, ist nicht überraschend. Die beiden Fraktionen folgen einem vertrauten religionsgeschichtlichen Muster: Auf der einen Seite finden wir die Apokalyptiker, auf der andern die Evangelisten. In mehr als einer Hinsicht hat ja der technische Fortschritt die Nachfolge der Offenbarungsreligionen angetreten. Heil und Unheil, Segen und Fluch lesen die Auguren seit der Aufklärung nicht mehr in den Heiligen Schriften, sondern aus den Eingeweiden der technischen Zivilisation. Beiden Verkündigungen ist ein sonderbar befriedigter, um nicht zu sagen triumphierender Unterton gemeinsam.

Die digitalen Evangelisten begnügen sich nicht mehr mit der alten Frohbotschaft von der Perfektibilität der Menschen. Nur die Naivsten unter ihnen sehen in der globalen Dorfgemeinschaft die Lösung unserer Probleme. Weltweite Kommunikation und Vernetzung, direkte elektronische Demokratie, gleichberechtigter Zugang zu jeder Art von Information, Abbau von Hierarchien, nachhaltige Nutzung von Ressourcen, kurzum, Homöostase und Harmonie – das sind einige ihrer Verheißungen. Sie erinnern in ihrer Erinnerungslosigkeit an die nukleare Euphorie der Nachkriegszeit, die in der sogenannten friedlichen Nutzung der Kernspaltung die Lösung aller Energieprobleme sah. Wie damals, so genießen derartige Experten auch heute das Wohlwollen finanzstarker Konzerne, und ihre Forschungsergebnisse sind von den Botschaften einer Public-Relations- Agentur kaum zu unterscheiden.

Aber bei diesen menschenfreundlichen Visionen lassen es die neuesten Evangelisten nicht bewenden. Ihr Weitblick reicht über den Horizont der Spezies hinaus. Angesichts der Mangelhaftigkeit des Menschen reißt ihnen die Geduld. Schließlich übertrifft schon die Lebenserwartung eines ganz gewöhnlichen Schraubenziehers die unsrige, und ein hinreichend großer Rechner speichert unvorstellbar viele Daten rascher und zuverlässiger als unser hinfälliges Gedächtnis.

Sehnsüchtig erwarten daher die Freaks unter den Evangelisten die nächsten Schritte der Evolution. Zunächst geht es um die Emanzipation des Menschen von seiner unmittelbaren, organisch bedingten Erfahrung. An die Stelle der schmuddligen Lebenswelt soll der hygienisch einwandfreie Cyberspace treten, eine erste Stufe der Befreiung vom eigenen Körper. Oswald Wiener hat bereits 1969 zur »verbesserung von mitteleuropa« aufgerufen – ein Werk, dem spätere Propheten wenig hinzuzufügen hatten. Der Cyborg, eine Chimäre aus Mensch und Maschine, ist der nächste logische Schritt zur Selbstabschaffung der Gattung. [...] Die in den Sand gesetzten Forschungsgelder, die Hartnäckigkeit des Mind-Body-Problems, die vielen Pleiten, die ihren Verheißungen beschieden waren – das alles kann die Projektemacher in ihrem Behagen nicht stören. Propheten sind gegen Tatsachen immun. Das macht ihren Reiz aus. Die apokalyptische Fraktion hingegen ist jeder Sympathie mit der großen Industrie unverdächtig. Sie ist von Drittmitteln unabhängig, verzichtet auf Subventionen und verkündet ihre Schreckensmeldungen auf eigene Rechnung und Gefahr. Sie versichert uns, daß das Ende, ohne daß wir es bemerkt hätten, bereits so eingetreten ist. Der Medienphilosoph Paul Virilio teilt uns mit, dass wir längst zu Mutanten geworden sind und im Zustand des »rasenden Stillstands« leben. Raum und Zeit sind uns abhanden gekommen. Übertroffen werden seine Thesen von Baudrillard, dem zufolge alles, was wir für wirklich halten, in Wirklichkeit längst verschwunden ist. Unsere Medien haben jede Möglichkeit, zwischen Schein und Sein zu unterscheiden, bereits abgeschafft. Die Welt ist nur noch eine Simulation. Damit hat sich die Frage nach dem Sinn erledigt.

Auch die Behauptungen der Apokalyptiker zeichnen sich durch einen triumphierenden Tonfall aus. Sie haben den Charme des Endgültigen. Ihrer Radikalität haftet die Selbstzufriedenheit dessen an, der über alle Illusionen erhaben ist und die allgemeine Verblendung durchschaut hat. Auch in diesen Fällen erweist es sich als Vorteil, daß die Medienphilosophie, wenn sie sich zu solchen Höhen erhebt, auf Tatsachen keine Rücksicht mehr zu nehmen braucht. [...]

Auch über die gesellschaftlichen Auswirkungen der neuen Medien ist viel geschrieben worden. In einem Text von 1970, der damals viel zitiert wurde, heute aber vor allem durch seinen schneidigen Ton auffällt, heißt es: »In ihrer heutigen Gestalt dienen Apparate wie das Fernsehen oder der Film [...] nicht der Kommunikation, sondern ihrer Verhinderung. Sie lassen keine Wechselwirkung zwischen Sender und Empfänger zu [...]. Dieser Sachverhalt läßt sich aber nicht technisch begründen. Im Gegenteil: Die elektronische Technik kennt keinen prinzipiellen Gegensatz von Sender und Empfänger [...]. George Orwells Schreckbild einer monolithischen Bewußtseins-Industrie zeugt von einem Verständnis der Medien, das undialektisch und obsolet ist. Die Möglichkeit einer totalen Kontrolle solcher Systeme durch eine zentrale Instanz gehört nicht der Zukunft, sondern der Vergangenheit an [...]. Informations-Quarantänen, wie sie der Faschismus und der Stalinismus verhängt haben, sind heute nur noch um den Preis bewußter industrieller Regression möglich.« Und schließlich: »Die neuen Medien sind ihrer Struktur nach egalitär. Durch einen einfachen Schaltvorgang kann jeder an ihnen teilnehmen; die Programme selbst sind immateriell und beliebig reproduzierbar.« Wohl gesprochen zu einer Zeit, da vom Internet noch keine Rede war. Doch führte der Versuch des Verfassers, die Medienpraxis zu überholen, zu allerhand Erwartungen, die heute naiv anmuten. Dem imaginären Netz der Zukunft wurden – ganz im Gegensatz zu den alten Medien – utopische Möglichkeiten zugeschrieben; seine emanzipatorische Potenz stand für den Dichter außer Frage. Ganz im Sinn der marxistischen Theorie hegte er ein unbegrenztes Zutrauen in die berühmte »Entfaltung der Produktivkräfte«, eine materialistische Variante der christlichen Trias von Glaube, Liebe und Hoffnung. Heute würden auf derartige Verheißungen nur die Evangelisten des digitalen Kapitalismus schwören. Vielleicht empfiehlt sich 30 Jahre später eine gewisse Nüchternheit.

Richtig an solchen Prognosen war allerdings die Unterscheidung zwischen zentral gesteuerten und dezentral verfaßten Medien. Man braucht nur die Extremfälle zu betrachten um die politische Bedeutung dieses Unterschieds zu begreifen. Auf der einen Seite das Edikt, die kaiserliche Botschaft, die das Gefälle zwischen Befehl und Gehorsam voraussetzt; auf der andern Seite der »herrschaftsfreie Diskurs« gleichberechtigter Teilnehmer. In diesem Sinn ist das Netz tatsächlich eine utopische Erfindung: es hat den Unterschied zwischen Sender und Empfänger abgeschafft. Eine zentrale Instanz, die imstande wäre, es zu kontrollieren, existiert nicht mehr. […]

Jeder denkbare Lauscher wird an einer prinzipiellen Eigenschaft der Datenströme ersticken, nämlich an ihrer überwältigenden Banalität. 99,999 Prozent aller Botschafter sind allenfalls für ihre Empfänger von Interesse, und selbst das ist noch übertrieben Auch insofern trügt die Prophezeiung von der emanzipatorischen Kraft der neuen Medien. Nicht jedem fällt etwas ein, nicht jeder hat etwas zu sagen, was seine Mitmenschen interessieren könnte. Die viel beschrieene Interaktivität findet hier ihre Grenze. […]

Auch auf Seiten der Nutzer zeigt die Globalisierung manche ihrer Kehrseiten. Zwar triumphieren auf Tausenden von Homepages Eigenbrötlerei und Dissidenz. Keine Nische, kein Mikromilieu, keine Minorität, die im Netz nicht ihre Heimstatt fänden. Die Veröffentlichung, im Gutenberg-Zeitalter ein Privileg Weniger, wird zum elektronischen Menschenrecht, nach dem Motto: Samisdat[1] für alle. Das erklärt die Angst der Macher vor dem Netz in diktatorisch verfaßter Gesellschaften wie Iran oder China. […]

Da kein Zentrum vorhanden ist, kann sich jeder einbilden, er befinde sich, wie die Spinne in ihrem Netz, im Mittelpunkt der Welt. Kurzum, das interaktive Medium ist weder Fluch noch Segen; es bildet schlicht und einfach die Geistesverfassung seiner Teilnehmer ab.

1 Samisdat: im Selbstverlag veröffentlichte, offiziell aber verbotene Literatur in der Sowjetunion bis 1990.

Hans Magnus Enzensberger: Altes Medium (1995 v)

Was Sie vor Augen haben,
meine Damen und Herren,
dieses Gewimmel,
das sind Buchstaben.
Entschuldigen Sie.
Entschuldigen Sie.
Schwer zu entziffern,
ich weiß, ich weiß.
Eine Zumutung.
Sie hätten es lieber audiovisuell,
digital und in Farbe.

Aber wem es wirklich ernst ist
mit *virtual reality*,
sagen wir mal:
Füllest wieder Busch & Tal,
oder: Einsamer nie
als im August, oder auch:
Die Nacht schwingt ihre Fahn,
der kommt mit wenig aus.
Sechsundzwanzig
dieser schwarz-weißen Tänzer,
ganz ohne Graphik-Display
und CD-ROM,
als Hardware ein Bleistiftstummel –
das ist alles.

Entschuldigen Sie.
Entschuldigen Sie bitte.
Ich wollte Ihnen nicht zu nahe treten.
Aber Sie wissen ja, wie das ist:
Manche verlernen es nie.

3▸ Welche Position vertritt Enzensberger?

4▸ Stellen Sie eine Verbindung her zwischen seinen Auffassungen über die Medien und seinem Gedicht »Altes Medium«.

Auszug aus dem Spiegel-Artikel »Die Macht der bunten Bilder« (2004)

Jeden Tag werden über 30 Millionen Vorträge mit Hilfe der Präsentations-Software »Powerpoint« erstellt. Die leicht verdaulichen Texthäppchen und Schaubilder, warnen Kritiker, führten zu einer Verflachung, des Denkens. Doch der Siegeszug des Programms scheint nicht mehr aufzuhalten zu sein.
Das Ritual ist immer das gleiche: Der Vorhang wird zugezogen, das Licht gelöscht, ein Computer an einen Beamer gestöpselt. Dann flackern bunte Schaubilder, mit grob vereinfachten Tortendiagrammen über die Leinwand, dekoriert mit unzitierbaren Satzfetzen ohne Punkt und Komma, die der Referent im schlimmsten Fall einfach nur abliest.
Zwischenfragen wimmelt der Redner ab unter Hinweis auf irgendein späteres Schaubild, das aber nie kommt oder einfach untergeht im lauwarmen Strom, der wie ein mediales Betäubungsmittel wirkt. Wenn nach der hoch dosierten Berieselung die Vorhänge wieder aufgezogen werden, stehen viele Zuhörer unter mentaler Narkose. Wovon war noch mal die Rede?
So ergeht es Bankmanagern in Frankfurt, Studenten in Boston oder Ingenieuren in Tokio. Auch als die Ministerpräsidenten Roland Koch und Peer Steinbrück vor einem halben Jahr ihren Vorschlag zum Subventionsabbau vortrugen, taten sie das nach diesem Schema.

Tag für Tag werden weltweit über 30 Millionen Vorträge mit der Präsentations-Software »Powerpoint« erstellt, der Marktanteil liegt bei 95 Prozent. Im Handumdrehen lassen sich unter Zuhilfenahme des Microsoft-Programms Texte, Tabellen, Töne und Filme zu Schaubildern zusammenfügen, die hinter dem Redner auf der Leinwand auftauchen.

Die Sache hat nur einen Haken: Komplexe Zusammenhänge werden dabei in leicht verdauliche Häppchen atomisiert. Die Risiken und Nebenwirkungen dieses Powerpointilismus lassen sich auf der Web-Seite businessplanarchive.org. bewundern: Dort ist ein ganzes Kompendium gescheiterter Businesspläne aus der Blütezeit der New Economy versammelt, die nicht zuletzt wegen der eindrucksvollen Powerpoint-Präsentationen damals ihre suggestive Überzeugungskraft entfalteten.

Das blinde Vertrauen in Businesspläne ist zwar geschwunden, dafür werden neuerdings Fragen von Krieg und Frieden mit Hilfe von Powerpoint verhandelt. Als US-Außenminister Colin Powell vor einem Jahr den Vereinten Nationen seine »zwingenden Beweise« für die Existenz irakischer Massenvernichtungswaffen vorlegte, zeigte er bunte Powerpoint-Bildchen. Die Waffen werden noch immer im Wüstensand gesucht.

Haben Powerpoint-Präsentationen sogar zum Desaster der Raumfähre »Columbia« beigetragen, die vor einem Jahr beim Landeanflug verglühte? Zu diesem Urteil kommt jedenfalls eine Nasa-Untersuchungskommission in ihrem Abschlußbericht (www.caib.us). Shuttle-Ingenieure von Boeing, so der Vorwurf, hätten ihre Analysen für die Nasa-Verantwortlichen im Powerpoint-Format präsentiert, wodurch Warnungen in einem Meer aus Info-Häppchen untergegangen seien.

Ursprünglich stammt diese vernichtende Analyse von Edward R. Tufte, der als Guru des Informationsdesigns gilt. »Viele wahre Aussagen sind einfach zu lang, als daß sie auf ein Powerpoint-Bild passen könnten«, kritisiert Tufte, »aber das bedeutet nicht, daß wir die Wahrheit verkürzen sollten.«

Während eine Informationsgrafik in der Wissenschaftszeitung »Science« auf rund tausend Einzelteilen basiere, so Tufte, zeige eine durchschnittliches Powerpoint-Grafik nur zwölf. »Verglichen mit anderen internationalen Publikationen sind Powerpoint-Statistiken die dünnsten – mit Ausnahme der ›Prawda‹ im Jahr 1982, als diese Zeitung das wichtigste Propaganda-Instrument der sowjetischen kommunistischen Partei war.«

Dabei lag den Vätern des Präsentationsprogramms nichts ferner, als eine Gehirnwaschmaschine zu konstruieren. Im Gegenteil sahen sie den PC als subversives Befreiungswerkzeug, um sich aus dem Korsett von Großverwaltungen zu befreien.

Die Vorgeschichte von Powerpoint beginnt mit Whitfield Diffie, einem ehemaligen Hippie aus Kalifornien. Diffie mißtraute Obrigkeiten. Er schrieb Computergeschichte, als er 1975 ein bahnbrechendes Verschlüsselungssystem namens »Public Key« mitentwickelte, um den freien Meinungsaustausch vor dem Zugriff von Schnüfflern zu schützen.

Das Telefonunternehmen Bell Northern wurde auf den langhaarigen PC-Freak aufmerksam und beauftragte ihn, Sicherheitssysteme für Telefonnetze zu entwickeln. Dieser Job brachte es mit sich, daß Diffie seine Ideen ständig auf allen möglichen Sitzungen vortragen mußte, was ihn gewaltig nervte: Um Folien für

Overhead-Projektoren herzustellen, mußte er stundenlang mit Schreibmaschine, Schere und Tipp-Ex herumbasteln – oder aber die Hilfe professioneller Schreibkräfte beanspruchen. Um sich die Vortragsarbeit zu erleichtern, schrieb Diffie am riesigen Computer im Forschungslabor ein kleines Programm und druckte seine Vortragsfolien aus. Damit hatte er schon wieder Geschichte geschrieben – aber so beiläufig, daß er selbst es gar nicht bemerkte.

Sein Chef jedoch witterte eine Geschäftsidee: Bob Gaskins quittierte seinen Job als Leiter der Forschungsabteilung, kaufte sich bei einer strauchelnden Programmierklitsche ein und schrieb gemeinsam mit einem Kollegen ein ähnliches Programm, das er »Presenter« taufte. Weil dieser Name schon vergeben war, taufte er es um: Powerpoint.

All dies ereignete sich im mythischen Jahr 1984. Computer galten damals vielen als Inkarnation von George Orwells Großem Bruder. Gaskins dagegen, ein Bücherwurm mit einem Faible für alte Musikinstrumente, sah die damals aufkommenden »Personal Computer« als Befreiungsinstrument für Individualisten. Im April 1987 kam die erste Version von Powerpoint auf den Markt – zunächst in Schwarz-Weiß und nur für Apple-Rechner.

Die Hippie-Software wurde sofort zum Verkaufsrenner. Noch im selben Jahr schluckte Microsoft die Firma für 14 Millionen Dollar. 1990 erschien die erste Version für Windows. Powerpoint, bedauerte Bob Gaskins später, war damit »zu einem Rädchen im großen Getriebe geworden«.

Bald mauserte sich der Heimwerkerbausatz für Idealisten zum Handwerkszeug für Manager. Frei übersetzt bedeutet der Name Powerpoint in etwa »starkes Argument«. Tatsächlich stellten Psychologen fest, daß das Programm nicht nur Texte, sondern auch Meinungen manipulieren kann.

Ein Forscherteam um den US-Psychologen Robert Cialdini, eine Autorität für Suggestionsforschung, unternahm 2000 an der Arizona State University ein Experiment. Probandengruppen sollten einen fiktiven Sportler einschätzen, dessen Leistungen auf drei Arten präsentiert wurden: als abgetippte Liste, als einfaches Balkendiagramm und als Power-Point-Animation, in der die Ergebnisse in Form bunter Balken emporwuchsen. Obwohl dieselben Zahlen gezeigt wurden, wurde der Powerpoint-Sportler durchweg um mindestens 20 Prozent besser eingeschätzt. [...]

5▸ Welche Vorteile, welche Nachteile hat – laut der Textvorlage – offenbar die Powerpoint-Präsentation?
Welche Schlussfolgerungen ziehen Sie für Ihre eigenen Präsentationskonzepte daraus?

Themen für gestaltendes Erschließen von Sachtexten als adressatenbezogenes Schreiben

1▸ Erarbeiten Sie aus den zu diesem Thema gegebenen Materialien und zusätzlich recherchierten Informationen – z. B. zu der Nutzung des Internet durch Jugendliche in Ihrem Umfeld – eine Argumentationsstrategie zur Frage der Einführung eines Faches »Medien« oder »Medien – Präsentation – Rhetorik«. Skizzieren Sie zusätzlich eine Konzeption für ein solches Fachangebot.

2▸ Wählen Sie aus laufenden erfolgreichen Fernsehsendungen, die Jugendliche gern sehen, eine aus, verfolgen Sie ggf. mehrere Sendungen und verfassen Sie eine kritische Rezension, die als Information, Empfehlung für andere Jugendliche in der Schülerzeitung erscheinen kann.

D Methoden und Arbeitstechniken

- Anleitung zum konsequenten methodischen Arbeiten:
  - Zeitplanung
  - zielgerichtete Recherche
  - Anleitung zur Gliederung und Schwerpunktsetzung
- Tipps zu Arbeitsverfahren

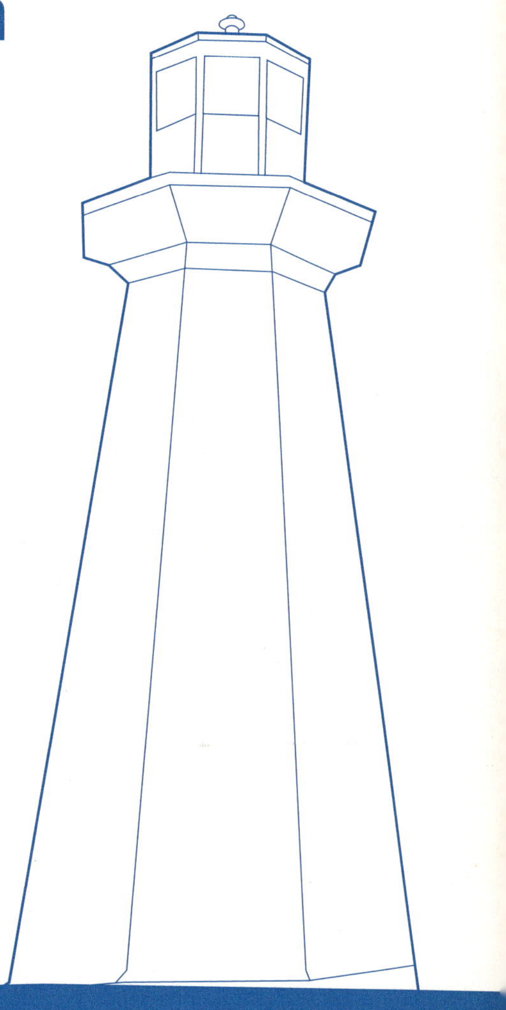

Erster Teil: Allgemeine Hinweise zu Arbeitsverfahren

Folgende Fragen bzw. Überlegungen sollten am Beginn jedes Arbeitsprozesses an einer gestellten Aufgabe stehen:

Fragen/Überlegungen

1. Wie erschließe ich mir diese Aufgabe, diesen Themenbereich?
2. Was ist konkret in der Aufgabenstellung gefordert, was nicht?
3. Welches Material benötige ich und wie beschaffe ich es mir?
4. Wie sichte und sortiere ich?
5. Wie verschaffe ich mir einen ersten Überblick über den inhaltlichen Prozess?
6. Wie gliedere ich?
7. Wie fange ich an?
8. Was muss grundsätzlich immer beachtet werden (vgl. hierzu insgesamt auch: Tipps)?

Zu den einzelnen Fragen

Erschließen/Verstehen einer Aufgabe

1. Zum Erschließen und richtigen Verstehen einer Aufgabe

In einem ersten Überdenken der Aufgabe sollte man sich darüber klar werden, ob es sich um einen eher konkreten, eng beschriebenen Themenbereich handelt oder um eine eher offene, weiter gefasste Aufgabenstellung, die viel eigene Einfälle und Ansätze erfordert. Es folgen: Genaues Lesen, Markieren der wichtigsten Operatoren oder Signalwörter (*Erörtern Sie …*, *Nehmen Sie Stellung …*, *Beschreiben Sie …*, *Vergleichen Sie …* usw.).

Arbeitsschwerpunkt beachten bei Stellungnahme

Jedes dieser auffordernden Verben benennt einen bestimmten Arbeitsschwerpunkt, der auch methodisch differenziert behandelt werden muss. So wird z. B. bei einer Stellungnahme die grundlegende Arbeit an einem Text oder an einem Thema bereits vorausgesetzt. Der Sachverhalt, auf den sich die Stellungnahme bezieht, wird nur noch kurz und prägnant angesprochen; den eigentlichen Schwerpunkt muss die gut begründete Wertung, die differenzierte Darlegung der eigenen Position bleiben.

Vergleich

Wenn Sie Texte oder Positionen vergleichen sollen, liegt der Schwerpunkt auf der Auswahl einiger treffender Vergleichsansätze – falls diese nicht bereits vorgegeben sind. Wichtig ist hier die begrenzte, aber überzeugende Auswahl, in der Ähnlichkeiten und Unterschiede, Zustimmungsfähiges und Ablehnungswürdiges sachlich und logisch begründet gegeneinandergestellt werden.

Beschreibung/Darstellung

Bei der Beschreibung oder Darstellung eines Sachverhaltes oder Problems sind präzise Fakten in stringenter Abfolge gefragt, möglichst auch in knapper, nicht weitschweifig ausufernder Form. Sie sollen zunächst genau umreißen, worum es geht – Gewichtungen, Einordnungen, persönliche Wertungen kommen erst danach.

Materialauswahl, -sichtung

2. Zur Materialbeschaffung, zu Auswahl und Sichtung desselben

Wichtig sind bestimmte Kriterien:

- Aktualität des Materials oder auch, ob es sich um eine Standarddarstellung zu diesem Thema handelt.

- Für bestimmte Themen sind bestimmte Verlage oder Herausgeber führend. Danach kann man sich in jeder gut sortierten Buchhandlung oder Bibliothek erkundigen (ruhig den Weg in die Universitätsbibliotheken wagen!).
- Ggf. Hinweise vom Lehrer, aus dem persönlichen Umfeld mit einbeziehen; ebenso Auszüge, Artikel aus aktuellen Medien – renommierten Zeitungen und Wochenmagazinen.
- Aufschlussreich sind meist Inhaltsverzeichnis, Vor- oder Nachwort, da daran bereits Schwerpunkte, Tendenzen der Darstellung zu erkennen sind!
- Interessante Hinweise oder Textstellen immer gleich zusätzlich mit Fundstelle notieren; auch wenn man nachher von -zig Zitaten nur einige besonders treffende Passagen nutzt (vgl. Tipps).
- Möglichst bald versuchen, das Material in ein gewisses Zuordnungsschema zu bringen und auch entsprechend zu markieren: Was könnte gut zu einer Einführung in das Thema passen, was eher in ein abschließendes Fazit; mit welchen Hinweisen, Bezügen, Zitaten könnten im Hauptteil drei, vier wichtige Einzelaspekte angereichert, unterfüttert, geschickt übergeleitet werden?

Überblick/ Gliederung/ Anfang

3. *Zu einem ersten Überblick, Gliederungsansätzen und dem Anfang der eigentlichen Arbeit:*

- Sowohl zu Texten wie zu umfassenderen Aufgaben eine erste Stichwortskizze machen, z. B. um das Thema herum noch ungeordnet wie beim Brainstorming Einzelaspekte, erste Einfälle u. Ä. aufschreiben; ggf. bei einem Text den logischen Aufbau, die gedankliche Struktur entsprechend notieren.
- Diese ersten Notizen auf einem einzigen Blatt zusammentragen (als Strukturdiagramm, Flussdiagramm, Ideenstern, mit Spiegelstrichen), mit Pfeilen und Bezügen ggf. auch weiteren Markierungen versehen, entfalten bereits durch die grafische Anordnung und durch erste Schwerpunktbildungen ein sich schrittweise ordnendes Arbeitsszenario, das in sich bereits Gliederungselemente, zusammengehörende Arbeitsprozesse, wichtigere und weniger wichtige Aspekte usw., enthält.
- Bei all dem immer wissen: Das ist erst der Anfang, das ist noch nicht endgültig, hier kann noch fast alles verändert, ergänzt, umgestoßen werden – das entlastet den Anfang! Andererseits enthält diese erste Sammlung von ansatzweise geordneten Einfällen fast immer bereits den Kern der Weiterarbeit – ist demnach eine entscheidende kreative Phase.
- Daher werden solche Aspekte wichtig wie: Ursachen/Folgen; anschauliche Beispiele und Belege; Kategorienbildung (Über- und Unterordnung); allgemeine übergreifende Notizen oder Einzeleinfälle; Gegensätze/Übereinstimmungen u. Ä.

Gliederung/ innerer Aufbau

Für die Gliederung und den inneren Aufbau gilt fast immer (schriftlich wie mündlich): Es bedarf

- einer Einführung in Thema und Sachverhalt
- und ggf. einer überleitenden Vertiefung zum Haupt- oder Schwerpunktteil,
- eines in sich möglichst mehrfach gegliederten Themenschwerpunktes, in dem die eigentliche Erarbeitung, Argumentation, Darlegung stattfindet, und
- eines bündigen, zusammenfassenden, klärenden Abschlusses – ob als Fazit, Resümee, Ausblick oder in Thesen- oder Frageform.

Ziel/Adressat

4. Grundsätzlich ist immer zu beachten:
- Mit welchem Ziel, für welchen Adressaten erarbeite ich die Aufgabe des Themas?
- Wie viel Zeit habe ich dafür?

Danach richtet sich erfahrungsgemäß der Einsatz von Medien und Hilfsmitteln, und es ergibt sich das Gesamtformat des Projektes.

Fach-/Seminararbeit

5. Besondere Hinweise zur Fach- oder Seminararbeit

Eingrenzung
- Genaue Eingrenzung und Akzentuierung des thematischen Bereichs: Was wird von mir in der Bearbeitung konkret gefordert? Wo möchte ich darüber hinausgehen?

Teilarbeiten
- Zuordnung bestimmter Teilarbeitsbereiche:
  – Für welche Überlegungen habe ich schon Einfälle, Material, Fundstellen?
  – Wo muss ich neu und umfassend recherchieren?
  – Wo genügen einzelne, spezifische Informationen?

Arbeitsphase
- In der Arbeitsphase gezielt aktuelle Medien verfolgen, z. B. bieten Zeitungsartikel, Nachrichten oder Feuilletons gute Einstiege in ein Diskussionsthema.

Darstellung
- Sich in der Darstellung nicht in die Aufzählung von Einzelfällen verlieren, sondern Bündelung, Kategorienbildung, Zwischenbilanzen müssen – neben der formalen Gliederung – auch inhaltlich die Darstellung bestimmen.

Sprache
- Fachterminologie gezielt/sicher nutzen, aber nur, wenn man sie verstanden hat! Bibliographische Angaben sollten so exakt wie möglich sein. Auch hier gilt: Zitate zielgenau und in der richtigen Proportion einsetzen.

Zweiter Teil: Einzelne methodische Hilfsmittel und Verfahren

Auswerten

1. Das Auswerten von Texten und Materialien
- Markierungen von zentralen Textstellen, erste auswertende Randnotizen.
- Exzerpieren von Textpassagen, zentralen Begriffen, Schlüsselstellen, Zitaten – auf Extra-Papier (Auswertungsbögen), gut nummeriert und mit genauen Fundstellen-Angaben.
- Umformulieren von wichtigen Textpassagen in eigene Formulierungen – ebenfalls mit Fundstellen herausschreiben.
- Zusammenfassen (resümieren) des Textes bzw. der wesentlichen Textaussagen entweder in Thesenform (s. u.) oder als kurzen, informativen eigenen Text.
- Struktur- bzw. Übersichtsskizze zum Text in Stichworten (Konspektieren, s. o. Strukturdiagramm u. Ä.).

Stichwortzettel

2. Einen Stichwortzettel anlegen (mündliche Stellungnahme, kurze Rede, mündliche Aufgaben in Prüfungen)
- Anfang und Ende der geplanten Ausführungen genauer notieren (z. B. immer den ersten einleitenden Satz zur Sicherheit aufschreiben).

- Wesentliche Begriffe der geplanten inhaltlichen Struktur in entsprechender Abfolge untereinander schreiben.
- Beispiele, Belege, Zusätze seitlich mit Pfeilen und Hinweisen anordnen ➛ bereits die grafische Anordnung muss den stringenten, gegliederten Ablauf der Gedankenführung widerspiegeln.

3. Thesen formulieren

Thesen

Thesen sind Setzungen, Behauptungen, die erst einmal für sich stehen und erst im Nachhinein belegt, begründet, erläutert werden (vgl. Hinweise zu Argumentation/ Erörterung).

Sie müssen möglichst knapp und prägnant formuliert sein, als kurze Indikativ-Sätze, wo geboten durchaus mit appellativem, definitivem, die Diskussion provozierendem Charakter:

1. These: *Wir müssen uns der Frage nach der Funktion und Bedeutung der deutschen Sprache im internationalen Wettbewerb nicht mehr zuerst nur aus kulturellen, sondern aus zwingenden außen- und wirtschaftspolitischen Gründen stellen.*

2. These: *Wir haben es in der Vergangenheit aus verständlichen politisch-historischen Gründen versäumt, eine entsprechende Sprachenpolitik wie die Franzosen oder Engländer zu betreiben.*

3. These: *Jetzt ist es an der Zeit, unsere Position zu überdenken und offensive Strategien zu entwickeln.*

Thesen, die innerhalb eines Themas, eines Vortrags entwickelt werden, sollten auch einen ähnlichen Sprachduktus in Satzbau und Wortwahl haben (vgl. rhetorische Mittel).

4. Wie führe ich ein? Wie fasse ich zusammen?

Einführung

Die Einführung und Hinführung zu einem Thema kann viele Varianten haben, je nach Situation. Immer aber hat sie die Funktion, nicht »mit der Tür ins Haus zu fallen«, sondern vor die eigentliche Darlegung oder Auseinandersetzung oder Hörer, Leser, Publikum geschickt einzubinden in Situation, Sachstand und geplante Ausführungen.

Bezug

Das kann u. a. sein:

- der vorbereitende Bezug auf die gestellte Aufgabe oder vorliegende Materialien (Warum gerade diese Frage, welche Ausgangssituation, worum geht es in der Angelegenheit?);
- der überleitende Bezug zu Vorrednern oder Diskussionsbeiträgen;
- die Sicherheit gebende Darlegung der geplanten Vorgehensweise (z. B. Gliederung).

Wichtig ist, dass die Einführung proportional in einem angemessenen Verhältnis zu den Hauptaussagen steht: Mehr als ein Drittel des gesamten Hauptteils sollte die Einführung nicht ausmachen.

Zusammenfassung

Zusammenfassung, Fazit, Resümee stehen unter anderen Vorzeichen: Hier sind die wesentlichen Aspekte bereits ausgebreitet, abgewogen worden, ggf. im Dissens offen geblieben. Daher sollte eine Zusammenfassung immer

- so knapp wie möglich,

- so prägnant wie möglich,
- so präzise wie möglich

die vorhergehenden Aspekte bündig »auf den Punkt bringen«: Die wichtigsten inhaltlichen Ergebnisse mit weiterführenden Überlegungen, aber auch Dissenspunkte, offen gebliebene Fragen – wo möglich mit eigenen Vorschlägen zum weiteren Verfahren.

Dritter Teil: **Tipps**

Zur Arbeitsplanung

1. Nicht ohne zeitliche Begrenzung an die Erarbeitung von Aufgaben oder Themenbereichen herangehen. Wichtig ist die zeitliche Limitierung, sonst erscheint die Arbeit zunächst fast nicht zu bewältigen. Rechtzeitig Schluss machen zu können, um sich nicht in der Fülle der Einzelheiten zu verlieren, ist ebenso wichtig wie der gezielte Beginn der Arbeit.

   Sich einen realistischen begrenzten Zeitrahmen setzen

2. Einen richtigen Arbeitsplan erstellen – vom Zeitpunkt des möglichen fertigen Ergebnisses aus rückwärts einzelne Grobphasen einteilen: sowohl als Zeitspanne wie mit dem zu leistenden Arbeitsbereich:
   - Sammeln von Material; Recherche (im Zeitraum von … bis …);
   - Sortieren und Gliedern (von … bis …);
   - erste Entwurfsskizze erstellen (von … bis …) mit vorläufiger Gliederung;
   - erste Überarbeitung des Entwurfs, z. B. Einfügen bisher nicht bearbeiteter Teile (von … bis …);
   - zweite Überarbeitung, z. B. Ergänzung von Zitaten, Graphiken, Bezügen, Festlegung der endgültigen Gliederung (von … bis …);
   - abschließende Fertigstellung (bis zum …).

   Arbeitsplan vom Endergebnis her denken: fünf bis sieben Grobphasen

3. Die einzelnen Grobphasen noch einmal kleinschrittig in überschaubare, aufeinander aufbauende Arbeitsschritte untergliedern, von denen z. B. 2–3 pro Tag erledigt werden können. Sobald solch einzelne »Unteraufgaben« klar umrissen sind, kann man sich zielgenau darauf konzentrieren und muss nicht immer an den noch unbewältigten Rest denken, das entlastet. Das Wissen, dass der nächste Schritt bereits geplant ist, gibt Sicherheit bei der Bewältigung der vorangehenden Arbeit.

   Die Grobphasen in überschaubare Arbeitsschritte gliedern zum zielgenauen, konzentrierten, konsequenten »Abarbeiten«

4. Diszipliniert versuchen, den gesetzten Zeitrahmen, so gut es geht, einzuhalten. Erfahrungsgemäß machen Verlängerungen die Qualität nicht unbedingt besser – im Gegenteil. Überziehungen (max. 10–20 %) des Zeitbudgets für sich in der Arbeitsplanung einleuchtend begründen: z. B. unvorhergesehene Schwierigkeiten bei der Recherche. Zeitraster geben auch in Studium und Berufsausbildung ein hilfreiches Arbeitsgerüst.

   Gesetzten Zeitrahmen unbedingt einhalten, Überziehungen begründen und von vornherein begrenzen

Zur vorbereitenden Arbeit (Recherche)

1. Ähnlich wie bei der zeitlichen Planung die inhaltliche Vorbereitung quantitativ klug begrenzen: Nicht endlos Material suchen und zusammentragen, sondern zielgenau und qualitätsorientiert – drei bis fünf gut durchgearbeitete und treffsicher genutzte Unterlagen sind wesentlich besser als eine Vielzahl unsortierter.
   Die entscheidende Arbeit ist ohnehin das Sichten, Sortieren (auch Aussortieren!) und Gliedern sowie das Zuordnen zu den einzelnen inhaltlichen Aspekten des Referates, der Präsentation, der Facharbeit, der besonderen Lernleistung.

   Zielgenau an die Materialauswahl gehen, zahlenmäßig begrenzen, genau sichten, sortieren und zuordnen

2. Gefundene interessante und möglicherweise verwertbare Hinweise oder Zitate/Fundstellen sofort festhalten und aufschreiben – vieles findet man sonst später nicht wieder.

   Interessante Hinweise und Zitate sofort mit genauer Angabe der Fundstellen festhalten

3. Die sekundären Informationen systematisch durchgehen und ggf. weitere Hinweise für das eigene Verständnis nutzen: keine Fachbegriffe oder Fremdwörter benutzen, die man selbst nicht verstanden hat.

   Nur Materialien, Begriffe u. Ä. nutzen, die man selbst verstanden hat und ggf. auch in eigene Darlegungen/Formulierungen umsetzen kann

4. Vor Schreibbeginn alle notwendigen Unterlagen zusammensuchen und in greifbare Nähe stellen – Handapparat und Internet-Arbeitsplatz so sinnvoll einrichten, dass möglichst wenig Ablenkung und Zeitverlust entstehen.

   Systematische und arbeitsökonomisch sinnvolle Einrichtung des Arbeitsplatzes und der notwendigen Hilfsmittel und Unterlagen

Zum Beginn der konkreten Schreib- bzw. Gliederungsarbeit

1. Erste Skizzen und Entwürfe sind wichtig, auch wenn nachher vieles davon wieder geändert oder verworfen wird – man muss sich zwingen, anzufangen und erste konkrete Ansätze aufs Papier zu bringen.
2. Vorbereitende Notizen, Zitate, Cluster u. Ä. sichten und mit Kennzeichen (Nummern oder Buchstaben) versehen und überlegen, zu welchem Arbeitstitel dies evtl. passen könnte.
3. Von Anfang an mit einer inhaltlichen Grobgliederung arbeiten, auch wenn diese sich mit dem eigentlichen Arbeitsprozess noch entwickelt und verändert. Möglichst frühzeitig entscheiden, mit welchen Akzenten begonnen (Einführung, Sachstand, Zitate u. Ä.) und mit welchen das Ganze abgeschlossen werden soll (Schlussthesen, Fazit, Schlusszitate, unerwartete Fragestellungen).
4. Immer bedenken: Der erste Satz muss tragen! Entweder muss er sofort ins Zentrum des Themas einführen oder mit einer interessanten Einführungsvariante, z. B. als Provokation, Neugier wecken oder auch gekonnt Informationen bündeln.

- Zum vorgesehenen Zeitpunkt konkret mit der Ausformulierung anfangen
- Notizen aus der Vorbereitung passgerecht zuordnen
- Von Anfang an mit einer Gliederung arbeiten
- Mit einem besonders sorgfältig inhaltlich wie sprachlich ausgefeilten Satz den richtigen Einstieg finden.

Praktische Hinweise

1. Stichwortzettel für mündliche Darlegungen (nicht mehr als eine Seite) alles andere ist bei gewisser Nervosität nicht sinnvoll; gut lesbar, mit eindeutigen Markierungen.
2. Bei mündlichen Beiträgen in Diskussionen immer versuchen, inhaltlich und durchaus mit persönlicher Hinwendung (»Ergänzend zu den Äußerungen meiner Vorredner«) an vorhergehende Äußerungen anzuknüpfen. Das trägt zum Gelingen eines tatsächlichen gemeinsamen Gesprächs bei und macht die eigenen Äußerungen, weil sie sich bewusst ein- und zuordnen, von vornherein annehmbarer – ihnen wird bereitwilliger gefolgt.
3. Bei schriftlichen Arbeiten (Klausuren) sich nicht an einem Aufgabenschritt, der offenbar schwer zu bewältigen ist, festbeißen.
   Besser ist es, einfach Raum auf dem Arbeitsbogen frei zu lassen, zum nächsten Aufgabenschritt weiterzugehen und später noch einmal zu versuchen, den angefangenen Arbeitsteil zu Ende zu bringen.
   Innerhalb des eigenen Textes Raum frei zu lassen ist im Übrigen auch gut für spätere Einfälle!
4. Genug Zeit für gründliches Durchlesen einplanen: Sprachliche Fehler, Redundanzen, Gliederungskorrekturen, Ergänzungen.

E Rhetorik

- Einführung in die Rhetorik; Beispiele: literarische und reale politische Rede
- Instrumente der Redeanalyse

Einführung in die Rhetorik

Geschichte der Rhetorik

Die Rhetorik, die Kunst der öffentlichen Rede, entwickelte sich in der attischen Polis als Gerichtsrede vor den antiken Volksgerichten, als politische Rede der Demagogen (Volksredner) und Anführer vor den Athener Bürgern auf der Agora (Marktplatz), wo über politische Fragen abgestimmt wurde. Zeiten und Zentren starker Beteiligung der Bürger am gesellschaftlichen Geschehen sind Höhepunkte der Rhetorik: das Athen des 5. Jahrhunderts v. Chr. unter Perikles, die römische Republik zur Zeit Ciceros (1. Jahrhundert v. Chr.), England nach der Glorious Revolution von 1688, Frankreich zur Zeit der Revolution von 1789. ›Redefreiheit‹ gehört seit der ›Bill of Rights‹ von 1689 zu den wichtigsten bürgerlichen Grundrechten.

Arten von Reden

In der antiken Tradition werden unterschieden:

▸ die Gerichtsrede: (genus iudicale)	Anklage des Staatsanwalts, Plädoyer des Verteidigers, Schlusswort des Angeklagten.
▸ die politische Rede: (genus deliberativum)	u. a. Wahlrede, Parlamentsrede, Regierungserklärung, Rede in besonderer politischen Situation.
▸ die Festrede: (genus demonstrativum)	Festansprache, Gedenkrede, Rede zu Preisverleihungen (Laudatio), Begrüßung, Eröffnungsrede, Tischrede usw.

1▸ Ordnen Sie die folgenden Reden hier ein. Gibt es Überschneidungen, Differenzierungen?

Aufbau einer Rede

Der Aufbau der antiken Gerichtsrede lässt sich – mit Varianten – auf viele Redeformen übertragen.

1. Einleitung (exordium): Wecken von Aufmerksamkeit, Aufgeschlossenheit, Wohlwollen.
2. Sachbericht, Erzählung (narratio): Darlegung dessen, worum es geht.
3. Beweisführung (confirmatio): Auseinandersetzung, Abwägen von Argumenten.
4. Widerlegung von Einwänden (refutatio): s. o.
5. Schluss (conclusio): Zusammenfassung, möglicher Appell.

Die heute übliche Gliederung ist: Einleitung, Hauptteil, Schluss.

2▸ Prüfen Sie, inwieweit Sie Aspekte dieses Redeaufbaus in den folgenden Reden finden. Achten Sie besonders auf Einleitung und Schluss.

Voraussetzungen und Bedingungen einer Rede

Ein Redner spricht vor einem Publikum und hat daher zu berücksichtigen
- ▸ den situativen Kontext: Wo, wann, unter welchen Umständen spricht er?
- ▸ den normativen Kontext: Wer gehört zum Publikum? Was wird erwartet?

Zu bedenken sind also: *Intention* (Redeabsicht) und *Erwartungshaltung der Adressaten.* Der Redner muss eventuelle Einwände des Publikums ausräumen, die Distanz zum Publikum überwinden, seine Vorstellungen plausibel und überzeugend ›über die Rampe bringen‹.

sprachliche Mittel

Ein Redner muss auf wirkungsvolle sprachliche Gestaltung und Redetechnik achten. Zu unterscheiden sind:

- die Funktionssprache, eine sachbezogene, informative Darstellungsweise,
- die Meinungssprache, eine kommentierende, beeinflussende, Gefühle artikulierende Redeweise.

In *Schlüsselbegriffen,* Leitwörtern verdichtet sich zumeist die Intention des Redners. Mit ›*Zeigewörtern*‹ (*jetzt, hier, in Zukunft,* usw.) kennzeichnet er die eigene Situation und die der Zuhörer.

Analyse der sprachlichen Mittel

Bei der Analyse der sprachlichen Mittel sollten u. a. beachtet werden:
grammatische und stilistische Aspekte:

- Satzarten, Satzbautypen (einfache Aussagesätze erfasst der Zuhörer leichter als komplexe Strukturen): Aussagesatz, Aufforderungssatz, Ausrufesatz, Fragesatz, Hypotaxe oder Parataxe.
- Funktion und Verteilung der Personalpronomen (sie kennzeichnen die Beziehung zwischen Redner und Zuhörer).
- Anteil der Wortarten (zahlreiche Adjektive: beschreibender Stil; zahlreiche Verben: dynamischer Stil).
- Durchführung von bestimmten Wortfeldern und ihren Assoziationen (z. B. das Nichts bei ›Danton‹).
- Bestimmte Sprachschichten: Umgangssprache, Fachsprache, poetische Sprache usw.

Tropen und Figuren

rhetorische Formen: Tropen (bewusst gesetzte Einzelwörter) und Figuren (bewusst gesetzte Struktur mehrerer Wörter)

- Metapher, Metonymie (s. rhetorische Figuren), Synekdoche, Hyperbel usw.
- Wiederholung, Anapher, Epipher; Häufung, Zeugma, Anrede, rhetorische Frage, Antitheton, Oxymoron, Ironie usw.

besondere Gestaltungsmittel:
z. B. Umstellung im Satz (Inversion), Alliteration und Assonanz, Archaismen (alte Formulierungen).

Analyse und Wertung von Reden

Eine Rede sollte nach folgenden Gesichtspunkten analysiert werden:

- Klären des gesellschaftlich-geschichtlichen Umfeldes,
- Klären der situativen und kommunikativen Gegebenheiten (Publikum),
- Untersuchen des Aufbaus und der sprachlichen Gestaltung.

Daraus ergeben sich folgende Untersuchungspunkte:

1. Art der Rede,
2. Situation, in der der Redner spricht,
3. offenkundige oder vermutete Redeabsicht (Intention),
4. offenkundige oder vermutete Adressaten,
5. Aufbau, gedankliche Gliederung der Rede,
6. inhaltliche Darstellung und Argumentationsweise, eventuell mit Schlüsselsätzen, Schlüsselbegriffen, Zwischenergebnissen. Besonders wichtig:
   Verhältnis Anfang – Schluss,
7. sprachlich-rhetorische Mittel und ihre Wirkung,
8. mögliche Gesamtwirkung der Rede auf die Zuhörer,
9. eventuell persönliche Wertung: Wird der Redner der Situation gerecht?

Erster Ansatz: Gesamtaufbau und Argumentation

1▸ Untersuchen Sie die folgende literarische Rede.

- Welche Intention verfolgt Marc Antonius? Welche Erwartungen haben die Bürger?
- Erarbeiten Sie nach dem Anfangsmuster den Aufbau der Rede in den einzelnen Phasen sowie nach der Abfolge und der Wirksamkeit der Argumentationsschritte. Mit welchen Steigerungsmitteln wird gearbeitet?
- Analysieren Sie in entsprechender Weise – siehe Randbemerkungen – die sprachlichen, vor allem die rhetorischen Mittel.
  Welches sind Schlüsselbegriffe und Schlüsselsätze der Rede?
  Wie ist die jeweilige Reaktion der Bürger?
  Wie wandelt sich ihre Meinung über Brutus und Antonius?
- Diskutieren Sie die Schlussbemerkungen des Marc Antonius. Inwieweit zeigt sie die Probleme demagogischer Rhetorik?

William Shakespeare: Julius Cäsar. III, 2: Rede des Marc Antonius (1623 v)

Cäsar ist von Brutus und den übrigen Verschwörern ermordet worden. Seine Leiche liegt auf den Stufen vor dem Haus des Senats. Das Volk hat soeben noch Brutus zugejubelt, der die Tat als Rettung Roms vor der Herrschsucht Cäsars darstellt. Antonius versucht, ohne seinen Vorredner Brutus direkt anzugreifen, das Vertrauen der Bürger zu erhalten, ein erstes Hauptargument gegen Cäsar zu entkräften und damit Brutus unglaubwürdig, sich selbst jedoch glaubwürdig zu machen.

ANTONIUS: Mitbürger! Freunde! Römer! Hört mich an!

Begraben will ich Cäsarn, nicht ihn preisen.
Was Menschen Übles tun, das überlebt sie,
Das Gute wird mit ihnen oft begraben.
So sei es auch mit Cäsarn! Der edle Brutus
Hat euch gesagt, dass er voll Herrschsucht war;
Und war er das, so wars ein schwer Vergehen,
Und schwer hat Cäsar auch dafür gebüßt.
Hier, mit des Brutus Willen und der andern
– Denn Brutus ist ein ehrenwerter Mann,
Das sind sie alle, alle ehrenwert –,
Komm ich, bei Cäsars Leichenzug zu reden.
Er war mein Freund, war mir gerecht und treu;
Doch Brutus sagt, dass er voll Herrschsucht war,
Und Brutus ist ein ehrenwerter Mann.
Er brachte viel Gefangne heim nach Rom,
Wofür das Lösegeld den Schatz gefüllt.
Sah das der Herrschsucht wohl am Cäsar gleich?
Wenn Arme zu ihm schrien, so weinte Cäsar;
Die Herrschsucht sollt aus härterm Stoff bestehen.
Doch Brutus sagt, dass er voll Herrschsucht war,

dreifach gesteigerte Anrede: Appell an Römerstolz
Personifizierung
Wiederholung
Wiederholung: bewusst Vergehen und Buße in eins gesetzt
Einschub
Wiederholung (repetitio)
bewusste Gegenüberstellung widersprüchlicher Aussagen
refrainartiger Schlüsselsatz
Personifizierung
rhetorische Frage
bewusste Wiederholung, dabei Infragestellung eines Vorwurfs: Herrschsucht

Und Brutus ist ein ehrenwerter Mann.
Ihr alle saht, wie am Lupercusfest[1]
Ich dreimal ihm die Königskrone bot,
Die dreimal er geweigert. War das Herrschsucht?
Doch Brutus sagt, dass er voll Herrschsucht war,
Und ist gewiss ein ehrenwerter Mann.
Ich will, was Brutus sprach, nicht widerlegen;
Ich spreche hier von dem nur, was ich weiß.
Ihr liebtet all ihn einst nicht ohne Grund;
Was für ein Grund wehrt euch, um ihn zu trauern?
O Urteil, du entflohst zum blöden Vieh,
Der Mensch ward unvernünftig! – Habt Geduld!
Mein Herz ist in dem Sarge hier beim Cäsar,
Und ich muss schweigen, bis es mir zurückkommt.

wirkungsvolles Gegenbeispiel: Ablehnung der Krone
rhetorische Frage

bewusste Zurücknahme der eigenen Person
Appell an die ehrlichen Gefühle der Bürger

Anruf, Apostrophe
metaphorische Umschreibung der Trauer
hat Vertrauen gewonnen
Argumente zeigen erste Wirkung

ERSTER BÜRGER: Mich dünkt, in seinen Reden ist viel Grund.
ZWEITER BÜRGER: Wenn man die Sache recht erwägt, ist Cäsarn
Groß Unrecht widerfahren.
DRITTER BÜRGER: Meint ihr, Bürger?
Ich fürcht, ein Schlimmrer kommt an seine Stelle.
VIERTER BÜRGER: Habt ihr gehört? Er nahm die Krone nicht;
Da sieht man, dass er nicht herrschsüchtig war.

Angst vor der Zukunft
deutliche Wirkung des anschaulichen Gegenbeispiels bei den Bürgern

ERSTER BÜRGER: Wenn dem so ist, so wird es manchen teuer
Zu stehen kommen.
ZWEITER BÜRGER: Ach, der arme Mann!
Die Augen sind ihm feuerrot vom Weinen.
DRITTER BÜRGER: Antonius ist der bravste Mann in Rom.
VIERTER BÜRGER: Gebt acht, er fängt von neuem an zu reden.

Bedeutung der Redephase 1:
Vertrauen für Antonius
erstes Misstrauen gegen Brutus, Entkräftung des Vorwurfs der Herrschsucht Cäsars, Appell an Mitleid und Zukunftsangst der Bürger

(Phase 1 beendet, Zuhörer gewonnen.
Phase 2: Steigerung der Spannung durch Hinweis auf das Testament. Anheizen der Neugierde und Geldgier der Menge. Ziel: Anklage der Verschwörer durch die Bürger.)

ANTONIUS: Noch gestern hätt umsonst dem Worte Cäsars
Die Welt sich widersetzt; nun liegt er da,
Und der Geringste neigt sich nicht vor ihm.
O Bürger, strebt ich, Herz und Mut in euch
Zur Wut und zur Empörung zu entflammen,
So tät ich Cassius und Brutus unrecht,
Die ihr als ehrenwerte Männer kennt.
Ich will nicht ihnen Unrecht tun, will lieber
Dem Toten Unrecht tun, mir selbst und euch,
Als ehrenwerten Männern, wie sie sind.

Anruf
Klimax

wieder bewusste Zurücknahme

refrainartige Wiederholung wird zur Ironie

1 Fest zu Ehren des altrömischen Fruchtbarkeitsgottes Lupercus am 15. Februar.

Hinweis auf ein lohnendes Erbe

Doch seht dies Pergament mit Cäsars Siegel;
Ich fands bei ihm, es ist sein letzter Wille.
Vernähme nur das Volk dies Testament,

Einschub

Das ich, verzeiht mir, nicht zu lesen denke,
Sie gingen hin und küssten Cäsars Wunden

Verstärkung

Und tauchten Tücher in sein heilges Blut,

Klimax

Ja, bäten um ein Haar zum Angedenken,

Cäsar – Heiliger – Reliquienkult

Und sterbend nennten sies im Testament
Und hinterließens ihres Leibes Erben
Zu köstlichem Vermächtnis.
VIERTER BÜRGER: Wir wollens hören: Lest das Testament!
Lest, Mark Anton!
BÜRGER: Ja, ja, das Testament!
Lasst Cäsars Testament uns hören!

Beschwichtigung

ANTONIUS: Seid ruhig, liebe Freund! Ich darfs nicht lesen.

retardierendes Element

Ihr müsst nicht wissen, wie euch Cäsar liebte.

Spannungssteigerung

Ihr seid nicht Holz, nicht Stein, ihr seid ja Menschen;
Drum, wenn ihr Cäsars Testament erführt,

Hyperbel, Klimax

Es setzt' in Flammen euch, es macht' euch rasend.
Ihr dürft nicht wissen, dass ihr ihn beerbt,
Denn wüsstet ihrs, was würde draus entstehn?
BÜRGER: Lest das Testament! Wir wollens hören, Mark Anton!
Ihr müsst es lesen! Cäsars Testament!

weitere bewusste Verzögerung

ANTONIUS: Wollt ihr euch wohl gedulden? Wollt ihr warten?

Öffnung des Testaments – Verbot durch die Cäsarmörder

Ich übereilte mich, da ichs euch sagte.
Ich fürcht, ich tu den ehrenwerten Männern
Zu nah, durch deren Dolche Cäsar fiel!
Ich fürcht es.

erste öffentliche Anklage gegen Brutus und die Verschwörer

VIERTER BÜRGER: Sie sind Verräter: ehrenwerte Männer!
BÜRGER: Das Testament! Das Testament!
ZWEITER BÜRGER: Sie waren Bösewichter, Mörder!
Das Testament!
Lest das Testament!
ANTONIUS: So zwingt ihr mich, das Testament zu lesen?
Schließt einen Kreis um Cäsars Leiche denn,
Ich zeig euch den, der euch zu Erben machte.
Erlaubt ihr mirs? Soll ich hinuntersteigen?
BÜRGER: Ja, kommt nur!
ZWEITER BÜRGER: Steigt herab!
Er verlässt die Rednerbühne.
DRITTER BÜRGER: Es ist Euch gern erlaubt.
VIERTER BÜRGER: Schließt einen Kreis herum!
ERSTER BÜRGER: Zurück vom Sarge! Von der Leiche weg!
ZWEITER BÜRGER: Platz für Antonius, für den edlen Antonius!
ANTONIUS: Nein, drängt nicht so heran! Steht weiter weg!
BÜRGER: Zurück! Platz da! Zurück!
ANTONIUS: Wofern ihr Tränen habt, bereitet euch,

Sie jetzo zu vergießen. Diesen Mantel,
Ihr kennt ihn alle; noch erinnr ich mich
Des ersten Males, dass ihn Cäsar trug
In seinem Zelt, an einem Sommerabend
– Er überwand den Tag die Nervier[2] –
Hier, schaut nur, fuhr des Cassius Dolch herein;
Seht, welchen Riss der tücksche Casca machte!
Hier stieß der vielgeliebte Brutus durch;
Und als er den verfluchten Stahl hinwegriss,
Schaut her, wie ihm das Blut des Cäsar folgte,
Als stürzt' es vor die Tür, um zu erfahren,
Ob wirklich Brutus so unfreundlich klopfte,
Denn Brutus, wie ihr wisst, war Cäsars Engel
– Ihr Götter, urteilt, wie ihn Cäsar liebte!
Kein Stich von allen schmerzte so wie der.
Denn als der edle Cäsar Brutus sah,
Warf Undank stärker als Verräterwaffen,
Ganz nieder ihn; da brach sein großes Herz,
Und in dem Mantel sein Gesicht verhüllend,
Grad am Gestell der Säule des Pompejus,.
Von der das Blut rann, fiel der große Cäsar.
O meine Bürger, welch ein Fall war das!
Da fielet ihr und ich, wir alle fielen,
Und über uns frohlockte blutige Tücke.
O ja, nun weint ihr, und ich merk, ihr fühlt
Den Drang des Mitleids; dies sind milde Tropfen.
Wie? Weint ihr, gute Herzen, seht ihr gleich
Nur unsers Cäsars Kleid verletzt? Schaut her,
Hier ist er selbst, geschändet von Verrätern!
ERSTER BÜRGER: O kläglich Schauspiel!
ZWEITER BÜRGER: O edler Cäsar!
DRITTER BÜRGER: O jammervoller Tag!
VIERTER BÜRGER: O Buben und Verräter!
ERSTER BÜRGER: O blutiger Anblick!
ZWEITER BÜRGER: Wir wollen Rache!
BÜRGER: Rache! Auf und sucht!
Sengt! Brennt! Schlagt! Mordet! Lasst nicht einen leben!
ANTONIUS: Seid ruhig, meine Bürger!
ERSTER BÜRGER: Still da! Hört den edlen Antonius!
ZWEITER BÜRGER: Wir wollen ihn hören, wir wollen ihm folgen,
Wir wollen für ihn sterben!
ANTONIUS: Ihr guten, lieben Freund, ich muss euch nicht
Hinreißen zu des Aufruhrs wildem Sturm;
Die diese Tat getan, sind ehrenwert.
Was für Beschwerden sie persönlich führen,

2 keltisch-germanischer Stamm am Oberlauf der Schelde; 57 v. Chr. von Cäsar unterworfen.

Warum sies taten, ach, das weiß ich nicht;
Doch sind sie weis' und ehrenwert und werden
Euch sicherlich mit Gründen Rede stehn.
Nicht euer Herz zu stehlen, komm ich, Freunde;
Ich bin kein Redner, wie es Brutus ist,
Nur, wie ihr alle wisst, ein schlichter Mann,
Dem Freund ergeben, und das wussten die
Gar wohl, die mir gestattet, hier zu reden.
Ich habe weder Witz, noch Wort, noch Würde,
Noch Vortragskunst, noch auch die Macht der Rede,
Der Menschen Blut zu reizen: nein, ich spreche
Nur gradezu und sag euch, was ihr wisst.
Ich zeig euch des geliebten Cäsars Wunden,
Die armen stummen Wunden, heiße die
Statt meiner reden. Aber wär ich Brutus
Und Brutus Mark Anton, dann gäb es einen,
Der eure Geister schürt' und jeder Wunde
Des Cäsar eine Zunge lieh, die selbst
Die Steine Roms zum Aufstand würd empören.
DRITTER BÜRGER: Empörung!
ERSTER BÜRGER: Steckt des Brutus Haus in Brand!
DRITTER BÜRGER: Hinweg denn! Kommt, sucht die
Verschwornen auf!
ANTONIUS: Noch hört mich, meine Bürger, hört mich an!
BÜRGER: Still da! Hört Mark Anton! Den edlen Mark Anton!
ANTONIUS: Nun, Freunde, wisst ihr selbst auch, was ihr tut?
Wodurch verdiente Cäsar eure Liebe?
Ach nein, ihr wisst nicht. Hört es denn! Vergessen
Habt ihr das Testament, von dem ich sprach.
BÜRGER: Wohl wahr! Das Testament! Bleibt, hört das Testament!
ANTONIUS: Hier ist das Testament mit Cäsars Siegel;
Darin vermacht er jedem Bürger Roms,
Auf jeden Kopf euch, fünfundsiebzig Drachmen.
ZWEITER BÜRGER: O edler Cäsar! Kommt, rächt seinen Tod!
DRITTER BÜRGER: O königlicher Cäsar!
ANTONIUS: Hört mich mit Geduld!
BÜRGER: Still da!
ANTONIUS: Auch lässt er alle seine Lustgehege,
Verschlossnen Lauben, neugepflanzten Gärten
Diesseits des Tibers euch und euren Erben
Auf ewge Zeit, damit ihr euch ergehn
Und euch gemeinsam dort ergötzen könnt.
Das war ein Cäsar! Wann kommt seinesgleichen?
ERSTER BÜRGER: Nimmer, nimmer! Kommt, hinweg, hinweg!
Verbrennt den Leichnam auf dem heilgen Platze,
Und mit den Bränden zündet den Verrätern
Die Häuser an. Nehmt denn die Leiche auf!

ZWEITER BÜRGER: Geht, holt Feuer!
DRITTER BÜRGER: Reißt Bänke ein!
VIERTER BÜRGER: Reißt Sitze, Läden, alles ein!
Die Bürger mit Cäsars Leiche ab.
ANTONIUS: Nun wirk es fort. Unheil, du bist im Zuge,
Nimm, welchen Lauf du willst! [...]

Zweiter Ansatz: Metaphern und rhetorische Figuren

Georg Büchner: Dantons Tod. III, 4: Das Revolutionstribunal (1835 v)

Das Revolutionsdrama ›Dantons Tod‹ von Georg Büchner (1813–37) bezieht sich auf die Zeit der sog. Schreckensherrschaft von 1793/94 im Verlauf der Französischen Revolution, der diktatorischen Herrschaft des Wohlfahrtsausschusses unter Robespierre und St. Just, in der selbst ehemalige Führer der Revolution von der Guillotine nicht verschont blieben. Georg Büchner schrieb dieses Drama im Februar 1835, während er von Darmstadt aus mit der ›Gesellschaft für Menschenrechte‹ eine deutsche ›Revolution‹ gegen die restaurative Politik der Fürsten zu entfachen versuchte. ›Dantons Tod‹ ist kein Tendenzstück, eher eine nüchterne Diagnose des Scheiterns der Revolution.
Büchner benutzt authentisches Material, auch Teile originaler Reden der Revolutionäre.
Zur folgenden Szene: Danton ist in der Nacht vom 29./30. 3. 1794 im Auftrag von Robespierre und St. Just verhaftet worden. Mit der Anklage, an einer gegen die Revolutionsregierung gerichteten Verschwörung beteiligt zu sein, will man sich des »Vaters des Revolutionstribunals«, der als mitreißender Redner beim Volk beliebt ist, aus machtpolitischen Gründen entledigen; in der Szene zuvor wird von Herrmann, dem Vorsitzenden des Tribunals, die Bestechung der Geschworenen vorbereitet.

HERRMANN *(zu Danton)*: Ihr Name, Bürger.

DANTON: Die Revolution nennt meinen Namen. Meine Wohnung ist bald im Nichts und mein Namen im Pantheon der Geschichte.

Personifizierung
Metaphern

HERRMANN: Danton, der Convent beschuldigt Sie, mit Mirabeau, mit Dumouriez, mit Orléans, mit den Girondisten, den Fremden und der Faction Ludwig des XVI. conspirirt zu haben.

DANTON: Meine Stimme, die ich so oft für die Sache des Volkes ertönen ließ, wird ohne Mühe die Verläumdung zurückweisen. Die Elenden, welche mich anklagen, mögen hier erscheinen und ich werde sie mit Schande bedecken. Die Ausschüsse mögen sich hierher begeben, ich werde nur vor ihnen antworten. Ich habe sie als Kläger und als Zeugen nöthig. Sie mögen sich zeigen. Uebrigens, was liegt mir an euch und eurem Urtheil. Ich hab' es euch schon gesagt: das Nichts wird bald mein Asyl seyn – das Leben ist mir zur Last, man mag mir es entreißen, ich sehne mich danach es abzuschütteln.

Metonymie
Abwertung der Gegner
Appell – Metapher

rhetorische Frage
Metapher
Alliteration

HERRMANN: Danton, die Kühnheit ist dem Verbrechen, die Ruhe der Unschuld eigen.

Antithese

Klimax
Parallelismus
Anapher
Abwertung

DANTON: Privatkühnheit ist ohne Zweifel zu tadeln, aber jene Nationalkühnheit, die ich so oft gezeigt, mit welcher ich so oft für die Freiheit gekämpft habe, ist die verdienstvollste aller Tugenden. Sie ist meine Kühnheit, sie ist es, der ich mich hier zum Besten der Republik gegen meine erbärmlichen Ankläger bediene. Kann ich mich fassen, wenn ich mich auf eine so niedrige Weise verläumdet sehe? Von einem Revolutionär, wie ich darf man keine kalte Vertheidigung erwarten. Männer meines Schlages sind in Revolutionen unschätzbar, auf ihrer Stirne schwebt das Genie der Freiheit. *(Zeichen von Beifall unter den Zuhörern.)*

Metonymie
Personifizierung
Inversion
Metapher
Anapher
direkte Anrede des Anklägers mit Abwertung

Mich klagt man an, mit Mirabeau, mit Dumouriez, mit Orléans conspirirt, zu den Füßen elender Despoten gekrochen zu haben, mich fordert man auf vor der unentrinnbaren, unbeugsamen Gerechtigkeit zu antworten.

Du elender St. Just wirst der Nachwelt für dieße Lästerung verantwortlich seyn!

HERRMANN: Ich fordere Sie auf mit Ruhe zu antworten, gedenken Sie Marats, er trat mit Ehrfurcht vor seine Richter.

DANTON: Sie haben die Hände an mein ganzes Leben gelegt, so mag es sich denn aufrichten und ihnen entgegentreten, unter dem Gewichte jeder meiner Handlungen werde ich sie begraben. –

Ich bin nicht stolz darauf. Das Schicksal führt uns den Arm, aber nur gewaltige Naturen sind seine Organe.

Ich habe auf dem Marsfelde dem Königthume den Krieg erklärt, ich habe es am 10. August geschlagen, ich habe es am 21. Januar getödtet und den Königen einen Königskopf als Fehdehandschuh hingeworfen. *(Wiederholte Zeichen von Beifall. Er nimmt die Anklageacte.)* Wenn ich einen Blick auf dieße Schandschrift werfe, fühle ich mein ganzes Wesen beben. Wer sind denn die, welche Danton nöthigen mußten, sich an jenem denkwürdigen Tage (dem 10. August) zu zeigen? Wer sind denn die privilegirten Wesen, von denen er seine Energie borgte? Meine Ankläger mögen erscheinen! Ich bin ganz bey Sinnen, wenn ich es verlange. Ich werde die platten Schurken entlarven und sie in das Nichts zurückschleudern, aus dem sie nie hätten hervorkriechen sollen.

HERRMANN *(schellt.)*: Hören Sie die Klingel nicht?

DANTON: Die Stimme eines Menschen, welcher seine Ehre und sein Leben vertheidigt, muß deine Schelle überschreien.

Ich habe im September die junge Brut der Revolution mit den zerstückten Leibern der Aristocraten geäzt. Meine Stimme hat aus dem Golde der Aristocraten und Reichen dem Volke Waffen geschmiedet. Meine Stimme war der Orkan, welcher die Satelliten des Despotismus unter Wogen von Bajonetten begrub. *(Lauter Beifall.)*

HERRMANN: Danton, Ihre Stimme ist erschöpft, Sie sind zu heftig bewegt. Sie werden das Nächstemal Ihre Vertheidigung beschließen. Sie haben Ruhe nöthig.

Die Sitzung ist aufgehoben.

DANTON: Jezt kennt Ihr Danton; noch wenige Stunden und er wird in den Armen des Ruhmes entschlummern.

1▸ Untersuchen Sie die Rede unter folgenden Gesichtspunkten:
- ▸ Mit welcher Intention und mit welchen Hauptargumenten tritt Danton an?
- ▸ Wie ist die Rede aufgebaut? Worin gipfelt sie?
- ▸ Stellen Sie die Leistung folgender rhetorischer Mittel fest:
  - der Metaphern. Wo häufen sie sich? Welchen Bereich betreffen sie? Welche Wirkung haben sie?
  - des Parallelismus, der Ellipsen, Steigerungsstrukturen und Anaphern.
  - der rhetorischen Fragen und Appelle.
- ▸ Prüfen Sie die Wirkung der ersten Sätze. Was bezweckt und bewirkt die ›Verweigerung‹ der Namensnennung? In welchem Zusammenhang steht sie mit dem Schluss?

2▸ Tragen Sie diese Rede nach Vorbereitung laut und bewusst vor: Wodurch unterstützt die sprachliche Gestaltung besonders den kämpferischen, eingängigen Effekt?

3▸ Vergleichen Sie die Reden von Marc Antonius und von Danton: Von welchem grundsätzlich anderen Ansatz gehen sie aus? Wo finden sich aber Ähnlichkeiten der Mittel?

4▸ Inwieweit macht Büchner die zweifache Wirkung auf die anwesenden Bürger einerseits und die Mitglieder des Revolutionstribunals andererseits deutlich?

Dritter Ansatz: Rede als Bekenntnis

Schlusswort von Professor Kurt Huber vor dem sog. Volksgerichtshof (April 1943)

Kurt Huber war Freund und Förderer der studentischen Widerstandsgruppe ›Die weiße Rose‹ um die Geschwister Scholl, die in Flugblättern an der Münchener Universität die deutsche Jugend zum Widerstand gegen Hitler und die nationalsozialistische Diktatur aufrief. Sophie und Hans Scholl wurden im Februar 1943 verraten, von der Gestapo verhaftet und mit vier ihrer Freunde, alle Anfang zwanzig, innerhalb weniger Wochen vom ›Volksgerichtshof‹ unter Roland Freisler in Berlin verurteilt und hingerichtet. Am Ende eines entsprechend der Freislerschen Taktik zermürbenden und demütigenden Hochverratsprozesses wurde Kurt Huber im April 1943 ebenfalls zum Tode verurteilt und am 13. Juli 1943 hingerichtet.

[…] Als deutscher Staatsbürger, als deutscher Hochschullehrer und als politischer Mensch erachte ich es als Recht nicht nur, sondern als sittliche Pflicht, an der Gestaltung der deutschen Geschicke mitzuarbeiten, offenkundige Schäden aufzudecken und zu bekämpfen […]
Was ich bezweckte, war die Weckung der studentischen Kreise, nicht durch eine Organisation, sondern durch das schlichte Wort, nicht zu einem Akt der Gewalt, sondern zur sittlichen Einsicht in bestehende schwere Schäden des politi-

schen Lebens. Rückkehr zu klaren, sittlichen Grundsätzen, zum Rechtsstaat, zu gegenseitigem Vertrauen von Mensch zu Mensch, das ist nicht illegal, sondern umgekehrt die Wiederherstellung der Legalität. Ich habe mich im Sinne von Kants kategorischem Imperativ[1] gefragt, was geschähe, wenn diese subjektive Maxime meines Handelns ein allgemeines Gesetz würde. Darauf kann es nur eine Antwort geben: Dann würden Ordnung, Sicherheit, Vertrauen in unser Staatswesen, in unser politisches Leben zurückkehren. Jeder sittlich Verantwortliche würde mit uns seine Stimme erheben gegen die drohende Herrschaft der bloßen Macht über das Recht, der bloßen Willkür über den Willen des sittlich Guten. Wir würden im einzelnen zu manchen Forderungen zurückkehren, die die Partei noch vor zehn Jahren mit Recht gestellt hat. Sie haben sich im Laufe dieser Jahre nicht nur nicht erfüllt, sondern in ihr Gegenteil verkehrt. Die Forderung der freien Selbstbestimmung auch des kleinsten Volksteils ist in ganz Europa vergewaltigt, nicht minder die Forderung der Wahrung der rassischen und völkischen Eigenart. Die grundlegende Forderung wahrer Volksgemeinschaft ist durch die systematische Untergrabung des Vertrauens von Mensch zu Mensch zunichte gemacht. Es gibt kein furchtbareres Urteil über eine Volksgemeinschaft als das Eingeständnis, das wir alle machen müssen, dass keiner sich vor seinem Nachbarn, der Vater nicht mehr vor seinen Söhnen sicher fühlt.

Das war es, was ich wollte, musste.

Es gibt für alle äußere Legalität eine letzte Grenze, wo sie unwahrhaftig und unsittlich wird. Dann nämlich, wenn sie zum Deckmantel einer Feigheit wird, die sich nicht getraut, gegen offenkundige Rechtsverletzung aufzutreten. Ein Staat, der jegliche freie Meinungsäußerung unterbindet und jede, aber auch jede sittlich berechtigte Kritik, jeden Verbesserungsvorschlag als »Vorbereitung zum Hochverrat« unter die furchtbarsten Strafen stellt, bricht ein ungeschriebenes Recht, das »im gesunden Volksempfinden« noch immer lebendig war und lebendig bleiben muss [...].

Ich habe das eine Ziel erreicht, diese Warnung und Mahnung nicht in eine privaten, kleinen Diskutierklub, sondern an verantwortlicher, an höchster richterlicher Stelle vorzubringen. Ich setze für diese Mahnung, für diese beschwörende Bitte zur Rückkehr, mein Leben ein. Ich fordere die Freiheit für unser deutsches Volk zurück. Wir wollen nicht an Sklavenketten unser kurzes Leben dahinfristen, und wären es goldene Ketten eines materiellen Überflusses.

Sie haben mir den Rang und die Rechte des Professors und den »summa cum laude« erarbeiteten Doktorhut genommen und mich dem niedrigsten Verbrecher gleichgestellt. Die innere Würde des Hochschullehrers, des offenen, mutigen Bekenners seiner Welt- und Staatsanschauung, kann mir kein Hochverratsverfahren rauben. Mein Handeln und Wollen wird der eherne Gang der Geschichte rechtfertigen; darauf vertraue ich felsenfest. Ich hoffe zu Gott, dass die geistigen Kräfte, die es rechtfertigen, rechtzeitig aus meinem eigenen Volke sich entbinden mögen. Ich habe gehandelt, wie ich aus einer inneren Stimme

1 Immanuel Kant (1724–1804), Begründer der Philosophie des deutschen Idealismus. Forderung nach Achtung des Sittengesetzes und der Verpflichtung jedes Einzelnen zu moralischem Tun. Sein kategorischer Imperativ fasst diese Forderung so zusammen: Handle so, dass die Maxime deines Willens jederzeit zugleich als Prinzip einer allgemeinen Gesetzgebung gelten kann.

heraus handeln musste. Ich nehme die Folgen auf mich nach dem schönen Wort Johann Gottlieb Fichtes[2].

Und handeln sollst du so, als hinge
Von dir und deinem Tun allein
Das Schicksal ab der deutschen Dinge,
Und die Verantwortung wär' dein.

2 Johann Gottlieb Fichte (1762–1814), Philosoph der deutschen Romantik. Betonung der Pflichten des Menschen als Glied einer sozialen Gemeinschaft (Vorlesungen über die Bestimmung des Menschen, 1800).

1▸ Kennzeichnen Sie die Situation, aus der heraus Huber spricht. Welche Intention wird deutlich?
Wer sind die Adressaten der Rede?

2▸ Untersuchen Sie die Rede
- nach ihrem Aufbau und ihren zentralen Textstellen,
- nach der Selbstdarstellung des Angeklagten,
- nach der offenkundigen Einschätzung des Gerichts,
- nach der Bewertung der Anklagepunkte und der Gegenargumentation,
- nach der Haltung gegenüber der absehbaren Verurteilung.

3▸ Prüfen Sie die einzelnen Aspekte:
- Welche besondere Gestaltung erfährt der erste Satz – mit welcher Wirkung?
- Welche Funktion haben die Zitate formal und inhaltlich?
- Mit welchen weiteren sprachlich-rhetorischen Mitteln ist der Text gestaltet?

4▸ Diskutieren Sie das Bild von Staat, Recht und Gesetz, das Huber hier entwirft: Wie beschreibt er demgegenüber das nationalsozialistische Regime?

5▸ Vergleichen Sie diese reale Rede mit der fiktionalen Dantons. Beide werden in einer ähnlichen Situation gehalten.
Wodurch unterscheiden sie sich? Versuchen Sie eine Bewertung.

6▸ Die Widerstandskämpfer wurden von Freisler als ehrlose, vaterlandslose Verräter bezeichnet. Welche Einstellung Professor Hubers zum Vaterland und zur Ehre zeigt sich dagegen in der Rede?

7▸ Durch das Schlusswort Kurt Hubers wandelt sich die Beziehung Gericht – Angeklagter inhaltlich. Wie lässt die Rede sich abschließend kennzeichnen?

Ansprache des Bundespräsidenten Richard von Weizsäcker zum Tag der deutschen Einheit am 3.10.1990

Bundespräsident von Weizsäcker sprach im Rahmen des Staatsaktes im Reichstag zu Berlin am Tag der Vereinigung beider Teile Deutschlands vor den Abgeordneten des Deutschen Bundestags und der ehemaligen Volkskammer, vor hochrangigen in- und ausländischen Gästen und vor Millionen von Fernsehzuschauern in Deutschland und der ganzen Welt.

I.

① In der Präambel unserer Verfassung, wie sie nun für alle Deutschen gilt, ist das
Entscheidende, gesagt, was uns am heutigen Tag bewegt:
② In freier Selbstbestimmung vollenden wir die Einheit und Freiheit Deutsch-
lands. Wir wollen in einem vereinten Europa dem Frieden der Welt dienen.
Für unsere Aufgaben sind wir uns der Verantwortung vor Gott und den Men-
schen bewußt.
③ Aus ganzem Herzen empfinden wir Dankbarkeit und Freude – und zugleich un-
sere große und ernste Verpflichtung. Die Geschichte in Europa und in Deutsch-
land bietet uns jetzt eine Chance, wie es sie bisher nicht gab. Wir erleben eine
der sehr seltenen historischen Phasen, in denen wirklich etwas zum Guten ver-
④ ändert werden kann. Lassen Sie uns keinen Augenblick vergessen, was dies für
uns bedeutet.
⑤ Es gibt drinnen und draußen drückende Sorgen; das übersehen wir nicht. Vor-
behalte unserer Nachbarn nehmen wir ernst. Auch spüren wir, wie schwierig es
sein wird, den Erwartungen gerecht zu werden, die uns aus allen Himmelsrich-
tungen erreichen. Aber wir wollen und werden uns nicht von Ängsten und Zwei-
feln leiten lassen, sondern von Zuversicht. Entscheidend ist der feste Wille, un-
sere Aufgaben mit Klarheit zu erkennen und gemeinsam in Angriff zu nehmen.
Dieser Wille gibt uns Kraft, die Alltagssorgen ins rechte Verhältnis zu bringen
mit unserer Herkunft und Zukunft in Europa.
⑥ Zum ersten Mal bilden wir Deutschen keinen Streitpunkt auf der europäischen
Tagesordnung. Unsere Einheit wurde niemandem aufgezwungen, sondern fried-
lich vereinbart. Sie ist Teil eines gesamteuropäischen geschichtlichen Prozesses,
⑦ der die Freiheit der Völker und eine neue Friedensordnung unseres Kontinents
zum Ziel hat. Diesem Ziel wollen wir Deutschen dienen. Ihm ist unsere Ein-
heit gewidmet.
Wir haben jetzt einen Staat, den wir selbst nicht mehr als provisorisch ansehen
und dessen Identität und Integrität von unseren Nachbarn nicht mehr bestrit-

① Zitat der entscheidenden Passage des Grundgesetzes, Basis der gesamten Rede.
② Auflistung dieses Zitats in kurzen Aussagesätzen; die Absicht und Hoffnung des Grundgesetzes ist als politisch-rechtlicher Akt Wirklichkeit geworden.
③ Häufiges Stilmittel: Aufzählung einer Zweiergruppe, oft als Zeugma.
④ Appell an die Gemeinsamkeit, die den Redner einschließt: *uns*.
⑤ Durchgehende klangliche Gestaltung: Alliterationen und Assonanzen (*drinnen – draußen, wollen und werden; Zweifel – Zuversicht; Herkunft und Zukunft*; weiter unten: *Identität und Integrität*.
⑥ Zum erstenmal positive Benennung der Identität: *Wir Deutschen – kein Streitpunkt.*
⑦ Bündig formuliertes Bekenntnis zum Ziel der Einheit: *Freiheit der Völker*.

ten wird. Am heutigen Tag findet die vereinte deutsche Nation ihren anerkannten Platz in Europa.

Was dies heißt, erkennen wir an der Bedeutung von Grenzen. Kein europäisches ⑧ Land hat so viele Nachbarn wie wir. Durch Jahrhunderte ist wegen der Grenzen ⑨ zen Gewalt angewendet und unendlich viel Blut vergossen worden. Jetzt leben alle unsere Nachbarn und wir selbst in gesicherten Grenzen, Sie sind nicht nur durch den Verzicht auf die Anwendung von Gewalt geschützt, sondern durch tiefe Einsicht in ihre veränderte Funktion.

Unsäglich hart für die Menschen war der erzwungene Heimatverlust. Neuer Streit um Grenzen aber verliert jeden Sinn. Um so zündender ist das Verlangen, ⑩ ihnen ihren trennenden Charakter zu nehmen. Alle Grenzen Deutschlands sollen Brücken zu den Nachbarn werden. Das ist unser Wille.

II.

Die Gedanken der Französischen Revolution haben zusammen mit der Verfassungsentwicklung in Amerika und in Großbritannien die Grundlage der westlichen Demokratie geschaffen. Ein Konzept rechtsstaatlicher humaner Freiheit hat sich gebildet, das immer mehr zum Maßstab wurde. Es ist nicht auf Anhieb überallhin übertragbar. Wo immer sich aber der Drang nach politischer Freiheit, nach Leistungsfähigkeit und menschenwürdiger Sozialstaatlichkeit bahnbricht – bis hinein ins Herz von Peking –, bilden Werte und Regeln westlicher Demokratien das Modell, an dem sich jeder mißt.

Wir Deutschen hatten frühzeitig an der demokratischen Entwicklung Anteil. Und doch folgten wir ihr in der politischen Praxis nur halbherzig. Rechtsstaatlichkeit war bei uns aus eigenen Traditionen erwachsen. In den preußischen Reformen der napoleonischen Zeit wurde die kommunale Selbstverwaltung zur Quelle demokratischer Gesinnung. Im Zeichen der Paulskirche suchte das Volk Einigkeit und Recht und Freiheit. Es wollte durchaus die Einheit, die schließlich 1871 geschaffen wurde, war aber an den Entscheidungen nicht beteiligt. Immer wieder gab es die romantische Suche nach einem dritten Weg für die innere Ordnung Deutschlands und für seinen Platz in Europa. Aber es waren Illusionen. Auch die Weimarer Republik schaffte es nicht, eine lebensfähige Demokratie so durchzusetzen.

Mit der Gründung der Bundesrepublik Deutschland verband sich zunächst die ernste Sorge, vom Westen her die Teilung Deutschlands zu verfestigen. Dennoch führte der Weg nicht wieder in eine Sackgasse. Zunächst durfte ihn nur ein Teil der Deutschen beschreiten. Heute jedoch können wir zusammen einen neuen Anfang machen.

Die Vereinigung Deutschlands ist etwas anderes als eine bloße Erweiterung der Bundesrepublik. Der Tag ist gekommen, an dem zum ersten Mal in der Geschichte das ganze Deutschland seinen dauerhaften Platz im Kreis der westlichen Demokratien findet.

⑧ Metaphorische Umschreibung: der Krieg.

⑨ »Grenze« als Schlüsselbegriff des Absatzes; wird als Hauptproblem der Vergangenheit beschworen.

⑩ Mündet in der Umwertung der Grenze zu Brücken, verstärkt durch feierlich knappes Gelöbnis in ritual sakraler Form: Das ist unser Wille.

Dies ist für uns selbst wie für alle unsere Nachbarn ein Vorgang von fundamentaler Bedeutung. Er wird die Mitte Europas verändern. Wir werden maßgeblich daran beteiligt sein, im gemeinsamen Handeln mit unseren westlichen Partnern und in unseren Werten und Zielen fest mit ihnen verwachsen.

III.

Inmitten unserer europäischen Nachbarschaften hatte uns das Schicksal in den letzten vierzig Jahren geteilt. Es hat die einen begünstigt und die anderen belastet. Aber es war und bleibt unser gemeinsames deutsches Schicksal. Dazu gehört die Geschichte und die Verantwortung für ihre Folgen. Die SED hatte eine Teilung zu verordnen versucht. Sie hatte gemeint, es genüge, sich als sozialistische Zukunftsgesellschaft zu proklamieren, um sich von der Last der Geschichte zu befreien.

Aber in der DDR hat man es ganz anders erlebt und empfunden. Die Menschen mußten dort die weitaus schwereren Kriegsfolgelasten tragen als ihre Landsleute im Westen. Und sie haben immer gefühlt, daß die verantwortliche Erinnerung an die Vergangenheit eine unentbehrliche Kraft der Befreiung für die Zukunft ist. Kaum war der erzwungene Sprachgebrauch verschwunden, stellten sie sich offen den Fragen der Geschichte.

Mit großer Achtung hat die Welt registriert, wie aufrichtig die freien Kräfte und zumal die Jugend in der DDR es als ihre Aufgabe ansahen, gutzumachen, was das alte Regime der geschichtlichen Mitverantwortung schuldig geblieben war. Der Besuch der Präsidentinnen beider frei gewählter deutscher Parlamente vor ein paar Monaten in Israel zum Gedenken an den Holocaust – diesem schrecklichsten aller Verbrechen – hat dort einen tiefen Eindruck hinterlassen. Er symbolisiert die Gemeinsamkeit der Deutschen gerade auch in ihrer geschichtlichen Verantwortung.

Die nationalsozialistische Gewaltherrschaft und der von ihr ausgegangene Krieg haben den Menschen in fast ganz Europa und bei uns zu Hause unermeßlich schweres Unrecht und Leid zugefügt. Wir bleiben der Opfer immer eingedenk. Und wir sind dankbar für die wachsenden Zeichen der Aussöhnung zwischen den Menschen und Völkern.

IV.

Die Hoffnung auf Freiheit und auf Überwindung der Teilung in Europa, in Deutschland und zumal in Berlin war in der Nachkriegszeit nie untergegangen. Und doch hat kein Mensch die Vorstellungskraft besessen, den Gang der Ereignisse vorauszusehen. So erleben wir den heutigen Tag als Beschenkte. Die Geschichte hat es dieses Mal gut mit uns Deutschen gemeint. Um so mehr haben wir Grund zur gewissenhaften Selbstbesinnung.

Nach dem Ende des Zweiten Weltkrieges wurde die Teilung Deutschlands der zentrale Ausdruck der Teilung Europas. Sie entsprach nicht dem einvernehmlichen Willen der Sieger, vielmehr war sie die Folge ihres Streites. Der verschärfte Ost-West-Gegensatz verfestigte sie. Doch werden wir uns damit nicht herausreden. Niemand bei uns wird vergessen, daß es ohne den von Deutschland unter Hitler begonnenen Krieg nie zur Teilung gekommen wäre.

Im Zeichen des Kalten Krieges und unter dem Schutz des atomaren Patt entfaltete sich nun über vierzig Jahre hinweg der Wettbewerb der gesellschaftlichen Systeme zwischen Ost und West. Diese Phase geht jetzt ihrem Ende entgegen. Die sowjetische Führung unter Präsident Gorbatschow hat erkannt, daß Reformen in Richtung auf Demokratie und Marktwirtschaft unausweichlich geworden sind. Diese Reformen wären aber ohne Freiheit zur Erfolglosigkeit verdammt. Daraus wurden mutige Konsequenzen gezogen, auf eine Bevormundung der Verbündeten verzichtet und ihre politische Selbstbestimmung geachtet. So kam es zu den historisch beispiellosen friedlichen Revolutionen in Mittel-, Ost- und Südosteuropa. So wurde die freie Entscheidung der Deutschen für die staatliche Einheit akzeptiert.

Noch ist ein Erfolg des Reformkurses, wie ihn die sowjetische Führung ansteuert, vielfach bedroht. Aber sie hat sich schon jetzt ein historisches Verdienst erworben. Und viele Menschen, darunter wir Deutschen, haben dafür Grund zur Dankbarkeit.

Unser Dank gilt den Bürgerbewegungen und Völkern in Ungarn, in Polen und in der Tschechoslowakei. Die Menschen in Warschau, Budapest und Prag haben Beispiele gegeben. Sie haben den Weg zur inneren Freiheit in der DDR als Beispiel eines gemeinsamen geschichtlichen Prozesses aufgefaßt und ermutigt.

Unvergessen ist auch ihre Hilfe für die Flüchtlinge und damit ihr ganz direkter Beitrag zur Überwindung von Mauer und Stacheldraht. Das vereinte Deutschland wird mit ihnen in Zukunft eine offene und enge Nachbarschaft suchen.

Für Freiheit und Menschenrechte einzutreten ist das zentrale Bekenntnis unserer westlichen Verbündeten und Freunde, vor allem der Amerikaner, der Franzosen und der Briten. Ihr Schutz, ihre Tatkraft und Zusammenarbeit haben uns entscheidend geholfen. Sie haben, was das Wichtigste ist, Vertrauen in uns gesetzt. Dafür danken wir ihnen heute von Herzen.

Wie bedeutungsvoll das Verständnis der Partner für die Vereinigung der Deutschen war, hat sich in der eindeutigen und konstruktiven Einstellung der Europäischen Gemeinschaften gezeigt. Es ist mir eine Freude, unter uns den Präsidenten der Europäischen Kommission, Jacques Delors, und seine Kollegen zu begrüßen und ihnen unsere Achtung und Dankbarkeit für ihre Weitsicht zu bekunden.

Zu danken haben wir heute vor allem jenen Deutschen, die in der DDR den Mut aufbrachten, sich gegen Unterdrückung und Willkür zu erheben. Seit über zehn Jahren hatten Zusammenkünfte und Friedensgebete in den Kirchen die Gedanken der friedlichen Revolution vorbereitet, vertieft und verbreitet. Die Macht der Staatssicherheit blieb aber allgegenwärtig. Der Einsatz der Waffen drohte unmittelbar bis tief in den Herbst '89 hinein. Nachgeben und Zurückweichen wären nur allzu verständlich gewesen. Doch die Hoffnungen in den Herzen der Menschen ließen sich nicht mehr unterdrücken.

»Wir sind das Volk«, mit diesen vier einfachen und großen Worten wurde ein ganzes System erschüttert und zu Fall gebracht. In diesen Worten verkörperte sich der Wille der Menschen, das Gemeinwesen, die res publica, selbst in die Hand zu nehmen. So wurde die friedliche Revolution in Deutschland wahrhaft republikanisch. Daß sie nach beinahe sechzig Jahren bitterer Unterdrückung erfolgte, macht sie nur um so erstaunlicher und glaubwürdiger. Demokraten hatten sich zusammengefunden, mit dem Ziel der Freiheit und der Solidarität, beides in einem ein Auftrag für uns alle.

Zu danken ist heute aber auch den Bürgerinnen und Bürgern im Westen. Ohne das Vertrauen der Völker in uns Deutsche hätten wir uns nicht vereinigen können. Dieses Vertrauen ist mit dem Leben der Bundesrepublik in vierzig Jahren gewachsen. Unsere Bevölkerung hat sich in der freiheitlichen Demokratie und im europäischen Bewußtsein verwurzelt.
Die Deutschen sind berechenbare, zuverlässige und geachtete Partner geworden. Das hat die innere Zustimmung unserer Nachbarn und der ganzen Welt zu unserer Einheit ganz entscheidend gefördert.

V.

(Hinweis auf das notwendige gegenseitige Verständnis. Darlegung der Situation in der Bundesrepublik: Sorge vor Verlust der errungenen Werte; ebenso für die DDR: Angst vor dem ›verlorenen‹ Leben, Wertung der dort geleisteten Bewährungsproben. Probleme der Stasi-Vergangenheit, der sozialen und wirtschaftlichen Situation.)
[...] Die Form der Einheit ist gefunden. Nun gilt es, sie mit Inhalt und Leben zu erfüllen. Parlamente, Regierungen und Parteien müssen dabei helfen. Zu vollziehen aber ist die Einheit nur durch das souveräne Volk, durch die Köpfe und Herzen der Menschen selbst. Jedermann spürt, wie viel da noch zu tun ist. Es wäre weder aufrichtig noch hilfreich, wollten wir in dieser Stunde verschweigen, wie viel uns noch voneinander trennt.
Die äußeren Zwangsmittel der Teilung hatten ihr Ziel, uns zu entfremden, nicht erreicht. Widermenschlich, wie Mauer und Stacheldraht waren, hatten sie den Willen, zusammenzukommen, nur um so tiefer erfahren lassen. Wir empfanden es vor allem in Berlin, dieser Stadt von zentraler Bedeutung in Vergangenheit und Zukunft. Die Mauer täglich sehen und spüren, ließ uns nie aufhören, an die andere Seite zu glauben, auf sie zu hoffen. Jetzt ist die Mauer weg, und das ist das Entscheidende. Doch nun, da wir die Freiheit haben, gilt es, in ihr zu bestehen. Deutlicher als früher erkennen wir heute die Folgen der unterschiedlichen Entwicklungen. Die Kluft im Materiellen springt als erstes ins Auge. Auch wenn die Menschen in der DDR mit der Mangelwirtschaft alltäglich in ihrem Leben konfrontiert waren, das Beste daraus gemacht und hart gearbeitet haben – das wollen wir nicht vergessen –, trat das Ausmaß der Probleme und damit der Distanz zum Westen doch erst in den letzten Monaten ganz klar hervor.
Wenn es gelingen soll, das Gefälle bald zu überwinden, dann bedarf es dafür nicht nur der Hilfe, sondern vor allem auch der Achtung untereinander. [...]

VIII.

Der Nationalstaat ist nicht am Ende. Wer aber glaubt, die Zukunft allein mit ihm meistern zu können, der lebt in einer vergangenen Zeit. Die wichtigsten Aufgaben kann heute keine Nation mehr allein lösen. Die modernen Systeme denken und funktionieren nicht national. Dies gilt für die Sicherheit und die Ökologie, für die Wirtschaft und die Energie, für den Verkehr und die Telekommunikation. Souveränität bedeutet in unserer Zeit Mitwirkung in der Gemeinschaft der Staaten. Die Europäische Gemeinschaft hat dazu ein überzeugendes Modell geschaffen. Sie hat nationalstaatliche Befugnisse, und zwar gerade solche, die für eine friedliche Nachbarschaft von entscheidender Bedeutung sind, übernational zusammengefaßt. Im Systemwettbewerb zwischen West und Ost sind von ihr die maßgeblichen Impulse für Reformen im Osten ausgegangen.

Der Kalte Krieg ist überwunden. Freiheit und Demokratie haben sich bald in allen Staaten durchgesetzt. Nicht durch Zwang von Vormächten, sondern aus freien Stücken können sie nun ihre Beziehungen so verdichten und institutionell absichern, daß daraus erstmals eine gemeinsame Lebens- und Friedensordnung werden kann. Für die Völker Europas beginnt damit ein grundlegend neues Kapitel in ihrer Geschichte. Sein Ziel ist eine gesamteuropäische Einigung.

Es ist ein gewaltiges Ziel. Wir können es erreichen, aber wir können es auch verfehlen. Wir haben keine Zeit zu verlieren. Wir stehen vor der klaren Alternative, Europa zu einigen oder gemäß leidvollen historischen Beispielen wieder in nationalistische Gegensätze zurückzufallen.

Vorrangig sind jetzt greifbare Perspektiven für die wirtschaftliche und soziale Entwicklung der Länder Mittel-, Ost- und Südosteuropas. Die neu erworbene Freiheit muß sich verwurzeln können. Deshalb darf sie nicht in Not verkommen. Die Europäische Gemeinschaft kann dabei entscheidend helfen. Vor allem von ihr wird es abhängen, wie es in ganz Europa weitergeht.

Uns Deutschen kommt dabei eine Schlüsselrolle zu. Wir erheben unsere Stimme für eine konstruktive und gemeinsame Ostpolitik des ganzen Westens. Wenn jetzt alle Deutschen wieder unmittelbar Nachbarn der Polen geworden sind, dieses für uns so wichtigen Volkes, dann ist es unsere Aufgabe darauf zu dringen, daß es zwischen der Gemeinschaft und Polen nicht in fernerer Zukunft, sondern in allernächster Zeit zu einer Assoziierung kommt. Ähnliches gilt für die Tschechoslowakei und Ungarn.

Die Sowjetunion, um ein weiteres Beispiel von zentraler Bedeutung zu nennen, bedarf auf ihrem unvergleichlich schwierigen Weg einer engen europäischen Zusammenarbeit. Die Sowjetunion will die alte Distanz zu Europa überwinden. Sie hat erkannt, daß die Einigung Deutschlands dafür kein Hindernis ist, sondern geradezu eine Voraussetzung. Das ist die wichtigste Botschaft der wahrhaft bedeutenden Zwei-plus-Vier-Konferenz. Und wir alle wissen, daß die zukünftige Stabilität in Europa von einem maßgeblichen Beitrag Moskaus abhängt. Die Westgrenze der Sowjetunion darf nicht zur Ostgrenze Europas werden.

Wenn wir Deutschen solche Signale in Richtung auf das ganze Europa setzen, dann geschieht dies in der festen Verbindung mit dem Westen. Sie hat unser Leben in der Bundesrepublik geprägt, unsere Energien mobilisiert und frische Kräfte hervorgebracht. Wir werden unsere atlantische und europäische Partnerschaft um keinen Preis aufs Spiel setzen. So lautet unser ureigenstes Interesse, das unsere Landsleute in den neuen Bundesländern teilen. Sie wissen, welche Bedeutung die Freundschaft vor allem mit Frankreich auch in Zukunft haben wird, und freuen sich nun ihrerseits auf diese direkte Nachbarschaft.

Wir werden nur weiterkommen, wenn wir mit unseren westlichen Partnern gemeinsam vorgehen, vor allem in der Gemeinschaft und durch sie. Alles, was die Mitgliedsländer für ganz Europa durch die Gemeinschaft tun, stärkt sowohl die Gemeinschaft als auch ihre Glieder. Wir Deutschen werden unseren Interessen am besten dienen und Sorgen unserer Partner am ehesten zerstreuen, wenn wir uns in der Stärkung der Gemeinschaft von niemandem übertreffen lassen und wenn wir ohne jede Verzögerung auf dem Weg zur Wirtschafts- und Währungsunion und zur Politischen Union weitergehen, so wie wir es zugesagt haben. Voll im Westen integriert und dem ganzen Europa zugewandt, so lautet die Aufgabe des vereinten Deutschlands. Wir werden ihr gerecht, wenn es später einmal heißt: Das entscheidende Kapitel zur Einigung des ganzen Europa nahm seinen Anfang mit der Überwindung der Teilung Deutschlands. Je zügiger wir Europäer unsere eigenen Konflikte lösen, um so besser können wir auch unsere globalen Verpflichtungen erfüllen. Im Zeichen des Kalten Krieges haben Europäer immer wieder Spannungen und Waffen in die südliche Hemisphäre exportiert. Nun gilt es, den KSZE-Prozeß zu fördern, die Rüstungen zu vermindern und die Hilfe für den Süden mit Nachdruck zu steigern. Schwerter zu Pflugscharen, dieses große Bibelwort aus der Zeit der friedlichen Revolution, heißt heute nicht, auf vernünftige, hinlängliche Verteidigungsfähigkeit zu verzichten; es heißt, den Hunger in der Welt zu stillen und ihrer Not zu wehren. Die vielen jungen Stimmen aus allen Teilen des vereinten Deutschlands sind dafür eine Ermutigung.

IX.

Unsere Mitverantwortung unter den Völkern gilt besonders der Umwelt. Nicht alles, was Menschen technisch und ökonomisch fertig bringen, dürfen sie der Natur zumuten. Es geht um mehr als nur um die Bewohnbarkeit der Erde für den Menschen. Menschen können zerstören, was sie nicht geschaffen haben und worüber sie nicht verfügen dürfen: die Schöpfung. Diese Freiheit haben sie sich genommen. In der Verantwortung der Freiheit wird sich zeigen, ob sie ethisch und damit am Ende auch biologisch überlebensfähig sind.
Die Aufgabe ist im wahrsten Sinne global. Sie stellt sich weltweit für jeden Staat, für Länder, für Gemeinden und für den einzelnen. Sie ist allgemein und daher auch die politischste Frage, der wir uns gegenübersehen. Beim neuen Anfang unserer Nation muß sie eine klare normative Antwort finden.
Das Grundgesetz gilt nun für alle Deutschen. Im Einigungsvertrag haben wir vereinbart, daß wir uns mit den Bestimmungen über Staatsziele befassen wollen. Es geht um Verfassungsaufträge, die nicht unter dem Vorbehalt einschränkender Gesetze stehen sollen, sondern den Gesetzgeber wie uns alle verpflichten.
Gibt es zur Ergänzung unserer Ziele ein dringlicheres als den Schutz der Natur in ihrer Rechtlosigkeit? Haben wir eine größere Aufgabe, als die Schöpfung zu bewahren und damit die Nachwelt zu schützen? Ich kenne keine.

X.

Heute, liebe Landsleute, begründen wir unseren gemeinsamen Staat. Wie gut uns die Einheit menschlich gelingt, das entscheiden kein Vertrag der Regierungen, keine Verfassung und keine Beschlüsse des Gesetzgebers. Das richtet sich nach dem Verhalten eines jeden von uns, nach unserer eigenen Offenheit und Zuwendung untereinander. Es ist das »Plebiszit eines jeden Tages« (Renan), aus dem sich der Charakter unseres Gemeinwesens ergeben wird.
Ich bin gewiß, daß es uns gelingt, alte und neue Gräben zu überwinden. Wir können den gewachsenen Verfassungspatriotismus der einen mit der erlebten menschlichen Solidarität der anderen Seite zu einem kräftigen Ganzen zusammenfügen.

Wir wissen, wie viel schwerer es andere Völker auf der Erde zur Zeit haben. Wir haben den gemeinsamen Willen, die großen Aufgaben zu erfüllen, die unsere Nachbarn von uns erwarten.

Die Geschichte gibt uns die Chance. Wir wollen sie wahrnehmen, mit Zuversicht und mit Vertrauen. Und die Freude, wir haben es gestern Abend gehört, die Freude, die wir empfinden, sie ist ein Götterfunken.

8 ▶ Kennzeichnen Sie die Erwartungen, denen sich der Redner gegenübersieht: Wo sind diese deutlich im Text zu spüren?

9 ▶ Arbeiten Sie aus jedem der hier abgedruckten Abschnitte den Hauptgedanken und den jeweiligen Schlüsselbegriff oder Schlüsselsatz heraus: Welche Struktur ergibt sich?

10 ▶ Welche besonderen Akzente im historisch-politischen Bereich werden gesetzt? Prüfen Sie auch die Funktion des Anknüpfens an die Französische Revolution, die Auswahl wichtiger Stationen deutscher Geschichte, das Einbringen des Nationalsozialismus, die Hereinnahme aktueller weltpolitischer Vorgänge.

11 ▶ Untersuchen Sie die Dankespassage: Welche Schwerpunkte lassen sich erkennen, welche Nuancen in der Formulierung sind zu beobachten?

12 ▶ Untersuchen Sie die sprachlich-rhetorischen Mittel. Welche fallen besonders auf? Welche Wirkung haben sie?

- Zeigen Sie die inhaltliche und sprachliche Verbindung zwischen Anfang und Schluss.
- Welche Funktion haben die Fragen gegen Ende der Ansprache?
- Untersuchen Sie die Satzbautypen: Wo häufen sich kurze, parataktische Aussagesätze, welche Funktion und Wirkung haben sie?

13 ▶ Verfolgen Sie die Schlüsselbegriffe ›Freiheit‹ – ›Einheit‹ durch den ganzen Text. Welche Entwicklung ergibt sich?

14 ▶ Wie werden Trennung und aktuelle Situation der beiden deutschen Teile beschrieben? Was bringen nach Weizsäcker beide ein in die Einheit?

15 ▶ Welche Zukunftsaufgaben werden für den neuen, vereinten deutschen Staat gesehen? In welchen größeren Zusammenhang wird dies gebracht? Welche unterschwelligen Ängste und Sorgen versucht der Redner damit zu entkräften?

16 ▶ Welche Bedeutung erhält der Schlussverweis: »Götterfunken« über den direkten Bezug auf Beethovens Neunte Symphonie hinaus?

17 ▶ Gibt es eine inhaltlich-ideelle Beziehung zum Schlusswort Kurt Hubers?

18 ▶ Diskutieren Sie an diesem Beispiel die hohe innen- und außenpolitische Verantwortung eines Redners zu einem so bedeutsamen Anlass.

F Sprachgeschichte

- Phänomene der Sprachentwicklung – ein Überblick
- Vergleichende Arbeit an Texten

Einführung in die Sprachgeschichte

synchrone und diachrone Sprachbetrachtung

Es gibt zwei Betrachtungsweisen im Hinblick auf die Entwicklung einer Sprache: Die synchrone Sprachbetrachtung, die sich für den Zustand eines funktionierenden Sprachsystems zu einem bestimmten Zeitpunkt interessiert, also z. B. im Querschnitt unsere Gegenwartssprache untersucht, und die diachrone Sprachbeachtung, die im historischen Längsschnitt die Sprachentwicklung betrachtet. Sprachvergleiche haben gezeigt, dass die europäischen Sprachen auf eine indogermanisch/indoeuropäische Sprache zurückgehen, deren erste z. T. rekonstruierbare Ansätze um 2500 v. Chr. liegen. Ausdrücke einer Hirten- und Bauernsprache mit Zahlen von 1–100 und acht Kasus des Substantivs wurden erschlossen. Solche Schlüsse auf gemeinsame Ursprünge im Raum zwischen Indien und dem heutigen Europa ergeben sich aus sprachlichen Ähnlichkeiten:

der indoeuropäische Ursprung

z. B. indisch: pitár
griechisch: patér
lateinisch: pater
altgermanisch: fader
deutsch: Vater

das Germanische

Im Zuge von Wanderungsbewegungen haben sich aus dieser ›Ursprache‹ ein asiatischer und ein europäischer Zweig entwickelt.

Die Germanen scheinen zwischen 1800 und 800 v. Chr. ihre Stammsitze in den Ostseeländern verlassen zu haben; sie verbreiteten sich über ganz Nord- und Mitteleuropa. Um 1000 v. Chr. scheint sich das Germanische im Zuge einer allmählichen sprachlichen Veränderung (Lautverschiebung) aus dem Indogermanischen gelöst zu haben. Diese Entwicklung muss abgeschlossen gewesen sein, als die Germanen mit den Römern zusammentrafen, da römische Lehnwörter nicht mehr davon erfasst wurden.

die germanische (erste) Lautverschiebung (etwa 1000 v. Chr.)

Substrattheorie

Nach der sogenannten Substrattheorie liegen die Ursachen dieser Lautverschiebung in einer Auseinandersetzung zweier Völker, bei der die Sprache der Sieger offenkundig durch Anpassung solche Veränderung des Lautstandes im Mund der Unterlegenen erfuhr, dass sie damit eine neue, eigenständige Richtung erhielt.

Hauptmerkmale der ersten Lautverschiebung (zum erstenmal von Jakob Grimm formuliert):

Merkmale der Lautverschiebung

1. Verschiebung bestimmter Laute:
p, t, k → f, th, h: lat. pellis → Fell; lat. tres → three; lat. cornu → Horn
b, d, g → p, t, k: lat. labium → Lippe; lat. duo → two; lat. genu → Knie
bh, dh, gh → b, d, g: ostind. bhratr → Bruder; ind. dhur → Tür; idg. ghosts → Gast

Anfangsbetonung

2. Verlagerung der freien, indogermanischen Betonung (Róma, Romanórum) auf die erste Wortsilbe (fenéstra → Fénster; Colónia → Kőln).

Folgen waren: Verkümmerung der Endsilben, Verringerung der Kasus, Vorliebe für Stabreim; Alliterationen begegnen uns noch heute in umgangssprachlichen Wendungen: *N*acht und *N*ebel, *W*ind und *W*etter, *H*aus und *H*of, *T*od und *T*eufel, *G*eld und *G*ut, *L*ust und *L*eid usw.

das Deutsche

Zur Zeit der großen Völkerwanderung 375–568 n. Chr., als die Germanen Süd- und Westeuropa überfluteten und die ersten großen Reiche bildeten (u. a. Franken, Goten, Burgunder), umfasste das Germanische Westgermanisch (später u. a. Deutsch, Englisch), Nordgermanisch (u. a. Norwegisch, Schwedisch) und Ostgermanisch (u. a. Gotisch, s. Bibelübersetzung des Wulfila). Um 600 n. Chr., nach Abschluss dieser Wanderungen, war der Prozess der Herauslösung des Deutschen aus dem Westgermanischen im Zuge einer zweiten Lautverschiebung abgeschlossen. Diese »hochdeutsche« Lautverschiebung erfasste im wesentlichen die südlichen Gebiete jenseits von Köln, Kassel und Magdeburg. Im niederdeutschen Bereich wurde sie nicht wirksam. So entstanden zwei Sprachlandschaften, die durch die sogenannte *maken-machen-Linie* in ein hochdeutsches und ein niederdeutsches Sprachgebiet getrennt sind.

die hochdeutsche (zweite) Lautverschiebung (etwa 600 n. Chr.)

Hauptmerkmale

1. Im Auslaut, im Inlaut nach Konsonanten und in der Verdoppelung wurden:
t → z, p → pf: engl. tide, ahd. zît, nhd. Zeit; engl. apple, ahd. aphel, nhd. Apfel.
2. Im Inlaut nach Vokalen und im Auslaut wurden
t → ss: water – wazzer – Wasser · k → ch: break – brehhan – brechen
p → f: ship – scif – Schiff · d → t: daughter – tohter – Tochter

Gelehrtensprache
Stammessprachen

Die Einheitssprache des christlichen Europas blieb bis etwa 1100 das Lateinische, die Kirchen- und Gelehrtensprache. Unter »Deutsch« wurden zunächst Stammessprachen verstanden: das Sächsische, Alemannische usw.

das Wort »deutsch«

Das Wort »deutsch« entwickelte sich im Zuge der Reichsteilungen nach dem Tode Karls d. Großen: In Westfranken, dem heutigen Frankreich, wurde die »lingua romana«, die Sprache der Gelehrten, gesprochen; demgegenüber unterschied man im Ostfrankenreich die »lingua theodisca«, die neben dem ›offiziellen‹ Latein allgemein verständliche Sprache des Volkes (ahd. diot, Volk). »diutisca zunga« war eine Sprachbezeichnung für alle, die im Frankenreich nicht lateinisch-romanisch sprachen. Über diutesc – diutsch – tiutsch – teutsch entstand »deutsch«, zunächst als Sprachbezeichnung für die rechtsrheinischen Germanenstämme, in der Folge Bezeichnung der Volkszugehörigkeit. In den Straßburger Eiden von 842 wurde die Trennung in Altfranzösisch und Althochdeutsch erstmals urkundlich deutlich.

Mittelhochdeutsch (11.–14. Jh.)

Im 11.–14. Jh. herrschte eine höfisch-ritterliche Kultur mit der mittelhochdeutschen Literatursprache, wie z. B. in den Werken von Wolfram von Eschenbach, Gottfried von Straßburg, Walther von der Vogelweide. In dieser Literatursprache (jenseits der Mundarten) ist eine Vorläuferin nhd. Schriftsprache zu sehen.

Während der ersten Kreuzzüge wurden Juden aus den rechtsrheinischen Gebieten durch Pogrome in den europäischen Osten getrieben. Sie nahmen die mittelhochdeutsche Sprache mit, das spätere Jiddisch ist von ihr geprägt.

Jiddisch

Kanzleisprache

Im 14. und 15. Jh. entwickelte sich in Sachsen und Thüringen durch den Handel eine überregionale Geschäftssprache, die vom Volk verstanden wurde und in den Verwaltungszentren, den Kanzleien der Fürsten, als Schriftsprache diente.

Luthers Bibelübersetzung 1521/22
Neuhochdeutsch

Besonderen Einfluss übte hierbei die Urkunden- und Kanzleisprache Meißens aus. Sie diente Martin Luther als Basis für eine Sprachform, die für hoch- und niederdeutsche Gebiete gleichermaßen gelten konnte. Die größte sprachschöpferische Leistung der Zeit, die Übersetzung des Neuen Testaments durch Martin Luther von 1521/22, bildet so den Ausgangspunkt der neuhochdeutschen Sprache.

Erster Teil:
Das Vaterunser in zeitlich unterschiedlichen Fassungen

Die Sprachentwicklung vom Germanischen zum Deutschen – bis hin zum Neuhochdeutschen – lässt sich an Übersetzungen des Vaterunsers verfolgen. Ausgangstext für die deutschen Fassungen war die Vulgata, die lateinische Übersetzung des ursprünglich griechischen Neuen Testaments.

Lateinisch (Vulgata)

Pater noster, qui es in cœlis, sanctificetur nomen tuum. Adveniat regnum tuum. Fiat voluntas tua, sicut in cœlo, et in terra. Panem nostrum supersubstantialem da nobis hodie. Et dimitte nobis debita nostra, sicut et nos dimittimus debitoribus nostris. Et ne nos inducas in tentationem, sed libera nos a malo. Amen.

Gotisch (Aus der Bibelübersetzung des Ulfilas, 4. Jh.)

Der westgotische Bischof Wulfila oder Ulfila, Ulfilas (ca. 311–383), Missionar der Westgoten, begann 369 mit der Bibelübersetzung, für die er eine gotische Schrift schaffen musste aus Zeichen des griechischen Alphabets, aus lateinischen Buchstaben und germanischen Runenzeichen. Dieses früheste germanische Sprachdenkmal heißt wegen seiner Silberschrift auf Purpur ›Codex argenteus‹. Es wird heute in der Universitätsbibliothek von Uppsala aufbewahrt.

Atta unsar thu in himinam, weihnai namo thein. qimai
Vater unser du in Himmeln, geweiht werde Name dein. (Es) komme
thiudinassus theins. wairthai wilja theins, swe in himina jah ana
Volksreich deins. (Es) werde Wille deiner, gleichwie im Himmel auch auf
airthai. hlaif unsarana thana sinteinan gif uns himma daga. jah aflet
Erden. Brot unseres das tägliche gib uns (an) diesem Tage. Und erlass
uns thatei skulans sijaima, swaswe jah weis afletam thaim skulam
uns, dass Schuldner wir seien, so wie auch wir erlassen den Schuldnern
unsaraim. jah ni briggais uns in fraistubnjai, ak lausei uns af
unsern. Und nicht bringe uns in Versuchung, sondern (er)löse uns von
thamma ubilin, unte theina ist thiudangardi jah mahts jah wulthus
dem Übel, denn dein ist Königreich und Macht und Herrlichkeit
in aiweins. amen.
in Ewigkeiten. Amen.

Althochdeutsch (Weißenburger Katechismus, 9. Jh.)

Verfasser ist Otfried von Weißenburg (um 865); wie auch andere Bibelübersetzungen wurde diese für die Mission angefertigt.

Fater unser, thu in himilom bist, giuuihit si namo thin. quaeme richi thin. uuerdhe uuilleo thin, sama so in himile endi in erthu. Broot unseraz emezzigaz gib uns hiutu.

endi farlaz uns sculdhi unsero, sama so uuir farlazzem scolom unserem. endi ni gileidi unsih in costunga. auh arlosi unsih fona ubile.

Mittelhochdeutsch (Reinmar von Zweter, um 1230)

Reinmar von Zweter, mittelhochdeutscher Lyriker des 13. Jahrhunderts, Vertreter der so genannten Sangspruchdichtung, hat den Text vermutlich als Lied verfasst.

Got vater unser, dâ dû bist
in dem himelrîche gewaltic alles des dir ist,
geheiligt sô werde dîn nam, zuo müeze uns komen daz riche din!
Dîn wille werde dem gelîch
hie ûf der erde als in den himeln, des gewer unsich.
nu gip uns unser tegelîch brôt uns swes wir nâch dürftic sîn!
Vergip uns allen sament unser schulde,
als dû wilt, daz wir durch dîne hulde
vergeben, der wir ie genâmen
deneinen schaden, swie grôs er sî:
vor sünden kôr so mache uns vrî
und lœse uns ouch von allem übele! âmen!

Neuhochdeutsch (Martin Luther, 1520)

Vatter unßer, der du bist im hymell.
Geheyliget werde dein name. Zu kome dein reych.
Dein wille geschehe als im hymell und auff der Erden.
Unßer teglich brott gib uns heut.
Und vorlas uns unßere schulde, als wir
vorlassen unßern schuldigern. Und nit
einfure uns yn vorsuchungen, sondern erlosze
uns von dem ubell. Amen.

1▸ Beobachten Sie beim lauten Lesen die klanglich-phonetischen Besonderheiten jedes Textes. Lässt sich eine generelle Veränderung feststellen?

2▸
- Woran wird deutlich, dass die Übersetzung im germanischen (gotischen) Text einer anderen Denk- und Lebensweise angepasst worden ist?
- Welche Wendungen sind vom gegenwärtigen Deutsch aus deutlich zu erkennen, welche sind schwer oder gar nicht herleitbar?
- Versuchen Sie, innerhalb des Textes grammatische Gesetzmäßigkeiten, z. B. Verbindungen, zu erkennen. Suchen Sie mögliche Erklärungen für Begriffe wie »thiudinassus« und »thiudangardi«.

3▸ Verfolgen Sie die zweite (hochdeutsche) Lautverschiebung an den Unterschieden zwischen dem gotischen und dem althochdeutschen Text. Beobachten Sie die Entwicklung bestimmter Wendungen vom Gotischen zum Althochdeutschen wie: »ak lausei uns af thamma ubilin« – »auh arlosi unsih fona ubile«.

4 ▸

- Prüfen Sie innerhalb der drei deutschen Fassungen die Veränderungen in Satzbau, Wortschatz und Schreibweise. Lassen sich generelle Feststellungen treffen? Wo ist der Einfluss des lateinischen Satzbaus noch deutlich?
- Inwieweit ist die Veränderung zwischen mhd. Fassung und Luther-Text deutlicher als zwischen Althochdeutsch und Mittelhochdeutsch?
- Kennzeichnen Sie die klangliche und inhaltliche Wirkung der Texte.

Zweiter Teil: Paulus: Brief an die Epheser 1,3–8 in Übersetzungen

Vulgata	Mentel 1466	Luther 1522	Zinzendorf 1739	Bahrdt 1777	Menge 1926
Benedictus Deus et Pater Domini nostri Jesu Christi, qui benedixit nos in omni benedictione spirituali in caelestibus in Christo,	Got der ist gesegent vnd der vatter vnsers herren ihesu cristi der vns hat gesegent in allem geistlichen segen in den himelischen dingen in cristo:	3 Gebenedeyet sey Got und der vater Jhesu Christi, der vns gebenedeyet hat mit allerley geystlicher benedeyung, ÿm hymelischen wesen durch Christum,	Gelobt sey der GOtt und Vater JEsu Christi, unsers HErrn, der uns aus den himmlischen wohnungen durch JEsum Christum mit allem geistlichen segen überschüttet,	Gelobet sey der Gott und Vater unsers Herrn Jesu Christi, für die mannigfaltigen Güter, mit denen er unsere Seelen, in Absicht auf ihre ewige Wohlfahrt, durch Jesum Christum überschüttet hat,	Gepriesen sei der Gott und Vater unsers Vaters Jesus Christus, der uns mit jeder Art von geistlichem Segen, der in der Himmelswelt vorhanden ist, in Christus gesegnet hat!
sicut elegit nos in ipso ante mundi constitutionem,	als er vns hat derwelt in im selber vor der schickung der werlt:	4 wie er vns denn erwelet hatt durch den selben, ehe der welt grund gelegt war,	wie er uns voraus erwählet hat, um seinet willen, vor der grundlegung der welt,	und die er uns noch ehe die Welt war, in keiner andern Absicht zugedacht hatte,	Denn in ihm hat er uns schon vor Grundlegung der Welt erwählt,
ut essemus sancti et immaculati in conspectu eius in charitate.	das wir sein heilig vnd vnfleckhaftig in seiner bescheúd in der lieb.	das wyr solten seyn heylig vnnd vnstrefflich fur yhm ynn der liebe,	daß wir heilig seyn sollen, und untadelich vor seinem angesicht,	als uns zu frommen und rechtschaffenen Menschen zu machen, und unsere Herzen zur reinsten Liebe zu veredlen.	damit wir heilig und unsträflich vor ihm wären,
Qui praedestinavit nos in adoptionem filiorum per Iesum Christum in ipsum: secundum propositum voluntatis suae,	Der vns vor ordent in die gewinnung der súne durch ihesum christum in im selber nach dem fúrsatz seins willen	5 vnnd hatt vns verordenet zur kindschafft gegen yhm durch Jhesum Christ, nach dem wolgefallen seynes willens,	und hat aus liebe voraus beschlossen, uns durch JEsum Christum, und neben demselben zu kindern aufzunehmen, nach seinem freyen willen und wohlgefallen.	Denn das war von jeher sein gnädiger und durch keine äusserlichen Dinge bestimmter, sondern ganz freyer Rathschluß, daß er uns durch Christum zu seinen Kindern machen wollte,	und hat uns in Liebe durch Jesus Christus zu Kindern, die ihm angehören sollen, vorherbestimmt aus seinem freien Willensentschluss
in laudem gloriae gratiae suae, in qua gratificavit nos in dilecto filio suo.	in dem lobe der wunniglich seiner gnaden: in der er vns liebhett in seim lieben sun:	6 zu lob der herlickeyt seyner gnade, durch wilche er vns hat angenem gemacht ynn dem geliebten.	Zum ruhm seiner majestätischen gnade, damit er uns angesehen hat um des Geliebten willen,	um an uns seine Liebe zu verherrlichen – diejenige unermeßliche Liebe, sage ich, die er nun bereits an uns wirksam gemacht hat, durch den Geliebten,	zum Preise seiner herrlichen Gnade, die er uns in dem Geliebten geschenkt hat.
In quo habemus redemptionem per sanguinem eius, remissionem peccatorum secundum divitias gratiae eius,	in dem wir haben derlósung durch sein blůt in die vergibung der súnden nach den reichtumen seiner gnad	7 An wilchem wir haben die erlosung durch seyn blut, nemlich, die vergebung der Sunde, nach dem reychtum seyner gnade,	der mit seinem blute unser lösegeld worden ist, zur erlassung der missethaten, nach dem überschwang seiner gnade,	als durch dessen Tod wir eine vollkommene Befreyung – die Vergebung der Sünden – erlangt haben.	In diesem haben wir die Erlösung durch sein Blut, die Vergebung der Sünden; diese erfolgt nach dem Reichtum seiner Gnade,
quae superabundavit in nobis in omni sapientia, et prudentia:	die do vberbegnúgt in vns in aller weysheit vnd in der fúrsechung gots:	8 wilche er vbirschuttet hat auff vns, durch allerley weyszheyt und klugheyt,	die sich mit so grosser weisheit und einsicht vielfältig an uns bewiesen hat.	Denn durch ihn hat er uns auf die Wege der Weißheit und Tugend geleitet,	die er uns durch Mitteilung aller Weisheit und Erkenntnis reichlich hat zuteil werden lassen.

1▸ Welche Veränderungen im Satzbau sind zu beobachten?

2▸ Prüfen Sie die unterschiedlichen Übersetzungen einzelner Wörter, z. B.:
benedictus – gesegent usw.
propositum voluntatis suae – nach dem fürsatz seins willens usw.

3▸ Inwieweit lassen z. B. die Übersetzungen aus dem 18. Jahrhundert epochentypische, zeitgemäße Wendungen erkennen?

4▸ Vergleichen Sie demgegenüber eine Fassung dieser Textstelle aus der Gegenwart von Jörg Zink.

Ein Lied der Dankbarkeit

Gepriesen sei Gott,
der Vater unseres Herrn Jesus Christus,
der uns gesegnet und beschenkt hat
mit Segen des Geistes aus der himmlischen Welt,
durch Christus,
sein Wort und sein Werk.
Er hat uns erwählt vor dem Anfang der Welt,
ihm zu gehören, in Christus,
und heilig zu machen
und rein vor seinem Angesicht.
Aus Liebe bestimmte er uns,
seine Söhne zu sein,
durch Christus, den Sohn.
So war es sein Wille.

Dafür preisen wir seine Liebe
und das Licht seiner Freundlichkeit,
die er uns schenkte in ihm, dem Geliebten.
Durch seine Tat empfingen wir Freiheit,
durch sein Blut, seinen Tod,
Freiheit von all unsrer Schuld.
So groß ist sein Reichtum an Gnade,
die uns überschüttet.
In seiner Weisheit tat er uns kund
das Geheimnis seines Plans.

5▸ Entwerfen Sie eine eigene Übersetzung, die gerade junge Leute ansprechen könnte. Auch Jargon ist erlaubt.

6▸ Beziehen Sie in Ihre Überlegungen zur sprachlichen Entwicklung auch die folgenden Anmerkungen des Sprachwissenschaftlers Hans Eggers ein:

[...] Eine Revolution der ganzen germanischen Vorstellungswelt war erforderlich, damit das »Vater unser« überhaupt nur verstanden werden konnte. Allerdings hat sich diese Revolution in den langen Jahrhunderten germanischer Berührung mit dem Christentum bereits vorbereitet und zum großen Teil auch schon vollzogen. Aber überall, wo heidnischen Germanen das Christentum neu gepredigt wurde, auf deutschem Boden also z. B. durch die irische und die angelsächsische Mission, musste sich dieses revolutionierende Umdenken erneut ereignen. Was bedeutet es allein, das vorher nur irdisch bezogene Wort *Vater* auf den Herrn der Schöpfung anzuwenden und ihn als *unser Vater* anreden zu dürfen! Denn die Vorstellung eines Vatergottes, eines himmlischen Vaters aller Menschen, war den Germanen völlig fremd gewesen. Und dann dieses *in coelis: in himile!* In der germanischen Mythologie hatte es über Midgard, dem Schauplatz menschlichen Lebens und Wirkens, nur Asgard gegeben, den Bereich der Götter (Asen), ein »Lebensraum«, aber kein Reich. Als Himmel dagegen hatte man nur das gewölbte, sichtbare Sternenzelt bezeichnet. Welchen Bedeutungswandel muss also das ahd. Wort *himil* durchmachen, um – nach lateinischen Vorbild – zugleich auch den Himmel der Christen bezeichnen zu können, und welcher tief einschneidende Wandel der Vorstellungen steht dahinter, wenn jetzt *himil* und *ertha* (einst nur »der feste Erdboden«) als Komplemente verstanden werden sollen wie vorher Asgard und Midgard. [...]

G Reflexion über Sprache

- Texte zur Sprachtheorie
- Reflexion über Sprache in der Dichtung
- Sprache und Kreativität – Anregungen zu weiterführenden Arbeiten

Erster Teil: Texte zur Sprachtheorie

»Die Beziehung des Gedankens zum Wort ist keine Sache, sondern ein Prozess, diese Beziehung ist eine Bewegung vom Gedanken zum Wort und umgekehrt – vom Wort zum Gedanken … Der Gedanke drückt sich nicht im Wort aus, sondern erfolgt im Wort.«

Lew S. Wygotski: Denken und Sprechen. Frankfurt/M.: Fischer, 1971.

Diese Beziehung zwischen Denken und Sprache, Sprache und Welterklärung, Sprache und sozialen, gesellschaftlichen Entwicklungen hat in der Form von Sprachmodellen, Kommunikationsformeln und sprachphilosophischen Überlegungen eine lange Tradition in der sprachtheoretischen Wissenschaft, der Linguistik und nicht zuletzt bei Schriftstellern.
Mit den folgenden Texten werden einige wichtige Positionen in dieser Entwicklung vorgestellt:

Heinrich von Kleist: Über die allmähliche Verfertigung der Gedanken beim Reden. An R[ühle] v. L[ilienstern] (1805)

Wenn du etwas wissen willst und es durch Meditation nicht finden kannst, so rate ich dir, mein lieber, sinnreicher Freund, mit dem nächsten Bekannten, der dir aufstößt, darüber zu sprechen. Es braucht nicht eben ein scharfdenkender Kopf zu sein, auch meine ich es nicht so, als ob du ihn darum befragen solltest: nein! Vielmehr sollst du es ihm selber allererst erzählen. Ich sehe dich zwar große Augen machen, und mir antworten, man habe dir in frühern Jahren den Rat gegeben, von nichts zu sprechen, als nur von Dingen, die du bereits verstehst. Damals aber sprachst du wahrscheinlich mit dem Vorwitz, *andere*, ich will, dass du aus der verständigen Absicht sprechest, *dich* zu belehren, und so können, für verschiedene Fälle verschieden, beide Klugheitsregeln vielleicht gut nebeneinander bestehen. Der Franzose sagt, l'appétit vient en mangeant, und dieser Erfahrungssatz bleibt wahr, wenn man ihn parodiert, und sagt, l'idee vient en parlant.
Oft sitze ich an meinem Geschäftstisch über den Akten, und erforsche, in einer verwickelten Streitsache, den Gesichtspunkt, aus welchem sie wohl zu beurteilen sein möchte. Ich pflege dann gewöhnlich ins Licht zu sehen, als in den hellsten Punkt, bei dem Bestreben, in welchem mein innerstes Wesen begriffen ist, sich aufzuklären. Oder ich suche, wenn mir eine algebraische Aufgabe vorkommt, den ersten Ansatz, die Gleichung, die die gegebenen Verhältnisse ausdrückt, und aus welcher sich die Auflösung nachher durch Rechnung leicht ergibt. Und siehe da, wenn ich mit meiner Schwester davon rede, welche hinter mir sitzt, und arbeitet, so erfahre ich, was ich durch ein vielleicht stundenlanges Brüten nicht herausgebracht haben würde. Nicht, als ob sie es mir, im eigentlichen Sinne, *sagte*; denn sie kennt weder das Gesetzbuch, noch hat sie den Euler, oder den Kästner studiert[1]. Auch nicht, als ob sie mich durch geschickte Fragen auf den Punkt hinführte, auf welchen es ankommt, wenn schon dies

1 Sammlung juristischer Kommentare.

letzte häufig der Fall sein mag. Aber weil ich doch irgendeine dunkle Vorstellung habe, die mit dem, was ich suche, von fern her in einiger Verbindung steht, so prägt, wenn ich nur dreist damit den Anfang mache, das Gemüt, während die Rede fortschreitet, in der Notwendigkeit, dem Anfang nun auch ein Ende zu finden, jene verworrene Vorstellung zur völligen Deutlichkeit aus, dergestalt, dass die Erkenntnis zu meinem Erstaunen mit der Periode fertig ist. Ich mische unartikulierte Töne ein, ziehe die Verbindungswörter in die Länge, gebrauche wohl eine Apposition, wo sie nicht nötig wäre, und bediene mich anderer, die Rede ausdehnender, Kunstgriffe, zur Fabrikation meiner Idee auf der Werkstätte der Vernunft, die gehörige Zeit zu gewinnen. Dabei ist mir nichts heilsamer, als eine Bewegung meiner Schwester, als ob sie mich unterbrechen wollte; denn mein ohnehin schon angestrengtes Gemüt wird durch diesen Versuch von außen, ihm die Rede, in deren Besitz es sich befindet, zu entreißen, nur noch mehr erregt, und in seiner Fähigkeit, wie ein großer General, wenn die Umstände drängen, noch um einen Grad höher gespannt. In diesem Sinne begreife ich, von welchem Nutzen Moliere seine Magd sein konnte; denn wenn er derselben, wie er vorgibt, ein Urteil zutraute, das das seinige berichten konnte, so ist dies eine Bescheidenheit, an deren Dasein in seiner Brust ich nicht glaube. Es liegt ein sonderbarer Quell der Begeisterung für denjenigen, der spricht, in einem menschlichen Antlitz, das ihm gegenübersteht; und ein Blick, der uns einen halb ausgedrückten Gedanken schon als begriffen ankündigt, schenkt uns oft den Ausdruck für die ganz andere Hälfte desselben.

Ich glaube, dass mancher großer Redner, in dem Augenblick, da er den Mund aufmachte, noch nicht wusste, was er sagen würde. Aber die Überzeugung, dass er die ihm nötige Gedankenfülle schon aus den Umständen, und der daraus resultierenden Erregung seines Gemüts schöpfen würde, machte ihn dreist genug, den Anfang, auf gutes Glück hin, zu setzen.[2]

Mir fällt jener »Donnerkeil« des Mirabeau ein, mit welchem er den Zeremonienmeister abfertigte, der nach Aufhebung der letzten monarchischen Sitzung des Königs am 23ten Juni, in welcher dieser den Ständen auseinander zugehen anbefohlen hatte, in den Sitzungssaal, in welchem die Stände noch verweilten, zurückkehrte, und sie befragte, ob sie den Befehl des Königs vernommen hätten? »Ja«, antwortete Mirabeau, »wir haben des Königs Befehl vernommen« – ich bin gewiss, dass er, bei diesem humanen Anfang, noch nicht an die Bajonette dachte, mit welchen er schloss: »ja, mein Herr«, wiederholte er, »wir haben ihn vernommen« – man sieht, dass er noch gar nicht recht weiß, was er will. »Doch was berechtigt Sie« – fuhr er fort, und nun plötzlich geht ihm ein Quell ungeheurer Vorstellungen auf – »uns hier Befehle anzudeuten? Wir sind die Repräsentanten der Nation.« – Das war es, was er brauchte! »Die Nation gibt Befehle und empfängt keine« – um sich gleich auf den Gipfel der Vermessenheit zu schwingen. »Und damit ich mich ihnen ganz deutlich erkläre« – und erst jetzo findet er, was den ganzen Widerstand, zu welchem seine Seele gerüstet dasteht, ausdrückt: »So sagen Sie Ihrem Könige, dass wir unsere Plätze anders nicht, als auf die Gewalt der Bajonette verlassen werden.« – Worauf er sich, selbstzufrieden, auf einen

2 Anspielung auf die entscheidende Phase der französischen Revolution 1789; Bildung der Nationalversammlung als entscheidenden staatsrechtlichen Vorgang.

Stuhl niedersetzte. – Wenn man an den Zeremonienmeister denkt, so kann man sich ihn bei diesem Auftritt nicht anders, als in einem völligen Geistesbankerott vorstellen; nach einem ähnlichen Gesetz, nach welchem in einem Körper, der von einem elektrischen Zustand Null ist, wenn er in eines elektrisierten Körpers Atmosphäre kommt, plötzlich die entgegengesetzte Elektrizität erweckt wird. Und wie in dem elektrisierten dadurch, nach einer Wechselwirkung, der in ihm innewohnende Elektrizitätsgrad wieder verstärkt wird, so ging unseres Redners Mut, bei der Vernichtung seines Gegners, zur verwegensten Begeisterung über. Vielleicht, dass es auf diese Art zuletzt das Zucken einer Oberlippe war, oder ein zweideutiges Spiel an der Manschette, was in Frankreich den Umsturz der Ordnung der Dinge bewirkte. Man liest, dass Mirabeau sobald der Zeremonienmeister sich entfernt hatte, aufstand, und vorschlug: 1) sich sogleich als Nationalversammlung, und 2) als unverletzlich, zu konstituieren. Denn dadurch, dass er sich, einer Kleistischen Flasche gleich, entladen hatte, war er nun wieder neutral geworden, und gab, von der Verwegenheit zurückgekehrt, plötzlich der Furcht vor dem Chatelet, und der Vorsicht, Raum.

Dies ist eine merkwürdige Übereinstimmung zwischen den Erscheinungen der physischen und moralischen Welt, welche sich, wenn man sie verfolgen wollte, auch noch in den Nebenumständen bewähren würde. Doch ich verlasse mein Gleichnis, und kehre zur Sache zurück.

Auch Lafontaine gibt, in seiner Fabel: les animaux malades de la peste, wo der Fuchs dem Löwen eine Apologie zu halten gezwungen ist, ohne zu wissen, wo er den Stoff dazu hernehmen soll, ein merkwürdiges Beispiel von einer allmählichen Verfertigung des Gedankens aus einem in der Not hingesetzten Anfang. Man kennt diese Fabel. Die Pest herrscht im Tierreich, der Löwe versammelt die Großen desselben, und eröffnet ihnen, dass dem Himmel, wenn er besänftigt werden solle, ein Opfer fallen müsse. Viel Sünder seien im Volke, der Tod des größesten müsse die übrigen vom Untergang retten. Sie möchten ihm daher ihre Vergehungen aufrichtig bekennen. Er, für sein Teil, gestehe, dass er, im Drange des Hungers, manchem Schafe den Garaus gemacht; auch dem Hunde, wenn er ihm zu nahe gekommen; ja, es sei ihm in leckerhaften Augenblicken zugestoßen, dass er den Schäfer gefressen. Wenn niemand sich größerer Schwachheiten sich schuldig gemacht habe, so sei er bereit zu sterben. »Sire«, sagt der Fuchs, der das Ungewitter von sich ableiten will, »Sie sind zu großmütig. Ihr edler Eifer führt Sie zu weit. Was ist es, ein Schaf erwürgen? Oder ein Hund, diese nichtswürdige Bestie? Und: quant au berger«, fährt er fort, denn dies ist der Hauptpunkt: »On peut dire«; obschon er noch nicht weiß, was?« qu'il méritoit tout mal«; auf gut Glück; und somit ist er verwickelt; »etant«; eine schlechte Phrase, die ihm aber Zeit verschafft: »de ces gens la«, nun erst findet er den Gedanken, der ihn aus der Not reißt: »qui sur les animaux se font un chimerique empire«. Und jetzt beweist er, dass der Esel, der blutdürstige! (der alle Kräuter auffrisst), das zweckmäßigste Opfer sei, worauf alle über ihn herfallen, und ihn zerreißen.

Ein solches Reden ist wahrhaft lautes Denken. Die Reihen der Vorstellungen und ihrer Bezeichnungen gehen nebeneinander fort, und die Gemütsakte, für eins und das andere, kongruieren. Die Sprache ist alsdann keine Fessel, etwa wie ein Hemmschuh an dem Rade des Geistes, sondern wie ein zweites mit ihm parallel fortlaufendes, Rad an seiner Achse.

Etwas ganz anderes ist es, wenn der Geist schon, vor aller Rede, mit dem Gedanken fertig ist. Denn dann muss er bei seiner bloßen Ausdrückung zurückbleiben, und dies Geschäft, weit entfernt ihn zu erregen, hat vielmehr keine andere Wirkung, als ihn von seiner Erregung abzuspannen. Wenn daher eine Vorstellung verworren ausgedrückt wird, so folgt der Schluss noch gar nicht, dass sie auch verworren gedacht worden sei; vielmehr könnte es leicht sein, dass die verworrenst ausgedrückten gerade am deutlichsten gedacht werden. Man sieht oft in einer Gesellschaft, wo, durch ein lebhaftes Gespräch, eine kontinuierliche Befruchtung der Gemüter mit Ideen im Werk ist, Leute, die sich, weil sie sich der Sprache nicht mächtig fühlen, sonst in der Regel zurückgezogen halten, plötzlich, mit einer zuckenden Bewegung aufflammen, die Sprache an sich reißen und etwas Unverständliches zur Welt bringen. Ja, sie scheinen, wenn sie nun die Aufmerksamkeit aller auf sich gezogen haben, durch ein verlegnes Gebärdenspiel anzudeuten, dass sie selbst nicht mehr recht wissen, was sie haben sagen wollen. Es ist wahrscheinlich, dass diese Leute etwas recht Treffendes, und sehr deutlich, gedacht haben. Aber der plötzliche Geschäftswechsel, der Übergang ihres Geistes vom Denken zum Ausdrücken, schlug die ganze Erregung desselben, die zur Festhaltung des Gedankens notwendig, wie zum Hervorbringen, erforderlich war, wieder nieder. In solchen Fällen ist es um so unerlässlicher, dass uns die Sprache mit Leichtigkeit zur Hand sei, um dasjenige, was wir gleichzeitig gedacht haben, und doch nicht gleichzeitig von uns geben können, wenigstens so schnell als möglich, aufeinander folgen zu lassen. Und überhaupt wird jeder, der, bei gleicher Deutlichkeit, geschwinder als sein Gegner spricht, einen Vorteil über ihn haben, weil er gleichsam mehr Truppen als er ins Feld führt.

Wie notwendig eine gewisse Erregung des Gemüts ist, auch selbst nur, um Vorstellungen, die wir schon gehabt haben, wieder zu erzeugen, sieht man oft, wenn offene, und unterrichtete Köpfe examiniert werden, und man ihnen, ohne vorhergegangene Einleitung, Fragen vorlegt, wie diese: was ist der Staat? Oder: was ist das Eigentum? Oder dergleichen. Wenn diese jungen Leute in einer Gesellschaft befunden hätten, wo man sich vom Staat, oder vom Eigentum, schon eine Zeit lang unterhalten hätte, so würden sie vielleicht mit Leichtigkeit, durch Vergleichung, Absonderung und Zusammenfassung der Begriffe, die Definition gefunden haben. Hier aber, wo die Vorbereitung des Gemüts gänzlich fehlt, sieht man sie stocken, und nur ein unverständiger Examinator wird daraus schließen, dass sie nicht *wissen*. Denn nicht *wir* wissen, es ist allererst ein gewisser *Zustand* unsrer, welcher weiß. Nur ganz gemeine Geister, Leute, die, was der Staat sei, gestern auswendig gelernt, und morgen schon wieder vergessen haben, werden hier mit Antwort bei der Hand sein. Vielleicht gibt es überhaupt keine schlechtere Gelegenheit, sich von einer vorteilhaften Seite zu zeigen, als grade eine öffentliches Examen. Abgerechnet, dass es schon widerwärtig und das Zartgefühl verletzend ist, und dass es reizt, sich stetig zu zeigen, wenn solch ein gelehrter Rosskamm nach den Kenntnissen sieht, um uns, je nachdem es fünf oder sechs sind, zu kaufen oder wieder abtreten zu lassen: es ist so schwer, auf ein menschliches Gemüt zu spielen und ihm seinen eigentümlichen Laut abzulocken, es verstimmt sich so leicht unter ungeschickten Händen, dass selbst der geübteste Menschenkenner, der in der Hebeammenkunst der Gedanken, wie Kant sie nennt, auf das meisterhafteste bewandert wäre, hier noch, wegen der Unbekanntschaft mit seinem Sechswöchner Missgriffe tun könnte. Was übrigens solchen jungen Leuten, auch selbst den unwissendsten noch, in den meisten Fällen ein gutes Zeugnis verschafft, ist der Umstand, dass die Gemüter der Examinatoren, wenn die Prüfung öffentlich geschieht, selbst zu sehr befangen sind, um ein freies Urteil fällen zu können. Denn nicht nur fühlen sie häufig die Unanständigkeit dieses ganzen Verfahrens: man würde sich schon schämen, von jemanden, dass er seine Geldbörse vor uns ausschütte, zu fordern, viel weniger, seine Seele: sondern ihr eigener Verstand muss hier eine gefährliche Musterung passieren, und sie mögen oft ihrem Gott danken, wenn sie selbst aus dem Examen gehen können, ohne sich Blößen, schmachvoller vielleicht, als der, eben von der Universität kommende, Jüngling, gegeben zu haben, den sie examinierten.

(Die Fortsetzung folgt.) H. v. K.

Wilhelm von Humboldt: Über Denken und Sprechen (1830–1835)

1. Das Wesen des Denkens besteht im Reflektieren, d. h. im Unterscheiden des Denkenden von dem Gedachten.

2. Um zu reflektieren, muss der Geist in seiner fortschreitenden Tätigkeit einen Augenblick stillstehn, das eben Vorgestellte in eine Einheit fassen, und auf diese Weise, als Gegenstand, sich selbst entgegenstellen.

3. Die Einheiten, deren er auf diesem Wege mehrere bilden kann, vergleicht er wiederum untereinander, und trennt und verbindet sie nach seinem Bedürfnis.

4. Das Wesen des Denkens besteht also darin, Abschnitte in seinem eignen Gange zu machen; dadurch aus gewissen Portionen seiner Tätigkeit Ganze zu bilden; und diese Bildungen einzeln sich selbst untereinander, alle zusammen aber, als Objekte, dem denkenden Subjekte entgegenzusetzen.

5. Dein Denken, auch das reinste nicht, kann anders, als mit Hülfe der allgemeinen Formen unsrer Sinnlichkeit geschehen; nur in ihnen können wir es auffassen und gleichsam festhalten.

6. Die sinnliche Bezeichnung der Einheiten nun, zu welchen gewisse Portionen des Denkens vereinigt werden, um als Teile andern Teilen eines größeren Ganzen, als Objekte dem Subjekte gegenübergestellt zu werden, heißt im weitesten Verstande des Worts: Sprache.

7. Die Sprache beginnt daher unmittelbar und sogleich mit dem ersten Akt der Reflexion, und so wie der Mensch aus der Dumpfheit der Begierde, in welcher das Subjekt das Objekt verschlingt, zum Selbstbewusstsein erwacht, so ist auch das Wort da – gleichsam der erste Anstoß, den sich der Mensch selbst gibt, plötzlich stillzustehen, sich umzusehen und zu orientieren.

Wilhelm von Humboldt: Über die Verschiedenheit des menschlichen Sprachbaues … (1830–1835, Auszüge)

Ich nehme hier das Verfahren der Sprache in seiner weitesten Ausdehnung, nicht bloß in der Beziehung derselben auf die Rede und den Vorrat ihrer Wortelemente, als ihr unmittelbares Erzeugnis, sondern auch in ihrem Verhältnis zu dem Denk- und Empfindungsvermögen. Der ganze Weg kommt in Betrachtung, auf dem sie, vom Geiste ausgehend, auf den Geist zurückwirkt.

Die Sprache ist das bildende Organ des Gedanken. Die intellektuelle Tätigkeit, durchaus geistig, durchaus innerlich und gewissermaßen spurlos vorübergehend, wird durch den Laut in der Rede äußerlich und wahrnehmbar für die Sinne. Sie und die Sprache sind daher eins und unzertrennlich voneinander. Sie ist aber auch in sich an die Notwendigkeit geknüpft, eine Verbindung mit dem Sprachlaute einzugehen; das Denken kann sonst nicht zur Deutlichkeit gelangen, die Vorstellung nicht zum Begriff werden. Die unzertrennliche Verbindung des Gedanken, der Stimmwerkzeuge und des Gehörs zur Sprache liegt unabänderlich in der ursprünglichen, nicht weiter zu erklärenden Einrichtung der menschlichen Natur. [...]
Das Verfahren der Sprache ist aber nicht bloß ein solches, wodurch eine einzelne Erscheinung zu Stande kommt; es muss derselben zugleich die Möglichkeit eröffnen, eine unbestimmbare Menge solcher Erscheinungen und unter allen, ihr von dem Gedanken gestellten Bedingungen hervorzubringen. Denn sie steht ganz eigentlich einem unendlichen und wahrhaft grenzenlosen Gebiete, dem Inbegriff alles Denkbaren gegenüber. Sie muss daher von endlichen Mitteln einen unendlichen Gebrauch machen, und vermag dies durch die Identität der gedanken- und spracheerzeugenden Kraft. Es liegt hierin aber auch notwendig, dass sie nach zwei Seiten hin ihre Wirkung zugleich ausübt, indem diese zunächst aus sich heraus auf das Gesprochene geht, dann aber auch zurück auf die sie erzeugenden Kräfte. Beide Wirkungen modifizieren sich in jeder einzelnen Sprache durch die in ihr beobachtete Methode und müssen daher bei der Darstellung und Beurteilung dieser zusammengenommen werden. [...]

Wilhelm von Humboldt: Sprache als Organismus

Die Sprache, in ihrem wirklichen Wesen aufgefasst, ist etwas beständig und in jedem Augenblicke Vorübergehendes. Selbst ihre Erhaltung durch die Schrift ist immer nur eine unvollständige, mumienartige Aufbewahrung, die es doch erst wieder bedarf, dass man dabei den lebendigen Vortrag zu versinnlichen sucht. Sie selbst ist kein Werk (Ergon), sondern eine Tätigkeit (Energeia). Ihre wahre Definition kann daher nur eine genetische sein. Sie ist nämlich die sich ewig wiederholende Arbeit des Geistes, den artikulierten Laut zum Ausdruck des Gedanken fähig zu machen. Unmittelbar und streng genommen, ist dies die Definition des jedesmaligen Sprechens; aber im wahren und wesentlichen Sinne kann man auch nur gleichsam die Totalität dieses Sprechens als die Sprache ansehen. Denn in dem zerstreuten Chaos von Wörtern und Regeln, welches wir wohl eine Sprache zu nennen pflegen, ist nur das durch jenes Sprechen hervorgebrachte Einzelne vorhanden und dies niemals vollständig, auch erst einer neuen Arbeit bedürftig, um daraus die Art des lebendigen Sprechens zu erkennen und ein wahres Bild der lebendigen Sprache zu geben. Gerade das Höchste und Feinste lässt sich an jenen getrennten Elementen nicht erkennen und kann nur (was um so mehr beweist, dass die eigentliche Sprache in dem Akte ihres wirklichen Hervorbringens liegt) in der verbundenen Rede wahrgenommen oder geahndet werden. Nur sie muss man sich überhaupt in allen Untersuchungen, welche in die lebendige Wesenheit der Sprache eindringen sollen, immer als das Wahre und Erste denken. Das Zerschlagen in Wörter und Regeln ist nur ein todtes Machwerk wissenschaftlicher Zergliederung.

Benjamin L. Whorf: Das sprachliche Relativitätsprinzip (1963)

Als die Linguisten so weit waren, eine größere Anzahl von Sprachen mit sehr verschiedenen Strukturen kritisch und wissenschaftlich untersuchen zu können, erweiterten sich ihre Vergleichsmöglichkeiten. Phänomene, die bis dahin als universal galten, zeigten Unterbrechungen, und ein ganz neuer Bereich von Bedeutungszusammenhängen wurde bekannt. Man fand, dass das linguistische System (mit anderen Worten, die Grammatik) jeder Sprache nicht nur ein reproduktives Instrument zum Ausdruck von Gedanken ist, sondern vielmehr selbst die Gedanken formt, Schema und Anleitung für die geistige Aktivität des Individuums ist, für die Analyse seiner Eindrücke und für die Synthese dessen, was ihm an Vorstellungen zur Verfügung steht. Die Formulierung von Gedanken ist kein unabhängiger Vorgang, der im alten Sinne dieses Wortes rational ist, sondern er ist beeinflusst von der jeweiligen Grammatik. Er ist daher für verschiedene Grammatiken mehr oder weniger verschieden. Wir gliedern die Natur an Linien auf, die uns durch unsere Muttersprachen vorgegeben sind. Die Kategorien und Typen, die wir aus der phänomenalen Welt herausheben, finden wir nicht einfach in ihr – etwa weil sie jedem Beobachter in die Augen springen; ganz im Gegenteil präsentiert sich die Welt in einem kaleidoskopartigen Strom von Eindrücken, der durch unseren Geist organisiert werden muss – das aber heißt weitgehend: von dem linguistischen System in unserem Geist. Wie wir die Natur aufgliedern, sie in Begriffen organisieren und ihnen Bedeutungen zuschreiben, das ist weitgehend davon bestimmt, dass wir an einem Abkommen beteiligt sind, sie in dieser Weise zu organisieren – einem Abkommen, das für unsere ganze Sprachgemeinschaft gilt und in den Strukturen unserer Sprache kodifiziert ist. Dieses Übereinkommen ist natürlich nur ein implizites und unausgesprochenes, *aber sein Inhalt ist absolut obligatorisch*; wir können überhaupt nicht sprechen, ohne uns der Ordnung und Klassifikation des Gegebenen zu unterwerfen, die dieses Übereinkommen vorschreibt. […]

Zweiter Teil: Reflexion über Sprache in der Dichtung

Schriftsteller setzen sich in ihren Werken auch direkt mit dem Medium Sprache auseinander.

Günter Kunert: Meine Sprache (1965 v)

1
Ich spreche im Slang aller Tage derer
noch nicht Abend ist
in der verachteten und verbissenen der
Sprache die jedermann entspricht.

2
Diese
von Erstellern entstellte die von Betreuern
veruntreute von Durchführern früh schon
Verführte die
mehr zur Lüge taugt denn zur Wahrheit
ach welche
unter der erstarrten Syntax sich regt
wie unter Abfall wie unter Schutt wie
unter Tonnen von Schlacke.

3
Sprache
die mehr scheinen will als sein
aufgebläht
von sang- und klanglosen tingelnden
dinglosen Dingwörtern;
schwabbelnde Gallerte
quillt sie aus den öffentlichen Mündern
und Mündungen tropft von
den Lippen der Liebenden
trieft aus Radios
triumphiert.

4
Nichtssagend und blutleer und kraftlos
ein Kind des Landes finde ich sie
darniederliegend.

5
Und hebe sie auf
und nehme sie an mich: Die beste mir
der nichts besseres hat
und ein Vermögen dem der durch nichts sonst
zu leben vermag
als durch sie.

Johannes Bobrowski: Sprache (26.2.1963 e)

Der Baum
größer als die Nacht
mit dem Atem der Talseen
mit dem Geflüster über
der Stille

Die Steine
unter dem Fuß
die leuchtenden Adern
lange im Staub
für ewig

Sprache
abgehetzt
mit dem müden Mund,
auf dem endlosen Weg
zum Hause des Nachbarn

1▸ Erarbeiten Sie Kunerts (* 1929) Gedicht unter folgenden Gesichtspunkten:
- Um welche »Sprache« scheint es zu gehen? Nennen Sie Belege.
- Mit welchen sprachlichen Mitteln verdeutlicht Kunert sein Anliegen?
- An welchen Stellen werden grundsätzliche Sprachprobleme deutlich?
- Prüfen Sie genauer die Bedeutung der Überschrift ›Meine Sprache‹ und das Verhältnis eines Schriftstellers zur Sprache.

2▸ Untersuchen Sie in entsprechender Weise Bobrowskis (1917–1965) Gedicht.
- Welche Funktion und Bedeutung erhält Sprache hier?
- In welchem Zusammenhang wird sie gesehen?
- Welche grundsätzlichen Unterschiede im inhaltlichen Ausdruck und in der sprachlichen Gestaltung sind zu beobachten?

3▸ Vergleichen Sie die Aussagen zur Sprache mit Benns (1886–1956) Gedicht.
- Welche Funktionen hat das Wort hier?
- Vollziehen Sie den gedanklichen Vorgang nach, der in den beiden Strophen deutlich wird: Über welche ›Stationen‹ läuft die ›Geburt‹ des Wortes?
- Überlegen Sie, inwieweit sich in Benns Gedicht Zusammenhänge zwischen Denken und Sprechen erkennen lassen.

Gottfried Benn: Ein Wort (1941 v)

Ein Wort, ein Satz –: aus Chiffren steigen
erkanntes Leben, jäher Sinn,
die Sonne steht, die Sphären schweigen
und alles ballt sich zu ihm hin.

Ein Wort – ein Glanz, ein Flug, ein Feuer,
ein Flammenwurf, ein Sternenstrich –
und wieder Dunkel, ungeheuer,
im leeren Raum um Welt und Ich.

Eugen Gomringer: worte sind schatten (1969 v)

worte sind schatten
schatten werden worte

worte sind spiele
spiele werden worte

sind schatten worte
werden worte spiele

sind spiele worte
werden worte schatten

sind worte schatten
werden spiele worte

sind worte spiele
werden schatten worte

4▸ Wie wird in diesem Beispiel ›konkreter Poesie‹ der Begriff »worte« gebraucht, und welcher Aspekt der Sprache wird betont?
Mit welchen sprachlichen Mitteln wird dieser Aspekt von Gomringer (* 1925) verdeutlicht?

Helmut Heißenbüttel: Kalkulation über was alle gewusst haben (1965 v)

natürlich haben alle was gewusst der eine dies und der andere das aber niemand mehr als das und es hätte schon jemand sich noch mehr zusammenfragen müssen wenn er das gekonnt hätte aber das war schwer weil jeder immer nur an der oder der Stelle dies oder das zu hören kriegte heute weiß es jeder weil jeder es weiß aber da nützt es nichts mehr weil jeder es weiß heute bedeutet es nichts mehr als dass es damals etwas bedeutet hat als jeder nicht alles sondern nur dies oder das zu hören kriegte usw.
einige haben natürlich etwas mehr gewusst das waren die die sich bereit erklärt hatten mitzumachen und die auch insofern mitmachten als sie halfen die andern zu Mitmachern zu machen mit Gewalt oder mit Versprechungen denn wer geholfen hat hat natürlich auch was wissen müssen es hat zwar vor allen verheimlicht werden können aber nicht ganz vor allen usw.
und dann gab es natürlich welche die schon eine ganze Menge wussten die mittlere Garnitur die auf dem einen oder dem anderen Sektor was zu sagen hatten da haben sie zwar nur etwas verwalten können was organisiert war denen waren gewisse Einzelheiten bekannt sie hätten sich vielleicht auch das Ganze zusammenreimen können oder haben es vielleicht sogar getan aber sie trauten sich

nicht und vor allem fehlte ihnen eins und das war der springende Punkt was sie hätten wissen müssen wenn sie wirklich usw. […]

5▶ Untersuchen Sie den Text von Heißenbüttel (1921–1996) unter folgenden Gesichtspunkten:

- Welche Wirkung hat die ungegliederte Schreibweise?
- Fügen Sie Satzzeichen ein: Welche Veränderungen von Aussage und Wirkung sind zu beobachten?
- Prüfen Sie das Wortmaterial: Welche Bedeutung erhalten die wenigen groß geschriebenen Begriffe? Welche Funktion erhalten Worte wie »die«, »das«, »etwas«, »jeder«, »es«, »alles«? Welche Wirkung hat das angehängte »usw.«?
- Untersuchen Sie die Syntax: Wie sind vollständige und unvollständige Sätze, parataktische und hypotaktische Strukturen verteilt? Welche Aussageabsicht lässt sich erkennen?
- Der Titel enthält einen offensichtlichen grammatischen Fehler – worauf soll wohl verwiesen werden?
- Inwieweit handelt es sich um einen politischen Text? Worauf könnte er sich inhaltlich beziehen? Welcher Zusammenhang zwischen Sprache und Politik wird deutlich?

  Vergleichen Sie Ihre Beobachtungen mit den »Aussagen« vor Gericht in Max Frischs Theaterstück ›Andorra‹.

Bertolt Brecht: Fragen eines lesenden Arbeiters (1935 e)

Wer baute das siebentorige Theben?
In den Büchern stehen die Namen von Königen.
Haben die Könige die Felsbrocken herbeigeschleppt?
Und das mehrmals zerstörte Babylon –
wer baute es so viele Male auf? In welchen Häusern
des goldstrahlenden Lima wohnten die Bauleute?
Wohin gingen an dem Abend, wo die chinesische Mauer fertig war
die Maurer? Das große Rom
ist voll von Triumphbögen. Wer errichtete sie? Über wen
triumphierten die Cäsaren? Hatte das vielbesungene Byzanz
nur Paläste für seine Bewohner? Selbst in dem sagenhaften Atlantis
brüllten in der Nacht, wo das Meer es verschlang
die Ersaufenden nach ihren Sklaven.

Der junge Alexander eroberte Indien.
Er allein?
Cäsar schlug die Gallier.
Hatte er nicht wenigstens einen Koch bei sich?
Philipp von Spanien weinte, als seine Flotte
untergegangen war. Weinte sonst niemand?
Friedrich der Zweite siegte im Siebenjährigen Krieg. Wer
siegte außer ihm?
Jede Seite ein Sieg.

Wer kochte den Siegesschmaus?
Alle zehn Jahre ein großer Mann.
Wer bezahlte die Spesen?

So viele Berichte.
So viele Fragen.

Bertolt Brecht (1898–1956) ging es um die Sicht der ›anderen Seite‹, der Unterdrückten. In seinen Texten hat er oft mit Verfremdungstechniken gearbeitet, Vertrautes – auch sprachlich – unter einem ungewohnten Aspekt dargestellt. Prüfen Sie diese Überlegungen, auch im Anschluss an die Beobachtungen zur ›politischen Grammatik‹ Heißenbüttels, an diesem Gedicht.

6▸ Mit welchen sprachlich-rhetorischen Mitteln erzeugt Brecht die ›andere‹ Perspektive?

- ▸ In welchem inhaltlichen Verhältnis stehen Frage- und Aussagesätze? Um welche Art von Fragen handelt es sich? In welcher sozialkritischen Funktion werden sie eingesetzt? Prüfen Sie die Funktion der Fragepronomen.
- ▸ Welche Frage und welche Antwort stecken hinter diesen Fragen als politische Aussage?
- ▸ Welche Bedeutung hat der elliptische Satz »Er allein?« in der Struktur und der Aussage des Textes? Was wird in den beiden Schlusssätzen deutlich?

Der Gebrauch des Konjunktivs im Deutschen ermöglicht eine besondere Haltung gegenüber der Wirklichkeit.

7▸ Untersuchen Sie die jeweilige Funktion des Konjunktivs in den beiden folgenden Texten. Unterscheiden Sie, wo der Konjunktiv Mögliches, Wahrscheinliches oder Irrationales ausdrückt.

Peter Handke: Das Einsetzen der Erinnerung (1964)

Damals, sagte mein Bruder, sei ich vor dem Ofen gesessen und hätte in das Feuer gestarrt.

Er sei noch im Regen vor Tagesanbruch von hinten auf die Anhöhe gekommen; ohne zu schauen, sei er durch den Weidedraht in das Feld gestiegen, der Draht habe ihm ins Gesicht gekratzt, er sei weiter abwärts über den Acker gelaufen, das Feld sei damals schon brach gewesen, Schlamm und von den Bäumen gewehte verfaulte Blätter hätten sich im Laufen an seine Sohlen geklumpt, er sei darauf schrittweis über das Feld auf das Haus zu gegangen, vor den Bäumen sei er wieder in Lauf gefallen, er sei durch das Gras und über den Weg gelaufen, er habe diesseits des Wegs in das nasse Gras, ohne stehen zu bleiben, mit den Füßen selbst links und rechts von den Sohlen die Wülste des Feldschlamms gestreift, er sei zugleich die Mauer entlang zu dem Holzstoß gegangen, er habe den Fuß in die Fugen des Stoßes gesetzt, er sei, zuerst gekrümmt Hals über Kopf, dann aufrecht Kopf über Hals, den Holzstoß hinaufgestiegen und habe im Steigen schon durch die doppelten Scheiben geschaut, habe hier drinnen etwas gesehen, habe etwas sitzen sehen, habe einen in einem Hemd vor dem Feuer sitzen sehen, habe hier drinnen mich auf dem Bett vor dem Feuer sitzen sehen.

8▶ Welcher Vorgang wird bei Handke (* 1942) beschrieben?
- Über welche Stationen läuft die Erinnerung? Klären Sie dabei auch die Funktion des langen Satzes.
- Prüfen Sie genau die sprachliche Wiedergabe der erinnernden Annäherung in den Schlusszeilen: Welcher Aspekt des Zusammenhangs von Sprache und Denken wird hier berührt?
- Vergleichen Sie Anfang und Schluss.

Franz Kafka: Auf der Galerie (1919 v)

Wenn irgendeine hinfällige, lungensüchtige Kunstreiterin in der Manege auf schwankendem Pferd vor einem unermüdlichen Publikum vom Peitschen schwingenden erbarmungslosen Chef monatelang ohne Unterbrechung im Kreise rundum getrieben würde, auf dem Pferde schwirrend, Küsse werfend, in der Taille sich wiegend, und wenn dieses Spiel unter dem nichtaussetzenden Brausen des Orchesters und der Ventilatoren in die immerfort weiter sich öffnende graue Zukunft sich fortsetzte, begleitet vom vergehenden und neu anschwellenden Beifallsklatschen der Hände, die eigentlich Dampfhämmer sind – vielleicht eilte dann ein junger Galeriebesucher die lange Treppe durch alle Ränge hinab, stürzte in die Manege, riefe das: Halt! durch die Fanfaren des immer sich anpassenden Orchesters.

Da es aber nicht so ist; eine schöne Dame, weiß und rot, hereinfliegt, zwischen den Vorhängen, welche die stolzen Livrierten vor ihr öffnen; der Direktor, hingebungsvoll ihre Augen suchend, in Tierhaltung ihr entgegenatmet; vorsorglich sie auf den Apfelschimmel hebt, als wäre sie seine über alles geliebte Enkelin, die sich auf gefährliche Fahrt begibt; sich nicht entschließen kann, das Peitschenzeichen zu geben; schließlich in Selbstüberwindung es knallend gibt; neben dem Pferde mit offenem Munde einher läuft, die Sprünge der Reiterin scharfen Blickes verfolgt; ihre Kunstfertigkeit kaum begreifen kann; mit englischen Ausrufen zu warnen versucht; die reifenhaltenden Reitknechte wütend zu peinlichster Achtsamkeit ermahnt; vor dem großen Salto mortale das Orchester mit aufgehobenen Händen beschwört, es möge schweigen; schließlich die Kleine vom zitternden Pferde hebt, auf beide Backen küsst und keine Huldigung des Publikums für genügend erachtet; während die selbst, von ihm gestützt, hoch auf den Fußspitzen, vom Staub umweht, mit ausgebreiteten Armen, zurückgelehntem Köpfchen ihr Glück mit dem ganzen Zirkus teilen will – da dies so ist, legt der Galeriebesucher das Gesicht auf die Brüstung und, im Schlussmarsch wie in einem schweren Traum versinkend, weint er, ohne es zu wissen.

9▶ In welchem Verhältnis stehen Wirklichkeit und Möglichkeit in Kafkas Text?
- Welche Funktion erhalten die Konjunktionen *wenn – da*?
- Inwieweit unterstützt die Satzstruktur jeweils die Aussage?

- Untersuchen Sie die Bedeutung der gehäuften Partizipialkonstruktionen im ersten Abschnitt und der Reihung von Satzgliedern - durch Semikolon getrennt - im zweiten.
- Prüfen Sie die jeweilige Bedeutung von Attributen und Adverbien.
- Welches Problem der Wirklichkeitserfahrung durch Sprache wird in den Sätzen *Da dies aber nicht so ist* und *da dies so ist* deutlich?
- Klären Sie, welches grundsätzliche existentielle Problem in diesem Text angesprochen wird. Er gilt als ›Parabel‹, als gleichnishafter Text. Wofür stehen die hier sprachlich so bewusst gezeichneten Szenen?
- Vergleichen Sie Ihre Beobachtungen zu Inhalt und Sprache mit Kafkas Texten ›Der Nachbar‹ (S. 73 f.) und ›Der Schlag ans Hoftor‹ (S. 99 f.).

Die Frage der Grenzen sprachlicher Ausdrucksfähigkeit wird unterschiedlich thematisiert, entweder z. B. im Hinblick auf die Grenzen des Wortmaterials oder im Hinblick auf die Diskrepanz zwischen Wort und Welt oder auch hinsichtlich der Sprachlosigkeit in existentiellen Krisen.

10▶ Untersuchen Sie die folgenden Texte: Wo werden jeweils die Grenzen der Mitteilungsmöglichkeit gesehen?

Leo Tolstoi: Der Blinde und die Milch

Einer, der von Geburt blind war, fragte einen Sehenden:
»Von welcher Farbe ist die Milch?«
Der Sehende sagte: »Milch hat die gleiche Farbe wie leeres Schreibpapier.«
Der Blinde fragte: »Ach, so ist das Weiße, dass es unter den Händen knistert wie Papier?«
Der Sehende sagte: »Nein, Milch ist weiß, wie Mehl weiß ist.«
Der Blinde fragte: »Ach so, das Weiße ist weiß und stäubt wie Mehl?«
Der Sehende sagte: »Nein, es ist weiß, wie eben ein Schneehase weiß ist.«
Der Blinde fragte: »Also flaumig und ebenso weich wie ein Hasenfell ist das Weiße?«
Der Sehende sagte: »Nein, nein, nur einfach eben weiß ist das Weiße – wie Schnee.«
Der Blinde fragte: »Aha, also kalt wie Schnee?«
Und so viele Beispiele der Sehende auch vorbrachte, der Blinde konnte nicht fassen, was das Weiße der Milch sei.

Übersetzung: Hans Baumann

11▶ Welcher Zusammenhang besteht zwischen unmittelbarer Erfahrung durch die Sinne und mittelbarer durch die Sprache bei Tolstoi (1828–1910)?

- Prüfen Sie, inwieweit die Orientierung in der Welt, die Erfahrung der Umwelt durch die Sinne und durch die Sprache geleistet werden kann.
- Inwiefern wird die eigene Erfahrung von Kommunikation mit anderen und deren Erfahrungen bestimmt?
- Diskutieren Sie Möglichkeiten, dem Blinden das »Weiß« nahe zu bringen.

Peter Handke: Der Rand der Wörter I (1966 v)

Der Stadtrand	:	Der Rand der Stadt
Der Gletscherrand	:	Der Rand des Gletschers
Der Grabenrand	:	Der Rand des Grabens
Der Schmutzfleckrand	:	Der Rand des Schmutzflecks
Der Feldrand	:	Der Rand des Feldes
Der Wegrand	:	Der Rand des Weges
Der Trauerrand	:	Der Rand der Trauer

12▸ Versuchen Sie in eigene Worte zu fassen, was Handke hier verdeutlichen will: Was ist der »Rand« der Wörter?

- ▸ Untersuchen Sie genau Struktur, sprachliche und optische Gestaltungsmittel. Inwieweit verdichtet sich in der Gegenüberstellung von »Trauerrand« und »Rand der Trauer« das angesprochene Problem?
- ▸ Welche bildlichen Vorstellungen lassen die aufgelisteten ›Grenzsituationen‹ entstehen? Welche Bedeutungsgeschichten des Wortes und der Wörter werden ›freigelegt‹?
- ▸ Diskutieren Sie die Frage, ob das ›uneigentliche‹ Sprechen, die Metapher, Zeichen für die Unfähigkeit zu direkter Aussage oder Flucht vor ihr ist oder Zugriff auf einen Grenzbereich.

Dritter Teil: Sprache und Kreativität

Kurt Tucholsky: Mir fehlt ein Wort (1929 v)

Ich werde ins Grab sinken, ohne zu wissen, was die Birkenblätter tun. Ich weiß es, aber ich kann es nicht sagen. Der Wind weht durch die jungen Birken; ihre Blätter zittern so schnell, hin und her, daß sie … was? Flirren? Nein, auf ihnen flirrt das Licht; man kann vielleicht allenfalls sagen: die Blätter flimmern … aber es ist nicht das. Es ist eine nervöse Bewegung, aber was ist es? Wie sagt man das? Was man nicht sagen kann, bleibt unerlöst – ›besprechen‹ hat eine tiefere Bedeutung. Steht bei Goethe ›Blattgeriesel‹? Ich mag nicht aufstehen, es ist so weit bis zu diesen Bänden. Vier Meter und hundert Jahre. Was tun Birkenblätter – […]

Was tun die Birkenblätter –? Nur die Blätter der Birke tun dies; bei den andern Bäumen bewegen sie sich im Winde, zittern, rascheln, die Äste schwanken, mir fehlt kein Synonym, ich habe sie alle. Aber bei den Birken, da ist es etwas andres, das sind weibliche Bäume – merkwürdig, wie wir dann, wenn wir nicht mehr weiterkönnen, immer versuchen, der Sache mit einem Vergleich beizukommen; es hat ja eine ganze österreichische Dichterschule gegeben, die nur damit arbeitete, daß sie Eindrücke des Ohres in die Gesichtssphäre versetzte und Geruchsimpressionen ins Musikalische – es ist ein amüsantes Gesellschaftsspiel gewesen, und manche haben es Lyrik genannt. Was tun die Birkenblätter? Während ich dies schreibe, stehe ich alle vier Zeilen auf und sehe nach, was sie tun. Sie tun es. Ich werde dahingehen und es nicht gesagt haben.

13▶ Versuchen Sie das Wort, nach dem Tucholsky sucht, zu finden, zu »erfinden«. Welcher Klang, welche Assoziationen, welche neuen Zusammensetzungen bekannter Wortteile passen zu dem, was er beschreibt? Tauschen Sie sich darüber mit anderen in der Gruppe aus, vergleichen Sie die Ergebnisse.

14▶ Gehen Sie davon aus, dass zu jeder Zeit Wörter neu erfunden werden und entweder Eingang in die Alltagssprache finden oder individuelle Einzelerscheinungen bleiben. Informieren Sie sich über die Zeiten und Bereiche, in denen es besonders viele Neuschöpfungen gab und gibt (Barock, Sprachgesellschaften, Computer usw.) und erarbeiten Sie Ursachen für eine solche Entwicklung.

15▶ Machen Sie sich das Vergnügen, in Situationen, in denen Ihnen ein treffender Begriff, das richtige Wort fehlt, nicht gleich nach Synonymen zu suchen (Internet, Lexikon), sondern sich bewusst auf das eigene Sprachgefühl zu verlassen und »neue« Wörter zu kreieren. Verfolgen Sie im nachhinein oder parallel dazu den gedanklichen und gefühlsmäßigen Prozess, der dabei abläuft und halten Sie ihn als Skizze fest: Über welche Stationen läuft die »Wortneuschöpfung«?

16▶ Beschreiben Sie Abschnitt für Abschnitt, wie die Autorin in folgendem Text ihr »Lieblingswort« darstellt:

- Welche Aspekte des Wortes werden beleuchtet? In welcher Art und Weise?

17▶ Schreiben Sie selbst über ein »Lieblingswort« oder entgegengesetzt über ein »Unwort«, ein besonders ärgerliches, sperriges, unangenehmes Sprachgebilde.

Julia Franck: Also sprach es. Nietzsche wusste, warum: »Mein Lieblingswort« (Der Tagesspiegel, 5.8.2004)

Der »Deutsche Sprachrat« und das Goethe-Institut haben in einer Publikums-Umfrage das »liebste, schönste, kostbarste deutsche Wort« gesucht. Aus aller Welt gingen bis August über 22 000 Vorschläge ein, die jetzt ausgewertet werden. […]

Also fangen wir an. Das schönste Wort ist zweifellos dieses viel versprechende und alles verheißende, das nichts verratende und doch so wohlklingende Wort also. Zweifelhaft ist es also – also zum Verzweifeln. Ein Partikel nur? Der Auftakt schlechthin. Wer also sagt, der sagt also, er hat etwas zu erzählen. Der möchte kundtun und überzeugen. »Unaussprechbar ist und namenlos, was meiner Seele Qual und Süße macht und auch noch der Hunger meiner Eingeweide ist«: Also sprach Zarathustra von Freuden – und von Leidenschaften. Doch wusste Nietzsche es besser und stellte dem Unaussprechbaren, vielleicht gar Undenkbaren jenes Wort voran: Also. Also gibt es das also? Und nicht erst seit heute, schon gestern im Mittelhochdeutschen, selbst letzte Woche im Althochdeutschen: ein durch al verstärktes so. In den Schatztruhen und Grabkammern und Schlupflöchern unserer Sprache, unserer Welt also. Und nicht nur im Deutschen, auch im Englischen und Niederländischen, also verzweigt und in Familien.

Ganze Banden also. Bloß in jeder Familie ein anderes also und in jedem Satz und jeder Betonung ein wieder ganz anderes. Mein Kind umgarnt mich mit Fragen, allen voran und mit Dringlichkeit – Neugier hatte es im Nacken, Schalk in den Augen und das Verlangen nach eines Rätsels Lösung, als es fragte »Also, was heißt also?« – und doch mitten im Satz, in Erwartung meiner Antwort, die Luft anhielt, also nicht mehr ausatmen wollte und konnte, bevor ich ihm also geantwortet haben würde. Wie konnte ich angesichts eines so erhabenen schönen Wortes nicht ins Stottern geraten? Verrat sollte ich üben an diesem Wort, meinem Kind zuliebe. Geschah es nicht also? Von vorne, von hinten und mitten hindurch – nichts als also, also überall: Laos, so, und als, das All, all das, ganz zu schweigen von sao und los und las, auch so lala und wann und wie, das alles steckt darin, und noch mehr also: Also war es – und also ist es. Also verstehst du? Du weißt also? Rede ich also vergebens, ist also alles umsonst.

Was für eine Sprache also hätten wir, die nur in ihrer Funktion taugte und also kaum im Klang ihre Lieblichkeit offenbarte? Eine mathematische also? Also das also als x. Warum dann nicht gleich x? Also, so was, also. Ganz bestimmt nicht.

Also selbst wenn es nicht bis ins Letzte erklärbar und gerade weil es das also ist. Natürlich könne ich ohne das also leben. Also lebensnotwendig ist es nicht. Man kann ja auch ohne das Wort »piefig« leben, zumindest der Duden glaubt das. Na also. Also nichts leichter als das? Doch ist es ja mein teuerstes, und warum sollte ich, selbst wenn ich könnte, ohne dieses Wort leben.

Wie sollte ich wollen? Was könnte es nicht alles bedeuten, wie nicht alles sagen. Ein fragendes also? Ein kopfschüttelndes also, ja ein wütendes also! Ein bescheidenes also, meine ich, ginge so gut als ein pathetisches also, und nicht zu vergessen das unsichere, kaum vorhandene also, ich weiß nicht, also – etwa schon erschöpft? Also was jetzt? Ein zärtliches lockendes, ein aufforderndes: also, also zu flüstern: also.

Julia Franck, 1970 in Ost-Berlin geboren, 1978 nach West-Berlin gezogen, siegte 1995 beim Berliner »Open Mike«-Wettbewerb und erhielt 2004 den Marie-Luise-Kaschnitz-Preis. Letztes Jahr erschien im DuMont Verlag ihr zweiter Roman »Lagerfeuer«.

H Europäische Spiegelungen

- Beispiele europäischer interkultureller Bildsprache (Motivstränge und Bildtraditionen: Antike, Bibel, Kabbala, Götter- und Heldensagen, Volksmärchen)

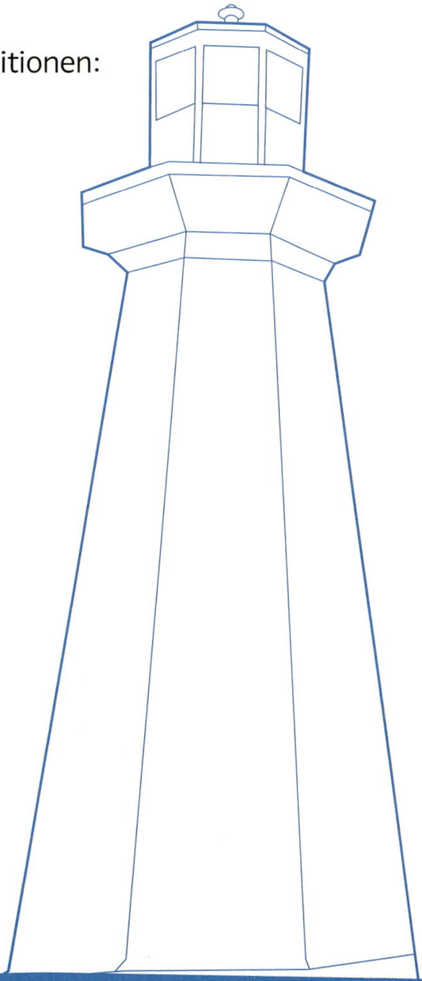

Bildsprache

Wie die Zusammenschau der Themen und Motive im geschichtlichen Wandel im nächsten Kapitel exemplarisch zeigt, gibt es so etwas wie eine tradierte europäische/interkulturelle Bildsprache – Motive, Symbole, Metaphern, die ein Netzwerk bewusst oder auch unbewusst genutzter Formen, Muster, Chiffren, Anspielungen, semantischer Schichten und Assoziationen bilden, das sich bis in die Gegenwartsliteratur verfolgen lässt und wirksam ist, ähnlich der Ikonografie im Bereich der Bildenden Kunst – sozusagen ein Humus jederzeit abrufbarer sprachlicher Bilder, bei deren Verwendung vielfältige Bedeutungsassoziationen mitschwingen.
Diese »Bildstränge« zu kennen, ermöglicht, an einer interkulturellen Verständigung über Jahrhunderte und gesellschaftliche und politische Grenzziehungen hinweg teilzuhaben, und dies erleichtert auch die literarische Spurensuche vor allem in der Lyrik. Einiges sei hier ansatzweise vorgestellt.

Quellen

Die wichtigsten Quellen dieser Bildsprache:

Antike
- die antike Mythologie und die Heldensagen des klassischen Altertums sowie die entscheidenden philosophischen Strömungen (Platon, Aristoteles, Sokrates, Heraklit u. a.)

Bibel
- die Bibel mit Altem und Neuem Testament und einer Gruppe mythologischer Schriften, die nicht in den biblischen Kanon aufgenommen wurden (Luzifer, der gefallene Engel u. a.)

jüdische Mystik
- die jüdische Mystik – vor allem die Schriften der jüdischen Kabbala (Buchstaben- und Zahlensymbolik)

Heldensagen
- die germanischen Götter- und Heldensagen und die Volksmärchen.

Zur Antike

Wirksam geworden sind vor allem:

griech./römische Götterwelt
- Die griechisch-römische Götterwelt auf dem Olymp, mit Göttervater Zeus bzw. Jupiter und seinen Liebesabenteuern (u. a. Leda und der Schwan; Europa und der Stier); die Liebesgöttin Aphrodite bzw. Venus (die Schaumgeborene, dem Meer, der Muschel Entstiegene); der Kriegsgott Ares bzw. Mars, der geflügelte Götterbote Hermes bzw. Merkur (vgl. Bedeutung der gefiederten Lebewesen als Boten einer transzendenten Welt, Trakl: ›Verfall‹); Apoll als Gott der neun Musen, des Lichtes, der »reinen« Schönheit und als Gegenbild Dionysos als Gott des Rausches, der sexuellen Ekstase, der animalisch-triebgebundenen Natur (vgl. T. Mann: ›Tod in Venedig‹).

Orpheus
- Von besonderer Bedeutung für die Kunst ist Orpheus, Sohn des Apollon und der Muse Kalliope, Sänger und Lyra-Spieler (Leier, Kithara), der mit seinem Gesang Steine, Tiere und Bäume sowie die Geister der Schattenwelt (des Hades) bezaubern konnte – Eurydike, die aus dem Hades zurückgeholte Geliebte (vgl. Rilke, ›Sonette an Orpheus‹; Hahn: ›Verbesserte Auflage‹).

Fluss Styx
- Das Bild des Flusses Styx, über den der Fährmann Charon mit seinem Nachen (später Narrenschiff, Schiff als Symbol begrenzten menschlichen Lebens) gegen einen Obolos die Verstorbenen in das Schattenreich des Hades hinübergeleitet (vgl. Th. Mann: ›Tod in Venedig‹, G. Eich: ›Ende eines Sommers‹).

Hirtengott Pan
- Der Hirtengott Pan, der mit seiner Flöte in der flirrenden Hitze des Mittags alle Natur verzaubert und erstarren lässt.

- Außerdem die Gestalten und Motive aus den Heldenepen des Homer (5. Jh. v. Chr.), der ›Odyssee‹ und der ›Ilias‹, dem Kampf um Troja; der listenreiche Seefahrer Odysseus und seine Abenteuer, z. B. die Fahrt durch Scylla und Carybdis – zum geflügelten Wort geworden bei zwei gleich schweren Herausforderungen; das Duell der großen Helden Achill und Hector; das Trojanische Pferd; die großen Frauengestalten wie die schöne Helena, um derentwillen der Trojanische Krieg ausbrach; die für die Gunst der griechischen Götter vermeintlich geopferte Iphigenie; die sehnsüchtige Nausikaa; die treue Ehefrau Penelope; die Prophetin Kassandra – außerdem das Bild vom blinden Seher und Sänger; die Vorstellung des Labyrinths und des Hauptes der Medusa; dazu die Protagonisten und Hauptakteure der griech. Dramen des 4. und 5. Jh. v. Chr. (u. a. Antigone, Medea, Ödipus) sowie einzelne Motive aus den wichtigsten philosophischen Strömungen der griechischen Antike: die Elementenlehre der Vorsokratiker; Heraklits Vorstellung vom Bogen als Gleichnis für den Lebenslauf u. v. m.

Gestalten/Motive aus Homers Heldenepen

Zur Bibel

Hier sind mit Bildern und Motiven vor allem literarisch wirksam geworden:

Bilder/Motive

- die Schöpfungsgeschichte und die Vertreibung von Adam und Eva aus dem Paradies – Baum der Erkenntnis
- der Brudermord – Kain und Abel
- die Gleichnisse (z. B. Das Gleichnis vom verlorenen Sohn)
- die Psalmen
- Geburt und Tod Christi, vor allem die Symbolik des Abendmahls und die Wunderheilungen
- die Offenbarung des Johannes (die Apokalypse) mit den Bildern der vier apokalyptischen Reiter, das Neue Jerusalem, das 7. Siegel (vgl. Zahlensymbolik), der Baum und das Wasser des Lebens
- die Vorstellung des Menetekels, der Schrift an der Wand (»gewogen und zu leicht befunden«) als Prophezeiung von Untergang und Vernichtung
- der Turm zu Babel.

Hohes Lied

Von besonderer Bedeutung: das *Hohe Lied* als Ursprung aller wesentlichen Elemente europäischer Liebeslyrik. Das so genannte ›Lied der Lieder‹ ist erst spät in den Kanon der Bibel aufgenommen worden. Es stammt aus einer Sammlung von 30 Hochzeitsliedern aus Jerusalem, ungefähr aus dem 3. Jh. v. Chr., die als schönstes Zeugnis altorientalischer erotischer Literatur gelten wegen ihres großen Bilderreichtums und einer poetischen Sprache mit persisch-iranisch-aramäischen Lehnwörtern. Zentrale Motive sind die auf altägyptisch-altorientalische Traditionen zurückgehenden Beschreibungen von Braut und Bräutigam: die Vergleiche der Körperteile mit der Tier- und Pflanzenwelt, mit Farben, Blumen (rot und weiß, Rose und Lilie als Farben und Blumen der Liebe) und Früchten, Metaphern für die sinnliche/körperliche Vereinigung, z. B. das Bild des geschlossenen Gartens für die Jungfräulichkeit, das Blumenbett als Bild der Vereinigung. In diesen Bereich gehört die Zuordnung zum legendären israelitischen König Salomon und der Braut Sulamith (vgl. Paul Celan: ›Todesfuge‹, Walther von der Vogelweide: ›Under der linden‹, Ingeborg Bachmann: ›Erklär mir Liebe‹, Ulla Hahn: ›Mit Haut und Haar‹, Kurt Schwitters: ›Anna Blume‹ u. a.).

Zur jüdischen Kabbala

Die Kabbala (heißt: Überlieferung) ist eine Sammlung von in der Zeit zwischen dem 9. und 12. Jh. entstandenen Schriften der jüdischen Mystik und Philosophie auf der Basis eines umfangreichen hebräischen und aramäischen Schrifttums.

Im Zentrum stehen der Schöpfungsbericht und eine Vision des Propheten Hesekiel: die Beschreibung seiner Reise durch 7 Himmel und 7 Paläste. In diesem Buch der Schöpfung wird versucht, durch eine logische Verbindung aller Bereiche von Mikrokosmos und Makrokosmos das Geheimnis der Schöpfung als ein sozusagen mathematisch-logisches Grundprinzip zu entschlüsseln.

Zahlenmystik

Hierbei werden die 10 Grundzahlen (Sefirot) und die 22 hebräischen Buchstaben als Ordnungsprinzipien gesehen, die Gott und die materielle Welt verbinden, insgesamt der Versuch einer mystisch-spekulativen Interpretation zur Deutung der Welt. Vor allem die Zahlensymbolik und die Buchstabenkabbala haben durch die weitere Ausformung durch den schlesischen Mystiker Jakob Böhme (1575–1624) eine intensive Wirkung auf die gesamte Barockliteratur mit der in ihr bevorzugten Sonettform (Andreas Gryphius, Quirinus Kuhlmann u. a.). Hierbei werden weitere spekulativ »logische« Verbindungen hergestellt: Zuordnung von Farben, Blumen, Mineralien, Metallen bis hin zu Geschmacksrichtungen. Die Ende des Mittelalters, Anfang der Neuzeit wachsende Bedeutung der Alchemie spielt in diese Vorstellungen hinein, wie auch der Ansatz aufgrund neuer Erfindungen und Entdeckungen die »Weltformel« zu finden (Faust).

Zahlensymbolik
Buchstaben-Kabbala

Paracelsus
Nostradamus

Die mystisch-naturwissenschaftlichen Schriften des Paracelsus und die Prophezeiungen und Welterklärungsversuche des Nostradamus gehören in dieses Umfeld. Die allegorisch-typologische Auslegung der Schöpfungsgeschichte war der Versuch, alle Teile der Welt einem göttlichen Grundprinzip zuzuordnen, gerade auch, um die aufkeimenden ersten wissenschaftlichen Beobachtungen, die z. T. im Widerspruch zu den kirchlichen Dogmen standen, dennoch mit den religiösen Vorstellungen der Zeit zu verbinden.

Zahlenmetaphern

Durch die Mischung aus biblischen, jüdischen, mystischen Elementen entstehen nachwirkende Zahlenmetaphern: So ist die 3 das Bild der Dreieinigkeit, die 4 die Zahl der Erde (4 Himmelsrichtungen, 4 Elemente usw.). Aus beiden ergibt sich mit der Zahl 7 die offenbarende, heilige Zahl für den gesamten göttlichen Kosmos, ursprünglich bereits in vorchristlicher Zeit abgeleitet von den bislang bekannten 7 Planeten. Ganz handfest werden solche Bedeutungen z. B. in der Bestimmung der 7 Kurfürsten in der Goldenen Bulle von 1356. Neben drei geistliche treten vier weltliche Kurfürsten, damit wird die weltliche Kaiserwahl in den »ordo«, die göttliche Weltordnung, auch von der Zahlensymbolik her eingebunden.

Zu den germanischen Götter- und Heldensagen und den Volksmärchen

Aus den großen Epen der mittelalterlichen Dichtung werden literarisch wirksam u. a.

- Siegfried, der Drachentöter, verwundbar durch Verrat,
- Brunhilde und Kriemhild – der Streit der Königinnen,
- der im Rhein versenkte Nibelungenschatz,
- Dietrich von Bern (Theoderich) und der getreue Ekkehard,

- die Rolandsage,
- der Liebestod von Tristan und Isolde,
- die Gralserzählung aus dem Parzival,
- der Artussagenkreis (Ritter der Tafelrunde),
- die Vorstellung der versunkenen heidnischen Welt der Frau Venus im Hörselberg (Tannhäuser),
- die germanische Mythologie (der einäugige Wotan, die Nornen am Weltenbaum).

Volksmärchen

Aus den Volksmärchen wird literarisch immer wieder genutzt: die Form von Prüfungen, die Menschen bestehen müssen; die Zauberformeln und dreifachen Lösungssignale; die Bedeutung der Rabenvögel, des Machandelbaums u. v. a. m.
Bei vielen der Bilder haben sich in den Bedeutungsgeschichten unterschiedliche kultisch-religiöse Ursprünge so vermischt, dass eindeutige Zuordnungen kaum mehr möglich sind.

Garten-, Wassermetaphorik

Die gesamte Garten- und Wassermetaphorik ist durch die Erfahrungen des arabisch-jüdischen Raumes geprägt und über die maurischen Einflüsse (Granada – Spanien) in die mitteleuropäische Bildsprache eingegangen – begleitet durch die Paradiesvorstellungen der Bibel.
Dazu traten die entsprechenden Vorstellungen aus der Antike: Wasser als Element der Fruchtbarkeit, Bewegung und göttlichen Geburt und Wiederkehr, die »amoene« (liebliche) Landschaft der Hirten und Nymphen mit all ihren Naturgöttern.

Baum

Der Baum, in dessen Krone nach altägytptischer Vorstellung die Götter wohnen, wird nicht nur zum Vorbild der religiösen/sakralen Bauweise (Kirchenturm, Minarett – Gott so nahe wie möglich – auch räumlich zu kommen), sondern in seiner Spiegelung von Dauerhaftigkeit und Wechsel (Jahreszeiten, Blätter, vgl. Herbstgedichte) auch zum Sinnbild von »ewiger« Natur und Wiederkehr. Gefiederte Lebewesen bezeichnen in fast allen Kulturen die Beziehung zu transzendenten Bereichen (Vögel, Engel, Götterboten). Der Vogelflug ist Teil der Prophezeiungsszenarien, einzelnen Vogelarten werden besondere Eigenschaften oder Funktionen zugeordnet (Kraniche – die Liebenden, Raben – Weisheit und Begleiter der Herrschenden, Nachtigall und Lerche – Begleiter der Liebenden in der Nacht und beim anbrechenden Morgen, die Krähe als Unglücksbote, der Falke als Liebesbote usw.); Federn erhalten vor allem in der Märchentradition besondere Bedeutung.

Vogel

Stein

Der Stein ist ausgehend von der Tradition als Opfer- und Altarstein auch durchgängiges Sinnbild geblieben – als letztes konzentriertes, verdichtetes Naturphänomen kosmischer Existenz, als Substanz und Materie gewordene »Weltformel« im »Stein der Weisen«, als Baustein, Eckstein, Schlussstein zentrale Größe einer kultischen Gesamtordnung.

Zur Zauberformel »Hokuspokus«

Für die Zauberformel »Hokuspokus« galt lange Zeit die Erklärung, es handle sich um die Verballhornung der Einsetzungsworte des Abendmahls: »Hoc est corpus meus …«. Eine andere Entstehung scheint heute wahrscheinlicher: Junge Leute, die sich als fahrende Scholaren im 16. Jhd. Geld mit Taschenspielertricks verdienten und sich dazu pseudolateinischer Formeln bedienten.

I Themen und Motive im geschichtlichen Wandel

Am Beispiel von Gedichtsequenzen:

- Liebe und Natur im Wandel der poetischen Bildsprache
  - Liebe und Natur in Bildern
  - Gedanken in Bildern
- Texterörterung: Fragen an Gedicht, Autor und Leser

Einführung

Das in den Teilen A–H dieses Bandes methodisch, begrifflich, inhaltlich Erarbeitete kann hier, im Teil I, unter unterschiedlichen Themen in zwei Textreihen überprüft und erweitert werden.
Die kulturgeschichtliche Verbindung von literarischen Formen, Bildern, Metaphern und Symbolen wird deutlich und damit die Tradition, in der auch heutige Dichtung steht.
Das Textangebot soll auch zu eigener Spurensuche anregen, zum Sich-Entdecken in Werken der Literatur.

Erster Teil:
Liebe und Natur in Bildern
durchgehende oder sich ändernde Motive und Anschauungen

Die Textreihen können z. B. unter folgenden Fragen erarbeitet werden:
- Inhaltlicher Aufbau – Rolle der Frau, Rolle des Mannes
- Bedeutung der Natur
- Gesellschaftlich-historischer Hintergrund: Moralvorstellungen, Weltanschauung usw.
- differenziert betrachtete, epochentypische Merkmale
- Besonderheiten

Zweiter Teil:
Gedanken in Bildern

- Grundsätzliche Thematik: Um welche Krisensituation oder welche gedankliche Grundhaltung geht es jeweils?
- Formale, sprachliche, inhaltliche Gestaltung
- Übertragbarkeit und Aktualität

Texterörterung

Die Texterörterung bildet den gedanklichen Abschluss, um noch einmal poetischen Text, Autor und Leser zusammenzuführen.

Zur **Textauswahl**
mittelhochdeutsche Dichtung

Ein annäherndes Verstehen mittelhochdeutscher Dichtung kann im Zusammenhang einer motivgeschichtlichen Betrachtung gelingen. Minnesang und Spruchdichtung sind Teil der ritterlich-höfischen Kultur vor allem der staufischen Zeit (etwa 1170–1270) mit aristokratischem Lebensgefühl, Tugendidealen und Übertragung der Lehensvorstellung (Lohn – Leistung, Dienst – Gegendienst, Lehnsherr – Lehnsmann usw.) auf alle Lebensbereiche. Entscheidendes Prinzip der »Hohen Minne« ist der Dienst des Ritters für eine verheiratete, unerreichbare, »höfische« Frau. Die führende Schicht entwarf »ein Handlungs- und Verhaltensmodell, dessen Funktion nicht Steigerung von […] Macht, von Einfluss und Einkommen war, sondern seelische Steigerung […] Minnedienst und Minnesang stellen ein […] Pädagogium dar, eine Schule der sittlichen Läuterung mit ästhetischen Mitteln […] Minnedienst ist Unterwerfung unter die Frau als Unterwerfung unter die Idee eines Höheren, Verheißung des Guten, dem zu dienen ruhmvoller ist und ehrenvoller als über Besitz zu herrschen […]« (Peter Wapnewski, aus dem Nachwort zu: Walther von der Vogelweide, Gedichte. Fischer Taschenbuch, Frankfurt a. M. 1962, S. 290.)

Erster Teil: Liebe und Natur in Bildern

Unbekannter Verfasser (13. Jahrhundert)

Dû bist mîn, ich bin dîn:
des solt[1] dû gewis sîn.
dû bist beslozzen[2]
in mînem herzen:
verlorn ist daz slüzzelîn[3]:
dû muost[4] immer drinne sîn.

Verbindung von Herz und Schlüssel als Sinnbild des bewahrten »Liebesschatzes« (antike und christliche Elemente)

Der von Kürenberc (Mitte des 12. Jahrhunderts)

Rittergeschlecht aus Linz

Ich zôch mir einen valken   mêre[1] danne ein jâr.
dô ich in gezamete[2]   als ich in wolte hân
und ich im sîn gevidere   mit golde wol bewant[3],
er huop sich ûf vil hôhe   und floug in anderiu lant.

Langzeilen mit deutlicher Zäsur (Vorstufe der Nibelungenstrophe)

Sît sach ich den valken   schône fliegen:
er fuorte an sînem fuoze   sîdîne riemen,
und was im sîn gevidere   alrôt guldîn[4]
got sende zi zesamene   die gerne geliep[5] wellen sîn!

Falkenmotiv: Bild für den Geliebten ➛ Nibelungenlied: Kriemhilds Traum

Dietmar von Eist (1139–1171)

österr. Freiherrengeschlecht

»Slâfst du, friedel ziere[1]?
man weckt uns leider schiere[2]:
ein vogelîn sô wol getân[3]
daz ist der linden an daz zwî[4] gegân.«

»Ich was vil sanfte entslâfen:
nu rüefstu kint[5] Wâfen[6].
liep âne leit mac niht gesîn[7].
swaz du gebiutst, daz leiste[8] ich, friundin mîn.«

ältestes erhaltenes **Tagelied**: Form des Minneliedes, besingt die Trennung beim Morgengrauen
Rollengedicht
Wechselgesang: Ritter und Frau

Diu frouwe begunde weinen.
»du rîtst und lâst mich eine[9].
wenne wílt[10] du wider her zuo mir?
owê du füerst mîn fröide sament[11] dir!«

1 darfst 2 tief eingeschlossen 3 der Schlüssel 4 sollst 1 länger als 2 gezähmt hatte, zu eigen gewonnen hatte 3 mit Gold (einem Ring) geschmückt hatte 4 über und über mit Gold geschmückt 5 gegenseitig in Liebe verbunden 1 holde Liebster 2 bald, schon 3 lieblich 4 Zweig 5 Liebste 6 wehe! 7 Freud ohne Leid gibt es nicht 8 befolge 9 allein 10 (futurisch!) 11 mit

1▶ Beachten Sie bei der Erarbeitung das Kosewort »friedel«, das für die innigste Liebesbeziehung steht (vgl. Walther: Under der linden; Schluss des Nibelungenliedes), die Bedeutung des Vogels als Vertrauter und Mahner der Liebenden, der Linde als *des* Baumes mittelalterlicher Lyrik.

2▶ Prüfen Sie, ob in diesen frühen Liedern im Gegensatz zu späteren von einer »gleichgeordneten« Liebe zwischen Mann und Frau gesprochen werden kann.

österreichisches Ministerialengeschlecht.

Walther von der Vogelweide (um 1170–1230)

Aufforderungs- oder **Tanzlied**, gehört, wie die beiden folgenden, zu den nach 1198 entstandenen ›Mädchenliedern‹ (**niedere**, ebene **Minne**) aus der Wander- und Vagantenzeit Walthers nach seinem Bruch mit dem Wiener Hof. Dort lebte er 1190–1198 als Schüler, dann Konkurrent des Hofdichters Reinmar von Hagenau (1149–1177). Walther wandte sich ab vom stilisierten Bild der höfischen »fro[u]we«, dem klassischen Ritual eines unerfüllten Minnedienstes. Seine Lieder durchbrechen ständische Schranken.

»Nemt, frowe, disen kranz:«
alsô sprach ich zeiner wol getânen[1] maget:
»sô zieret ir den tanz,
mit den schœnen bluomen, als irs ûffe traget[2]
het ich vil edele gesteine,
daz müest ûf iur houbet,
obe ir mirs geloubet[3].
sêt mîne triuwe, daz ichz meine.«

Si nam daz ich ir bôt,
einem kinde[4] vil gelîch daz êre hât.
ir wangen wurden rôt.
same[5] diu rôse, dâ si bî der liljen stât.
do erschampten sich ir liehten ougen:
dô neic si mir schône[6].
daz wart mir ze lône:
wirt mirs iht mêr[7], daz trage ich tougen[8].

»Ir sît sô wol getân,
daz ich iu mîn schapel[9] gerne geben wil,
so ichz aller beste hân.
wîzer unde rôter bluomen weiz ich vil:
die stênt sô verre in jener heide.
dâ si schône entspringent
und die vogele singent,
dâ suln wir si brechen beide.«

Mich dûhte[10] daz mir nie
lieber wurde[11], danne mir ze muote was.
die bluomen vielen ie
von dem boume bî uns nider an daz gras.
seht, dô muost ich von fröiden lachen.
do ich sô wünneclîche

1 schön 2 wie Ihr sie auf dem Haupt tragt 3 ich meine es ehrlich 4 Jüngling, Mädchen 5 wie 6 da neigte sie sich dankend 7 wird mir ein anderer Lohn 8 heimlich 9 Kranz 10 dünkte 11 nie so viel Glück zuteil wurde

was in troume rîche,
dô taget ez und muos ich wachen.

Mir ist von ir geschehen[12]
daz ich disen sumer allen meiden[13] muoz
vast under dougen sehen[14]:
lîhte[15] wirt mir einiu: so ist mir sorgen buoz[16].
waz obe[17] si gêt an disem tanze?
frowe, dur iur güete[18]
rucket ûf[19] die hüete.
owê gesæhe ichs[20] under kranze!

Walther von der Vogelweide (um 1170–1230)

Tanz- oder **Reigenlied** mit längerem Aufgesang (zwei Doppelverse) und einem Abgesang (ein Doppelvers).
Begriff **fro[u]welin** als vertrauliche Wendung, Koseform, die Standesschranken durchbricht: ›kleine Herrin‹.
(Erst vom späten MA bis ins 18. Jh. Bezeichnung für unverheiratete Adelstöchter.)

Herzeliebez frowelîn,
got gebe dir hiute und iemer guot.
kund ich baz gedenken dîn,
des hete ich willeclîchen muot[1].
waz mac ich dir sagen mê,
wan daz dir nieman holder ist? owê, dâ von ist mir vil wê.

Sie verwîzent[2] mir daz ich
sô nidere[3] wende mînen sanc.
daz si niht versinnent[4] sich
waz liebe sî, des haben undanc[5]!
sie getraf diu liebe nie,
die nâch dem goute und nâch der schœne minnent; wê wie minnent die?

Bî der schœne ist dicke[6] haz[7]:
zer schœne niemen sî ze gach[8].
liebe[9] tuot dem herzen baz:
der liebe gêt[10] diu schœne nâch.
liebe machet schœne wîp:.
desn mac diu schœne niht getuon, sin machet niemer lieben lîp[11].

Ich vertrage[12] als ich vertruoc
und als ich iemer wil vertragen.
dû bist schœne und hâst genuoc:
waz mugen si mir dâ von gesagen?

12 so ist es gekommen 13 Mädchen 14 gerade ins Gesicht sehen 15 vielleicht 16 dann bin ich sorgenfrei 17 vielleicht geht sie ... 18 seid so gut 19 schiebt herauf 20 ich sie 1 könnte ich dich noch freundlicher benennen, so täte ich es gern 2 vorwerfen 3 an ein einfaches Mädchen 4 verstehen 5 dafür seien sie verwünscht 6 oft 7 Hassenswertes 8 niemand fliege blindlings auf Schönheit zu 9 Zuneigung 10 folgt 11 sie macht niemals liebenswert 12 den Vorwurf ertragen (s. Vers 7/8)

Ringmotiv
»triuwe« und »staetekeit«, ritterliche Tugenden, werden auf eine Liebesbeziehung übertragen.

swaz[13] si sagen, ich bin dir holt,
und nim dîn glesîn vingerlîn[14] für einer küneginne golt.

Hâst dû triuwe und stætekeit,
sô bin ich sîn ân angest gar[15]
daz mir iemer[16] herzeleit
mit dînem willen widervar.
hâst ab du der zweier niht,
son müezest dû mîn niemer werden. owê danne, ob daz geschiht!

3▶ Erarbeiten Sie differenziert das Verhältnis zwischen Mann und Frau in den drei Liedern Walthers. Gehen Sie z. B. von der Form der Anrede oder der Perspektive aus. Prüfen Sie, wie auf der Basis einer nicht ›standesgemäßen‹ Beziehung (Landmädchen, s. Randnotiz zur »Minne«) mit dem Ideal der »hohen Minne« umgegangen wird.

4▶ Analysieren und interpretieren Sie »under der linden«. Berücksichtigen Sie die Musikalität der Form (alle Minnelieder wurden gesungen) und die für die Liebeslyrik bedeutsamen Motive und Bilder.

5▶ Diskutieren Sie: Was ist zeitgebunden, was noch ›aktuell‹?

Walther von der Vogelweide (um 1170–1230)

Pastourelle, Hirten- und Tanzlied. Ländlertakt im Refrain des lautmalerischen Nachtigallenrufes: tándàradéi
Motiv des Blumenlagers – wie viele Motive der Liebeslyrik aus dem ›Hohen Lied Salomos‹ im Alten Testament der Bibel.
Landschaft wie in antiker idyllischer Hirtendichtung, Heide und schützender Baum: lieblich, heiter, ›arkadisch‹.

Under der linden
an[1] der heide[2],
dâ unser zweier bette was,
dâ mugt ir vinden
schône[3] beide
gebrochen[4] bluomen unde gras.
vor dem walde in einem tal,
tandaradei,
schône sanc diu nahtegal.

Ich kam gegangen
zuo der ouwe:
dô was min friedel[5] komen ê.
dâ wart ich enpfangen,
hêre frouwe[6],
daz ich bin sælic iemer mê.
kuster mich? wol tûsentstunt[7]:
tandaradei,
seht wie rôt mir ist der munt.

Dô het er gemachet
alsô rîche
von bluomen eine bettestat.
des wirt noch gelachet
inneclîche[8],
kumt iemen an daz selbe pfat.
bî den rôsen er wol mac,
tandaradei,
merken wa[9] mirz houbet lac.

Daz er bî mir læge,
wessez iemen[10]
(nu enwelle got![11]), sô schamt ich mich.
wes er mit mir pflaæge,
niemer niemen
bevinde daz, wan[12] er unt ich,
und ein kleinez vogellîn:
tandaradei,
daz mac wol getriuwe[13] sin.

13 was auch immer 14 einfacher Ring 15 so bin ich dessen ganz unbesorgt 16 jemals 1 auf 2 Anger 3 gänzlich 4 geknickt 5 Liebster 6 (Ausruf:) Heilige Jungfrau! 7 tausendmal 8 verstohlen gelächelt 9 wo 10 wüsste es jemand 11 verhüte Gott! 12 als 13 verschwiegen

Andreas Gryphius: An Eugenien (postum 1698 v)

Gryphius (1616–1664)
Vgl. S. 18 ff. zu Autor, Epoche und Form.

Widmungsgedicht

Ich finde mich allein und leb in Einsamkeit,
Ob ich schon nicht versteckt in ungeheure Wüsten,
In welchen Tigertier und wilde Vögel nisten.
Ich finde mich allein, vertieft in herbes Leid,

Auch mitten unter Volk, das ob der neuen Zeit
Des Friedens sich ergetzt in jauchzenvollen Lüsten,
Find ich mich doch allein. Wir, die einander küssten
In unverfälschter Gunst, sind leider nur zu weit.

Ich finde mich allein und einsam und betrübet,
Weil sie so fern von mir, mein Alles und mein Ich,
Ohn die mir auf dem Kreis der Erden nichts beliebet.

Doch tritt ihr wertes Bild mir stündlich vor Gesichte.
Sollt ich denn einsam sein? Ihr Bild begleitet mich.
Was kann sie, wenn ihr Bild mein Trauren macht zunichte.

6▸ Untersuchen Sie das Sonett mit den auf S. 18 ff. geübten Ansätzen zur Form und zum inhaltlichen Aufbau. Prüfen Sie dabei anhand des Themas »Liebe« Ähnlichkeiten und Unterschiede. Beachten Sie den zeitgeschichtlichen Hintergrund und die rhetorische ›Beweisführung‹ im Hinblick auf die Bedeutung der Geliebten für das lyrische Ich.

Johann Wolfgang Goethe (1771 e) (auch: ›Irisfassung‹)

Goethe (1749–1832)

Diese erste Fassung von ›Willkommen und Abschied‹ gehört wie ›Maifest‹ und ›Heiderös-lein‹ zur Sammlung ›**Sesenheimer Lieder**‹. Die Liebe zu Friederike Brion (1752–1813), Pfarrerstochter aus Sesenheim im Elsass, prägte die Lieder: »Die Lust am Hervorbringen ist grenzenlos« (›Dichtung und Wahrheit‹).
1770/71 studierte Goethe in Straßburg. Er fand zu einer eigenen lyrischen Sprache, in der Empfindung und Ausdruck eins werden. Diese ›**Erlebnislyrik**‹, angeblich unmittelbarer Ausdruck

Mir schlug mein Herz; geschwind zu Pferde
Und fort, wild, wie ein Held zur Schlacht
Der Abend wiegte schon die Erde,
Und an den Bergen hieng die Nacht;
Schon stund im Nebelkleid die Eiche,
Ein aufgethürmter Riese, da
Wo Finsternis aus dem Gesträuche
Mit hundert schwarzen Augen sah.

Der Mond von seinem Wolkenhügel
schien kläglich aus dem Duft hervor;
Die Winde schwangen leise Flügel,
Umsausten schauerlich mein Ohr;
Die Nacht schuf tausend Ungeheuer –
Doch tausendfacher war mein Muth,
Mein Geist war ein verzehrend Feuer,
Mein ganzes Herz zerfloß in Gluth.

geniehaften Gefühls, ist sehr bewusst gestaltet, mehrfach umgearbeitet worden.

Ich sah dich, und die milde Freude
Floß aus dem süßen Blick auf mich.
Ganz war mein Herz an deiner Seite,
Und ieder Athemzug für dich.
Ein rosenfarbes Frühlings Wetter
Lag auf dem lieblichen Gesicht,
Und Zärtlichkeit für mich, ihr Götter!
Ich hofft' es, ich verdient' es nicht.

Der Abschied, wie bedrängt, wie trübe!
Aus deinen Blicken sprach dein Herz.
In deinen Küßen, welche Liebe,
O welche Wonne, welcher Schmerz!
Du giengst, ich stund, und sah zur Erden,
Und sah dir nach mit naßem Blick.
Und doch, welch Glück! geliebt zu werden,
Und lieben, Götter, welch ein Glück!

Formen und Sprachgestalt der Sesenheimer Lieder sind auch bestimmt durch das Erlebnis der elsässischen Landschaft und die Begegnung mit Johann Gottfried Herder (1744–1803), der Goethe Volkslied und Volkskunst sowie das ›Genie‹ Shakespeare nahe brachte. Schuldgefühle gegenüber der verlassenen Geliebten bestimmen u.a. noch die Gestaltung des Gretchens im ›Faust‹.

Goethe

1782 geadelt, Minister für Finanzen, Bergbau und Militär, später auch Leiter des Theaters und des Bildungswesens. Freundschaft mit Charlotte von Stein.

1786–87 fluchtartig begonnene italienische Reise. Anfang der **›klassischen‹ Phase**. Erlebnis der Antike in Rom: Sinnlichkeit und vollendete Form. Neufassung der ›Iphigenie‹ und des ›Torquato Tasso‹. Überarbeitung der Lyrik aus der Sturm-und-Drang-Zeit.

Johann Wolfgang von Goethe: Willkommen und Abschied (1789 v)

Es schlug mein Herz, geschwind zu Pferde!
Es war gethan fast eh' gedacht;
Der Abend wiegte schon die Erde,
Und an den Bergen hing die Nacht:
Schon stand im Nebelkleid die Eiche,
Ein aufgethürmter Riese, da,
Wo Finsterniß aus dem Gesträuche
Mit hundert schwarzen Augen sah.

Der Mond von einem Wolkenhügel
Sah kläglich aus dem Duft hervor,
Die Winde schwangen leise Flügel,
Umsausten schauerlich mein Ohr;
Die Nacht schuf tausend Ungeheuer;
Doch frisch und fröhlich war mein Mut;
In meinen Adern welches Feuer!
In meinem Herzen welche Gluth!

Dich sah ich, und die milde Freude
Floß von dem süßen Blick auf mich,
Ganz war mein Herz an deiner Seite,
Und jeder Atemzug für dich,

Ein rosenfarbnes Frühlingswetter
Umgab das liebliche Gesicht,
Und Zärtlichkeit für mich – Ihr Götter!
Ich hofft' es, ich verdient' es nicht!

Doch ach, schon mit der Morgensonne
Verengt der Abschied mir das Herz:
In deinen Küssen, welche Wonne!
In deinem Auge, welcher Schmerz!
Ich ging, du standst und sahst zur Erden
Und sahst mir nach mit nassem Blick:
Und doch, welch Glück geliebt zu werden!
Und lieben, Götter, welch ein Glück!

7▸ Vergleichen Sie die beiden Fassungen des Gedichts. Beachten Sie u.a. den metrischen Wechsel, der durch die Veränderung der ersten Zeile in der dritten Strophe (Ich sah dich - Dich sah ich) entsteht, und die Veränderung der Schlusssituation.

8▸ Vergleichen Sie beide Fassungen mit Form, Sprache und Aussage des ›klassischen‹ Gedichts ›Nähe des Geliebten‹.

9▸ Informieren Sie sich über Entstehungsgeschichte und biographischen Hintergrund des Briefromans ›Die Leiden des jungen Werther‹. Untersuchen Sie den Brief vom 10. Mai u.a. im Hinblick auf die Beziehung zwischen Mensch und Natur und die syntaktisch-sprachliche Struktur als Spiegelung der Emotionen, die ›Kreislaufbewegung‹ des Blickes.

Johann Wolfgang Goethe [Aus:] Die Leiden des jungen Werther (1774v)

Am 10. Mai

Eine wunderbare Heiterkeit hat meine ganze Seele eingenommen, gleich den süßen Frühlingsmorgen, die ich mit ganzem Herzen genieße. Ich bin allein und freue mich meines Lebens in dieser Gegend, die für solche Seelen geschaffen ist wie die meine. Ich bin so glücklich, mein Bester, so ganz in dem Gefühle von ruhigem Dasein versunken, dass meine Kunst darunter leidet. Ich könnte jetzt nicht zeichnen, nicht einen Strich, und bin nie ein größerer Maler gewesen als in diesen Augenblicken. Wenn das liebe Tal um mich dampft, und die hohe Sonne an der Oberfläche der undurchdringlichen Finsternis meines Waldes ruht, und nur einzelne Strahlen sich in das innere Heiligtum stehlen, ich dann im hohen Grase am fallenden Bache liege, und näher an der Erde tausend mannigfaltige Gräschen mir merkwürdig werden; wenn ich das Wimmeln der kleinen Welt zwischen Halmen, die unzähligen, unergründlichen Gestalten der Würmchen, der Mückchen näher an meinem Herzen fühle, und fühle die Gegenwart des Allmächtigen, der uns nach seinem Bilde schuf, das Wehen des Allliebenden, der uns in ewiger Wonne schwebend trägt und erhält; mein Freund! wenn's dann um meine Augen dämmert, und die Welt um mich her und der Himmel ganz

Besonderheit der **Briefform**.
Pantheistische Natur-Gott-Verbindung.
Pantheismus: Verwirklichung Gottes in der Natur. Philosoph Baruch Spinoza (1632–1677): Deus sive natura, die Natur selbst ist Gott; durch Herder und Goethe vermittelter Einfluss auf den deutschen Idealismus.

in meiner Seele ruhn wie die Gestalt einer Geliebten – dann sehne ich mich oft und denke: Ach könntest du das wieder ausdrücken, könntest du dem Papiere das einhauchen, was so voll, so warm in dir lebt, dass es würde der Spiegel deiner Seele, wie deine Seele ist der Spiegel des unendlichen Gottes! – Mein Freund – Aber ich gehe darüber zugrunde, ich erliege unter der Gewalt der Herrlichkeit dieser Erscheinungen.

Johann Wolfgang von Goethe: Nähe des Geliebten (1795 [?] e)

Zu beachten: Klangbild, parallel gebaute Sätze, Anaphern und Alliterationen , die beiden Ausrufe in der Schlussstrophe.

Ich denke dein, wenn mir der Sonne Schimmer
vom Meere strahlt;
Ich denke dein, wenn sich des Mondes Flimmer
in Quellen malt.

Ich sehe dich, wenn auf dem fernen Wege
der Staub sich hebt;
In tiefer Nacht, wenn auf dem schmalen Stege
der Wandrer bebt.

Ich höre dich, wenn dort mit dumpfem Rauschen
die Welle steigt.
Im stillen Haine geh' ich oft zu lauschen,
wenn alles schweigt.

Ich bin bei dir, du seist auch noch so ferne,
du bist mir nah!
Die Sonne sinkt, bald leuchten mir die Sterne.
O wärst du da!

Eichendorff (1788–1857)
Vgl. S. 27 ff.

Motiv Ring – Rad, Liebe und Schicksal/Zeit

Joseph von Eichendorff: Das zerbrochene Ringlein (1841 v)

In einem kühlen Grunde
Da geht ein Mühlenrad,
Mein Liebste ist verschwunden,
Die dort gewohnet hat.

Sie hat mir Treu versprochen,
Gab mir ein'n Ring dabei,
Sie hat die Treu gebrochen,
Mein Ringlein sprang entzwei.

Ich möcht als Spielmann reisen
Weit in die Welt hinaus
Und singen meine Weisen
Und gehn von Haus zu Haus.

Ich möcht als Reiter fliegen
Wohl in die blutge Schlacht,
Um stille Feuer liegen
Im Feld bei dunkler Nacht.

Hör ich das Mühlrad gehen:
Ich weiß nicht, was ich will –
Ich möcht am liebsten sterben,
Da wärs auf einmal still!

Eduard Mörike: Früh im Wagen (1846 e)

Es graut vom Morgenreif
In Dämmerung das Feld,
Da schon ein blasser Streif
Den fernen Ost erhellt;

Man sieht im Lichte bald
Den Morgenstern vergehn,
Und doch am Fichtenwald
Den vollen Mond noch stehn:

So ist mein scheuer Blick,
Den schon die Ferne drängt,
Noch in das Schmerzensglück
Der Abschiedsnacht versenkt.

Dein blaues Auge steht
Ein dunkler See vor mir,
Dein Kuss, dein Hauch umweht,
Dein Flüstern mich noch hier.

An deinem Hals begräbt
Sich weinend mein Gesicht,
Und Purpurschwärze webt
Mir vor dem Auge dicht.

Die Sonne kommt; – sie scheucht
Den Traum hinweg im Nu,
Und von den Bergen streicht
Ein Schauer auf mich zu.

Mörike (1804–1875)
Zuordnung zu Biedermeier oder ›Schwäbischer Romantik‹. Schwierige Lebenssituation: Wohnungswechsel (»ein Unbehauster«), problematische Beziehungen: gescheiterte Verlobung, späte, konfliktreiche Ehe, Mühe mit dem Pfarramt, Einsamkeit trotz Freundschaften und Anerkennung.

Heinrich Heine (1822/23 v)

Wir haben viel füreinander gefühlt,
Und dennoch uns gar vortrefflich vertragen.
Wir haben oft »Mann und Frau« gespielt,
Und dennoch uns nicht gerauft und geschlagen.
Wir haben zusammen gejauchzt und gescherzt,
Und zärtlich uns geküsst und geherzt.
Wir haben am Ende, aus kindischer Lust,
»Verstecken« gespielt in Wäldern und Gründen,
Und haben uns so zu verstecken gewusst,
Dass wir uns nimmermehr wiederfinden.

Heine (1797–1856)
Grenzgänger zwischen Romantik (und idealistischer Philosophie) und Realismus: »Die Romantik ist tot. Ich bin ihr letzter Dichter.«

Anna Elisabeth Freiin **Droste zu Hülshoff** (1797–1848) Konflikt zwischen Adelsstand und Individualität, dem Drang nach sinnlicher Kreativität. Seit Ende der 30er Jahre Beziehung zu dem 17 Jahre jüngeren Levin Schücking, die den »Durchbruch zur Lyrik« zwischen 1841 in Meersburg und 1843 in Rüschhaus bewirkt. ›Im Grase‹ entstand nach der Trennung von Schücking.

Annette von Droste-Hülshoff: Im Grase (1844 e)

Süße Ruh', süßer Taumel im Gras,
Von des Krautes Arom' umhaucht,
Tiefe Flut, tief tief trunkne Flut,
Wenn die Wolke am Azure verraucht,
Wenn aufs müde schwimmende Haupt
Süßes Lachen gaukelt herab,
Liebe Stimme säuselt und träuft
Wie die Lindenblüt' auf ein Grab.

Wenn im Busen die Toten dann,
Jede Leiche sich streckt und regt,
Leise, leise den Odem zieht,
Die geschlossne Wimper bewegt,
Tote Lieb', tote Lust, tote Zeit,
All die Schätze, im Schutt verwühlt,
Sich berühren mit schüchternem Klang
Gleich den Glöckchen, vom Winde umspielt.

Stunden, flücht'ger ihr als der Kuss
Eines Strahls auf den trauernden See,
Als des ziehenden Vogels Lied,
Das mir niederperlt aus der Höh',
Als des schillernden Käfers Blitz,
Wenn den Sonnenpfad er durcheilt,
Als der flücht'ge Druck einer Hand,
Die zum letzten Male verweilt.

Dennoch, Himmel, immer mir nur
Dieses eine nur: für das Lied
Jedes freien Vogels im Blau
Eine Seele, die mit ihm zieht,
Nur für jeden kärglichen Strahl
Meinen farbig schillernden Saum,
Jeder warmen Hand meinen Druck
Und für jedes Glück meinen Traum.

10▶ Vergleichen Sie die vier Gedichte der romantischen und der nachromantischen Phase. Beachten Sie den Umgang mit der romantischen Bildsprache in den Veränderungen bei Mörike und der Droste und die Gegenposition Heines. Wie wird jeweils das Motiv des Abschieds gestaltet?

11▶ Setzen Sie das Gedicht ›Im Grase‹ in Beziehung zum ›Werther‹-Brief vom 10. Mai. Welche Ähnlichkeiten und welche Unterschiede stellen Sie fest?

12▸ Prüfen Sie die These, ›Im Grase‹ verkörpere das zentrale Anliegen lyrischen Sprechens, nämlich die Sehnsucht, das Erlebte und Gefühlte als Gegenwärtiges und Bleibendes zu gestalten. Ziehen Sie vergleichende Linien zu thematisch ähnlichen Gedichten, z. B. zu Rilke: ›Sonette an Orpheus‹ .

Rainer Maria Rilke: Liebes-Lied (1907 v)

Rilke (1875–1926)

Ringen um das richtige Sehen der Dinge, um das Erfassen und mögliche Überwinden von Namenlosigkeit, Einsamkeit. 1905/06 durch den Bildhauer Rodin neue Sicht der konkreten Wirklichkeit: ›Neue Gedichte‹.

Wie soll ich meine Seele halten, dass
sie nicht an deine rührt? Wie soll ich sie
hinheben über dich zu andern Dingen?
Ach gerne möcht ich sie bei irgendwas
Verlorenem im Dunkel unterbringen
an einer fremden stillen Stelle, die
nicht weiterschwingt, wenn deine Tiefen schwingen.
Doch alles, was uns anrührt, dich und mich,
nimmt uns zusammen wie ein Bogenstrich,
der aus zwei Saiten eine Stimme zieht.
Auf welches Instrument sind wir gespannt?
Und welcher Geiger hat uns in der Hand?
O süßes Lied.

Stefan George (1907 v)

George (1868–1933)
Herausgeber der Zeitschrift ›Blätter für die Kunst‹ . Im ›George-Kreis‹ Versuch der Wiedergewinnung einer klassisch-strengen Form, Gefühl der Erhabenheit. Gegen Vordergründigkeit des Naturalismus.

Fenster wo ich einst mit dir
Abends in die landschaft sah
Sind nun hell mit fremdem licht.

Pfad noch läuft vom tor wo du
Standest ohne umzuschaun
Dann ins tal hinunterbogst.

Bei der kehr warf nochmals auf
Mond dein bleiches angesicht.
Doch es war zu spät zum ruf.

Dunkel – schweigen – starre luft
Sinkt wie damals um das haus.
Alle freude nahmst du mit.

Elisabeth **Lasker-Schüler** geb. Schüler (1869–1945) Wegbereiterin des Expressionismus in Deutschland. Geprägt durch mythische (orientalisch-jüdisch-christliche) Bilder. Verrätselung und ungewöhnliche Metaphorik. Mittelpunkt der Berliner Bohème.

Else Lasker-Schüler: Abschied (1920 v)

Aber du kamst nie mit dem Abend –
Ich saß im Sternenmantel.

... Wenn es an mein Haus pochte,
War es mein eigenes Herz.

Das hängt nun an jedem Türpfosten,
Auch an deiner Tür;

Zwischen Farren verlöschende Feuerrose
Im Braun der Guirlande.

Ich färbte dir den Himmel brombeer
Mit meinem Herzblut.

Aber du kamst nie mit dem Abend –...
Ich stand in goldenen Schuhen.

Schwitters (1887–1948): Skulpturen, Collagen, Sprachexperimente. Seit 1919 in der DADA-Bewegung. 1923–32 Herausgeber der Zeitschrift MERZ. Textcollagen und phonetische Texte (Urlautsonate) enthalten schon Elemente konkreter, experimenteller und visueller Lyrik. **Dadaismus** (genannt nach kindlichen Stammellauten): Kunstrichtung zwischen 1916 und 1924. Verkündung von künstlerischer (und logischer) Anarchie. Wiedergabe von Umweltgeräuschen ➛ Bruitismus. Bezug auf Traumanalyse und Unbewusstes.

Kurt Schwitters: An Anna Blume (um 1919 e)

Oh Du, Geliebte meiner 27 Sinne, ich liebe Dir!
Du, Deiner, Dich Dir, ich Dir, Du mir, – – – – wir?
Das gehört beiläufig nicht hierher!

Wer bist Du, ungezähltes Frauenzimmer, Du bist, bist Du?
Die Leute sagen, Du wärest.
Lass sie sagen, sie wissen nicht, wie der Kirchturm steht.

Du trägst den Hut auf Deinen Füßen und wanderst auf die Hände,
Auf den Händen wanderst Du.

Halloh, Deine roten Kleider, in weiße Falten zersägt,
Rot liebe ich Anna Blume, rot liebe ich Dir.
Du, Deiner, Dich Dir, ich Dir, Du mir, – – – – – wir?
Das gehört beiläufig in die kalte Glut!
Anna Blume, rote Anna Blume, wie sagen die Leute?

Preisfrage:
1.) Anna Blume hat ein Vogel,
2.) Anna Blume ist rot.
3.) Welche Farbe hat der Vogel.

Blau ist die Farbe Deines gelben Haares,
Rot ist die Farbe Deines grünen Vogels.
Du schlichtes Mädchen im Alltagskleid,
Du liebes grünes Tier, ich liebe Dir!

Du Deiner Dich Dir, ich Dir, Du mir, – – – – wir!
Das gehört beiläufig in die – – – Glutenkiste.
Anna Blume, Anna, A – – – – N – – – – N – – – – A!
Ich träufle Deinen Namen.
Dein Name tropft wie weiches Rindertalg.
Weißt Du es Anna, weißt Du es schon,
Man kann Dich auch von hinten lesen.
Und Du, Du Herrlichste von allen,
Du bist von hinten, wie von vorne:
A – – – – – N – – – – – – N – – – – – – A.
Rindertalg träufelt Streicheln über meinen Rücken.
Anna Blume,
Du tropfes Tier,
Ich – – – – – – – liebe – – – – – – – Dir!

13▶ Vergleichen Sie die Gedichte von Rilke, George und Lasker-Schüler im Hinblick auf die Grundsituation, ihre formal-sprachliche Gestaltung und die Besonderheiten (z. B. Frage-Antwort bei Rilke, kunstvolle Reduktion bei George, Auflösung von syntaktischen Strukturen und Farbsymbolik bei Lasker-Schüler).

14▶ Stellen Sie Bezüge her zwischen der frühexpressionistischen Bildsprache in ›Abschied‹ und den Trakl-Gedichten ›Verfall‹ (S. 22) und ›Untergang‹ (S. 344).

15▶ Erarbeiten Sie aus dem Text von Schwitters Grundsätze, Mittel und Zielrichtung einer neuen experimentellen Poesie.

Bertolt Brecht: Erinnerung an die Marie A. (1920 e)

Eugen Berthold Friedrich **Brecht** (1898–1956): Lieder, Songs, Gedichte in Dramen und eigenständige Gedichte, z. T. in Gedichtsammlungen. Nach expressionistischen Anfängen Konzeption der ›Gebrauchslyrik‹. »Sie soll nicht sinnlos hineingefressen werden«: Vorwort zur ›Hauspostille‹ (1927), die als dritte Lektion die Chroniken enthält, u. a. ›Erinnerung …‹.

Bild der Wolke seit der Antike Metapher der Vergänglichkeit.

1
An jenem Tag im blauen Mond September
Still unter einem jungen Pflaumenbaum
Da hielt ich sie, die stille bleiche Liebe
In meinem Arm wie einen holden Traum.
Und über uns im schönen Sommerhimmel
War eine Wolke, die ich lange sah
Sie war sehr weiß und ungeheuer oben
Und als ich aufsah, war sie nimmer da.

2
Seit jenem Tag sind viele, viele Monde
Geschwommen still hinunter und vorbei.
Die Pflaumenbäume sind wohl abgehauen
Und fragst du mich, was mit der Liebe sei?
So sag ich dir: Ich kann mich nicht erinnern
Und doch, gewiß, ich weiß schon, was du meinst.
Doch ihr Gesicht, das weiß ich wirklich nimmer
Ich weiß nur mehr: Ich küßte es dereinst.

3
Und auch den Kuß, ich hätt ihn längst vergessen
Wenn nicht die Wolke da gewesen wär
Die weiß ich noch und werd ich immer wissen
Sie war sehr weiß und kam von oben her.
Die Pflaumenbäume blühn vielleicht noch immer
Und jene Frau hat jetzt vielleicht das siebte Kind
Doch jene Wolke blühte nur Minuten
Und als ich aufsah, schwand sie schon im Wind.

Bertolt Brecht: Die Liebenden (1928/29 e)

Aus der Oper ›Aufstieg und Fall der Stadt Mahagonny‹, im Wechsel von Jenny und Paul gesungen. Weiterverbreitung als geschlossenes Gedicht, ähnlich ›Abendständchen‹ von Brentano, S. 39. Motiv der Kraniche (Bild der Liebenden) und der Wolke (s. o.)

Sieh jene Kraniche in großem Bogen!
Die Wolken, welche ihnen beigegeben
Zogen mit ihnen schon, als sie entflogen
Aus einem Leben in ein andres Leben.
In gleicher Höhe und mit gleicher Eile
Scheinen sie alle beide nur daneben.
Daß so der Kranich mit der Wolke teile
Den schönen Himmel, den sie kurz befliegen
Daß also keines länger hier verweile
Und keines andres sehe als das Wiegen
Des andern in dem Wind, den beide spüren
Die jetzt im Fluge beieinander liegen
So mag der Wind sie in das Nichts entführen.
Wenn sie nur nicht vergehen und sich bleiben
Solange kann sie beide nichts berühren
Solange kann man sie von jedem Ort vertreiben
Wo Regen drohen oder Schüsse schallen.
So unter Sonn und Monds wenig verschiedenen Scheiben
Fliegen sie hin, einander ganz verfallen.
Wohin, ihr? – Nirgend hin. – Von wem davon? – Von allen.
Ihr fragt, wie lange sind sie schon beisammen?
Seit kurzem. – Und wann werden sie sich trennen? – Bald.
So scheint die Liebe Liebenden ein Halt.

Hans Magnus Enzensberger: befragung zur mitternacht (1957 v)

wo, die meine hand hält, gefährtin,
verweilst du, durch welche gewölbe
geht, wenn in den türmen die glocken
träumen daß sie zerbrochen sind,
dein herz?

wo, welchen kahlschlag durcheilst du,
die ich berühre wangenzart, welch ein
betäubendes nachtkraut streift dich,
träumerin, welch eine furt benetzt
deinen fuß?

wo, wenn der hohle himmel graut, liebste,
rauschst du durch traumschilf, streichelst
türen und grüfte, mit wessen boten
tauscht küsse, der leise bebt,
dein mund?

wo ist die flöte, der du dein ohr neigst,
wo das geheul das lautlos dein haar
bauscht, und ich liege wie ein gelähmter
und horch und wach und wohin
dein gefieder?

wo, in was für wälder verstrickt dich,
die meine hand hält, gefährtin,
dein traum?

Enzensberger (geb. 1929) 1955 Mitglied der Gruppe 47. Medien- und Gesellschaftskritik. Als Lyriker knüpft er an Brechts Vorstellung vom Gedicht als ›Gebrauchsgegenstand‹ an. Gleichzeitig: versierter und sensibler Gebrauch traditioneller Metaphorik.

16▶ Vergleichen Sie die themengleichen Gedichte Brechts.

17▶ Analysieren und interpretieren Sie ›befragung zur mitternacht‹ unter besonderer Berücksichtigung der rhetorisch-stilistischen Mittel, der syntaktischen Konstruktion und der Bilder. Wie setzt Enzensberger das Labyrinth des Traums in der Gestaltung um?

18▶ Setzen Sie Enzensbergers Gestaltung des Themas Liebe in Beziehung zu Brecht. Welche Ähnlichkeiten, welche Unterschiede erkennen Sie?

19▶ Analysieren und interpretieren Sie ›Erklär mir, Liebe‹: Was hat sich in Gedanken, Form und Bildsprache im Verlauf der literarischen Entwicklung gewandelt, was ist geblieben? Beziehen Sie hierbei auch die nachfolgenden Liebesgedichte von E. Fried, Ulla Hahn und G. Grass mit ein.

Bachmann (1926–1973), seit 1952 in der Gruppe 47, lebte vorwiegend in Rom als freie Schriftstellerin. In ihrer Dissertation v. 1950 setzt sie sich mit Martin Heideggers (1889–1976) Existenzphilosophie auseinander (befristete Existenz des Menschen). Ihre Lyrik ist beeinflusst von Erkenntnissen der Sprachphilosophie Ludwig Wittgensteins und der Suche nach unmittelbarem Ausdruck einer zunehmenden Vereinsamung. Liebe und Natur, in Mythen- und Märchenbildern beschworen, werden zum letzten Halt in einer existenziellen Bedrohung. Gedichtbände: ›Die gestundete Zeit‹ (1953; vgl. S. 340) und ›Anrufung des Großen Bären‹ (1956).

Ingeborg Bachmann: Erklär mir, Liebe (1956 v)

Dein Hut lüftet sich leis, grüßt, schwebt im Wind,
dein unbedeckter Kopf hat's Wolken angetan,
dein Herz hat anderswo zu tun,
dein Mund verleibt sich neue Sprachen ein,
das Zittergras im Land nimmt überhand,
Sternblumen bläst der Sommer an und aus,
von Flocken blind erhebst du dein Gesicht,
du lachst und weinst und gehst an dir zugrund,
was soll dir noch geschehen –

Erklär mir, Liebe!

Der Pfau, in feierlichem Staunen, schlägt sein Rad,
die Taube stellt den Federkragen hoch,
vom Gurren überfüllt, dehnt sich die Luft,
der Entrich schreit, vom wilden Honig nimmt
das ganze Land, auch im gesetzten Park
hat jedes Beet ein goldner Staub umsäumt.

Der Fisch errötet, überholt den Schwarm
und stürzt durch Grotten ins Korallenbett.
Zur Silbersandmusik tanzt scheu der Skorpion.
Der Käfer riecht die Herrlichste von weit;
hätt ich nur seinen Sinn, ich fühlte auch,
dass Flügel unter ihrem Panzer schimmern,
und nähm den Weg zum fernen Erdbeerstrauch!

Erklär mir, Liebe!

Wasser weiß zu reden,
die Welle nimmt die Welle an der Hand,
im Weinberg schwillt die Traube, springt und fällt.
So arglos tritt die Schnecke aus dem Haus!

Ein Stein weiß einen andern zu erweichen!

Erklär mir, Liebe, was ich nicht erklären kann:
sollt ich die kurze schauerliche Zeit
nur mit Gedanken Umgang haben und allein
nichts Liebes kennen und nichts Liebes tun?
Muss einer denken? Wird er nicht vermisst?

Du sagst: es zählt ein andrer Geist auf ihn ...
Erklär mir nichts. Ich seh den Salamander
durch jedes Feuer gehen.
Kein Schauer jagt ihn, und es schmerzt ihn nichts.

Erich Fried: Was es ist (1983)

Fried (1921–1988), Emigration als Oberschüler aus Wien nach England (1939); 1952–1968 Redakteur beim BBC; Mitglied der Gruppe 47; Übersetzertätigkeit (u. a. T. S. Eliot, Shakespeare); gesellschaftskritisch engagiert (»Protestlyrik«); Gedichtbände u. a.: »Anfechtungen« (1968), »Unter Nebenfeinden« (1970). Ablehnung von Dogmatismus aller politischen Seiten; neue Schaffensperiode in 80er-Jahren eingeleitet durch »Liebesgedichte« (1979).

Es ist Unsinn
sagt die Vernunft
Es ist was es ist
sagt die Liebe

Es ist Unglück
sagt die Berechnung
Es ist nichts als Schmerz
sagt die Angst
Es ist aussichtslos
sagt die Einsicht
Es ist was es ist
sagt die Liebe

Es ist lächerlich
sagt der Stolz
Es ist leichtsinnig
sagt die Vorsicht
Es ist unmöglich
sagt die Erfahrung
Es ist was es ist
sagt die Liebe

Ulla Hahn: Mit Haut und Haar (1981v)

Hahn (geb. 1946), promovierte Germanistin, zunächst dezidiert politisch engagierte Arbeiten (Frauenbewegung); vor allem (populäre) Liebeslyrik, in der die gesellschaftliche Dimension indirekt im privaten Ton deutlich wird; Gedichtbände: »Herz über Kopf« (1981), »Freudenfeuer« (1985).

Ich zog dich aus der Senke deiner Jahre
und tauchte dich in meinen Sommer ein
ich leckte dir die Hand und Haut und Haare
und schwor dir ewig mein und dein zu sein.

Du wendetest mich um. Du branntest mir dein Zeichen
mit sanftem Feuer in das dünne Fell.
Da ließ ich von mir ab. Und schnell
begann ich vor mir selbst zurückzuweichen

und meinem Schwur. Anfangs blieb noch Erinnern
ein schöner Überrest der nach mir rief.
Da war ich aber schon in deinem Innern
vor mir verborgen. Du verbargst mich tief.

Bis ich ganz in dir aufgegangen war:
da spucktest du mich aus mit Haut und Haar.

Grass (geb. 1927, Danzig), Schriftsteller, Grafiker und Bildhauer; gemessen am literarischen Erfolg (zuletzt Nobelpreis 1999) und öffentlicher Wirksamkeit neben H. Böll wichtigster Repräsentant und bedeutendster Autor der Bundesrepublik Deutschland. Gedichtsammlung: Letzte Tänze 2003.

Siehe auch Bildteil, S. 361

Günter Grass: ZUM PAAR GEFÜGT (2003)

Zwei Buchen einer Wurzel
sacht bewegt, sobald ich
um ihren Tanz den Kreis beschreibe.

Die Stämme glatt und nah bei nah,
daß grad ein Luftzug
die Haut noch streichelt.

Erst im Geäst sind sie behende,
nackt winterlich verzweigt
vor leergeräumtem Himmel.

So bleiben sie im Takt,
verzückt in leichter Beuge.
Weiß nicht, welche ist sie, welche er.

Zwei Buchen tanzen auf der Stelle.

Zweiter Teil:
Gedanken in Bildern

Walther von der Vogelweide (um 1198 e)

Ich saz ûf eime steine[1],
und dahte[2] bein mit beine:
dar ûf satzt ich den ellenbogen:
ich hete in mîne hant gesmogen
daz kinne und ein mîn wange.
dô dâhte ich mir vil ange[3],
wie man zer welte[4] solte leben:
deheinen[5] rât kond ich gegeben,
wie man driu dinc erwurbe,
der keines niht verdurbe[6].
diu zwei sint êre und varnde guot[7],
daz dicke[8] ein ander schaden tuot:
daz dritte ist gotes hulde,
der zweier übergulde[9]
die wolte ich gerne in einen schrîn.
jâ leider desn mac niht gesîn,
daz guot und weltlich êre[10]
und gotes hulde mêre
zesamene in ein herze komen.
stîg unde wege sint in benomen:
untriuwe ist in der sâze[11],
gewalt[12] vert ûf der strâze:
fride unde reht[13] sint sêre wunt.
diu driu enhabent geleites[14] niht, diu zwei entwerden ê gesunt.

Erster der politischen Sprüche im ›Reichston‹: ›Ich hôrte ein wazzer diezen‹ und ›Ich sach mit mînen oûgen‹ sind die weiteren.
Das 12. Jh. wurde geprägt von den Mächten Kaiser- und Papsttum; nur in deren Ausgleich ließen sich »fride unde recht« erreichen. Die innere Ordnung beruhte auf den alten Werten: »gotes hulde«, »êre und varnde guot« und dem höfischen Ideal »zucht« und »mâze«.

1 Fels 2 deckte 3 angelegentlich 4 auf Erden 5 keinen 6 so dass keins davon verloren ginge 7 bewegliche Habe 8 oft 9 was an Geltung die beiden übertrifft 10 Ansehen vor der Welt 11 im Hinterhalt 12 Gewalttätigkeit 13 pax et iustitia 14 Schutz; wenn nicht die beiden vorher gesunden

Andreas Gryphius: Einsambkeit (1650 v)

In dieser Einsambkeit / der mehr denn oͤden wuͤßten /
Gestreckt auff wildes Kraut / an die bemoͤßte See:
Beschaw’ ich jenes Thal vnd dieser Felsen hoͤh’
Auff welchem Eulen nur vnd stille Voͤgel nisten.

ursprüngliche Schreibweise

Hier / fern von dem Pallast; weit von deß Pôvels lûsten /
Betracht ich: wie der Mensch in Eitelkeit vergeh'
Wie auff nicht festem grund' all vnser hoffen steh'
Wie die vor abend schmâhn / die vor dem tag vnß grûßten.

Die Hôell / der rawe wald / der Todtenkopff / der Stein /
Den auch die zeit aufffrist / die abgezehrten bein.
Entwerffen in dem Mut vnzehliche gedancken.
Der Mauren alter grauß / diß vngebaw'te Land
Ist schôn vnd fruchtbar mir / der eigentlich erkant /
Das alles / ohn ein Geist / den GOt selbst hâlt / muß wancken.

Die Sammlung ›West-östlicher Divan‹ entstand 1814/15 nach dem Studium orientalischer Poesie, u. a. der Werke des Hafis (Hafez, persischer Dichter, ca. 1325–90). Die Liebe zu Marianne von Willemer, die selbst Gedichte beitrug, inspirierte Goethe.

Johann Wolfgang von Goethe: Selige Sehnsucht (1814 e)

Sagt es niemand, nur den Weisen,
Weil die Menge gleich verhöhnet,
Das Lebend'ge will ich preisen,
Das nach Flammentod sich sehnet.

In der Liebesnächte Kühlung,
Die dich zeugte, wo du zeugtest,
Überfällt dich fremde Fühlung,
Wenn die stille Kerze leuchtet.

Nicht mehr bleibest du umfangen
In der Finsternis Beschattung,
Und dich reißet neu Verlangen
Auf zu höherer Begattung.

Keine Ferne macht dich schwierig,
Kommst geflogen und gebannt,
Und zuletzt, des Lichts begierig,
Bist du, Schmetterling, verbrannt.

Und so lang du das nicht hast,
Dieses: Stirb und werde!
Bist du nur ein trüber Gast
Auf der dunklen Erde.

Tut ein Schilf sich doch hervor,
Welten zu versüßen!
Möge meinem Schreibe-Rohr
Liebliches entfließen!

Gedankenlyrik des alten Goethe (wie auch ›Urworte, Orphisch‹). Sentenzenhaft werden kosmische und individuelle Lebens- und Ordnungsprinzipien angesprochen als Summe der Erfahrung von Gott und Welt. Form und Sprache bilden eine Synthese von Reflexion und Anschauung.

Johann Wolfgang von Goethe: Eins und alles (1821 e)

Im Grenzenlosen sich zu finden,
Wird gern der Einzelne verschwinden,
Da löst sich aller Überdruss;
Statt heißem Wünschen, wildem Wollen,
Statt läst'gem Fordern, strengem Sollen,
Sich aufzugeben ist Genuss.

Weltseele, komm, uns zu durchdringen!
Dann mit dem Weltgeist selbst zu ringen
Wird unsrer Kräfte Hochberuf.
Teilnehmend führen gute Geister,
Gelinde leitend, höchste Meister,
Zu dem, der alles schafft und schuf.

Und umzuschaffen das Geschaffne,
Damit sich's nicht zum Starren waffne,
Wirkt ewiges lebendiges Tun.
Und was nicht war, nun will es werden,
Zu reinen Sonnen, farbigen Erden,
In keinem Falle darf es ruhn.

Es soll sich regen, schaffend handeln,
Erst sich gestalten, dann verwandeln;
Nur scheinbar steht's Momente still.
Das Ewige regt sich fort in allen:
Denn alles muss in Nichts zerfallen,
Wenn es im Sein beharren will.

20▶ Vergleichen Sie die Situation des reflektierenden Ichs bei Walther und Gryphius. Was leistet die Sonettform für das »Nachdenken über die Welt«?

21▶ Stellen Sie einen Bezug her zum Schmetterlingsmotiv bei Nelly Sachs (s. S. 344), wenn Sie ›Selige Sehnsucht‹ interpretieren.

Friedrich Hölderlin: Lebenslauf (1800 e)

Größers wolltest auch du, aber die Liebe zwingt
All uns nieder, das Leid beuget gewaltiger,
Doch es kehret umsonst nicht
Unser Bogen, woher er kommt.

Aufwärts oder hinab! herrschet in heilger Nacht,
Wo die stumme Natur werdende Tage sinnt,
Herrscht im schiefesten Orkus
Nicht ein Grades, ein Recht noch auch?

Dies erfuhr ich. Denn nie, sterblichen Meistern gleich,
Habt ihr Himmlischen, ihr Alleserhaltenden,
Dass ich wüsste, mit Vorsicht
Mich des ebenen Pfads geführt.

Alles prüfe der Mensch, sagen die Himmlischen,
Dass er, kräftig genährt, danken für Alles lern,
Und verstehe die Freiheit,
Aufzubrechen, wohin er will.

Hölderlin (1770–1843). Die Ode entstand nach der Trennung von Susette Gontard. Bogen als Symbol des Lebens, s. Heraklit (etwa 540–480 v. Chr.): »Aufwärts oder hinab.« »Alles prüfe der Mensch«: s. Neues Testament, 1. Thessalonicher 5,21.

Rilke (1875–1926), Orpheus: gr. Sänger, der versuchte, seine verstorbene Gattin Eurydike aus der Unterwelt zurückzuholen. Mohn: Bild für Schlaf und Traum als Vorstufe des Todes. Spiegel- und Wassermetaphorik: vgl. Styx – Hades S. 310 (Eich, Bachmann: Die große Fracht).

Rainer Maria Rilke: Sonette an Orpheus, Erster Teil IX (1922 e)

Nur wer die Leier schon hob
auch unter Schatten,
darf das unendliche Lob
ahnend erstatten.

Nur wer mit Toten vom Mohn
aß, von dem ihren,
wird nicht den leisesten Ton
wieder verlieren.

Mag auch die Spieglung im Teich
oft uns verschwimmen:
Wisse das Bild.

Erst in dem Doppelbereich
werden die Stimmen
ewig und mild.

22▶ Vergleichen Sie die beiden Goethe-Gedichte, Hölderlins ›Lebenslauf‹ und Rilkes ›Sonett‹ hinsichtlich Aussage und Form.

23▶ Prüfen Sie, wie im ›Lebenslauf‹ im Vergleich zu ›Hälfte des Lebens‹ (S. 38) eine existenzielle Krise gestaltet ist.

24▶ Wie geht Rilke im Vergleich zu Gryphius (S. 18 ff.) und Trakl (S. 22 ff.) mit der Sonettform um?

25▶ Inwiefern handelt es sich bei Hofmannsthals Gedicht um eine »Ballade«? Erarbeiten Sie die Bedeutung des »und«, der Fragen und des letzten Vergleichs.

Hofmannsthal (1874–1929) gehörte zum George-Kreis; veröffentlichte zunächst als »Loris«, dramatisierte nach 1901 antike Stoffe und schrieb seit 1909 Opernlibretti für Richard Strauß (z. B.,Der Rosenkavalier‹, 1911). 1917 Gründung der »Salzburger Festspielgemeinde«. Bis heute wird dort das 1911 entstandene Mysterienspiel ›Jedermann‹ aufgeführt.

Hugo von Hofmannsthal: Ballade des äußeren Lebens (1895 [?] e)

Und Kinder wachsen auf mit tiefen Augen,
die von nichts wissen, wachsen auf und sterben,
und alle Menschen gehen ihre Wege.

Und süße Früchte werden aus den herben
und fallen nachts wie tote Vögel nieder
und liegen wenig Tage und verderben.

Und immer weht der Wind, und immer wieder
vernehmen wir und reden viele Worte
und spüren Lust und Müdigkeit der Glieder.

Und Straßen laufen durch das Gras, und Orte
sind da und dort, voll Fackeln, Bäumen, Teichen,
und drohende, und totenhaft verdorrte ...

Wozu sind diese aufgebaut?
und gleichen einander nie? und sind unzählig viele?
was wechselt Lachen, Weinen und Erbleichen?

Was frommt das alles uns und diese Spiele,
die wir doch groß und ewig einsam sind
und wandernd nimmer suchen irgend Ziele?

Was frommts, dergleichen viel gesehen haben?
Und dennoch sagt der viel, der »Abend« sagt,
ein Wort, daraus Tiefsinn und Trauer rinnt

wie schwerer Honig aus den hohlen Waben.

1902 zeigt der ›Brief des Lord Chandos‹ die Kunstkrise um 1900 als Sprachkrise.

Gottfried Benn: Verlorenes Ich (1943 v)

Verlorenes Ich, zersprengt von Stratosphären,
Opfer des Ion –: Gamma-Strahlen-Lamm –
Teilchen und Feld –: Unendlichkeitschimären
auf deinem grauen Stein von Notre-Dame.

Die Tage gehn dir ohne Nacht und Morgen,
die Jahre halten ohne Schnee und Frucht
bedrohend das Unendliche verborgen –
die Welt als Flucht.

Wo endest du, wo lagerst du, wo breiten
sich deine Sphären an – Verlust, Gewinn –:
ein Spiel von Bestien: Ewigkeiten,
an ihren Gittern fliehst du hin.

Der Bestienblick: die Sterne als Kaldaunen,
der Dschungeltod als Seins- und Schöpfungsgrund,
Mensch, Völkerschlachten, Katalaunen
hinab den Bestienschlund.

Die Welt zerdacht. Und Raum und Zeiten
und was die Menschheit wob und wog,
Funktion nur von Unendlichkeiten –
die Mythe log.

Benn (1886–1956), Arzt, beeinflusst von Friedrich Nietzsches Nihilismus (1844–1900). Beginnt frühexpressionistisch, verwendet dann mythologische Bilder für existenzielle Inhalte. Kontrast zwischen dynamischer Bildsprache und Resignation.

Spannungsfeld Logos-Mythos, rationale und irrationale Elemente

Woher, wohin – nicht Nacht, nicht Morgen,
kein Evoë[1], kein Requiem,
du möchtest dir ein Stichwort borgen –
allein bei wem?

Ach, als sich alle einer Mitte neigten
und auch die Denker nur den Gott gedacht,
sie sich den Hirten und dem Lamm verzweigten,
wenn aus dem Kelch das Blut sie rein gemacht,

Bild des Abendmahls als verlorengegangene Versöhnung und Geborgenheit

und alle rannen aus der einen Wunde,
brachen das Brot, das jeglicher genoß –
ferne zwingende erfüllte Stunde,
die einst auch das verlorne Ich umschloß.

Bachmann
s. S. 332

Ingeborg Bachmann: Die gestundete Zeit (1953 v)

Es kommen härtere Tage.
Die auf Widerruf gestundete Zeit
wird sichtbar am Horizont.
Bald musst du den Schuh schnüren
und die Hunde zurückjagen in die Marschhöfe.
Denn die Eingeweide der Fische
sind kalt geworden im Wind.
Ärmlich brennt das Licht der Lupinen.
Dein Blick spurt im Nebel:
die auf Widerruf gestundete Zeit
wird sichtbar am Horizont.

Drüben versinkt dir die Geliebte im Sand,
er steigt um ihr wehendes Haar,
er fällt ihr ins Wort,
er befiehlt ihr zu schweigen,
er findet sie sterblich
und willig dem Abschied
nach jeder Umarmung.

Sieh dich nicht um.
Schnür deinen Schuh.
Jag die Hunde zurück.
Wirf die Fische ins Meer.
Lösch die Lupinen!

Es kommen härtere Tage.

1 Im alten Griechenland Jubelruf beim Fest des Dionysos.

Annette von Droste-Hülshoff: Das Spiegelbild (1842 e)

Schaust du mich an aus dem Kristall
Mit deiner Augen Nebelball,
Kometen gleich die im Verbleichen;
Mit Zügen, worin wunderlich
Zwei Seelen wie Spione sich
Umschleichen, ja, dann flüstre ich:
Phantom, du bist nicht meinesgleichen!

Bist nur entschlüpft der Träume Hut,
Zu eisen mir das warme Blut,
Die dunkle Locke mir zu blassen;
Und dennoch, dämmerndes Gesicht,
Drin seltsam spielt ein Doppellicht,
Trätest du vor, ich weiß es nicht,
Würd' ich dich lieben oder hassen?

Zu deiner Stirne Herrscherthron,
Wo die Gedanken leisten Fron
Wie Knechte, würd' ich schüchtern blicken;
Doch von des Auges kaltem Glast,
Voll toten Lichts, gebrochen fast,
Gespenstig, würd', ein scheuer Gast,
Weit, weit ich meinen Schemel rücken.

Und was den Mund umspielt so lind,
So weich und hülflos wie ein Kind,
Das möcht' in treue Hut ich bergen;
Und wieder, wenn er höhnend spielt,
Wie von gespanntem Bogen zielt,
Wenn leis' es durch die Züge wühlt,
Dann möcht' ich fliehen wie vor Schergen.

Es ist gewiss, du bist nicht Ich,
Ein fremdes Dasein, dem ich mich
Wie Moses nahe, unbeschuhet,
Voll Kräfte die mir nicht bewusst,
Voll fremden Leides, fremder Lust;
Gnade mir Gott, wenn in der Brust
Mir schlummernd deine Seele ruhet!

Und dennoch fühl' ich, wie verwandt,
Zu deinen Schauern mich gebannt,
Und Liebe muss der Furcht sich einen.
Ja, trätest aus Kristalles Rund,
Phantom, du lebend auf den Grund,
Nur leise zittern würd' ich, und
Mich dünkt – ich würde um dich weinen!

Spiegelbild ist das zweite Ich, die bildhaft gewordene Spaltung des Menschen.
Zur Frage »Wer bin ich?« s. a. das Doppelgängermotiv vor allem in der Romantik, das Motiv des Schattens (Chamisso: Peter Schlemihl), die ›Spiegelgeschichte‹ von Ilse Aichinger.

Sarah **Kirsch** (geb. 1935) unterzeichnete 1976 den Protest gegen Wolf Biermanns Ausbürgerung aus der DDR; 1977 übersiedelte sie nach West-Berlin und lebt heute in Schleswig-Holstein. Ihre Lyrik als Suche nach Orientierung geht von alltäglichen Wahrnehmungen aus.

Sarah Kirsch: Der grüne Doppelgänger (1984 v)

Der Himmel bezog sich flatterndes Dunkel
Steht über dem Sumpfloch vollgetrunkenes
Torfmoos hängt sich erschreckend und schwer
An meines Wiedergängers Füße der sich
Nicht fürchtet unter den Fittichen dunkler
Kriechender Wolken und doch vergeblich
Nach dem Abendstern ausschaut nun schöpft er
Atem und sucht seine einzige Seele
In vielen Wasserspiegeln Kreise zu Kreisen
Geordnet schwarze Beeren abgestorbene Halme
Das rostrote Wasser leuchtet und dampft

Ich stelle die Lampe ins Fenster erwarte
Den Abtrünnigen Stunde um Stunde
Sehe ihn allerwege den treulosen
Unseßhaften flüchtigen Flüchtling
Verknotete Haare zerkratztes Gesicht
Nasse Fußspur verwilderte Worte
Schwenkt Teufelskralle und Rautenzweig
Spiegelt sich schon in der Scheibe geht
Durch das Glas mir in den Leib ist in
Wirklichkeit untergekommen.

26▶ Analysieren und interpretieren Sie vergleichend die motivähnlichen Gedichte ›Das Spiegelbild‹ und ›Der Doppelgänger‹. Was ist ähnlich, wo liegen Unterschiede?

27▶ Sarah Kirsch nennt öfter die Droste ihr literarisches Vorbild. Überprüfen Sie diesen Bezug.

28▶ Stellen Sie, ausgehend von Bachmann ›Die gestundete Zeit‹, aus den Texten dieses Buches Aussagen über die Zeit und die Begrenzung menschlichen Lebens zusammen. Diskutieren Sie, was Sie besonders anspricht und betrifft.

29▶ Überlegen Sie, inwieweit Benns Gedicht ›Verlorenes Ich‹ als ein Resümee der Situation des Menschen im 20. Jahrhundert gelten kann.

Christine Busta: Verwandlung (1951 v)

Eigentlich:
Christine **Dimt**
(1915–1987),
Mitglied des österreichischen PEN-Zentrums.
Hauptthema der Lyrik ist der Zweifel am Menschen als Abbild Gottes. Lyrikbände u. a.:
›Der Regenbaum‹ (1951),
›Die Sternenmühle‹ (1959),
›Salzgärten‹ (1975).

Ich niste tief im grauen Regenbaum:
die Regenzweige hängen um mich nieder,
das Regenlaub rauscht laut in meine Lieder,
sing' ich denn noch? Es singt ja nur der Baum.

Verschollen tief im Regenwurzelraum
hockt Stadt und Land, gehn Menschen hin und wider,
und trübe Flüsse wälzen ihre Glieder;
es träumt die Welt den schweren Regentraum.

Doch lautlos aus verhangnem Himmelsraum
stößt jäh der alte Sonnenvogel nieder,
und riesig spreizt er aus sein Glanzgefieder:
im goldnen Schnabel trägt er fort den Baum
und legt als zartes Regenreis ihn wieder
an Gottes siebenfarbigen Mantelsaum.

Günter Eich: Botschaften des Regens (1955 v)

Eich (1907–1972),
1947 an der Gründung der Gruppe 47 beteiligt.
Als Lyriker zunächst Vertreter der »Kahlschlag-« oder »Trümmersprache«.
Später auch durch die akustische Vorstellung seiner Hörspiele beeinflusst.
Starke Verdichtung der Bilder und der Formelemente.

Nachrichten, die für mich bestimmt sind,
weitergetrommelt von Regen zu Regen,
von Schiefer- zu Ziegeldach,
eingeschleppt wie eine Krankheit,
Schmuggelgut, dem überbracht,
der es nicht haben will –

Jenseits der Wand schallt das Fensterblech,
rasselnde Buchstaben, die sich zusammenfügen,
und der Regen redet
in der Sprache, von welcher ich glaubte,
niemand kenne sie außer mir –

Bestürzt vernehme ich
die Botschaften der Verzweiflung,
die Botschaften der Armut
und die Botschaften des Vorwurfs.
Es kränkt mich, dass sie an mich gerichtet sind,
denn ich fühle mich ohne Schuld.

Ich spreche es laut aus,
dass ich den Regen nicht fürchte und seine Anklagen
und den nicht, der sie mir zuschickte,
dass ich zu guter Stunde
hinausgehen und ihm antworten will.

30▸ Vergleichen Sie die Gestaltung des Regenmotivs bei Busta und Eich.

31▸ Erarbeiten Sie aus den folgenden Gedichten von Trakl, Sachs und Bachmann sowie Trakl (S. 22), Rilke (S. 40/41) und Eich (S. 42) die Gestaltung einer existenziellen Grundsituation. Achten Sie auf die Funktion der Naturbilder.

Trakl (1887–1914) Vgl. S. 22.

Georg Trakl: Untergang (1913 e)

An Karl Borromaeus Heinrich

Grunderfahrung des »namenlose[n] Unglück[s], wenn einem die Welt entzweibricht.« Farbsymbolik, frühexpressionistische Bilder, Chiffren.

Über den weißen Weiher
Sind die wilden Vögel fortgezogen.
Am Abend weht von unseren Sternen ein eisiger Wind.

Über unsere Gräber
Beugt sich die zerbrochene Stirne der Nacht.
Unter Eichen schaukeln wir auf einem silbernen Kahn.

Immer klingen die weißen Mauern der Stadt.
Unter Dornenbogen
O mein Bruder klimmen wir blinde Zeiger gen Mitternacht.

Eigentlich: Leonie **Sachs** (1891–1970), als Jüdin geprägt von der Flucht nach Schweden in letzter Minute. Der Konflikt der Überlebenden wird z. B. deutlich im ›Chor der Geretteten‹ (Gedichtband ›Fahrt ins Staublose‹, 1961). Tradition der Psalmendichtung und der jüdischen Mystik.

Nelly Sachs: Schmetterling (1949 v)

Welch schönes Jenseits
ist in deinen Staub gemalt.
Durch den Flammenkern der Erde,
durch ihre steinerne Schale
wurdest du gereicht,
Abschiedswebe in der Vergänglichkeiten Maß.

Schmetterling
aller Wesen gute Nacht!
Die Gewichte von Leben und Tod
senken sich mit deinen Flügeln
auf die Rose nieder
die mit dem heimwärts reifenden Licht welkt.

Welch schönes Jenseits
ist in deinen Staub gemalt.
Welch Königszeichen
im Geheimnis der Luft.

Ingeborg Bachmann: Die große Fracht (1953 v)

Bachmann (1926–1973)

Rondel: Wiederholung des zu Beginn genannten Themas, Variation in den übrigen Versen.

Die große Fracht des Sommers ist verladen,
das Sonnenschiff im Hafen liegt bereit,
wenn hinter dir die Möwe stürzt und schreit.
Die große Fracht des Sommers ist verladen.

Das Sonnenschiff im Hafen liegt bereit,
und auf die Lippen der Galionsfiguren
tritt unverhüllt das Lächeln der Lemuren.
Das Sonnenschiff im Hafen liegt bereit.

Wenn hinter dir die Möwe stürzt und schreit,
kommt aus dem Westen der Befehl zu sinken;
doch offnen Augs wirst du im Licht ertrinken,
wenn hinter dir die Möwe stürzt und schreit.

Novalis (1799–1800 e)

Georg Philipp Friedrich von **Hardenberg** (1772–1801),

Symbolgestalt der Romantik: Philosoph, Dichter, Mystiker, Jurist und Bergassessor. Schlüsselerlebnis ist der Tod Sophies von Kühn, der 15jährigen Braut, im Jahr 1797.

Wenn nicht mehr Zahlen und Figuren
Sind Schlüssel aller Kreaturen,
Wenn die, so singen oder küssen,
Mehr als die Tiefgelehrten wissen,
Wenn sich die Welt ins freie Leben,
Und in die Welt wird zurück begeben,
Wenn dann sich wieder Licht und Schatten
Zu echter Klarheit werden gatten,
Und man in Märchen und Gedichten
Erkennt die ewgen Weltgeschichten,
Dann fliegt vor einem geheimen Wort
Das ganze verkehrte Wesen fort.

Novalis: [Hyazinth und Rosenblüte] (1798 v)

Im Reich der Poesie findet Novalis eine Einheit aller Gegensätze von Traum und Leben, Liebe und Tod, Raum und Zeit, Vergangenheit und Gegenwart. Gott und Mensch oder Natur werden in einer »letzten Erkenntnis der Wahrheit« eins. Sinnbild ist die »Blaue Blume«, das Bild der Göttin der Weisheit. Zentrale Form sind Fragment und Märchen: »Mit der Zeit muss die Geschichte Märchen werden – sie wird wieder,

Vor langen Zeiten lebte weit gegen Abend ein blutjunger Mensch. Er war sehr gut, aber auch über die Maßen wunderlich. Er grämte sich unaufhörlich um nichts und wieder nichts, ging immer still für sich hin, setzte sich einsam, wenn die andern spielten und fröhlich waren, und hing seltsamen Dingen nach. Höhlen und Wälder waren sein liebster Aufenthalt, und dann sprach er immer fort mit Tieren und Vögeln, mit Bäumen und Felsen, natürlich kein vernünftiges Wort, lauter närrisches Zeug zum Totlachen. Er blieb aber immer mürrisch und ernsthaft, ungeachtet sich das Eichhörnchen, die Meerkatze, der Papagei und der Gimpel alle Mühe gaben ihn zu zerstreuen, und ihn auf den richtigen Weg zu weisen. Die Gans erzählte Märchen, der Bach klimperte eine Ballade dazwischen, ein großer dicker Stein machte lächerliche Bockssprünge, die Rose schlich sich freundlich hinter ihm herum, kroch durch seine Locken, und der Efeu streichelte ihm die sorgenvolle Stirn. Allein der Missmut und Ernst waren wie sie anfing« (Novalis). Ziel ist die Aufhebung alles Trennenden im »vernünftigen Chaos«, in dem »eins in allem und alles in einem ist«. Der Weg ist die Durchdringung aller Dinge, auch des Alltags, mit Poesie: »Nach innen geht der geheimnisvolle Weg. In uns oder nirgends ist die Ewigkeit mit ihren Welten.« »Wo gehen wir hin? – Immer nach Haus.«

»Wenn nicht mehr Zahlen …« war für den Roman ›Heinrich von Ofterdingen‹ vorgesehen. ›Hyazinth und Rosenblüte‹ steht in dem Fragment ›Die Lehrlinge zu Sais‹.

hartnäckig. Seine Eltern waren sehr betrübt, sie wussten nicht was sie anfangen sollten. Er war gesund und aß, nie hatten sie ihn beleidigt, er war auch bis vor wenig Jahren fröhlich und lustig gewesen, wie keiner; bei allen Spielen voran, von allen Mädchen gern gesehn. Er war recht bildschön, sah aus wie gemalt, tanzte wie ein Schatz. Unter den Mädchen war eine, ein köstliches, bildschönes Kind, sah aus wie Wachs, Haare wie goldne Seide, kirschrote Lippen, wie ein Püppchen gewachsen, brandrabenschwarze Augen. Wer sie sah, hätte mögen vergehn, so lieblich war sie. Damals war Rosenblüte, so hieß sie, dem bildschönen Hyazinth, so hieß er, von Herzen gut, und er hatte sie lieb zum Sterben. Die andern Kinder wusstens nicht. Ein Veilchen hatte es ihnen zuerst gesagt, die Hauskätzchen hatten es wohl gemerkt, die Häuser ihrer Eltern lagen nahe beisammen. Wenn nun Hyazinth die Nacht an seinem Fenster stand und Rosenblüte an ihrem, und die Kätzchen auf den Mäusefang vorbeiliefen, da sahen sie die beiden stehn, und lachten und kickerten oft so laut, dass sie es hörten und böse wurden. Das Veilchen hatte es der Erdbeere im Vertrauen gesagt, die sagte es ihrer Freundin der Stachelbeere, die ließ nun das Sticheln nicht, wenn Hyazinth gegangen kam; so erfuhrs denn bald der ganze Garten und der Wald, und wenn Hyazinth ausging, so riefs von allen Seiten: ›Rosenblütchen, ist mein Schätzchen!‹ Nun ärgerte sich Hyazinth, und musste doch auch wieder aus Herzensgrunde lachen, wenn das Eidechschen geschlüpft kam, sich auf einen warmen Stein setzte, mit dem Schwänzchen wedelte und sang:

Rosenblütchen, das gute Kind,
Ist geworden auf einmal blind.
Denkt, die Mutter sei Hyazinth,
Fällt ihm um den Hals geschwind;
Merkt sie aber das fremde Gesicht,
Denkt nur an, da erschrickt sie nicht.
Fährt, als merkte sie kein Wort,
Immer nur mit Küssen fort.

Ach! wie bald war die Herrlichkeit vorbei. Es kam ein Mann aus fremden Landen gegangen, der war erstaunlich weit gereist, hatte einen langen Bart, tiefe Augen, entsetzliche Augenbrauen, ein wunderliches Kleid mit vielen Falten und seltsame Figuren hineingewebt. Er setzte sich vor das Haus, das Hyazinths Eltern gehörte. Nun war Hyazinth sehr neugierig, und setzte sich zu ihm und holte ihm Brot und Wein. Da tat er seinen weißen Bart voneinander und erzählte bis tief in die Nacht, und Hyazinth wich und wankte nicht, und wurde auch nicht müde zuzuhören. So viel man nachher vernahm, so hat er viel von fremden Ländern, unbekannten Gegenden, von erstaunlich wunderbaren Sachen erzählt, und ist drei Tage dageblieben, und mit Hyazinth in tiefe Schachten hinuntergekrochen. Rosenblütchen hat genug den alten Hexenmeister verwünscht, denn Hyazinth ist ganz versessen auf seine Gespräche gewesen, und hat sich um nichts bekümmert; kaum dass er ein wenig Speise zu sich genommen. Endlich hat jener sich fortgemacht, doch dem Hyazinth ein Büchelchen dagelassen, das kein Mensch lesen konnte. Dieser hat ihm noch Früchte, Brot und Wein mitgegeben, und ihn weit weg begleitet. Und dann ist er tiefsinnig zurückgekommen, und hat einen ganz neuen Lebenswandel begonnen. Rosenblütchen hat recht zum Erbarmen um ihn getan, denn von der Zeit an hat er sich wenig aus ihr gemacht und ist immer für sich geblieben. Nun begab sichs, dass einmal nach Hause kam und war wie neugeboren. Er fiel seinen Eltern um den Hals, und weinte. ›Ich muss fort in fremde Lande‹, sagte er, ›die alte wunderliche Frau im Walde hat mir erzählt, wie ich gesund werden müsste, das Buch hat sie ins Feuer geworfen, und hat mich getrieben, zu euch zu gehn und euch um euren Segen zu bitten. Vielleicht komme ich bald, vielleicht nie wieder. Grüßt Rosenblütchen. Ich hätte sie gern gesprochen, ich weiß nicht, wie mir ist, es drängt mich fort; wenn ich an die alten Zeiten zurück denken will, so kommen gleich mächtigere Gedanken dazwischen, die Ruhe ist fort, Herz und Liebe mit, ich muss sie suchen gehn. Ich wollt euch gern sagen, wohin, ich weiß selbst nicht, dahin wo die Mutter der Dinge wohnt, die verschleierte Jungfrau. Nach der ist mein Gemüt entzündet. Lebt wohl.‹ Er riss sich los und ging fort. Seine Eltern wehklagten und vergossen Tränen, Rosenblütchen blieb in ihrer Kammer und weinte bitterlich. Hyazinth lief nun was er konnte, durch Täler und Wildnisse, über Berge und Ströme, dem geheimnisvollen Lande zu. Er fragte überall nach der heiligen Göttin (Isis) Menschen und Tiere, Felsen und Bäume. Manche lachten, manche schwiegen, nirgends erhielt er Bescheid. Im Anfange kam er durch raues wildes Land, Nebel und Wolken warfen sich ihm in den Weg, es stürmte immerfort; dann fand er unabsehliche Sandwüsten, glühenden Staub, und wie er wandelte, so veränderte sich auch sein Gemüt, die Zeit wurde ihm lang und die innre Unruhe legte sich, er wurde sanfter und das gewaltige Treiben in ihm allgemach zu einem leisen, aber starken Zuge, in den sein ganzes Gemüt sich auflöste. Es lag wie viele Jahre hinter ihm. Nun wurde die Gegend auch wieder reicher und mannigfaltiger, die Luft lau und blau, der Weg ebener, grüne Büsche lockten ihn mit anmutigem Schatten, aber er verstand ihre Sprache nicht, sie schienen auch nicht zu sprechen, und doch erfüllten sie auch sein Herz mit grünen Farben und kühlem, stillem Wesen. Immer höher wuchs jene süße Sehnsucht in ihm, und immer breiter und saftiger wurden die Blätter, immer lauter und lustiger die Vögel und Tiere, balsamischer die Früchte, dunkler der Himmel, wärmer die Luft, und heißer seine Liebe, die Zeit ging immer schneller, als sähe sie sich nahe am Ziele. Eines Tages begegnete er einem kristallnen Quell und einer Menge Blumen, die kamen in ein Tal herunter zwischen schwarzen himmelhohen Säulen. Sie grüßten ihn freundlich mit bekannten Worten. ›Liebe Landsleute‹, sagte er, ›wo find ich wohl den geheiligten Wohnsitz der Isis? Hier herum muss er sein, und ihr seid vielleicht hier bekannter, als ich.‹ – ›Wir gehn auch nur hier durch‹, antworteten die Blumen; ›eine Geisterfamilie ist auf der Reise und wir bereiten ihr Weg und Quartier, indes sind wir vor kurzem durch eine Gegend gekommen, da hörten wir ihren Namen nennen. Gehe nur aufwärts, wo wir herkommen, so wirst du schon mehr erfahren.‹ Die Blumen und die Quelle lächelten, wie sie das sagten, boten ihm einen frischen Trunk und gingen weiter. Hyazinth folgte ihrem Rat, frug und frug und kam endlich zu jener längst gesuchten Wohnung, die unter Palmen und andern köstlichen Gewächsen versteckt lag. Sein Herz klopfte in unendlicher Sehnsucht, und die süßeste Bangigkeit durchdrang ihn in dieser Behausung der ewigen Jahreszeiten. Unter himmlischen Wohlgedüften entschlummerte er, weil ihn nur der Traum in das Allerheiligste führen durfte.

Wunderlich führte ihn der Traum durch unendliche Gemächer voll seltsamer Sachen auf lauter reizenden Klängen und in abwechselnden Akkorden. Es dünkte ihm alles so bekannt und doch in nie gesehener Herrlichkeit, da schwand auch der letzte irdische Anflug, wie in Luft verzehrt, und er stand vor der himmlischen Jungfrau, da hob er den leichten, glänzenden Schleier, und Rosenblütchen sank in seine Arme. Eine ferne Musik umgab die Geheimnisse des liebenden Wiedersehns, die Ergießungen der Sehnsucht, und schloss alles Fremde von diesem entzückenden Orte aus. Hyazinth lebte nachher noch lange mit Rosenblütchen unter seinen frohen Eltern und Gespielen, und unzählige Enkel dankten der alten wunderlichen Frau für ihren Rat und ihr Feuer; denn damals bekamen die Menschen so viel Kinder, als sie wollten.

32▶ Untersuchen Sie das Gedicht von Novalis. Inwieweit kann es als Programmgedicht der Frühromantik bezeichnet werden?

33▶ Überprüfen Sie durch eine genaue Analyse und Interpretation die These, das Märchen von Novalis enthalte zentrale Elemente der frühromantischen Menschen-, Natur- und Kunstauffassung.
Beachten Sie auch den Aspekt der romantischen Ironie, der Aufhebung dichterischer Illusion.

Kafka (1883–1924)
Parabel
Bezug zur Bibel: Gleichnis vom verlorenen Sohn, Neues Testament, Lukas 15,11–12

Franz Kafka: Heimkehr (1904/05 e)

Ich bin zurückgekehrt, ich habe den Flur durchschritten und blicke mich um. Es ist meines Vaters alter Hof. Die Pfütze in der Mitte. Altes, unbrauchbares Gerät, ineinanderverfahren, verstellt den Weg zur Bodentreppe. Die Katze lauert auf dem Geländer. Ein zerrissenes Tuch, einmal im Spiel um eine Stange gewunden, hebt sich im Wind. Ich bin angekommen. Wer wird mich empfangen? Wer wartet hinter der Tür zur Küche? Rauch kommt aus dem Schornstein, der Kaffee zum Abendessen wird gekocht. Ist dir heimlich, fühlst du dich zu Hause? Ich weiß es nicht, ich bin sehr unsicher. Meines Vaters Haus ist es, aber kalt steht Stück neben Stück, als wäre jedes mit seinen eigenen Angelegenheiten beschäftigt, die ich teils vergessen habe, teils niemals kannte. Was kann ich ihnen nützen, was bin ich ihnen und sei ich auch des Vaters, des alten Landwirts Sohn. Und ich wage nicht, an der Küchentür zu klopfen, nur von der Ferne horche ich, nur von der Ferne horche ich stehend, nicht so, dass ich als Horcher überrascht werden könnte. Und weil ich von der Ferne horche, erhorche ich nichts, nur einen leichten Uhrenschlag höre ich oder glaube ihn vielleicht nur zu hören, herüber aus den Kindertagen. Was sonst in der Küche geschieht, ist das Geheimnis der dort Sitzenden, das sie vor mir wahren. Je länger man vor der Tür zögert, desto fremder wird man. Wie wäre es, wenn jetzt jemand die Tür öffnete und mich etwas fragte. Wäre ich dann nicht selbst wie einer, der sein Geheimnis wahren will.

Franz Kafka: Eine kaiserliche Botschaft (1917[?] e)

Der Kaiser – so heißt es – hat dir, dem Einzelnen, dem jämmerlichen Untertanen, dem winzig vor der kaiserlichen Sonne in die fernste Ferne geflüchteten Schatten, gerade dir hat der Kaiser von seinem Sterbebett aus eine Botschaft gesendet. Den Boten hat er beim Bett niederknien lassen und ihm die Botschaft ins Ohr geflüstert; so sehr war ihm an ihr gelegen, dass er sich sie noch ins Ohr wiedersagen ließ. Durch Kopfnicken hat er die Richtigkeit des Gesagten bestätigt. Und vor der ganzen Zuschauerschaft seines Todes – alle hindernden Wände werden niedergebrochen und auf den weit und hoch sich schwingenden Freitreppen stehen im Ring die Großen des Reichs – vor allen diesen hat er den Boten abgefertigt. Der Bote hat sich gleich auf den Weg gemacht; ein kräftiger, unermüdlicher Mann; einmal diesen, einmal den andern Arm vorstreckend schafft er sich Bahn durch die Menge; findet er Widerstand, zeigt er auf die Brust, wo das Zeichen der Sonne ist; er kommt auch leicht vorwärts, wie kein anderer. Aber die Menge ist so groß; ihre Wohnstätten nehmen kein Ende. Öffnete sich freies Feld, wie würde er fliegen und bald wohl hörtest du das herrliche Schlagen seiner Fäuste an deiner Tür. Aber statt dessen, wie nutzlos müht er sich ab; immer noch zwängt er sich durch die Gemächer des innersten Palastes; niemals wird er sie überwinden; und gelänge ihm dies, nichts wäre gewonnen; die Treppen hinab müsste er sich kämpfen; und gelänge ihm dies, nichts wäre gewonnen; die Höfe wären zu durchmessen; und nach den Höfen der zweite umschließende Palast; und wieder Treppen und Höfe; und wieder ein Palast; und so weiter durch Jahrtausende; und stürzte er endlich aus dem äußersten Tor – aber niemals, niemals kann es geschehen –, liegt erst die Residenzstadt vor ihm, die Mitte der Welt, hochgeschüttet voll ihres Bodensatzes. Niemand dringt hier durch und gar mit der Botschaft eines Toten. – Du aber sitzt an deinem Fenster und erträumst sie dir, wenn der Abend kommt.

Spannungsbogen
Kaiser – einzelner

Funktion des Boten

Unerreichbarkeit und Nichtankommen der Botschaft als Metapher für Hoffnungslosigkeit unseres Jahrhunderts

34▶ Analysieren und interpretieren Sie Kafkas Parabel ›Die Heimkehr‹. Beachten Sie genau die syntaktischen Strukturen und die Bedeutung der Frage. Stellen Sie Unterschiede und Ähnlichkeiten zum biblischen Gleichnis vom verlorenen Sohn heraus.

35▶ Überprüfen Sie anhand der Kafka-Texte S. 73 ff., S. 99 f. und S. 107 f. die These des Literaturwissenschaftlers Wilhelm Emrich: »Kafkas Werk ist der einzigartige Versuch, in einer Welt, die keine verbindliche menschliche Satzung mehr kennt und keinem unbedingten göttlichen Gebot mehr folgt, die absolute Verantwortlichkeit des Menschen neu zu konstituieren.«

Brecht (1898–1956)

Bertolt Brecht: [Shen Tes Schlussrede an die Götter. Aus: Der gute Mensch von Sezuan] (1926–41 e)

Die Schlussrede stammt aus der letzten Szene des Parabelstücks, uraufgeführt 1943. Im Epilog (»Der Vorhang zu und alle Fragen offen«) wird das Publikum nach dem Prinzip des didaktischen Theaters aufgefordert: »Verehrtes Publikum, los, such dir selbst den Schluss! Es muss ein guter da sein, muss, muss, muss!«

Ja, ich bin es. Shui Ta und Shen Te, ich bin beides.
Euer einstiger Befehl
Gut zu sein und doch zu leben
Zerriß mich wie ein Blitz in zwei Hälften. Ich
Weiß nicht, wie es kam: gut sein zu andern
Und zu mir konnte ich nicht zugleich
Andern und mir zu helfen, war mir zu schwer.
Ach, eure Welt ist schwierig! Zu viel Not, zu viel Verzweiflung!
Die Hand, die dem Elenden gereicht wird
Reißt er einem gleich aus! Wer den Verlorenen hilft
Ist selbst verloren! Denn wer könnte
Lang sich weigern, böse zu sein, wenn da stirbt, wer kein Fleisch ißt?
Aus was sollte ich nehmen, was alles gebraucht wurde? Nur
Aus mir! Aber dann kam ich um! Die Last der guten Vorsätze
Drückte mich in die Erde. Doch wenn ich Unrecht tat
Ging ich mächtig herum und aß vom guten Fleisch!
Etwas muß falsch sein an eurer Welt. Warum
Ist auf die Bosheit ein Preis gesetzt und warum erwarten den Guten
So harte Strafen? Ach, in mir war
Solch eine Gier, mich zu verwöhnen! Und da war auch
In mir ein heimliches Wissen, denn meine Ziehmutter
Wusch mich mit Gossenwasser! Davon kriegte ich
Ein scharfes Aug. Jedoch Mitleid
Schmerzte mich so, daß ich gleich in wölfischen Zorn verfiel
Angesichts des Elends. Dann
Fühlte ich, wie ich mich verwandelte und
Mir die Lippe zur Lefze wurd. Wie Asche im Mund
Schmeckte das gütige Wort. Und doch
Wollte ich gern ein Engel sein den Vorstädten. Zu schenken
War mir eine Wollust. Ein glückliches Gesicht
Und ich ging wie auf Wolken.
Verdammt mich: alles; was ich verbrach
Tat ich, meinen Nachbarn zu helfen
Meinen Geliebten zu lieben und
Meinen kleinen Sohn vor dem Mangel zu retten.
Für eure großen Pläne, ihr Götter
War ich armer Mensch zu klein.

Nicolas Born: Drei Wünsche (1972v)

Born (1937–1979) Romandebüt mit »Der zweite Tag« (1965); Lyrik deutlich geprägt von gesellschaftskritischer Aufbruchstimmung der Studentenbewegung. Bekannt vor allem durch Roman »Die erdabgewandte Seite der Geschichte« (1976).

Sind Tatsachen nicht quälend und langweilig?
Ist es nicht besser drei Wünsche zu haben
unter der Bedingung dass sie allen erfüllt werden?
Ich wünsche ein Leben ohne große Pausen
in denen die Wände nach Projektilen abgesucht werden
ein Leben das nicht heruntergeblättert wird von Kassierern.
Ich wünsche Briefe zu schreiben in denen ich ganz enthalten bin –.
Ich wünsche ein Buch in das ihr alle vorn hineingehen und hinten herauskommen könnt.
Und ich möchte nicht vergessen dass es schöner ist
dich zu lieben als dich nicht zu lieben.

36▸ Erörtern Sie die Schlussrede Shen Tes mit und ohne Appell an das Publikum. Was ist jeweils Hauptaussage?

37▸ Vergleichen Sie die Märchenmotive bei Enzensberger (S. 51) und Born. Worauf beruht im Gedicht von Born der Ansatz zur Hoffnung?

Dritter Teil: Fragen an Gedicht, Autor und Leser

Annäherung an eine Dichterin

Domin (geb. 1912)
In der Lyriktheorie setzt H. Domin sich mit der Daseinsberechtigung der Lyrik in der heutigen Gesellschaft auseinander (›Wozu Lyrik heute. Dichtung und Leser in der gesteuerten Gesellschaft‹, 1968). Ergebnis: Lyrik ist ein Medium der Einübung von Freiheit und Wahrhaftigkeit. Themen der Lyrik: Exil (als Sozialdemokratin und Jüdin) und Heimat (Frage der Zugehörigkeit des Menschen), Suche nach einer genauen, »mitmenschlichen« Sprache.

Der vorliegende Auszug entstammt der Anthologie ›Doppelinterpretationen‹ mit 31 Gedichten, die jeweils von den Autoren selbst und Literaturwissenschaftlern interpretiert werden.

Hilde Domin: [»Ein Gedicht ist mehr als die Summe seiner Interpretationen«] (1966 v)

[...] Ein Gedicht ist mehr als die Summe seiner Interpretationen. Um den formulierten ›Erfahrungskern‹ können ›multiforme Einzelfälle‹ anschließen, je nach der sich verändernden Wirklichkeit, innerhalb derer die Gedichte aufgenommen werden.

Darüber hinaus ist jede Interpretation nichts anderes als eine Annäherung. Die Interpretation führt hin an das Gedicht, sie lehrt zunächst einmal genau lesen. Ganz wie der Betrachter eines Bildes zunächst einmal sehen lernen muss, was ›da‹ ist. Es ist keineswegs selbstverständlich, dass ein jeder das kann oder tut. Sehen lernen, hören lernen, lesen lernen, ›was da ist‹, ist die erste Übung. Abgesehen davon, dass die Interpretation den Leser lesen lehrt, was da steht, macht sie ihn hellhörig für das, was im Gesagten mitschwingt, was also nicht – oder so nicht – *da* steht, sondern mitangeschlagen ist. Und sie macht darauf aufmerksam, wie das Gedicht es erreicht, dass das eine gesagt, aber etwas anderes oder mehr gemeint ist. Interpretation führt den Leser bis hin an das Gedicht, sie zeigt ihm, wie er lesen könnte. Dann lässt sie ihn los. Im besten der Fälle steht der Leser nun ein wenig weniger hilflos vor dem Gedicht. Lesen kann er nur für sich allein. Es ist ein »Hic Rhodos«[1], Springen kann man vormachen. Springen muss jeder selbst. Das Lesen des Gedichts, ganz wie das Schreiben – wenn auch um Intensitätsgrade verschieden – ist ein sowohl gedanklicher wie emotioneller Vorgang.

Wir stellen also hier ab auf das interpretierende Lesen. Grob gesagt, auf die Benutzung des Kunstwerks, auf diejenige Art des Umgangs mit ihm, die ihm eine größtmögliche Wirksamkeit sichert. Die es also seiner Bestimmung zuführt. Die Fragestellung ist hier: wie habe ich etwas von dem Gedicht, was will das Gedicht von mir, was kann ich von ihm wollen.

Um es ganz klar zu machen, die Fragestellung ist also nicht: wie verstehe ich ein Gedicht genug, um zu beurteilen, ob es gut oder schlecht, ob es lesens- und überlieferungswert ist. Wobei das interpretierende Lesen nur ein Mittel des kritischen Lesens wäre, der Zweck aber die Urteilsbildung, nicht das Lesen als solches.

Wo auf das Lesen als solches, und also auf das interpretierende und aneignende Lesen, die »Einheit von Vollzug und Reflexion« (Adorno: ›Noten zur Literatur‹ II, S. 43), abgestellt ist, erscheint wiederum das »kritische Lesen« nur als Variante, dem Zweck der Aneignung untergeordnet. Aber so wie bei dem rein auf Kritik ausgerichteten Lesen der reflektierende Vollzug gleichsam nachgeliefert wird, wenn die Kritik positiv ausfällt (und der Kritiker sich das Gedicht dann post festum[2] meist anverwandelt), so ist im interpretierenden Lesen Kritik inhärent[3]: Insofern nämlich der »Vollzug« durch eine Unvollkommenheit des Kunstwerks gestört wird, schlägt er in kritische Untersuchung des ungenügenden Textes um. (Aber auch wo die reflektierende Aneignung unbehindert vonstatten gegangen ist, wird nachträglich eine kritische Feststellung seiner die Aneignung fördernden Qualitäten, sozusagen eine Legitimierung des eigenen Geschmacks, von manchen Lesern gesucht werden. Von andern nicht, natürlich.)

Das kritische und das interpretierende Lesen sind also zwei einander sowohl entgegengesetzte wie engst verbundene Weisen des Lesens, das eine relativierend und distanzierend: stimuli[4] rekonstruierend und Standorte fixierend, das ist, in der einen oder andern Weise ein Urteil über die »Gültigkeit« des Textes suchend. Das andere verabsolutierend, das ist: »den Text in seinem Wahrheitsanspruch ernst nehmend« (Gadamer[5]) und aneignend. Praktisch sind in einem gewissen Grade jeweils beide im Spiel. Und je nach dem vorbestimmten Zweck, auch nach dem Temperament des Lesers, wird das eine zum Mittel oder zur Vorstufe des andern. Die Bestimmung des Kunstwerks ist es jedoch nicht, Gegenstand des Urteils um des Urteils willen zu sein, Turngerät für intellektuelles Schauturnen, didaktische Maschine für Lehrende und Lernende. Das Kunstwerk ist um seiner selbst willen da, über sich hinausweisend, und für uns alle. Um von uns gesehen und, wieder und wieder, immer neu und immer anders, von uns angeeignet und verlebendigt zu werden. [...]

1 hic Rhodos, hic salta (lat.): Hier ist Rhodos, hier springe. Nach einer Äsop-Fabel: Zeige, was du kannst.
2 (lat.) nach dem Fest, hinterher
3 (lat.) anhaftend, mit eingeschlossen
4 Reize, Antriebe
5 Hans-Georg Gadamer (Philosoph): Wahrheit und Methode, S. 323

Texterörterung

38▸ Gehen Sie nach den Arbeitsschritten einer Texterörterung vor:

(1) Skizzieren Sie das Hauptproblem, die entscheidende Thematik.
(2) Erarbeiten Sie die innere und äußere Textstruktur. Über welche Phasen läuft der Gedankengang?
(3) Ermitteln Sie zentrale Textstellen. Wo verdichten sich die Aussagen?
(4) Skizzieren Sie eigene Erfahrungen und Gedanken zum Thema. Versuchen Sie eine Einordnung in einen größeren Zusammenhang. Worauf lassen sich Domins Gedanken beziehen (Zeitgeschichte, besondere Probleme)?

Beispiele

Beispiele:

zu (1) In diesem Text von Hilde Domin geht es um die Beziehung zwischen Leser und Gedicht oder Kunstwerk und die Bedeutung, welche die Interpretation für das »Gelingen« dieser Beziehung erhält …

zu (2) zu (3) Der Gedankengang läuft über mehrere Thesen, die sich auseinander entwickeln und gleichzeitig die zentralen Textstellen markieren: Grundthese ist die Überzeugung, dass das Gedicht mehr ist als alle Deutungsbemühungen. Zu dieser Anfangsaussage kehrt H. Domin am Ende der Überlegungen von einem vertieften Verständnis des Vorgangs her wieder zurück und schließt damit den Argumentationskreis: Das Kunstwerk ist um seiner selbst willen da und dadurch für uns alle. Es ist gleichzeitig autonom und gesellschaftsbezogen … Interpretation – Leser – Gedicht werden in einen Bezug gesetzt: »Interpretation ist nichts anderes als eine Annäherung.« Dazu gehört nach Hilde Domin das genaue Lesen. Es muss erfassen, was ausdrücklich »da steht«, und auch das, was »mitschwingt«. Wichtig ist Domins Hinweis auf den Zusammenhang zwischen kritischem und interpretierendem Lesen …

zu (4) Hilde Domins Mahnung, das Kunstwerk nicht als »Turngerät für intellektuelles Schauturnen« zu missbrauchen, ist ein Appell an jeden, der sich mit Literatur beschäftigt: Wir sind aufgefordert, immer neu zu lesen, nicht nur zu untersuchen und zu urteilen, sondern zu »verlebendigen« …

Ulla Hahn: Wortritt durch die Wüste. Ihr Mut zum Dennoch: Der Dichterin Hilde Domin zum fünfundneunzigsten Geburtstag (2004)

Wem soll ich zuerst gratulieren? Der Freundin? Der Dichterin? Oder den Lesern? Beinah von Anfang an fiel mir das zusammen. Natürlich kannte ich Hilde Domins Gedichte längst, ehe ich ihr zum ersten Mal begegnete. Hatte ihren Roman »Das zweite Paradies«, die autobiographische Prosa, die Abhandlung »Wozu Lyrik heute?« (1967) gelesen, dieses machtvolle Plädoyer für das Gedicht.

Mir, die ich gerade die ersten Gedichte zu schreiben begann, machte ihr Werk beides: der Leserin Freude, der Schreiberin Mut. Es war also durchaus möglich, Gefühl und analytischen Verstand zu vereinen. Als DichterIN! Hilde Domins Gedichte verrätseln nicht, sind vielmehr auf Worte aus, die die Dinge beim Namen nennen. »Dies ist unsere Freiheit / die richtigen Namen nennen / furchtlos / mit der kleinen Stimme / Einander rufend / mit der kleinen Stimme / das Verschlingende beim Namen nennen …« Jahrelang hingen diese Zeilen an der Wand vor meinem Schreibtisch. Ansporn. Richtschnur.

Als ich dann, kurz nach Erscheinen meines ersten Gedichtbands, Hilde Domin in Heidelberg bei einer meiner ersten Lesungen ganz vorn sitzen sah, verschlug es mir fast den Atem vor Stolz. Ich las an diesem Abend nur für sie. Verstohlen blinzelte ich zwischen zwei Gedichten immer wieder zu ihr rüber. Ihre gespannte Aufmerksamkeit beflügelte mich, und ich gab meinem Pegasus die Sporen. (Später meinte sie: Bißchen zu schnell gelesen, bitte alles zweimal.) Ihre unstillbare Neugier auf Menschen, ihr ungespieltes Interesse am Schicksal und Wohlergehen anderer, bleibt jedem, der ihr begegnet, unvergeßlich. Daß Werk und Wesen eines Dichters, Wort und Tat einander so produktiv durchdringen, ist mir bei keiner Kollegin, keinem Kollegen sonst noch einmal begegnet. So, wie sie es uns in einem knappen Vers zu verstehen gibt: »Wort und Ding / lagen nah aufeinander / die gleiche Körperwärme / zwischen Wort und Ding.« Schreiben, das ist für diese Dichterin auch immer: »Fremd-Worte / heimisch machen im Tun.« Fremdworte wie »Zivilcourage« und »Solidarität«.

Nie ließ sie es bei Worten bewenden. Nach meiner Lesung saßen wir noch zusammen, und zum Schluß nahm sie mich beiseite: »Sie müssen gut sein, zu sich selbst«, sagte sie. »Wenn Sie soviel allein sind, stellen Sie sich doch morgens selbst eine Rose auf den Tisch.« Mit diesen Worten meine Gedichte kommentierend, zog sie eine Rose aus der Vase des Hotels und drückte sie mir in die Hand. »Nur eine Rose als Stütze.« Ich hob sie lange auf, aber sie hat meine vielen Umzüge nicht überdauert.

Seither verloren wir einander nicht mehr aus den Augen. Auch Hilde Domins Mann, Erwin Palm, lernte ich kennen. Unauslöschlich das Bild, wie die beiden, einander bei den Händen haltend, im Kölner Rathaus die Treppen hinaufstiegen, ein Paar wie aus Märchen und Mythen.

Ja, diese Frau hat sich ein Leben lang zu lieben getraut. Trotz der Angst vor Verletzungen – wie sehr können Worte verletzen – den Menschen zugetan bleiben: das ist ihre Haltung. Ihr Mut zum Dennoch. Dennoch lieben, darin hat ihr Leben wie ihr Schreiben seine Wurzel. Oder, wie sie es selbst in »Wozu Lyrik heute?« formuliert hat: »Es ist das gleiche Wasser, das den Menschen und der Kunst am Halse steht.«

Viele Male haben wir uns getroffen, zuletzt vor einem Jahr bei ihrer Lesung in St. Johannis. Kurz vorher hatte ich in Heidelberg aus meinem Roman »Das verborgene Wort« gelesen. Wieder saßen wir nachher zusammen, und wieder, nach mehr als zwanzig Jahren, schenkte sie mir etwas. Keine Rose, kein Buch. Sie brachte mir – ein Kamel! Eine Schnitzerei aus Holz, passend in jede größere Handtasche. »Für den Ritt durch die Wüste«, wie sie sagte. Es steht auf meinem Nachttisch, und greife ich morgens zum Wecker oder zur Lampe, fällt mein Blick auf die kleine Figur: »Nicht müde werden / sondern dem Wunder / leise / wie einem Vogel / die Hand hinhalten.«

Über Gedichte haben wir nur selten gesprochen, über unsere schon gar nicht. Ihren Satz »Die Sprache ist die äußerste Zuflucht« hatte ich für mich dick unterstrichen. Falsche Sprache macht obdachlos. Die rechten Worte gewähren Unterkunft. Vielen, auch mir, hat Hilde Domin mit ihrem Schreiben Unterkunft, Zuflucht gewährt. Und sie sind mit mir an ihrem heutigen fünfundneunzigsten Geburtstag dankbar und froh, daß sie bei ihnen ist, wann immer sie ein Buch von ihr zur Hand nehmen.

Die Würdigung Hilde Domins durch eine andere sehr viel jüngere Lyrikerin eröffnet einen besonderen Blick auf das gemeinsame dichterische Anliegen und das Wechselspiel gegenseitiger Annäherung.

39▸ Worin sieht Ulla Hahn den entscheidenden Ansatz für die Wirkung und Würdigung von Dichtung – Lyrik – Kunst der Hilde Domin?

40▸ Vergleichen Sie Gedichte beider Schriftstellerinnen auf Ähnlichkeiten und je eigene Akzentuierungen. Wählen Sie aus den Gedichten und den Aussagen beider Textpassagen, Formulierungen aus, die aus Ihrer Sicht sowohl die je eigene Sprache Hilde Domins und Ulla Hahns wie auch gemeinsame »poetische« Anliegen deutlich machen.

Bilder, Daten, Informationen

- Bilder
- Literaturgeschichte im Überblick – Übersichten
- Nachschlagewerke
- Begriffserklärungen
- Quellenverzeichnis
- Autorenverzeichnis zu Kapitel A bis I

Erster Teil: Liebende

Buchmalerei, Zürich um 1310–1340. Hugo von Werbenwag (urkundlich 1292) umarmt seine Dame. – Pergament. Aus: Große Heidelberger Liederhandschrift (Codex Manesse). Heidelberg, Universitätsbibliothek, Cod. Pal. Germ. 848 fol. 252 r.

Auguste Renoir, 1841–1919. »Die Verliebten«, 1875. (Die Schauspielerin Henriette Henriot und der Maler Franc-Lamy). Öl auf Leinwand, 175 × 130 cm.

Marc Chagall, 1887–1985.
»Liebespaar«, 1978.
Tempera auf Karton,
35 × 27 cm.
Privatsammlung.

Pablo Picasso, 1881–1973.
»Couple« (Paar), 2. Juli 1971.
Öl auf Leinwand, 116 × 89 cm.
Privatsammlung.

Edward Hopper, 1882–1967.
»Nighthawks« (Nachtschwärmer), 1942.
Oil on canvas
84,1 x 152,4 cm
Friends of American Art Collection, 1942.
Art Institute of Chicago.

Gustav Klimt, 1862–1918.
»Der Kuß«, 1908.
Öl auf Leinwand,
180 × 180 cm.

Günter Grass.
»Tanzendes Paar«.
Aus: Letzte Tänze.
Gedichte und Bilder.
Göttingen: Steidl, 2003.

Zweiter Teil: **Ikonen**

Sandro Botticelli (eigentl. Alessandro Filipepi), 1445–1510. »Die Geburt der Venus«, um 1482.
(Venus Anadyomene, cfr. Ovid, Met. 2,27, Fast. 5,217). Tempera/Leinwand, 172,5 × 278,5 cm. Inv. Nr. 878 (Aufnahme nach der Restaurierung).

Albrecht Dürer, 1471–1528. »Die vier apokalyptischen Reiter«, um 1497/98.
Holzschnitt, 39 × 28 cm. Aus der Folge: Die Apokalypse (Apocalipsis cum Figuris: Die Heimlich Offenbarung Iohannis, Nürnberg (Koberger) 1498.

Pieter Bruegel d. Ä., um 1525/30–1569. »Turmbau zu Babel«, 1563.
Öl auf Eichenholz, 114 × 155 cm. Inv. Nr. 1026.

Rembrandt Harmensz van Rijn, 1606–1669. »Die Heimkehr des verlorenen Sohnes«, 1668/69.
Öl auf Leinwand, 262 × 206 cm.

Caspar David Friedrich, 1774–1840. »Zwei Männer in Betrachtung des Mondes«, 1819/20.
Öl auf Leinwand, 35 × 44,5 cm.

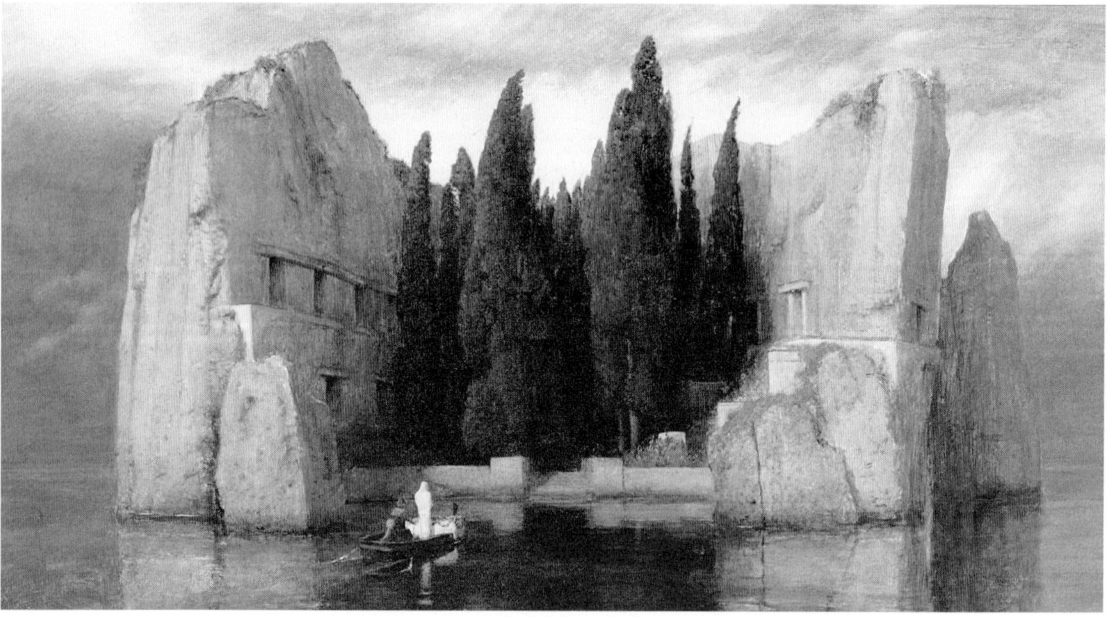

Arnold Böcklin, 1827–1901. »Die Toteninsel«, 1883.
Öl auf Holz, 80 × 150 cm.

Edvard Munch, 1863–1944.
»Der Schrei«, 1893.
Öl auf Pappe, 91 × 74 cm.

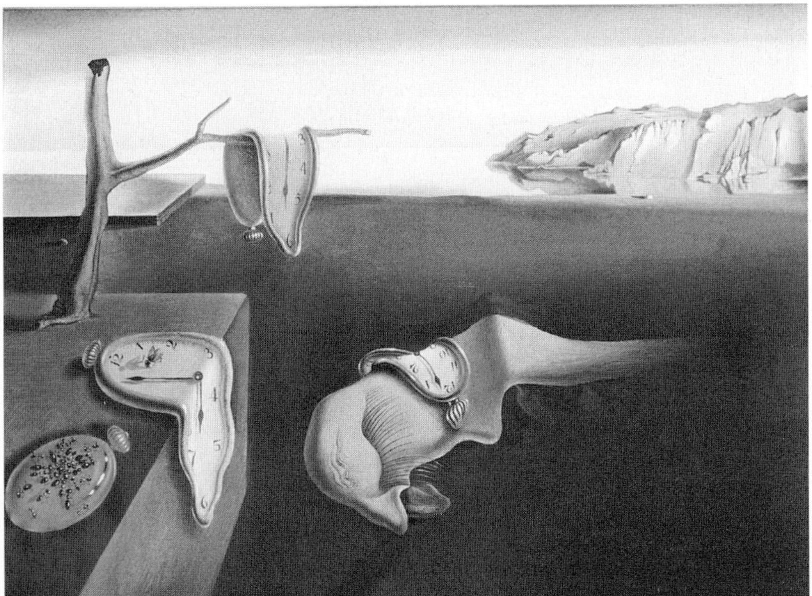

Salvador Dalí, 1904–1989.
»Persistencia de la memoria« (Die Beständigkeit der Erinnerung – Die weichen Uhren – Die zerrinnende Zeit), 1931.
Öl auf Leinwand, 24,1 × 33 cm.

René Magritte, 1898–1967.
»Le faux miroir«
(Der falsche Spiegel), 1928.
Öl auf Leinwand, 54 × 81 cm.

Henri Rousseau, 1844–1910.
„Le rêve“ (Der Traum), 1910.
Öl auf Leinwand, 204 x 298 cm.
Schenkung Nelson A. Rockefeller,
New York,
Museum of Modern Art.

Bilder und Texte im Dialog

1▶ Betrachten Sie die Bilder sehr genau und lassen Sie sie in Ruhe auf sich wirken.

- ▶ Wo öffnen sich spontan erste Bezüge, was erscheint fremd, was fasziniert in besonderer Weise?
- ▶ Mit welchen Bildern würden Sie sich gerne intensiver beschäftigen? Setzen Sie die Bilder in Beziehung.
- ▶ Informieren Sie sich über die jeweiligen Maler, Kunststile und -epochen sowie Bildmotive.

2▶ Zum Bildkomplex: Liebende

- ▶ Welche jeweilige Facette des Themas »Liebe« wird in den Bildern deutlich, mit welchen Mitteln?
- ▶ Suchen Sie Bezüge zu den Liebesgedichten (vgl. S. 317ff.) und beschreiben Sie Ähnlichkeiten und Unterschiede der beiden Bildsprachen.

3▶ Zum Bildkomplex: Ikonen
In dieser Bildfolge werden Motive und Themen bildhaft dargestellt, die auch zum Kernbestand poetischer Ausdrucksweisen gehören. Welche Spiegelungen ergeben sich in den entsprechenden Texten dieses Buches?

4▶ Welche Entwicklungen können Sie parallel zur literarischen beobachten, wo zeigen sich Unterschiede? Suchen Sie auch über die Vorlagen dieses Arbeitsbuches hinaus Texte zu den Bildern und umgekehrt Bilder zu den angebotenen Texten.

5▶ Nutzen Sie diese Ansätze für eine fachübergreifende Arbeit, die sich mit den Wirkungsmöglichkeiten der Bildsprache sowohl in der bildenden Kunst wie in der Dichtung, ihren Gemeinsamkeiten und Unterschieden beschäftigt.

Literaturgeschichte im Überblick – Übersichten

- Mittelalter 750–1500
- Renaissance und Humanismus 1470–1600
- Barock 1600–1720
- Aufklärung 1720–1785
- Sturm und Drang 1767–1785
- Klassik 1786–1805
- Romantik 1795–1835
- Biedermeier 1815–1848
- Vormärz – Das junge Deutschland 1830–1850
- Realismus 1850–1890
- Naturalismus und Gegenströmungen 1890–1920
- Expressionismus 1910–1925
- Literarische Entwicklung zwischen 1918 und 1945
- Deutschsprachige Literatur 1945–1990 (Ost)
- Deutschsprachige Literatur 1945–1990 (West)
- Deutschsprachige Literatur seit 1990

Mittelalter 750–1500

Kaisertum (»politische Religiösität«) • Lehenswesen Ritterstand (aristokratisches Ideal) • Klosterkultur: Kulturmonopol der Kirche • Heldenepos • Minnesang • politische Spruchdichtung • Herausbildung der deutschen Literatursprache

Germanische Frühzeit 4.–8. Jh.

375–568 Völkerwanderung; Reichsbildungen der Germanen

- Sagenstoffe der Edda in mündlicher Überlieferung, Götter- und Heldenlieder in Stabreimform, Nibelungenstoff, Sagenkreis um Dietrich von Bern, Zaubersprüche.

Frühes Mittelalter 750–1170

800 Kaiserkrönung Karls d. Gr.

955 Abwehr der Ungarn durch Otto I.

10./11. Jh. Cluniazensische Kirchenreform

1096 Erster Kreuzzug

- Beginn der literarischen Epoche des MA mit schriftlicher Überlieferung durch Gelehrte am Hof Karls des Großen ➛ Karolingische Renaissance.
- Althochdeutsche Stabreimdichtung, z. B. Merseburger Zaubersprüche, Wessobrunner Gebet (770/790), Hildebrandslied (810/820).
- Christliche Dichtung zur Missionierung: Heliand (altsächsisch) (um 830).
- Otfried von Weißenburg: Evangelienharmonie (um 865). Lateinische Literatur – Sagenstoffe: Waltharilied (Ende des 9. Jh.s).

Hohes Mittelalter 1170–1270

1152–1268 Stauferzeit

1152–1190 Friedrich I. Barbarossa

1184 Mainzer Hoftag; Höhepunkt ritterlich-mittelalterlicher Festkultur

1215–1250 Friedrich II.

Mitte des 12. Jh.s Erste Universitäten in Bologna und Paris

- **Hartmann von Aue** (1168–1220), Erec, erster deutscher Artusroman (um 1180/85).
- **Wolfram von Eschenbach** (1170–1220), Parzival: großes höfisches Heldenepos, erzählt die äußere und innere Entwicklung des ritterlichen Parzival zum Gralskönig.
- **Gottfried von Straßburg** (12.–Anfang 13. Jh.), Tristan und Isolde, bedeutendster Liebesroman des MA.
- **Nibelungenlied** (um 1200) in Österreich entstanden, verbindet die Siegfriedsage mit dem Untergang des Burgunderreiches während der Völkerwanderung.
- **Walther von der Vogelweide** (etwa 1170–1230), bedeutendster Lyriker (hohe und niedere Minne) und Spruchdichter.

Spätes Mittelalter 1270–1500

Schwächung des Kaisertums, Stärkung der Territorialfürsten, Niedergang des Rittertums in Fehden

1268–1273 nach Untergang der Staufer kaiserlose Zeit

1273–1291 Rudolf I.; Aufstieg der Habsburger

1350 Pest – religiöse Besinnung

1356 Goldene Bulle; 7 Kurfürsten wählen den König

- Aufstieg des städtischen Bürgertums (Zunft ➛ Meistersang, Gilde, Patriziat).
- **Wernher der Gartenaere** (1250–80), Meier Helmbrecht.
- **Meister Eckhart** (1260–1327), Mystische Schriften.
- **Oswald von Wolkenstein** (um 1377–1445), letzter ritterlicher Minnesänger.

Renaissance und Humanismus 1470–1600

Renaissance (frz. Wiedergeburt), europäische Bewegung der Wiederbelebung antiker Kultur seit 1350
Humanismus: Rückbesinnung der Gelehrten auf den Humanitas-Begriff der Antike
Reformation: Ursprünglich Erneuerung der katholischen Kirche durch Luther • Beginn der Neuzeit • Anfänge der neuhochdeutschen Sprache • Bibelübersetzung • Meistersang • Volksbücher

1453 Einnahme Konstantinopels durch die Türken

1455 Erfindung des Buchdrucks mit beweglichen Lettern (Johannes Gutenberg)

1492 Entdeckung Amerikas

1473–1543 Kopernikus - Übergang vom geozentrischen zum heliozentrischen Weltbild

31.10.1517 Martin Luthers Thesen gegen den Ablass, Beginn der Reformation

1521 Reichstag zu Worms; Luther wird geächtet

1525 Bauernkrieg (12 Artikel)

1555 Augsburger Religionsfrieden (cuius regio, eius regio)

1545–1563 Trienter Konzil, Beginn der Gegenreformation

1571–1630 Johannes Kepler - Entdeckung der Planetenbewegung

1564–1642 Galileo Galilei - endgültiger Beweis der Richtigkeit des neuen, kopernikanischen Weltbildes (»Und sie bewegt sich doch«)

1564–1616 William Shakespeare

Verbreitung antiker Wissenschaft und Kultur in Europa

- **Sebastian Brant** (1458–1521), Das Narrenschiff (1494).
- **Erasmus von Rotterdam** (1466/69–1536), bedeutendster Humanist: Lob der Torheit.
- **Ulrich von Hutten** (1488–1523), neulateinische Prosadialoge, Dunkelmännerbriefe, berühmtes Gedicht ›Ich hab's gewagt!‹
- **Martin Luther** (1483–1546), Reformationsschriften (1520/21):
  - An den christlichen Adel deutscher Nation
  - Von der Freiheit eines Christenmenschen
  - Von der babylonischen Gefangenschaft der Kirche (ungeheure Wirkung, geistige Erneuerung in Kirche und Gesellschaft).
  - Wider die mörderischen und räuberischen Rotten der Bauern (1525), Luthers Absage an den gesellschaftlichen Umsturz.
  - Sendbrief vom Dolmetschen (1530), Einführung der Umgangssprache in die Literatur.
  - Luthers Übersetzung des Neuen Testaments während der Zeit der Verfolgung auf der Wartburg (1522; gesamte Lutherbibel 1534), entscheidender Beitrag zur Schaffung einer einheitlichen neuhochdeutschen Sprache.

- **Hans Sachs** (1494–1576), Nürnberger Schuhmacher und Poet, Vertreter des Meistersangs, erster Höhepunkt städtisch-bürgerlicher Kultur.
  - Fastnachtsspiele
  - Wittenbergische Nachtigall (1523)

- **Volksbücher**
  - Till Eulenspiegel (um 1515)
  - Volksbuch vom Doktor Faust (1587)
  - Schildbürger (1598)

Barock 1600–1720

Glaubensspaltung • europäische Machtpolitik der Fürsten • Absolutismus (Staatstheorie Machiavellis) • das konfessionelle Zeitalter • Macht- und Prachtentfaltung an den höfischen Kulturzentren (Versailles, Wien, Dresden) • vanitas mundi (Bewusstsein der Vergänglichkeit der Welt) • antithetische Grundhaltung • Topos, Emblem einheitliche deutsche Schriftsprache

1618–1648 Dreißigjähriger Krieg, prägende Erfahrung von Krieg und Vergänglichkeit (vanitas mundi)

1618 Prager Fenstersturz

1620 Schlacht am Weißen Berg

1631 Belagerung und Schleifung der Stadt Magdeburg durch Tilly

1632 Schlacht bei Lützen – Tod Gustav Adolfs

1634 Ermordung Wallensteins in Eger

1648 Westfälischer Friede: Zerstückelung des Reiches in über 300 kleine und große Herrschaftsgebiete – Epochengrenze; Folgen des Krieges: furchtbare Verwüstungen, hohe Bevölkerungsverluste, Verarmung der Bauern und Bürger, Machtausbau einzelner Fürsten, Vormachtstellung Frankreichs auf dem Kontinent, Regression der wirtschaftlichen und sozialen Entwicklung in Deutschland

1643–1715 Ludwig XIV., der Sonnenkönig von Frankreich

1683 Türken belagern Wien

1688 Glorious Revolution in England

1689 Bill of Rights – Beginn des Parlamentarismus in England

1697 Sieg Prinz Eugens von Savoyen über die Türken

1643–1727 Isaac Newton (Kausalitätsgesetze)

1646–1716 Gottfried Wilhelm Leibniz, Monadenlehre Gründung der Akademie der Wissenschaften in Berlin

- ▶ **Jakob Bidermann** (1578–1639), Cenodoxus (1609), lat. Jesuitendrama.
- ▶ **Martin Opitz** (1597–1639), Buch von der deutschen Poeterey (1624), erste sprachlich-stilistische Ordnung für die deutschsprachige Literatur.
- ▶ Entstehung der **Sprachgesellschaften** zur Pflege der deutschen Sprache, u. a.: Fruchtbringende Gesellschaft (sog. Palmenorden) mit **Johannes Rist** (1607–1667) und **Georg Philipp Harsdörffer** (1607–1658).
- ▶ **Andreas Gryphius** (1616–1664), wichtigster Dramatiker und Lyriker des sog. schlesischen Barock. – *Dramen:* Leo Arminius (1646), Catharina von Georgien (1647), Carolus Stuardus (1649). – Fortuna und Vanitas, Glück und Vergänglichkeit, als bestimmende Themen. – Christliche Standhaftigkeit angesichts der Kriegswirren. – *Lustspiele:* Peter Squenz (1657), Horribilicribrifax (1663). – In der Lyrik Sonette mit antithetischem Charakter, präzise Rhetorik, Metaphernreichtum.
- ▶ **Hans Jakob Christoffel von Grimmelshausen** (um 1622–1676), Der abenteuerliche Simplicissimus Teutsch (1669), Abenteuer- und Schelmenroman (Vorbild: Cervantes: Don Quijote, 1605 und 1615), wird aber durch die realistische Schilderung des Krieges (Dreißigjähriger Krieg, autobiographische Züge) zum Zeitdokument, erster deutscher Entwicklungsroman, Einfluss auf Goethe und Gottfried Keller. – Die Lebensbeschreibung der Erzbetrügerin und Landesstörzerin Courasche (1670) wird Vorlage für Brechts ›Mutter Courage‹.
- ▶ **Christian Reuter** (1665–nach 1712), Schelmuffski (1696), Lügen-, Reise- und Abenteuerroman.

Aufklärung 1720–1785

Aufgeklärter Absolutismus im Widerstreit mit der Staatsraison • erste Forderung nach Bürgerrechten gegen Despotismus • Primat der Vernunft • Deismus (philosophisch-moralische Religion) • Rationalismus (Glaube an die Erklärbarkeit aller Dinge) • Kunst: Nutzen und Ergötzen • Emanzipation des bürgerlichen Individuums im Drama

1717–1740 Friedrich Wilhelm I. von Preußen, der Soldatenkönig Erneuerung von Heer und Beamtentum

1740–1786 Friedrich II. von Preußen innere Kolonisation, Rechtspflegereform

1740–1780 Maria Theresia von Österreich

1765–1790 Joseph II. von Österreich Josephinische Reformen

1762–1796 Katharina II., die Große, von Russland

1742–1763 Schlesische Kriege

1756–1763 Siebenjähriger Krieg

1775–1783 Nordamerikanischer Unabhängigkeitskrieg gegen England

1772–1795 Drei Teilungen Polens

1685–1750 Johann Sebastian Bach

1732–1809 Joseph Haydn

1756–1791 Wolfgang Amadeus Mozart

Aufbruch auf allen Gebieten der Erkenntnistheorie, Wissenschaft, Kunst, Religion und Staatslehre. Gesamteuropäische Bewegung des Rationalismus, der Emanzipation des Denkens von kirchlich-dogmatischer Bevormundung. Einsicht in die Herrschaft der Vernunft zur Beförderung der Tugend, um im Diesseits, in »der besten aller Welten« (Leibniz), an der Beseitigung der aus Unkenntnis entstandenen Missstände mitzuwirken, ist auch Ziel der Literatur der Zeit als umfassender geistig-literarischer Erneuerungsbewegung, in die Empfindsamkeit, Sturm und Drang und die Anfänge der Klassik eingelagert sind.

- **Johann Christoph Gottsched** (1700–1766), entscheidende Leistung in der Dichtungstheorie: Deutsche Schaubühne nach den Regeln und Exempeln der Alten (1742–1745); Vorbilder: Sophokles und Corneille. – Versuch einer Critischen Dichtkunst vor die Deutschen (1730).
- **Christian Fürchtegott Gellert** (1715–1769), Fabeln und Erzählungen mit volkserzieherischer Tendenz als »Hausbuch«.
- **Gotthold Ephraim Lessing** (1729–1781), Höhepunkt und Überwindung aufklärerischer Dichtung. Briefe, die neueste Literatur betreffend (1759–1765, darin das Faust-Fragment, der 17. Brief mit dem Hinweis auf Shakespeare); Laokoon oder Über die Grenzen der Malerei und Poesie (1766); Hamburgische Dramaturgie (1767–1769: Theaterkritiken, Aufsätze, Auseinandersetzung mit Aristoteles und Shakespeare). – *Dramen:* Miss Sara Sampson, bürgerliches Trauerspiel (1755); Minna von Barnhelm, Charakterkomödie (1767); Emilia Galotti, bürgerliches Trauerspiel (1772), bürgerliche Ehre gegen absolutistische Willkür; Nathan der Weise, dramatisches Gedicht (1779), Hintergrund: theologischer Streit um kirchliche Dogmen, Freundschaft mit dem jüdischen Philosophen Moses Mendelssohn, Kern: Ringparabel, Forderung nach Toleranz und Humanität.
- **Georg Christoph Lichtenberg** (1742–1799), Aphorismen, Reisebriefe.
- Entscheidender Einfluss der Aufklärung auf die Philosophie von **Immanuel Kant** (1724–1804), der aus dem Aufklärungsgedanken seine Pflichtethik entwickelt, den sog. kategorischen Imperativ: »Handle so, dass die Maxime deines Willens zugleich als Prinzip einer allgemeinen Gesetzgebung dienen kann.« U.a.: Was ist Aufklärung, Aufsatz (1784).

Sturm und Drang 1767–1785

Geniebegriff • das schöpferische Individuum • Intuition statt Kunstgesetz • dynamische Figurenführung im Drama • Sozialkritik • Erlebnislyrik (individueller Ausdruck persönlichen Schicksals) • revolutionäres Pathos einerseits, schwärmerische Empfindsamkeit andererseits • Schlüsselwort: Herz

Frankreich im Vorfeld der Revolution:

1751–1772 Enzyklopädie von Diderot und d'Alembert (Zusammenfassung aller Tendenzen der Aufklärung), Einfluss der Physiokraten

1751 Le siècle de Louis XIV von Voltaire, Begründung der Kulturgeschichte

1712–1778 Jean Jacques Rousseau; Kulturpessimismus: »Zurück zur Natur«

1762 Le contrat social (Forderung nach Volkssouveränität – volonté générale)

In England seit 1760 Beginn der »Industriellen Revolution«:

1769 Dampfmaschine (Watt)

1768 Spinnmaschine (Arkwright)

1785–1790 Mechanischer Webstuhl

1776 Unabhängigkeitserklärung der 13 Vereinigten Staaten

- **Friedrich Gottlieb Klopstock** (1724–1803) prägt mit dem ›Messias‹ (1748–1773) und seinen Oden (seit 1748) den freien Sprachstil der Zeit.
- **Christian Friedrich Daniel Schubart** (1739–1791), Zur Geschichte des menschlichen Herzens (1775), vermutlich Anregung zu Schillers ›Räuber‹-Drama; Verhaftung durch Karl Eugen von Württemberg wegen politischer Betätigung (Eintreten für Unabhängigkeit der amerikanischen Kolonien), Haft auf dem berüchtigten Hohenasperg; prägender Einfluss auf den jungen Schiller.
- **Johann Gottfried Herder** (1744–1803), u. a. Abhandlung über den Ursprung der Sprache (1772), Würdigung der Schönheit der Volkssprachen und der Volkskunst, Verständnis der Kulturgeschichte als organischer Prozess; Briefe zur Beförderung der Humanität (1793–1797), Shakespeare-Aufsatz (1773): Shakespeare ist des Sophokles Bruder, soll statt der Franzosen Vorbild für die deutschen Dramatiker werden: Naturgesetze statt Kunstgesetzen (z. B. gegen die aristotelischen Einheiten). 1770 entscheidende Begegnung Herders und Goethes in Straßburg. Beginn der sog. Goethezeit.
- **Gottfried August Bürger** (1747–1794), Volkstümliche Kunstballade (Lenore), Gedichte, Münchhausen-Geschichten, Übersetzungen.
- **Johann Wolfgang (von) Goethe** (1749–1832), *Dramen:* Götz von Berlichingen mit der eisernen Hand (1773), Clavigo (1774), Stella (1776), Urfaust (begonnen 1772). – *Briefroman:* Die Leiden des jungen Werthers (1774). – Gedichte der Straßburger (Sesenheimer Lyrik) und Frankfurter Zeit (1775), Hymne ›Prometheus‹.
- **Heinrich Leopold Wagner** (1747–1779), sozialkritisches Trauerspiel: Die Kindermörderin (1776).
- **Friedrich Maximilian Klinger** (1752–1831), *Drama:* Wirrwarr, 1771 ›Sturm und Drang‹ genannt, wird später Epochenbezeichnung.
- **Jakob Michael Reinhold Lenz** (1751–1792), tragische Gestalt im Umkreis Goethes. Dramen: Der Hofmeister (1774), Die Soldaten (1776).
- **Friedrich Schiller** (1759–1805), *Dramen:* Die Räuber (1781, politisch-revolutionäre Thematisierung von menschlicher als politischer Freiheit → Signalwirkung), Die Verschwörung des Fiesco zu Genua (1783), Kabale und Liebe (1784).

Klassik 1786–1805

Weimarer Klassik (Freundschaft Goethe-Schiller) • Goethezeit (seit Sturm und Drang bis Romantik) • deutscher Idealismus • übernationales Menschheitsideal (sittliche Größe, Humanität, Griechen als Vorbild, Kalokagathia [das Schön-Gute])

1789 Französische Revolution

5.5.1789 Zusammentreten der Generalstände

17.6.1789 Dritter Stand erklärt sich zur Nationalversammlung

14.7.1789 Erstürmung der Bastille

26.8.1789 Erklärung der Menschen- und Bürgerrechte

1790 Säkularisierung der Kirchengüter; Bildung von Parteien: Girondisten, Montagnards, unter ihnen die später herrschenden Jakobiner

1791 Fluchtversuch Ludwigs XVI.; Inkrafttreten der Verfassung (konstitutionelle Monarchie)

1792 Beginn der Koalitionskriege gegen Österreich und Preußen

10.8.1792 Erstürmung der Tuilerien, Festsetzung des Königs und seiner Familie

2.–5.9.1792 Septembermorde, Terror durch Danton und Marat in Paris

21. 9. 1792 Abschaffung des Königtums; neue Zeitrechnung (Dekadensystem)

Wichtige Einflüsse:

- **Immanuel Kant** (1724–1804), vor allem durch
  - Kritik der reinen Vernunft (1781) ➛ ›kopernikanische Wende‹ der Philosophie
  - Kritik der praktischen Vernunft (1788)
  - Kritik der Urteilskraft (1790) ➛ geistiger Hintergrund des deutschen Idealismus. Entscheidend: Pflichtethik und Sittengesetz, Lehre vom Schönen und Erhabenen (Idee des Unendlichen).

  Kunst als Symbol der Sittlichkeit; geniales Vorbild: die Griechen.
- **Johann Joachim Winckelmann** (1717–1768), Vorstellung von »edler Einfalt und stiller Größe« der griechischen Kunst ➛ Schönheitsideal der Klassik.
- **Johann Wolfgang (von) Goethe** (1749–1832), seit 1775 staatspolitische Tätigkeit in Weimar unter dem Herzog Karl August, seinem Förderer. Entscheidende Freundschaft mit Charlotte von Stein. – 1786/87 in Italien Wandlung des Literaturverständnisses, ›Iphigenie‹ wird zum Sinnbild klassischer Dichtung. Seit 1794 Freundschaft mit Schiller. – *Dramen:* Iphigenie (1787), Egmont (1788), Torquato Tasso (1790), Faust, ein Fragment (1790), Faust I (1808), Faust II (1831/32). Gedichte: Römische Elegien (1795), Balladen (1798), Sonette (1815), West-östlicher Divan (1819), Urworte orphisch (1817, Gedankenlyrik: Bestimmung des Menschen, das Göttliche), Trilogie der Leidenschaft (1827). – *Epos:* Hermann und Dorothea (1797). – *Romane:* Wilhelm Meisters Lehrjahre (1795/96), Die Wahlverwandtschaften (1809), Wilhelm Meisters Wanderjahre (1821). – *Autobiographie:* Dichtung und Wahrheit (ab 1811).

- In den klassischen Dramen Goethes und Schillers Ebenmaß der Form durch Konzentration, Neigung zur Sentenz und zu überzeitlich-gültiger Aussage.
- *Lyrik:* meist antike Formen (Ode, Hymne, Distichon, Stanze, Sonett, außerdem freie Rhythmen).

Klassik 1786–1805

Ideen- und Charakterdrama • tragischer Wertekonflikt • Kunstwerk als ideale Form des Geistigen • vollendete Harmonie von Form und Inhalt, aber bereits Erfahrung der Diskrepanz von Ideal und Wirklichkeit • ästhetische Erziehung des Menschen durch die Kunst

21.1.1793 Hinrichtung Ludwigs XVI. mit der Guillotine; Folge: fast alle europäischen Mächte treten in ein Kriegsbündnis gegen Frankreich

6.4.1793 Bildung des Wohlfahrtsausschusses (Danton, Robespierre), Beginn einer Diktatur

23.8.1793 Levée en masse: Gründung des Revolutionsheers

1793–94 Schreckensherrschaft (Le Terreur) unter Robespierre: Terrorgesetze, Todesurteile

1794 Sturz Robespierres

1795–99 Direktorialregierung in Frankreich

1796 Feldzug Napoleon Bonapartes in Italien

9.11.1799 Staatsstreich Napoleons

1799–1804 Konsularregierung in Frankreich: Napoleon als erster Konsul

1802 Konsulat Napoleons auf Lebenszeit

2.12.1804 Krönung Napoleons I. zum Kaiser der Franzosen

1781 Aufhebung der Leibeigenschaft in Österreich

1794 Das »Allgemeine Landrecht für die preußischen Staaten«

1804 Code civil, bürgerliches Gesetzbuch, wird Vorbild für die rechtsstaatliche Entwicklung im 19. Jahrhundert

▶ **Friedrich Schiller (1759–1805)**, seine Jugend ist geprägt durch die Hohe Karlsschule (Militärakademie Herzog Karl Eugens in Stuttgart), den Konflikt mit dem Herzog, die Flucht nach Mannheim, die unsichere Existenz als Theaterschriftsteller. – Beschäftigung mit Geschichte und Philosophie, **1791** Professur für Geschichte in Jena. – Seit 1792 nachhaltig durch Kants Sittenlehre beeinflusst (Versöhnung von Pflicht und Neigung in der schönen, edlen Seele). – Seit 1795 *Herausgebertätigkeit:* Die Horen; 1796 Musenalmanach; 1799 Übersiedlung nach Weimar, schwere Erkrankung. – *Dramen:* Don Carlos (1787), Wallenstein-Trilogie (1788/89), Maria Stuart (1800), Die Jungfrau von Orleans (1801), Die Braut von Messina (1803), Wilhelm Tell (1804). Hauptthema: Überwindung des tragischen Wertekonflikts durch Sittlichkeit; tragische Charaktere scheitern zwar, gewinnen dabei aber innere Freiheit. – *Gedankenlyrik* (1795/96; moralisch-ethische Lehrgedichte). – *Balladen* (1797/98). – *Ästhetische Schriften:* Über Anmut und Würde (1793), Vom Erhabenen (1793), Über die ästhetische Erziehung des Menschen (1795), Über naive und sentimentalische Dichtung (1795/96). – *Historische Schriften:* Geschichte des Abfalls der Vereinigten Niederlande (1788), Geschichte des Dreißigjährigen Kriegs (1791/92).

▶ **Friedrich Hölderlin (1770–1843)**, tragisches Lebensschicksal, ungesicherte wirtschaftliche Existenz, unerfüllte Liebe zu Susette Gontard (Diotima), der Mutter seines Frankfurter Schülers. Enttäuschung über die fehlende Resonanz auf die Französische Revolution in Deutschland, vergebliches Bemühen um die Freundschaft Schillers, Zurückweisung durch Schiller und Goethe. – Seit 1806 geistig umnachtet, bis zu seinem Tod im Tübinger »Turm«.
- Hymnen und Elegien (1793)
- lyrischer Briefroman Hyperion (1797–1799)
- Dramenfragment Empedokles (1797)
- Gedichte (1799)
- späte Lyrik (1801–1808)

Romantik 1795–1835

Poesie als universale Kunst • Poetisierung des Lebens, der Wirklichkeit • Dinge und Natur als Chiffren der absoluten Poesie • Verschmelzung der literarischen Gattungen, Aufhebung von Gegensätzen • Abkehr vom mechanistisch-naturwissenschaftlichen Weltbild • neues Natur- und Geschichtsbewusstsein • Idealisierung des Mittelalters • Religionsphilosophie • Phantasie und Sehnsucht • Entgrenzung des Raumes • Blaue Blume: Bild für letzte Erkenntnis

2.12.1805 Niederlage der Österreicher und Russen gegen Napoleon in Austerlitz

1806 Beginn der Kontinentalsperre;
Errichtung des Rheinbundes

6.8.1806 Auflösung des Heiligen Römischen Reiches Deutscher Nation

14.10.1806 Zerschlagung des preußischen Heeres bei Jena und Auerstedt

1807–1814 Reformen in Preußen (Stein-Hardenberg)

9.10.1807 Aufhebung der Erbuntertänigkeit der Bauern

19.11.1808 Städteordnung: Selbstverwaltung durch die Bürgerschaft

1810 Gründung der Berliner Universität (Wilhelm von Humboldt)

1812 Gewerbefreiheit;
Judenemanzipation

1814 Heeresreform (Scharnhorst, Gneisenau)

1812 Napoleons Krieg gegen Russland

Philosophische Einflüsse:

- **Johann Gottlieb Fichte** (1762–1814), Wissenschaftslehre (1794): Absolutheit des schöpferischen Ichs Reden an die deutsche Nation (1807/08): Gedanke der Erneuerung der Nation durch Erziehung – Rückgriff auf Kant.
- **Friedrich Wilhelm Schelling** (1775–1854), System des transzendentalen Idealismus (1800); Wendung gegen Descartes' mechanistische Naturbetrachtung, Kunst als absoluter Grund allen Seins; Naturphilosophie im Anschluss an Spinozas Pantheismus.
- **Friedrich Ernst Daniel Schleiermacher** (1768–1834), Über die Religion (1799): Zusammenhang von Poesie und Religion.
- **Jean Paul** (Jean Paul Friedrich Richter, 1763–1825), *Romane:* Siebenkäs (1796/97), Titan (1800/03), Flegeljahre (1804/ 05). – Anreger der romantischen Schule, erster großer Humorist der deutschen Literatur, erhebt den Roman zur führenden literarischen Gattung.
- **Wilhelm Heinrich Wackenroder** (1773–1798), Herzensergießungen eines kunstliebenden Klosterbruders (1796), Phantasien über die Kunst (1799): Rückkehr zu Frömmigkeit und emotionaler Sprache, Musik als eigentlicher Ausdruck des Gefühls.
- **Friedrich Schlegel** (1772–1829), wichtigster Theoretiker der Jenaer Frühromantik (1796–1802), einflussreicher Kultur- und Kunstphilosoph. – *Roman:* Lucinde (1799). – Mit seinem Bruder **August Wilhelm Schlegel** (1767–1845), dem Literaturkritiker und Übersetzer, gibt er die programmatische Zeitschrift ›Athenäum‹ heraus.

Jena (1796–1802), Frühromantik, Heidelberg (ab 1805) und Berlin (ab 1813), Hoch- und Spätromantik, werden Zentren der literarischen Romantik.

Romantik 1795–1835

Frühromantik • Hochromantik • Spätromantik • Schwarze Romantik • Kunst- und Volksmärchen • Volkslied • fragmentarischer Roman • romantische Ironie • Dialektik von Traum und Bewusstsein • Beginn moderner Überschneidung von Subjektivität und Objektivität

1813–1815 Befreiungskriege gegen Napoleon

16.–19.10.1813 Völkerschlacht bei Leipzig

18.6.1815 Niederlage Napoleons bei Waterloo

1814/15 Wiener Kongress; Neuordnung Europas

1815 Heilige Allianz; Vertrag der Monarchen von Russland, Österreich, Preußen

seit 1815 System Metternich: restaurative Politik in Europa

- **Novalis** (Friedrich von Hardenberg, 1772–1801), prägende Gestalt der Frühromantik: Hymnen an die Nacht (1797: poetische Verarbeitung des Todes seiner 15-jährigen Braut Sophie von Kühn; Einheit von Tod und göttlicher Liebe, pantheistisches Weltbild). – *Fragmentensammlung:* Blütenstaub (1798), Die Christenheit oder Europa (1799: Vision einer neuen abendländischen Universalkultur). – *Romanfragment:* Heinrich von Ofterdingen (1798–1801).
- **Ludwig Tieck** (1773–1853), *Kunstmärchen:* Der blonde Eckbert (1797), Ritter Blaubart (1797), Der Runenberg (1804). Künstlerroman: Franz Sternbalds Wanderungen (1798). – *Komödie:* Der gestiefelte Kater (1797). Shakespeare-Übersetzungen.
- **Achim von Arnim** (1781–1831), Romane, Novellen, groteske Erzählungen, u.a. *Roman:* Die Kronenwächter (1817). – *Erzählung:* Die Majoratsherren (1820). Zusammen mit
- **Clemens Brentano** (1778–1842), Herausgabe der *Volksliedersammlung* Des Knaben Wunderhorn (1806–08). Erzählungen (u.a. Geschichte vom braven Kasperl und dem schönen Annerl, 1817), Märchen (u.a. Gockel, Hinkel und Gackeleia [1811]) und Gedichte.
- **Jakob** (1785–1863) und **Wilhelm** (1786–1859) **Grimm**, Sammlung der Kinder- und Hausmärchen (1813ff.), sprachwissenschaftliche Arbeiten, Deutsches Wörterbuch (erste Lieferung 1852).
- **Joseph von Eichendorff** (1788–1857), populärer romantischer Lyriker, Vertreter der Hochromantik (ab 1805) und der beginnenden Spätromantik (ab 1813). – *Märchenhafte Novellen:* Aus dem Leben eines Taugenichts (1826), Das Marmorbild (1819). – *Roman:* Ahnung und Gegenwart (1815).
- **E.T.A.** (Ernst Theodor Amadeus) **Hoffmann** (1776–1822), Vertreter der sog. Schwarzen Romantik, Vorläufer surrealistischer Dichtung. – *Erzählungen und Novellen:* Der Goldne Topf (1814), Das Fräulein von Scudery (1820), An Vetters Eckfenster (1822). Nachtstücke, u.a. Der Sandmann (1816/17). – *Roman:* Die Elixiere des Teufels (1815/16): Doppelgängermotiv.
- **Heinrich von Kleist** (1777–1811), Grenzgänger zwischen Romantik und modernem Realismus, bedeutendster Dramatiker nach Schiller. Schauspiele: Die Familie Schroffenstein (1803), Penthesilea (1808), Das Käthchen von Heilbronn (1808), Der zerbrochne Krug (1811), Prinz Friedrich von Homburg (1811). – *Erzählungen und Novellen:* u.a. Michael Kohlhaas (1810). – *Aufsatz:* Über das Marionettentheater (1810).

Biedermeier 1815–1848

Restauration • System Metternich • Dualismus Österreich-Preußen • Wirtschaftsliberalismus • ›Nachtwächterstaat‹ • Historismus • bürgerlich gewordene Romantik • Hinwendung zum bürgerlichen Alltag • Schlichtheit in Form und Sprache • Genauigkeit im Detail • Idylle und Resignation • Stimmungsbilder

1815 Deutscher Bund (35 souveräne Fürsten, 4 freie Städte); Pentarchie (Herrschaft der 5 Großmächte: England, Frankreich, Österreich, Preußen, Russland); Metternich (1773–1859) lenkt 40 Jahre Österreichs Politik

1815 Buch- und Pressezensur

1815 Gründung der Jenaer Burschenschaften

1819 Karlsbader Beschlüsse

1.1.1834 Deutscher Zollverein

1835 Eisenbahn Nürnberg–Fürth

1844 Weberaufstand in Schlesien

Architektonische Ausgestaltung der Großstädte:

Karl Friedrich Schinkel (1768–1839) in Berlin: Klassizismus, entsprechend Friedrich von Gärtner (1792–1847) unter Ludwig I. in München, Gottfried Semper (1803–1870) in Dresden

Friedrich Karl von Savigny (1779–1861): Begründer der Rechtsgeschichte
Leopold von Ranke (1795–1886): Beginn empirisch- kritischer Geschichtswissenschaft
Carl Maria von Weber (1786–1826): *die* romantische deutsche Oper ›Der Freischütz

Bildende Kunst:

Spätromantische Landschaftsmalerei (Caspar David Friedrich 1774–1840: Die ›unermessliche‹ Landschaft, Moritz v. Schwindt u. a.) biedermeierliche Illustrationen von Ludwig Richter (1803–1884), Genremalerei bei Carl Spitzweg (1806–65)

Wichtige Einflüsse:

- Philosoph **Friedrich Hegel** (1770–1831), Phänomenologie des Geistes (1806), Wissenschaft der Logik (1812/16), Enzyklopädie der philosophischen Wissenschaften (1817), Grundlinien der Philosophie des Rechts (1831). Staatsbegriff anstelle des romantischen Volksbegriffs; dialektische Entwicklung der Geschichte auf dem Weg zum bestmöglichen Staat; Geist = Weltvernunft.
- **Annette von Droste-Hülshoff** (1797–1848), u. a. Die Judenbuche (Novelle, 1842: sparsame sprachliche Gestaltung, realistische Schilderung menschlicher Schwächen und Verstrickungen). Lyrik (1844), darunter Ballade: Der Knabe im Moor.
- **Franz Grillparzer** (1791–1872), österreichischer Dramatiker, u. a. König Ottokars Glück und Ende (1825), Des Meeres und der Liebe Wellen (1831), Ein Bruderzwist in Habsburg (1872).
- **Karl Immermann** (1796–1840), zeitkritische Romane: Die Epigonen (1836), Münchhausen (1838/39).
- **Eduard Mörike** (1804–1875), Maler Nolten (Roman, 1832: noch romantische Motive, aber bereits moderne psychologische Gestaltung der Personen). Das Stuttgarter Hutzelmännlein (Märchen, 1853). Mozart auf der Reise nach Prag (Novelle, 1856). – *Lyrik,* u. a. Um Mitternacht: neue Gestaltung der Naturbilder. Balladen, u. a. Schön-Rohtraut, Der Feuerreiter. – Hauptmerkmale der Zeit auch bei Mörike: Diskrepanz zwischen Traum und Wirklichkeit, entsagende Anerkennung der Bedingtheit menschlichen Lebens.
- **Adalbert Stifter** (1805–1868), *Erzählungen:* Die Mappe meines Urgroßvaters (1841/42), Brigitta (1844), Bunte Steine (1852). Der Nachsommer (1857): Bildungsroman in der Nachfolge von Goethes ›Wilhelm Meister‹.
- **Ludwig Uhland** (1787–1862), spätromantische Lyrik, sog. schwäbische Romantik (Die linden Lüfte sind erwacht), Balladen (Das Glück von Edenhall, Des Sängers Fluch).

Höhepunkt romantischer Musik mit der kongenialen Vertonung romantischer Lyrik durch **Robert Schumann** (1810–1856), u. a. Eichendorff: Mondnacht und **Franz Schubert** (1797–1828), u. a. Die schöne Müllerin, Die Winterreise.
Im Übergang von der Romantik zur Moderne: **Richard Wagner** (1813–1883), ›Gesamtkunstwerk‹, Oper als Musikdrama (Der Ring des Nibelungen), Festspielhaus Bayreuth.

Vormärz – Das Junge Deutschland 1830–1850

Europäische Bewegung junger Schriftsteller gegen Zensur und Restauration • Ablehnung des Idealismus • Hinwendung zu Politik und Zeitkritik • Tendenzliteratur • journalistische Formen (Feuilleton, Reisebrief) • Aphorismen • Satire und Parodie

1817 Wartburgfest

1819 Karlsbader Beschlüsse, Zensur von Büchern und Zeitungen; Verbot der Burschenschaften; »Demagogenverfolgung«

1830 Julirevolution in Frankreich

1832 Hambacher Fest

1833 Versuch radikaler Studenten, den Bundestag zu stürmen

1835 Verbot der Schriften der jungen, revolutionären Schriftsteller

1837 Ausweisung der »Göttinger Sieben« (Entlassung von Professoren, darunter die Brüder Grimm)

1848 Das kommunistische Manifest (Karl Marx und Friedrich Engels)

März 1848 Revolution: Aufstand in Wien, Unruhen und Straßenkämpfe in Berlin; Forderung nach: Pressefreiheit, Verfassungen, einheitlichem deutschen Parlament, Schwarz-Rot-Gold als dt. Fahne; Proklamation des preußischen Königs an die deutsche Nation

18.5.1848 Deutsche Nationalversammlung in Frankfurt a. M. (Paulskirche) eröffnet; Auseinandersetzung groß-deutsch-kleindeutsch, Verfassungsfrage

28.4.1849 Ablehnung der Kaiserwürde durch Friedrich Wilhelm IV. von Preußen; Scheitern der Nationalversammlung

Wichtige Einflüsse:

- Hegels Geschichtsphilosophie (s. S. 378).
- **Ludwig Feuerbach** (1804–1872), Natur als Grund des Geistes, Wissen statt Glauben, das Sein bestimmt das Bewusstsein.
- **Karl Marx** (1818–1883), u. a. Das kommunistische Manifest (mit Friedrich Engels [1820–1895]). – *Hauptwerk:* Das Kapital (1867). Entwicklung des dialektischen Materialismus gegen den bürgerlichen Idealismus.
- **Georg Büchner** (1813–1837), Der hessische Landbote (1834, erste sozialistische Kampfschrift gegen soziale Missstände und Kleinstaaterei: »Friede den Hütten – Krieg den Palästen«). Woyzeck (1836, Dramenfragment), realistische Darstellung der seelischen Zerstörung eines Menschen. Dantons Tod (1835, Revolutionsdrama), Leonce und Lena (1836, Komödie), Lenz (1835, Novelle, psychologische Studie); insgesamt entscheidender Einfluss auf die Moderne.
- **Christian Dietrich Grabbe** (1801–1836), *historische Dramen:* Die Hohenstaufen (1829/30), Napoleon oder Die hundert Tage (1831), Die Hermannsschlacht (1838). – *Lustspiel:* Scherz, Satire, Ironie und tiefere Bedeutung (1827).
- **Karl Gutzkow** (1811–1878), Zeitromane, u. a. Wally, die Zweiflerin (1835), als unmoralisch verboten, Romantheorie.
- **Heinrich Heine** (1797–1856), 1831 Emigration nach Paris wegen politischer Verfolgung, Leiden an Deutschland. Schriftsteller an der Zeitgrenze zwischen Romantik und idealistischer Philosophie und realistisch-zynisch gesehener Wirklichkeit. Pointierte, zeitkritische Sprache, gleichzeitig Übersteigerung romantischer Bilder (»Die Romantik ist tot. Ich bin ihr letzter Dichter.«). – *Lyrik:* Buch der Lieder (1827), Neue Gedichte (1844), Romanzero (1851), Balladen (u. a. Die Loreley, Belsazar). – *Prosa:* Reisebilder (1826–31), Romanfragment Der Rabbi von Bacherach (1840): Unterdrückung der Juden. – *Versepen:* Atta Troll. Ein Sommernachtstraum (1841), Deutschland. Ein Wintermärchen (1844: beißende Kultur- und Zeitkritik).
- **Georg Herwegh** (1817–1875), engagierte politische Lyrik, u. a. das Bundeslied für den 1865 gegründeten Allgemeinen deutschen Arbeiterverein.

Realismus 1850–1890

Selbstbewusstes Bürgertum als Träger von Wirtschaft und Kultur • Nationalismus und beginnender Imperialismus • soziale Frage • Determinismus • Versuch objektiver Wirklichkeitserfassung • Milieuschilderungen • Sachbezug • poetischer und psychologischer Realismus • Gesellschafts- und Entwicklungsroman, Novelle

1859 Gründung des Deutschen Nationalvereins

10.11.1859 100. Geburtstag Schillers, national-patriotische Gedenkfeiern

1861–1888 Wilhelm I. König von Preußen

1862 Otto von Bismarck preußischer Ministerpräsident

1864 Krieg Österreichs und Preußens gegen Dänemark, Schleswig-Holstein-Frage

1866 Krieg zwischen Österreich und Preußen um die Vorherrschaft in Deutschland; Folge: Auflösung des Deutschen Bundes, Doppelmonarchie Österreich-Ungarn

1866/67 Gründung des Norddeutschen Bundes unter Führung Preußens

1869 Gründung der Sozialdemokratischen Arbeiterpartei (August Bebel)

1870/71 Deutsch-Französischer Krieg

18.1.1871 In Versailles Ausrufung König Wilhelms I. zum Deutschen Kaiser, Beginn des Deutschen Kaiserreichs (›2. Reich‹)

1871–90 Bismarck Reichskanzler

1873/74 »Kulturkampf«; sog. Gründerjahre, mit Reparationen aus Frankreich finanziert

Oktober 1878 Sozialistengesetz
ab 1879 Kurswechsel vom Liberalismus zum Konservatismus
Bündnispolitik Bismarcks (Zweibund 1879: Deutschland-Österreich, Dreibund 1882 mit Italien)

1887 Rückversicherungsvertrag mit Russland

- **Theodor Fontane** (1819–1898), *Gesellschaftsromane:* Vor dem Sturm (1878), Schach von Wuthenow (1882), Irrungen Wirrungen (1887), Stine (1890), Unwiederbringlich (1891), Frau Jenny Treibel (1892), Effi Briest (1894/95), Die Poggenpuhls (1895/96), Der Stechlin (1897). – *Wanderungen durch die Mark Brandenburg* (1862–1882). – *Erzählungen und Novellen,* u. a. Unterm Birnbaum (1885). – *Balladen,* u. a. Die Brück' am Tay, Herr von Ribbeck auf Ribbeck im Havelland.
- **Friedrich Hebbel** (1813–1863), *Dramen:* Judith (1840), Maria Magdalene (1844), Agnes Bernauer (1855), Die Nibelungen (1861). Hauptthema: Scheitern des tragischen Individuums.
- **Gottfried Keller** (1819–1890), Der grüne Heinrich (1854/55, 1879: bedeutendster Entwicklungsroman nach Goethe), Martin Salander (1886: Zeitbild der Gründerzeit). – *Novellenzyklen,* u. a. Die Leute von Seldwyla (1856, 1874), Zürcher Novellen (1876–1878).
- **Conrad Ferdinand Meyer** (1825–1898), *Gedichte und Novellen,* u. a. Das Amulett (1873), Der Schuss von der Kanzel (1878), Gustav Adolfs Page (1882), Die Hochzeit des Mönchs (1884).
- **Wilhelm Raabe** (1831–1910), *Romane:* Die Chronik der Sperlingsgasse (1857), Der Hungerpastor (1864), Stopfkuchen. Eine See- und Mordgeschichte (1891).
- **Theodor Storm** (1817–1888), geprägt durch die norddeutsche Landschaft. – *Lyrik* im Ton der Spätromantik. – *Novellen,* u. a. Immensee (1850), Zur Chronik von Grieshuus (1884), Der Schimmelreiter (1888).
- **Paul Heyse** (1830–1914), *Romane und Novellen,* u. a. sog. Novellentheorie (Leitmotiv-Falke).

Wichtige Einflüsse und Parallelentwicklungen:

Aufschwung in Wissenschaft und Technik, Fülle an Entdeckungen und Erfindungen, u. a. Bunsenbrenner (R. Bunsen, 1811–1899), Röntgenstrahlen (C. v. Röntgen, 1845–1923), drahtlose Telegraphie (F. Braun, 1850–1918), Dieselmotor (R. Diesel, 1858–1913), Elektrizitätslehre (H. Hertz, 1857–1894), Pathologie (R. Virchow, 1821–1902), Bakteriologie (R. Koch, 1843–1910).

Determinismus, kausalgeschichtliche Bedingtheit des Menschen (Ch. Darwin: Über den Ursprung der Arten, 1858).

Archäologische Forschungen (H. Schliemann: Entdeckung Trojas, 1870).

Geschichtswissenschaft (H. v. Treitschke, Th. Mommsen, F. Meinecke).

Naturalismus und Gegenströmungen 1890–1920

Radikale Fortsetzung des Realismus • Abbildung der Wirklichkeit ohne Stilisierung • Positivismus • soziales Drama • Kunst: Aufdeckung von Kausalzusammenhängen • Gegenbewegung: Fin-de-siècle-Stimmung • magisch-mystischer Ästhetizismus • suggestive Lyrik • Jugendstil

1888 Dreikaiserjahr (Wilhelm I., Friedrich III., Wilhelm II.)

1890 Entlassung Bismarcks

seit 1891 Verstärkung des Heeres, Flottenpolitik, Erweiterung des Kolonialbesitzes

1905/06 Erste Marokkokrise

1908 Daily-Telegraph-Affäre

1911 Zweite Marokkokrise (Kanonenbootpolitik)

seit 1906 zunehmende außenpolitische Spannungen

28.6.1914 Ermordung des österreichischen Thronfolgers, Erzherzogs Ferdinand, und seiner Frau durch serbische Nationalisten in Sarajewo

1.8.1914 Beginn des Ersten Weltkriegs

Naturalismus – wichtige Einflüsse:

- **Émile Zola** (1840–1902), roman experimental; Literaturtheorie.
- **Leo Tolstoi** (1828–1910), Krieg und Frieden (russ. Realismus).
- **Fjodor Dostojewski** (1821–1881), Schuld und Sühne (russ. Realismus).
- **Henrik Ibsen** (1828–1906), *Dramen:* Nora, Gespenster.
- **August Strindberg** (1849–1912), Fräulein Julie (wie Ibsen psychologisches Drama).
- **Wilhelm Bölsche**, Die naturwissenschaftlichen Grundlagen der Poesie (1887).
- **Gerhart Hauptmann** (1862–1946), *soziale Dramen:* Vor Sonnenaufgang (1889), Die Weber (1892), Der Biberpelz (1893), Fuhrmann Henschel (1898), Rose Bernd (1903), Die Ratten (1911). – Versuch naturgetreuer Darstellung der Wirklichkeit auf der Bühne (Alltagssprache, Dialekt, genaue Bühnenanweisung, szenische Details, Sekundenstil. Fiktive »vierte Wand« zum Publikum: Schlüssellochperspektive). – *Novelle:* Bahnwärter Thiel (1888: Alltagsmenschen in ihrer Bindung an Milieu, geschichtliche Situation, Veranlagung).
- **Arno Holz** (1863–1929) mit **Johannes Schlaf** (1862–1941), naturalistische Kunstlehre. – *Gedichte:* Phantasus (1898). – *Schauspiele:* u. a. Papa Hamlet (1889, Fetzenszenen). – *Novellen.*

Gegenströmungen

- **Impressionismus:** Wiedergabe subjektiv-sinnlicher Eindrücke.
- **Neoromantik:** Stilisierung, Schönheitskult. Ästhetisierung ohne direkten gesellschaftlichen Bezug: L'art pour l'art.
- **Neoklassik:** strenge Form, aristokratisches Lebensgefühl.
- **Arthur Schnitzler** (1862–1931), *Schauspiele:* Anatol (1893), Reigen (1900). – *Erzählungen:* u. a. Lieutenant Gustl (1901), Fräulein Else (1924: innerer Monolog).
- **Stefan George** (1868–1933), Blätter für die Kunst (Hrsg.). – *Lyrik:* Algabal (1892), Der siebente Ring (1907), Der Stern des Bundes (1914). – Kultivierung eines schöngeistigen Freundeskreises (George-Kreis).
- **Hugo von Hofmannsthal** (1874–1929), *Lyrik.* – *Dramen:* Der Thor und der Tod (1893), Der Rosenkavalier (1911), Jedermann (1911), Der Schwierige (1921), Der Turm (1925).
- **Rainer Maria Rilke** (1875–1926), *Lyrik:* Das Buch der Bilder (1902), Das Stundenbuch (1905), Neue Gedichte (1907/08), Duineser Elegien (1923), Sonette an Orpheus (1923). – *Prosa:* Die Aufzeichnungen des Malte Laurids Brigge (1904–1910: Großstadtroman, Auflösung von Handlungszusammenhang und Erzählchronologie).

Expressionismus 1910–1925

Ausdruckskunst • gegen Logik und Erklärbarkeit • der »neue Mensch« • neue Ausdrucksformen für das innere Wesen der Dinge • Aufbrechen tradierter Sprachformen • Montagen, Visionen, stilisierte Metaphorik, Farbsymbolik • Laut- und Klanggedichte • Dadaismus, Bruitismus • Pathos, Ekstase

1871–1919 Deutsches Kaisterreich (seit 1888 Wilhelm II.)

1914–1918 Erster Weltkrieg (etwa 10 Millionen Tote)

28.6.1914 Attentat in Sarajewo

28.7.1914 Österreich-Ungarn erklärt Serbien den Krieg

1.8.1914 Kriegserklärung des Deutschen Reichs an Russland (Bündnisverpflichtung)

3.8.1914 Kriegserklärung an Frankreich; Zweifrontenkrieg, Einmarsch in Belgien, Erstarrung zum Stellungskrieg im Westen

1916 Materialschlachten mit hohen Verlusten;
Februar: Verdun;
Juni bis November: Somme;
Neue Kriegstechnik und -strategie: Panzer, Giftgas, U-Boot-Krieg

6.4.1917 Kriegserklärung der USA an das Deutsche Reich

1917 Oktoberrevolution in Russland

3.3.1918 Abschluss des Friedens von Brest-Litowsk; Wende im Westen, Erfolg der Alliierten

8.1.1918 14 Punkte Präsident Wilsons

Oktober 1918 Ausbreitung revolutionärer Bewegungen in Deutschland, Bildung von Arbeiter- und Soldatenräten

9.11.1918 Revolution in Berlin, Ausrufung der Republik durch Philipp Scheidemann

11.11.1918 Abschluss eines Waffenstillstands in Compiègne

18.1.1919 Beginn der Friedenskonferenz in Versailles

Wichtige Einflüsse und Entwicklungen:

Sozialrevolutionäre Vorstellungen von **Kommunismus** und **Sozialismus**; Ablehnung des positivistischen Weltbildes.

Darwinismus: Charles Darwin (1809–1882), Kampf ums Dasein, der Stärkere siegt.

Kulturpessimismus, Antimoralismus: Friedrich Nietzsche (1844–1900), u. a. Also sprach Zarathustra (1822: »Gott ist tot«; »Wir brauchen einen neuen Menschen«).

Psychoanalyse: Sigmund Freud (1856–1939), Entdeckung des Unterbewussten, Traumdeutung, Lehre von Ich, Es und Über-Ich. Erklärbarkeit der Seele.

Bildende Kunst: expressionistische Strömungen, u. a. Die Brücke, Der Blaue Reiter (August Macke, Franz Marc, Erich Heckel, Ernst Ludwig Kirchner, Max Pechstein, Emil Nolde, Wassily Kandinsky, George Grosz u. a.).

- **Ernst Barlach** (1870–1938), Dramatiker, Bildhauer, Graphiker; u. a. *Drama:* Der blaue Boll (1926).
- **Gottfried Benn** (1886–1956), in beiden Weltkriegen Militärarzt; Gedicht-Zyklen, *Prosa:* u. a. Gehirne, Die Eroberung (1915).
- **Alfred Döblin** (1878–1957), Facharzt für Nervenleiden. – *Erzählungen,* u. a. Ermordung einer Butterblume (1913). – *Großstadtroman:* Berlin Alexanderplatz ([1929] in expressionistischer Montagetechnik).
- **Franz Kafka** (1883–1924), entscheidender Einfluss bis in die Gegenwart. – *Erzählungen:* u. a. Das Urteil (1912), Die Verwandlung (1915), In der Strafkolonie (1919). – *Romane:* Der Prozess, Das Schloss, Amerika (postum hrsg. von Max Brod).
- **Georg Kaiser** (1878–1945), Die Bürger von Calais (1914), Die Koralle (1917), Gas I, Gas II (1918/19).
- **Else Lasker-Schüler** (1869–1945), *Gedichtzyklen.* – *Schauspiel:* Die Wupper (1909).
- **Franz Werfel** (1890–1945), Beziehungen zu Kafka und Max Brod; vor allem Gedichte und Romane (Der Abituriententag, 1928)
- **Georg Heym** (1887–1912), Lyriker, visionäre Bildsprache, u. a. Der Krieg, Der Gott der Stadt.
- **Georg Trakl** (1887–1914), u. a. Sonette und Gedichte in Endzeitstimmung: Grodek (1914).
- **August Stramm** (1874–1915), u. a. Kriegsgedichte in expressiven Sprach- und Wortfetzen (Patrouille, 1915).
- **Programmatische Zeitschriften**: Der Sturm (seit 1910), Die Aktion (seit 1911), Die Weltbühne, Fortsetzung der Schaubühne (seit 1918).
- **Gedichtanthologie**: Menschheitsdämmerung, hrsg. von Kurt Pinthius (1920).
- **Erich Maria Remarque** (1898–1970), Im Westen nichts Neues (1929), weltweite Wirkung als Antikriegsroman.

Literarische Entwicklung zwischen 1918 und 1945

Aufarbeitung der Krise in Politik und Gesellschaft • Kabarett, Chanson und politische Satire • Essay • Neue Sachlichkeit, nüchterne Alltagssprache • Existenzphilosophie • Antikriegsliteratur • historischer und zeitkritischer Roman • Darstellung psychologischer Krisen

1918–1933 Weimarer Republik

9.11.1918 Ausrufung der Republik

6.2.1919 Nationalversammlung in Weimar; Reichspräsident Ebert

28.6.1919 Unterzeichnung des Friedensvertrags in Versailles Gebietsverluste, hohe Reparationen, Einschränkungen im militärischen und zivilen Bereich, Kriegsschuldartikel 231 ➛ Ablehnung in der deutschen Bevölkerung, rechtsradikale Propaganda: ›Diktatfrieden‹ innenpolitische Radikalisierung:

26.8.1921 Ermordung Matthias Erzbergers

24.6.1922 Ermordung Walter Rathenaus

Januar 1923 Frz. Besetzung des Ruhrgebiets: Ruhrkampf

Herbst 1923 Höhepunkt der Inflation in Deutschland

8./9.11.1923 Hitlerputsch in München

November 1923 »Wunder der Rentenmark«, Überwindung der Inflation, wirtschaftliche Stabilisierung

1924 Dawes-Plan, Sicherung der dt. Zahlungsfähigkeit

26.4.1925 Hindenburg wird Reichspräsident (»Ersatzkaiser«); Außenpolitische Stabilisierung (Stresemann-Briand)

1926 Aufnahme Deutschlands in den Völkerbund

1929 Young-Plan, Festsetzung der dt. Reparationen bis 1988 Beginn der Weltwirtschaftskrise

ab 1930 Notverordnungen, Aufstieg der NSDAP, bürgerkriegsähnliche Straßenkämpfe

Wichtige Einflüsse und Entwicklungen:

- In der Philosophie erneut Frage nach dem Sinn des Seins.
- Existenzphilosophie: **Martin Heidegger** (1889–1976), u.a. Sein und Zeit (1927). **Karl Jaspers** (1883–1969), u.a. Die geistige Situation der Zeit (1931). Selbst- und Seinsentfremdung des Menschen, Geworfensein ins Nichts.
- Französischer Existentialismus: **Jean-Paul Sartre** (1905–1980), u.a. Das Sein und das Nichts (1943). – *Bühnenstücke:* u.a. Die Fliegen (1943), Geschlossene Gesellschaft (1944).
- **Albert Camus** (1913–1960), Der Mythos von Sisyphos – Ein Versuch über das Absurde (1942).
- Entscheidender Einfluss auf Philosophie und Literatur des 20. Jh.s: **Søren Kierkegaard** (1813–1855), u.a. Die Krankheit zum Tode (1849). Angst: Grundbefindlichkeit menschlicher Existenz, Einsamkeit und Tragik des Menschseins.

- In der Bildenden Kunst und Architektur Überwindung des Expressionismus: **Neue Sachlichkeit** (als Begriff auch auf die Literatur übertragen), **Bauhaus-Tradition**: funktionale Ästhetik, Wohn- und Industriebau, Stadtplanung (Gropius, Le Corbusier, Mies van der Rohe).

- In der Musik radikaler Bruch mit der traditionellen Tonalität durch **Arnold Schönberg** (1874–1951): Zwölftonmusik.

- Im Bereich von Theater und Schauspielkunst Veränderungen durch Psychologisierung und Politisierung: **Konstantin Sergejewitsch Stanislawski** (1863–1938), russ. Schauspieler, Theaterregisseur und -wissenschaftler, Psychologie der Bühnenfigur, Konzentration auf die dramatische Idee, die »Überaufgabe« des Stückes – entscheidender Einfluss bis heute. Entsprechend **Bertolt Brechts** »episches Theater«, Überwindung der Illusionsbühne, Lehrtheater als politisch-gesellschaftlicher Appell, Verfremdungseffekt. Agitationstheater (Agitprop) bei **Erwin Piscator**. Entstehung von politischem Kabarett.

- Rationalisierung durch technische Neuerungen, Automatisierung, Rundfunk (Propagandamittel), Grammophon.

- Erschütterung durch das Versagen bürgerlicher liberaler Demokratie und idealistischer Kultur in zwei Weltkriegen und der menschenverachtenden nationalsozialistischen Diktatur. Folge: äußere und innere Emigration.

Literarische Entwicklung zwischen 1918 und 1945

Exilliteratur • Literatur als Waffe gegen den Nationalsozialismus einerseits, neue ästhetische Formprinzipien andererseits • Lehrtheater • Parabel

1932 6 Millionen Arbeitslose

30.1.1933 Berufung Hitlers zum Reichskanzler

27.2.1933 Reichstagsbrand, erste Verhaftungswelle

24.3.1933 Ermächtigungsgesetz, Beginn der Gleichschaltungspolitik

10.5.1933 Bücherverbrennung; Beginn der Verfolgung kritischer Intellektueller und jüdischer Künstler; Emigrationswelle

September 1935 Nürnberger Gesetze gegen Juden

13.3.1938 Anschluss Österreichs

1.10.1938 Einmarsch in das Sudetenland; Gesetz zur Beschlagnahmung »entarteter Kunst«

9.11.1938 Pogrome gegen Juden, »Reichskristallnacht«

1.9.1939 Beginn des Zweiten Weltkriegs, Überfall auf Polen

Juni 1941 Angriff auf die UdSSR

1942 Richtlinien für die »Endlösung« der Judenfrage; Beginn der planmäßigen Vernichtung

Nov. 1942 bis Februar 1943 Katastrophe von Stalingrad: Kriegswende

6.6.1944 Landung der Alliierten in der Normandie

20.7.1944 Gescheitertes Attentat auf Hitler; verstärktes Bombardement deutscher Städte, Höhepunkt:

Februar 1945 Dresden (60000 Tote)

8.5.1945 Bedingungslose Kapitulation der dt. Wehrmacht; Gesamtverlust: 55 Mio. Tote, darunter fast 5 Mio. Deutsche, 20 Mio. Bürger der UdSSR

- **Heinrich Mann** (1871–1950), Professor Unrat (1905), Trilogie: Das Kaiserreich (1918–25), darin: Der Untertan (1918). – *Roman:* Henri Quatre (1935 und 1938). – *Autobiographie:* Ein Zeitalter wird besichtigt (1945).
- **Thomas Mann** (1875–1955), u. a. *Novellen:* Tonio Kröger (1903), Der Tod in Venedig (1912). – *Romane:* Buddenbrooks (1901), Der Zauberberg (1924), Joseph und seine Brüder (1933–43), Doktor Faustus (1947). Hauptthema: Künstler – Bürger, Ende der abendländisch-bürgerlichen Kultur.
- **Hermann Hesse** (1877–1962), *Romane:* Siddharta (1922), Der Steppenwolf (1927), Das Glasperlenspiel (1943). – *Novelle:* Unterm Rad (1905).
- **Robert Musil** (1880–1942), *Romane:* Die Verwirrungen des Zöglings Törleß (1906), Der Mann ohne Eigenschaften (1930–1943: exakte Zeitdiagnose).
- **Stefan Zweig** (1881–1942), Novellen, Autobiographie: Die Welt von gestern (1943).
- **Lion Feuchtwanger** (1884–1958), *Romane:* u.a. Jud Süß (1925), Die Geschwister Oppermann (1933).
- **Kurt Tucholsky** (1890–1935), politischer Schriftsteller und Journalist, politische Essays und Lyrik. – *Romane:* Rheinsberg (1912), Schloss Gripsholm (1931). – *Satirische Sammlung:* Deutschland, Deutschland über alles (1929).
- **Hans Fallada** (1893–1947), u. a. *Romane:* Kleiner Mann – was nun? (1933), Wolf unter Wölfen (1937).
- **Carl Zuckmayer** (1896–1977), *Schauspiele:* Der Hauptmann von Köpenick (1930), Des Teufels General (1946).
- **Bertolt Brecht** (1898–1956), *Lyrik:* Hauspostille (1927). Die Dreigroschenoper (1928). – *Schauspiele:* Die heilige Johanna der Schlachthöfe (1930), Die Gewehre der Frau Carrar (1937), Furcht und Elend des Dritten Reiches (1938), Leben des Galilei (1939–1957), Der gute Mensch von Sezuan (1943).
- **Erich Kästner** (1899–1974), Satiriker und Moralist, kabarettistische Texte. – *Roman:* Fabian (1931), Kinderbuchautor.
- **Ödön von Horváth** (1901–1938), *Stücke:* Italienische Nacht (1931), Geschichten aus dem Wienerwald (1931), Kasimir und Karoline (1932). – *Roman:* Jugend ohne Gott (1937).

Deutschsprachige Literatur 1945–1990 (West)

Kalter Krieg • Teilung Deutschlands • politisches Engagement von Schriftstellern für eine demokratische, liberale Politik • Kriegs- und Nachkriegsthematik • Trümmerliteratur • Kritik an der Wohlstandsgesellschaft • Kurzgeschichte • Parabel • Groteske

1945 Potsdamer Konferenz: Aufteilung Deutschlands in Besatzungszonen, Aufteilung Berlins in 4 Sektoren; Flüchtlingsströme aus den Gebieten jenseits von Oder und Neiße

1945/46 Nürnberger Prozesse

1946 Erste Sitzung der UNO

ab 1947 Marshall-Plan; Beginn des Kalten Krieges (Ost-West-Konfrontation)

1948/49 Blockade Berlins durch die Sowjets (Grund: Währungsreform)

23.5.1949 Grundgesetz, Gründung der Bundesrepublik Deutschland, Konrad Adenauer

1949–63 Bundeskanzler, Adenauerzeit

1955 Ratifizierung des Deutschlandvertrages (Aufhebung des Besatzungsstatuts durch die Westalliierten); Eintritt der Bundesrepublik in die NATO

November 1958 Zuspitzung der Ost-West-Konfrontation durch Chrustschow-Ultimatum

13.8.1961 Bau der Mauer in Berlin

Wichtige Einflüsse und Entwicklungen:

- Erfahrungen aus Existenzphilosophie, Psychoanalyse, Surrealismus, Neigung zum chiffrierten Text. Einbeziehung von Erfahrungen aus Industrie und Technik.
- **Max Horkheimer/Theodor W. Adorno**, Dialektik der Aufklärung (1944).
- **Arnold Gehlen**, Die Seele im technischen Zeitalter (1949/57).
- **Helmut Schelsky**, Die skeptische Generation (1957).
- **Carl Friedrich von Weizsäcker**, Die Verantwortung des Wissenschaftlers im Atomzeitalter (1957).
- **Robert Jungk**, Heller als 1000 Sonnen (1957).

Einfluss ausländischer, vor allem amerikanischer Prosa (z. B. Ernest Hemingway, short story). Entscheidende Wirkung Franz Kafkas: alogische Überschneidung von Raum und Zeit.

1. Phase 1945–1950: Trümmerliteratur

Kriegs- und Heimkehrerliteratur, Todeserinnerung, Sprachlosigkeit, Trümmersprache.

- **Heinrich Böll** (1917–1985), Erzählungen: Der Zug war pünktlich (1949), Wanderer, kommst du nach Spa … (1950). Roman: Wo warst du, Adam (1951).
- **Wolfgang Borchert** (1921–1947), Heimkehrerstück: Draußen vor der Tür (1947) wird zum Spiegelbild einer »verlorenen Generation«; Kurzgeschichten, u. a. Nachts schlafen die Ratten doch.
- **Wolfdietrich Schnurre** (1920–1988), Erzählungen: u. a. Die Rohrdommel ruft jeden Tag (1950).

Zusammenschluss engagierter Autoren zur **Gruppe 47** (Hans Werner Richter, Ilse Aichinger, Alfred Andersch, Ingeborg Bachmann, Heinrich Böll, Günter Eich, Paul Celan, Wolfgang Hildesheimer, Walter Jens, Wolfdietrich Schnurre, Wolfgang Koeppen, Martin Walser u. a.).

2. Phase 1950er Jahre: Kritik an der Wohlstandsgesellschaft

- **Martin Walser**, Halbzeit (Roman, 1960).
- **Friedrich Dürrenmatt** (1921–1990), Der Besuch der alten Dame (Schauspiel, 1956).
- **Heinrich Böll**, Doktor Murkes gesammeltes Schweigen (Erzählung, 1958). – *Romane:* Haus ohne Hüter (1954), Billard um halbzehn (1961).
- **Max Frisch** (1911–1991), Stiller (Roman, 1954: Doppelgängermotiv als Symbol der Identitätskrise).

Deutschsprachige Literatur 1945–1990 (West)

Innenpolitische Auseinandersetzungen, außenpolitische Entspannung • Wiedervereinigung Deutschlands • Ende der Nachkriegszeit • politisches Engagement • neue Subjektivität • Identitäts- und Wirklichkeitskrise • Endzeitvisionen • Absurdität und Sinnentleerung • geschichtliche Neubesinnung • Dokumentartheater • Sprachexperiment • Zeitroman • Neuer Realismus

1963 Erstes Passierscheinabkommen in Berlin

1963–1965 Auschwitzsprozess

1969 Beginn der Verhandlungen der 4 Siegermächte über Berlin

1971 Vier-Mächte-Abkommen über Berlin (Transit-, Reise- und Besuchsverkehr)

21.12.1972 Grundlagenvertrag zwischen Bundesrepublik Deutschland und DDR

1973 Aufnahme der Bundesrepublik Deutschland und der DDR in die UNO

1974 Austausch von ständigen Vertretungen

1975 1. KSZE in Helsinki

1977 Höhepunkt des RAF-Terrors in der Bundesrepublik; Fortsetzung der Annäherungs- und Entspannungspolitik, Umdenken in der sowjetischen Politik (›Glasnost‹ und ›Perestrojka‹) durch Gorbatschow seit 1985

seit August 1989 Massenflucht von Deutschen aus der DDR über Ungarn und Tschechoslowakei

9.11.1989 Öffnung der Mauer in Berlin

1.7.1990 Währungs-, Wirtschafts- und Sozialunion

12.9.1990 Unterzeichnung des »2+4«-Vertrages zur Aufhebung der alliierten Siegerrechte aus dem 2. Weltkrieg in Moskau

1.10.1990 Suspendierung der alliierten Siegerrechte in New York

3.10.1990 Wiedervereinigung Deutschlands, Fest der Einheit, Ende der Nachkriegszeit

3. Phase 1960er Jahre: Gesellschaftliches und politisches Engagement

Aufbrechen der unbewältigten Vergangenheit: Drittes Reich, Kriegs- und Nachkriegszeit, Feindbilder, Verlust der Selbstsicherheit der Aufbaujahre. Im Zuge der innenpolitischen Auseinandersetzung (Studentenbewegung 1968, außerparlamentarische Opposition, Frauenbewegung, Bürgerinitiativen) verstärktes Engagement der Schriftsteller.

- **Günter Grass** (* 1927), Die Blechtrommel (Roman, 1959). **Max Frisch** (1911–1991), Andorra (Schauspiel, 1961). **Uwe Johnson** (1934–1984), Das dritte Buch über Achim (Roman, 1961). **Heinrich Böll** (1917–1985), Ende einer Dienstfahrt (Erzählung, 1966). **Siegfried Lenz** (* 1926), Deutschstunde (Roman, 1968).

4. Phase 1970er und Beginn der 1980er Jahre: Neue Sensibilität – Suche nach politischer und geschichtlicher Identität

- **Ingeborg Drewitz** (1923–1986), Gestern war Heute. Hundert Jahre Gegenwart (Roman, 1978). **Peter Härtling** (* 1933), Hölderlin (1976). **Christoph Meckel** (* 1935), Suchbild. Über meinen Vater (1980).
- Dazu Auseinandersetzung mit gesellschaftlichen Problemen: **Heinrich Böll**, Die verlorene Ehre der Katharina Blum (Erzählung, 1974). In den 80er Jahren Thematisierung ökologischer, atomarer Bedrohung der »Zerstörung des Individuums«: **Günter Grass**, Die Rättin (Roman, 1986). **Botho Strauß** (* 1944), Der Park (Schauspiel, 1983). **Thomas Bernhard** (1931–1989), Heldenplatz (Schauspiel, 1988).

Erzählende Literatur seit 1945

- Aufarbeitung der Vergangenheit: **Alfred Andersch**, Sansibar oder der letzte Grund (1957). **Heinrich Böll**, Billard um halbzehn (1959). **Günter Grass**, Die Blechtrommel (1959), Katz und Maus (1961), Hundejahre (1963). **Siegfried Lenz**, Deutschstunde (1968). Identitätsprobleme. **Marie-Luise Kaschnitz**, Das dicke Kind (1951). **Max Frisch**, Stiller (1954), Homo faber (1957), Mein Name sei Gantenbein (1964), **Martin Walser**, Ehen in Philippsburg (1957), Halbzeit (1960), Das Einhorn (1966), Brandung (1985). Neue Subjektivität: **Nicolas Born** (1937–1979), Die erdabgewandte Seite der Geschichte (1976). **Botho Strauß** (* 1944), Rumor (1980).
- In der zweiten Hälfte der 80er Jahre und im Zuge der Wiedervereinigung behutsame Annäherung und Auseinandersetzung der Schriftsteller mit der schwierigen »Patria« Deutschland. Reflexion der offensichtlichen Enthaltsamkeit der westdeutschen Schriftsteller im Hinblick auf die deutsche Frage. Möglicherweise programmatische Textsammlung **Martin Walsers**, Über Deutschland reden (1989).

Dramen seit 1945

- Parabeldrama in der Nachfolge Brechts. Groteske – die Welt als Irrenhaus. Dokumentartheater: **Rolf Hochhuth** (* 1931), Der Stellvertreter (1963). **Heinar Kipphardt** (1922–1982), In der Sache J. Robert Oppenheimer (1964). **Peter Weiss** (1916–1982), Die Ermittlung (1965). **Friedrich Dürrenmatt**, Die Physiker (1962, Neufassung 1980). Sprechtheater: **Peter Handke** (* 1942), Publikumsbeschimpfung (1966), Kaspar (1968).
- Beginn der Auseinandersetzung mit dem »Befinden des Individuums«: **Thomas Bernhard**, Die Jagdgesellschaft (1974), Der Weltverbesserer (1978). **Botho Strauß**, Trilogie des Wiedersehens (1976), Groß und klein, Szenen (1978).
- Das neue Volksstück: **Franz Xaver Kroetz** (* 1946), Stallerhof (1972), Oberösterreich (1972), Mensch Meier (1978), Nicht Fisch nicht Fleisch (1981).

Lyrik seit 1945

- Das Problem des »Schreibens nach Auschwitz« wird hier am deutlichsten; hermetische Gedichte, z. B. die Gedichtsammlung Die Niemandsrose von **Paul Celan** (1920–1970). Sprachspiele und konkrete Poesie: **Hans Magnus Enzensberger** (* 1929), **Eugen Gomringer** (* 1925), **Helmut Heißenbüttel** (1921–1996). Politische Lyrik in den 70er Jahren bis in die unmittelbare Gegenwart, Verbindung von persönlichem und gesellschaftlichem Bezug: **Erich Fried** (1921–1988).
- Die achtziger Jahre gelten wieder als ein Jahrzehnt der Lyrik; eine Vielzahl von Ansätzen, die Andeutungssprache der Poesie so fortzuführen, dass »die spröden Widersprüchlichkeiten, in die sich das Gedicht verwickelt hat«, dieser »jähe Zugriff aufs Innerste« deutlich und möglich wird (**Gerhard Falkner** in Proë, 1991), u. a. **Durs Grünbein** in Schädelbasislektion (1991): »Zwischen Logik und Körper klemmt Ironie«; **Alfred Kolleritsch** (* 1931), Gegenwege (1991) mit der Orientierung des Sprachgestus an Körpergesten; der bewusste Umgang mit traditioneller Metaphorik bei **Erika Burkart** (* 1922), Die Zärtlichkeit der Schatten (1991) und **Dorothee Haeseling**, Was zu lieben blieb (1991) in der Nachfolge von Ingeborg Bachmann und Christine Lavant; Lakonismen und poetische Heiterkeit bei **Annemarie Zornack** (* 1932), eingehaltene jahreszeit (1991) und **Elke Erb** (* 1938), Nachts, halb zwei, zu Hause (1991); die Sonette von **Klaus Modick** (* 1951), Der Schatten den die Hand wirft (1991), die mit vielen Verweisen auf das Barockgedicht, auf Computerzeichen, auf Hofmannsthal u. a. die traditionelle Form öffnen und das Schweigen als notwendigen Bestandteil der Poesie erklären: »das Schweigen ist der allerletzte Hafen / in seinem Becken ankert Poesie.«

Deutschsprachige Literatur 1945–1990 (Ost)

Staatliche Definition und Kontrolle der Kunst • politisch-agitatorischer Auftrag des Schriftstellers • Sozialistischer Realismus • positiver Held • Bitterfelder Weg: schreibende Arbeiter • Erziehung zur sozialistischen Persönlichkeit • Lehrstücke

1947 Erster (gesamt)deutscher Schriftstellerkongress in Berlin

7.10.1949 Gründung der DDR

1950 Gründung des DDR-Schriftstellerverbandes

17.6.1953 Aufstand in der DDR, Niederschlagung

28.1.1956 Eintritt der DDR in den Warschauer Pakt

Oktober 1956 Aufstand in Ungarn, Niederschlagung

1958 V. Parteitag der SED proklamiert die »sozialistische Kulturrevolution«

1959 Erste Bitterfelder Konferenz

13.8.1961 Bau der Mauer in Berlin; Programm für eine »sozialistische Nationalliteratur« in der DDR

1963 VI. Parteitag der SED: Neues ökonomisches System

1964 Zweite Bitterfelder Konferenz

Staatlich gesteuerte Kulturpolitik, rigide Aufsicht. Aufgabe der Kunst: Vermittlung des Sozialismus. Einige Emigranten kehren in die damalige SBZ (= Sowjetisch besetzte Zone) zurück, u. a. Johannes R. Becher, Bertolt Brecht, Stephan Hermlin, Stefan Heym, Peter Huchel, Anna Seghers, Friedrich Wolf, Arnold Zweig.

- **Anna Seghers** (1900–1983), Das siebte Kreuz (Roman, 1939–1942). – *Erzählungen:* u. a. Der Ausflug der toten Mädchen (1946). – *Epochenchronik:* Die Toten bleiben jung (1949).

1. Phase 1949–1961: Aufbau des Sozialismus

- Gestaltungsprinzip: Sozialistischer Realismus; Aufbauromane. Gründung des **Brecht-Ensembles** in Ost-Berlin im Herbst 1949. 1953–1956: Kurze Phase der Entspannung als Reaktion auf die Aufstände und die Entstalinisierung.
- **Heiner Müller**, Der Lohndrücker (1956; Kritik der Aktivistenbewegung).
- **Stefan Heym**, Fünf Tage im Juni (Roman: Auseinandersetzung mit dem 17. Juni 1953, durfte in der DDR nicht erscheinen).
- So genannter **Bitterfelder Weg**: Entfremdung zwischen Künstler und Volk soll überwunden werden, Proklamation des schreibenden Arbeiters.

2. Phase 1961–1971: Ankunft im Sozialismus. Individueller Stil, vorsichtige Kritik

- Programmatischer Titel: **Brigitte Reimann** (1933–1973), Ankunft im Alltag (des Sozialismus) (Roman, 1961).
- **Heiner Müller** (1929–1995), Der Bau (Schauspiel, 1964: Probleme bei der Erziehung zur sozialistischen Persönlichkeit).
- **Peter Hacks** (1928–2003), Moritz Tassow (Schauspiel, 1961: Bodenreform).
- **Erwin Strittmatter** (1912–1994), Ole Bienkopp (Roman, 1963: Entwicklung sozialistischer Produktionsweise und eines sozialistischen Bewusstseins).
- **Christa Wolf** (* 1929), Der geteilte Himmel (Erzählung, 1963: Teilung Deutschlands, Situation kurz vor dem Mauerbau).
- **Hermann Kant** (* 1926), Die Aula (Roman, 1965: Studenten nach 1945 an der »Arbeiter-und-Bauern-Fakultät«).
- **Erik Neutsch** (* 1931), Spur der Steine (Roman, 1964: Aufbau des Sozialismus in der Stadt).
- **Johannes Bobrowski** (1917–1965): Levins Mühle (Roman, 1964). Mäusefest u. a. Erzählungen (1965). Litauische Klaviere (Roman, 1966: Versöhnung mit dem europäischen Osten). Lyrik.

Harter Kurs ab 1965 • Entfaltung der sozialistischen Nationalkultur • postrevolutionäre Situation • individuellere Themenstellung • Ausbürgerung Biermanns als Signalwirkung • Friedensbewegung

1965 11. Plenum des ZK der SED beschließt harten Kurs

1967 VII. Parteitag der SED beschließt »entwickeltes System des Sozialismus«

1968 Prager Frühling, Intervention des Warschauer Pakts

seit 1970 Anerkennung der DDR durch zahlreiche Staaten

1970 Kritik des Schriftstellerverbandes an Christa Wolf und Reiner Kunze; Neue Verfassung der DDR

1971 Erich Honecker löst Walter Ulbricht als »Erster Sekretär« ab

1973 Abschied vom Bitterfelder Weg

1976 Ausbürgerung Wolf Biermanns

1979 Ausschluss von 7 Mitgliedern aus dem Schriftstellerverband (u.a. Rolf Schneider, Günter Kunert)

seit 1984 Zunehmende wirtschaftliche Schwierigkeiten

seit 1985 Distanz der ›harten‹ DDR-Führung zu Gorbatschow

ab August 1989 Massenflucht

7.10.–9.11.1989 Gewaltlose Demonstrationen u.a. in Leipzig

9.11.1989 Öffnung der Mauer in Berlin

1.7.1990 Währungs-, Wirtschafts- und Sozialunion

3.10.1990 Wiedervereinigung Deutschlands

- Lyriker: **Günter Kunert** (*1929), **Sarah Kirsch** (*1935), **Karl Mickel** (*1935).
- Liedermacher **Wolf Biermann** (*1936), Die Drahtharfe (1965) sowie weitere Werke erscheinen wegen des kritischen Inhalts nicht in der DDR.

Harter Kurs ab 1965: Entfaltung sozialistischer Nationalkultur

Öffentlicher Tadel für Autoren wie Wolf Biermann, Peter Hacks, Stefan Heym, Günter Kunert, Sarah Kirsch, Heiner Müller wegen »Ideologie des bürgerlichen Skeptizismus«.

- **Jurek Becker** (* 1937), Jakob der Lügner (Roman, 1968: Überleben im Warschauer Ghetto). **Günter de Bruyn** (* 1926), Buridans Esel (Erzählung, 1968: menschliche Unzulänglichkeiten im Alltag). **Stefan Heym** (* 1913), Die Schmähschrift oder Königin gegen Defoe (1970, nicht in der DDR: Schriftsteller in der Diktatur). **Christa Wolf** (* 1929), Nachdenken über Christa T. (Roman, 1968: ›Nichtankommen‹ im Sozialismus). **Volker Braun** (* 1939), Die Kipper (Schauspiel, 1966/67/72: Der einzelne und das Kollektiv).

3. Phase ab 1971: »Postrevolutionäre Situation«

Nach Ende der Ära Ulbricht (1971) gewisse Spielräume für Kunst und Literatur

- **Ulrich Plenzdorf** (* 1934), Die neuen Leiden des jungen W. (Erzählung und Theaterfassung, 1972). Die Legende von Paul und Paula (Filmerzählung, 1974). **Stefan Heym**, Der König-David-Bericht (Roman, 1973: Legitimität staatlicher Macht). **Volker Braun**, Hinze und Kunze (Schauspiel, 1973: Kritik an der sozialistischen Produktionsweise). **Irmtraud Morgner** (1933–1990), Leben und Abenteuer der Trobadora Beatriz (Roman, 1974: Stellung der Frau). **Brigitte Reimann**, Franziska Linkerhand (Roman, 1974: berufstätige Frau in der sozialistischen Gesellschaft). **Volker Braun**, Unvollendete Geschichte (Erzählung, 1975: Grundsätzliche Zweifel junger Menschen an der »Vätergeneration« der DDR).

4. Phase: Verschärfung nach der Ausbürgerung, Biermanns – zwischen Auswanderung, Anpassung und Kritik

Übersiedlung u.a. von Jurek Becker, Sarah Kirsch, Günter Kunert, Reiner Kunze, Erich Loest, Rolf Schneider.

- **Reiner Kunze** (* 1933), Die wunderbaren Jahre (Prosasammlung, 1976: Leiden der Jugend an der DDR). **Heiner Müller**, Germania Tod in Berlin (Schauspiel, 1976: Gegenüberstellung von Szenen zwischen 1919 und 1945 und aus dem Alltag der DDR. Reflexion historischer Stoffe). **Christa Wolf**, Kindheitsmuster (Roman, 1976: Auseinandersetzung mit der nationalsozialistischen Vergangenheit). Kassandra (Erzählung, 1983: Was macht Menschen zu kriegsbereiten »Helden«?). **Jurek Becker**, Schlaflose Tage (Roman, 1978). **Erich Loest** (* 1926), Es geht seinen Gang oder Mühen in unsere Ebene (Roman, 1978: Alltägliches Leben in der DDR). Durch die Erde ein Riss (Autobiographie, 1981). **Monika Maron** (* 1941), Flugasche (Roman, 1981: postrevolutionäre Zweifel am Sozialismus). **Günter de Bruyn**, Märkische Forschungen (Erzählung, 1978: Suche nach geschichtlicher Wahrheit). **Stefan Heym**, Collin (Roman, 1979: Schuldhaftes Versagen der »Vätergeneration« in der DDR). Ahasver (Roman, 1981: Der wandernde Jude als satirischer Beobachter von Vergangenheit und Jetzt).

Deutschsprachige Literatur seit 1990

Erste Hälfte der 90er Jahre Zusammenbruch des alten Sowjetimperiums. In den Staaten des ehemaligen Ostblocks freie Wahlen, demokratische Parteibildungen, neue meist westlich orientierte Regierungen. Nach Machtkampf in Moskau Abzug der sowjetischen Truppen aus Mittel- und Osteuropa. Ende des Kalten Krieges

1999 Nobelpreis für Literatur für das Gesamtwerk von Günter Grass

Die Hoffnungen auf den »großen Roman« über Deutschland nach dem Mauerfall erfüllen sich nicht. Eher beiläufig ironisch-sarkastische Kommentierung, u. a. **Thomas Brussig**, »Helden wie wir« (Erzählung, 1999); allerdings ein auch als Umsetzung für das Fernsehen sehr erfolgreiche und eindringliche Darstellung der Situation in der DDR und Ost-Berlin um den 9. November 1989 herum: **Erich Loest**, »Nikolaikirche«. Oder als Erklärungsversuch persönlicher Verstrickung, so **Christa Wolf**, »Was bleibt« (1990) und »Medea-Stimmen« (Roman 1996).

Demgegenüber verstärkt Aufarbeitung bisher tabuisierter Themen aus der Zeit von 1933–1945 und danach, so die Vertreibung der Deutschen aus dem Osten erstmals literarisch umgesetzt in der Novelle: »Im Krebsgang« (2002) von Günter Grass. Bilanzierung der Jahrtausendwende: **Günter Grass**, »Mein Jahrhundert« (1999), **Siegfried Lenz**, »Fundbüro« (Roman, 2003).

Wiederentdeckung des Erzählens in der deutschen Literatur, u. a. **Judith Hermann**, »Sommerhaus, später« (Erzählungen, 1998), **Bernhard Schlink**, »Der Vorleser« (Roman, 1999), **Patrick Süskind**, »Das Parfum« (Roman, 1985), **Monika Maron**, »Endmoränen« (Roman, 2002).

In der Lyrik Wiederentdeckung der autonomen poetischen Sprechweise mit artifiziellen, formalen und ästhetischen Kategorien, u. a. **M. Enzensberger**, »Kiosk« (1955), **Durs Grünbein**, »Erklärte Nacht« (2002), **Christoph Meckel**, »Ungefähr ohne Tod im Schatten der Bäume« (2003).

11. 9. 2001 Terrorangriff auf das World Trade Center in New York

1. 5. 2004 Beitritt von 10 weiteren europäischen Staaten zur Europäischen Union (u. a. Polen, Tschechien, Ungarn und die baltischen Länder)

Entscheidende weltpolitische Zäsur: »Nichts wird mehr so sein wie vorher«. Die weltweite Bedrohung durch Terror und Kriegsgefahr bestimmt zunehmend die politische und gesellschaftliche Diskussion. Gleichzeitig neue gesellschaftliche Herausforderungen durch die Folgen weltweiter Globalisierung der Märkte und der Kommunikation mit einschneidenden Konsequenzen für den Medien- und Verlagsbereich, Umbruch und Aufbruch der Staaten in Mittel- und Osteuropa hin zu einer verstärkten Wiedergewinnung europäischer Identität.

Nachschlagewerke

Allgemeine Nachschlagewerke

Brockhaus Enzyklopädie
Meyers Konversationslexikon
Encarta 2004 (CD-ROM, internetgestützt)

Sachwörterbücher zu Literatur und Philosophie

Literaturlexikon. Daten, Fakten und Zusammenhänge. Hrsg. v. Wieland Zirbs. Berlin: Cornelsen; Scriptor, 1998.
Philosophisches Wörterbuch. Begr. v. H. Schmidt. Neu bearb. v. G. Schischkoff. Stuttgart: Kröner, 1991.
Wilpert, Gero von: Sachwörterbuch der Literatur. 8. verbesserte u. erw. Aufl. Stuttgart: Kröner, 2001.

Autoren- und Werklexika

Killy, Walther: Literaturlexikon. Autoren und Werke in deutscher Sprache. Gütersloh: Bertelsmann. (Auch auf CD-ROM von Directmedia)
Kindlers Neues Literaturlexikon. Hrsg. v. Walter Jens. München: Kindler 1999. (Auch auf CD-ROM, 2000)
Kritisches Lexikon zur deutschsprachigen Gegenwartsliteratur (KLG). Hrsg. v. Heinz Ludwig Arnold. München: edition text + kritik. (Auch auf CD-ROM)
Lexikon der Autoren und Werke. Von C. u. W. Wetzel. Leipzig u. a.: Klett, 2004.

Lexika und Wörterbücher zur Sprachwissenschaft

Crystal, David: Die Cambridge-Enzyklopädie der Sprache. Aus dem Engl. v. S. Röhrich u. a. Frankfurt/New York: Campus, 1995.
Kluge, Friedrich: Etymologisches Wörterbuch der deutschen Sprache. 24., durchgesehene u. erw. Aufl. Bearb. v. Elmar Seebold. Berlin: de Gruyter, 2004.
Küpper, Heinz: Wörterbuch der deutschen Umgangssprache. Stuttgart u. a.: Klett, 1997.
Metzler Lexikon Sprache. Hrsg. v. Helmut Glück. Stuttgart u. a.: Metzler, 2000.

Bibliografien

Der Katalog der Universitätsbibliothek Karlsruhe bietet Zugriff auf andere deutsch- und fremdsprachige Bibliothekskataloge und Buchhandelverzeichnisse: http://www.ubka.uni-karlsruhe.de/kvk.html
Deutsche Nationalbibliografie: Projekt Gutenberg, Deutschland: http://www.abc.de/gutenb.html

GBV – Gemeinsamer Bibliotheksverbund der Länder Bremen, Hamburg, Mecklenburg-Vorpommern, Niedersachsen, Sachsen-Anhalt, Schleswig-Holstein und Thüringen:
http://www.gbv.de

Primär- und Sekundärliteratur

Die Leseliste. Kommentierte Empfehlungen. Stuttgart: Reclam, 1994.

Umfangreiche Textsammlungen auf CD-ROM bietet die Reihe »Digitale Bibliothek« von Directmedia Publishing an, z. B.:

– Deutsche Literatur von Lessing bis Kafka.

– Klassische Werke der deutschen Literatur.

Literaturgeschichten

Die deutsche Literatur. Ein Abriss in Text und Darstellung. 16 Bde. Hrsg. v. Otto F. Best. Stuttgart: Reclam, 2000.

Frauen Literatur Geschichte. Schreibende Frauen vom Mittelalter bis zur Gegenwart. Hrsg. v. H. Gnüg u. R. Möhrmann. Stuttgart: Metzler, 1999.

Geschichte der deutschen Literatur. Neuausgabe. Hrsg. v. J. Bark, G. Scherer, D. Steinbach, H. Wittenberg. 6 Bde. Leipzig u. a.: Klett, 2002.

Literaturgeschichte – kurz gefasst. Von Eva-Maria Kabisch. Stuttgart u. a.: Klett, 1997.

Übersetzungen/Übertragungen von Paul Verlaine: Il pleure dans mon cœur von Seite 41

Es weint mein armes Herz,
Wie auf die Stadt es regnet,
Ach, welch ein banger Schmerz
Durchdringt und quält mein Herz?

Wie rauscht so sanft der Regen
Auf Straße und auf Dach.
Mein müdes Herz zu hegen
O, wie singt der Regen.

Es weint ohn' allen Grund
In meinem blut'gen Herzen.
Ward durch Verrat es wund?
Mein Leid ist ohne Grund.

Das ist das schwerste Leiden,
Zu wissen nicht warum.
Da Haß und Lieb mich meiden –
Mein Herz muß so viel leiden.

Graf Wolf von Kalckreuth in: P. Verlaine, ausgew. Gedichte, Insel-Vlg., Leipzig 1906.

Es tränet in mein herz
Wie es tropft auf die häuser,
Was für ein sehnender schmerz
Dringt mir ins herz!

Ein sanftes geräusch ist der regen
Auf dem boden auf dem dach.
Für ein herz das die leiden bewegen –
O wie singt der regen!

Es regnet ohne grund
Im herzen das sich verzehret.
Was? kein verrat ward ihm kund?
Die trauer ist ohne grund.

Das sind die ärgsten peinen:
Nicht zu wissen warum …
Liebe keine – haß keinen –
Mein herz hat solche peinen.

Stefan George in: Zeitgenössische Dichter, Bd. 2, Vlg. G. Bondi, Berlin 1905.

Begriffserklärungen

Alexandriner Zwölfsilbiger Vers mit 6 Jamben (s. Metrum), durch eine Pause (Zäsur) in zwei gleiche Hälften geteilt. Vor allem im Barock gebräuchlich:
Der schnélle Tág ist hin, / die Nácht schwingt íhre Fáhn (Gryphius: ›Abend‹).

Alliteration Gleicher Laut von Wörtern (*N*acht und *N*ebel, *W*ind und *W*ellen) zur Hervorhebung und zur Betonung. Vor allem in der Lyrik verwendet.

Anagramm Bezeichnung für ein Wort oder eine Wortfolge, kommt durch Umstellung der Buchstaben oder Rückwärtslesen zustande. Häufig für Künstlernamen genutzt (z. B. Celan als Ancel).

Anapher Wiederholung eines Wortes oder Satzteils zu Beginn aufeinander folgender Sätze (rhetorisches Mittel), z. B.: *Wir haben gemeinsam* gearbeitet / *Wir haben gemeinsam* Probleme gelöst / *Wir werden nun gemeinsam* feiern. Entsprechender Vorgang am Ende von Sätzen: Epipher.

Anfang, offener, Direkter Einstieg in einen erzählten Vorgang ohne Einführung in die Situation oder Vorgeschichte. Der Leser wird in ein laufendes Geschehen ›eingeblendet‹ (vor allem in der modernen Kurzgeschichte).

Anrede Rhetorische Figur, die durch Verstärkungen und besondere Reihenfolge publikumswirksam gestaltet werden kann. In Reden vor realen Zuhörern und in der Literatur gebraucht (Rede des Marcus Antonius in Shakespeares Schauspiel ›Julius Caesar‹: Mitbürger, Freunde, Römer, hört mich an).

Antagonismus Gegenteil, Widerspruch, dialektisches Moment. Ursprünglich aus dem griechischen Drama: Protagonist – Hauptdarsteller, Held – Antagonist – der zweite Held, häufig der Gegenspieler.

Aphorismus Eine durch gezielte rhetorische Mittel pointiert und prägnant formulierte Tendenz, Lebensweisheit o. ä. geschliffene, knappe Form.

Arbeitshypothese Formulierung des ersten inhaltlichen Leseeindrucks, möglichst in einem Satz: Worum scheint es in einem Gedicht oder in einer Erzählung zu gehen?

Argument Treffender, schlagender Beweisgrund für eine Behauptung; Grundlage jeder Erörterung und Diskussion.

aristotelische Einheiten Nach Aristoteles formulierte dramaturgische Grundregel der Einheit des Ortes, der Zeit (24 Stunden) und der Handlung. Aus dem Bemühen des griechischen Theaters um Konzentration entstanden, im französischen Klassizismus zur unabdingbaren Forderung erhoben, von Shakespeare und im Sturm und Drang durchbrochen, im modernen Drama vielfach wieder eingesetzt (Friedrich Dürrenmatt: ›Die Physiker‹).

Assonanz

Gleichklang der Vokale vom letzten Akzent an (Reigen – leiden).

Assoziation

Spontaner Einfall zu einem Thema, einem Text, einer Überschrift usw.

Ballade

Abgeleitet von ital. ballata = Tanzlied. Die klassischen Balladen sind ›dramatische‹ Gedichte mit einem ungewöhnlichen, oft tragischen Geschehen im Zentrum, das sich in Dialogen und erzählendem Zwischentext entwickelt (z. B. Friedrich Schiller: ›Die Bürgschaft‹; Theodor Fontane: ›Die Brück' am Tay‹). In der Gegenwart entstehen, oft in politischer Absicht, Erzählgedichte (z. B. Bertolt Brecht: ›Der Kinderkreuzzug‹, Wolf Biermann: ›Die Ballade vom Briefträger William L. Moore …‹).

Blankvers

Fünfhebiger Jambus (s. Metrum) ohne Reim, bestimmt das Shakespeare-Drama und das deutsche Drama seit Lessing:
Vor gráuen Jáhren lébt' ein Mánn im Ósten (Lessing: ›Nathan der Weise‹).

Botenbericht

Bericht eines von außen kommenden Boten von auf der Bühne nicht darstellbaren, für die Handlung wichtigen Vorgängen.

Chiffre

Besonders verschlüsselte Aussage; sehr individueller bildhafter Ausdruck, vor allem in moderner Lyrik (»Schwarze Milch der Frühe« – Paul Celan; ›Todesfuge‹).

Chor

Ursprung des griech. Dramas. In der Entwicklung der Theaterform gehen erst später aus den kultischen Tänzen des Chores die Schauspieler hervor. Funktion des Kommentierens und Deutens der dramatischen Handlung.

diachrone Betrachtung der Sprachgeschichte

Untersuchung der Sprachgeschichte im historischen Längsschnitt, also in der geschichtlichen Entwicklung.

Dialog

Wechselrede oder Wechselgespräch zwischen Personen im Drama, wichtigstes Bauelement der dramatischen Handlung auf der Bühne. Der Charakter der Personen, das Fortschreiten der Handlung, die Entwicklung von Problemen werden vor den Ohren der Zuschauer deutlich wie in Schillers Schauspiel ›Maria Stuart‹ im Dialog der beiden Königinnen.

Diskurs

Bereicherung für ein philosophisches Gespräch aus dem Geist der Aufklärung als Suche nach der Wahrheit. Zielgerichteter als die Diskussion, mit einem bestimmten festumrissenen Gegenstand.

Drama

Aus der griechischen Antike stammende Bezeichnung für ein auf der Bühne vor Publikum aufgeführtes Schauspiel. In Dialogen und Monologen wird ein wichtiges Thema als unmittelbar gegenwärtig auf einer Bühne dargestellt. Dramen sind in Akte oder Aufzüge gegliedert, diese wiederum in Szenen oder Auftritte.

Dramenaufbau (Zieldrama) Seit Aristoteles Einteilung in Exposition, Peripetie (plötzliches Umschlagen), Katastrophe. Nach G. Freytag Exposition, erregende Momente, Höhepunkt, retardierende Momente, Katastrophe – entspricht dem Aufbau in 5 Akte des Zieldramas (Ziel = Katastrophe).

(analytisches Drama) Vor allem für das im Naturalismus bevorzugte analytische Drama, das ein Geschehen voraussetzt und nachträgliche, schrittweise Enthüllung zeigt (Gerhart Hauptmann: ›Die Ratten‹), gilt Freytags Definition nur bedingt.

Elegie Klagend-entsagende, wehmutsvolle lyrische Form; meist Themen des Todes, der Trennung, des Verlustes, des Verzichts (Goethe: ›Marienbader Elegie‹, Hölderlin: Elegien; Rilke: ›Duineser Elegien‹).

Emblem Gr. = emblema (Einlegearbeit, Eingefügtes), Sinnbild mit einem formelhaft festgelegten Bedeutungsgehalt; eindeutiger als das vielschichtige Symbol (z. B. Ölzweig für Frieden); vor allem in Renaissance, Barock und im 18. Jh. gebraucht.

Enjambement Zeilensprung, Übergreifen des Satzes und Sinnes auf die nächste Zeile oder Strophe.

Epigramm Sinngedicht; pointierte, geistreiche Aussage zu einem Thema oder Sachverhalt.

Epik Abgeschlossene, vergangene Begebenheiten werden vom Standpunkt eines Erzählers aus wiedergegeben. Formen: Epos, Roman, Novelle, Fabel, Parabel, Märchen, Sage, Kurzgeschichte.

Epilog Vor allem im Drama das aus der antiken Tradition übernommene Schlusswort an das Publikum, vgl. Prolog.

episches Theater Von Brecht ausgearbeitete Dramaturgie im Gegensatz zum aristotelisch-dramatischen Illusionstheater: dialektisch, distanziert, beurteilend. Der Zuschauer soll in kritischer Distanz für sich entscheiden und handeln. Hilfsmittel: Verfremdung.

Epoche Zeitraum, Periode; in der Literaturgeschichte die aufeinanderfolgenden, z. T. auseinander hervorgehenden Phasen literarischer Entwicklung, in denen sich trotz aller Vielfalt gewisse Gemeinsamkeiten in Thematik und formaler Gestaltung feststellen lassen, z. B. 18. Jh.: Aufklärung/Sturm und Drang/Klassik; 19. Jh.: Romantik/Biedermeier, Realismus.

Epos Verserzählung; von einem Rhapsoden (Erzähler) vorgetragen. Beginn und Höhepunkt im 8. Jh. v. Chr.: Homer: ›Ilias‹, ›Odyssee‹. Im Mittelalter Heldenepos und höfisches Epos.

erlebte Rede Form der indirekten Wiedergabe innerer Zustände oder Überlegungen der Figur in einer Erzählung (in der 3. Person Singular); kann gramm. Kennzeichen direkter und indirekter Rede aufweisen.

Erzählhaltung

Ein Geschehen kann von verschiedenen Perspektiven aus erzählt werden:

1. Ein allwissender Erzähler hat einen Überblick über das gesamte Geschehen (auktoriale Erzählhaltung); er weiß auch, was im Innern sämtlicher Figuren vor sich geht (z. B. Gerhart Hauptmann: ›Bahnwärter Thiel‹),
2. Ein personaler Erzähler weiß nur so viel wie *eine* Person, aus deren Sicht er erzählt; er wählt die Er-Form (z. B. Wolfgang Borchert; ›Die Küchenuhr‹).
3. Ein Erzähler tritt als Ich-Erzähler im Text selbst in Erscheinung, meist als Hauptfigur, und lässt seine persönliche Sicht deutlich werden (z. B. Heinrich Böll: ›Ansichten eines Clowns‹).

Erzählte Zeit

Der Zeitraum, über den sich eine erzählte Handlung erstreckt. Mehrere Jahre können z. B. in wenigen Zeilen zusammen gefasst und in wenigen Minuten gelesen werden.

Erzählzeit

Die Zeit, die zum Lesen eines epischen Textes gebraucht wird.

Fabel

1. kurze, lehrhafte Erzählung mit moralischer Botschaft, zumeist dienen Tiere als Vergleich für menschliche Eigenschaften (aus der Zeit der Aufklärung).
2. Bezeichnung für den erzählerischen Kern oder Strang eines Textes (heute auch »Plot«).

Figur

Gestalt, Handlungsträger in einem literarischen Werk, z. B. der ›Held‹ im klassischen Drama (Friedrich Schiller: ›Maria Stuart‹).

Figurenkonstellation

Die persönlichen und gesellschaftlichen (sozialen) Beziehungen zwischen den Figuren einer Erzählung, eines Romans, eines Dramas.

freie Rhythmen

Reimlose, metrisch ungebundene, aber stark rhythmisch bewegte Verszeilen (z. B. bei Klopstock, Goethe, Hölderlin, Heine, Nietzsche, Brecht).

Groteske

Darstellung, in der Widersprüchliches und Unvereinbares, Komisches und Tragisches zugleich, verblüffend verknüpft wird als Anstoß oder Schock für Leser und Zuschauer. Autoren wie Dürrenmatt meinen, dem Irrsinn einer Welt, die sich selbst zerstören kann, käme nur noch eine Groteske zu, ein Lachen, das im Halse stecken bleibt.

Handlungsstruktur

Sowohl in der Epik wie im Drama (s. d.) Abfolge und Zusammenhang einzelner Ereignisse, die innere Gesetzmäßigkeit und Verbindung; zu unterscheiden sind Haupt- und Nebenhandlung, äußere Handlung (vordergründiger Ereignisablauf), innere Handlung (z. B. psychische Entwicklung der Figuren in den ›Ratten‹ von Gerhart Hauptmann).

Hexameter

Vers aus 6 Daktylen (s. Metrum): Nénne mir Múse den Mánn, der víel erfáhren und wéithin (Homer: ›Odyssee‹).

Höhepunkt

In Handlung und Spannung dichtester Punkt eines Dramas oder einer Erzählung, oft der entscheidende Wendepunkt.

Hypotaxe Form des Satzbaus: Haupt- und Nebensätze werden durch Konjunktionen (weil, obwohl, indem ...) zusammengefügt. Der Leser erhält hier verbundene Informationen mit Erklärungen, Begründungen usw.

Innerer Monolog Erzähltechnik, mit der innere Vorgänge von Personen, ihre Gedanken, Gefühle, in Präsens und Ich-Form mitgeteilt werden (erstmals bei James Joyce im Roman »Ulysses«, 1922).

Intention Absicht, Zielsetzung im Hinblick vor allem auf Reden und Redner. Ein Redner verfolgt eine bestimmte Intention.

Ironie Gr. = eironeia (Verstellung): Das Gegenteil vom Gesagten ist gemeint; humorvolles oder satirisches, immer kritisches Infragestellen dessen, worauf das Gesagte zielt. (Na, das kann ja *heiter* werden!)

Kadenz Abschluss (meist Reimwort) eines Verses (s. d.) im Gedicht. Unterschieden werden einsilbige (männliche, stumpfe) Kadenz (Baum – Traum) und mehrsilbige (weibliche, klingende) Kadenz (schwingen – singen).

Katharsis Zentraler Begriff der Theorie der Tragödie des Aristoteles, »Reinigung« des Publikums durch die Wirkung des tragischen Geschehens auf der Bühne: Jammer und Schrecken. Später Begriff für die innere Wirkung als »Verwandlung« und »Aussöhnung« der menschlichen Leidenschaften (vgl. Schiller).

Komödie Im Gegensatz zur Tragödie Lösung der Konflikte in heiter-amoralischer Gelassenheit; im Zentrum steht die menschliche Unzulänglichkeit. Die erheiternde Wirkung resultiert aus komischen Situationen (Situationskomödie), der Darstellung von übertriebenen, typisierten Charakteren (Charakter- oder Typenkomödie) oder der plötzlichen Auflösung von Verwirrungen oder Intrigen (Intrigenkomödie).

Kompositionsfigur Innere Gestalt, innere Bewegungs- und Entwicklungsstruktur eines Textes, z. B. eines Gedichts als Zusammentreffen von Gegensätzlichem, als Spannungsbogen, als additive Reihung, als Ringform mit Rahmen von der ersten zur letzten Zeile oder Strophe.

Kontext Umfeld, Bedingungen, speziell im Bereich der öffentlichen Rede. Zu unterscheiden sind: situativer Kontext (äußere Bedingungen, z. B. Ort, Zeit), normativer Kontext (gesellschaftlich bestimmte Erwartungshaltungen des Publikums, z. B. bei Begrüßungen, Danksagungen). Im allgemeinen Sprachgebrauch bezeichnet Kontext generell das Umfeld einer Sache, eines Textes (z. B. Entstehungszeit).

Kurzgeschichte Unter dem Einfluss der amerikanischen ›short story‹ nach 1945 auch in Deutschland entwickelte Form. Die Erzählweise ist ausschnitthaft und schlaglichtartig mit offenem Anfang und offenem Schluss und häufig anonymen, nicht im Einzelnen charakterisierten Personen. Die Sprache ist schlicht und alltäglich.

Lautmalerei Vor allem in der Lyrik sinnlich-klangliche Gestaltung, z. B. zur Wiedergabe von Naturgeräuschen (onomapoetisch).

Lehrstück
Schauspielform mit der Tendenz, das Publikum von einer bestimmten politischen oder gesellschaftlichen Meinung zu überzeugen, also von der Bühne her zu belehren (Bertolt Brecht: ›Die Ausnahme und die Regel‹).

Leitmotiv
In der Literatur ein wiederkehrendes zentrales Motiv (Dingsymbol, Falke), das an den entscheidenden Textstellen auftritt, das Geschehen verdichtet und antreibt (vgl. Thomas Mann: ›Der Tod in Venedig‹ – der Todesbote); es hat eine deutlich strukturierende Funktion.

Lyrik
Sammelbezeichnung für Gedichte im Unterschied zur Epik und zum Drama. Abgeleitet von gr. Lyra = Leier; das Wort verweist auf Lied und Tanz.

lyrisches Bild
Ausschnitt aus der Wirklichkeit (Bild der Rose, des Baumes, des Vogels), erfahren und reflektiert durch das lyrische Ich.

lyrisches Ich
Die Rolle des Sprechers im Gedicht, nicht mit dem Autor des Gedichts identisch. Das Ich im Gedicht spricht seine Gefühle, Gedanken und seine Beziehung zur Wirklichkeit aus.

Metapher
Poetisches Gestaltungsmittel vor allem in der Lyrik. Es erscheint wie ein um das ›Wie‹ verkürzter Vergleich: Ein Begriff wird aus seinem ursprünglichen Bereich gelöst und auf einen anderen übertragen (Meer des Lebens, Weg des Vergessens).

Metrum
Versmaß als taktmäßige Struktur eines Gedichts. Die wichtigsten Versfüße (Betonungsmöglichkeiten) sind:
Jambus xx́, unbetont – betont (Im Nébel rúhet nóch die Wélt …; Mörike: ›September-Morgen‹)
Trochäus x́x, betont – unbetont (Án besónders schönen Tágen …; Kästner: ›Im Auto über Land‹)
Anapäst xxx́, unbetont – unbetont – betont (übers Jáhr, übers Jáhr ...)
Daktylos x́xx, betont – unbetont – unbetont (Férnsehen, Víelsehen, Wégsehen)
S. a. Alexandriner, Blankvers, Hexameter.

Monolog
Selbstgespräch; Aussprechen von Gedanken, kommentierenden Stellungnahmen oder Situationen im Drama, die sich anders nicht vor Augen führen lassen. Oft steht ein Monolog der Hauptperson am Höhepunkt eines Entscheidungsprozesses; das Hin und Her der Gedanken wird vor den Zuhörern ausgebreitet.

Motiv
Entweder der ideelle Beweggrund des Dichters, einen Stoff aufzugreifen und zu gestalten, oder eine strukturelle inhaltliche Einheit: das die Handlung ›Antreibende‹ (lat. movere = bewegen), den Inhalt des Werkes Bestimmende. Motive gibt es in Lyrik, Epik und im Drama; sie werden aber jeweils unterschiedlich gestaltet wie z. B. der herbstliche Baum in Gedichten oder die Vereinsamung von Menschen in Erzählungen.

Mythos
In der griech. Antike die von Generation zu Generation mündlich überlieferten Erklärungs- und Deutungsmodelle für die Entstehung der Welt, Naturphänomene, die Funktion der Götter, der großen Helden und ihrer Abenteuer. Mythen entziehen sich rationaler, logischer Erklärung oder Begründung.

Novelle Dramatische Erzählung mit einer ›unerhörten Begebenheit‹ im Mittelpunkt. Vergleichsweise strenge, geschlossene Form: Die Handlung wird zielgerichtet geführt mit einer Steigerung zum Höhepunkt. Oft konzentriert sie sich auf ein Dingsymbol (s. Symbol).

Ode Gr. = Lied, Gedicht. In der Neuzeit lyrische Form des Weihevollen, Pathetisch-Feierlichen (Oden Klopstocks; s. a. Psalmen Davids in der Bibel).

Parabel Gleichnishafte Darstellung – als Erzählung oder (modernes) Theaterstück. Die erzählte Handlung weist bildhaft vergleichend auf das, was gemeint ist (Gleichnis vom verlorenen Sohn in der Bibel, Kafka: ›Gib's auf‹, Brecht: ›Der gute Mensch von Sezuan‹). Parabolische Erzählungen in der Nachfolge Kafkas z. B. bei Ilse Aichinger.

Paraphrase Umschreibung eines Textinhalts im Gegensatz zur konzentrierten Inhaltsangabe und zur Nacherzählung.

Parataxe Form des Satzbaus: Reihung gleichwertiger und gleichgeordneter Hauptsätze.

Parodie Gr. = parodeia (Gegengesang): komische, verzerrte Umformung der originalen Form oder des Inhalts eines bekannten Textes, um kritische Distanz zu schaffen und neue Akzente zu setzen.

Peripetie Umkehrung, Wendepunkt im Ablauf der dramatischen Handlung der Tragödie. Seit Aristoteles Bezeichnung des dramatischen Höhepunkts im Dramenaufbau.

Personifizierung Personifikation Vermenschlichung von Naturerscheinungen oder von leblosen Gegenständen. Sie werden zu ›Personen‹ in dichterischer Sprache (Der Himmel lacht, die Uhr summt träumerisch).

Poetik Poetologie Gr. = poietiké techné (Dichtkunst), Lehre von den Gattungen, Formen, Bestimmungen und Darstellungsmitteln der Literatur; als Poetologie Theorie der Dichtung. Sie liefert Kriterien für Beobachtung und Beurteilung von Literatur, ursprünglich formal regelsetzend, heute als vergleichende Beobachtung verstanden (Poetik des Aristoteles, Opitz, Lessing usw.).

Pointe Frz. = Spitze: überraschende, meist witzige Wendung, die das bisher Gesagte in einem völlig anderen Licht erscheinen läßt (z. B. in Witzen und Fabeln). Besonders geistreiche, witzige oder einfach unerwartete Zuspitzung einer Aussage – sprachlich-stilistisch häufig mit bewusster rhetorischer Übertreibung.

Prolog Vgl. Epilog, ein dem Drama vorangestellte Einführung in das Geschehen, die handelnden Personen oder die Vorgeschichte. Auch auf andere Gattungen übertragen.

Prosa »Geradeaus gerichtete Rede«, nicht durch Reim und meist nicht durch Rhythmus gebunden.

Rahmenhandlung

Erzählrahmen, in den eine oder mehrere Binnenerzählungen eingelagert sind. Entweder werden mehrere Erzählungen in einer ihrerseits weiterlaufenden Rahmenerzählung zusammengefasst (z.B. Gottfried Keller: ›Die Leute von Seldwyla‹ oder Adalbert Stifter: ›Die Mappe meines Urgroßvaters‹), oder eine Einzelerzählung wird gerahmt. Dieser Rahmen soll z. B. die Glaubwürdigkeit des Erzählten bezeugen. Es geht hier um das Auffinden von Tagebüchern oder Briefen o. ä.

Reflexion

Nachdenken über eigene seelische Vorgänge, im weiteren Sinn jedes überlegende, abwägende Denken.

Reim

Gleichklang der Abschlusswörter mehrerer Verszeilen vom letzten betonten Vokal an, z. B. Paarreim: a-a-b-b, Kreuzreim: a-b-a-b, umgreifender oder verschränkter Reim: a-b-b-a.

Rhetorik

Seit der Antike Bezeichnung der Redekunst. Es gibt Regeln und Darstellungsmittel zur wirkungsvollen Formulierung, z. B. Verwendung von Alliteration (s. d.), Anapher (s. d.), Anrede (s. d.), Ironie (s. d.), Metaphern (s. d.), Parallelismus (s. d.) und von rhetorischen Fragen, d. h. Scheinfragen, die sich selbst beantworten.

rhetorische Figuren (Figuren der Wortfügung)

Zu unterscheiden sind sprachliche Mittel der Wortfügung, d. h. der Art der Gestaltung mehrerer Wörter, und des Wortersatzes (die sog. Tropen), mit dem ein besonderer Wortgebrauch bestimmt wird.

Alliteration:	s. o.
Anapher:	s. o. (auch; Epipher)
Anrede:	(Apostrophe) s. o.
Antithetik:	Entgegenstellung, Gegenüberstellung (Wo Tier und Vögel waren, traurt itzt die Einsamkeit – Gryphius).
Chiasmus:	Überkreuzstellung (… die Kunst ist lang, und kurz ist unser Leben – Goethe: ›Faust I‹).
Ellipse:	verkürzter Satz, Auslassung eines Satzteils, verdichtet die Aussage (Wer da?).
Inversion:	Wortumstellung, dient der Hervorhebung und Betonung (Mich klagt man an – Büchner: ›Dantons Tod‹).
Klimax:	Steigerung, in sich gesteigerte Aufzählung (das kann Tage, Wochen, ja viele Monate dauern), oft mit besonderer Ausgestaltung des letzten Gliedes.
Oxymoron:	Verbindung zweier sich widersprechender Begriffe (lautloser Schrei).
Paradoxon:	Widerspruch, gr.: Unerwartetes; scheinbar widersinnige Darstellung (Das Leben ist der Tod); schillernde, vieldeutige Formulierung, reizt zur Ausdeutung.
Parallelismus:	Gleichbau mehrerer Sätze oder Zeilen. Gegensatz zum Chiasmus (s. o.), wirkt betonend, vertiefend, einprägsam.
Parenthese:	Einschub (Wir haben – gemessen an der allgemeinen Situation – Glück gehabt), verzögert den Redefluss, differenziert.
Refrain:	Wiederholter Satz, wiederholte Textstelle (Und Brutus ist ein ehrenwerter Mann – Shakespeare: ›Julius Cäsar‹).

rhetorische Frage: Scheinfrage, beantwortet sich selbst (Haben wir nicht alle denselben Wunsch?).
Wiederholung: repetitio (es wird still, ganz still).
Zeugma: Weglassen eines Satzteils bei der Aufzählung (Er hob den Blick und ein Bein gen Himmel – Laurence Sterne).

(Figuren des Wortersatzes: Tropen)

Statt der üblichen wird eine besonders gestaltete Formulierung gesetzt:
Allegorie: Sinnbild, Personifizierung eines abstrakten Begriffs (der Gott der Stadt – Georg Heym). Im Gegensatz zum Symbol ›bedeutet‹ die Allegorie nicht etwas, sie ›ist‹ dies selbst.
Anspielung: (Der gewisse Brief, von dem wir alle Kenntnis haben.)
Archaismus: altertümliche Formulierung (Wenn da nun herrscht Heulen und Zähneklappern bei unseren Politikern ...).
Beispiel: exemplum (Die Nadelbäume, Tannen und Kiefern ...).
Correctio: Nachgestellte bewusste Verbesserung, oft Steigerung des vorhergehenden Ausdrucks (Wir werden wahrscheinlich, ja sicher ...).
Euphemismus: Beschönigung („antik" für Trödel).
Hyperbel: Übertreibung (Die Flammen schlugen zum Himmel empor).
Litotes: Bejahung durch doppelte Verneinung (nicht schlecht, statt: gut).
Metapher: s. o.
Metonymie: Umbenennung (Wir lesen Schiller statt: Wir lesen ›Die Räuber‹).
Periphrase: Umschreibung (Auge des Gesetzes).
Personifikation: s. o.
Synekdoche: Ein Teil wird für das Ganze genommen (Der Bürger trägt die Verantwortung statt: Alle Bürger tragen ...).
Synonym: s. u.
Wortspiel: Zusammenfügung klanglich ähnlicher Wörter um der inhaltlichen Beziehung willen (Identität und Integrität – Weizsäcker).

Rhythmus

Im Unterschied zum messbaren Taktschema (Metrum, s. d.) die Gesamtbewegung, die sich aus Sinngehalt und sprachlicher Form ergibt. Unterscheiden lassen sich z. B. ein fließender Rhythmus mit weichen Versausgängen (s. Kadenz) und ein stauender Rhythmus bei harten Kadenzen. Unterschieden werden ferner regelmäßige und unregelmäßige, ›freie Rhythmen‹.

Roman

Epische Großform, seit Ende des 13. Jh.s nur in Prosa. Meist umfassend angelegte Darstellung von Einzel- und Familienschicksalen, Entwicklung von äußerer und innerer Handlung. Vielfache Möglichkeiten, z. B. Abenteuerroman (Cervantes: ›Don Quichote‹), Bildungs- und Entwicklungsroman (Gottfried Keller: ›Der grüne Heinrich‹), Familien- und Schlüsselroman (Thomas Mann: ›Buddenbrooks‹), psychologischer Roman (Thomas Mann: ›Der Zauberberg‹), Briefroman (Johann Wolfgang von Goethe: ›Die Leiden des jungen Werthers‹).

Satire

Urspr. Spott- und Strafgedicht; heute witzig-ironische Darstellung zu kritisierender Zustände, gekennzeichnet durch Schärfe, intellektuellen Anspruch und pointierte Zuspitzung. Ziel: Entlarvung von gesellschaftlichen Schwächen.

Schlüsselwort, -satz, -szene

Zentrale, gehaltlich oder sprachlich dichteste und wichtigste Textstelle. Von ihr aus kann meist die gesamte Aussage eines Textes erschlossen werden (Beispiel: die Inschrift in Elisabeth Langgässers Kurzgeschichte ›Saisonbeginn‹).

Schluss, offener

Ähnlich wie der offene Anfang (s. d.) ein Kennzeichen zeitgenössischer und moderner Erzählungen und Romane. Hier wird keine endgültige Lösung angeboten, sondern es bleiben viele Möglichkeiten zum Weiterdenken offen.

Sonett

Gedichtform: 14 Zeilen, bestehend aus Aufgesang (2 vierzeilige Quartette mit Reimschema a-b-b-a a-b-b-a) und Abgesang (2 dreizeilige Terzette, urspr. mit Reimschema c-d-c d-c-d, dann vielfach variiert). Die strenge Form reizte im Laufe der Jahrhunderte zu jeweils neuer Ausfüllung, z. B. bei Michelangelo, Gryphius, Goethe, Heine, Mörike, Rilke, George, Trakl.

Spannungskurve

Hilfsmittel zum Nachzeichnen des Aufbaus und der Entwicklung einer Handlung, z. B. in einer Novelle oder in einem Drama.

Stil

Der jeweilige sprachliche Ausdruck. Er ergibt sich aus dem Zusammenspiel von Wortwahl, Satzbau, Satzverknüpfungen und Textstruktur. Man spricht auch von persönlichem Stil, der besonderen ›Note‹ eines Schreibers. Unterschieden werden:
Nominalstil: Häufung von substantivischen Wendungen (oft Substantivierungen mit der Endung -heit, -keit, -ung). Dies wirkt nüchtern, aber auch bürokratisch.
Verbalstil: Auflösung von substantivischen Wendungen in Verbformen. Dies wirkt lebendiger, flüssiger und ist daher im Aufsatz geeigneter.

Strophe

Verbindung mehrerer Verszeilen zu einer Einheit, meist einem Sinnabschnitt.

Struktur

Aufbau, innere Gliederung, Bauform eines Textes.

Substrattheorie

Theorie über die Ursachen der ersten (germanischen) Lautverschiebung als Ergebnis der sprachlichen Auseinandersetzung zweier Völker.

Symbol

Bildhaft-konkrete Darstellung abstrakter, seelischer oder geistiger Vorgänge (z. B. das Kreuz als Symbol des Christentums, die Taube als Symbol des Friedens). Novellen haben oft ein Dingsymbol als innerer Mittelpunkt, z. B. ist die Judenbuche in Droste-Hülshoffs gleichnamiger Novelle ein Dingsymbol.

Syllogismus

Form der Argumentation zur zwingenden Schlussfolgerung. Aus zwei Prämissen, die jeweils unterschiedliche Größen in Verbindung mit einem Dritten bringen, wird eine zwingende Schlussfolgerung gezogen. (Alle Zugvögel fliegen im Herbst gen Süden. Die Wildgans ist ein Zugvogel. Also fliegt sie gen Süden.)

Synästhesie Gleichzeitige Empfindung unterschiedlicher Sinneseindrücke, in einem Bild zusammen gefasst (Brentano: Golden wehn die Töne nieder).

synchrone Sprachbetrachtung Untersuchung eines Sprachsystems zu einem bestimmten Zeitpunkt, also im Querschnitt; nicht Entwicklungs-, sondern Zustandsbeschreibung.

Teichoskopie Gr. = Mauerschau. Zur Erweiterung des Bühnenschauplatzes: Ein parallel ablaufendes, für den Zuschauer nicht sichtbares Geschehen spiegelt sich in der Reaktion der Beobachtenden.

Topos Gr. = Ort. Topoi: feste Denk- und Ausdrucksschemata, Formeln, Embleme, Motive überwiegend aus der lat. Tradition in die Literatur vor allem des Barock übernommen (Das Schiff des Lebens).

Tragödie Im Zentrum steht der Wertekonflikt des Helden mit dem Schicksal (Ödipus, Wallenstein), einer anderen sittlichen Macht (›Die Räuber‹), einem Charakter (Maria Stuart), einer Intrige (›Kabale und Liebe‹), einem Aufeinandertreffen gleichrangiger Werte (›Antigone‹), der Konflikt mit dem Göttlichen (›Faust‹). Funktionen nach Aristoteles: Auslösung von Furcht (Schauder) und Mitleid (Jammer) und Läuterung (Katharsis) dieser Affekte. Ursprünglich Wechselgesang zwischen Chorführer und Chor, später weitere Schauspieler bei Aischylos, Sophokles, Euripides.

Vers Die aus mehreren Wörtern oder Silben gebildete Einheit (Zeile), geordnet durch Metrum bzw. Rhythmus.

Vergleich Stilmittel zur Veranschaulichung und Bedeutungsverdichtung (Bild und Gegenbild), vor allem in Lyrik und Epik (Heiter wie ein Frühlingsmorgen).

Volksliedstrophe Schlichte Form, vierzeilig, dreihebiger Jambus mit einfachem Kreuzreim, häufig in der Romantik verwendet.

Wendepunkt Entscheidender Höhepunkt in einer Erzählung, an dem das Geschehen sich radikal ›wendet‹. Er kann auch mit dem Schluss zusammenfallen.

Zitat Wiedergabe von wörtlichen Aussagen anderer oder Übernahme eines anderen schriftlichen Textes in den eigenen. Zitate müssen immer deutlich gekennzeichnet sein, im Aufsatz z. B. durch Anführungszeichen.

Quellenverzeichnis

16 Joseph von Eichendorff: Werke, hrsg. von Wolfdietrich Rasch. Carl Hanser, München 1966, S. 103.

16 Günter Kunert: Im weiteren Fortgang. Reihe Hanser 163. Carl Hanser, München 1974, S. 30.

18 Andreas Gryphius, in: Karl Otto Conradi (Hrsg.): Das große deutsche Gedichtbuch. Athenäum, Königstein i. Ts. [2]1978, S. 107 (sprachlich modernisierte Fassung).

21 William Shakespeare / Paul Celan, in: Shakespeare Sonette. Diogenes, Zürich 1994.

22 Georg Trakl: Dichtungen und Briefe. Historisch-kritische Ausgabe, hrsg. von Walter Killy und Hans Szklenar, Band l. Otto Müller, Salzburg 1969, S. 59.

25 Georg Trakl, ebenda, S. 167 (zweite Fassung).

26 Karl Krolow, in: Deutsche Lyrik von den Anfängen bis zur Gegenwart. Hrsg. v. Walter Killy, Band 10: 1961–2000. Hrsg. v. S. Hay / S. v. Steinsdorff. dtv, München 2001.

27 Joseph von Eichendorff, in: Joseph von Eichendorff: Werke, hrsg. von Wolfdietrich Rasch. Carl Hanser, München 1966, S. 271.

29 Georg Heym: Das lyrische Werk. Auf Grund der Gesamtausgabe hrsg. von Karl Ludwig Schneider. dtv 6085, München 1977, S. 135. © Heinrich Ellermann, München.

30 Tadeusz Różewicz: Letztendlich ist die verständliche Lyrik unverständlich. Späte und frühe Gedichte. Hrsg. und übers. von Karl Dedecius. München-Wien: Carl Hanser Verlag, 1996. Originalfassung aus: Poezje Zebrane. Wroclaw: Zaklad Narody im. Ossolinskirch, 1971.

31 Christa Reinig: Sämtliche Gedichte. Eremiten-Presse, Düsseldorf 1984, S. 18.

31 Karl Krolow: Fremde Körper. Suhrkamp Verlag, Frankfurt a. M. 1959, S. 69.

36 Goethe-Gedichte. Sonderausgabe. Hrsg. und kommentiert von Erich Trunz. C. H. Beck, München 1974, S. 44–46.

37 Ulla Hahn, in: Ulla Hahn: Herz über Kopf. Deutsche Verlagsanstalt, Stuttgart 1981.

38 Friedrich Hölderlin: Sämtliche Werke, hrsg. von Friedrich Beißner. Insel, Leipzig 1965, S. 315.

39 Clemens Brentano: Werke, hrsg. von Friedhelm Kemp, Band 1. Carl Hanser, München 1968, S. 144.

40 Rainer Maria Rilke: Sämtliche Werke, hrsg. vom Rilke-Archiv, Band 1. Insel, Wiesbaden 1975, S. 400.

41 Rainer Maria Rilke: Herbsttag, in: R.-M. Rilke: Gesammelte Gedichte. Insel Verlag, Frankfurt a. M. 1962, S. 154.

41 Paul Verlaine, in: Œeuvres complètes de P. Verlaine. Bd. 1 Ed. A. Messein, Paris o. J.

42 Günter Eich: Botschaften des Regens. Suhrkamp Verlag, Frankfurt a. M. 1955, S. 80.

43 Federico García Lorca: Canción, in: Museum der modernen Poesie. Eingerichtet von Hans Magnus Enzensberger. Suhrkamp Verlag, Frankfurt a. M. 2002, S. 546 u. 547.

44 August Stramm: Das Werk. Limes, Wiesbaden 1963, S. 86.

44 Rainer Brambach: Paul. In: Gesammelte Gedichte. Diogenes Verlag AG, Zürich 2003.

45 Paul Celan: Mohn und Gedächtnis. Deutsche Verlags-Anstalt, Stuttgart 1952, S. 37.

47 Durs Grünbein, in: Durs Grünbein: Schädelbasislektionen. Gedichte. Suhrkamp Verlag, Frankfurt a. M. 1991, S. 112.

48 Bertolt Brecht: Schriften zur Literatur und Kunst 1. Gesammelte Werke, Band 18. werkausgabe edition suhrkamp. Frankfurt a. M. 1967, S. 55. Ausschnitt.

48 Theodor W. Adorno: Gesammelte Schriften Bd. 11, Suhrkamp Verlag, Frankfurt a. M. 1974, S. 74–83.

49 Bertolt Brecht: Gedichte 2. Gesammelte Werke, Band 9. werkausgabe edition suhrkamp. Frankfurt a. M. 1967, S. 743 f.

50 Heinrich Heine, in: Gedichte. Von den Anfängen bis zur Gegenwart. Ernst Klett, Stuttgart 1995.

51 Hans Magnus Enzensberger: Landessprache. Suhrkamp Verlag, Frankfurt a. M. 1963. Zitiert nach: Gedichte. es 20. Suhrkamp Verlag, Frankfurt a. M. 1962, S. 23.

51 Rainer Kunze, in: Widmungen, S. Fischer 2001.

52 Wolf Biermann, in: Und als wir ans Ufer kamen. Kiepenheuer und Witsch, Köln 1994.

52 Durs Grünbein, in: Durs Grünbein: Schädelbasislexikonen. Gedichte. Suhrkamp Verlag, Frankfurt a. M. 1991.

52 Erich Fried: Es ist was es ist. Klaus Wagenbach, Berlin 1983, S. 21.

53 Hilde Domin, in: Hilde Domin. Hier. Gedichte. S. Fischer, Frankfurt a. M. 1964.

53 Günter Eich, in: Günter Eich: Trigonometrische Punkte. In: Einige Bemerkungen zum Thema Literatur und Wirklichkeit. Akzente Heft 4/1956. Thesen zur Lyrik, in: Ludwig Völker: Lyriktheorie, Reclam, Stuttgart 1990.

53 Walter Höllerer, in: Walter Höllerer: Das Ungelegenheitsgedicht, in: Akzente Heft 1/1961.

53 Paul Celan, in: Paul Celan: Ansprache anläßlich der Verleihung des Literaturpreises der Freien Hansestadt Bremen, Bremen 1958.

54 Karl Krolow, in: Karl Krolow: Mein Gedicht ist mein Messer. Heidelberg 1955.

54 Peter Wapnewski, in: Ludwig Völker: Lyriktheorie. Reclam, Stuttgart 1990.

67 Heinrich von Kleist: dtv-Gesamtausgabe, Band 4. München 1964, S. 179–181.

73 Franz Kafka: Beschreibung eines Kampfes. Novellen, Skizzen, Aphorismen aus dem Nachlass, hrsg. von Max Brod. Fischer Taschenbuch Verlag, Frankfurt a. M. 1976, S. 100–101.

77 Ilse Aichinger: Der Gefesselte. Erzählungen. S. Fischer, Frankfurt a. M. 1958, S. 61–63.

81 Johannes Bobrowski: Boehlendorff und Mäusefest. Erzählungen. Union Verlag (VOB), Berlin (DDR) ^{3}1967, S. 101–104.

97 Thomas Mann: Königliche Hoheit. Vorspiel. S. Fischer, Frankfurt a. M. 1986 (© 1960, 1974), S. 9. Ausschnitt.
98 Alfred Döblin: Berlin Alexanderplatz. © Walter, Olten 1961. Zitiert nach: dtv 295, München 1966, S. 40 f. Ausschnitt.
98 Robert Musil: Der Mann ohne Eigenschaften. Hrsg. von Adolf Frisé. Rowohlt, Hamburg 1970, S. 9. Ausschnitt.
99 Franz Kafka: In: Beschreibung eines Kampfes. Novellen · Skizzen Aphorismen Aus dem Nachlass. Gesammelte Werke, hrsg. von Max Brod, Band 5. Fischer Taschenbuch Verlag, Frankfurt a. M. 1976, S. 80 f.
100 Siegfried Lenz: Deutschstunde. Hoffmann & Campe, Hamburg 1968. Zitiert nach dtv 944, S. 381 f. Ausschnitt.
102 Werner Heisenberg, in: Jahrbuch der Bayrischen Akademie der Künste. München 1960.
104 Stephen Hawking, in: Eine kurze Geschichte der Zeit. Rowohlt, Reinbek 1991.
105 Mascha Kaléko, in: Mascha Kaléko: Die paar leuchtenden Jahre. dtv, München 2003, S. 36.
106 Albert Einstein, in: Mascha Kaléko: Die paar leuchtenden Jahre. dtv, München 2003, S. 309.
106 Gottfried Keller, in: Gottfried Keller: Gesammelte Gedichte, 1883.
107 Franz Kafka, in: Franz Kafka: Sämtliche Erzählungen. Fischer, Frankfurt a. M. 1989.
108 Walter Jens, in: Walter Jens: Zur Struktur des modernen Romans statt einer Literaturgeschichte. Neske, Pfullingen 1957.
111 Theodor Fontane, in: Warenburg, F. / Steinicke, H. (Hg.): Romantheorie. Texte vom Barock bis zur Gegenwart. Reclam, Stuttgart 1999.
111 Marcel Reich-Ranicki, in: Marcel Reich-Ranicki: Anbruch der Gegenwart. Deutsche Geschichten. Piper Verlag, München 1971.
117 Jean Anouilh, zitiert nach: Georg Hensel: Spielplan, Schauspielführer von der Antike bis zur Gegenwart. Band 3. Ullstein, Berlin 1981, S. 1095.
123 Gotthold Ephraim Lessing: Nathan der Weise. Werke, hrsg. von Herbert G. Göpfert, Band 2. Carl Hanser, München 1971, S. 252–254. Ausschnitte.
125 Friedrich Schiller: Kabale und Liebe. Sämtliche Werke, hrsg. von Gerhard Fricke und Herbert G. Göpfert in Verbindung mit Herbert Stubenrauch, Band 1. Carl Hanser, München 1965, S. 780–782. Ausschnitte.
129 Goethe, alle Lieder, in: Goethe, Faust. Erster Teil. Carl Hanser, München 1982.
132 Günter Adler, in: Deutschunterricht 4, Berlin 1999.
134 Michael Hüther, in: Frankfurter Allgemeine Zeitung, 7.12.2004
135 Georg Büchner: Woyzeck. Sämtliche Werke und Briefe, hrsg. von Werner R. Lehmann, Band 1. Carl Hanser, München ²1974, S. 427.
140 Friedrich Dürrenmatt: Theaterprobleme. Diogenes Verlag AG, Zürich 1986.
140 Bertolt Brecht: Kann die heutige Welt durch Theater wiedergegeben werden? In: Schriften zum Theater, 2. Gesammelte Werke, werkausgabe edition suhrkamp, Band 16, S. 929. ders.: Das epische Theater. In: Schriften zum Theater, 1. Gesammelte Werke, Band 15, S. 265.
145 Aristoteles: Hauptwerke, ausgewählt, übersetzt und eingeleitet von Wilhelm Nestle. Alfred Kröner, Stuttgart 1968. Ausschnitte.

149 Bertolt Brecht: Über eine nichtaristotelische Dramatik. Gesammelte Werke, hrsg. vom Suhrkamp Verlag in Zusammenarbeit mit Elisabeth Hauptmann, Band 15: Schriften zum Theater 1, S. 240–241. Frankfurt a. M. 1967. Ausschnitt.

150 Gotthold Ephraim Lessing. Sämtliche Schriften, hrsg. von Karl Lachmann. 3. Auflage, hrsg. von Franz Muncker, Band 8. G. J. Göschen'sche Verlagshandlung, Stuttgart 1892, S. 41–43. Ausschnitte.

152 Gotthold Ephraim Lessing: a. a. O., Band 9, 1893, S. 377–379. Ausschnitt. a. a. O., Band 10, 1894. S. 102–104. Ausschnitte.

154 Goethes Werke, Hamburger Ausgabe, Band 12. Christian Wegner, Hamburg [5]1963, S. 224–227.

157 William Shakespeare: Romeo und Julia. Übersetzt von August Wilhelm Schlegel. Ph. Reclam, Stuttgart 1969, S. 63–65. Ausschnitt.

159 Friedrich Schiller: Sämtliche Werke. Aufgrund der Originaldrucke herausgegeben von Gerhard Fricke und Herbert G. Göpfert in Verbindung mit Herbert Stubenrauch, Band 1. Carl Hanser, München 1965, S. 617. Ausschnitt.

159 Johann Wolfgang Goethe: Gedenkausgabe der Werke, Briefe und Gespräche. Hrsg. von Ernst Beutler (Artemis-Ausgabe), Band 4. Zürich 1953, S. 640 f.

160 Friedrich Schiller: Sämtliche Werke, Band 5. Carl Hanser, München 1959, S. 822–831. Ausschnitte.

164 Bertolt Brecht: Über eine nichtaristotelische Dramatik. Gesammelte Werke, hrsg. vom Suhrkamp Verlag in Zusammenarbeit mit Elisabeth Hauptmann, Band 15: Schriften zum Theater 1. Frankfurt a. M. 1967, S. 270–272.

166 Georg Büchner: Sämtliche Werke und Briefe. Historisch-kritische Ausgabe mit Kommentar, hrsg. von Werner R. Lehmann. Band 2. Carl Hanser, München 1972, S. 443 f. Ausschnitt.

168 Bertolt Brecht: Dramatische Form des Theaters/Epische Form des Theaters. In: Anmerkungen zur Oper Aufstieg und Fall der Stadt Mahagonny. Gesammelte Werke, Band 17: Schriften zum Theater 3. Frankfurt a. M. 1967, S. 1009–1010.

171 Bertolt Brecht: Der Zuschauer des dramatischen Theaters sagt … Über eine nichtaristotelische Dramatik. Gesammelte Werke. Band 15: Schriften zum Theater 1. Frankfurt a. M. 1967, S. 265.

172 Friedrich Dürrenmatt: Theaterprobleme. Diogenes Verlag AG, Zürich 1986.

175 Friedrich Dürrenmatt: 21 Punkte zu den Physikern. In: Die Physiker. Diogenes Verlag AG, Zürich 1986.

176 Peter Weiss: Das Material und die Modelle. Notizen zum dokumentarischen Theater. Stücke II 2. es 910. Suhrkamp Verlag, Frankfurt a. M. S. 598–603. Ausschnitte.

178 Peter Weiss: Die Ermittlung. In: Stücke 1. es 833. Suhrkamp Verlag, Frankfurt a. M. 1976, S. 414–417.

181 Heinar Kipphardt: Zitiert nach: Spectaculum 7. Suhrkamp Verlag, Frankfurt a. M. 1964, S. 363.

194 Friedrich Schiller: Werke in drei Bänden. Unter Mitwirkung von Gerhard Fricke hrsg. von Herbert G. Göpfert, Band 1. Carl Hanser, München 1966, S. 442–445 und 520. Ausschnitte.

198 Bertolt Brecht: Gesammelte Werke, hrsg. vom Suhrkamp Verlag in Zusammenarbeit mit Elisabeth Hauptmann, Band 3. Frankfurt a. M. 1967, S. 1293–1298.

207 Heinrich von Kleist: Über das Marionettentheater. Berliner Abendblätter, 12.–15.12.1800. Sämtliche Werke und Briefe, hrsg. von Helmut Semdner, Band 2. Carl Hanser, München 1965, S. 338–345.
218 Theodor Fontane: [Realismus]. Unsere lyrische und epische Poesie seit 1848. In: Aufsätze, Kritiken, Erinnerungen, erster Band: Aufsätze und Aufzeichnungen, hrsg. von Jürgen Kolbe. Carl Hanser, München 1969, S. 240–242. Ausschnitte.
220 Franz Kafka: Tagebücher 1910–1923, hrsg. von Max Brod. S. Fischer, Frankfurt a. M. 1967, S. 100 f.
222 Franz Kafka: An den Verleger Kurt Wolf, in: Franz Kafka: Tagebücher 1910–1923. S. Fischer, Frankfurt a. M. 1973.
222 Johann Wolfgang von Goethe: Werke. Hamburger Ausgabe, Band 5, hrsg. von Joseph Kunz. Chr. Wegner, Hamburg [5]1962, S. 402 ff. Ausschnitte.
224 Wolfgang Binder: Friedrich Schiller ›Kabale und Liebe‹. In: Das deutsche Drama, hrsg. von Benno von Wiese, Band 1. Bagel, Düsseldorf 1958, S. 262. Ausschnitt.
225 Bertolt Brecht: Neuer Prolog zur Antigone. Gesammelte Werke, Band 6: Stücke 6. Suhrkamp Verlag, Frankfurt a. M. 1967, S. 2328 f.
227 Friedrich Hölderlin: Hyperion. Sämtliche Werke, hrsg. von Friedrich Beißner. Insel, Leipzig 1965, S. 636. Ausschnitt.
228 Heinrich Heine: Neue Gedichte, Teil I. Werke in 4 Bänden, Band 1. Carl Hanser, München/Wien 1982, S. 288.
228 Kurt Tucholsky: Ausgewählte Werke. Rowohlt, Reinbek bei Hamburg 1965, S. 497. Ausschnitt.
229 Bertolt Brecht: Kinderlieder. Gesammelte Werke, Band 10: Gedichte 3. Suhrkamp Verlag, Frankfurt a. M. 1967, S. 977 f.
231 Regina Mönch: Morsch ist die Säule, die uns trägt, in: Frankfurter Allgemeine Zeitung, 17.3.04.
232 Harald Jähner: Zu oft gebrüllt, in: Textarchiv der Berliner Zeitung, 6.3.04.
233 Thomas E. Schmidt: Sinn – aber bitte billig, in: Die Zeit, 22.3.04.
236 Dieter Wiedemann: Kein Abschied von den Mythen (Auszüge), in: Der Deutschunterricht 6/99, S. 83–92
242 Hans Magnus Enzensberger: Das digitale Evangelium, in: Die Elixiere der Wissenschaft. Suhrkamp Verlag, Frankfurt a. M. 2002, S. 92–94.
244 Hans Magnus Enzensberger: Altes Medium, in: Hans Magnus Enzensberger: Kiosk. Neue Gedichte. Suhrkamp Verlag, Frankfurt a. M. 1995, S. 96.
245 Die Macht der bunten Bilder, in: Der Spiegel 2/2004.
262 William Shakespeare: Julius Cäsar. Übersetzt von August Wilhelm Schlegel, III, 3. Gesammelte Werke in sechs Bänden, hrsg. von Hans Jürgen Meinerts, Band 5. C. Bertelsmann, Gütersloh o. J., S. 408–414. Ausschnitt.
267 Georg Büchner: Sämtliche Werke und Briefe. Historisch-kritische Ausgabe mit Kommentar, hrsg. von Werner R. Lehmann, Band 1. Carl Hanser, München 1972, S. 52–54.
269 Kurt Huber: Schlusswort … In: Inge Scholl: Die weiße Rose. Frankfurt a. M. 1953, S. 112 ff. Zitiert nach: Der Nationalsozialismus. Dokumente 1933–1945, hrsg. und kommentiert von Walther Hofer. Fischerbücherei 6084. Fischer Taschenbuch Verlag, Frankfurt a. M. 1982, S. 332 f. Ausschnitte.

272 Ansprache des Bundespräsidenten Richard von Weizsäcker zum Tag der Deutschen Einheit … Presse- und Informationsamt der Bundesregierung. Sonderdruck aus Nr. 118/S. 1232–1238 vom 5. Oktober 1990. Ausschnitte.

284 Vaterunser, Vulgata. In: Biblia Sacra, vulgatae editionis, ed. Val. Loch. Ratisbonae 1899.

284 Vaterunser, gotisch. In: H. Hempel: Gotisches Elementarbuch. W. de Gruyter, Berlin [4]1966; Slg Göschen 79/79 a.

284 Vaterunser, althochdeutsch. In: W. Braune: Althochdeutsches Lesebuch, 14. Aufl., bearb. von E. A. Ebbinghaus. W. Niemeyer, Tübingen 1962.

285 Vaterunser, mittelhochdeutsch. In: Die Gedichte Reinmars von Zweter, hrsg. von G. Roethe. S. Hirzel, Leipzig 1887.

285 Vaterunser, neuhochdeutsch. In: Eine kurze Form der zehn Gebote, eine kurze Form des Glaubens, eine kurze Form des Vaterunsers, 1520. D. Martin Luthers Werke. Kritische Gesamtausgabe (Weimarer Ausgabe), Band 7. H. Böhlaus Nachf., Weimar und Akademische Druck- und Verlagsanstalt Graz, unveränderter Abdruck 1966.

287 Paulus: Brief an die Epheser 1, 3–8 in Übersetzungen. Zitiert nach: Fritz Tschirch: 1200 Jahre deutscher Sprache in synoptischen Bibeltexten. de Gruyter, Berlin 1969, S. 78 f.

288 Ein Lied der Dankbarkeit. Das Neue Testament, übertragen von Jörg Zink. Kreuz-Verlag, Stuttgart 1965, [11]1988.

289 Hans Eggers: Eine Revolution der … germanischen Vorstellungswelt … Deutsche Sprachgeschichte I (Das Althochdeutsche). Rowohlt, Reinbek 1963, S. 197 f.

292 Heinrich von Kleist: Über die allmähliche Verfertigung der Gedanken beim Reden, in: Deutsche Literatur von Lessing bis Kafka. Studienbibliothek. Hrsg. v. Mathias Bertram. Berlin: Directmedia 2000 (Digitale Bibliothek, Band 1).

296 Wilhelm von Humboldt: Sprache und Erkenntnis, Über Denken und Sprechen, in: Wilhelm von Humboldt. Schriften zur Sprache. Hg. v. Michael Böhler. Reclam, Stuttgart 1995, S. 3.

296 folgende Auszüge: Über die Verschiedenheit des menschlichen Sprachbaus u. Sprache als Organismus, in: Schriften zu Sprachphilosophie. Bd. 3. Wissenschaftliche Buchgemeinschaft, Darmstadt 1963, S. 426 f.; 477; 419 f.

298 Benjamin Lee Whorf: Das sprachliche Relativitätsprinzip, in: Benjamin Lee Whorf: Sprache, Denken, Wirklichkeit. Beiträge zur Metalinguistik und Sprachphilosophie. Hrsg. und übersetzt v. Peter Krausser. Rowohlt, Reinbek 1963, S. 101 f.

299 Günter Kunert: Verkündigung des Wetters. Gedichte. Carl Hanser, München 1965. Zitiert nach: Unruhiger Schlaf. Gedichte. dtv sr 5462. Deutscher Taschenbuch Verlag, München 1979, S. 95 f.

300 Johannes Bobrowski: Wetterzeichen. Gedichte. Union, Berlin 1966, S. 37.

301 Gottfried Benn: Verlorenes Ich und Ein Wort. Aus: Gottfried Benn, Statische Gedichte © 1948, 2000 by Arche Verlag AG, Zürich-Hamburg.

301 Eugen Gomringer: worte sind schatten. die konstellationen 1951–1968, hrsg. und eingeleitet von helmut heißenbüttel. rowohlt, reinbek bei hamburg 1969, S. 58.

301 Helmut Heißenbüttel: Textbuch V. Walter, Olten/Freiburg 1965. Zitiert nach: Lesebuch. Deutsche Literatur der sechziger Jahre, hrsg. von Klaus Wagenbach. Wagenbach, Berlin 1968, S. 29. Ausschnitt.

302 Bertolt Brecht: Gesammelte Werke, hrsg. vom Suhrkamp Verlag in Zusammenarbeit mit Elisabeth Hauptmann, Band 9. Frankfurt a. M. 1967, S. 656 f.

303 Peter Handke: Die Hornissen. Suhrkamp Verlag, Frankfurt a. M. 1966, S. 7.

304 Franz Kafka: Gesammelte Werke, hrsg. von Max Brod. Erzählungen. S. Fischer, Frankfurt a. M. 1967, S. 154 f.

305 Leo Tolstoi: Der Bär auf dem Wagen. Übersetzt von Hans Baumann. © Elisabeth Baumann.

306 Peter Handke: Der Rand der Wörter I. In: Prosa, Gedichte, Theaterstücke, Hörspiel. Aufsätze. Suhrkamp Verlag, Frankfurt a. M. 1969, S. 119.

306 Kurt Tucholsky: Mir fehlt ein Wort. In: Kurt Tucholsky: Gesammelte Werke. Bd. 7 Hrsg. v. M.-G. Tucholsky, F. J. Raddatz. Rowohlt, Reinbek 1995, S. 189, S. 190.

307 Julia Franck: Also sprach es. In: Der Tagesspiegel, Nr. 18557, 5.8.04.

317 Dû bist mîn. In: Des Minnesangs Frühling, neu bearbeitet von Carl von Kraus, 3,1–6, S. Hirzel, Leipzig [31]1954, S. 1.

317 Der von Kürenberc: Ich zôch mir einen valken. In: Des Minnesangs Frühling 8,33–9,12, s. o., S. 5.

317 Dietmar von Eist: Slâfst du, friedel ziere. In: Des Minnesangs Frühling 39,18–39,29, s. o., S. 39.

318 Walther von der Vogelweide: Nemt, frowe, disen kranz. In: Die Gedichte Walthers von der Vogelweide, hrsg. von Carl von Kraus. Walter de Gruyter, Berlin 1959, S. 106–108 (74,20–75,8).

319 Walther von der Vogelweide: Herzeliebez frowelîn. In: Die Gedichte Walthers, s. o., S. 69 f. (49,25–50,18).

320 Walther von der Vogelweide: Under der linden. In: Die Gedichte Walthers, s. o., S. 52 f. (39,11–40,18). Andreas Gryphius: An Eugenien. In: Werke in einem Band, ausgewählt und eingeleitet von Marian Szyrocki. Aufbau, Berlin und Weimar 1980, S. 35 f.

321 Johann Wolfgang Goethe: Es schlug mein Herz. Sesenheimer Lieder. In: Goethe: Gedichte, hrsg. von Erich Trunz. Beck, München 1974 (= HA, Band 1), S. 27 f.

322 Johann Wolfgang von Goethe: Willkommen und Abschied. In: Goethe: Gedichte, s. o., S. 28 f.

323 Johann Wolfgang Goethe: [Aus:] Die Leiden des jungen Werther. In: Goethes Werke, hrsg. von Erich Trunz, Band 1. Hamburg [7]1968, S. 9.

324 Johann Wolfgang von Goethe: Nähe des Geliebten. In: Goethe: Gedichte, s. o., S. 242 f.

324 Joseph von Eichendorff: Das zerbrochene Ringlein. In: Werke, hrsg. von Wolfdietrich Rasch. Hanser, München 1966, S. 309.

325 Eduard Mörike: Früh im Wagen. In: Sämtliche Werke in zwei Bänden, Band 1. Winkler, München 1967, S. 744.

325 Heinrich Heine: Wir haben viel füreinander gefühlt. Aus: Buch der Lieder. In: Sämtliche Werke, hrsg. von Hans Kaufmann, Band 1. Kindler, München (Taschenbuch 1001/02), S. 78. © Aufbau, Berlin.

326 Annette von Droste-Hülshoff: Im Grase. In: Sämtliche Werke in zwei Bänden, hrsg. von Günther Weydt und Winfried Woesler, Band 1. Winkler, München [3]1989, S. 436 f.

327 Rainer Maria Rilke: Liebes-Lied. Aus: Neue Gedichte. In: Werke Band 1 · 2. Gedichtzyklen. Insel, Frankfurt a. M. 1966/1980, S. 238.

327 Stefan George: Fenster wo ich einst … Aus: Der Siebente Ring. In: Werke. Ausgabe in zwei Bänden, hrsg. von Robert Boehringer. Klett-Cotta, Stuttgart [4]1984, S. 317.

328 Else Lasker-Schüler: Abschied. In: Gesammelte Werke in drei Bänden, hrsg. von Friedhelm Kemp, Band 1. Gedichte 1902–1943. Kösel, München 1959, S. 234.

328 Kurt Schwitters: An Anna Blume. In: Das literarische Werk, Band 1, hrsg. von Friedhelm Lach. Du Mont Schauberg, Köln 1973, S. 58 f.

329 Bertolt Brecht: Erinnerung an die Marie A. In: Werke. Große kommentierte Berliner und Frankfurter Ausgabe, hrsg. von W. Hecht, J. Knopf, W. Mittenzwei, K.-D. Müller. Band 11: Gedichte 1. Aufbau, Berlin, und Suhrkamp Verlag, Frankfurt a. M. 1988, S. 92 f.

330 Bertolt Brecht: Die Liebenden. Aus: Aufstieg und Fall der Stadt Mahagonny. Werkausgabe edition suhrkamp, Band 2, Stücke 2. Frankfurt a. M. 1967, S. 535 f.

331 Hans Magnus Enzensberger: befragung zur mitternacht. Zuerst in: Verteidigung der Wölfe. Suhrkamp Verlag, Frankfurt a. M. 1957, S. 48. Zitiert nach: Gedichte. Die Entstehung eines Gedichts. es 20. Suhrkamp Verlag, Frankfurt a. M. 1962, S. 10.

332 Ingeborg Bachmann: Erklär mir, Liebe. In: Gedichte, Erzählungen, Hörspiel, Essays. Piper, München 1964, S. 41.

333 Erich Fried: Was es ist. In: Erich Fried: Es ist was es ist. Klaus Wagenbach, Berlin 1983.

333 Ulla Hahn: Mit Haut und Haar. In: Ulla Hahn: Herz über Kopf. Deutsche Verlags-Anstalt, Stuttgart 1981.

334 Günter Grass: Zum Paar gefügt. In: Günter Grass: Letzte Tänze. Steidl Verlag, Göttingen 2003.

335 Walther von der Vogelweide: Ich saz ûf eime steine. In: Die Gedichte Walthers von der Vogelweide, hrsg. von Carl von Kraus. Walter de Gruyter, Berlin 1959, S. 9 f. (8,4–27).

335 Andreas Gryphius: Einsambkeit. In: Das Zeitalter des Barock. Texte und Zeugnisse, hrsg. von Albrecht Schöne. Beck, München 1968, S. 272.

336 Johann Wolfgang von Goethe: Selige Sehnsucht. Aus: West-östlicher Divan. Buch des Sängers. Goethes Werke, hrsg. von Erich Trunz, Band 2. Christian Wegner, Hamburg [5]1960, S. 18 f.

336 Johann Wolfgang von Goethe: Eins und alles. In: Goethe: Gedichte, hrsg. von Erich Trunz. Beck, München 1974 (= HA, Band 1), S. 368 f.

337 Friedrich Hölderlin: Lebenslauf. In: Sämtliche Werke, hrsg. von Friedrich Beißner. Insel, Leipzig 1965, S. 244.

338 Rainer Maria Rilke: Sonette an Orpheus, Erster Teil IX. In: Sämtliche Werke, hrsg. vom Rilke-Archiv, Band 1. Insel, Wiesbaden 1955, S. 736.

338 Hugo von Hofmannsthal: Ballade des äußeren Lebens. In: Gesammelte Werke in Einzelausgaben. Gedichte und lyrische Dramen, hrsg. von Herbert Steiner. Fischer, Frankfurt a. M. 1952, S. 339.

339 Gottfried Benn: Verlorenes Ich. In: Statische Gedichte. © 1948 by Verlags-AG die Arche, Zürich, Veränderte Neuausgabe © 1983 by Arche Verlag AG, Raabe + Vitali, Zürich. Zitiert nach: Gesammelte Werke, hrsg. von Dieter Wellershoff, Band 3. Klett-Cotta, Stuttgart ^{7}1989, S. 215 f.

340 Ingeborg Bachmann: Die gestundete Zeit. R. Piper, München ^{2}1957, S. 16.

341 Annette von Droste-Hülshoff: Das Spiegelbild. In: Sämtliche Werke in zwei Bänden, hrsg. von Günther Weydt und Winfried Woesler, Band 1. Winkler, München ^{3}1989, S. 141 f.

342 Sarah Kirsch: Der grüne Doppelgänger. In: Katzenleben. Deutsche Verlags-Anstalt, Stuttgart 1984, S. 20.

343 Christine Busta: Verwandlung. In: Der Regenbaum. Otto Müller, Salzburg 1977, S. 6.

343 Günter Eich: Botschaften des Regens. Gedichte. Suhrkamp Verlag, Frankfurt a. M. 1955. Zitiert nach: Ausgewählte Gedichte, Auswahl von Walter Höllerer. suhrkamp texte 1. Frankfurt a. M. 1960, S. 36.

344 Georg Trakl: Untergang. In: Dichtungen und Briefe. Historisch-kritische Ausgabe, Band 1, hrsg. von Walter Killy und Hans Szklenar. Otto Müller, Salzburg 1969, S. 63 f.

344 Nelly Sachs: Schmetterling. In: Fahrt ins Staublose. Suhrkamp Verlag, Frankfurt a. M. 1961, S. 148.

345 Ingeborg Bachmann: Die große Fracht. In: Sämtliche Gedichte. Piper, München 1978/1983, S. 44.

345 Novalis: Wenn nicht mehr Zahlen und Figuren. In: Werke und Briefe, hrsg. von Alfred Kelletat. Winkler, München 1962, S. 295.

345 Novalis: Hyazinth und Rosenblüte. Aus: Die Lehrlinge zu Sais. In: Werke und Briefe, hrsg. von Alfred Kelletat. Winkler, München 1962, S. 118–123.

348 Franz Kafka: Heimkehr. In: Beschreibung eines Kampfes. Novellen, Skizzen, Aphorismen aus dem Nachlass, hrsg. von Franz Brod. Fischer Taschenbuch Verlag, Frankfurt a. M. 1976, S. 107.

349 Franz Kafka: Eine kaiserliche Botschaft. In: Beim Bau der chinesischen Mauer. Aus: Erzählungen, hrsg. von Max Brod. S. Fischer, Frankfurt a. M. 1967, S. 169 f. © 1946/63 by Schocken Books, New York City, USA.

350 Bertolt Brecht: Shen Tes Schlussrede an die Götter. Aus: Der gute Mensch von Sezuan, 10: Gerichtslokal. werkausgabe edition suhrkamp, Band 4, Stücke 4. Frankfurt a. M. 1967, S. 1603 f.

351 Nicolas Born: Drei Wünsche. Aus: Das Auge des Entdeckers, 1972. Zitiert nach: Gedichte 1967–1978. Rowohlt, Reinbek 1978, S. 100.

352 Hilde Domin: »Ein Gedicht ist immer mehr als die Summe seiner Interpretationen.« Aus: Über das Interpretieren von Gedichten. In: Doppelinterpretationen. Das zeitgenössische Gedicht zwischen Autor und Leser. Hrsg. von Hilde Domin. Athenäum, Frankfurt a. M. 1969, S. 19 ff. Ausschnitt.

354 Ulla Hahn: Wortritt durch die Wüste. In: Frankfurter Allgemeine Zeitung, 17.2.2004.

Autorenverzeichnis

(zu Kapitel A bis I)

Bildquellennachweis

Coverfoto: Thomas Schramm, Leipzig

S. 358 oben: AKG, Berlin
S. 358 unten: AKG, Berlin
S. 359 oben: AKG, Berlin, Copyright VG Bild-Kunst, Bonn 2004
S. 359 unten: AKG, Berlin, Copyright Succession Picasso / VG Bild-Kunst, Bonn 2004
S. 360 oben: AKG, Berlin
S. 360 unten: Corbis (Francis G. Mayer), Düsseldorf
S. 361: aus: Günter Grass: Letzte Tänze, Steidl Verlag, Göttingen, 2003 Copyright VG Bild-Kunst, Bonn 2004
S. 362 oben: AKG, Berlin
S. 362 unten: Corbis (Burstein Collection), Düsseldorf
S. 363 oben: AKG, Berlin
S. 363 unten: AKG, Berlin
S. 364 oben: AKG, Berlin
S. 364 unten: AKG, Berlin
S. 365 oben: AKG, Berlin, Copyright The Munch Museum / The Munch Ellingsen Group / VG Bild-Kunst, Bonn 2004
S. 365 unten: AKG, Berlin, Copyright Salvador Dali. Foundation Gala-Salvador Dali / VG Bild-Kunst, Bonn 2004
S. 366 oben: AKG, Berlin, Copyright VG Bild-Kunst, Bonn 2004
S. 366 unten: AKG, Berlin